Walter Fellmann

Sachsen

Kultur und Landschaft
zwischen Dresden, Leipzig
und Chemnitz.

DuMont Buchverlag Köln

Umschlagvorderseite: Burg Kriebstein bei Höfchen

Umschlagklappe vorn: Dresden, Sakramentskapelle in der Hofkirche

Umschlagrückseite: Dresden-Loschwitz, Ehemaliges Leonhardi-Museum

Frontispiz: Leipzig, Thomaskirche und -schule mit Thomanern auf dem Thomaskirchhof. Stich, um 1735

CIP-Titelaufnahme der Deutschen Bibliothek

Fellmann, Walter:
Sachsen : Kultur und Landschaft zwischen Dresden, Leipzig und Chemnitz / Walter Fellmann. – Köln : DuMont, 1991
  (DuMont-Dokumente : DuMont-Kunst-Reiseführer)
  ISBN 3-7701-2759-5

© 1991 DuMont Buchverlag, Köln
Alle Rechte vorbehalten
Satz und Druck: Rasch, Bramsche
Buchbinderische Verarbeitung: Bramscher Buchbinder Betriebe

Printed in Germany   ISBN 3-7701-2759-5

Kunst-Reiseführer in der Reihe DuMont Dokumente

Zur schnellen Orientierung – die wichtigsten Orte und Sehenswürdigkeiten auf einen Blick:

(Auszug aus dem ausführlichen Register S. 491–498)

In der vorderen Umschlagklappe: Übersichtskarte von Sachsen

In der hinteren Umschlagklappe: Stadtplan von Dresden

1. Die St. Thomas Kirche. 2. Die Thomas Schule.
3. Der Steinerne Wasser-Kasten.

Krugner fe Leipzig

Inhalt

Zum Geleit

1990 wurde das Land Sachsen im wiedervereinigten Deutschland neugebildet, nachdem es beinahe vier Jahrzehnte lang in die Bezirke Dresden, Chemnitz und Leipzig aufgelöst war. Seine Grenzen decken sich heute im wesentlichen wieder mit denen, die im Jahre 1815 auf dem Wiener Kongreß festgelegt wurden. In diesen existierte das Land bis in die Nationalsozialistische Ära hinein und danach noch einmal für wenige Jahre.

Die Gliederung des Buches geht von der Erfahrung aus, daß der Tourist als Reiseziel gern eine größere Stadt wählt und nach Zeit und Interesse Ausflüge in die Umgebung unternimmt.

Einwohnerzahlen der Städte und Gemeinden lassen sich nur in Ausnahmefällen und abgerundet anführen. Die meisten Kommunen konnten oder wollten keine aktualisierten Angaben unterbreiten. Hier können die Gründe für die Abwanderungen 1989/90 in die westlichen Bundesländer nicht untersucht werden, doch bleibt zu registrieren, daß der sächsische Raum am härtesten betroffen war. Im DDR-Durchschnitt siedelten ohne Berücksichtigung der Dunkelziffer 153 von 10000 Einwohnern um. Weit darunter blieben Mecklenburg und Westthüringen mit 63 bzw. 90. Dresden erzielte mit 366 einen Rekord unter den Großstädten, Plauen mit 488 gar die Spitzenposition in der Übersiedlerbilanz. Die gesellschaftlichen Verhältnisse stellten sich wohl überall in gleichem Maße bedrückend dar, aber in den eher agrarisch geprägten Gebieten Mecklenburgs und Thüringens herrscht offenbar eine größere Bodenständigkeit als im industrialisierten Sachsen.

Auf eine Zustandsbeschreibung der im Buch aufgeführten Bauwerke wurde weitgehend verzichtet. Es sei aber an dieser Stelle bemerkt, daß die Denkmalpflege unter oft schwierigen Bedingungen viel geleistet hat, um in tausendjähriger Geschichte Gewachsenes für die Nachwelt zu bewahren. Zwinger und Semperoper in Dresden, die Annenkirche in Annaberg, die Schloßkirche in Chemnitz oder das Leipziger Gewandhaus sind beispielhafte ›Starobjekte‹. Darüber kann jedoch nicht vergessen werden, daß das Denkmalpflegegesetz von 1975 bereits damals für viele andere historischen Bauten um zehn Jahre zu spät kam, denn die materielle Voraussetzung für ihren Erhalt war landesweit schon nicht mehr gegeben. Dies zeigt sich vielerorts, wenn auch in Görlitz bestürzender als in Torgau, in Leipzig krasser als in Dresden. Von den Sakralbauten ist der Meißner Dom wohl am stärksten gefährdet. So, wie sich die ökonomischen Realitäten gegenwärtig darstellen, ist die Denkmalpflege auf Hilfe von außen angewiesen, bleibt keine Zeit, die Stabilisierung der Wirtschaft abzuwarten. Debatten über die Bedeutung historischer Stadtkerne dürften, wenn nicht schleunigst etwas geschieht, vielerorts in einigen Jahren gegenstandslos geworden sein.

Seit der Wiedervereinigung ist das Schicksal der in den letzten 40 Jahren notdürftig in Stand gehaltenen Herrensitze, Schlösser und Burgen ungewisser denn je. Ungeklärte Besitzverhältnisse machen den Unterhalt der alten Bauten immer schwieriger. Nutzung und Pflege kleinerer Objekte wurden meist den Gemeinden übertragen, die sich damit völlig überfordert sahen. Den Schlössern Strehla und Scharfenberg kam derweil private Initiative zugute. Etwas günstiger ist die Lage großer Burgen, die nach 1945 Sitz von Museen wurden und staatliche Hilfe erfuhren. Besonders schwierig sind die Verhältnisse in den Burgen und Schlössern mittlerer Größe, die von Privatleuten kaum zu unterhalten und auch kurzfristig wegen – unzweckmäßiger – Nutzung als Krankenhaus oder Ferienheim gar nicht verfügbar sind. Nunmehr wird an die kommerzielle Nutzung durch Hotels gedacht. Atmosphäre und landschaftlich reizvolle Lage sprechen dafür, weniger aber die notwendigen baulichen Eingriffe. Ähnliches gilt auch für die zweite Variante, die Nutzung als Kulturzentren.

Da das Land Sachsen von 1952 bis 1990 offiziell nicht existierte, konnte bisher auch keine Darstellung der Kulturlandschaft für den Touristen erscheinen. Dieses Buch hat die Unterstützung vieler Institutionen und Privatpersonen erfahren. Ihre Zahl ist zu groß, um sie einzeln anführen zu können. Danken möchte ich vor allem Prof. Dr. Ernst-Heinz Lemper und Prof. Dr. Karl Czok für ihre detaillierten und sachkundigen Gutachten und meiner Frau Jutta, die mit Korrekturarbeiten und Registererstellung zwei mühevolle Aufgaben übernommen hat.

Taucha bei Leipzig, im März 1991   Walter Fellmann

Aus Sachsens Geschichte

Vor- und frühgeschichtliche Zeit

Spuren frühmenschlichen Lebens lassen sich im Elbe-Saale-Raum bis in die Altsteinzeit zurückverfolgen. Bei Ausgrabungen in Markkleeberg südlich von Leipzig wurden seit 1895 über 3000 Artefakte aus dem Paläolithikum gesammelt (250000 v. Chr.). Auf eine bedeutende Freilandstation von Jägern der ausklingenden Altsteinzeit (10000 v. Chr.) stießen die Archäologen in Gotha bei Eilenburg. Unter den zahlreichen Grabungsfunden ist eine Schieferplatte mit gravierten Wildpferdköpfen der bedeutendste.

Zur Gründung fester Siedlungen kam es vermutlich erst im 4. Jt. v. Chr. in den Gebieten mit fruchtbarem Lößboden: dem Dresdner Elbtalkessel, dem Gebiet zwischen Meißen, Riesa und Grimma und in der Gegend um Leipzig. Wirtschaftliche Grundlage dieser Kulturen war eine frühe Form der Landwirtschaft und Haustierhaltung. Als weiteres Kulturelement kam die Bandkeramik hinzu, die dieser ältesten mitteleuropäischen Kultur des Neolithikums ihren Namen gab.

Im 13. Jh. v. Chr. breitete sich im mittleren osteuropäischen Raum die Lausitzer Kultur aus, die in die bisher noch unbesiedelten Gebiete des Erzgebirgischen Vorlandes und des Vogtlandes vordrang. Erstmals wurden feste Burgen mit Mauern aus Holz, Erde und Stein errichtet. Die Brandbestattung erfolgte in Hügel- oder Flachgräbern mit je einer Urne und einer größeren Anzahl von Grabbeigaben aus Glas, Metall und Stein.

In der Latènezeit drang die Jastorfkultur in den sächsischen Raum und bis ins nördliche Böhmen vor (etwa 200 v. Chr.). Die Träger dieser im norddeutschen Gebiet in der frühen

Gefäße der Bandkeramik von sächsischen Fundorten

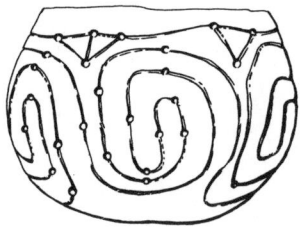  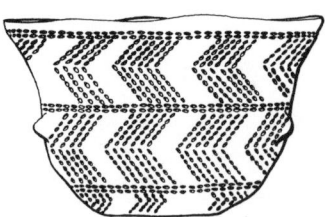

Eisenzeit (etwa 800 v. Chr.) entstandenen Kultur waren vermutlich germanische Stämme. Die Hermunduren, ein mächtiger germanischer Stamm, besiedelten nach antiken Berichten in den ersten nachchristlichen Jahrhunderten den mittelelbischen Raum. Während der Zeit der Völkerwanderung (4.–7. Jh.) wanderten sie nach Westen ab. In Liebersee bei Torgau ist aus dem 5./6. Jh. ein Gräberfeld freigelegt worden.

In das nun nahezu verlassene Gebiet drangen im 6. Jh. slawische Stämme aus Böhmen ein. Dem Elblauf bis Magdeburg folgend, wanderten sie von hier aus weiter nach Sachsen.

Machtentfaltung der Wettiner

›Sahs‹ nannte man das einschneidige Schwert, das die in Holstein lebenden Westgermanen bevorzugten. Ihre Nachbarn bezeichneten sie daher als ›Saxones‹, wie uns Claudius Ptolemaios (100–178) überliefert hat.

Der Weg, der die Westgermanen von Holstein ins Gebiet östlich der Saale führte, erwies sich als ein vielfach gewundener. Sie breiteten sich auf einem weiten Raum Germaniens aus, vermutlich mehr durch die Vereinigung mit verwandten Stämmen als durch kriegerische Eroberungen. Teile der Sachsen gingen im 5. Jh. nach England (Angelsachsen). Die auf dem Festland verbliebenen beherrschten im 8. Jh. beinahe ganz Nord- und Nordwestdeutschland, bis Karl der Große sie in einer Reihe blutiger Feldzüge der fränkischen Herrschaft und dem christlichen Glauben unterwarf. Doch schon 880 gab es wieder einen »Dux totius Saxoniae«, einen Herzog der Sachsen; sein Machtbereich erstreckte sich von der Lippe bis zum Harz. Erst im 15. Jh. wanderte der Name Sachsen auf dynastischem Weg aus dem altsächsischen Raum (heute Niedersachsen) ins Obersächsische.

Unter Heinrich I. (873–936) begann zwischen Elbe und Mulde die ›deutsche Zeit‹. Inmitten des von slawischen Völkern besiedelten Gebiets gründete er die Burg Meißen und schuf damit die Voraussetzung zur Einwanderung deutscher Siedler in den zunächst heftig umkämpften Raum. Die in Fritzlar versammelten Großen hatten mit Heinrich 919 erstmals einen Vertreter des sächsischen Hauses zum König gewählt. Sachsen galt als mächtigstes der vier großen Herzogtümer, die nach dem Zerfall des Karolingischen Imperiums bestanden.

Heinrich I. schuf eine starke Zentralgewalt und sah in der Sicherung der Ostgrenze des Reiches eine seiner politischen Hauptaufgaben. Seine Frau Mathilde hatte das Merseburger Land mit in die Ehe gebracht; das Herzogtum Thüringen war Sachsen bereits 908 zugefallen. Für Eroberungszüge in das Gebiet jenseits der Saale bestanden somit gute Voraussetzungen.

Die Markgrafschaft Meißen entstand 965 unter Otto I. (912–73), deutscher König seit 936. Er stärkte die Zentralgewalt, indem er ›dezentralisierte‹. Das Herzogtum Sachsen wurde auf den nordwestlichen Teil beschränkt, Ostsachsen von Grafen verwaltet, die dem König direkt unterstanden. Während die Mark Merseburg Auflösungserscheinungen zeigte, Halle und Wurzen sich verselbstständigten, wurde die Herrschaft in den östlichsten Gebieten, wo Slawen die Bevölkerungsmehrheit bildeten, straff organisiert. Der Gründung der

Die Eroberung slawischer Gebiete durch Heinrich I.

Der Benediktiner Widukind von Corvey rühmt in seinen zwischen 955 und 973 erschienenen »Rerum gestarum Saxonicarum libri tres« (Drei Bücher sächsischer Geschichten) die kriegerischen Erfolge Heinrichs I., der um 929 das Meißner Land eroberte.

Wie nun König Heinrich, als er von den Ungern einen Frieden auf neun Jahre erhalten hatte, mit der größten Klugheit Sorge trug, das Vaterland zu befestigen und die barbarischen Völker zu unterwerfen, dies auszuführen geht über meine Kräfte, obgleich ich es doch auch nicht ganz verschweigen darf. Zuerst nämlich wählte er unter den mit Landbesitz angesiedelten Kriegsleuten jeden neunten Mann aus, und ließ ihn in Burgen wohnen, damit er hier für seine acht Genossen Wohnungen errichte, und von aller Frucht den dritten Theil empfange und bewahre; die übrigen acht aber sollten säen und ernten und die Frucht sammeln für den neunten, und dieselbe an ihrem Platze aufbewahren. Auch gebot er, daß die Gerichtstage und alle übrigen Versammlungen und Festgelage in den Burgen abgehalten würden, mit deren Bau man sich Tag und Nacht beschäftigte, damit sie im Frieden lernten, was sie im Fall der Noth gegen die Feinde zu thun hätten. Außerhalb der Festen standen keine oder doch nur schlechte und wertlose Gebäude.

Während er nun an solche Satzung und Zucht die Bürger gewöhnte, fiel er plötzlich über die Slaven her, welche Heveldern[1] genannt werden, ermüdete sie durch viele Treffen, und nahm endlich bei einem sehr heftigen Froste, indem er auf dem Eise sein Lager aufschlug, die Burg, welche Brennaburg heißt, durch Hunger, Schwert und Kälte.

Und als er mit jener Burg das ganze Land in seine Gewalt bekommen, wandte er seinen Marsch gegen Dalamantien[2], dessen Bekriegung ihm schon vor Zeiten sein Vater überlassen hatte; belagerte die Burg Gana[3], und nahm sie endlich am zwanzigsten Tage. Die Beute aus der Burg überließ er den Kriegern, alle Erwachsenen wurden niedergemacht, die Knaben und Mädchen für die Gefangenschaft aufbewahrt. Nach diesem griff er Prag, die Burg der Böhmen, mit seiner ganzen Macht an, und zwang ihren König zur Unterwerfung.

1 Bewohner der Havelgegend
2 Slawisches Gebiet um Meißen
3 Jahna bei Meißen

Markgrafschaft Meißen folgte 968 die Bildung des Bistums Meißen. Zu ihm gehörten die Besitzungen jenseits der Linie Chemnitz – Mulde, also Daleminzien, der Elbgau und das Milzenerland um Bautzen. Machtbereich von Markgrafschaft und Bistum dürften geographisch deckungsgleich gewesen sein. Über die ersten Markgrafen ist wenig bekannt. Ekkehard, der 985 seinem Schwager Thietmar im Amt folgte, war mächtig genug, um sich 1002 um die Krone zu bewerben, wurde jedoch von seinen Gegnern ermordet. Das Stifterbild im Westchor des Naumburger Doms bewahrt sein Andenken.

Im ausgehenden 11. Jahrhundert gewinnt das Fürstengeschlecht der Wettiner die Vormachtstellung in Sachsen, die sie bis in unser Jahrhundert hinein bewahren konnte, länger als jede andere deutsche Dynastie. Den Fürstenzug, am Stallhof in Dresden auf Meißner

Denkmal Heinrichs I. vor dem Meißner Stadt- und Kreismuseum

Kacheln dargestellt (Farbabb. 4), führt Konrad (1098–1157) an. Eigentlich gebührt dieser Platz seinem Onkel Heinrich von Eilenburg, der 1089 als erster Wettiner Markgraf von Meißen geworden ist.

Der Chronist Thietmar von Merseburg führt die Wettiner auf Buzici (Burkhard) zurück, den 908 gefallenen Markgrafen von Thüringen. Als Graf von Wettin bezeichnete sich nach seiner Stammburg Wettin bei Halle 1071 erstmals Thimo von Kistritz (bei Weißenfels). Den Wettinern gehörten auch Besitzungen in Thüringen, Schwaben, im Vorharz und in Eilenburg.

Konrad erreichte es 1127, daß die Markgrafenwürde den Wettinern als erblich zufiel. Seinen ersten Griff nach der Markgrafenwürde hatte er mit zwei Jahren Haft auf der Feste Kirchberg bezahlt. Beim zweiten Versuch kam es zu einer Doppelbesetzung. Der Herzog von Sachsen, Lothar von Supplinburg (1060–1137), ernannte Konrad zum Markgrafen,

13

Kaiser Heinrich V. (1081–1125) hingegen erteilte Wiprecht von Groitzsch (1050–1124) die Markgrafenwürde. Wiprecht gründete mit dem Benediktinerkloster Pegau das erste Kloster auf sächsischem Gebiet.

Erst als ein Jahr nach Wiprecht auch Heinrich V. starb, durfte sich Konrad als unumstrittener Markgraf verstehen. Durch Gebietserweiterungen entsprach sein Herrschaftsbereich bald dem des meißnisch-sächsischen Staates. Wegen Differenzen mit Heinrich dem Löwen (1129–95) trat Konrad 1156 als Markgraf zurück und teilte die Besitzungen unter seine Söhne auf.

Neuer Markgraf wurde Konrads ältester Sohn Otto (1130–90). Durch die Erbteilung herrschte er nur über ein relativ kleines Gebiet, und es gelang ihm zunächst nicht, seinen Machtbereich darüber hinaus auszudehnen. Daß er dennoch ›der Reiche‹ genannt wurde, ist in den folgenreichen Silberfunden des Jahres 1168 begründet. Der mit ihnen einsetzende Erzbergbau trieb für viele Jahrhunderte die wirtschaftliche und kulturelle Entwicklung des Landes voran. Markgraf Otto gelangte zu großem Wohlstand, der es ihm erlaubte, die Besiedelung des mittleren Erzgebirges zu betreiben. In Altzella (Nossen) gründete er 1162 ein Zisterzienserkloster, dem 800 Hufen gerodeten Waldlandes zugewiesen wurden. Auch die Städtepolitik trieb Otto entscheidend voran, indem er Leipzig und Freiberg mit dem Stadtrechtsprivileg bedachte. 1180 beteiligte er sich am Sturz Heinrichs des Löwen. Das Stammesherzogtum Sachsen wurde zerschlagen: Der westliche Teil fiel an das Erzbistum Köln, der östliche an die Askanier. Dieser teilte sich wieder in Sachsen-Lauenburg und Sachsen-Wittenberg.

Im 12. Jh. trat die sogenannte ›Ostexpansion‹ in die zweite Phase. Deutsche Bauern siedelten sich in der Lausitz an, indem sie mittels Waldrodungen Ackerland gewannen und Dörfer, häufig im Schutz einer Burg, gründeten. Zu kriegerischen Auseinandersetzungen mit den hier lebenden Sorben kam es dabei nicht, sondern zu einer Vermischung und Durchdringung der beiden Völker, aus denen eine gemeinsame obersächsische Volksgruppe erwuchs.

Unter Dietrich dem Bedrängten häuften sich im 13. Jh. die Stadtgründungen, die vor allem an der Handelsstraße von Leipzig nach Prag in räumlichen Abständen einer Tagesreise vorgenommen wurden. Die Stadtgründungen Chemnitz und Zwickau, Rochlitz und Geithain aber fallen noch ins 12. Jh.

Dietrichs Sohn Heinrich dem Erlauchten (1215–88) gelang es, mittels Heirat einer böhmischen Königstochter den Einfluß Meißens auf das südöstliche Erzgebirge auszudehnen. Sein Sohn Albrecht heiratete die Kaisertochter Margarethe, die als Mitgift das Pleißener Land und Ansprüche auf Thüringen in die Ehe brachte, falls die dortige Linie aussterben sollte, was 1247 geschah. Nach Beilegung langwährender Streitigkeiten fiel Thüringen 1264 an die Markgrafschaft Meißen, die sich nun von der Oder bis zur Werra erstreckte.

Der Reichsgewalt mißfiel das Erstarken der Wettiner. König Albrecht I. (1255–1308) suchte die wettinischen Länder dem Reich einzuverleiben, wurde aber 1307 in der Schlacht bei Lucka durch Markgraf Friedrich den Freidigen (1257–1323) und dessen Bruder Diezmann (1260–1307) geschlagen. »Es wird dir glucken wie den Meißnern bei Lucken«, heißt es

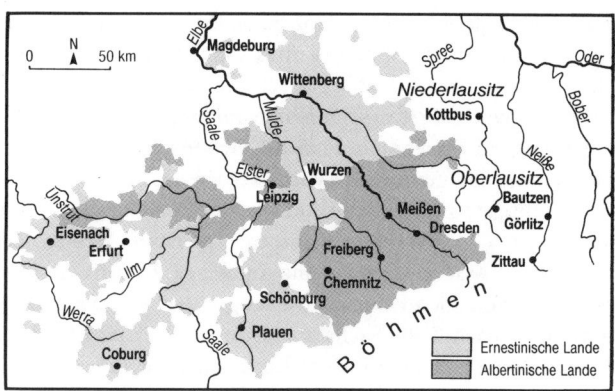

Sachsen nach der Leipziger Teilung 1485

seither, wenn jemandem Mut zugesprochen werden soll. An Diezmann erinnert ein Sandsteinkenotaph in der Thomaskirche zu Leipzig. Durch den Sieg über die Reichsgewalt konnte sich die Territorialmacht in erheblichem Maße festigen.

Nachhaltige Wirkungen zeitigten Sachsens Beziehungen zu Böhmen. Sie führten 1409 zur Ermutigung der deutschen Scholaren und Professoren, von Prag nach Leipzig überzusiedeln. Die Gründung der Universität ›Lipsiensis‹, der vierten deutschen Hochschule, stärkte Meißens Position nach innen und außen. Friedrich der Streitbare (1370–1428) nahm am Reformkonzil in Konstanz teil, das den ›Ketzer‹ Jan Hus (1370–1415) zum Tode verurteilte, und schlug sich in den Hussitenkriegen auf die Seite des böhmischen Königs Sigismund (1361–1437), der auch deutscher Kaiser war und über die Berufung von Kurfürsten zu entscheiden hatte.

Um die Nachfolge des kinderlos verstorbenen Askaniers Albrecht III. von Sachsen-Wittenberg bewarben sich gleich vier Herrscher: der Braunschweiger, der Hohenzoller, der Pfälzer und der Meißner. Finanzielle Zuwendungen spielten eine Rolle, verpfändete Gebiete, antibrandenburgische, aber auch antihussitische Überlegungen der Krone. Am 6. Januar 1423 wurde Friedrich der Streitbare mit dem Herzogtum Sachsen-Wittenberg belehnt und erhielt die Kurwürde, mit der das Recht verbunden war, an der Wahl des Königs teilzunehmen. An die Stelle des markgräflichen Wappens trat ein neues, mit Rauten der Askanier für das Herzogtum und gekreuzten Schwertern für die Kurwürde. Die Bezeichnung »Sachsen« ging so auf dynastischem Wege aus dem altsächsischen Raum, den man nach 1354 Niedersachsen nannte, auf das Herrschaftsgebiet der Wettiner über. Friedrich, der seine Macht immer wieder gegen die Hussiten behaupten mußte, war Markgraf von Meißen, Landgraf von Thüringen und Kurfürst von Sachsen. Beigesetzt wurde er in der von ihm gestifteten Fürstenkapelle des Meißner Doms (Abb. 13).

Kurfürst Friedrich II. (1412–64), der Sanftmütige, und sein Bruder Wilhelm III. (1425–82) teilten sich 1445 in Altenburg das Land. Friedrich behielt Meißen, Altenburg und

Zwickau; Wilhelm bekam Thüringen. Streitigkeiten wegen dieser Teilung mündeten 1446 im Bruderkrieg. Am Ende hieß es 1451 im Frieden zu Naumburg »es bleibet alles beim alten«, also bei der Altenburger Verabredung.

Friedrichs Söhne, Kurfürst Ernst und Herzog Albrecht (1443–1500), in der Kindheit beim Altenburger Prinzenraub 1455 als Geiseln genommen, regierten von 1446 an rund zwei Jahrzehnte lang gemeinsam von Dresden aus: Der meißnisch-sächsische Staat war wieder der mächtigste im Zentrum des deutschen Reiches – bis zur verhängnisvollen ›Leipziger Teilung‹ von 1485. Herzog Albrecht übernahm Meißen, Dresden, das Pleißner Land und das Gebiet zwischen Leipzig und der Werra, Kurfürst Ernst Thüringen, Wittenberg und das Vogtland. Von allen Fehlentscheidungen der Wettiner war die Leipziger Teilung die folgenschwerste, da mit ihr Sachsens historische Chance in der Reichspolitik verspielt wurde. Ernestinische und albertinische Linie sollten nicht mehr zueinander finden.

Herzog Ernst verlegte nach dem Verlust Meißens seinen Sitz nach Weimar. Seine Nachfolger zog es wieder an die Elbe; 1490 wurde Schloß Wittenberg, 1533–36 Schloß Hartenfels in Torgau zur Residenz ausgebaut. Da auch die Leipziger Universität an Herzog Albrecht gefallen war, gründete der Kurfürst 1502 in Wittenberg eine neue. Die Bautätigkeit gelangte trotz der Landesteilung gerade in der Zeit um 1500 zu einer nie zuvor erreichten Blüte (s. S. 268 f.). Aus dem neuerlichen Aufschwung des Erzbergbaus um 1500 und dem Erstarken der Textilproduktion wurden die Mittel dafür geschöpft. Das prosperierende Leipzig wurde zum Zentrum des Metallhandels und erhielt 1497 den Rang einer Reichsmesse mit unbeschränkter Marktfreiheit. Jedermann durfte hier verkaufen, was er nur wollte: Tuche, Seide, Gewürze, Bücher und vieles mehr gelangten in den Handel. Auch Geld- und Wechselgeschäfte tätigte man auf der Leipziger Messe.

Mutterland der Reformation

Als Mutterland der Reformation hat Sachsen sich ins Buch der Weltgeschichte mit großen Lettern eingeschrieben. Wittenberg gehörte damals ebenso wie Torgau und Leipzig zu den Wettinischen Landen.

Wittenberg, heißt es, sei die Wiege der Reformation, Torgau die Amme. Und Leipzig? Luther liebte diese Stadt nicht. Hier waren der Wucher zu Hause und der Dominikaner Johann Tetzel, der berüchtigste aller Ablaßhändler, und hier herrschte der papsttreue Herzog Georg der Bärtige (1471–1539). Ein Leipziger Meister aber, Melchior Lotter, druckte Luthers Schriften, und hier, in der Pleißenburg, fand die Disputation mit Dr. Eck statt, die ihn zum ›nationalen Herold gegen Rom‹ werden ließ. Daraufhin war es für ihn allerdings zunächst ratsam, Leipzig und das Herzogtum zu verlassen.

Am Abend vor dem Großen Ablaßfest zu Allerheiligen im Jahre 1517 schlug Luther seine 95 Thesen gegen den Mißbrauch dieses Handels an die Tür der Schloßkirche zu Wittenberg und gab so das Signal für den Kampf gegen die Papstkirche. Sachsen war damals das wirt-

Martin Luther lebte als »Junker Jörg« unter dem Schutz Friedrichs des Weisen 1521/22 auf der Wartburg. Holzschnitt von Lucas Cranach d. Ä., 1522. Übersetzung der Inschrift: »Bildnis Martin Luthers, so dargestellt, wie er aus seinem Patmos nach Wittenberg zurückkehrte«

schaftlich am meisten entwickelte und reichste deutsche Land. Daß gerade hier an einer Säule der überlebten Ordnung, der Papstkirche, gerüttelt wurde, lag nahe.

Mit Sachsen verknüpft ist eine der größten nationalen Leistungen Luthers: Bei der Übersetzung der Bibel in ein volkstümliches Deutsch bediente sich Luther vor allem der mundartlichen Volkssprache und der Prosa der deutschen Mystiker, daneben aber auch der sächsischen Hof- und Kanzleisprache.

Die Wettiner bezogen gegenüber der Reformation verschiedene Positionen. Herzog Georg der Bärtige war ein unversöhnlicher Gegner, Kurfürst Friedrich der Weise (1463–1525) ein Befürworter Luthers. Zunächst sympathisierten zwar beide mit dem Kampf des Reformators gegen die Papstkirche – wohl in der Hoffnung, Kirchengut säkularisieren zu können –, Herzog Georg aber beugte sich der Staatsräson, als der Kaiser 1521 die Reichsacht über Luther verhängte. Darüber hinaus war er ein erbitterter Gegner der aufständischen Bauern, der in Luthers Lehre die Ursache ihres Aufbegehrens erblickte. Obwohl es in Sachsen selbst zu keiner Radikalisierung kam – von lokal begrenzten Konflikten wie in Borna abgesehen –, beteiligte sich ein Heer des Herzogs an der Niederschlagung von Müntzers Scharen in der Schlacht bei Frankenhausen. Georg, der vom Papst den Beinamen »eines beständigen Verteidigers des alten Glaubens und eines gehorsamen Sohnes der Kirche« erhielt, starb 1539 und wurde als letzter Herzog in Meißen beigesetzt. Sein Nachfolger Heinrich der Fromme (1473–1541) führte die Reformation im albertinischen Sachsen ein. Das ernestinische Sachsen stand von Anfang an auf der Seite der Reformation. Kurfürst Friedrich der Weise verbarg den geächteten Luther als ›Junker Jörg‹ auf der Wartburg. Die Torgauer Visitationsordnung von 1527 brachte das offizielle staatliche Bekenntnis zur Reformation. In Torgau, wo die Ernestiner zumeist residierten, fühlte sich Luther heimisch. Mehr als 40mal hat er sich in der Elbestadt aufgehalten. Hier wurden 1530 die Torgauer Artikel fixiert, die der Augsburger Konfession zugrunde liegen.

Einer der bedeutendsten Landesfürsten aus dem Hause Wettin war der gleichermaßen machtbewußte wie reformfreudige Kurfürst Moritz. Anfang 1541 übernahm er die Regierungsgeschäfte seines Vaters Heinrich des Frommen, der bald darauf verstarb. Moritz ließ das väterliche Testament, dessen Inhalt er sehr wohl kannte, erst neun Jahre später öffnen: Das Herzogtum sollte ihm und seinem Bruder August gemeinsam zufallen. Von einer Teilung der Macht aber wollte Moritz nichts wissen.

Am Hof des albertinischen Sachsen vollzog sich nun ein merklicher Wandel. Der junge Herzog umgab sich mit neuen Leuten. Sein engster Ratgeber wurde Georg von Carlowitz, ein ideenreicher Verfechter der Territorialgewalt. Um die Finanzen stand es dank des säkularisierten Kircheneigentums besser denn je. Moritz ließ in Leipzig und Dresden die Befestigungsanlagen ausbauen und die Arbeiten am Residenzschloß in Dresden fortführen. Die Leipziger Universität, die einen schweren Stand im Wettbewerb mit der Wittenberger Alma mater hatte, bekam zur finanziellen Sanierung das Paulinerkloster mit fünf Dörfern. Zur Sicherung des Beamtennachwuchses gründete Moritz die Fürstenschulen Meißen (60 Plätze), Grimma (70 Plätze) und Schulpforte (100 Plätze). Auf die Erfahrungen der sächsischen Fürstenschulen stützte sich später das bürgerliche Gymnasium.

Mit seinem ernestinischen Vetter, Kurfürst Johann Friedrich (1503–54), entzweite sich Moritz, als er während eines Steuerstreits das gemeinsam verwaltete, strategisch wichtige Stift Wurzen besetzte. Zu einem Krieg kam es aber nicht. Moritz ließ sich mit dem Amt Stolpen entschädigen und von dem geschickt taktierenden Kaiser ans katholische Lager binden – bei Zusicherung von Glaubensfreiheit und Kurwürde.

Im Schmalkaldischen Krieg kämpfte er in der Schlacht bei Mühlberg a. d. Elbe im April 1547 auf der Seite Karls V. gegen die protestantischen Länder und beteiligte sich an der Festsetzung seines Schwiegervaters, des Landgrafen Philipp von Hessen und seines Vetters, des sächsischen Kurfürsten Johann Friedrich. Noch im Feldlager wurde Moritz die Kurwürde verliehen.

Für Sachsen begann mit Moritz ein neuer Abschnitt in der Geschichte. Den Kurfürsten stellte fortan die albertinische Linie der Wettiner mit Dresden als Residenzstadt. Johann Friedrich, der letzte Kurfürst der Ernestiner, zog sich nach Weimar zurück, wo er auch beerdigt ist. Kursachsen erfuhr eine Erweiterung um das Kurland mit Wittenberg und den Anteil der Ernestiner an der Mark Meißen sowie den Bergstädten; für das schlesische Sagan wurde Colditz eingetauscht. Moritz leitete eine völlige Neuordnung der Administration ein: Er schuf als Zentralbehörde einen Hofrat, gliederte das Land in fünf Kreise, gründete

Gott wird die Bösewichter in Meißen finden

Im Jahre 1542 versuchten Luther und der Landgraf Philipp von Hessen zwischen den zerstrittenen wettinischen Häusern zu vermitteln. Luther stand entschieden auf der Seite seines Kurfürsten Johann Friedrich und stellte den damals 21jährigen Herzog Moritz in eine Reihe mit seinem Vorgänger und Luthers Erzfeind Herzog Georg den Bärtigen; so in einem Brief vom 12. April 1542 an den Kanzler Brück nachzulesen:

Gnade und Frieden! Ich habe alles, Eure Schrift und den Bericht empfangen, mein lieber Herr und Gevatter, und danke Euch dafür ganz fleissig. Gott sei gelobt, daß sich die Sache auf meines gnädigen Herrn Seite dermassen aufhellt, ich kann nun umso fröhlicher beten. Denn wie Ihr wisst, bin ich nicht vorwitzig, den Angelegenheiten der Fürsten und hohen Stände nachzuforschen, so muss ich doch zweifeln, was zwischen ihnen Rechtes oder Unrechtes schwebe. Man hat uns hier in den Ohren gelegen, als hätte mein gnädiger Herr keinen Grund, weswegen ich habe darauf pochen und mich damit trösten müssen, daß der Kurfürst so handele und sich erboten habe, sich einer schiedsrichterlichen Entscheidung zu fügen. Aber nun geschehe und gehe, was Gott will, der wird unser Gebet nicht verachten, das weiß ich, und Gott wird die Bösewichter in Meißen finden, wie er Herzog Georg gefunden hat. Wie gar tief steckt derselbe verdammte Mensch in ihrem Fleisch und Blut! Ich habe dem Landgrafen gestern früh einen scharfen Brief geschrieben wider den scharfen Bluthund Herzog Moritz, obwohl ich der Meinung bin, er weiß selbst nicht, wozu sie seine unerfahrene Jugend verführen. Aber damit ist er nicht entschuldigt, weil er dieser Seite einen viel grösseren Dank schuldig ist, als er je dafür Genüge tun kann. Wäre er doch ungeboren, geschweige denn ein solcher Fürst geworden, wenn Kurfürst Friedrich der Weise und Kurfürst Johann der Beständige seinem Vater Herzog Heinrich nicht beigestanden hätten gegen Herzog Georgs kainitischer Brüder mörderische Bosheit. O wie wird im Himmel vor allen Engeln die Undankbarkeit Herzog Moritz' stinken und einen schrecklichen Zorn über seinem Kopf erregen! Gott sei Lob, daß wir würdig sind, um Gutes willen Böses zu empfangen und daß nicht wir, sondern andere uns undankbar erfahren werden! Denn das ist ein edler und teurer Schatz vor Gott. Wohlan, Gott stärke, tröste und erhalte meinen gnädigen Herrn samt Euch allen in seiner Gnade und gutem Gewissen und gebe den gleisnerischen Meißnischen Bluthunden auf ihren Kopf, was solche Kain und Absalom, Judas und Herodes verdienen, Amen. Und bald Amen zu Lob seines Namens, welchen Herzog Moritz mit diesem scheusslichen Ärgernis aufs höchste schändet und dem Teufel und allen Feinden Gottes ein solches lästerliches Freudenlied singt. Mittwoch früh in der Osterwoche 1542.

Euer Achtbarer williger Mart. Luther

anstelle der bischöflichen Instanzen die Konsistorien Meißen und Leipzig, erließ ein Kirchengesetz und legte Amtsbücher an, in denen die Orte sowie die Hufen samt Belastungen erfaßt wurden. Eine neuerliche Wende vollzog Moritz 1551/52, indem er sich an die Spitze der protestantischen Fürstenopposition gegen den Kaiser stellte und ihn zu Verhandlungen in Passau nötigte. Der Passauer Vertrag zeigte Wege des Ausgleichs auf, die in den Augsburger Religionsfrieden aufgenommen wurden. Moritz erlebte ihn nicht mehr. Er starb 32jährig am 11. Juli 1553 im lüneburgischen Sievershausen nach einem erfolgreichen Gefecht mit dem

Kurfürst Moritz von Sachsen und seine Gemahlin Agnes. Gemälde von Lucas Cranach d. J., 1559

Brandenburger Albrecht Alcibiades. Dresden setzte ihm noch 1553 an der Bastei (heute Brühlsche Terrasse) ein Denkmal – das erste historische Denkmal Sachsens. Beigesetzt wurde der Kurfürst im Freiberger Dom, wo als Ehrenmal und Symbol sächsischer Macht die Begräbniskapelle mit dem gewaltigen Moritzmonument entstand (Abb. 62).

Neuer Kurfürst – als letzter vom Kaiser nach altgermanischer Sitte unter freiem Himmel in Augsburg belehnt – wurde August (1526–86), verheiratet mit Anna von Dänemark (1532–85), einer politisch engagierten Frau. Von den guten Jahren unter ›Vater August‹ und ›Mutter Anna‹ berichten manche Chroniken in verklärender Weise. Der vom Herrscherpaar herbeigeführte wirtschaftliche Aufschwung verdrängte im Spiegel der Erinnerung ihre Härte und religionspolitische Intoleranz (etwa den Kryptokalvinisten gegenüber). Augusts politisches Ziel war die Stabilisierung der noch keineswegs gefestigten Landesherrschaft. Außenpolitisch suchte er anders als Moritz den Ausgleich. Vielleicht wurde er gerade deshalb der Führer der protestantischen Länder. Fehden mit den Vettern in Gotha gehörten eigentlich zum Erbe. Der Verzicht auf Altenburg und andere Ämter zugunsten der Ernestiner 1555 brachte keine Beruhigung. Es kam zu den Grumbachschen Händeln (1563–67), die mit dem ›Pfaffenkrieg‹ des Ritters Wilhelm von Grumbach im Bistum Würzburg begannen. Sie endeten mit der Verhängung der Reichsacht über Herzog Johann Friedrich II. von Sachsen (1529–95), der mit Hilfe von Grumbach die Kurfürstenwürde erlangen wollte. 1572 wurde das Herzogtum geteilt in Sachsen-Eisenach, Sachsen-Weimar und Sachsen-Coburg. Damit waren die Wettiner nach außen handlungsunfähig. Durch Kauf, Tausch oder Erbe glückten August einige wichtige Gebietserwerbungen. Nach dem Tod des letzten Burggrafen von Meißen kamen 1572 »burggräfliche Reichsstandschaft nebst Titel und Wappen« zum Haus Wettin. 1566 hatte der Kurfürst bereits den Vogtländischen Kreis mit Plauen an sich gebracht, und 1580 erwarb er die Grafschaft Mansfeld.

Große Erfolge erzielte August als Ökonom. Fortschrittliche Methoden wurden in der ›Neuen Schmelzhütte‹ in Dresden, dem »industriellen Großbau des 16. Jh.« (Karl Czok) eingeführt. August verkörperte den Typus des fürstlichen Unternehmers. Das galt nicht nur für den Bergbau, sondern auch für Handel und Gewerbe. Wirtschaftliche Potenz war für ihn das entscheidende Mittel zur Stärkung der Landesherrschaft. Seiner kurfürstlichen Macht verlieh er mit der Errichtung der Augustusburg Ausdruck (Abb. 51). Von der alten patriarchalischen Verwaltungsmethode trennte sich August 1574 mit Bildung des Geheimen Rates, einer kollegialen, in deutschen Landen neuartigen Behörde. Die Rechtslage zwischen Adel und Bauern, Landesherr und Adel bzw. Stadt wurde bereits 1572 mit den auf dem »Sachsenspiegel« fußenden »Konstitutionen des Kurfürsten August« fixiert; eine vergleichbare Gesetzgebung gab es bis dahin in keinem anderen deutschen Territorialstaat.

Interessiert an Wissenschaft, Recht und Kunst, baute August eine Bibliothek auf und gründete die ›Kunstkammer‹, so die Bezeichnung bis 1831, aus der das heute weltberühmte ›Grüne Gewölbe‹ hervorging.

Im Dreißigjährigen Krieg (1618–48) sprengten Sachsens territoriale Ansprüche bei weitem seinen Handlungsspielraum, zumal Kurfürst Johann Georg I. (1585–1656) Weitsicht und Entschlußfreudigkeit vermissen ließ. Das kursächsische Heer erzielte nicht einen bedeutsamen militärischen Erfolg. In der Anfangsphase stand es auf kaiserlicher Seite, schloß sich aber dann Gustav Adolf von Schweden an, der Sachsen fast ohne dessen Mithilfe gleich zweimal, 1631 bei Breitenfeld und 1632 bei Lützen, vor einer Besetzung durch das kaiserli-

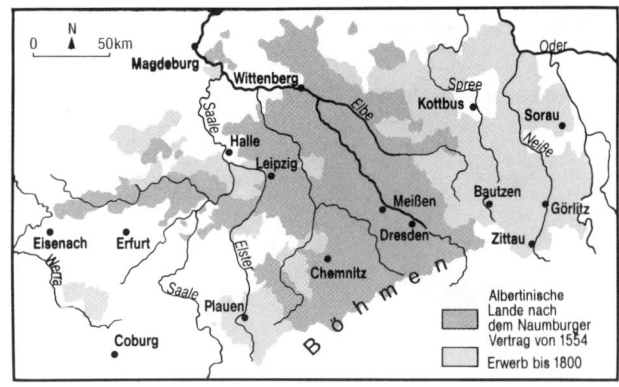

Kursachsen seit 1554

che Heer bewahrte. Als die Schweden 1634 bei Nördlingen eine Schlacht verloren, wechselte Kursachsen ins kaiserliche Lager zurück. Wie sich im Prager Frieden 1635 zeigte, war dies dem Kaiser ein Honorar wert: Kursachsen wurde die Lausitz zugesprochen, wenn auch als böhmisches Lehen. Der Krieg ging indessen weiter. Am Westfälischen Frieden 1648 blieb Sachsen trotz Entsendung von zwei Abgeordneten unbeteiligt; seine machtpolitische Stellung in Europa hatte der Krieg noch weiter geschwächt. In den folgenden Jahren gelang es Sachsen nicht, sich aus der Abhängigkeit des mächtigen habsburgischen Nachbarn zu lösen, wozu eine erneute Zersplitterung des Landes beitrug. Johann Georg I. verfügte 1656 testamentarisch die Teilung Sachsens zugunsten seiner Söhne in die drei Fürstentümer Sachsen-Merseburg, Sachsen-Zeitz und Sachsen-Weißenfels.

Das ›Augusteische Zeitalter‹

Am Beginn des ›Augusteischen Zeitalters‹ (1694–1763) stand der Traum von einem sächsischen Staat, an seinem Ende die Katastrophe des Siebenjährigen Krieges.

Friedrich August I. (1673–1733), der Starke, hat an volkstümlicher Beliebtheit alle anderen Wettiner übertroffen, entsprach er doch dem Typus des prachtliebenden Barockfürsten, der überall im Land seine sichtbaren Spuren in Gestalt repräsentativer Bauten hinterließ und mit seiner dem Selbstverständnis des absolutistischen Herrschers entspringenden, luxuriös-pompösen Hofhaltung von sich reden machte.

Marmorbüste Augusts des Starken von Guillaume Coustou, nach 1700

Sein Sohn Friedrich August II. (1696–1763) war ein leidenschaftlicher Kunstliebhaber, -förderer und -sammler, dem es an politischem Ehrgeiz mangelte, weshalb er die Regierungsgeschäfte seinem Kanzler Heinrich Graf Brühl überließ, einer umstrittenen Persönlichkeit. Ein Günstling sei er gewesen, heißt es, ein Verschwender, ein Intrigant. In all dem steckt wohl ein Funken Wahrheit. Er selbst verstand sich als Vollstrecker des Erbes Augusts des Starken, ohne als Minister die Machtfülle eines Landesherren zu haben, und sah sich zudem mit einer veränderten nationalen Lage konfrontiert, die ihm fremd blieb.

In der ›Augusteischen Zeit‹ entwickelte sich Dresden zu einer der schönsten Städte Deutschlands. Daß dies zu Lasten anderer sächsischer Städte und der Landeswirtschaft ging, darf dabei nicht übersehen werden. August der Starke und später sein Sohn holten ausgezeichnete Architekten an ihren Hof, u. a. Pöppelmann, Longuelune, de Bodt, Klengel und Knöffel (s. S. 73). Die Dresdner Kunstsammlungen wurden zum Vorbild vieler Museen. München, Wien und Düsseldorf etwa übernahmen den Aufbau des 1720 eingerichteten Kupferstichkabinetts. Die Antikensammlung war damals die größte nördlich der Alpen. Der Altertumsforscher Johann Joachim Winckelmann verdankte ihr wertvolle Anregungen. Als ein »Heiligtum« galt Goethe die 1782 mit 284 Bildern gegründete Gemäldegalerie. Die wichtigste Erweiterung in ihrer Geschichte erfuhr sie unter Friedrich August II., der die ›Sixtinische Madonna‹ Raffaels erwarb. Sammlungsschwerpunkte bilden die Arbeiten niederländischer, spanischer und italienischer Meister. Zu den am Hof tätigen Künstlern gehörte auch Bernardo Bellotto, genannt Canaletto, dessen Stadtansichten zu den hervorragenden Kunstwerken der Galerie gehören. Dresden besaß als erste deutsche Stadt seit 1705 eine eigene Malerschule und ebenfalls als erste seit 1744 ein öffentlich zugängliches Museum. »Nirgends«, lobte Johann Gottfried Herder, seien Sammlungen »auf eine so großartige und liberale Weise wie in Sachsen« angelegt.

Unter Friedrich August II. erreichte Sachsen auch im Musikleben eine führende Stellung in Deutschland. In Dresden erlebte die italienische Oper unter dem Komponisten und Hofkapellmeister Johann Adolph Hasse (1699–1783) und seiner Frau, der Mezzo-Sopranistin Faustina Bordoni, eine glanzvolle Zeit. In Leipzig wirkte Johann Sebastian Bach (1685–1750) als Kantor der Thomaskirche, und unter Gottfried Silbermann (1683–1753), der seine Werkstatt in Freiberg hatte, entwickelte sich die Orgelbaukunst zur Vollkommenheit (s. S. 373).

Von der Leipziger Universität gingen in dieser Zeit wesentliche Impulse der deutschen Frühaufklärung aus. Hier lehrte Johann Christoph Gottsched (1700–66), der das deutsche Theater reformierte; Caroline Neuber, die Leiterin einer vielbeachteten Schauspieltruppe, setzte seine Theorien in die Theaterpraxis um. Seit 1751 war auch Christian Fürchtegott Gellert in Leipzig Professor, der mit seinen unterhaltsam-belehrenden Fabeln das bürgerliche Tugendideal seiner Zeit verbreitete.

Als Staatsmann war August der Starke eine umstrittene Persönlichkeit. Als er völlig unerwartet 1694 Kurfürst wurde, nachdem sein älterer Bruder nach nur dreijähriger Amtszeit gestorben war, waren die verheerenden Folgen des Dreißigjährigen Krieges mit der

Ein bloßes Lustgebäude

1718 besuchte der Publizist Johann Michael von Loen Dresden und zeigte sich von der Bau- und Kunstsammlertätigkeit Augusts des Starken begeistert.

Die Stadt Dresden scheinet gleichsam nur ein bloßes Lustgebäude zu seyn, worinn sich alle Erfindungen der Baukünste angenehm miteinander vermischen, und doch besonders betrachten lassen. Ein Fremder hat fast ein paar Monathe damit zuzubringen, wann er alles, was dieser Ort schönes und prächtiges hat, in Augenschein nehmen will, und doch siehet er nichts, als mit einem flüchtigen Auge.

Es ist keine Kunst der Welt zu finden, davon man hier nicht ausnehmende Meisterstücke siehet. Alles, was in dem Reich der Natur sich verwundernswürdiges und seltenes geäußert, verschliessen hier die Raritäten- und Naturalienkammern. Alles, was man prächtiges an Geschirren, Pferdedecken, Schlitten, Waffenzierrathen und dergleichen Gerätschaften sehen kann, welche bey Aufzügen, Ritterspielen und Lustfesten gebrauchet werden, wird in einer so erstaunlichen Menge auf dem sogenannten großen Stall in einer langen Gallerie verwahret.

Von dem in der Welt berühmten Zeughaus nicht zu gedenken: Es ist bekannt, daß die ansehnlichsten in Europa nur mit demselben pflegen verglichen zu werden. (...)

Was soll ich weiter von dem unvergleichlichen Oraniengarten* sagen, welchen jedermann nicht anders, als mit äußerster Bewunderung betrachten kann. Ohnerachtet solcher unter die Wunder unserer Zeiten verdienet gerechnet zu werden, so ist er dennoch in den Augen des Königs nur ein kleiner Garten. Alle Kenner der Baukunst warten mit einem ungeduldigen Verlangen auf die von Herrn Pöppelmann, Sr. Königl. Majest. in Pohlen Oberlandbaumeister, versprochene Abrisse dieses so wunderschönen Gebäudes, wo beydes, die Natur als Kunst, scheinen alles zusammengetragen zu haben um ein vollkommenes Werk zu machen. Ihre Königl. Majestät ließen dieses vortreffliche Gebäude im Jahre 1711 in Grund legen; zu der Zeit als Dieselben das hohe Vicariat im H. R. Reich verwalteten. Dessen Fortgang war so schnell, als glücklich; und wie Sr. Königl. Majest. sich dessen in eigener Sorgfalt annahmen, so siehet man auch daselbst alles, was nur die Künste und Wissenschaften Erhabenes und Schönes vorbringen können.

Die Bogenwerke, die Gallerien, die Säle, die Cabinetter, sind nicht allein nach der herrlichsten und sinnreichsten Baukunst eingerichtet, sondern die dabey angebrachten Auszierungen, an Bildhauerkunst, Mahlerey, Verguldungen, Brustbildern, Aufsätzen, Erhebungen und dergleichen, nebst dem Reichtum des allerschönsten Marmors, der allenthalben in die Augen glänzet, setzt alle Kenner in äußerste Verwunderung.

* Der Zwinger wurde als Orangerie begonnen

Unterstützung aus Böhmen und Frankreich zugewanderter Exulanten größtenteils überwunden. Sachsen konnte sich mit Österreich, Preußen und Bayern messen und galt wirtschaftlich als ›Gewerbeland des Reiches‹. Es gab bedeutende Manufakturen, und neue kamen hinzu. Auch August der Starke bestätigte sich als Unternehmer, so mit der Waffenschmiede in Olbernhau und der Meissener Porzellanmanufaktur (s. S. 143).

Politische Neuerungen, mit denen August einen absolutistisch regierten Staat nach französischem Vorbild etablieren wollte, schwächten die Stände und stärkten die Zentralgewalt: Errichtung zentraler Behörden, Einstellung von bürgerlichen Beamten, Einführung einer Generalkonsumtionsakzise, die den Landesherren finanziell teilweise aus der Abhängigkeit von den Ständen löste (in Etappen durchgesetzt bis 1707) und die Erweiterung des 1682 gegründeten stehenden Heeres auf 30 000 Mann.

Dreh- und Angelpunkt der Außenpolitik war die polnische Krone. Schon bei Anmeldung der Kandidatur zeichneten sich Widerstände ab. Im katholischen Polen konnte nur ein Katholik König werden. Folglich trat August der Starke zum Katholizismus über. Der Vorwurf, seinen Glauben verraten zu haben, traf ihn gewiß zu Unrecht – er hatte keinen Glauben. 1697 wurde er in Krakau als August II. zum König von Polen gekürt. Die polnische Krone kam Sachsen teuer zu stehen. Um die kirchlichen und weltlichen Machthaber zu befriedigen, bedurfte es großer Summen. Der Kurfürst und König mußte angestammte Ländereien verkaufen, um sie aufzubringen, wie etwa das Amt Petersburg bei Halle, die Erbvogtei Quedlinburg und das Schulzenamt in Nordhausen. Nur die für 1,2 Mio. Taler ›versilberten‹ Ämter Borna, Gräfenhainichen und Pforta wurden zurückgekauft. Überfordert war Sachsen auch mit der an die Krone gebundenen Pflicht, die Schweden aus den polnischen Ostseeprovinzen zu vertreiben. Es erlitt eine militärische Katastrophe, die für August den Starken den (zeitweiligen) Verlust der polnischen Krone bedeutete und Sachsen mit der ein Jahr währenden Besetzung des Landes durch die Schweden in schwere finanzielle Nöte trieb.

Die von August erstrebte Erbmonarchie kam nicht zustande. Doch gelang es seinem Sohn Friedrich August II., die Herrschaft als August III. von Polen anzutreten.

Die Union mit Polen führte, war sie auch wirtschaftspolitisch für beide Länder kaum von Vorteil, zu einer fruchtbaren Zusammenarbeit in Kultur und Außenpolitik, obwohl die von August erstrebte Landbrücke zwischen beiden Ländern nicht geschaffen werden konnte – zwischen Sachsen und Polen lagen Gebiete der Habsburger und Hohenzollern. Die Leipziger »Neuen Zeitungen« hatten, für damalige Verhältnisse völlig ungewöhnlich, einen Korrespondenten in Polen, und an der Leipziger Universität wurde als einziger in Deutschland Polnisch von einem Muttersprachler gelehrt. Polen sieht heute in der Unionszeit die Anfänge seiner Aufklärungsperiode.

Außenpolitisch sicherte die Union Polens Einheit. Sachsen wiederum wuchs dank der Union über die außenpolitische Bedeutungslosigkeit deutscher Territorialstaaten hinaus. Ein starkes Sachsen stand allerdings preußischen Interessen entgegen.

Die Annexion des österreichischen Schlesiens 1740 durch Preußen traf Sachsen hart, schob sich doch Preußen damit zwischen Polen und Sachsen. Die preußische Konkurrenzmesse in Breslau ließ zudem eine Verstärkung der wirtschaftlichen Rivalität erwarten. Unverkennbar war in Preußen ein ernstzunehmender Gegner erwachsen. Militärisch konnte Sachsen der Herausforderung nicht standhalten. Brühl setzte auf Diplomatie, auf Bündnisse – und er setzte falsch. In den ersten Wochen des Siebenjährigen Krieges (1756–63) mußte die sächsische Armee bei Struppen kapitulieren. Die 14000 Soldaten wurden ins preußische

Heer eingegliedert; der Kurfürst und Brühl flohen nach Warschau. Sachsen aber wurde zum Hauptkriegsschauplatz. Die materiellen Verluste sollen 300 Millionen Taler betragen haben. Bei Eintritt der Waffenruhe meinte man, zur Behebung der ungeheuren Kriegsschäden würden 20 bis 30 Jahre erforderlich sein.

Den sächsisch-preußischen Gegensatz hat Gotthold Ephraim Lessing (1729–81) in der ersten klassischen deutschen Komödie »Minna von Barnhelm« literarisch aufgearbeitet. Der preußische Offizier Tellheim begegnet den besiegten Sachsen mit Edelmut, was ihm die Liebe der klugen Sächsin Minna von Barnhelm und den Zorn seines despotischen Königs einträgt. Der Kamenzer Lessing war als aufgeklärter Geist ein Gegner patriotischer Intoleranz und Kleinstaaterei, so daß er, wie er in einem Brief beklagt, im Krieg »zu Leipzig für einen Erzpreußen und in Berlin für einen Erzsachsen« gehalten wurde.

Um die Wiederherstellung des Landes mühten sich nach 1763 reformfreudige Kräfte um Thomas von Fritsch (1700–1775). Im Zuge des Rétablissements wurde die katastrophale Lage Sachsens nach dem Krieg relativ schnell überwunden. Die Wissenschaft sollte sich nun an den Belangen der Wirtschaft orientieren und die Bildung von Manufakturen gefördert werden. In Freiberg wurde 1765 die Bergakademie gegründet, die erste montanwissen-

Soldatenleben

In seiner Autobiographie »Lebensgeschichte und Natürliche Ebentheuer des Armen Mannes im Trockenburg« (1789 erschienen) berichtet der Schweizer Kleinbauer und Hausierer Ulrich Bräker, wie es im preußischen Lager bei Pirna zur Zeit des Siebenjährigen Krieges zuging. Betrügerische Werber hatten Bräker in friederizianische Dienste gezwungen.

Eine umständliche Beschreibung unsers Lagers zwischen Königstein und Pirna sowohl als des gerade vor uns überliegenden Sächsischen bey Lilienstein wird man von mir nicht erwarten. Die kann man in der Helden-, Staats- und Lebensgeschichte des Grossen Friedrichs suchen. Ich schreibe nur, was ich gesehen, was allernächst um mich her vor- und besonders was mich selbst angieng. Von den wichtigsten Dingen wußten wir gemeine Hungerschlucker am allerwenigsten, und kümmerten uns auch nicht viel darum. Mein und so vieler andrer ganzer Sinn war vollends allein auf: Fort, fort! Heim, ins Vaterland! gerichtet.
Von 11–22. Sept. sassen wir in unserm Lager ganz stille; und wer gern Soldat war, dem mußt'es damals recht wohl seyn. Denn da gieng's vollkommen wie in einer Stadt zu. Da gab's Marquetenter und Feldschlächter zu Haufen. Den ganzen Tag, ganze lange Gassen durch, nichts als Sieden und Braten. Da konnte jeder haben was er wollte, oder vielmehr was er zu bezahlen vermochte: Fleisch, Butter, Käse, Brodt, aller Gattung Baum- und Erdfrüchte, u. s. f. Die Wachten ausgenommen, mochte jeder machen was ihm beliebte: Kegeln, Spielen, in und ausser dem Lager spatzieren gehn, u. s. f. Nur wenige hockten müssig in ihren Zelten: Der eine beschäftigte sich mit Gewehrputzen, der andre mit Waschen; der dritte kochte, der vierte flickte Hosen, der fünfte Schuhe, der sechste schnifelte was von Holz und verkauft'es den Bauern. Jedes Zelt hatte seine 6 Mann und einen Uebercompleten. Unter diesen sieben war

Im Siebenjährigen Krieg wurde die Dresdner Kreuzkirche durch preußische Bombardements zerstört. Gemälde von Bernardo Bellotto (gen. Canaletto), 1765

immer einer gefreyt; dieser mußte gute Mannszucht halten. Von den sechs übrigen gieng einer auf die Wache, einer mußte kochen, einer Proviant herbeyholen, einer gieng nach Holz, einer nach Stroh, und einer machte den Seckelmeister, alle zusammen aber Eine Haushaltung, Ein Tisch und Ein Beth aus. Auf den Märschen stopfte jeder in seinen Habersack, was er – versteht sich in Feindes Land – erhaschen konnte: Mähl, Rüben, Erdbirrn, Hühner, Enten, u. d. gl. und wer nichts aufzutreiben vermochte, ward von den übrigen ausgeschimpft, wie denn mir das zum öftern begegnete. Was das vor ein Mordiogeschrey gab, wenn's durch ein Dorf gieng, von Weibern, Kindern, Gänsen, Spanferkeln u. s. f. Da mußte alles mit was sich tragen ließ. Husch! den Hals umgedreht und eingepackt. Da brach man in alle Ställ' und Gärten ein, prügelte auf alle Bäume los, und riß die Aeste mit den Früchten ab. Der Hände sind viel, hieß es da; was einer nicht kann, mag der ander. Da durfte keine Seel' Mux machen, wenn's nur der Offizier erlaubte, oder auch bloß halb erlaubte. Da that jeder sein Devoir zum Ueberfluß.

(. . .)

Endlich den 22. Sept. ward Allarm geschlagen, und erhielten wir Ordre aufzubrechen. Augenblicklich war alles in Bewegung; in etlichen Minuten ein stundenweites Lager – wie die allergrößte Stadt – zerstört, aufgepackt, und Allons, Marsch! Itzt zogen wir ins Thal hinab, schlugen bey Pirna eine Schiffbrücke, und formirten oberhalb dem Städchen, dem Sächsischen Lager en Front, eine Gasse, wie zum Spißruthenlaufen, deren eines End bis zum Pirnaer-Thor gieng, und durch welche nun die ganze Sächsische Armee zu vieren hoch spatzieren, vorher aber das Gewehr ablegen, und – man kann sich's einbilden – die ganze lange Strasse durch Schimpf- und Stichelreden genug anhören mußten. Einiche giengen traurig, mit gesenktem Gesicht daher, andre trotzig und wild, und noch andre mit einem Lächeln, das den Preußischen Spottvögeln gern' nichts schuldig bleiben wollte. Weiter wußten ich, und so viele Tausend andre, nichts von den Umständen der eigentlichen Uebergabe dieses grossen Heers.

schaftliche Lehranstalt der Welt. In Leipzig und Dresden entstanden 1764 Kunstakademien; sie sollten – ein noch ungewöhnlicher Aspekt – den Manufakturen den Weg zum attraktiv gestalteten Produkt weisen. Um 1770 erlebte das Manufakturwesen einen ersten Höhepunkt in Plauen, Crimmitschau und Chemnitz. Zu Manufakturgründungen in größerer Zahl, etwa 150, kam es dann erst wieder im ausgehenden 18. Jh. Die Landwirtschaft führte unter dem Einfluß der rührigen ›Leipziger ökonomischen Sozietät‹ neue Anbauformen und vermehrt Schafzucht (Merino) ein, aber nach kriegsbedingter Verringerung des Viehbestandes, einer Mißernte im Erzgebirge 1771/72 und eines Ansteigens der Bevölkerung fiel es Sachsen zunehmend schwerer, sich selbst zu versorgen. Unter dem Einfluß der französischen Revolution kam es im Sommer 1790 zu dem seit 1525 größten deutschen Bauernaufstand mit der Lommatzscher Pflege als Zentrum.

Königreich von Napoleons Gnaden

Als Verbündeter Preußens kämpfte Sachsen bei Jena und Auerstedt gegen napoleonische Truppen und wurde vernichtend geschlagen (1806). Im Dezember des gleichen Jahres schloß Kurfürst Friedrich August III. mit Napoleon den Frieden von Posen, der ihm zwar die Königskrone einbrachte, ihn aber gleichzeitig zum Eintritt in den Rheinbund und zur Stellung eines Truppenkontingents verpflichtete.

Sachsen wird nun Königreich von Napoleons Gnaden. Kurfürst Friedrich August III. wurde als Friedrich August I. König von Sachsen. Ins schwarz-rot-goldne Wappen der Askanier mit dem Rautenkranz fügte er eine Krone. 1807 bestimmte Napoleon, der in Tilsit Frieden mit Preußen und Rußland geschlossen hatte, territoriale Veränderungen. Sachsen verlor die altangestammten Gebiete Gommern, Barby und Mansfeld und erhielt zum Ersatz den seit 1445 zu Brandenburg gehörenden Cottbuser Kreis. Das Großherzogtum Warschau wurde in Personalunion mit Sachsen vereinigt, was Erinnerungen an die alte sächsisch-polnische Union wachrief. Zwei Jahre später, 1809, stellte Sachsen Napoleon im Krieg gegen Österreich 13 000 Mann, und Bonaparte bezahlte mit Land, das ihm nicht gehörte. Zum Großherzogtum Warschau wurde außer einigen Gebieten Galiziens das wichtige Krakau geschlagen. An Sachsen direkt mußte Österreich seine Enklaven in der Lausitz abtreten.

Mit Napoleons Kontinentalsperre hatte sich Sachsen inzwischen ausgesöhnt, denn an die Stelle britischer Waren traten sächsische, und das in halb Europa, so daß Sachsen im Gegensatz zum benachbarten Preußen von Napoleons Herrschaft profitierte. Antinapoleonische Kräfte, wie etwa Major Schill mit seiner Truppe, fanden in Sachsen keine Unterstützung. Anders als in Preußen wurde auch keine grundlegende Staatsreform durchgeführt, so daß die progressiven Stimmen des Landes kein Gehör fanden. Die Ernüchterung kam 1812 mit Napoleons Rußlandfeldzug, an dem mehr als 20 000 Sachsen unter Le Coq teilnahmen. Nur 1000 kehrten zurück. Dennoch schloß sich der König der Union gegen Napoleon auch jetzt nicht an, obwohl die Opposition gegen Napoleon nun auch in Sachsen an Einfluß gewann.

König Friedrich August I. flüchtete vorerst außer Landes, kehrte aber nach Napoleons Erfolgen im Frühjahrsfeldzug zurück, Bonaparte seine Ergebenheit versichernd.

1813 wurde Sachsen Hauptkriegsschauplatz. Bei Leipzig wurde die entscheidende ›Völkerschlacht‹ geschlagen, die mit einer halben Million Teilnehmern erste Massenschlacht der Neuzeit. Der Sieg der Verbündeten setzte Napoleons Herrschaft in Deutschland ein Ende. Sachsen aber hatte wieder einmal auf der falschen Seite, der napoleonischen, gestanden und sah sich nun gewaltigen Kriegsschäden gegenüber. 84 000 Tote mußten in Leipzig beigesetzt und Zehntausende von Verwundeten gepflegt werden. In der Stadt fehlten Nahrungsmittel; es kam zu einer Hungersnot.

Zwischen Völkerschlacht und Wiener Kongreß lagen Jahre der Ungewißheit. Der König geriet in preußische Gefangenschaft und wurde in Berlin festgesetzt; das Land russischem Gouvernment, zunächst unter Leitung des Fürsten Nikolai Repnin-Wolkonski (1778–1845), unterstellt, bis ein Jahr später ein preußischer Gouverneur in das Amt eingesetzt wurde.

Progressive Kräfte trachteten nach der Bewältigung zweier Aufgaben: Überwindung der ärgsten Kriegsschäden und Beteiligung an der endgültigen Unterwerfung Napoleons. Trotz der katastrophalen Lage wurde aus Spendenmitteln nach dem Beispiel der ›Lützower Jäger‹ das ›Banner der freiwilligen Sachsen‹ aufgestellt, das etwa 3000 Mann zählte und sich an der Blockade von Mainz beteiligte. Vorwiegend gehörten ihm Soldaten an, die während der Völkerschlacht Napoleons Fahnen verlassen hatten. General Johann Adolph von Thielmann (1765–1824) führte das inzwischen wieder 14 000 Mann starke sächsische Heer unter den neuen Landesfarben grün-weiß in die Niederlande. Nach dem Sieg bei Waterloo im Juni 1815 blieben 5000 Sachsen unter Wellington als Besatzungsmacht in Frankreich stationiert. Der zweite Pariser Friede verpflichtete Frankreich, auch an Sachsen Kontributionen zu zahlen – anderthalb Millionen Taler.

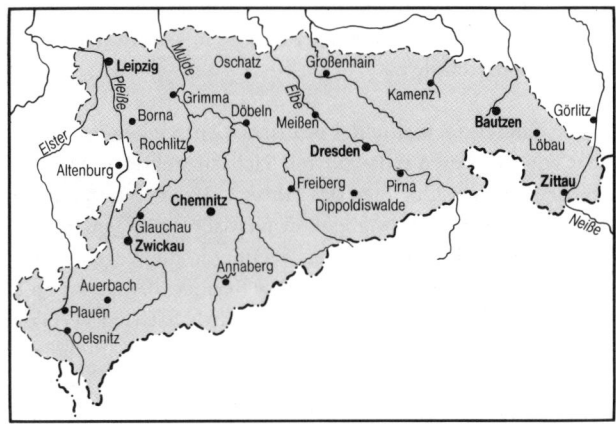

Sachsen zwischen 1815 und 1952

In der letzten Phase der Befreiungskämpfe hatte Sachsen wieder einiges gutgemacht, doch sollte dies ohne nennenswerten Einfluß auf das weitere Schicksal des Landes bleiben. Die Entscheidung fiel auf dem Wiener Kongreß (1814/15). Preußen beanspruchte ganz Sachsen als Entschädigung, doch Österreich, England und Frankreich wollten kein allzu starkes Preußen und sorgten sich um das Legitimitätsprinzip. Am Ende mußte Sachsen mehr als die Hälfte des Wettinischen Landes an Preußen abtreten, so Teile der Kreise Leipzig und Meißen, den Kurkreis mit Barby, Querfurt, die Niederlausitz und Teile der Oberlausitz. Damit war Sachsen fortan das kleinste Königreich in Deutschland. Die vom Wiener Kongreß gegenüber anderen Rheinbundstaaten geübte Nachsicht hinterließ den Eindruck, Sachsen sei ein Opfer preußischer Annexionspolitik geworden.

Vom Verfassungsstaat ins Reich Bismarcks

Sachsen-Weimar gab sich 1816 eine Verfassung auf dem Boden der von der französischen Revolution deklarierten menschlichen Grundrechte. In Sachsen aber war der längst fällige Übergang zum Verfassungsstaat unter dem reaktionären Minister Detlev von Einsiedel (1773–1861) nicht zu vollziehen. Die Beamten befaßten sich mit den verwaltungsmäßigen Konsequenzen der Landesteilung, etwa der Trennung von Akten und Gerichtsverfahren, und sie besorgten dies mit Fleiß langsam, um Preußen zu schaden. Der Hof setzte sein Dasein unverändert fort. Drei Fünftel des Landes waren verlorengegangen, und die Hälfte der Einnahmen fehlten, doch machte dies keinen Höfling überflüssig.

Im Prozeß der fortschreitenden Industrialisierung hingegen übernahm Sachsen die Rolle des Vorreiters. Zwischen 1807 und 1830 entstanden nach Angaben des 1829 gegründeten ›Sächsischen Industrievereins‹ etwa 200 Fabriken, die hauptsächlich Textilien und Textilmaschinen produzierten. Dresden erhielt 1829 eine technische Lehranstalt. Chemnitz, wo die meisten Fabriken standen und 5000 Lohnarbeiter beschäftigt waren, protestierte zunächst vergeblich gegen den Standort. Erst 1836 – nach der Revolution – gestand man Chemnitz eine Gewerbeschule zu.

In der Landesgeschichte des industriell entwickelten, aber wie kaum ein anderer Territorialstaat von Reformen unberührten Sachsen stellten die von der Juli-Revolution in Frankreich hervorgerufenen Unruhen des Jahres 1830 einen tieferen Einschnitt dar als die 48er Revolution, wenn sie auch weniger dramatisch verliefen. Die Regierung sah sich gezwungen, endlich eine grundlegende Neuordnung in die Wege zu leiten. Anstelle des Grafen Einsiedel übernahm nun der liberale Politiker Bernhard August von Lindenau (1779–1854) die Regierungsgeschäfte. Im September 1831 wurde Sachsen Verfassungsstaat. Staats- und Hoffinanzen waren von nun an getrennt. Das Geheime Kabinett wurde aufgelöst, und die Minister waren ab jetzt einem aus zwei Kammern bestehenden Landtag verantwortlich, der jedoch noch keineswegs einer wirklichen Volksvertretung entsprach.

Wilhelmine Schröder-Devrient, Sopranistin der Dresdner Oper, fordert am 3. Mai 1849 das Volk auf, vor das Königliche Schloß zu ziehen. Illustration aus dem 19. Jh.

Die Verfassung drückte das Einheitsprinzip aus. Das setzte den letzten 20 Gebieten mit eigenen Hoheitsrechten ein Ende. Eingegliedert wurden u. a. die Oberlausitz und die Schönburgische Herrschaft (1835), aufgehoben die Sonderrechte des Hochstiftes Meißen. Sachsen war von nun an in die vier Kreisdirektionen Dresden, Bautzen, Zwickau und Leipzig gegliedert.

Ein Jahr nach Verabschiedung der Verfassung erfolgte eine Neuordnung der Verhältnisse in Stadt und Land. In den Städten wurde dem Rat eine Stadtverordnetenversammlung zur Seite gestellt, auf dem Land die Fronpflicht und andere bäuerliche Reallasten abgeschafft; anders als bei der preußischen Agrarreform kam es dabei nicht zur Verringerung des bäuerlichen Besitzes. Die Volksschule, deren Besuch seit 1769 Pflicht war, wurde planmäßig entwickelt. An Stelle der privaten Latein- und Winkelschulen entstanden Rats-, Frei- und Armenschulen.

Zu den wenigen vorbehaltlosen Befürwortern des Beitritts zum Deutschen Zollverein (1834) gehörte die expandierende Textilindustrie, die sich auf der Suche nach einem aufnahmefähigen Markt befand. Sachsen entwickelte sich zum ökonomischen Zentrum auf dem Gebiet des Zollvereins, dessen politische Kontrolle in Preußens Hand lag. Voraussetzung dafür waren die enormen Fortschritte im Verkehrswesen. 1836 wurde der Bau der Eisenbahnlinie Leipzig-Dresden in Angriff genommen. 8000 Arbeiter kamen beim Bau der Trasse bis 1839 zum Einsatz. In Oberau mußte ein 513 m langer Tunnel in den Fels gebohrt, bei Riesa eine 345 m lange Elbbrücke gebaut werden, und stets bewegte man sich auf technischem Neuland. Wenn das Wort ›Pioniertat‹ irgendwo zutrifft, dann hier. Die im April 1839 eingeweihte, erste deutsche Überlandeisenbahn beförderte schon im ersten Betriebsjahr 40000 Fahrgäste (s. S. 441 f.). Bereits 1840 konnte die Strecke Leipzig–Magdeburg übergeben werden, die erste im grenzüberschreitenden Verkehr. Der Industrie boten sich im Hinblick auf den Export eiliger und schwerer Güter neue, verbesserte Möglichkeiten. Dem Dampfwagenverkehr auf der Schiene war bereits 1837 der Dampfschiffverkehr auf der Elbe vorausgegangen.

Unter König Friedrich August II. kam es 1848 auch in Sachsen zu revolutionären Unruhen. Ziel der Bewegung war ein vereinigtes demokratisches Deutschland. Der reaktionäre Minister Traugott von Könneritz (1792–1866) mußte abdanken; der vogtländische Advokat Alexander Hermann Braun (1807–68) bildete am 16. März 1848 die erste bürgerliche Regierung in Sachsen. Als es zwei Monate später zur Wahl der Nationalversammlung kam, siegten die Demokraten vor den Liberalen. Mit Robert Blum (1807–48) stellte Sachsen in der Frankfurter Paulskirche den Führer der radikalen Demokraten; Blum wurde im November 1848 in Wien, wo er an einer revolutionären Volkserhebung teilgenommen hatte, standrechtlich erschossen. Dies dürfte auf den Ausgang der Landtagswahlen im Monat darauf nicht ohne Einfluß geblieben sein: In beiden Kammern siegten die Demokraten – ein einmaliges Ergebnis dieser Zeit in Deutschland. Anders als in Berlin, wo sich konservative Kräfte schon wieder durchgesetzt hatten, konnte sich die demokratische Bewegung in Dresden noch Chancen ausrechnen. Als die Monarchen die Paulskirchenverfassung ablehnten, trat die Revolution mit Dresden als Hauptschauplatz im Mai 1849 in die Schlußphase. Der König flüchtete auf den Königstein.

Etwa 3000 Mann, unter ihnen Richard Wagner und Gottfried Semper, beteiligten sich an den Mai-Kämpfen. Dresden aber blieb zu isoliert, um siegen zu können.

Neuer leitender Minister wurde Friedrich Ferdinand von Beust (1809–86). Er löste 1850 beide Kammern auf und restaurierte die Macht der Stände. Sein politisches Ziel war die Erhaltung der deutschen Mittelstaaten und damit ein Sachsen im Bündnis mit Österreich. So standen 1866 in der Schlacht bei Königgrätz 32 000 sächsische Soldaten an der Seite Österreichs. Preußen aber siegte, und um Sachsens ohnehin nur noch bescheidene außenpolitische Mittlerrolle in der europäischen Diplomatie war es damit geschehen. Sachsens Weg führte in

Demokratische Forderungen

In seinem »Aufruf an die Freisinnigen Sachsens« vom 3. März 1848 formuliert Robert Blum die Ziele der demokratischen Bewegung in neun Punkten.

Der Augenblick, wo die Kanonen zu Paris das morsche Gebäude der freiheitsfeindlichen Staatskunst von 1815 erschüttert haben, muß allen Ernstes dazu benutzt werden, auch in Deutschland die Gewalt der Bevormundung zu brechen und Regierungen zu erhalten, die auf Grundsätzen der Freiheit beruhen.

Die Stadtverordneten zu Leipzig haben den ersten Schritt getan und in einer Adresse an den König verlangt:

Entfesselung der öffentlichen Meinung, der Presse im ganzen Umkreise des Deutschen Bundes und die Berufung von Vertretern sämtlicher deutscher Völker an den Sitz des Bundestages.

Weiter ging eine Versammlung von etwa 1000 Bürgern und Einwohnern Leipzigs im Schützenhause, welche den Stadtverordneten zwar Dank und Anerkennung aussprach, aber weitere Forderungen stellte. Da es sich vor allem darum handelt, fest und einig aufzutreten, so werden alle Freisinnigen hiermit aufgefordert, sich ebenfalls zu versammeln und folgende Punkte als unerläßlich notwendig zu fordern:

1. Geschworenengerichte, vor welchen jeder Mann öffentlich und mündlich von seinesgleichen gerichtet wird.
2. Preßfreiheit. Sicherheit auch des literarischen Eigentums und ganz besonders der Zeitungen vor den Eingriffen der Polizei. Keine andere Verurteilung wegen Preßvergehen als durch Geschworene.
3. Wirkliche Verantwortlichkeit der Minister. Rücktritt von der Mehrheit der 2. Kammer.
4. Sofortige Entlassung der dermaligen Minister, die allein durch ihre volksfeindliche Politik die jetzige Gefahr verursacht haben.
5. Wahlreform, also direkte Wahlen, unbeschränkte, Wählbarkeit und Wahlberechtigung jedes Staatsbürgers. Das Recht friedlicher Vereinigung für alle Staatsbürger.
6. Allgemeine Volksbewaffnung.
7. Wirkliche völlige Glaubensfreiheit und gleiche bürgerliche Rechte für alle Glaubensparteien.
8. Einschränkung der übermäßig teuren Landesverwaltung und des unnützen Soldatenspiels und Verwendung des Ersparten zur Steuer der Verarmung und Aushilfe der Armen.
9. Bildung eines neuen, vom Volke gewählten deutschen Mittelpunktes zur Wahrung der deutschen Freiheit nach außen.

den Norddeutschen Bund, in das Reich Bismarcks. Von 43 Stimmen im Bundesrat entfielen auf Sachsen nur vier, auf Preußen 17. Obwohl Sachsen innenpolitisch eine relative Unabhängigkeit bewahren konnte, war doch die staatliche Souveränität verloren. Eine sächsische Außenpolitik gab es nicht mehr. Von einer kleinen Vertretung in Wien abgesehen, übernahm Preußen sämtliche diplomatischen Missionen. Zwar bestand noch eine sächsische Armee, über Krieg und Frieden aber entschied Berlin, wie sich bereits 1870 zeigen sollte.

Unter Prinz Albert (1828–1902) stellte Sachsen im Krieg gegen Frankreich die Maas-Armee, half 1871 bei der Niederschlagung der Pariser Kommune und beteiligte sich an der Annexion von Elsaß-Lothringen. Dafür floß ein Teil der französischen Kontributionen in die Kasse Dresdens. Prinz Albert avancierte zum Marschall des Deutschen Reiches, und General Georg Friedrich von Fabrice (1818–91) wurde im besetzten Frankreich Generalgouverneur. Mit Druck und Konzessionen war es Bismarck binnen weniger Jahre gelungen, Sachsen in das politische System Preußens zu integrieren.

Sachsen ist mit recht gegensätzlichen Beinamen bedacht worden: vom ›Musterland der Reaktion‹ sprachen die einen, vom ›Roten Königreich‹ die anderen.

58 % der Erwerbstätigen verdienten sich 1858 ihr Brot in der Industrie, 20 % mehr als im Reichsdurchschnitt. Jeder vierte sächsische Industriearbeiter fand seinen Platz in den Textilfabriken. Die Arbeitsbedingungen waren unerträglich hart, die Löhne gering, Kinderarbeit die Regel, und eine Versorgung bei Krankheit oder im Alter gab es nicht. So wundert es nicht, wenn Sachsen ein Zentrum der Arbeiterbewegung und der Sozialdemokratie wurde. Ferdinand Lassalle (1825–64) gründete 1863 in Leipzig den Allgemeinen Deutschen Arbeiterverein, und ebenfalls in Leipzig lebten und wirkten August Bebel und Wilhelm Liebknecht. Weil sie sich für die Pariser Kommune und gegen die Annexion von Elsaß-Lothringen aussprachen, wurden sie 1872 im Leipziger Hochverratsprozeß zu je zwei Jahren Festungshaft verurteilt.

Die Textilindustrie beeinflußte maßgeblich die Siedlungsstruktur. Vor allem im Erzgebirgsvorland, im Vogtland und in der südlichen Oberlausitz entstand das für Sachsen charakteristische Industriedorf.

Als Mittler im Handel hatte Leipzig seit Jahrhunderten Bedeutung, die sich 1895 mit dem Übergang von der Waren- zur Mustermesse stabilisieren ließ. Zu einer Sonderstellung gelangte die Stadt im Rauchwarenhandel: Etwa ein Drittel der Welternte an Fellen wurde hier vor 1914 umgeschlagen. Auch Wissenschaft und Kunst erlebten dank des wirtschaftlichen Aufschwungs nach Jahren der Stagnation wieder eine Blüte. Die Alma mater Lipsiensis verzeichnete von allen deutschen Universitäten die höchsten Immatrikulationszahlen. An ihr lehrten so angesehene Wissenschaftler wie der Universalhistoriker Karl Lamprecht (1856–1915), der Psychologe Wilhelm Wundt (1832–1920), der Geologe Hermann Credner (1841–1913) und der Chemiker Wilhelm Ostwald (1853–1932). Da die vorhandenen Ausbildungsstätten des Landes nicht mehr ausreichten, wurde 1890 das Polytechnikum Dresden zu einer Technischen Hochschule ausgebaut und 1898 in Leipzig eine Handelshochschule gegründet. Zudem entstanden Fachschulen, als erste 1878 die Schneeberger Klöppelschule.

Wilhelm Liebknecht (links) und August Bebel (rechts im Profil) beim Leipziger Hochverratsprozeß 1872

An die Spitze der 1894 in einen Neubau gezogenen Dresdner Kunstakademie trat 1895 der impressionistische Maler Gotthardt Kuehl (1850–1915), der gegen die Salonkunst rebellierend 1897 eine Internationale Kunstausstellung ausrichtete und damit die Tradition der Dresdner Kunstausstellungen begründete. Sein Nachfolger wurde 1915 Robert Sterl (1867–1932), ein bedeutender deutscher Impressionist.

In radikalem Gegensatz zur Akademie standen die Künstler der »Brücke«. Ernst Ludwig Kirchner (1880–1938), Max Pechstein (1881–1955), Emil Nolde (1867–1956), Karl Schmidt-Rottluff (1884–1976) und Fritz Bleyl (1880–1966), die in den Jahren vor dem ersten Weltkrieg mit ihren expressiven, stark farbigen Bildern der Malerei neue Impulse gaben.

Im Zuge der fortschreitenden Industrialisierung stiegen die Einwohnerzahlen der Städte und Dörfer mit Industriestandorten, so etwa in Leipzig zwischen 1871 und 1895 von 170 000 auf 400 000, in Chemnitz von 68 000 auf 161 000. Eine rege Bautätigkeit war die Folge. Im Gründerrausch wurden zwar erst einmal nüchterne Fabriken und triste Mietskasernen errichtet, doch ab den 80er Jahren blieb mehr Zeit und Geld, um die Städte auch bewohnbar zu machen. Repräsentative Bauten entstanden in den historisierenden ›Neo‹-Stilen (s. S. 76 f.).

Das Jahr 1903 war eines der unruhigsten in Sachsen. In Crimmitschau, einem Zentrum der Textilindustrie, streikten im August etwa 10 000 Fabrik- und Heimarbeiter für höhere Löhne und Verkürzung der Arbeitszeit. Arbeiter aus ganz Deutschland und mehreren anderen europäischen Ländern solidarisierten sich mit den Streikenden. Zwar wurde der Ausstand unter dem Druck der von der Regierung unterstützten Unternehmer nach 21 Wochen ohne greifbares Ergebnis abgebrochen, doch wirkte er sich auf das Ergebnis der Reichstagswahlen von 1903 aus: Die SPD siegte in 22 von 23 Wahlkreisen; nur Bautzen wählte konservativ.

Vom Ersten Weltkrieg bis zum Nationalsozialismus

1904 wurde Friedrich August III. (1865–1932) letzter König von Sachsen. Ludwig Renn, ein Sohn des Prinzenerziehers von Golßenau, schildert ihn in »Adel im Untergang« als toleranten Mann. Neuerungen erwartete keiner von ihm. Sie hätten Konflikte heraufbeschworen, und Konflikten ging August aus dem Wege. Nur einmal überraschte er, und zwar 1906 mit der Ernennung des liberalen Grafen Hohenthal zum Innenminister. Hohenthal setzte das Pluralwahlrecht durch. Mit seinem Tod 1909 wurde auch manche Hoffnung der Reformer zu Grabe getragen.

Am 2. August 1914 rief Friedrich August III. seine »Söhne und Brüder« zu den Waffen. Als einziger deutscher König beanspruchte er jedoch nicht den Oberbefehl über seine Truppen, obwohl er als begeisterter Militär und fähiger Stratege galt. Sachsen, das fünf Millionen Einwohner zählte, stellte im Ersten Weltkrieg 750 000 Soldaten, von denen 229 000 nicht heimkehrten. Die sächsische ›Dritte deutsche Armee‹ wurde unter General Max Klemens von Hausen (1846–1922) an der Marne eingesetzt und verlor binnen fünf Wochen 12 402 Mann. Die Reste der Armee wurden zurückgezogen und dem preußischen General von Einem unterstellt. Dies war das Ende der militärischen Selbständigkeit Sachsens.

In der Folge des Kieler Matrosenaufstandes konstituierte sich in Leipzig am 3. November der erste Arbeiterrat, am 6. November in der Fliegerkaserne Großenhain der erste Soldatenrat Sachsens; am 8. November hatte die Revolution das ganze Land erfaßt, und am 10. November wurde im Zirkus Sarrasani zu Dresden die Republik Sachsen ausgerufen. Friedrich August III., der in die Moritzburg geflüchtet war, verzichtete am 13. November offiziell auf den Thron. Trotzdem blieb er der reichste Mann im Lande. Die Wettiner durften Schloß Moritzburg und das Jagdschloß Rehefeld behalten, 13 Villen, die Jagd in Bad Elster und – bei Verkaufsverbot – die sächsischen Kunstschätze.

Die Novemberrevolution verlief in Sachsen weniger dramatisch und blutig als etwa in Berlin oder München. Der Generalstreik im Februar/März 1919 erfaßte von Sachsen nur den Leipziger Raum, doch im April 1919 traten auch die Arbeiter des Zwickauer Steinkohlereviers in den Ausstand. In diese Phase fiel der Lynchmord an dem sächsischen Kriegsminister Gustav Neuring (1879–1919); aufgebrachte Kriegsopfer hatten ihn nach einer Rede in die Elbe geworfen. Die Reichsregierung verhängte daraufhin über das unruhige Sachsen im April 1919 den Belagerungszustand und ließ die Reichswehr einmarschieren.

Dieselbe Reichsregierung flüchtete im März 1920 vor den Kapp-Putschisten nach Dresden, wohin ihr die umstürzlerischen, reaktionären Truppen und das Freikorps folgten. In

Erich Zeigner, Ministerpräsident der Sächsischen Arbeiterregierung von 1923, wurde nach dem Zweiten Weltkrieg Oberbürgermeister von Leipzig

Leipzig kam es zu blutigen Auseinandersetzungen, die 40 Todesopfer forderten. Nicht zuletzt dank eines Generalstreiks wurde der Putsch binnen weniger Tage niedergeschlagen.

Am 13. November 1920 trat eine Verfassung in Kraft, die sich an der Weimarer Verfassung orientierte. Sachsen war in der Weimarer Republik ein Freistaat mit eigenem Parlament, eigenem Ministerpräsidenten und eigener grün-weißer Flagge. Dennoch schickte die Reichsregierung drei Jahre später Truppen nach Sachsen, um die sich angesichts der drohenden Gefahr von rechts und einer katastrophalen Wirtschaftslage am 10. Oktober 1923 unter der Führung des Sozialdemokraten Erich Zeigner gebildete Arbeiterregierung zu entmachten.

Bereits am 21. Oktober 1923 stellte Generalleutnant Müller auf der Basis einer Notverordnung Eberts die ›Ordnung‹ in Sachsen wieder her. Die Vertreibung einer vom Landtag gewählten Regierung war ein grober Verstoß gegen elementare Verfassungsgrundsätze. Das Kabinett Stresemann geriet in eine Vertrauenskrise und trat zurück. Derweil blieb Zeit, eine plausible Rechtfertigung für die Exekution Sachsens zu suchen: Zeigner wurde wegen ›passiver Bestechung‹ vor Gericht gestellt und vom Gerichtsarzt zum Psychopathen ›gemacht‹.

Nach dem Ersten Weltkrieg hatte sich in Sachsen schnell wieder ein vielfältiges kulturelles Leben entwickelt. Das gilt besonders für die Musik; Sachsens Orchester gewannen internationalen Rang. Anknüpfend an die 1904 gesammelten Erfahrungen wurde ab 1920 in unregelmäßigen Abständen das Deutsche Bachfest in Leipzig ausgerichtet. Unter Arthur Nikisch (1855–1922), Wilhelm Furtwängler (1886–1954) und Bruno Walter (1873–1950) unternahm das Leipziger Gewandhausorchester zahlreiche Auslandstourneen.

In Dresden gründete Mary Wigman 1920 ihre Schule für den avantgardistischen Ausdruckstanz, aus der Gret Palucca (*1902) hervorging, die ihrerseits eine noch heute renommierte Schule eröffnete. Dresden wurde zu einem Zentrum des modernen Tanzes.

Die Künstler im Zeichen der »Neuen Sachlichkeit« ließen sich neben München vor allem von Dresden anziehen. Unter den ›neusachlichen‹ Schriftstellern fand besonders Erich Kästner mit seinen Alltagsgedichten über geplagte Großstadtmenschen (»Herz auf Taille«) viele Leser. Von den Malern arbeiteten Hans Grundig (1902–1958), Otto Griebel (1895–1972) und Wilhelm Lachnit (1899–1962) in Dresden – Anhänger eines aggressiv-gesellschaftskritischen Verismus. Sie alle überragt Otto Dix, dessen 1932 entstandenes Triptychon ›Der Krieg‹ zu den Hauptwerken der Neuen Sachlichkeit zählt.

Aus der ›Königlichen Sammlung für Kunst und Wissenschaft‹ gingen nach der Revolution die ›Staatlichen Sammlungen zu Dresden‹ hervor; die ›Gemäldegalerie Neue Meister‹ verselbständigte sich 1931. Ein Jahr zuvor hatte zu den vielen Dresdner Museen ein Neuling gefunden: das ›Deutsche Hygiene-Museum‹. Karl August Lingner (1861–1916) regte es schon 1911 im Zusammenhang mit der Hygieneausstellung in Dresden an.

Die Weltwirtschaftskrise von 1929 traf Sachsen mit seiner konsumorientierten und auf den Export angewiesenen Leichtindustrie besonders hart. Die Arbeitslosigkeit lag hier 1932 mit 722 000 Arbeitslosen von 2,6 Millionen insgesamt in Deutschland weit über dem Reichsdurchschnitt. Bei den Reichstagswahlen von 1933 erhielten die Nationalsozialisten mit 45 % die Mehrheit der Stimmen. Es waren vor allem die von der Wirtschaftskrise tief verunsicherten und einen kommunistischen Umsturz fürchtenden bürgerlichen und kleinbürgerlichen Schichten, die der Partei Hitlers ihre Stimme gaben. Der Sieg der Nationalsozialisten brachte Sachsen den Verlust seiner in Teilen noch erhaltenen Selbständigkeit. Das Land wurde nach den Gesetzen zur »Gleichschaltung der Länder mit dem Reich« der Reichsregierung als Gau unmittelbar unterstellt, das Länderparlament aufgehoben. An die Stelle der Rechtsstaatlichkeit trat ein autoritäres System. Namhafte Künstler und Gelehrte wurden aus politischen oder rassischen Gründen aus ihren Ämtern verdrängt, so in Leipzig Gewandhauskapellmeister Bruno Walter, Operndirektor Gustav Brecher (1879–1940) und der Philosoph Hans Driesch (1867–1941), in Dresden der Leiter der Staatskapelle Fritz Busch (1890–1951), der Maler Otto Dix und der Romanist Victor Klemperer (1881–1960).

Ging von Berlin die Bücherverbrennung aus, sollte die Kunststadt Dresden das Signal geben zur Verbannung der künstlerischen Avantgarde aus den Museen und zum Arbeits- und Ausstellungsverbot für eine Vielzahl von Künstlern. Im September 1933 wurde im Rathaus die Ausstellung »Spiegelbild des Verfalls in der Kunst« eröffnet – Probelauf für die die moderne Kunst im großen Stil diffamierende Münchner Ausstellung »Entartete Kunst«. Das existenzvernichtende Urteil »entartet« wurde vor allem über jene Künstler gefällt, die zur »Brücke«, »Asso« und »Neuen Sachlichkeit« gehörten.

Schauplätze des faschistischen Terrors wurden in Sachsen die Zuchthäuser Bautzen und Waldheim, das Militärgefängnis Torgau und der Sonnenstein, wo neben Bernburg die meisten Euthanasiemorde erfolgten. Hinzu kamen eine Vielzahl kleiner Konzentrationslager und die Offizierslager Königstein und Colditz. Von 23 000 sächsischen Juden (0,46 % Bevölkerungsanteil) lebten 15 000 in Leipzig. Im Oktober 1938 wurden 5000 Juden ohne deutschen Paß nach Polen abgeschoben und so die erste Massendeportation im faschistischen Deutschland praktiziert.

Doch stieß die Machtergreifung der Nationalsozialisten auch auf Widerstand, so als Georgi Dimitroff (1892–1949) vor dem Leipziger Reichsgericht im Reichstagsbrandprozeß vom Angeklagten zum Ankläger wurde und die Nationalsozialisten den Prozeß verloren. Der Leipziger Oberbürgermeister von 1930–36, Carl Goerdeler, war an der Bewegung des 20. Juli beteiligt. Der konservative Politiker, der sich im Lauf der Jahre zum Gegner Hitlers gewandelt hatte, wäre im Falle eines erfolgreichen Attentats auf Hitler 1944 Reichskanzler geworden. Eine der aktivsten Widerstandsgruppen im Reich war 1943–44 die Leipziger Schumann-Engert-Kresse-Gruppe, die über Basen in allen größeren Städten Sachsens verfügte. Im Januar 1945 wurden ihre aktivsten Mitglieder im Landesgerichtsgefängnis Dresden hingerichtet, wo etwa 1000 Hitler-Gegner in den Jahren 1939–45 ermordet wurden.

Die Leichtindustrie im rohstoffarmen Sachsen eignete sich nur bedingt zur Umstellung auf die Rüstungsindustrie. Einer der wenigen sächsischen Waffenproduzenten war die

Der Wallpavillon des Dresdner Zwingers nach seiner Zerstörung im Februar 1945

HASAG, eine ehemalige Lampenfabrik, die nun Panzerfäuste produzierte. Die Treibstoff-
werke in Böhlen, das Motorradwerk in Zschopau und die Stahlindustrie in Riesa-Görlitz
produzierten ebenfalls Rüstungsgüter, die Textilbetriebe Uniformen.

Während des Zweiten Weltkriegs wurden zahlreiche sächsische Städte zerstört. Leipzig
erlitt seinen schwersten Bombenangriff am 4. Dezember 1943. Andere Städte wurden noch
in den letzten Kriegsmonaten vernichtet. Die Bombardierung von Chemnitz und Plauen
war strategisch ebenso bedeutungslos wie die Dresdens am 13. und 14. Februar 1945 durch
1300 britische und amerikanische Flugzeuge. Der Luftangriff forderte 35000 Tote. Der
greise Dichter Gerhart Hauptmann (1862–1946), der den Angriff erlebt hatte, schrieb: »Wer
das Weinen verlernt hat, der lernt es wieder beim Untergang Dresdens.«

Sachsen nach 1945

Für annähernd zwei Monate bildete nach Kriegsende die Mulde die Grenze zwischen sowje-
tisch und amerikanisch besetztem Gebiet in Sachsen, solange, bis die US-Army gemäß
Zonenregelung Westsachsen räumte, das jetzt zu den fünf Ländern der sowjetischen Besat-
zungszone gehörte. 1946 wurde zum ersten Mal seit 1930 wieder ein Landtag gewählt. Die
unter dem Druck der sowjetischen Besatzungsmacht aus SPD und KPD gebildete Sozialisti-
sche Einheitspartei Deutschlands (SED) verfehlte die absolute Mehrheit nur knapp mit
49,1 % der Stimmen. Erwartungsgemäß erreichte sie den höchsten Stimmenanteil in den
Industriestädten Chemnitz (55,5 %), und Zwickau (53,8 %), in der ehemaligen Hochburg
der Arbeiterbewegung Leipzig hingegen mit 45,5 % überraschenderweise nicht einmal den
Landesdurchschnitt. Die Liberalen erzielten ihr bestes Ergebnis in Plauen (42,3 %) und
Dresden (34,6 %). Durch Vereinnahmung der Bauernhilfe (1,7 %) kam die SED am Ende
auf 61 der 120 Mandate. Der erste Landtag bemühte sich, auch unter den Bedingungen des
Besatzungsregimes den Wiederaufbau mit einer demokratischen Erneuerung zu verbinden.
Noch bot sich ein Handlungsspielraum, über den der zweite Landtag schon nicht mehr
verfügte.

Eine erste Aufgabe war es, die Kriegsverbrecher vor Gericht zu stellen. Soweit die Alliierten sich nicht deren Verurteilung und Bestrafung vorbehalten hatten, lag die Verantwortung
in Ermangelung eines Obersten Gerichts beim Land. Zwei der vielen Prozesse seien hier
exemplarisch erwähnt: Gauleiter Mutschmann – der noch am 7. Mai 1945 den (nicht ausgeführten) Befehl zur Vernichtung der Dresdner Kunstschätze gab – wurde im Mai 1945 in
Tellerhäuser am Fichtelberg aufgespürt und zu lebenslänglicher Haft verurteilt. Die Leipziger HASAG hatte im polnischen Kamienna ein betriebseigenes Konzentrationslager unterhalten. Wegen Verbrechen gegen die Menschlichkeit wurden 23 ehemalige Direktoren,
Meister und Aufseher vor Gericht gestellt.

Im Juni 1946 wurde die Bevölkerung dazu aufgerufen, in einem Volksentscheid über das
Schicksal der laut Potsdamer Abkommen von den Alliierten sequestrierten und im Mai 1946

von der Sowjetischen Militäradministration Deutschland (SMAD) den Landesverwaltungen überlassenen Monopole und das Eigentum der aktiven Nationalsozialisten zu befinden. Mehr als 1000 landeseigene Betriebe wurden gebildet, die ehemaligen Besitzer enteignet. Viele große Unternehmen blieben unter sowjetischer Verwaltung, die eben zur Förderung von Uran gegründete SDAG Wismut mit der UdSSR als einzigem Abnehmer sogar bis zum Erlöschen der DDR.

Von der Demontage betroffen oder mit »Lieferungen aus der laufenden Produktion« belastet wurden zuerst und am meisten die auf zivile Produktion umgestellten neuen landeseigenen Betriebe. Solange sich die Archive der Alliierten nicht geöffnet haben werden, wird die Höhe der Reparationsleistungen eine nur in Umrissen erkennbare Größe bleiben. Sicher ist, daß sie sehr hoch war, deutlich höher als in jedem anderen Bundesland, und daß sich das Land nicht restlos von ihnen erholte. Im Falle des Uranabbaus führte die rücksichtslose Ausbeutung der Vorkommen durch die UdSSR zu irreparablen Umweltschäden.

Die bereits im November 1945 abgeschlossene Bodenreform hatte im industrialisierten Sachsen nicht annähernd die Bedeutung wie etwa in Mecklenburg. Ein Achtel der Nutzfläche wurde eingezogen, d. h. 1212 Güter mit 260000 ha Land enteignet. Durch die Bodenreform erstarkte der für Sachsen charakteristische Mittelbauer, und bedeutende historische Stätten gingen in Landeseigentum über.

Die Dresdner Sammlungen waren an 45 verschiedenen Orten ausgelagert worden, so im Rottweiler Tunnel bei Cotta, in den Stollen von Lengefeld und auf dem Königstein. Zu den Verlusten zählten 206 Gemälde, 507 Werke gelten in der Amtssprache nun als ›vermißt‹. Zum Teil wurden infolge unzulänglicher Lagerbedingungen Restaurierungsarbeiten erforderlich, die, da es an Spezialisten im Land mangelte, bei 1240 Werken von der UdSSR übernommen wurden. Dresden richtete bereits im August 1946 die »Erste Allgemeine Deutsche Kunstausstellung« aus, um der Öffentlichkeit zu zeigen, was der Krieg verschont hatte, die ›entarteten‹ Künstler zu rehabilitieren und die Kunstschaffenden wieder zusammenzuführen. Nicht in die Ausstellung einbeziehen ließ sich das Kulturgut der Schlösser und Herrensitze. Trotz entsprechender Gesetze der Weimarer Verfassung hatte sich ausgerechnet das Kunstland Sachsen mit der Erfassung von Kulturgütern in Privathand schwer getan. Der Not der Zeit gehorchend, wurden nach dem Krieg die Schlösser Flüchtlingen als Unterkunft zur Verfügung gestellt. Bald häuften sich die Nachrichten über den sorglosen Umgang der zeitweiligen Bewohner mit alten Möbeln und Büchern. Eine Landeskommission unter Leitung der Kunsthistoriker Walter Hentschel und Fritz Löffler wurde endlich mit der Erfassung und Verwahrung der Kunstgegenstände beauftragt. Im Amtsdeutsch hieß das unter Schwierigkeiten und großem persönlichen Einsatz durchgeführte Unternehmen »Schloßbergungsaktion«. Sichergestellt und von Staatsarchiven übernommen wurden 1000 Gutsarchive und bedeutende Schloßbibliotheken wie die von Kuckuckstein und Gaußig.

Kunstgegenstände wurden vorerst in Kreisgebäuden und im Dresdner Albertinum deponiert. Im Schloß Pillnitz, wo die Galerie nach 1945 ein Unterkommen fand, sollte eigentlich ein Zentralmuseum entstehen, doch letztlich fielen nur 9775 Kunstgegenstände an die Kunstsammlungen Dresden, während 11360 an den alten Standort zurückgeführt wurden,

was die Gründung von 130 Museen nach sich zog – auf kulturellem Gebiet die weitreichend-
ste Konsequenz der Bodenreform.

1949 wird Sachsen ein Land der neugegründeten DDR. Am 25. Juli 1952 tagt der erst ein Jahr
zuvor neugewählte Landtag zum letzten Mal. Die Länder wurden von der Zentralregierung
aufgelöst, um diese zu stärken, Sachsen in die drei Bezirke Dresden, Chemnitz (1953–90
Karl-Marx-Stadt) und Leipzig zergliedert.

1989 demonstrieren in Leipzig Montag für Montag Zehntausende, zuletzt Hunderttau-
sende von Bürgern für Meinungs- und Versammlungsfreiheit und die Zulassung oppositio-
neller Gruppen im SED-Staat. Damit gaben sie den Anstoß für die Wende in der DDR. Daß
diese von Sachsen ausging, dürfte in der von der DDR betriebenen, territorialen Harmoni-
sierung gelegen haben, bei der Sachsen als entwickelste Region nur verlieren konnte. Nach
dem Rücktritt des Politbüros am dritten Dezember 1989 trafen sich in Leipzig Vertreter der
fünf Blockparteien mit den oppositionellen Parteien am »Runden Tisch«. Am 3. Oktober
tritt die Deutsche Demokratische Republik der Bundesrepublik bei. Sachsen wird als Bundesland im wiedervereinigten Deutschland neugebildet.

Zeittafel

250000 v. Chr.	Erste Spuren frühmenschlichen Lebens im Elbe-Saale-Raum
10000 v. Chr.	Jagd- und Lagergebiete in den Flußtälern
4000 v. Chr.	Gründung fester Siedlungen der Bandkeramik-Kultur
1200 v. Chr.	Lausitzer Kultur
200 v. Chr.	Jastorfkultur
seit dem 1. Jh.	Hermunduren
4.–7. Jh.	Völkerwanderung, die Hermunduren ziehen nach Westen
6. Jh.	Slawische Stämme besiedeln das entvölkerte Gebiet
929	König Heinrich I. gründet die Burg Meißen
965	Gründung der Markgrafschaft Meißen
968	Kaiser Otto I. stiftet das Bistum Meißen
1103	Wiprecht von Groitzsch gründet das Kloster Pegau
seit 1105	Zweite Phase der deutschen Ostbesiedlung
1089	Heinrich von Eilenburg wird als erster Wettiner Markgraf von Meißen
1124–56	Konrad der Große, Markgraf von Meißen. Die Markgrafenwürde wird den Wettinern als erblich zugesprochen
1156–90	Markgraf Otto der Reiche. Silberfunde in Freiberg (1168). Gründung der Städte Leipzig (1165), Freiberg und des Klosters Altzella bei Nossen (1162)
1197–1221	Markgraf Dietrich der Bedrängte. Zahlreiche Stadtgründungen
1221–1288	Markgraf Heinrich der Erlauchte
1307–23	Markgraf Friedrich II. (der Freidige)
1307	Schlacht bei Lucka. Markgraf Friedrich II. siegt über die Reichsgewalt und begründet erneut die Hausmacht der Wettiner

1346	Gründung des Oberlausitzer Sechsstädtebundes der Städte Kamenz, Bautzen, Görlitz, Löbau, Zittau und Lauban
1349–81	Markgraf Friedrich III. (der Strenge). Zeit der großen Pest
1381–1428	Markgraf Friedrich I. (der Streitbare)
1409	Gründung der Universität Leipzig
1420–85	Hussitenkriege
1471	Silberfunde in Schneeberg; neuerliche Blüte des Erzbergbaus
1485	Leipziger Teilung in ernestinisches (Thüringen, Wittenberg, Vogtland) und albertinisches Sachsen (Meißen, Dresden, Pleißener Land, Gebiet zwischen Leipzig und der Werra)
1497	Leipzig erhält den Rang einer Reichsmesse mit unbeschränkter Handelsfreiheit
1500–39	Herzog Georg der Bärtige regiert das albertinische Sachsen
	Anschlag von Luthers 95 Thesen an die Schloßkirche in Wittenberg (1517)
1486–1525	Kurfürst Friedrich der Weise unterstützt die Reformation im ernestinischen Sachsen
1539–41	Herzog Heinrich der Fromme
1539	Einführung der Reformation im albertinischen Sachsen
1541–1553	Herzog Moritz, seit 1547 Kurfürst. Gründung der Fürstenschulen Meißen, Grimma und Schulpforte
1547	Schlacht bei Mühlberg im Schmalkaldischen Krieg, die Kurfürstenwürde wird den Albertinern zugesprochen; Dresden wird Residenz des Kurfürstentums
	Pönfall; die Verweigerung der Unterstützung König Ferdinands im Schmalkaldischen Krieg durch den Sechsstädtebund führte zur Verhängung hoher Geldstrafen und dem Verlust der Hochgerichtsbarkeit
1553–86	Kurfürst August (Vater August) führt das Land zu einer wirtschaftlichen Blüte
	Errichtung der Augustusburg (1567–72)
1611–56	Kurfürst Johann Georg I.
1618–48	Dreißigjähriger Krieg. Sachsen steht als Verbündeter zunächst auf seiten des Kaisers, dann Gustav Adolfs von Schweden, dann wieder des Kaisers
1635	Kursachsen wird die Lausitz zugesprochen
1694–1733	Kurfürst Friedrich August I. (der Starke) wird 1697 König von Polen (August II.). Gründung der Meissener Porzellanmanufaktur (1710); Bau des Dresdner Zwingers (1711–28)
1733–1763	Kurfürst Friedrich August II. König von Polen (August III.)
	Graf Heinrich von Brühl seit 1746 Premierminister
1756–63	Siebenjähriger Krieg; Kursachsen gerät unter preußische Herrschaft
1763	Thomas von Fritsch leitet das Rétablissement ein
1763–1827	Kurfürst Friedrich August III. (der Gerechte), seit 1806 König Friedrich August I.
1765	Gründung der Bergakademie Freiberg
1806	Anschluß an den Rheinbund Napoleons. Sachsen wird Königreich
1813	Völkerschlacht bei Leipzig. Sachsen kämpft auf napoleonischer Seite
1815	Wiener Kongreß. Sachsen verliert drei Fünftel seines Staatsgebietes an Preußen
1830	Revolutionäre Unruhen in Dresden und Leipzig

1831	Sachsen wird Verfassungsstaat
1834	Sachsen wird Mitglied des deutschen Zollvereins
1836–54	König Friedrich August II.
1839	Eröffnung der ersten deutschen Überlandeisenbahn Leipzig-Dresden
1849	Mai-Aufstand in Dresden
1854–1873	König Johann
1863	Ferdinand Lassalle gründet in Leipzig den Allgemeinen Deutschen Arbeiterverein
1866	Sachsen verliert als Verbündeter Österreichs die Schlacht bei Königsgrätz gegen Preußen. Beitritt zum Norddeutschen Bund Bismarcks
1870/71	Sachsen nimmt am deutsch-französischen Krieg teil
1873–1902	König Albert
1890	Gründung der Technischen Hochschule Dresden
1895	Übergang der Leipziger Waren- zur Mustermesse
1903/04	Streik in der Crimmitschauer Textilindustrie. Bei den Reichstagswahlen überwältigender Sieg der Sozialdemokratie
1904–18	König Friedrich August III.
1914–18	Sachsen stellt im Ersten Weltkrieg zum letzten Mal eine eigene Armee
1918	Novemberrevolution; Unruhen in Leipzig, Dresden und Zwickau
1920	Landesverfassung; Sachsen wird Freistaat
1923	Erich Zeigner bildet eine Arbeiterregierung; Truppen der Reichswehr besetzen Sachsen
1929	Die Weltwirtschaftskrise wirkt sich in Sachsen besonders schwer aus
1933	Bei den Reichstagswahlen erhalten die Nationalsozialisten 45 % der Stimmen. Auflösung des Landtags; Sachsen wird als Gau der Reichsregierung unmittelbar unterstellt
1939–45	Zweiter Weltkrieg. Zahlreiche Städte werden zerstört, besonders schwer noch im letzten Kriegsjahr Dresden
1945	Sowjetische Besatzung
1947	Neue Verfassung Sachsens
1949	Gründung der DDR
1952	Auflösung der Länder in der DDR; Sachsen wird in die Bezirke Dresden, Leipzig, Chemnitz (Karl-Marx-Stadt) aufgeteilt
1989	›Montagsdemonstrationen‹ in Leipzig Im Dezember treten das Politbüro und das gesamte Zentralkomitee zurück
1990	Beitritt der Deutschen Demokratischen Republik zur Bundesrepublik Deutschland. Neubildung Sachsens als Bundesland im wiedervereinigten Deutschland

Die Kunstlandschaft Sachsen
in ihrer historischen Entwicklung

von Heinrich Magirius

Obersachsen als Kunstlandschaft deckt sich in etwa mit den Grenzen des 1990 als Freistaat wiedererstandenen Landes. Kerngebiet ist der Elberaum zwischen Pirna und Wittenberg. Die einzige natürliche Grenze – der Erzgebirgskamm – hat nicht in allen Jahrhunderten eine trennende Rolle gespielt. Als eigener Kulturraum setzt sich die Oberlausitz um Bautzen, Zittau und Görlitz von Obersachsen ab, während Kunst und Kultur im Erzgebirge und seinem Vorland sowie im Vogtland eng mit dem Elberaum verzahnt sind. Die Stadt Leipzig im Nordwesten des Landes entwickelte sich früh zu einem eigenen kulturellen Brennpunkt. Zu Thüringen hin sind kunstlandschaftliche Grenzen zwar nicht sehr deutlich, aber im Gebiet zwischen Saale und Elster doch erkennbar, während nach Norden - nach Branden-burg – und nach Nordosten – zur Niederlausitz – hin bis ins frühe 19. Jh. hinein eine Scheide kaum faßbar ist. Seit dem späten Mittelalter ist es der Raum um Magdeburg, der sich Obersachsen gegenüber abhebt, seit dem 19. Jh. sind es die kulturellen Ausstrahlungen von Berlin und Potsdam.

Die geschilderte Ausdehnung von Obersachsen als Kunstlandschaft ist ein Resultat vor-rangig politischer Geschichte, in der die Dynastie der Wettiner, die im Mittelalter als Mark-grafen von Meißen, seit 1423 als Kurfürsten und 1806 Könige von Sachsen bis zum Jahre 1918 die Geschichte des Landes gelenkt haben. Schon im Verlauf des Mittelalters wurde die Elbachse mit ihren Residenzen in Meißen, Dresden, Torgau und Wittenberg auch kulturell das Rückgrat ihrer Machtentfaltung. Nicht unbedeutend für die Entwicklung der Kunst und Kultur blieb jedoch die slawische Vorbesiedlung in verschiedenen ›Gauen‹, die kriegerische deutsche Landnahme seit dem 10. und die deutsche bäuerliche Kolonisation seit dem 12. Jh. Auf leicht zu bearbeitenden Böden hatten sich seit der Zeit um 600 slawische Stämme seßhaft gemacht. Das Gebiet um Bautzen, das Land der Milzener, und der Gau Daleminze zwischen Meißen und Grimma waren die ausgedehntesten Slawengaue. Letzterer geriet durch die Kriegszüge König Heinrichs I. 929 unter deutsche Oberherrschaft. Von der Burg Meißen aus wurde das Land beherrscht. Kaiser Otto I. gründete 968 die Bistümer Zeitz, Merseburg und Meißen, deren Ausdehnung in etwa dem späteren Obersachsen samt Ober- und Nieder-lausitz entspricht. Mit diesen Bistumsgründungen wurde also erstmals so etwas wie ein kultureller Rahmen der noch kaum christianisierten Gebiete östlich der Saale abgesteckt. Aber erst die bäuerliche Besiedlung, die seit dem frühen 12. Jh. im Raum von Leipzig und Borna einsetzte, um am Ende des 12. Jh. das Erzgebirge und den Elbelauf zu erreichen, um

Der hl. Donatus. Stifterfigur im Chor des Meißner Doms

1250 die Oberlausitz und noch etwas später die Niederlausitz, schuf ein dichtes kulturelles Netz, das nun auch von Burgen und Städten durchsetzt war und in dem Klöster als Träger religiöser Kraft und kultureller Entfaltung entstanden. Die Herkunft der bäuerlichen Siedler läßt sich noch heute an den Typen der romanischen Dorfkirchen ablesen. Im Nordwesten herrschen die Saalkirchen mit Querwesttürmen vor. Hier kamen die Bauern aus Niedersachsen, während die Chorturmkirchen im Erzgebirgsvorland die Herkunft der Siedler aus Thüringen und Franken verraten. Aber auch die Rolle der Feudalmächte, von denen die Besiedlung vorangetrieben wurde, läßt sich noch heute an Bauten erkennen. So zeugen Reste des Benediktinerklosters Pegau, der Burg in Groitzsch und die Kilianskirche in Lausick von der Herrschaft des Grafen Wiprecht von Groitzsch († 1124). Erst um die Mitte des 12. Jh. begannen die Wettiner, die bäuerliche Besiedlung von Meißen aus ins Erzgebirge voranzutragen. Etwa gleichzeitig waren die Staufer bemüht, von ihrer Pfalz Altenburg aus ein Reichsterritorium Pleißenland zwischen Altenburg, Chemnitz und Eger aufzubauen. In Chemnitz war schon 1136 durch Kaiser Lothar ein Benediktinerkloster gegründet worden. Die Gründung eines Augustiner-Chorherren-Stifts in Altenburg durch Kaiser Friedrich I. führte zum Bau einer kreuzförmigen Basilika mit Doppelturmfront, die deutlich oberitalienische Züge aufweist. Dieser 1172 geweihte Bau gehört zu den frühesten Backsteinbauten in Deutschland. Der Name

Markgraf Ottos des Reichen, eines Wettiners, ist mit der Stiftung von Kultur in Sachsen verbunden. Seine Grablege sollte das 1162 gegründete Zisterzienserkloster Altzella bei Nossen werden, ebenfalls ein romanischer Backsteinbau, von dem sich außer Resten der Kirche, des Mönchsrefektoriums und von Scheunen ein großartiges romanisches Stufenportal und das Konversenhaus erhalten haben. Noch während der Kolonisierung des Klosterlandes wurde hier 1168 Silber gefunden, was zum Bau der Bergstadt Freiberg führte, die bis zum völligen Ausbau, der um 1230 abgeschlossen war, bereits fünf Pfarrkirchen besaß. Freiberg war bis zum späten Mittelalter die bedeutendste Stadt in Obersachsen, gefolgt von Leipzig, ebenfalls einer Gründung Ottos von 1165. Ottos Bruder, Graf Dedo von Rochlitz, gründete für die Augustiner-Chorherren das Kloster Zschillen – heute Wechselburg – an der Zwickauer Mulde ebenfalls kurz nach 1160. Diese kreuzförmige Basilika ist der am besten erhaltene Bau der späten Romanik in Sachsen. Künstlerische Einflüsse vom Harzraum mischen sich mit solchen vom Oberrhein. Zum ersten Mal werden hier alle Architekturgliederungen aus dem roten Porphyr des Rochlitzer Berges gearbeitet. Die hier tätige Bauhütte hat einen großen Einfluß auf die umgebende Landschaft ausgeübt; er reicht bis nach Chemnitz, Freiberg und Dippoldiswalde. Zum ersten Mal wird hier so etwas wie ein kunstlandschaftlicher Zusammenhang deutlich. So schließen auch die bedeutendsten skulpturalen Werke der spätesten Romanik

Johannes der Evangelist. Stifterfigur im Chor des Meißner Doms

in Obersachsen, die Goldene Pforte (Abb. 59–61) und der Lettner der Marienkirche in Freiberg (später Dom) sowie der Wechselburger Lettner (Abb. 63) an die Steinmetz-Tradition des 12. Jh. an. Diese mit Skulpturen reich geschmückten Werke sind um 1225/35 entstanden und zeigen, daß um diese Zeit Obersachsen Anschluß an die Spitzenleistungen der Kunst in Westeuropa gefunden hat, ja daß sie selbst zu den europäischen Meisterleistungen der Bildhauerkunst im 13. Jh. zu zählen sind.

Die Goldene Pforte war ehemals als Westportal der Doppelturmfront der Marienkirche eingefügt, ehe sie um 1490 an die Südseite der spätgotischen Hallenkirche versetzt wurde. Die Gewändefiguren weisen auf die Ankunft des Gottessohnes hin, der im Tympanon auf dem Schoße der Madonna dargestellt ist, von den Drei Königen verehrt. Zum ersten Male in Deutschland sind auch die Archivolten des rundbogigen Stufenportals mit Figuren versehen, Engeln, Aposteln und Auferstehenden. Ohne Kenntnis der großen Figurenportale an den französischen Kathedralen ist die Goldene Pforte nicht denkbar, in der künstlerischen Durchbildung der Figuren jedoch zeigen sich die künstlerischen Zusammenhänge mit der Bildhauerkunst am Harz, besonders in Halberstadt. Wie nahe diese Kunst auch der Malerei steht, wird deutlich, wenn man die ehemals reiche Farbigkeit dieses nach der Charakterisierung Georg Dehios »an Pracht seltenen« Portals mitbedenkt.

Was an der Goldenen Pforte teilweise kleinkunsthaft wirkt, wird vom Meister des Wechselburger Lettners monumentalisiert, besonders an seiner in Eichenholz geschnitzten Triumphkreuzgruppe, die in ihrer menschlichen Lebendigkeit an antike Bildwerke erinnert. Hier ist ein künstlerischer Schritt getan, der wenig später im nahen Naumburg die Wirklichkeitsnähe der Stifter-Figuren im Westchor möglich machte. Einen anderen Weg versucht der Meister, der – etwa gleichzeitig – die Freiberger Kreuzigungsgruppe schnitzt. Hier ist in Anlehnung an den Chartreser Plissée-Faltenstil die Statuarik der Figuren betont. In der Abfolge der von Halberstadt ausgehenden mitteldeutschen Großkreuze aus der ersten Hälfte des 13. Jh. stellen die beiden obersächsischen Werke Höhepunkte dar.

Der Freiberg-Wechselburger Stil zeitigt Nachwirkungen in der Grabmalsplastik in Wechselburg, Pegau und Altzella. Besonders eindrücklich gelungen ist der Grabstein für Wiprecht von Groitzsch in der Laurentiuskirche zu Pegau (Abb. S. 427).

An Malerei aus dieser hohen Zeit der Kunst in Sachsen hat sich nur wenig erhalten, so zum Beispiel das Putzritzbild aus dem Klösterlein Zelle, das sich heute in der Annenkapelle des Freiberger Domes befindet.

Die zeitgenössische Profanbaukunst der Spätromanik ist noch mehrfach auf Burgen anzutreffen, so in Leisnig, Gnandstein (Abb. 73), Rochlitz (Farbabb. 20) und Grimma. Von der Kunst, die am Hofe Heinrichs des Erlauchten (Regierungsjahre 1222–88) sicherlich geübt worden ist, hat sich fast nichts erhalten.

Mit dem Neubau des Meißner Domes, der um 1265 ins Werk gesetzt wird, bricht sich die hohe Gotik in Sachsen Bahn. Bauherr sind hier Bischöfe, besonders Withego I. (Amtszeit 1266–93), der eine offensive Kirchenpolitik betreibt. Man beginnt den Bau mit dem langge-

1 DRESDEN Goldener Reiter, Standbild Augusts des Starken ▷

FRID. AVGVSTI II
DVCIS SAXON. S.R.I. ELECTORIS
NEC NON REGIS POLONIAE CVRA
PATRI ET ANTECESSORI
POSITVM.
A.D. MDCCXXXVI.

3 DRESDEN Neptunbrunnen
im Park des ehemaligen Palais
Brühl-Marcolini

◁ 2 DRESDEN Ruine der Frauenkirche und Hochschule für Bildende Künste

4 DRESDEN Theaterplatz mit
katholischer Hofkirche und
Schloßruine

6   Dresden   Zwinger, Skulptur von Permoser rechts vom Kronentor

◁ 5   Dresden   Zwinger, Kuppel des Kronentors

8 DRESDEN Palais im Großen Garten
◁ 7 MORITZBURG Fasanenschlößchen
9 PILLNITZ Bergpalais

10 DRESDEN Brühlsche Terrasse

11 DRESDEN Altes Tabakkontor

12   PILLNITZ   Freitreppe zur Elbe vom Wasserpalais aus

13   MEISSEN   Dom, Fürstenkapelle mit Westportal ▷

14 MEISSEN   Dom, Stifterfiguren Kaiserin Adelheids und Kaiser Ottos I.

16 MEISSEN Albrechtsburg, Großer Gerichtssaal

◁ 15 PIRNA Stadtkirche St. Marien, Gewölbe im Mittelschiff

17 HEIDENAU Barockpark Großsedlitz, Sphinx

19 FESTUNG KÖNIGSTEIN Pavillon von Pöppelmann ▷

18 HEIDENAU Barockpark Großsedlitz, Stille Musik und Orangerie

streckten Chor und dem Querhaus, an das sich östlich zwei Türme anschließen. Der Sandsteinquaderbau weist Architekturelemente auf, die teilweise auf den Naumburger Westchor und auf die Zisterzienserkirche in Schulpforta zurückgehen, teilweise aber nur aus der Kenntnis französischer Bauten erklärt werden können. Die Laubkapitelle und -schlußsteine im Chor und am Lettner entfernen sich von der Wirklichkeitsnähe der Naumburger Bauornamentik, sie wirken schärfer und starrer. Dieselbe Stilentwicklung repräsentieren sieben überlebensgroße Figuren, vier im Chor, drei in der Achteckkapelle im westlichen Winkel des südlichen Querhausarmes. Die vier Figuren im Chor stellen das kaiserliche Stifterpaar, Otto und Adelheid (Abb. 14), und die Bistumsheiligen Donatus und Johannes den Evangelisten dar (Abb. S. 46, 47). Der intensive Ausdruck dieser Figuren in Mimik und Gestik geht über die Naumburger Stifterfiguren hinaus, kein Zweifel aber, daß der Meister von dort kam. Das gilt auch für die drei Figuren in der Achteckkapelle, die Muttergottes, Johannes den Täufer und einen Diakon. Eine besondere Kostbarkeit besitzt der Dom in seinem um 1280 entstandenen Ostfenster. Merkwürdigerweise setzte beim Bau des ersten Langhausjoches ein Planwechsel ein. Obwohl im System der Pfeiler auf eine Basilika berechnet war, führte man das Langhaus seither als Hallenkirche weiter. Auf die Architektursprache des Langhauses, die von strenger Vertikalität der Pfeilergliederungen gekennzeichnet ist, hat sich der Wechsel nicht ausgewirkt. Das im Verlauf des 14. Jh. vollendete Langhaus zeigt nur geringfügige Abwandlungen der Formen. Den um 1350 begonnenen Westturmbau schmückt man um 1370 mit einem figurenreichen Portal (Abb. 13), dessen Stil Zusammenhänge mit den Skulpturen im Erfurt-Magdeburger Kunstkreis aufweist, während die wenig später entstandenen Figuren am Südportal wohl böhmischen Einfluß zeigen.

Mit dem Dom zu Meißen kann sich im späten 13. Jh. in Sachsen kein anderer Bau messen. Der Einfluß der Steinmetzhütte aber ist an manchen Orten abzulesen, so in der Bauornamentik der Zisterzienserinnenkirche zu Marienstern, einer dreischiffigen Hallenkirche, im Kreuzgang des Benediktinerklosters Chemnitz, am Chor des Wurzener Domes und an den Ostteilen der Frauenkirche in Grimma.

Während die erste Hälfte des 14. Jh. in Sachsen nur wenige bedeutende Monumente hervorgebracht hat – die Zeiten waren politisch wirr und von sozialen Spannungen erfüllt –, zeichnet sich im letzten Viertel unter Markgraf Wilhelm I. ein deutlicher kultureller Aufschwung ab. Die Architektur ist nun von Prag her beeinflußt, wo am Hofe Kaiser Karls IV. neue künstlerische Impulse in Erscheinung treten. Unmittelbaren Anteil an dieser Kunstblüte nimmt die Oberlausitz, die zum Königreich Böhmen gehört. Die 1384 geweihte Klosterkirche auf dem Oybin, von Karl IV. Coelestinermönchen aus Avignon zugeeignet, repräsentiert noch heute als Ruine am schönsten den Stil der böhmischen Kapitale. Aber auch in Zittau, Görlitz und Kamenz finden sich Spuren von der ›Kunst der Parlerzeit‹. Bestes Zeugnis für die Wandmalerei dieses Stils stellt der Zyklus im Chor der St. Justkirche in Kamenz aus der Zeit um 1380 dar. Auch die zweischiffige Klosterkirche in Pirna aus der Zeit um 1360 läßt sich dem böhmischen Kunstkreis zuordnen. Am Ende des 14. Jh. schließt

◁ 20 MEISSEN Albrechtsburg mit Großem Wendelstein

Steinerne Wendeltreppe in der Albrechtsburg. Feder- und Tuschezeichnung von Carl Blechen, 1823

sich diesem auch die Kunst in Dresden an. Die Busmannkapelle an der Franziskanerkirche und der Chor der Kreuzkirche im ›reichen Stil‹ sind ohne böhmischen Einfluß nicht denkbar. Die am Anfang des 15. Jh. entstandenen ›reichen Chorfassaden‹ von Chemnitz, Altenburg und der Fürstenkapelle in Meißen (Abb. 13) weisen Zusammenhänge mit Prag, aber auch mit dem Sebalduschor in Nürnberg auf.

Das Schicksal Böhmens verknüpfte sich am Ende des 14. und im 15. Jh. immer enger mit dem Obersachsens. Der Auszug der deutschen Studenten aus Prag führte 1409 zur Gründung der ›Landesuniversität‹ in Leipzig. Die Meißner Markgrafen und späteren Kurfürsten von Sachsen wurden von Kaiser und Reich im Verlauf der Hussitenbewegung als Schirmherren der Rechtgläubigkeit in Anspruch genommen; das Land litt mehrfach unter den Kriegsheeren der Anhänger von Jan Hus. Die Verleihung der Kurwürde an Markgraf Friedrich den Streitbaren 1423 hängt eng mit der Abwehrfunktion der Wettiner gegenüber dem Hussitismus zusammen.

Aufgrund der andauernden Kriegswirren bleiben viele am Ende des 14. Jh. begonnene Bauvorhaben lange liegen und können erst nach 1460 vollendet werden, so die schöne, lichte Halle der Marienkirche in Torgau oder die Kunigundenkirche in Rochlitz, deren reiches, den Raum vereinheitlichendes Netzgewölbe 1476 vollendet wird. Für den Aufbau eines einheitlich geleiteten Bauwesens wirken die ›Hüttentage‹ 1462 und 1464 in Torgau und die ›Bestallung‹ Arnolds von Westfalen als ›oberster Werkmeister‹ im Jahre 1471. Unter seiner Leitung wächst der wenig früher begonnene Bau der Albrechtsburg in Meißen (Abb. 20) als Residenz der gemeinsam regierenden Brüder Ernst und Albrecht empor. Die Albrechtsburg ist der früheste Bau in Deutschland, der mehr Schloß- als Burgcharakter aufweist. Nach außen sind die kubischen Baumassen schlicht gehalten. Kunstvoll gestaltete Wendelsteine und ein Kapellenanbau ragen steil auf. So klar die Gesamtdisposition des viergeschossigen Baues ist, so phantasievoll sind seine Details. Zellengewölbe und Vorhangbogenfenster sind architektonische Neuerfindungen Arnolds, die sich bald in Ostdeutschland, Böhmen, Schlesien bis nach Polen hin ausbreiten sollten. Für die Konstruktion wichtig sind die nach innen gezogenen Wandpfeiler, zwischen denen sich Fensternischen befinden. Die großen Säle sind zweischiffig; auf die Vielfalt der dynamisch sich entfaltenden Gewölbe ist die Phantasie des Architekten ausgerichtet gewesen (Abb. 16). Gleichzeitig mit der Albrechtsburg baut Arnold das dritte Geschoß der Meißner Domtürme. Als Architekt und Bauleiter ist er in Kriebstein, Rochsburg, Mittweida und Leipzig nachweisbar.

An seinem Hauptwerk – der Albrechtsburg – ist eine ganze Generation von Steinmetzen groß geworden, die in den nächsten Jahrzehnten die Bauten schaffen sollten, die dem als ›obersächsische Spätgotik‹ in die Kunstgeschichte eingegangenen Stil angehören. Konrad Pflüger ist in gewisser Weise der Nachfolger Arnolds gewesen. Er vollendet den Bau der Albrechtsburg, baut an anderen kurfürstlichen Schlössern und führt Kirchenbauten durch kunstvolle Netzgewölbe zu Ende, so die Thomaskirche in Leipzig (Abb. 70) und die schon 1423 begonnene Peter- und Paulskirche in Görlitz, beide in den neunziger Jahren des 15. Jh. Ein besonders originelles Werk ist ihm in Görlitz mit der Nachbildung des Heiligen Grabes gelungen (Abb. S. 271). Hans Meltwitz von Torgau ist vor allem in dieser Residenz der

Wettiner tätig. Der Plan der St. Wolfgangskirche in Schneeberg (Abb. 56) von 1515 geht auf ihn zurück. Claus Roder wirkt als Baumeister der Thomaskirche in Leipzig und des Schlosses in Wittenberg. Hans Reinhard ist der Architekt verschiedener spätgotischer Schlösser und hauptsächlich in Dresden tätig.

Aus der Fülle von Bauten, die zwischen 1480 und 1530 im Stil der Spätgotik in den Städten, auf Burgen und in Klöstern entstanden sind, können nur einige herausragende Denkmäler genannt werden. Als besonders tatkräftiger Bauherr der Spätgotik tritt Bischof Johann von Salhausen (Amtszeit 1487–1518) auf, der seine Bischofsschlösser in Meißen, Stolpen und Wurzen neu erbaut und sich im Wurzener Dom 1503 eine Grablege schafft.

Seit den achtziger Jahren wird die Marienkirche in Freiberg als Dom neu gebaut, eine Hallenkirche mit mastenartig steilen Stützen, nach innen gezogenen Wandpfeilern, zwischen die eine den Raum umgebende Empore eingespannt ist. Ein Netzrippengewölbe überspannt gleichmäßig die drei Schiffe. Der um 1500 vollendete Bau wird am Anfang des 16. Jh. mit Figurenzyklen – Aposteln und Jungfrauen – ausgestaltet und besitzt vor der Reformation 36 Schnitzaltäre. Künstlerischer Wert wird vor allem auf die Gestaltung der Kanzel gelegt. Dieses von Hans Witten geschaffene Werk hat die Gestalt einer »kolossalen Tulipane« (Abb. 47). Das Wachsen und Sprießen setzt sich in der Ausmalung des Gewölbes fort, denn der Kirchenraum der Spätgotik wird als Paradieseslaube gedeutet.

Der künstlerische Ausdruck des Organischen ist im Innenraum der Annenkirche zu Annaberg (1499–1525) noch gesteigert. Den Pfeilern entwachsen Schlingrippen, die sich zu Blüten-Baldachinen der Gewölbe zusammenschließen (Farbabb. 9) und dem Raum ein harmonisch bewegtes Leben verleihen. Jakob von Schweinfurt hat als Schüler von Benedikt Ried in Prag um 1515 diese Wölbweise in Sachsen heimisch gemacht. Durch seine reiche zeitgenössische Ausstattung vermittelt der Innenraum der Annenkirche am ehesten den Eindruck des originalen Zustandes eines spätmittelalterlichen Kirchenraumes.

Diesem Raum gegenüber wirkt das Innere der St. Wolfgangskirche in Schneeberg (1515–40) merkwürdig nüchtern. Zwar ist hier die Raumvereinheitlichung am weitesten vorangetrieben; die Poesie des Annaberger Raumes wird aber weder hier noch in der Zwikkauer Marienkirche wieder erreicht. Mit dem Umbau der Schloßkirche in Chemnitz (um 1525/30) leben Baugedanken der Annenkirche noch einmal auf. Der Raum birgt Hans Wittens Geißelsäule (Abb. 46). Die nördliche Fassade war mit einem Astwerkportal von Franz Maidburg ausgezeichnet; darin sind vier ältere Figuren von Hans Witten eingefügt.

Als ›kirchlicher‹ Stil hat die Spätgotik die Reformation überlebt. Nickel Gromann baut die Torgauer Schloßkapelle in den Formen der Schneeberger Wolfgangskirche. Martin Luther weiht den Raum 1544 ein. Im gleichen Jahr werden erst die riesige Halle der Pirnaer Marienkirche mit einem dichten Rippennetz versehen und die Gewölbe mit einem reformatorischen Bildprogramm ausgestattet (Abb. 15). Noch am Ende des 16. Jh. baut man selbstverständlich Kirchen mit spätgotischen Netzgewölben, wie sie zum Beispiel die Stadtkirche in Lauenstein besitzt.

Die ältere Kunstgeschichtsschreibung sah in der obersächsischen Spätgotik das Ziel der Gotik als einer Raumkunst vollendet. Wenn wir heute eine derartige Vorstellung von Zielgerichtetheit der Stilentwicklungen auch skeptisch gegenüberstehen, bleibt es doch dabei, daß keine andere deutsche Landschaft kurz vor der Reformation eine solche Fülle phantasievoller Innenarchitekturen von deutlichem Lokalkolorit hervorgebracht hat. Diese Kultur basiert auf dem Reichtum des Bürgertums, auf den wirtschaftlichen Anschüben, die durch den Silberbergbau im oberen Erzgebirge hervorgerufen wurden, ist aber andererseits undenkbar ohne die landesherrliche Förderung. Besaß doch zu dieser Zeit das wettinische Territorium das modernste Verwaltungssystem in Deutschland und verfügte über Geister in Kunst und Wissenschaft, die in der Reformation die abendländische Welt bewegt haben.

Über den großen Monumenten darf nicht vergessen werden, daß Obersachsen eine eigene Tradition der ländlichen Volksbaukunst besitzt. Die Fachwerkbauten sind von Franken her beeinflußt. Eine Gruppe von erzgebirgischen Kirchen mit Wehrgängen auf der Mauerkrone erinnert an die unsicheren Zeiten im späten Mittelalter.

Noch immer zeugen fast 300 spätgotische Altäre in Sachsen davon, daß auch die bildenden Künste in dieser Zeit gediehen sind. Eine Stadt wie Zwickau hatte noch 1479 ihren Hauptaltar in der Werkstatt des Michael Wolgemut in Nürnberg bestellt, die Altäre der Leipziger Kirchen schufen um 1500 schon einheimische Künstler. Neben dem bereits genannten Hans Witten in Chemnitz ragen Peter Breuer in Zwickau und Philipp Koch in Freiberg sowie Franz Maidburg über das Mittelmaß hinaus. Insbesondere die Freiberger und Zwickauer Schule haben eine breite Produktion hervorgerufen. Die zu den Werkstätten gehörigen Maler sind großenteils von Lucas Cranach in Wittenberg beeinflußt. Unter ihnen gibt es einige hervorragende Meister wie z. B. Hans Hesse oder den Meister der Gemälde des Ehrenfriedersdorfer Hochaltars.

Seit den zwanziger Jahren des 16. Jh. treten nach und nach auch oberitalienische Detailformen auf, vermittelt über Prag oder Augsburg. Mit dem Georgentor in Dresden (1530–35) und dem Johann-Friedrich-Bau des Schlosses Hartenfels (Abb. 71) in Torgau (1533–1536), erbaut von Konrad Krebs, setzt sich die Renaissance im Schloßbau endgültig durch. Vom Dresdner Georgentor erhielten sich zahlreiche ornamentale und figürliche Reste. Am bedeutendsten ist der von Christoph Walther I. geschaffene Totentanz, ein Relieffries mit der Darstellung aller Stände, die dem Tod folgen müssen. Der große Wendelstein des Schlosses Torgau (Abb. 72) ist eine einmalige künstlerische Invention von Konrad Krebs, undenkbar ohne die spätgotischen Vorläufer an Wendelsteinen in Obersachsen, undenkbar aber auch ohne den Einfluß aus der französischen Schloßbaukunst.

Am Neubau des Dresdner Schlosses (1548–55) sind neben deutschen Künstlern vor allem auch Italiener als Maler, Bildhauer und Stukkateure tätig. Bauherr ist Kurfürst Moritz, der die Kurwürde für den in Dresden residierenden Zweig der Albertiner in der Schlacht von Mühlberg 1547 erworben hat. Nicht zufällig krönt der Kurfürst seine Machtentfaltung durch die relativ regelmäßige Vierflügelanlage seines Schlosses in den Formen der Renaissance. Nur alte Abbildungen können noch eine Vorstellung von der prächtigen Wirkung des mit Sgraffiten versehenen sowie mit vergoldeten und bemalten Plastiken gezierten Schloßbaus geben.

Viele der zahlreichen kurfürstlichen Schloßanlagen aus der zweiten Hälfte des 16. Jh. stehen nicht auf der Höhe der Zeit. Eine Ausnahme bildet die von Hieronymus Lotter

Altar der Bünauschen Grabkapelle in der Stadtkirche zu Lauenstein

errichtete Augustusburg (Abb. 51) auf den Vorhöhen des Erzgebirges, erbaut 1568–72. Hier wird nach den Plänen eines Italieners mit einer im Grundriß quadratischen, symmetrisch entwickelten Anlage ernst gemacht. Vier Eckhäuser umgeben den kreuzförmigen Hof. Die Silhouette des Schlosses war einst durch die Zwerchhäuser, Galerien und Schornsteine reich belebt. Von den Innenräumen erhielt sich unter anderem die Schloßkapelle, eine Wandpfeilerkirche in strengen Hochrenaissanceformen. Die Ausstattung stammt weitgehend aus der Werkstatt Lucas Cranachs des Jüngeren.

Kapitell am Bergpalais von Schloß Pillnitz

Hieronymus Lotter war auch der Erbauer der Rathäuser von Leipzig und Pegau. Diese Bauaufgabe stellt sich nun in vielen Städten Sachsens. Straßen und Plätze in Görlitz, Frei-berg, Torgau, Pirna und Meißen sind noch heute von der bürgerlichen Baukunst dieser Jahrzehnte geprägt. Von besonderer Bedeutung sind die großbürgerlichen Hallenhäuser in Görlitz (Farbabb. 22, Abb. 23, 27, 28), bei denen durchgehende Hallen – auf halber Höhe im hinteren Bereich des Hauses gelegen – für Licht und Kommunikation sorgen. Dieser eigenartige Haustyp wurde schon im 15. Jh. entwickelt. Ihm folgen noch zahlreiche Beispiele des 16. Jh. Als besonders tüchtige Stadtbaumeister wirken in Görlitz im 16. Jh. Wendel Roskopf der Ältere und Jüngere.

Auch in der Plastik und im Kunstgewerbe ist das bürgerliche ›Eindeutschen‹ der italienischen Renaissance für Sachsen charakteristisch. Familiendynastien von Bildhauern in Dresden, Freiberg, Pirna, Torgau und Meißen sorgen für weite Verbreitung der geschnitzten oder in Stein skulptierten Altäre und Epitaphe. Von hohem Rang sind insbesondere die Werke der Dresdner Familie Walther. Aber auch die Pirnaer Werkstätten weisen eine beachtliche Qualität auf. Die Ausstattungsstücke der Stadtkirche von Lauenstein (Abb. 31) zeugen davon.

Neue Anregungen gehen seit den achtziger Jahren von dem aus Lugano stammenden und am Dresdner Hof wirkenden Giovanni Maria Nosseni aus. Seine manieristische Handschrift ist noch an der Kurfürstlichen Begräbniskapelle des Freiberger Domes (Abb. 62) ablesbar. Von unerhörter Bedeutung für die sächsische Kunst war aber das Erscheinen eines in Florenz geschulten Bildhauers, Carlo de Cesare, der um 1590 die großartigen Figuren der Freiberger Fürstengruft schuf und damit einen Hauch von Weltläufigkeit in den provinziellen Kunstbetrieb Sachsens brachte. Die folgende Generation von Bildhauern orientierte sich immer wieder an diesem Freiberger Monument, bis der Dreißigjährige Krieg die Architektur und die bildenden Künste in Sachsen um Jahrzehnte zurückwarf. Angefangene Bauten wie das Lusthaus auf der Jungfernbastei in Dresden wurden nur zögernd weitergeführt. Der künstlerische Kontakt zu Böhmen, der seit dem Anfang des 16. Jh. besonders eng gewesen war, riß aufgrund des Konfessionskrieges auf lange Zeit ab. Auch Süddeutschland und Italien entfernten sich mehr und mehr, so daß nach dem Ende des großen Krieges in der Werkstatt Valentin Ottes Altäre entstehen konnten, die bei aller Qualität spätgotisch-manieristisch wirken.

Es bedurfte eines neuen höfischen Anspruchs, um den Anschluß an die europäische Barockkunst zu gewinnen. Kurfürst Johann Georg II. war ein besonders musischer Herrscher, der mit der Berufung Wolf Caspar von Klengels zum Oberlandbaumeister einen Architekten von großen Gaben wirksam werden ließ. So ist es für die Entwicklung der Barockbaukunst in Dresden von Bedeutung gewesen, daß man hier im 17. Jh. nicht Italiener als Architekten und Bildhauer engagierte. Da die lutherische Kirche und die Bürgerschaft zunächst ebenfalls als Auftraggeber von Kunst kaum in Erscheinung traten und ihrerseits an ihrem Traditionsbewußtsein festhielten, gab es in Sachsen keine Kraft als den Hof, sich am Zeitgemäßen zu orientieren. Darum bemühte sich Klengel, der Italien kannte, mit dem Bau seiner Moritzburger Schloßkapelle (1661–72) und seines Dresdner Schloßturmes (1674). Während das Schloß noch einmal in seinen historischen Formen restauriert wurde, erhielten viele Innenräume Stuckdekorationen, an denen allerdings offenbar Italiener mitgewirkt haben. Auch die sächsischen Bildhauer des Barock waren Deutsche, nicht alle waren in Dresden tätig. Die Schneeberger Bildhauerfamilie Böhme hat im Erzgebirge ihre Spuren hinterlassen. Johann Heinrich Böhme d. J. schuf 1688 den Kanzelaltar der Dreifaltigkeitskirche zu Carlsfeld. Sie ist ein kleiner, aber in seiner Anlage höchst origineller Zentralbau (Abb. 53), bei dem gewiß höfische Anregungen maßgebend waren. Das von einer Haube mit

Laterne überkuppelte Äußere wirkte später auf die Gestaltung der Dresdner Frauenkirche ein.

Neben Klengel war es Johann Georg Starcke, der mit seinem Palais im Großen Garten (Abb. 8) in Dresden (1678–83) den Barockstil bis ins frühe 18. Jh. hinein prägte. Das heiteranmutige italienische Lusthaus und das repräsentative französische Schloß sind hier in origineller Weise künstlerisch verarbeitet worden. Die Anlage des Großen Gartens, der ersten barocken Gartenanlage in Sachsen, geht auf Johann Friedrich Karcher zurück.

Als Friedrich August I., August der Starke, 1694 Kurfürst und 1697 König von Polen wurde, war also in Dresden längst der Grundstein für die Barockkunst gelegt, die der enthusiastische Kunstfreund auf dem Thron und sein Oberbauamt voll zur Blüte zu bringen suchte. Die einzelnen Schritte, die zur Errichtung des Taschenbergpalais bis hin zu der 1711 begonnenen Zwingeranlage Matthäus Daniel Pöppelmanns (Farbabb. 3, Abb. 5, 6) führten, sind teilweise noch immer unklar. Erwiesen aber ist, daß dem Zwinger kein Gesamtkonzept zugrundegelegen hat, daß sowohl seine Funktion als auch sein Stil sich bis zur vorläufigen Vollendung im Jahre 1719 hin entwickelt haben. Zunächst als Orangerie begonnen, wird der Bau dann im Zusammenhang mit einem riesigen Schloßbau weitergeführt, bei den Hochzeitsfeierlichkeiten des Kurprinzen 1719 als Festplatz benutzt, um seit den zwanziger Jahren zum Museum umgestaltet zu werden. Der graziöse, von den Plastiken Balthasar Permosers und seinen Schülern bestimmte Stil des Wallpavillons steht am Ende einer stilistischen Entwicklung. Über der Bewunderung für die Eleganz der Einzelbauten darf die wahrhaft städtebauliche Großräumigkeit des Zwingerhofes nicht vergessen werden.

In den zwanziger Jahren deutet sich im Dresdner Barock ein Stilwandel zum Einfachen und Klaren an, gefördert vom Stil des Franzosen Zacharias Longuelune im Oberbauamt. Während mit dem Lustschloß Pillnitz (1721–25) der Chinamode gehuldigt wird (Farbabb. 15, Abb. 9), orientiert sich Pöppelmann beim Umbau des Schlosses Moritzburg (1723–36) an den Grundformen des Vorgängerbaus aus der Zeit der Renaissance (Farbabb. 7). Am reinsten tritt der neue Stilhabitus am Japanischen Palais (ab 1727) mit seiner vornehmen Lisenenarchitektur in Erscheinung.

In der Dresdner Neustadt stand eine städtebauliche Neuordnung an. Dort ist auch am Bürgerhausbau der neue Geist deutlich abzulesen. Johann Christoph Knöffel hat diesen Stil mit seinen Bauten von Großsedlitz, Zabeltitz und Hubertusburg ins Land getragen. Auch das Schloß Rammenau (1721–35) ist ein Beispiel dafür.

Das städtische Bauwesen blieb von dieser Wendung zunächst unberührt. Der Ratszimmermeister George Bähr entwarf seinen Neubau der Frauenkirche aus dem Geiste der Zentralbauanlage des 17. Jh. (1722). Und als sich das höfische Bauwesen der Planung korrigierend angenommen hatte (1725), blieb Bähr bei seiner schlichten, aber barocken Formensprache. Mit dem Bau seiner ›steinernen Glocke‹ (bis 1743) ist ihm ein wahrzeichenhaftes Meisterwerk gelungen.

Die Barockbaukunst außerhalb der Residenz ist teilweise andere Wege gegangen. Am deutlichsten wird das in der Messemetropole Leipzig. Hier dominiert im ersten Jahrzehnt der Stil Starckes, der 1678–87 die Börse gebaut hatte. Nun wird dieser Stil vertreten von

Johann Melchior Dinglinger, Goldschmied in Dresden, mit seinem Werk »Dianabad«. Kupferstich von Johann Georg Wolffgang, 1722

Johann Gregor Fuchs, dessen Romanushaus (1701–1704) den großartigsten bürgerlichen Stadtpalast darstellt. Christian Döring und Georg Werner vertreten in Leipzig einen reichen, repräsentativen Barockstil, der erst um die Jahrhundertmitte von Friedrich Seltendorff abgekühlt wird.

Der sächsische Kirchenbau zeigt sich maßgeblich von den großen Kirchenbauten Bährs und Pöppelmanns in Dresden beeinflußt. Ein Kirchenbau wie die Stadtkirche zu Großenhain (1744–48), errichtet von Johann Georg Schmidt, macht das deutlich. Besonderer Stolz der evangelischen Kirchen des Barock sind ihre Orgeln. Noch heute sind zahlreiche Dorf- und Stadtkirchen im Besitz einer Orgel aus der Werkstatt Gottfried Silbermanns (s. S. 373 f.).

Außerhalb des Einflusses der Residenz bleibt weitgehend die Oberlausitz. Zwar sind die barocken Straßenzüge in Bautzen und Zittau auch vom Dresdner Barock mitgeprägt; ebenso wirksam bleiben aber böhmische Charakteristika. Das ist bei der Architektur der Klöster Marienstern und Marienthal selbstverständlich in einem noch viel höheren Maße der Fall. Besonders am Neubau des Klosters Marienthal (vollendet 1756) wird die künstlerische Nähe zu den böhmischen Konventen deutlich; hier könnten Entwürfe des hochbegabten Giovanni Santini dem Bau zugrundegelegen haben. Auch der Malerei und Skulptur in der Oberlausitz ist die enge Beziehung zum Süden anzumerken, am schönsten repräsentiert durch die Kanitz-Kyausche Gruftkapelle in Hainewalde von 1715 (Abb. 34, 35). Der Hochaltar der Klosterkirche von Marienstern wurde 1751–56 selbstverständlich in Prag bestellt. Daran wirkten Ignaz Platzer als Bildhauer und Franz Xaver Palko als Maler mit.

Als die Gemahlin Friedrich Augusts II., die Habsburgerin Maria Josepha auf den Bau einer Katholischen Hofkirche (Farbabb. 1) in Dresden drängte, kam auch hier kein einheimischer Architekt für den Bau infrage, sondern ein Italiener, Gaëtano Chiaveri, der 1739–51 sein römisches Wunderwerk dicht an die Elbe setzte, eine fünfschiffige Basilika mit Kapellen und einem frei vor dem Hochschiff aufragenden Turm. Für die Gestaltung der 79 riesigen Heiligenfiguren, die die Balustrade bevölkern, berief man Lorenzo Matielli aus Wien. Ihm wird auch der Neptunbrunnen im Park des Brühl-Marcolini-Palais in der Friedrichstadt verdankt (Abb. 3). Über der Blüte der Baukunst im 18. Jahrhundert darf die hohe Qualität der Skulptur und Kleinkunst nicht vergessen werden, für die Namen wie Balthasar Permoser, Johann Christian Kirchner, Johann Benjamin Thomae, Gottfried Knöffler, Johann Joachim Kändler und Johann Melchior Dinglinger stehen.

Hatten schon die Schlesischen Kriege die politische Schwäche Kursachsens gegenüber Preußen deutlich gemacht, bedeutete der Siebenjährige Krieg (1756–63) eine Katastrophe. Mühsam war der Wiederaufbau der teilweise zerstörten Städte. Der Neubau der Kreuzkirche in Dresden zog sich bis 1792 hin. Trotz starker und früher Neigung zum Klassizismus in Dresden, konnte sich der neue Stil erst in den achtziger Jahren deutlicher gegenüber dem Stil Knöffels durchsetzen. Schon in den fünfziger Jahren waren von Dresden Impulse zum Klassizismus ausgegangen. Adam Friedrich Oeser, Anton Raphael Mengs und Johann Joachim Winckelmann vertraten die Rückwendung zur Antike. Die Stilrichtung wurde in der Plastik von Gottfried Knöffler aufgenommen und fand ihre Heimstatt in der 1764 gegründeten Kunstakademie, hier vertreten vor allem von Friedrich August Krubsacius, der

1770–76 das Landhaus baute. Entschiedener war die Hinwendung zum Klassizismus in Leipzig, wo Johann Friedrich Carl Dauthe 1784–97 den Innenraum der spätgotischen Nikolaikirche den Theorien des französischen Architekturschriftstellers Marc-Antoine Laugier gemäß zu einer Palmenhalle umgestaltete (Farbabb. 8).

Berühmt in ganz Deutschland waren die Parkanlagen der Empfindsamkeit, das Seifersdorfer Tal, angelegt seit 1781, und der Park zu Machern, im wesentlichen aus den neunziger Jahren. Auch der Friedrichsgrund in Pillnitz wurde zu einer Parklandschaft gestaltet; der Schloßpark um einen englischen Landschaftsgarten erweitert und mit Pavillons versehen. Der Park von Muskau (1815–1828) ist eine persönliche Leistung des Fürsten Hermann von Pückler-Muskau. Er unterscheidet sich von den Parkanlagen der Empfindsamkeit dadurch, daß alle »Staffagen« und »Denkmäler« entfallen und die Wirkung auf das Ziel einer »idealisierten Natur« konzentriert ist (Abb. 36, s. S. 259 ff.).

Die bedeutendsten Architekten des Klassizismus in Dresden waren Christian Traugott Weinlig und Christian Friedrich Schuricht. Ihre wenigen erhaltenen Bauten bleiben einem schlichten Frühklassizismus verhaftet. Strenger antikisch wirkt die Architektur von Gottlob Friedrich Thormeyer.

Nirgends in Sachsen aber stößt man zu dem gräzisierenden Stil in der Baukunst vor, wie er in Berlin und München das Stadtbild bestimmt. Der Grund dafür ist auch ein politischer. Durch seine Parteinahme für Napoleon noch in der Völkerschlacht bei Leipzig geriet König Friedrich August I. in Gefangenschaft. Auf dem Wiener Kongreß wurde entschieden, daß fast zwei Drittel Kursachsens an Preußen fallen sollte. Die politische Bedeutungslosigkeit hinderte die Sachsen aber nicht, ihre wirtschaftliche und kulturelle Mission ernst zu nehmen. Daß das gelungen ist, beweist der enorme Aufschwung der Industrie in Sachsen im 19. Jh., beweisen aber auch die zahlreichen Städte, die im 19. Jh. ein dichtes Netz kultureller Einrichtungen hervorgebracht haben: Theater, Museen, Orchester und Kunsthochschulen. Noch heute ist Sachsen mit seinen Spitzentheatern, -orchestern und -museen in Dresden und Leipzig das Land, dessen Gesicht vor allem durch seine Kultur geprägt ist.

Pflanzstätten dieser bürgerlichen Kunst waren die Kunstakademien in Dresden und Leipzig, wo im 19. Jh. die unterschiedlichen Stilrichtungen der Malerei gepflegt wurden. Ganz große Maler – wie beispielsweise Caspar David Friedrich – lehrten dort nicht, wohl aber Gottfried Semper als Architekt. Seinem Wirken in Dresden (1834–49) entsprangen epochemachende Werke wie das erste Dresdner Hoftheater (1838–41) und die Dresdner Gemäldegalerie (1847–55). Sein ungewohnter Renaissancismus ließ die europäische Welt wieder auf Dresden schauen. Seine Schüler haben den Stil Sempers bis ins letzte Viertel des 19. Jh. gepflegt. Noch heute sind Dresdens Villenvororte geprägt von Bauten, die diesen lokalen Stil vertreten. In seinen letzten Lebensjahren hatte Semper Gelegenheit, das 1869 abgebrannte Hoftheater durch einen Neubau zu ersetzen, der anspruchsvoller als der erste das Gesicht des Dresdner Theaterplatzes (Abb. 4), eines der schönsten Plätze in Europa, bestimmt.

In Leipzig war man auch für die Berliner Architektur aufgeschlossen. Als einen Schüler Schinkels darf man Albert Geutebrück betrachten. Sein Augusteum am Augustusplatz wurde allerdings noch einmal in den neunziger Jahren von Arwed Roßbach umgestaltet.

Gottfried Semper. Lithographie von Franz Seraph Hanfstengl, 1848

Nicht nur die Maler und Architekten, die aus der Dresdner Akademie hervorgegangen waren, hatten in Deutschland und Europa einen guten Namen, auch die Bildhauerschule, vertreten durch Ernst Rietschel, Ernst Julius Hähnel, Johannes Schilling und Robert Diez.

Die hohe Kulturtradition in Sachsen verhinderte auch, daß in den Gründerjahren jene Stilunsicherheit sofort Platz griff, die in den preußischen Städten dominierte. ›Preußisch‹ wirken noch heute die Vorstädte von Görlitz, einer Stadt, die 1815 zu Niederschlesien geschlagen worden war. Die Leipziger Vorstadtarchitektur der Gründerzeit ist reicher als die Dresdner, aber auch weniger solid. Neben den alten Kulturzentren entwickeln nun auch Chemnitz, Zwickau und Plauen ein eigenes künstlerisches Gesicht.

Von besonderem Reiz ist der Stil des Späthistorismus in Sachsen, vertreten von den Architekten wie Schilling und Graebner in Dresden, Arwed Roßbach und Hugo Licht in Leipzig, dessen Rathaus an der Stelle der alten Pleißenburg zu den eindrucksvollsten Bauten vom Anfang unseres Jahrhunderts gehört.

Der Expressionismus in der Künstlervereinigung »Die Brücke« nahm von Dresden seinen Ausgang. Die Gartenstadt Hellerau, begonnen 1909, wurde zum Modellfall einer deutschen Gartenstadt. Hier sind spezifisch sächsische Traditionen an Bauformen wiederaufgenommen worden. Um an Landschaft und Topographie angepaßtes Bauen bemüht man sich vor dem Ersten Weltkrieg allenthalben, in Dresden besonders intensiv Hans Erlwein.

Die Moderne in der Architektur hatte in Sachsen einen schweren Stand. Mit dem Ersten Weltkrieg endet die wirtschaftliche Blütezeit Sachsens; die Großstädte und erst recht die zahlreichen Industriestädte sind in den zwanziger Jahren durch den Niedergang der Wirtschaft in Schwierigkeiten geraten. Nur einzelne Bauten wie das Deutsche Hygienemuseum in Dresden von Wilhelm Kreis (1928–30) gehören noch zu den führenden in Deutschland. Die Dresdner Akademie bleibt mit Otto Dix und Oskar Kokoschka in den zwanziger Jahren ein wichtiger Platz für künstlerische Anregungen. Fast spurlos ist in künstlerischer Hinsicht die Zeit des Nationalsozialismus an Sachsen vorübergegangen. Einen Aufschwung hat es auch in der endlosen Nachkriegszeit von 1945 bis 1990 nicht gegeben. Im Rahmen der DDR haben die Akademien, vor allem die Leipziger, ihre Rolle gespielt. In bezug auf die Architekturgeschichte der DDR müssen auch die Bemühungen um einen neuen Städtebau beurteilt werden. Die offiziellen Staatsdenkmäler waren meist Importe aus der Sowjetunion. Als kulturelle Leistungen sind die denkmalpflegerischen Wiederherstellungen von kriegszerstörten Monumenten zu werten.

Die Elbmetropole und ihre Umgebung

Kunststadt Dresden

Dresden (500000 Ew.) liegt in einer hügelreichen Gegend inmitten der für mildes Klima bekannten Elbtalweitung am Rande der Lausitzer Granitplatte. Mit einer Fläche von 226 km^2 gehört die Stadt zu den weiträumigsten Metropolen des Kontinents. Wald und Grünanlagen bedecken ein Viertel des Areals, ungewöhnlich für ein Ballungsgebiet Sachsens. Aus höfischen Interessen, Eigentumsverhältnissen und natürlichen Gegebenheiten entwickelten sich Gewerbe und Industrie in den Randzonen, Kunst und Kultur touristenfreundlich auf eng begrenztem Raum in der City.

Der Aufstieg Dresdens zur weltbekannten Kunststadt ist eng verbunden mit dem Hause Wettin. Erwähnt wurde Dresden als *civitas* erstmals 1216. Nur wenige Jahre zuvor hatten die Markgrafen im Zusammenhang mit der deutschen Ostbewegung neben der slawischen Siedlung *Drezdzany* eine Burg zum Schutze des Elbübergangs der Frankenstraße errichtet, etwa in Höhe des heutigen Theaterplatzes. Die Stadt am linken Ufer der Elbe erreichte im Verlauf von knapp 300 Jahren lediglich eine Zahl von 3800 Einwohnern. Mit der Teilung Sachsens 1485 wurde Dresden Residenz der albertinischen Linie. Aufträge für Schloß- und Festungsbauten verdrängten den Unmut über erzgebirgischen Bergbau und Leipziger Messe, die sich an Dresden vorbeientwickelten. Durch die starke Bindung an den (katholischen) Hof fehlte der Reformation der Nährboden, bis 1539 die Albertiner selbst eine Wende vollzogen. Eine erste Blüte erlebte die Stadt unter Moritz, der 1547 die Kurwürde für die Albertiner errang und Dresden als Residenz beibehielt. Im ›Augusteischen Zeitalter‹, als Sachsen eine Union mit Polen bildete und zu den europäischen Mittelmächten zählte, erlebte die Stadt einen weiteren Höhepunkt und entwickelte sich zu einer Metropole von europäischem Rang. Die Einwohnerzahl stieg zwischen 1697 und 1756 von 21000 auf 60000. Fast 300 Jahre lang, bis zum Niedergang Sachsens im Siebenjährigen Krieg, waren die Wettiner die Bauherren und Kunstsammler.

»Blühe, deutsches Florenz, mit deinen Schätzen der Kunstwelt!« schrieb Johann Gottfried Herder 1802. So kam denn Dresden zu einem neuen Beinamen: ›Elbflorenz‹. Irrte sich Herder nicht ein wenig? Die Prachtbauten des alten Florenz gaben die Medici, reich gewordene Bürger, an heimische Architekten und Künstler in Auftrag, und auf italienische Meister konzentrierte sich die Kunstsammlung der Uffizien, heute die berühmteste Galerie in Ita-

Blick auf Dresden vom rechten Elbufer unterhalb der Augustusbrücke aus. Gemälde von Bernardo Bellotto (gen. Canaletto), 1748

lien, in Dresden aber baute ein absolutistisch regierender Landesfürst mit Blick auf die Belange des Hofes und unter dem Eindruck des Glanzes von Versailles. Das ›Italienische Dörfchen‹ (s. S. 90) erinnert noch an den Einsatz italienischer Steinmetzen. Aus Italien kamen Chiaveri, Canaletto, Algarotti, Torelli, aus Frankreich Longuelune, de Silvestre, Casanova. Unter dem Zustrom fremder Künstler entwickelten Pöppelmann, Permoser, Knöffel, Bähr, Dinglinger u. a. ihr Können. Die Galerie konzentrierte sich im ›Augusteischen Zeitalter‹, im Gegensatz zu der in Florenz, nicht auf heimische Meister, sondern auf italienische und westeuropäische. Aber, und das ist gewichtiger, Florenz gab im 16. Jh. ab an Rom, geriet – um mit Erich Kästner zu sprechen – zumindest an den Rand des »bewohnten

Museums«, während Dresden nach kriegs- und systembedingten Krisen unter den bürgerlichen Verhältnissen im 19. Jh., an die in ›Augusteischer Zeit‹ geprägte kulturelle Eigenart anknüpfend, durch Gottfried Semper, Ernst Rietschel, Ludwig Richter, Richard Wagner, Carl Maria von Weber u. a. eine Renaissance von nationaler Bedeutung erlebte. Dresden ist Dresden – nicht Elbflorenz.

In der zweiten Hälfte des 19. Jh. verhalfen einige Unternehmen der Stadt zu wirtschaftlicher Prosperität auf lange Dauer: die Schreibmaschinenfabrik Seidel & Naumann (1869), die Kamerafabrik Ernemann (1889), die durch ›Odol‹ bekannt gewordenen Lingnerwerke (1888) und Laferne (1862), Deutschlands erste Zigarettenfabrik; sie setzte sich 1909 durch

Martin Hammitsch mit dem Tabakkontor (Yenidze genannt), teils im Jugendstil gehalten, teils nach türkisch-maurischer Art gebaut, selbst ein Denkmal (Abb. 11).

Durch Bombenangriffe erlebte Dresden 1945 ähnlich schwere Zerstörungen wie das englische Coventry. Militärischen Schutz gab es kaum. Die NS-Führung hatte sich der Hoffnung hingegeben, die Alliierten würden die Kunststadt schonen. Etwa 35 000 Menschen fielen am 13. Februar 1945 den Bomben zum Opfer. Die Innenstadt war auf einem 15 km² großen Raum zu 85 % vernichtet. Von 30 kulturhistorisch besonders wertvollen Gebäuden waren elf unwiederbringlich verloren, neun schwer und zehn beträchtlich beschädigt. Von einer »toten Stadt am Strom« war die Rede. Selbst der agile Erich Kästner schrieb resignierend: »Die Stadt Dresden gibt es nicht mehr«. Daß sie wieder da ist, spricht für ihren Lebenswillen.

Besichtigungsvorschlag: Bei einem Kurzbesuch Dresdens ist ein Rundgang durch die Altstadt zu empfehlen (ohne Museumsbesuche 3 Std.). Als Ausgangspunkt bietet sich der weltberühmte **Zwinger** an (wird z. Z. restauriert). Angrenzend liegen Theaterplatz mit **Semperoper,** Georgenbau, das im Wiederaufbau befindliche Schloß und Altstädter Wache. Zeit sollte sein für eine Besichtigung der **Katholischen Hofkirche.** (Bei Führungen wird auch die Fürstengruft gezeigt.) In der am Portal der Kathedrale beginnenden Augustusstraße befindet sich an der Rückwand des Langen Ganges der *Fürstenzug;* angrenzend der Stallhof. Über den Neumarkt mit der **Ruine der Frauenkirche** erreicht man den Altmarkt mit der Kreuzkirche. Ein Rundblick von der Plattform des Rathauses in 68 m Höhe bietet sich an (zwei Aufzüge). Durch die Gewandhausstraße geht es zum Landhaus (Museum für Stadtgeschichte) und weiter zum **Albertinum,** Domizil des Grünen Gewölbes, der Antikensammlung, der Galerie Neue Meister, derzeit auch der Galerie Alte Meister. Vom Albertinum zum Elbufer sind es nur wenige Schritte; über die **Brühlsche Terrasse** zu wandeln, dürfte kein Besucher versäumen. Jenseits des Stromes sind Japanisches Palais, Königskirche, Neustädter Wache und Goldener Reiter zu erkennen. Für eine Rast mit Blick auf Elbe und Neustadt bietet sich das **Italienische Dörfchen** am Theaterplatz nahe der Augustusbrücke an.
Ausflugtips: Meistbesuchtes Ausflugsziel ist das 14 km entfernte **Barockmuseum Moritzburg** (Besichtigung dauert 1 Std.); bis **Meißen** sind es 26 km: mit Albrechtsburg, Dom, Porzellanmanufaktur (Schauhalle) bietet Meißen drei Sehenswürdigkeiten von Weltruf; Elbefahrt mit der Weißen Flotte nach **Pillnitz:** 12,8 km.

Zwinger und Gemäldegalerie

Mit dem Dresdner Zwinger (Farbabb. 3) entstand ein zu den Weltschätzen der Baudenkmäler gehörendes Meisterwerk des Barock, beeindruckend durch Harmonie und überschwengliche Gestaltungslust – eine graziöse »Faschingslaune der Architektur« (Wilhelm Lübke). Der Architekt Matthäus Daniel Pöppelmann und der Bildhauer Balthasar Permoser schufen 1709–28 auf geniale Weise in Sandstein die von August dem Starken erstrebte Selbstdarstellung des Absolutismus. Pöppelmann nannte diesen höfischen Festplatz – der Begriff ›Zwinger‹ geht zurück auf den in Festungsbauten in der Regel unbebauten Teil zwischen innerer und äußerer Wehrmauer – eine »römische Erfindung«, eine Reverenz vor seinen italieni-

Blick auf Zwinger und Umgebung im Jahre 1820. Aquarell von J. E.Enslen (Ausschnitt)

schen Studienobjekten, etwa der Villa Torlonia in Frascati und dem Palazzo del Grilloni in Rom. Auch Versailles wirkte als Vorbild ebenso wie die Kaiserbauten des Fischer von Erlach, die Spuren deutscher und italienischer Architektur aufwiesen und mit einem faszinierenden Reichtum an Skulpturen den Betrachter zu fesseln vermochten.

Der **Wallpavillon** (1716–17), aus Fenstern und Schäften bestehend, ist – wie der nachträglich um ein *Meißner Glockenspiel* bereicherte **Glockenspielpavillon** gegenüber – konzeptioneller Richtpunkt eines Ensembles von 116 m × 204 m, das keine Wiederholung kennt. Die Ecksculpturen der ›Vier Winde‹ künden vom Ruhm des Kurfürsten, der als Figur über dem Mittelgiebel Polens Krone in den Händen trägt, umgeben von Hera, Athene und Aphrodite, den Göttinnen der Macht, Weisheit und Liebe. Im Mittelgiebel das sächsisch-polnische Wappen mit den Initialen A. R. (Augustus Rex) und als Bekrönung der die Weltkugel tragende ›Herkules Saxonicus‹, die einzige Arbeit, die Permoser signiert hat. Die Huldigung für August den Starken ist das beherrschende Thema der Plastik, betont durch die Vollkommenheit der an Versailles orientierten Architektur. Die beiden Eckbauten auf der Seite des Walls, der *Mathematisch-Physikalische Salon* (s. S. 87f.) und der *Französische Pavillon,* entstanden 1712–16. Das hinter dem Französischen Salon liegende **Nymphenbad** mit Kaskade gehört zu den schönsten Brunnen Dresdens. Von Permoser stammen die Plastiken ›Nymphe mit der Muschel‹, ›Nymphe, die zum Bade geht‹ und ›Nymphe, die vom Bade

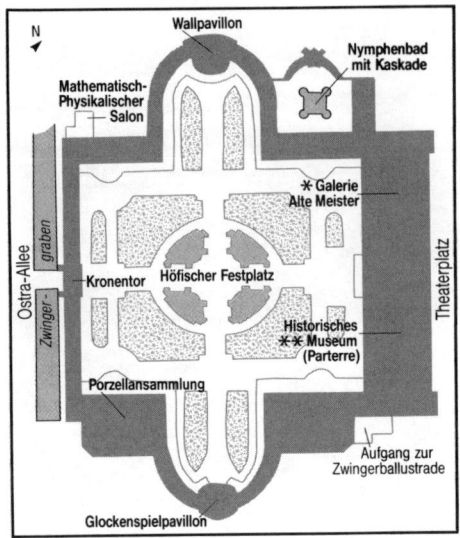

Zwinger, Grundriß
* z. Zt. im Albertinum
** z. Zt. geschlossen

kommt‹, alle linksseitig der Kaskade. Weitere ausdrucksstarke Plastiken schufen u. a. Johann Benjamin Thomae, Johann Joachim Kändler und Johann Christian Kirchner.

Wie Wallpavillon und Nymphenbad ist auch das 1714–18 errichtete **Kronentor** (Abb. 5, 6) reich an Skulpturen. Gebaut wurde es als Triumphbogen, als ›Herkulestor‹. Das nach allen Seiten offene Obergeschoß trägt eine *Turmzwiebel* und eine von vier polnischen Adlern gehaltene *Königskrone*. Die lebensgroßen Nischenfiguren ›Ceres‹ und ›Vulkan‹ gehen auf Permoser zurück, ebenso ›Venus‹ und ›Amor‹ im Obergeschoß, wenn auch vermutlich später erst umgesetzt, also nicht für den Zwinger gearbeitet. Zu beiden Seiten des Kronentors liegen die Längsgalerien mit insgesamt 36 Achsen.

Nach dem Tode Kaiser Josephs I. übernahm August der Starke 1711 das Amt des Reichsvikars. Zu dieser Zeit trieb er den Zwinger-Bau besonders energisch voran, denn er liebäugelte mit der Kaiserkrone. Als dieser Traum zerrann, ließ sein Interesse nach, zumal Sachsens Ressourcen begrenzt waren. Der Kurfürst wandte sich bald finanzierbaren Projekten wie Pillnitz (s. S. 134 f.) und Moritzburg (s. S. 132 ff.) zu. Ein weiterer Grund für die preisgegebene Vollendung des Zwingers lag in der Hinwendung zu einer neuen Bauauffassung: die Zeit des Barock war vorüber. Der Zwinger verwandelte sich 1728 in ein »Palais de Sciences«, ein Haus der Kunstsammlungen und der Bibliothek. Während des Siebenjährigen Krieges dienten die Pavillons und Galerien als preußisches Truppenmagazin. Die Kunstschätze konnten rechtzeitig auf den Königstein in Sicherheit gebracht werden. Schwere Schäden waren auch 1813 und im Revolutionsjahr 1849 zu verzeichnen. Welch geringe kunsthistorische Bedeutung dem Zwinger in frühklassizistischer Zeit zuteil wurde, zeigte sich 1780, als Oberlandbaumeister Christian Friedrich Exner für eine Befreiung des Baus

Vermeer van Delft (1632–1675): ›Brieflesendes Mädchen am offenen Fenster‹, nicht datiert. Staatliche Kunstsammlungen Dresden

von allem plastischen Beiwerk plädierte, zum Glück ohne Erfolg. Mit der Wiederentdek-
kung des Barock wurden Erneuerungsarbeiten vorgenommen. Der Einsatz von Firnis und
Ölfarben in den Jahren 1880 bis 1895 führte zum Mißerfolg: Das Gestein konnte nicht mehr
atmen und verschliß. Die Zwingerhütte unter Hubert Ermisch versuchte 1924–36 das Bauwerk zu retten. Nach dem Bombenangriff am 13. Februar 1945 galt der Zwinger als verloren. Anhand alter Baupläne und Fotografien erfolgte 1946–64 bei Verwendung alter Mauern
der Neuaufbau, anfangs unter Ermisch und nach dessen Tod 1951 unter Max Zimmermann.
Die letzten zwei Jahre leitete Arthur Frenzel das Projekt.

An die Elbseite des Zwingers hatte Pöppelmann vor Einstellung der Arbeiten als Proviso-
rium eine Holzwand gesetzt. Die Bebauung erfolgte 1847–55 mit Errichtung der **Gemäldegalerie** (zur Zeit wegen Restaurierung geschlossen) durch Gottfried Semper, als Architekt
der (1938 zerstörten) Synagoge von 1838–40 bekannt. Die Schwierigkeit lag in der Anpassung an Pöppelmanns Stil. Ernst Rietschel und Ernst Julius Hähnel, zwei hervorragende
Bildhauer, übernahmen den Bauschmuck. Semper entwarf die 127 m lange und 29 m breite
zweistöckige Galerie im Stil der italienischen Hochrenaissance mit unterschiedlichen Fassaden. Die Zwingerfront wurde in Höhe der Pavillons abgestuft, durch eine Balustrade aufge-
lockert und ein dreitoriger Triumphbogen geschaffen. Wegen Teilnahme an der Revolution
mußte Semper 1849 fliehen. Seine Nachfolger hielten die Kuppel niedriger als geplant.
Verglichen mit Pöppelmanns Pavillons und Galerien wirkt die Gemäldegalerie, einer der
bedeutendsten deutschen Museumsbauten des 19. Jh., wuchtig.

Mit dem Bau der Galerie erfolgte im Zwingerbreich eine weitgehende Konzentration der
berühmten **Kunstsammlungen,** die aus der um 1560 von Kurfürst August angelegten
Kunstkammer hervorgegangen sind und unter August dem Starken und Friedrich August II.
europäische Geltung erlangten. Die **Gemäldegalerie Alte Meister** (zur Zeit im Albertinum)
zählt zu den bedeutendsten Kunstsammlungen der Welt. In der ›Augusteischen Zeit‹ wurden 4000 Gemälde, ausschließlich Originale, erworben. Dazu gehörten die Wallensteinsche
Sammlung in Dux mit 268 Exponaten, 69 Gemälde aus der kaiserlichen Galerie Prag und die
Sammlung des Herzogs von Modena mit 100 Bildern. Vom Kloster Piacenza wurde 1754
Raffaels ›Sixtinische Madonna‹ (2,65 m × 1,96 m) gekauft, so genannt, weil auch Papst Six-
tus II. auf dem Gemälde dargestellt ist. Dieses Bild begründete wesentlich den Ruhm der
Dresdner Sammlungen. Zu den Aufkäufen gesellten sich Aufträge. Canaletto, eigentlich
Bellotto, seit 1747 Hofmaler, berühmt durch seine Stadtansichten, mußte monatlich ein Bild
liefern. Erst nach 1871 konnten die Bestände systematisch ergänzt werden. Vertreten sind
heute die bedeutendsten Werke der italienischen Renaissancemalerei sowie der flandrischen
und holländischen Malerei des 15.–17. Jh., der spanischen und französischen Malerei des
17.–18. Jh. und der deutschen Malerei des 16.–18. Jh.

Aus der kurfürstlichen Rüst- und Harnischkammer ging 1832 das **Historische Museum**
hervor (zur Zeit wegen Restaurierung geschlossen). Der Name irritiert; es handelt sich nicht
um ein Geschichtsmuseum, sondern um eine kostbare Sammlung von Harnischen, Blank-
und Feuerwaffen. Vertreten sind u. a. Arbeiten aus der Werkstatt des Augsburger Plattners
A. Pfeffenhauser. Zu den bekanntesten der 15 000 Exponate zählen das Kurschwert Fried-

richs des Streitbaren von 1425, der Prachtharnisch Christians II., eine Arbeit des Nürnbergers Heinrich Knopf (1606), und das Krönungsornat Augusts des Starken (1697). Das 1717 von August dem Starken gegründete **Porzellanmuseum** wird international nur von der Sammlung des Serail in Istanbul übertroffen. Einzigartig sind die Bestände an frühem chinesischen, japanischen und koreanischen Porzellan sowie die Sammlung zur Geschichte des Meissener Porzellans einschließlich der ersten Versuche Böttgers. Bekannt sind die ›Dragonervasen‹, ein Meter hohe Deckelvasen mit blauer Unterglasurmalerei, die August der Starke beim Preußenkönig gegen 600 ›lange Kerls‹ eintauschte, Kändlers Entwurf für ein Reiterdenkmal Augusts des Starken, sein Porträt des Hofnarren Frölich und der Porzellanblumenstrauß von Vincennes. Ebenfalls unter August dem Starken wurde 1730 der **Mathematisch-Physikalische Salon** als Museum eingerichtet. Da die Kunst- und Naturalienkammer von 1560 den Grundstock bildet, haben wir eine der ältesten technisch-wissenschaftlichen Sammlungen der Welt vor uns. Sie verfügt heute über etwa 2000 kulturhistorisch bedeutende Instrumente der Mathematik, Physik, Astronomie, Geodäsie und Metrologie aus dem 13.–19. Jh. Die Sammlung von Erd- und Himmelsgloben ist die bedeutendste auf deutschem Boden. Als sehr wertvoll gilt der arabische Himmelsglobus von 1279 aus der

---

Ehrenfried Walter Graf von Tschirnhaus: »Physik ist der Gipfel der Philosophie.«
(* 1651 Kieslingswalde – † 1708 Dresden)

Als erster Deutscher kam Ehrenfried Walter Graf von Tschirnhaus 1682 in die Académie française. Er war Mathematiker, Physiker und Philosoph und prägte maßgeblich das ›mathematische Jahrhundert‹ (1650–1750). Nach ihm benannt ist u. a. die Transformation zur Lösung algebraischer Gleichungen. Mit Leibniz, Colbert, Newton, Boyles und Spinoza stand er auf vertrautem Fuß.

Colbert wollte ihn zur Übersiedlung nach Paris bewegen, aber Tschirnhaus sah seinen Platz in dem wirtschaftlich und politisch erstarkten Sachsen. Seit zwei Jahrhunderten besaß die Familie ein Gut in Kieslingswalde (heute Slawnikowice) bei Görlitz, aus dessen Ertrag Tschirnhaus seine zahlreichen Experimente und frühkapitalistischen Unternehmen in Kieslingswalde, Pretzsch und Dresden-Neuostra finanzierte. Sein 1687 in Amsterdam erschienenes Buch »Medicinia mentis« kam in 2. Auflage in Leipzig 1697 unter dem treffenderen Titel »Ars invenniendi« (»Die Kunst zu erfinden«) heraus.

Bekannt wurde er durch seine Brennspiegel; der heute im Zwinger gezeigte entstand 1686 mit einer Brennweite von 1,1 m. Im Besitz des Deutschen Museums in München ist der fahrbare ›Sonnenofen‹ (Doppellinsensystem), mit dem Tschirnhaus eine Arbeitstemperatur von 1600–2000 °C erreichte, erst hundert Jahre später übertroffen durch elektrischen Lichtbogen und Knallgasflamme.

In den Tschirnhaus'schen Glasmanufakturen wurden die Glasblöcke durch Gießen gewonnen, nicht durch Blasen, und mit speziellen Polier- und Schleifmaschinen bearbeitet. Tschirnhaus versuchte sich auch als Porzellanproduzent und ermutigte Böttger, von ›Goldmacherei‹ auf ›Porzellanmacherei‹ umzusteigen.

persischen Sternwarte Meragha. Auch die Uhrensammlung verfügt über ein besonderes Glanzstück – eine 1,35 m hohe astronomische Kunstuhr von 1563–67. Unter den sächsischen Leistungen ragen die von Ehrenfried Walter von Tschirnhaus entwickelten Linsen und der 1,80 m große Hohlspiegel heraus.

Zwinger, Uhrensammlung im Mathematisch-Physikalischen Salon

Der Theaterplatz und seine Bauten

Der Theaterplatz ist einer der architektonisch schönsten und kulturhistorisch wertvollsten Plätze Dresdens (Abb. 4). Es gäbe ihn nicht, hätte August der Starke seine Schloß-Pläne voll zu realisieren vermocht, und er würde der antiken Agora gleichen, hätte Gottfried Semper das Geld zur Verwirklichung seiner Forumsidee gehabt und die Gemäldegalerie nicht als Zwingerabschluß bauen müssen.

Platzbeherrschend ist das bronzene **Reiterdenkmal des Königs Johann,** 1889 geschaffen von Johannes Schilling. Johann (1801–73, König seit 1854) war der Gelehrte auf dem für ihn nicht bestimmten Thron, ein ausgebildeter Jurist, Sprachwissenschaftler und prominenter Danteforscher. Unter dem Pseudonym *Philalethes* gab er 1849 eine hervorragende Übersetzung der »Göttlichen Komödie« heraus. Er gehörte rund 30 europäischen wissenschaftlichen Gesellschaften an und wurde 1869 auf Vorschlag Leopold von Rankes »Ritter der Friedensklasse des pour le mérite«. Nicht die Feldherrenpose auf dem Sockel ist für ihn charakteristisch, sondern das Buch mit Dante-Porträt.

Von den aus verschiedenen Epochen stammenden Monumentalbauten am Theaterplatz geht eine beeindruckende Ensemblewirkung aus. Nach einem Entwurf von Karl Friedrich Schinkel schuf Joseph Thürmer 1830–32 die im Portikus einem griechischen Tempel ähnliche **Altstädter Wache** mit sechs ionischen *Sandsteinsäulen.* Die *Giebelskulpturen* ›Saxonia‹ und ›Mars‹ gehen auf die Dresdener Bildhauer Joseph Hermann II. bzw. Franz Pettrich zurück. Der klassizistische Schinkelbau stellt eine überraschende Bereicherung der Dresdner Architektur dar. Gottfried Semper schien für die Anpassung an historische Vorbilder die klassizistische Form ungeeignet. Bei der Galerie und der Oper lehnte er sich an die Renaissance an, bei dem 18 m hohen **Cholerabrunnen** (1843) gegenüber dem Glockenspielpavillon an die Gotik. Die Bauplastik wollte er individualistisch halten, was ihn mit Ernst Rietschel verband, der als erster deutscher Bildhauer seine Skulpturen nach der Mode kleidete und gegen das »zeitlos antikisierende Gewand« opponierte. Sein **Carl-Maria-von-Weber-Denkmal** im Winkel zwischen Galerie und Wall halten viele Rietschel-Verehrer für das künstlerisch wertvollste Denkmal des Meisters.

Früher als die Galerie baute Semper das *Hoftheater* (1838–41), die erste Oper in Dresden, an der u. a. Richard Wagner wirkte. Sie brannte 1869 durch Fahrlässigkeit ab. Nach der Revolution 1849 geflüchtet, blieb Semper für den Hof ein Verfemter; die Dresdner aber wollten, daß er und kein anderer die Oper wieder aufbaue. Von Wien aus projektierte er das neue, 1871–78 unter Leitung seines Sohnes Manfred gebaute Opernhaus – die **Semperoper** (Farbabb. 5), ein Rangtheater mit 1712 Sitz- und 300 Stehplätzen. Es setzte Maßstäbe im europäischen Theaterbau und gehört zu den besten Leistungen der deutschen Architektur dieser Zeit. Der Arkadenbau hat die Form eines Segmentbogens. Die Seitenflügel treten zugunsten der *Exedra* und ihrer bronzenen *Pantherqua driga* mit ›Dionysos‹ und ›Ariadne‹ von Johannes Schilling, ein Wahrzeichen Dresdens, ebenso zurück wie das dritte Geschoß und das 40 m hohe Bühnenhaus. Dresdener Bildhauer gestalteten den wertvollen Bauschmuck. Die *Skulpturen* in den Fassadennischen stellen Shakespeare, Sophokles, Molière und Euripides dar. Von der ersten Semperoper stammen die Skulpturen Goethes und Schil-

lers, Arbeiten Ernst Rietschels. Als Musiktheater erlebte die zweite Semperoper viele Höhepunkte, den ersten unter dem aus Österreich stammenden Ernst Edler von Schuch, der 1872–1914 am Dirigentenpult stand und 51 Ur- sowie 120 Erstaufführungen herausbrachte, darunter lebhaft diskutierte Werke von Richard Strauss. Schuch verhalf auch Wagner zu neuer Geltung. Wagner äußerte gelegentlich: »Das ist der einzige Schu(c)h, der mich nicht drückt.« Unter Fritz Busch – er lebte elf Jahre in Dresden, bevor er 1933 nach Amerika emigrierte – gab es eine ›Verdi-Renaissance‹. Der »Freischütz« von Weber am 31. 8. 1944 war die letzte Vorstellung vor der Zerstörung der Semperoper im Februar 1945. 40 Jahre später, am 13. 2. 1985, erfolgte nach achtjähriger Bauzeit mit dem »Freischütz« die Wiedereröffnung dieser Oper. »Alles ist wieder da, so wie es war, als ich auf dieser Bühne stand«, rühmte Erna Berger, die zu den besten Sängerinnen des Hauses gehörte.

Abgeschlossen wurde die Gestaltung des Platzes 1911–13 mit dem Bau der Gaststätte **Italienisches Dörfchen** durch den Bamberger Hans Erlwein. Der Architekt entschied sich für einen nur zweistöckigen Bau, um den Blick auf die Neustadt, bzw. umgekehrt auf die Monumentalbauten am Theaterplatz nicht zu versperren. Das Gasthaus war in der ›Augusteischen Zeit‹ Wohnsitz der beim Bau der Kathedrale eingesetzten Italiener.

Die 1945 ausgebrannte **Katholische Hofkirche** am Brückenkopf der Augustusbrücke wurde 1948–65 von der Zwingerhütte wiederaufgebaut (Farbabb. 1, Abb. 4). Durch päpstli-

Das Hoftheater, die erste Oper in Dresden, errichtet 1838–41 von Gottfried Semper. Aquarellierter Stich aus dem 19. Jh.

ches Dekret wurde sie 1964 neben dem Bautzner Dom Konkathedrale des Bistums Meißen. Sie ist mit 4800 m² Grundfläche Sachsens größte Kirche und der letzte Barockbau (1739–55) Dresdens. Bauherr war Friedrich August II., seit 1719 Katholik, verheiratet mit einer Katholikin und König des katholischen Polen, aber Kurfürst des protestantischen Sachsen. Die Errichtung einer katholischen Kirche stieß im Mutterland der Reformation auf Widerstand. Die Freiberger Arbeiter waren schon fünf Wochen in Dresden, als Stadtkommandant von Friesen noch immer keine Baufreiheit geschaffen hatte. Der Grundstein wurde am 28. Juli 1739 früh um 5 Uhr in aller Stille gelegt. Was gebaut werden sollte, wußte nicht einmal Oberlandbaumeister Knöffel. Als Architekten ließ der Kurfürst aus Warschau den italienischen Barockbaumeister Gaëtano Chiaveri kommen, der kein Wort Deutsch sprach. Chiaveri setzte als Bauleiter seine Landsleute Francesco Placidi und Antonio Zucchi ein. Der Italiener Lorenzo Mattielli war verantwortlich für die Bauplastik und beschäftigte Italiener als Steinmetzen. Die Hofkirche wurde trotzdem kein italienischer Bau, weil Chiaveri sich ungenügend unterstützt fand und Dresden nach zehn Jahren 1749 empört den Rücken kehrte. Die Weiterführung der Hofkirche übernahmen Johann Christoph Knöffel und Julius Heinrich Schwarze. Vom römischen Barock entfernt sich vor allem der ›unitalienische‹ gotische Proportionen befolgende Turm. Das protestantische Dresden erhielt als schönsten Sakralbau eine katholische Hofkirche an einem städtebaulich bevorzugten Stand-

91

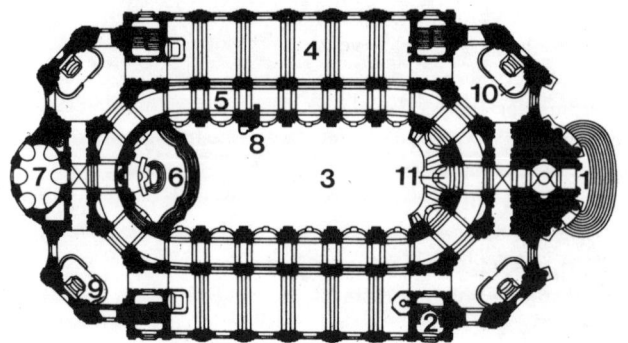

Die Katholische Hofkirche, Grundriß: 1 Haupteingang 2 Seiteneingang 3 Mittelschiff 4 Seitenschiff 5 Zweigeschossiger Prozessionsgang 6 Altar 7 Sakristei 8 Kanzel 9 Sakramentskapelle 10 Nepomuk-Kapelle (heute Gedächtniskapelle) 11 Silbermannorgel

ort, und die Kosten in Höhe von 1 041 000 Talern trugen die (protestantischen) Steuerzahler. Erst unter Napoleon erfolgte 1806 die förmliche Anerkennung der Hofkirche durch das Land. Nun durfte sie auch die vier von den Brüdern Weinhold gegossenen 11 t schweren Glocken läuten.

Die Hofkirche ist eine dreischiffige Basilika mit einem 52,5 m langen und 18 m hohen Mittelschiff, einem Prozessionsumgang zwischen Mittel- und Seitenschiffen (öffentliche Prozessionen waren nicht gestattet) und einer Scheitelkapelle sowie vier Eckkapellen. Die Nepomuk-Kapelle, in der sich eine Pieta aus Meissener Porzellan befindet, dient seit 1973 als ›Gedächtniskapelle für die Opfer des 13. Februar 1945 und aller ungerechten Gewalt‹. Der einschließlich Kreuz 91 m hohe, zweistöckig durchbrochene *Turm* zeigt sich, infolge des in den unteren Geschossen ovalen, in den oberen aber runden Grundrisses, von jeder Seite anders. Der langrunde, sich nach oben verjüngende, in einem fast kreisrundem Querschnitt mündende Baukörper hat mehrere flach geneigte Dächer, welche verdeckt sind durch die mit 3,5 m hohen *Apostel- und Heiligenfiguren* geschmückten Balustraden. Lorenzo Mattielli schuf die insgesamt 59 Statuen. Eine neobarocke *Brücke* zum Schloß wurde 1897 errichtet, damit der Hof den Gottesdienst besuchen konnte, ohne die Straße zu betreten. Zur Ausstattung der Kathedrale gehören sehr wertvolle Kulturgüter, die durch Auslagerung vor der Zerstörung gerettet worden sind. Als einzige Dresdner Kirche besitzt die Kathedrale eine *Silbermannorgel* (1750–53), geliefert 1754 für 20 000 Taler; das Palais eines Höflings kostete zum Vergleich etwa 7000 Taler. Die Orgel ist Silbermanns schönste – und letzte; bei der Arbeit an ihr soll ihn der tödliche Schlaganfall ereilt haben. Von Permoser stammt die umgesetzte *Kanzel* (1722), polierweiß und teilweise vergoldet. Im rechten Seitenschiff steht die Marmorplastik ›Christus an der Martersäule‹ (1721), auch eine Arbeit Permosers. Das Hochaltargemälde ›Christi Himmelfahrt‹ (9,3 m × 4,5 m) schuf 1750 Raphael Anton Mengs. Das 4,2 m hohe silberne Kreuz und die sechs 2,1 m hohen silbernen Leuchter fertigte 1752–56 die Augsburger Werkstatt Johann Ignaz Bauer. Die Ausmalungen der Kapellen wurden rekonstruiert, so auch die von Stefano Torelli stammende Ausmalung der *Sakramentskapelle* aus dem Jahre 1755 (Umschlagklappe vorn). In den vier Räumen der *Gruft* stehen 49 Sarkophage der katholischen Wettiner, darunter der des 1918 gestürzten letzten Königs, Friedrich August III. und der besonders reich verzierte Sarkophag des Danteforschers König Johann. In einem Gefäß verwahrt wird das Herz August des Starken, der in Krakow beigesetzt worden ist. Unter der sparsamen plastischen Ausstattung der Grufträume befinden sich zwei Skulpturen von Permoser, darunter ein aus mehrfarbigem Marmor gearbeiteter ›Schmerzensmann‹.

Das **Schloß der Wettiner,** ursprünglich mit der Hofkirche durch einen Steg verbunden, der 1897 von einer neobarocken Brücke ersetzt wurde, befindet sich nach Kriegszerstörung seit 1984 im Aufbau (Abb. 4). Wie fast alle großen Schlösser wurde auch das Dresdner in verschiedenen Etappen errichtet. An die alte Burg aus dem 12. Jh. erinnert nur der Unterbau des Turms. 1382 erfolgten erste Veränderungen, 1471 errichtete Arnold von Westfalen den Westflügel, aber erst nachdem Dresden 1485 feste Residenz wurde, kam es zum Umbau der mittelalterlichen Burg in ein Renaissance-Schloß. Das **Georgentor** entstand 1530–35 als Erweiterung ostwärts durch Bastian Kramer unter Nürnberger und italienischem Einfluß im Auftrage Herzog Georgs des Bärtigen und wurde nach ihm benannt. Gustav Dunger und Gustav Frölich erneuerten es 1900/01 im Stil der Neorenaissance. Es ist 1964–66 als erster Teil des Schlosses restauriert worden. Vom Erstbau blieb nur das elbseitige, an die Westfront versetzte *Portal.* Das berühmteste Relief des Georgenbaus, ein 1534 von Christoph Walther I. geschaffener ›*Totentanz*‹, als bedeutendste Dresdner Renaissanceplastik angesehen, wurde 1733 auf den Inneren Neustädter Friedhof umgesetzt. Es handelt sich um einen 1,20 m hohen und 12 m langen Sandsteinfries mit 27 Figuren. Der ›Totentanz‹ Walthers weist eine Besonderheit auf: dem Tod folgen Personengruppen – Geistlichkeit, Adel, Bürger, Frauen. Ein Abguß befindet sich im Museum für Geschichte der Stadt Dresden. Unter Kurfürst Moritz erfolgte ab 1547 der Ausbau des Schlosses nach Westen. Hans und Bastian Kramer schufen nach Plänen von Caspar Voigt von Wierandt den prächtigen Moritzbau und den Großen Schloßhof. Aus dieser Zeit stammt das Portal der Schloßkapelle, die *Schöne Pforte,* 1554 errichtet von Juan Maria da Padua und Hans Walther II., die »weitaus edelste

Schloß der Wettiner, Grundriß:
1 Westflügel, Nordflügel, westlicher Teil
2 Nordflügel, östlicher Teil
3 Zwischenflügel
4 Ostflügel
5 Südflügel, nördlicher Teil
6 Südflügel, südlicher Teil
7 Hausmannsturm
8 Georgenbau

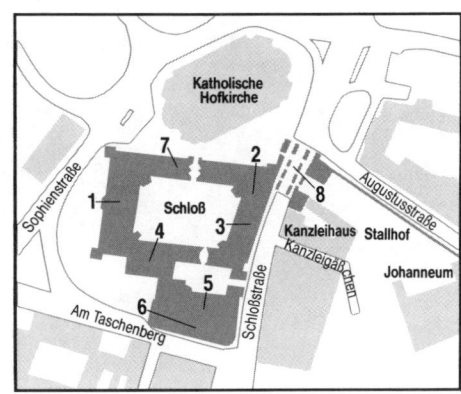

Portalkomposition der ganzen deutschen Renaissance« (W. Lübke). Das Relief im Mittelfeld der Attika stellt die Auferstehungsgeschichte dar, das Türrelief ›Christus und die Ehebrecherin‹, darunter steht *VDMIE* (*»verbum domini manet in eternam«* – »das Wort des Herrn bleibt in Ewigkeit«), ein Leitspruch der protestantischen Wettiner. Die Schöne Pforte steht jetzt am Johanneum.

Das Schloß brannte 1701 ab, wobei auch der berühmte Riesensaal den Flammen zum Opfer fiel. Zur Erneuerung zog August der Starke bekannte Künstler heran. Raymond Leplat stattete das Schlafzimmer des Kurfürsten aus (1710), Louis de Silvestre den Thronsaal (1719), Leplat gemeinsam mit Matthäus Daniel Pöppelmann und Johann Melchior Dinglinger das Grüne Gewölbe im Westflügel (1723–27), das 1945 den Bombenangriff überdauerte. Das Schloß soll nach seinem Wiederaufbau das Grüne Gewölbe, das Münzkabinett und das Historische Museum aufnehmen. Restauriert werden auch die Schloßkapelle und der Riesensaal.

Der **Stallhof** mit dem Langen Gang, errichtet 1586–91 von Paul Buchner, diente im Zeitalter der Renaissance als Turnier- und Festspielplatz und gilt als die älteste Anlage ihrer Art. *Der Lange Gang,* der die Verbindung herstellt ist ein zweigeschossiger Arkadenbau mit 22 toska- Die Wappen zwischen den Bögen beziehen sich auf Die Wand zur Augustusstraße hin ist berühmt helm Walther in Sgraffitomalerei gestalteten **Für**- Original wurde 1907 wegen Verwitterung auf Kacheln übertragen. Im Fürstenzug reiten die Könige aus dem Hause Wettin. Nur der 1918 III. fehlt. Das Gemälde ist ein originelles genea- zum ehemaligen Stallgebäude, nischen Säulen (Farbabb. 6). die wettinischen Besitzungen. durch den 1872–76 von Wil- **stenzug** (Farbabb. 4). Das 25 000 Meissener Porzellan- Markgrafen, Kurfürsten und gestürzte Friedrich August logisches Dokument.

Neumarkt mit Hauptwache. Radierung von 1750, nach einem Gemälde von Bernardo Bellotto (gen. Canaletto)

Neumarkt und Altmarkt

Das **Johanneum,** ehemaliges Stallgebäude, hat so durchgreifend bauliche Änderungen erfahren, daß nur die beiden Seitenportale an den einst berühmten Renaissancebau Paul Buchners erinnern. Um Raum für Neuerwerbungen zu gewinnen, ließ August der Starke 1722 das Stallgebäude als Gemälde-Magazin herrichten und 1729/30 den Zugang und die Freitreppe anlegen. Unter Brühl, verantwortlich für die Kunstsammlungen, erfolgte 1744–46 der Umbau zur Gemäldegalerie. Johann Christoph Knöffel mußte die beiden oberen Geschosse vereinen und besserer Lichtverhältnisse wegen mit großen Rundbogenfenstern versehen. Von 1746 an führten die Galerieinspektoren Besucher kostenlos durch die Galerie. Vom kunstsinnigen Landesherrn ermutigt, vollzog Brühl »einen epochalen Schritt« mit Schaffung eines »autonomen Gebäudes zur Darbietung von Kunstwerken« (Katalog: »Barock in Dresden«). Da die Gemäldeausstellung 1856 in die neue Sempergalerie umzog, wurde das Stallgebäude 1872–76 durch Karl Moritz Haenel umgebaut, feierlich nach dem regierenden König Johann ›Johanneum‹ benannt und dem Historischen Museum zur Verfügung gestellt. Das 1945 ausgebombte und nach 1950 wiederaufgebaute Haus beherbergt nun

◁ *Schloßmodell, Ansicht von der Stadtseite*

Die Salzgasse in Dresden zu Beginn des 20. Jh., im Hintergrund die Kuppel der Frauenkirche

das 1956 gegründete *Verkehrsmuseum.* Im Original werden u. a. gezeigt die älteste erhaltene deutsche Dampflokomotive, die 1861 in Chemnitz gebaute ›Muldental‹, und das 1909 von Hans Grade entwickelte erste funktionstüchtige Motorflugzeug der Welt. Daß auch Denkmäler ihre Geschichte haben, zeigt sich am Beispiel des 1866 an die Schauseite des Johanneums umgesetzten Barockbrunnens. Das achteckige Becken stammt von 1616. Aus Freude über das Ende des Dreißigjährigen Krieges wurde es 1649 um eine ›Irene‹, eine Friedensgöttin, bereichert. Sie mußte 1683, nach Rückkehr des Kurfürsten Johann Georg III. von der siegreichen Verteidigung Wiens gegen die Türken, der von Conrad Max Süssner geschaffenen ›Victoria mit Fahne und Lorbeerkranz‹ weichen. Aus dem ›Friedensbrunnen‹ wurde ein von Heldengeschichten umwobener **Türkenbrunnen** (Kopie von 1968, Original im Museum). Von dem einst sehr bekannten *Cosel-Palais,* einem Rokokobau von Julius Heinrich Schwarze (1762/63), blieben nur die 1975 erneuerten Seitenflügel des Ehrenhofes erhalten.

An das Terrain des einstigen Hofes grenzt der **Neumarkt,** der eigentlich der alte Markt ist, der Dorfplatz des sorbischen Rundlings, in dessen Nachbarschaft die Wettiner ihre Burg bauten und der erst nach Erweiterung der Festung 1519–29 innerhalb der Stadtmauern lag. Der Neumarkt wurde 1945 bis zur Unkenntlichkeit zerstört. Die rauchgeschwärzte **Ruine der Frauenkirche** sollte als Mahnmal stehenbleiben (Abb. 2). Inzwischen kam der Gedanke auf, den historischen George-Bähr-Bau, einst ein Wahrzeichen der Stadt, wiederaufzubauen. Anders als die katholische Hofkirche war die Frauenkirche ein protestantischer, von den Bürgern finanzierter Sakralbau, errichtet 1726–34 an Stelle der im 11. Jh. schon nachgewiesenen und wegen Baufälligkeit 1726 abgerissenen Kirche ›Unsrer lieben Frauen‹ im Stil des Hochbarock mit Anlehnung an den Klassizismus. Ratszimmermeister Bähr entschied sich für einen quadratischen Grundriß, einen Zentralbau, bei dem Unterbau und Kuppel miteinander verschmolzen. Das war bis dato nur im protestantischen Kirchenbau Schlesiens praktiziert worden, so 1709 in Hirschberg und 1711 in Landshut. Der mit 5 Emporen ausgestattete Innenraum der Frauenkirche bot 5000 Gläubigen Platz. Altar, Kanzel und

Frauenkirche, Grundriß

Prospekt der Silbermannorgel waren eine Arbeit von Johann Christian Feige d. Ä. (1733–39). Die mit einer Laterne geschmückte Kuppel, von den Dresdnern ›steinerne Glocke‹ genannt, erreichte eine Höhe von 95 m und einen Durchmesser von 23,5 m. Sie ist erst nach Bährs Tod (1738) durch Johann Georg Schmidt vollendet worden, da Differenzen mit dem die Bauaufsicht führenden Knöffel Verzögerungen mit sich brachten. Bähr galt zwar als ganz solider Baumeister, hatte aber zuvor nur kleine Kirchen, u. a. in Königstein und Loschwitz, errichtet. Knöffel traute ihm die statisch ein Wagnis darstellende Riesenkuppel offenbar nicht zu. Sie hat im Siebenjährigen Krieg das preußische Bombardement überdauert und brach 1945 – erst zwei Tage nach dem Bombenangriff – über dem ausgebrannten Sandsteinbau zusammen. **Das Luther-Denkmal** vor der Ruine wurde 1885 von

George Bähr und die Frauenkirche
(* 1666 Fürstenwalde/Erzgeb. – † 1738 Dresden)

Wie Zwinger und Dresdner Barock mit Matthäus Daniel Pöppelmann verknüpft sind, so sind die Frauenkirche und der protestantische Kirchenbau mit George Bähr verbunden. Während Pöppelmann für den Hof arbeitete und mit Höflingen verkehrte, war Bähr Ratszimmerer; Graf Wackerbarth, Leiter des Bauwesens nannte ihn stets den »Zimmermann«.

In der 1685 vom Brand heimgesuchten Stadt vollzog sich der Wiederaufbau langsam und nachlässig. Die neuen Häuser fielen spartanisch aus, während der Hof Prachtbauten errichtete. Seit August der Starke zum Katholizismus übergetreten war, bangten die Bürger um den neuen Glauben. Die Errichtung der Frauenkirche erfolgte daher demonstrativ auf Kosten der sich langsam erholenden Stadt und nach dem Entwurf des Ratszimmerers, nicht eines höfischen Baumeisters. 1722 erlangte Bähr das Amt des Bauvogtes, das dem heutigen Stadtbaurat vergleichbar ist.

Die Frauenkirche wurde zum Inbegriff protestantischer Bauauffassung der Barockzeit. Konstruktion und Ausdruck beeindruckten; der Form fehlte das Elegante, Verspielte. Jean Louis Sponsel zufolge holte sich George Bähr als Wandergeselle Anregungen in Italien; den Beweis sah der Kunsthistoriker nach antiken Vorbildern angelegten Grüften und im Kuppelbau. George Bähr aber ist vermutlich nie aus Deutschland herausgekommen. Grüfte waren unüblich, aber keineswegs neu. In der Vermietung von Erbbegräbnissen sah der Rat eine Einnahmequelle. Hochgewölbte Kuppeln aus Stein besaßen nur der Dom in Florenz und der Petersdom in Rom. Nach Sponsel wäre Bähr gescheitert »ohne den Eindruck der statischen Gesetze eines ausgeführten steinernen Kuppelbaus und ohne deren praktischen Studiums«. Doch weshalb wölbte er nicht steil, wenn er die italienischen Bauten und das perspektivische Gesetz der Kuppelwirkung schon 1726 kannte!

George Bähr baute ohne exakte Berechnung des Schubes und des Druckes, vertraute auf technisches Empfinden und handwerkliches Können. Ohne mit der großen italienischen Baukunst in Berührung gekommen zu sein, errichtete der Handwerksmeister einen Jahrhundertbau. In die Geschichte der Architektur ging George Bähr als Außenseiter ein.

72jährig starb er an »Stickfluß und Verzehrung« (Schwindsucht). Daß er, an sich und seinem Werk zweifelnd, durch einen Sturz vom Gerüst den Freitod gesucht habe, ist eine Legende. Beigesetzt wurde er auf dem Johannisfriedhof; 1854 ist sein Sarkophag in die von ihm errichteten Katakomben der 1945 zerstörten Frauenkirche umgesetzt worden.

Adolf von Donndorf in Bronze nach dem Modell Rietschels für das Wormser Luther-Denkmal gegossen. Bemerkenswert ist auch das **Denkmal Friedrich Augusts II.** Ernst Julius Hähnel schuf es 1867 in Bronze. Der König hält die ihm abgerungene Verfassung von 1831 in der Hand. Wettiner und Bürger haben das Denkmal stets sehr verschieden gedeutet.

Völlig zerstört wurde 1945 auch der **Altmarkt.** Die Spur alter Bürgerhäuser ist verwischt, geblieben sind Canalettos ›Stadtansichten‹. Der erstmals 1370 erwähnte Markt erhielt seinen Namen um 1550, als Dresden mit der Einbindung der sorbischen Siedlung über zwei Märkte verfügte. Bis zur Errichtung des Zwingers diente der Altmarkt auch als Fest- und Turnier-platz des Hofes. Er war das Zentrum des Mai-Aufstandes 1849 und bis zur November-Revolution 1918 für Kundgebungen gesperrt. Das Areal hatte eine Größe von 100 m × 130 m, etwa ein Drittel der heutigen Fläche. Durch die Neugestaltung des Platzes 1953–56 wurde die früher abseits gelegene Kreuzkirche einbezogen.

Die Einweihung der **Kreuzkirche** fand nach Erneuerung am 13. Februar 1955 statt. Auf den Tag genau zehn Jahre zuvor war sie zum sechsten Mal in ihrer wechselvollen Geschichte zerstört worden. Bereits vor der Stadtgründung stand an dieser Stelle eine dem hl. Nikolaus geweihte Basilika. Als Markgräfin Constatia 1235 einen Splitter vom Kreuze Christi stiftete,

Die Kreuzkirche, eingeweiht am 22. November 1792. Lithographie von E. S. Schönheit

wurde der Basilika eine *Kreuzkapelle* hinzugefügt. Nach dieser Reliquie nannte man sie nach 1371 Kreuzkirche. Die Kirche brannte 1491 sowie 1669 ab, wurde aber jeweils erneuert. 1760 bei der Belagerung Dresdens wurde sie von den Preußen zerstört. Canalettos Bild ›Die Trümmer der ehemaligen Kreuzkirche‹ gibt davon Zeugnis (Abb. S. 27). Am Wiederaufbau 1764–92 waren Architekten mit unterschiedlicher Bauauffassung beteiligt. Der Bähr-Schüler Johann Georg Schmidt konzipierte einen barocken Bau, Christian Friedrich Exner gestaltete die Fassade schon stark klassizistisch wie Gottlob August Hölzer den 1788 vollendeten 94 m hohen Turm. Ein *Relief* in der Predella des Altars von Heinrich Epler stellte das erste lutherische Abendmahl in der Kreuzkirche am 6. 7. 1539 dar. Das Gotteshaus wurde nach dem Brand von 1897 in Anlehnung an den Jugendstil erneuert und mit einer Sängertribüne ausgestattet. Mit der Kirche eng verbunden war der im 13. Jh. gegründete ›*Kreuzchor*‹, der sich um die Schütz- und Bachpflege verdient gemacht hat. Heinrich Schütz führte in der Kreuzkirche viele seiner kirchenmusikalischen Werke auf und begründete zusammen mit dem Kreuzchor den Ruf Dresdens als Musikstadt. Wiederaufgebaut wurde der Kreuzchor nach 1945 durch Rudolf Mauersberger, Kantor von 1930–1971. Die Kirche mit 3 500 Plätzen ist heute schlichter gehalten als damals. Durch Auslagerung konnte das 25,45 t schwere Fünfer-Geläut, das nach dem Läutwerk des Kölner Doms größte auf deutschem Boden, gerettet werden.

Einen Abschluß fand die Neugestaltung des Altmarktes 1966–69 mit Errichtung des **Kulturpalastes.** Den 103 m langen und nur 19,35 m hohen Bau schmückt eine sechseckige *Aluminiumkuppel* mit einer Spannweite von 52 m und einer Höhe von 38 m. Der Entwurf geht auf eine Idee von Ludwig Wiel zurück. Der größte Saal des vielseitig genutzten Hauses bietet 2740 Besuchern Platz. Der Kulturpalast ist weithin bekannt als Konzertstätte der Dresdner Philharmonie und als Gastgeber der Dresdner Musikfestspiele sowie des Dresdner Dixielandfestivals.

Das 1945 ausgebrannte und 1948–52 wiederaufgebaute **Neue Rathaus** errichteten 1905–10 Karl Roth und Eduard Bräter vier- bzw. fünfgeschossig mit fünf Innenhöfen im Stil der Neorenaissance. Der 100 m hohe *Turm* wird von keinem anderen Gebäude der Innenstadt überragt. Das Wahrzeichen Dresdens, der *Goldene Mann*, ein Herkules mit Füllhorn, der segnend seine Hand über die Stadt ausstreckt, wurde 1908–10 von Richard Guhr mit dem seinerzeit berühmten Artisten Redam als Modell geschaffen. Die 4,9 m große und 1700 kg schwere Figur ist aus Kupfer getrieben und vergoldet. Das Zifferblatt der Uhr hat einen Durchmesser von 4,15 m. In 86 m Höhe verläuft eine über zwei Aufzüge zu erreichende Plattform. Nur von hier aus läßt sich mit Blick auf die neuen Straßenzüge ahnen, wie schwer Dresden 1945 beim Bombenangriff zerstört und was beim Wiederaufbau geleistet worden ist. Das Rathaus verfügt über reichen *Bauschmuck*. Die zwei Löwen als Wächter gehen auf Georg Wrba zurück, der auch den ›Bacchus auf trunkenem Esel‹ am Eingang zum Ratskeller schuf.

Das große Treppenhaus zu den Festräumen im Neuen Rathaus. Ausmalung der Kuppel von Otto Gussmann, 1910

Gewandhaus – Landhaus – Großer Garten

Das 1945 bis auf die Umfassungsmauern abgebrannte, 1965/66 als Hotel originalgetreu wiederaufgebaute **Gewandhaus** ist ein von Johann Friedrich Knöbel und Johann Georg Schmidt 1768–70 errichteter spätbarock-frühklassizistischer Bau mit Lisenengliederung und Giebeldreieck über dem Mittelrisalit. Der barocke Innenhofbrunnen an der Rückfront gehört zum Haus Frauenstraße 9; es ist der berühmte **Dinglingerbrunnen** (1718), umgesetzt aus dem Hof des zerstörten Wohnhauses des Goldschmieds.

Figurengruppe im Großen Garten

Zu den schönsten historischen Bauten gehört das **Landhaus,** Friedrich August Krubsacius baute es 1770–76 auf den Ruinen des 1760 zerbombten Flemmingschen Palais klassizistisch mit abgerundetem Mittelrisalit. Es war das erste bedeutende Verwaltungsgebäude der Stadt und diente den Landständen als Versammlungsgebäude. Sehenswert ist vor allem das repräsentative *Treppenhaus* mit einer doppelläufigen, in eleganten Kurven geschwungenen Treppe mit schmiedeeisernem Gitterwerk. Das 1945 ausgebombte Landhaus wurde 1964–65 wiederaufgebaut und ist Sitz des *Museums für Geschichte der Stadt Dresden.*

Wenige Minuten Fußmarsch vom Landhaus entfernt befindet sich das **Hygiene-Museum,** zu dem 15 Ausstellungsräume und ein 1000 Besucher fassender Festsaal gehören. Das 1930 bei der Eröffnung des Museums gezeigte Modell der *Gläsernen Frau* fand als Spitzenleistung deutscher Wissenschaft und Technik internationale Anerkennung und wurde ein begehrtes Exportgut. Dem gläsernen Modell der ›Frau‹ folgte der ›Mann‹, das ›Pferd‹ und die ›Kuh‹. Von Karl August Lingner, bekannt geworden als Odol-Fabrikant und einer der reichsten Männer Sachsens – in Dresden war nur der König vermögender –, ging 1911 die Gründung der Stiftung des Hygiene-Museums aus. Den Museumskomplex, 1945 ausgebombt, nach 1947 wiederaufgebaut, errichtete Wilhelm Kreis 1928–30 neoklassizistisch mit vorgezogenem Saalbau und Ehrenhof in der Achse des **Großen Gartens**, des ältesten und schönsten Parks der Stadt, angelegt ab 1676 von Johann Friedrich Karcher für Kurfürst Johann Georg II. als Lustgarten in französischem Stil mit schnurgeraden Alleen. Nach höfischem Verständnis mußte der Park dem »Schloß zu Füßen liegen« – wie in Versailles. In Dresden aber entstand der Park auf freiem Feld außerhalb der Stadtmauern. Deshalb baute Johann Georg Starcke 1678–93 im Großen Garten auf H-förmigem Grundriß das zweieinhalbgeschossige *Italienische Palais* mit zweiläufiger Freitreppe und großem Festsaal, das von ursprünglich acht *Kavalierhäusern* und *Palaisteichen* umgeben war und als erster Barockbau Dresdens und erster Monumentalbau nach dem Dreißigjährigen Krieg galt (Abb. 8). Viele namhafte Bildhauer steuerten *Skulpturen* bei. Die 3,5 m hohen Sandsteinfiguren des Herkules in der *Herkulesallee* stammen von Lorenzo Mattielli, die Zentauren am westwärtigen Zugang schuf Antonio Conradi, die Gruppe ›Die Zeit entführt die Schönheit‹ gestaltete Pietro Balestra. Der Große Garten wurde erst 1814 durch den russischen Stadtkommandanten Repnin-Wolkonski für die Öffentlichkeit freigegeben. Im südlichen Bereich entstand 1861 der *Zoologische Garten,* einer der ersten in Deutschland, zur Stübel-allee hin 1889–92 der *Botanische Garten*. Das Palais war bis zur Ausbombung 1945 Sitz des Sächsischen Altertummuseums. Nach dem ersten Bombenangriff flüchteten am 13. Februar 1945 die Dresdner zu Tausenden in den Großen Garten und auf die nahe, nach 1846 von Peter Joseph Lenné gestaltete *Bürgerwiese*. Der Große Garten wurde nach Kriegsende zu einem Volkspark umgestaltet.

Die Russisch-orthodoxe Kirche wurde 1872–74 in Ziegelbauweise mit Sandsteinverkleidung im einstigen Diplomaten-Viertel hinter dem Hauptbahnhof errichtet und überdauerte den Krieg mit relativ geringen Schäden. Den Bauplan entwarf Harald Julius von Bosse, Architekt der deutschen Kirche in Petersburg. Als Vorbild dienten ihm altrussische Kirchen des 17. Jh. Das Gotteshaus ist an der Außenfront 32,5 m lang und 12,5 m breit. Zur Vorhalle führen von der Straße her 15 Stufen. Über dem Gemeinde-

Figurengruppe im Großen Garten

raum erheben sich fünf Zwiebeltürme, der Glockenturm bis in eine Höhe von 40 m. Aus Geldmangel blieb die Ausstattung unvollkommen. Schönster Schmuck ist die *Bilderwand* mit den archaisierenden Ikonen von James Marshall.

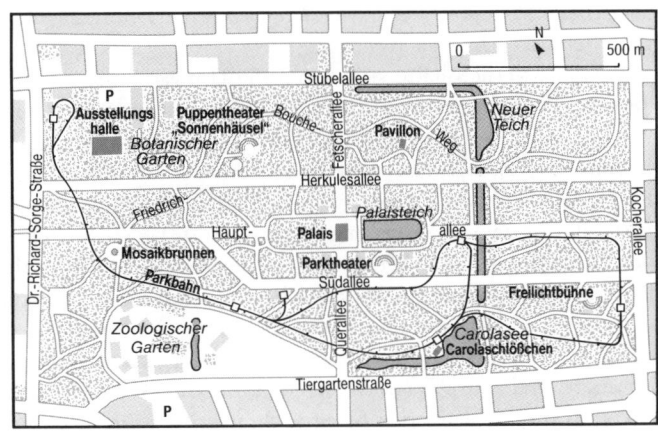

Großer Garten, Grundriß

103

Die Brühlsche Terrasse

Der Schriftsteller Heinz Knobloch schrieb einmal, wenn er nach Dresden komme, freue es ihn jedesmal, daß die Brühlsche Terrasse noch Brühlsche Terrasse heiße. Mit Minister Heinrich Graf Brühl (1700–63) sind die Chronisten recht unsanft verfahren, und daß die Terrassen am Elbufer nach einem arg Gescholtenen benannt sind, verwundert schon. Die Tatsache, daß Brühl Geld mit leichter Hand auszugeben pflegte, war für Sachsen eine Bürde, aber einige Millionen ›verschwendete‹ er für die Sammlungen, derethalben heute Gäste aus aller Welt nach Dresden kommen.

Wohl schwerlich hätte sich Brühl die Umwandlung seines Gartens in eine ›Brühlsche Terrasse‹ vorzustellen vermocht, auf der einmal jedermann flanieren kann, gab er doch einst, um ungestört zu bleiben, 20 000 Taler für die Umfriedung seines Besitzes aus. Das von Johann Christoph Knöffel in der Augustusstraße für ihn errichtete *Palais* bezog Brühl 1740. Es zählte 23 Achsen, weniger als die Nachbargebäude, besaß jedoch einen prachtvollen Festsaal. Das heutige Terrassengelände (Abb. 10) erwarb Brühl etappenweise nach dem Fall der Wehranlagen. Die *Kasematten* aus der Zeit um 1550, in denen 1707 Johann Friedrich Böttger seine ›Schmelzküche‹ betrieb, mit einem überbauten alten Stadttor von 1551, sind noch erhalten. Knöffel mußte ein ›Belvedere‹ bauen, das Torelli, Coudray, Deibel u. a. berühmte Künstler ausgestalteten. Das Palais wurde um eine 87,5 m lange *Gemäldegalerie* erweitert, und eine *Bibliothek* angefügt, die öffentlich benutzt werden konnte. Man baute noch, als der Siebenjährige Krieg ausbrach. Im Brühlschen Palais quartierte sich 1756/57

Die Brühlsche Terrasse von der Elbseite. Bleistift-
zeichnung von Alexander Thiele, um 1745

Friedrich II. von Preußen ein. 1759 ließ er das ›Belvedere‹ sprengen, sein Vernichtungswerk vom anderen Elbufer beobachtend. Als nach 1763 der (nie durchgeführte) Prozeß gegen Brühl begann, fiel das Palais, das mit 180 000 Talern zu Buche stand, für 75 000 Taler an den Fiskus. Die 62 000 Werke umfassende Bibliothek übernahm die kurfürstliche Bücherei. Die Gemäldegalerie kaufte Rußland 1768 für die Eremitage. Um den Garten kümmerte sich niemand. 1814 hat ihn der russische Gouverneur Fürst Repnin-Wolkonski für Besucher freigegeben. An die Ära Brühl erinnern nur noch der *Delphinbrunnen* von Pierre Coudray (1749) und das schmiedeeiserne Geländer. Der markierte ›Daumenabdruck‹, Dresden-Besuchern so gern gezeigt, geht auf August den Starken zurück, der zwischen »einem Bilderkauf, zwei Staatsakten und drei Liebesspielen« überzeugend seine sprichwörtliche Kraft unter Beweis stellte. Daß diese amüsante Geschichte mit kleinen Mängeln behaftet ist, braucht das Vergnügen an ihr nicht zu trüben: Als Brühl die Brüstung errichten ließ, schrieb man das Jahr 1743 – da war August der Starke schon seit zehn Jahren tot.

Nach Freigabe der Brühlschen Terrasse schuf Gottlob Friedrich Thormeyer 1814 die 41 Stufen zählende **Freitreppe,** bereichert 1868 von Johannes Schilling um die *Figurengruppe* ›Die vier Tageszeiten‹ (Abend, Nacht, Morgen, Mittag). Ursprünglich aus Sandstein gefertigt, wurden die Figuren 1908 in Bronze gegossen. Von Schilling stammen auch die *Denkmäler* für Ernst Rietschel und Gottfried Semper auf der Terrasse, die als ›Balkon Europas‹ Eingang in die Reiseliteratur fand. Unter dem Vorsprung der sogenannten Jungfernbastei,

Die große Treppe zur Brühlschen Terrasse. Stich, um 1825

steht das 1895 umgesetzte *Moritzmonument*, Dresdens ältestes Denkmal, ein Renaissance-werk des Bildhauers Walther II. (nach 1553).

An Stelle des 1899 abgebrochenen Brühlschen Palais wurde 1901–06 nach einem Entwurf von Paul Wallot, bekannt als Architekt des Berliner Reichstags, im Stil der Renaissance das **Landtagsgebäude** (Ständehaus) mit einem *Wappen* von Karl Groß im Mittelrisalit und *Saxonia-Figur* auf dem 50 m hohen gedrungenen Turm errichtet. Die Brühlsche Bibliothek, die nach 1791 Sitz der Kunstakademie und Heimstatt der mit ihr verbundenen Künstler wie

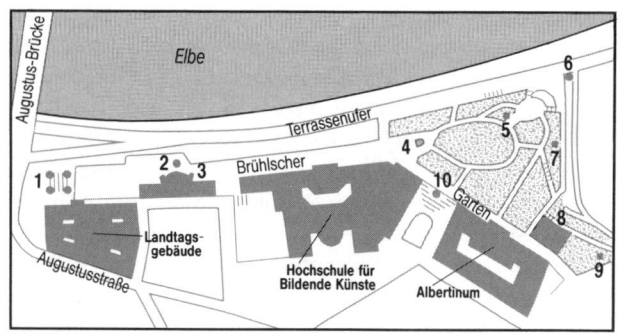

Brühlsche Terrasse, Grundriß:
1 *Freitreppe mit Figurengruppe ›Die vier Tageszeiten‹*
2 *Rietscheldenkmal*
3 *Gaststätte ›Sekundogenitur‹*
4 *Delphinbrunnen*
5 *Sphinxgruppe*
6 *Moritzmonument*
7 *Böttgerstele*
8 *Reformierte Kirche*
9 *Gedenkstein zur Synagoge*
10 *Semper-Denkmal*

Anton Graff, Ludwig Richter, Caspar David Friedrich, Ernst Rietschel und Gottfried Semper war, mußte der von Gustav Frölich 1896/97 im Stil des süddeutschen Rokoko errichteten **Sekundogenitur** (für den zweitgeborenen Prinzen) weichen. Das 1964 wiederaufgebaute Gebäude steht heute im Dienste der Gastronomie, ist somit Nachfolger des ›Belvedere‹ und des ›Cafe Reale‹, mit denen die Brühlsche Terrasse einst verbunden war. Das Haus der **Hochschule für Bildende Künste** (Abb. 2) baute Konstantin Lipsius 1885–94 völlig abweichend von der bis dato dominierenden Bauauffassung Sempers im Stil des Neomanierismus für Kunstakademie und Kunstverein reichverziert mit Skulpturen. Die Glaskuppel auf einem Stahlskelett mit der vergoldeten Figur der *Fama* von Robert Henze wird vom Volksmund als »Zitronenpresse« bezeichnet.

Zu Dresdens berühmtesten Bauten zählt das **Albertinum** unterhalb der Brühlschen Terrassen, erbaut 1559–63 als Zeughaus. Mit dem (vergeblichen) Sturm auf das Zeughaus begann am 3. Mai 1849 die Revolution. Noch im alten Zustand sind die Kellergewölbe, eine 75 m lange, zweischiffige Halle mit toskanischen Säulen, zwei Portale und Teile der Rustikafassade. Sein heutiges Aussehen als Bau der Neorenaissance verdankt das Gebäude dem Umbau durch Carl Adolf Kanzler 1884–87 für das Staatsarchiv und die Skulpturensammlung; seinen Namen erhielt es nach dem regierenden König Albert. Das im Krieg ausgebrannte Albertinum wurde nach Behebung der Schäden ab 1953 für museale Zwecke genutzt. Folgende Museen bzw. Ausstellungen sind hier untergebracht:

Das im 16. Jh. von Herzog Georg angelegte **Münzkabinett** zählt zu den ältesten und mit 200 000 Exponaten zu einem der bedeutendsten seiner Art. Komplett ist die einmalige Sachsensammlung (25 000 Münzen).

Wesentlich jünger, um 1717 unter August dem Starken ins Leben gerufen, ist die **Skulpturensammlung.** Zu den großen Erwerbungen gehörten die Sammlung Friedrich Wilhelms I. von Preußen (1723–26) und der Nachlaß von Anton Raphael Mengs (1782). Besonderen Wert haben die ›Athena Lemnia‹ (Siegerstatue) nach Phidias und die ›Drei Herkulanerinnen‹. Sammlungsschwerpunkte sind Antike und Renaissance. Durch Ergänzung mit Kopien wird nahezu lückenlos der Entwicklungsweg der Plastik darstellbar. Außerhalb Italiens gibt es in Europa keine größere Skulpturensammlung. Von 1100 vorhandenen Antiken werden 500 gezeigt. Die mittelalterlichen Werke befinden sich als Dauerleihgabe auf der Albrechtsburg in Meißen. Einige Plastiken des 19. und 20. Jh. – von Rietschel, Kolbe, Daumier, Rodin, Barlach und Cremer – fanden einen Platz in der Galerie Neue Meister. (Erwerb von Gipsabdrücken bei Bestellung möglich).

Die **Galerie Neue Meister** eröffnete 1931 als selbständiges Museum. Die durch die faschistische Aktion ›Entartete Kunst‹ und Kriegsschäden entstandenen Lücken ließen sich über Neuerwerbungen weitgehend schließen. Sammlungsschwerpunkt ist die europäische Kunst des 19./20. Jh. Vertreten sind u. a. Caspar David Friedrich, Veit Hans Schnorr von Carolsfeld, Ferdinand von Rayski, Vogel von Vogelstein, Ludwig Richter, Carl Gustav Carus und Adolf von Menzel. Großen Wert haben die Sammlungen französische Malerei des 19. Jh. (Renoir, Manet, Courbet), deutsche Impressionisten (Liebermann, Slevogt, Sterl) und Expressionismus/Neue Sachlichkeit (Nolde, Pechstein, Dix, Schmidt-Rottluff).

›Der Hofstaat von Dehli am Geburtstag des Großmoguls Aureng Zeb‹ aus der Werkstatt der Brüder Dinglinger, 1701–08. Grünes Gewölbe im Albertinum

Die **Galerie Alte Meister** (s. S. 86), ursprünglich im Zwinger untergebracht, befindet sich derzeit ebenfalls im Albertinum.

Das **Grüne Gewölbe** hat als reichste Sammlung von Kleinodien Weltruf. Den Grundstock legte Kurfürst August 1560 mit der (grün getünchten) Kunstkammer. Allein ›Der Hofstaat von Delhi am Geburtstag des Großmoguls Aureng Zeb‹ kostete 58 485 Taler, die Errichtung der Moritzburg zum Vergleich 32 000 Taler. Die Werkstatt der Brüder Dinglinger hat von 1701–08 an diesem mit 132 goldenen, bunt emaillierten Figuren sowie 3000 Diamanten, Rubinen, Smaragden und Perlen geschmückten ›Hofstaat‹ gearbeitet.

Zur Kunstkammer gehörte ursprünglich auch das **Kupferstichkabinett,** das mit seinen etwa 200 000 grafischen Einzelblättern, 5000 grafischen Folgen und 25 000 Zeichnungen heute zu den führenden Kupferstichkabinetten der Welt gehört. Es hat seinen Sitz in der nur wenige Minuten entfernten Güntzstraße 34. Hier und im Albertinum finden ständig Ausstellungen statt.

Die Neustadt

Die Neustadt, ursprünglich Alt-Dresden, wird erst seit dem 18. Jh. so bezeichnet. Eine Brandkatastrophe hatte 1685 die Bauten rechts der Elbe vollständig vernichtet. Baumeister Wolf Caspar von Klengel wurde mit der Stadtplanung beauftragt. Infolge Geldmangels zog sich die Erneuerung bis zum Siebenjährigen Krieg hin. Klengel mußte die Umsetzung seiner Pläne weitgehend Julius Heinrich Schwarze überlassen. Die landesherrliche Vorgabe lautete, es sei so zu bauen, daß die Dominanten der Stadt auch aus der Ferne zu sehen sind. Klengel legte vom Brückenkopf aus ein dreistrahliges Straßensystem an, mit der 33 m breiten Königstraße als Magistrale. Für den Wohnungsbau schrieb die 1736 erlassene Bauordnung eine maximale Höhe von 15,91 m vor. Im Verlaufe eines halben Jahrhunderts entstand planmäßig die barocke neue Stadt mit dem Neustädter Markt nahe der einzigen zur Altstadt führenden Elbbrücke als Zentrum. Die sehr einheitliche Stadtanlage wurde durch Bombeneinwirkung im Zweiten Weltkrieg größtenteils zerstört. Beim Wiederaufbau verlagerte das Zentrum sich vom Neustädter Markt zum Platz der Einheit (früher Albertplatz), von dem sternförmig ein Dutzend Straßen ausgehen.

Schon von der Brühlschen Terrasse aus läßt sich das bekannteste Monument der Neustadt wahrnehmen: der **Goldene Reiter,** das Denkmal Augusts des Starken, Symbol für Sachsens Glanz (Abb. 1). Im Krieg wurde es ausgelagert, 1956 mit 200 g Blattgold verschönt und wieder aufgestellt. Das Standbild von 1736 zeigt August den Starken, in römischer Tracht als Imperator gekleidet, auf seinem kurbettierenden Lipizzaner. Das Modell entwarf Jean Joseph Vinaches, die Kupferarbeiten führte der Augsburger Kanonenschmied Ludwig Wiedemann aus. Der Sandsteinsockel, auf dem die Titel Augusts des Starken eingearbeitet sind, wurde 1884 von Constantin Lipsius vollendet. Das trapezförmige Areal in der Achse der ehemaligen Hauptstraße, geschmückt mit vier *Brunnen,* zwei modernen von Karl-Heinz Adler und zwei Nymphenbrunnen von Benjamin Thomae (1742), die 1938 durch Kopien ersetzt wurden, sowie den historischen Flaggenmasten mit bronzenen Sockeln von Heinrich Epler (1893), zeugt von geschickter städtebaulicher Disposition. Ausgangspunkt des Straßensystems war das am Brückenkopf gelegene **Blockhaus,** die von Zacharias Longuelune errichtete und von Johann Christoph Knöffel um ein Mezzaningeschoß erhöhte ›Neustädter Wache‹ (1732–55). Nach der Zerstörung von 1945 wurde das Gebäude 1978–80 wiederaufgebaut. In das 1982–85 von der japanischen Kajima-Corp. errichtete **Hotel Bellevue** wurde das *Kanzleihaus* einbezogen, der einzige erhaltene Barockbau der Großen Meißner Straße, zu Pöppelmanns letzten Arbeiten (1733) gehörend. Das kursächsische Wappen erinnert an den amtlichen Charakter des Hauses; es gehörte zum Justizministerium. Das Hotel bietet gratis den ›Canalettoblick‹ auf die Silhouette der Altstadt.

Eine beispiellose Gemeinschaftsleistung der führenden Dresdner Architekten Pöppelmann, de Bodt, Longuelune und Knöffel war 1727–35 der Bau des **Japanischen Palais.** Die imposante Vierflügelanlage mit *geschwungenen Dächern* im japanischen Stil, Eckpavillons und *chinoisierender Bauplastik* von Johann Christian Kirchner und Johann Matthias Oberschall zählt zu den hervorragenden Leistungen des Dresdner Barock. August der Starke, der das Palais 1717 erworben hatte, plante die Erweiterung zu einem vierflügeligen Porzellanschloß; Dächer und Innenausstattung sollten aus Porzellan bestehen. Das von Benjamin Thomae 1733 geschaffene *Giebelrelief* des Portalbaus erinnert an alte Pläne. Das zunächst als Magazin der Meissener Manufaktur genutzte Japanische Palais wurde 1784–86 umgebaut für die 1780 eingezogene Landesbibliothek (bis 1945 hier) und für die Skulpturen- bzw. Münzsammlung (seit 1898 im Albertinum). Von daher stammt die Inschrift: »*Museum usui publico patens.*« Für die antikisierende Ausmalung des Erdgeschosses 1836 lieferte Gottfried Semper den Entwurf. Nach Kriegszerstörung begann 1952 die Restaurierung als Museumsbau: *Landesmuseum für Vorgeschichte und Staatliches Museum für Völkerkunde.* Der unter Einbeziehung des alten Festungswalls geschaffene Park gehörte zu den großen Barockgärten der Stadt. Das *Denkmal König Friedrich Augusts I.* schuf 1843 Ernst Rietschel unter Mitarbeit von Gottfried Semper (Postament).

Die 1945 ausgebrannte **Dreikönigskirche** ist seit 1984 erneuert worden. Im vorderen Kirchenschiff, dem siebenstöckigen Kongreßzentrum, dem ›Haus der Kirche‹, konstituierte sich 1990 der Landtag. Die Kirche wurde 1732–39 durch Pöppelmann und nach dessen Tod von George Bähr im Stil des Barock gebaut. Der mit 87,5 m auffallend hohe Turm entstand 1854–57. Die Architekten waren Karl Moritz Haenel und Frommherz Lobegott Marx. Die Kirche ersetzte die 1688 nach dem Stadtbrand errichtete Pfarrkirche, die beim Bau der Hauptstraße ein Hindernis bildete und auf Weisung Augusts des Starken abgebrochen wurde. Die Hauptstraße, umbenannt in Straße der Befreiung, verbreitert sich zum Neustädter Markt hin von 30 auf 57 m. Zu den erhaltenen und restaurierten **Bürgerbauten** des 18. Jh. gehört *Haus Nr. 17*, dereinst Wohnsitz der Bildhauer Johann Benjamin Thomae und Gottfried Knöffler. Im *Haus Nr. 13*, nach dem Fassadenspruch »Gottessegen« genannt, wohnte in der 2. Etage der 1820 ermordete Maler Gerhard von Kügelgen, dessen Sohn Wilhelm in den »Jugenderinnerungen eines alten Mannes« das Dresdner Milieu schilderte. Als Gast der Familie beobachtete 1813 Goethe von dieser Wohnung aus den Einzug der russisch-preußischen Truppen unter Zar Alexander I. und König Friedrich Wilhelm III. Seit 1981 werden die Räume vom Museum zur Dresdner Frühromantik genutzt.

Der **Jägerhof** in der Köpckestraße 1 wurde 1568–1613 unter Kurfürst August gebaut. Literaten haben die wiederholt veränderte Dreiflügelanlage zu den ›sieben Wundern Dresdens‹ gezählt. Überdauert hat der Westflügel mit einem *Renaissancegiebel* von 1617. Oskar Seyfferth bewahrte 1913 den Jägerhof vor dem Abbruch und sicherte sich ein Domizil für das 1897 von ihm gegründete Museum für sächsische Volkskunde, heute *Museum für Volkskunst.* Nach dem Wiederaufbau des Hauses öffnete 1950 das Museum erneut seine Pforten. Die kostbaren Bestände konnten durch Auslagerung größtenteils gerettet werden. Sammlungsschwerpunkt ist die Volkskunst Sachsens von der Lausitz bis zum Vogtland.

Eine Sehenswürdigkeit besonderer Art ist der Milchladen der ehemaligen ›*Molkerei Pfund*‹, Bautzner Straße 79–81. Die künstlerisch gestalteten Innenräume mit reich dekorier-

Das Japanische Palais in der Neustadt, um 1929

ten Fliesen (Farbabb. 12) sind Zeugnis der ›Geschäftskultur‹ aus der Zeit, in der sich Dresdens zur Großstadt entwickelte. Die 1880 gegründete Molkerei gehörte mit einem eigenen Labor und mehreren Filialen zu den führenden Unternehmen der Branche.

Außerhalb der Inneren Neustadt lebte der polnische Romancier Jozef Ignacy Kraszewski. Für viele Polen, die ihre Heimat nach dem Aufstand von 1863 verlassen mußten, war Dresden ein Zufluchtsort. Kraszewski schrieb hier 94 Romane, u. a. »Brühl« und »Gräfin Cosel«, zwei der populärsten literarischen Arbeiten zu Sachsens Geschichte. Er wohnte 1873–79 in der *Nordstraße 28 (heute Museum)*.

Friedrichstadt

Friedrichstadt, Dresdens älteste Vorstadt, wurde 1670 erstmals erwähnt, um 1730 planmäßig angelegt durch Friedrich August I. (August den Starken) und nach ihm benannt. Das 1836 eingemeindete Viertel zählt zu den geschichtsträchtigsten außerhalb des Stadtkerns. Im ›Augusteischen Zeitalter‹ war es ein bevorzugter Sommersitz von Hofadel und Künstlern.

Überdauert hat nur das **Palais Brühl-Marcolini** (heute Krankenhaus), dereinst Sommersitz des Grafen Brühl, der 1736 das von Johann Christoph Naumann errichtete Palais des Herzogs Friedrich Ludwig von Württemberg-Teck kaufte und durch Johann Christoph Knöffel umbauen ließ. Auffallend sind die 200 m lange Front und die für Knöffel-Bauten charakteristische schlichte Lisenenarchitektur. Im Auftrag Marcolinis erfolgte 1774 durch

Johann Daniel Schade die Aufstockung der Flügel. Am 28. Juni 1813 traf sich Napoleon mit Fürst Metternich im Napoleonzimmer. Von 1847–49 wohnte Richard Wagner im Ostflügel. 1845 kaufte die Stadt Dresden das Palais und richtete ein Krankenhaus ein; die ersten Patienten bei der Eröffnung 1849 waren verwundete Barrikadenkämpfer. Im Garten des Palais befindet sich eine der schönsten barocken Brunnenanlagen Dresdens, der 40 m breite *Neptunbrunnen* (Abb. 3). Der Entwurf stammt von Zacharias Longuelune, die Ausführung erfolgte 1746 durch Lorenzo Mattielli. Über dem dreigeschossigen Aufbau mit reichem Figurenschmuck erheben sich ›Neptun‹ und ›Amphitrite‹.

Das Gotteshaus der neuen Vorstadt, die **Matthäuskirche,** baute 1728–32 Matthäus Daniel Pöppelmann; hier fand er 1736 seine letzte Ruhestätte. Ein Kulturdenkmal ist der *Alte Katholische Friedhof* gegenüber dem Brühl-Marcolini-Palais. Nur in der Vorstadt und erst ab 1720 durften die Katholiken im protestantischen Dresden ihre Toten bestatten. Auffallend ist der künstlerische Wert der Grabmäler. Hier ruhen u. a. Giovanni Battista Casanova, der Bruder des berühmten Abenteurers, Carl Maria von Weber, Gerhard von Kügelgen, Pierre Coudray und Balthasar Permoser.

21   Burg Hohnstein   ▷

23   GÖRLITZ   Renaissancehäuser in der Brüderstraße
◁ 22   SÄCHSISCHE SCHWEIZ   Festung Königstein
24   ZITTAU   Bürgerhäuser am August-Bebel-Platz

25 ZITTAU Rathaus

27 GÖRLITZ Ehemalige Ratsapotheke ▷

26 BAUTZEN Rathaus am Markt

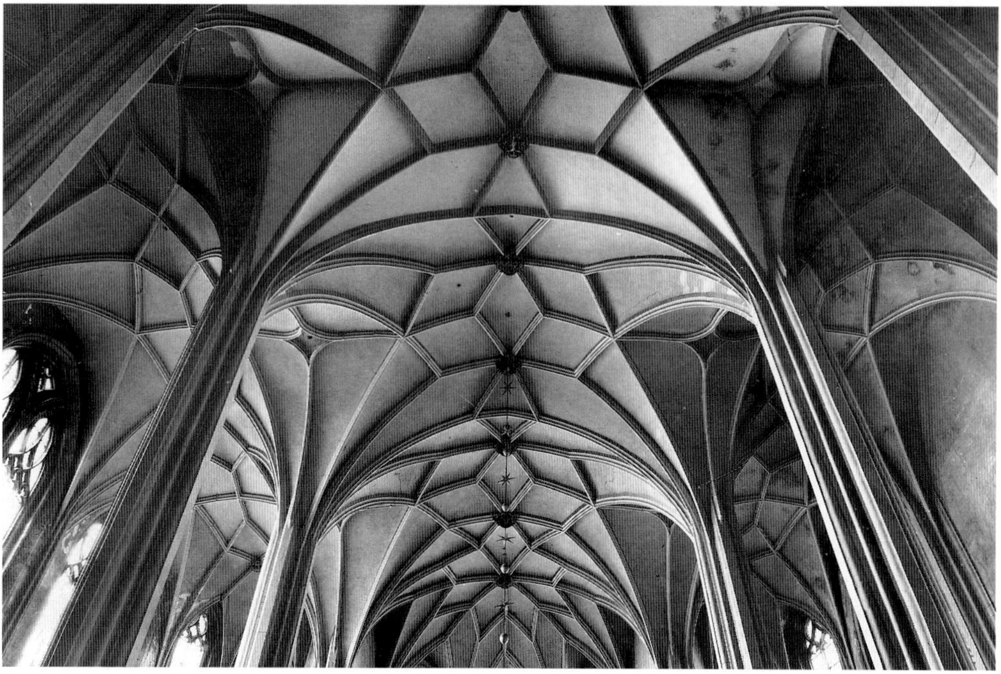

29 Görlitz Kirche St. Peter und Paul, Chorgewölbe
◁ 28 Görlitz Rathaustreppe mit Justitiasäule
30 Bautzen Dom, Inneres nach Osten

31 LAUENSTEIN Stadtkirche, Hochaltar

33 EBERSBACH Dorfkirche

◁ 32 REINHARDTSGRIMMA Dorfkirche, Inneres mit Silbermannorgel

35 HAINEWALDE Kanitz-Kyausche Grabkapelle, Figur des Wahnsinns

Museen in Radebeul

In Radebeul reimt sich Wein auf Dichter. Sorbische Siedler sollen um 919 aus dem Kaukasus Rebstöcke eingebracht haben. Urkundlich erwähnt wurde der hiesige Weinbau erstmals 1271.

Das nördlichste Weinanbaugebiet Europas wartet mit sehenswerten Weingütern auf und dem **Weinbaumuseum Schloß Hoflößnitz.** Das zweigeschossige Renaissancegebäude, 1649 von Ezechiel Eckart für den Kurfürsten als Lustschloß gebaut, äußerlich bescheiden, hat einen schönen Festsaal, berühmt geworden durch die ›80 Bilder brasilianischer Vögel‹ von Albert van den Eeckhout. Als Weinbaugut bekannt sind auch das **Bennoschlößchen,** ein Herrenhaus mit Volutengiebeln und Zwerchhäusern von 1600, und das 1786–89 mit Dachbelvedere im Zopfstil gebaute **Haus Sorgenfrei.** Erhalten blieben auch die Vertäfelung und die Kassettendecke. Sehenswert ist auch das zweigeschossige, barocke Palais **Wackerbarths Ruh,** von Johann Christoph Knöffel 1728/29 für den Reichsgrafen Feldmarschall von Wackerbarth errichtet. In dem terrassenartig angelegten Garten befindet sich ein *Belvedere.* Der *Jacobstein,* ein Rundpavillon mit figürlicher Bekrönung, entstand 1743.

Mit den Literaten eng verbunden ist der Stadtteil **Niederlößnitz.** Gäste des *Minckwitzschen Weinguts* waren Ludwig Tieck und Jean Paul. Auf dem *Weingut Hohenhaus,* das dem Bischof von Meißen gehörte und dem Dresdner Kaufmann Thienemann als Sommersitz diente, verkehrten ab 1881 die Brüder Carl und Gerhart Hauptmann; sie heirateten die Schwestern Thienemann. In Gerhart Hauptmanns Novelle »Die Hochzeit auf Buchenhorst« und dem Lustspiel »Die Jungfern vom Bischofsberg« wurde Radebeul ein literarisches Denkmal gesetzt.

Von 1896 bis zu seinem Tode 1912 wohnte Karl May in Radebeul, in der Hölderlinstraße 15. Der Artist Patty Frank baute 1928 zusammen mit Klara May im Auftrage der Karl-May-Stiftung die *Blockhütte ›Villa Bärenfett‹* im Garten der ›Villa Shatterhand‹ zu einem populär gestalteten, aber wissenschaftlich seriösen Indianermuseum aus. Staatlicherseits bestand lange Zeit wenig Interesse an Karl May. So gingen 1960 zwei Eisenbahnwaggons mit Inventar der ›Villa Shatterhand‹, darunter das Sterbebett Karl Mays, an das Museum in Bamberg. Mit Unterstützung Dresdner Völkerkundler entstand 1985 unter Einbeziehung der ›Villa Shatterhand‹ das **Karl-May-Museum** Radebeul mit der ständigen Ausstellung »Karl May – Leben und Werk«. Beerdigt wurde Karl May in Radebeul-Ost; das Grabmal ist als antiker *Nike-Tempel* gestaltet.

◁ 37 Neusalza-Spremberg Reiterhaus

Literarischer Zirkel Anfang des 19. Jh. Ludwig Tieck, der gewandteste Dichter der Frühromantik, kam ▷ *1819 nach Dresden, wo er, 1825 Dramaturg geworden, an seinen weit berühmten Vorlesungsabenden stets einen glänzenden Kreis um sich versammelte (links, mit Häubchen, seine Frau, daneben seine beiden Töchter, auf dem Sofa Gräfin Henriette von Finkenstein)*

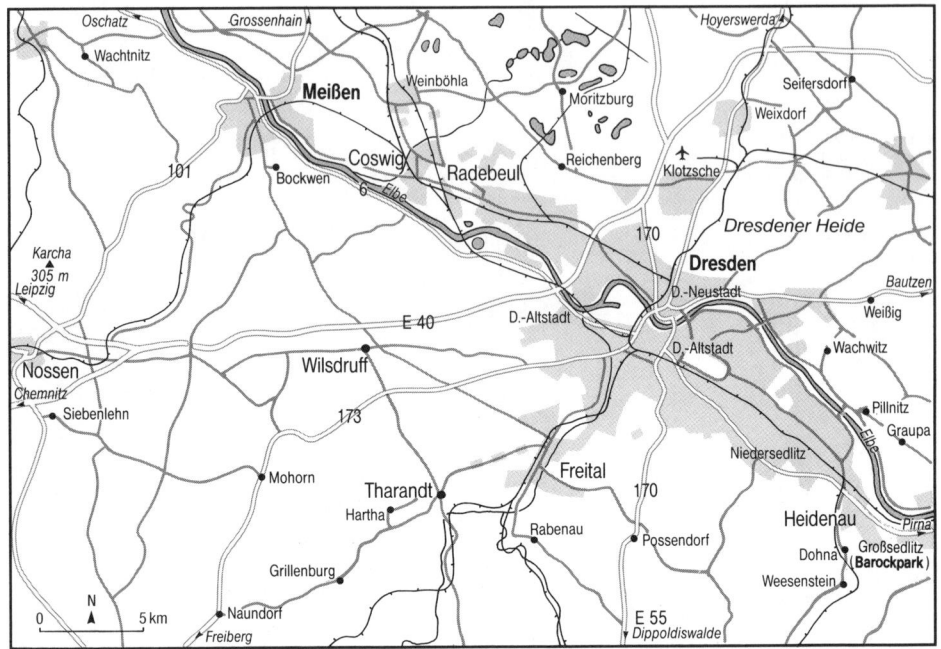

Dresden und Umgebung

Barockmuseum Moritzburg

Das nordwestlich von Dresden gelegene Schloß ist nach Herzog Moritz benannt, der sich 1542–46 von Hans Dehn-Rothfelser auf einer Landzunge ein 30 m × 60 m großes **Jagd-schloß** errichten ließ. Es gehörte zu den ersten Renaissancebauten Sachsens und bildet den Kern des heutigen Schlosses, das 1723–36 unter der Leitung von Matthäus Daniel Pöppelmann und der Mitwirkung so bedeutender Architekten und Künstler wie Longuelune, Knöffel, de Bodt, Le Plat, de Silvestre, Rossi und Thomae für August den Starken entstand. Die barocke Vierturmanlage mit Balustraden und Terrassen über einem H-förmigen Grundriß, mit vier *Prunksälen* und mehr als 200 Zimmern wurde prächtig ausgestattet und in den Farben des sächsischen Barock gehalten – Ocker und Weiß. Schloß Moritzburg gewinnt durch die Landschaft – den 1730 angelegten französischen *Park,* den 980 m × 340 m großen *Schloßteich* und die 34 umliegenden Teiche. Für theatralische Seeschlachten nutzte der Hof gern den Großteich. In der Nähe befindet sich das 13,4 m × 13,4 m große, 1770–82 im Stil des Rokoko von Johann Daniel Schade und Johann Gottlieb Hauptmann errichtete zweigeschossige **Fasanenschlößchen** (Abb. 7), dem sich eine kleine *Hofanlage mit Leuchtturm*

Schloß Moritzburg, Fasanenschlößchen. Bemalte Tapeten und Ofen in Kommodenform

anschließt. Zwei Hüfthorn blasende *Jägerfiguren* an der Zufahrt erinnern daran, daß das Schloß Diana geweiht war.

Seit 1947 ist die Moritzburg ein *Barockmuseum*. Zu den kostbarsten Exponaten gehören eine Christusfigur von Permoser in der 1661–72 durch Wolf Caspar von Klengel eingebauten *Schloßkapelle,* Kändlers ›Hubertuswunder‹ von 1741 in der Porzellansammlung, seltene Kabinettschränke, vergoldete Ledertapeten, Gemälde von Lucas Cranach d. J. sowie Kutschen und Sänften. Einzigartig ist die *Trophäensammlung.* Bewundert, aber überschätzt

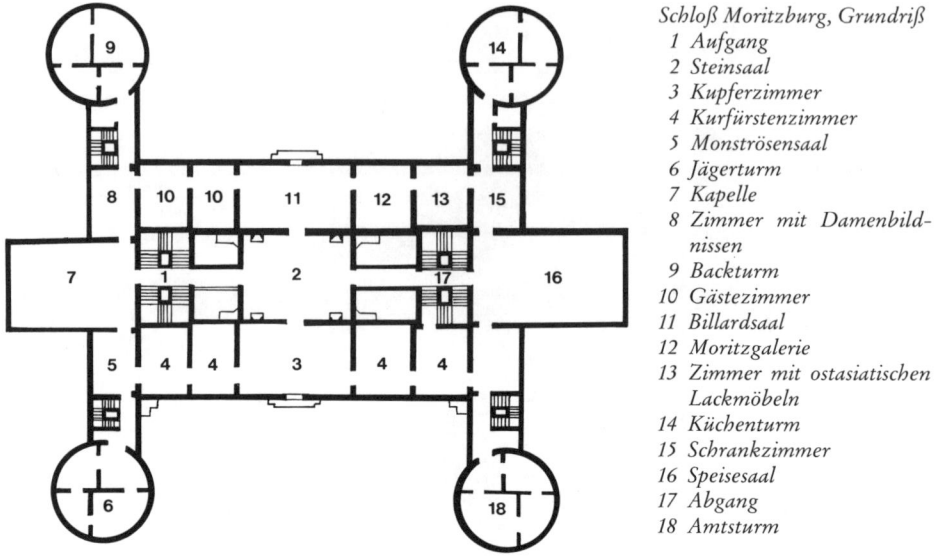

Schloß Moritzburg, Grundriß
1 Aufgang
2 Steinsaal
3 Kupferzimmer
4 Kurfürstenzimmer
5 Monströsensaal
6 Jägerturm
7 Kapelle
8 Zimmer mit Damenbildnissen
9 Backturm
10 Gästezimmer
11 Billardsaal
12 Moritzgalerie
13 Zimmer mit ostasiatischen Lackmöbeln
14 Küchenturm
15 Schrankzimmer
16 Speisesaal
17 Abgang
18 Amtsturm

wird im Audienzsaal der 66-Ender, eigentlich ein ungerader 30-Ender; ein Geweihende muß wenigstens 20 mm lang sein. August der Starke tauschte die Trophäe 1696 beim Preußenkönig gegen eine Kompanie ›lange Kerls‹ ein. Unterschätzt wird oft der ›Große Moritzburger 24-Ender‹ im Speisesaal; bei ihm handelt es sich nun tatsächlich um den stärksten Rothirsch der Welt.

Eine *Gedenkstätte* im Schloß erinnert an die Malerin, Graphikerin und Bildhauerin Käthe Kollwitz (1867–1945), die ihre letzten Lebensjahre in Moritzburg verbrachte und in ihrem Haus, dem ›Rüdenhof‹, am 22. April 1945 verstarb.

Das *Hengstdepot Moritzburg* wurde 1828 zur Zucht von Halb- und Kaltblütern gegründet. Wenn Moritzburg zur traditionellen Hengstparade einlädt, kommen etwa 50 000 Besucher aus nah und fern. Zu den Höhepunkten zählt der ›Sechzehnerzug‹.

Elbefahrt zum ›Blauen Wunder‹ und Schloß Pillnitz

An schönen Sommertagen folgen etwa 5000 der Einladung der Weißen Flotte zu einer Elbefahrt. Mit der legendären »Königin Maria«, die der geniale Konstrukteur Johann Andreas Schubert in Uebigkau baute (Modell im Verkehrsmuseum), nahm die Dampfschifffahrt 1837 den regulären Betrieb auf. Der Elbpegel wurde schon seit 1775 an der Augustusbrücke gemessen; der Mittelwert liegt bei 1,93 m. Bei einem Stand von 5 m (1845 = 8,77 m) wird der Verkehr eingestellt. Das trifft besonders die Wirtschaft, passieren doch jährlich

12 000 Lastschiffe Dresden, beladen mit Massengütern wie Erz, Kohle und Getreide. Architektonisch ist die Elbe seit der Augusteischen Zeit Bezugspunkt, und eine Flußreise aus touristischer Sicht daher ein besonderes Erlebnis (s. S. 471).

Die **Augustusbrücke** an der Anlegestelle Brühlsche Terrasse ist von den acht Elbbrücken die bedeutendste und geschichtsträchtigste. Als Sandsteinbrücke wird sie in den Annalen bereits 1287 erwähnt. Das *Steinerne Brückenmännchen* am Altstädter Ufer erinnert an ihren Erbauer, Matthäus Foetius. Die Brücke zählte 25 Pfeiler und führte bis in Höhe des heutigen Georgentors. Festungs- und Kirchenbauten brachten im 16. und 18. Jh. eine Aufschüttung von sieben Bögen mit sich. Matthäus Daniel Pöppelmann verbreiterte und erhöhte 1727–31 die Brücke. Auch ohne den vorgesehenen Bauschmuck nach dem Beispiel der Prager Karlsbrücke wurde die Augustusbrücke, bis 1842 die einzige Brücke der Stadt, als »Dresdner Triumphbogen« bezeichnet (Jean Paul). Der wachsende Schiffsverkehr erzwang 1907 den Abbruch; mit ihren 17 Bögen und den vielen Pfeilern war die Brücke zum Hindernis für den Schleppzugverkehr geworden. Die 1907–10 von Wilhelm Kreis geschaffene sandsteinverkleidete Beton-Bogenbrücke hat eine Länge von 331 m und ist 17 m breit. In den letzten Kriegstagen noch gesprengt, wurde sie 1945–49 originalgetreu wiedererrichtet.

Malerisch schön liegen die drei Elbschlösser am Loschwitzhang. Mit **Schloß Albrechtsberg** präsentiert sich im barocken Dresden ein Glanzstück der Schinkel-Schule (Farbabb. 13). Prinz Albrecht, der Bruder des späteren Kaisers Wilhelm I., ließ den spätklassizisti-

Schloß Albrechtsberg und Villa Stockhausen am Loschwitzhang. Stich, um 1860

schen Bau 1850–54 nach Plänen des preußischen Landbaumeisters Adolph Lohse auf dem ehemaligen Gelände des Finlaterschen Weinberges errichten. Der 100-Zimmer-Bau aus Sandstein mit Mittelrisalit und zwei Ecktürmen steigt von der Elbe in drei Stufen 45 m an. Die wertvolle Innenausstattung, zu der auch das *Türkische Bad* von Karl Diebitsch zählt, ist weitgehend erhalten. Das Schloß, 1925 von der Stadt den Hohenzollern abgekauft, ist heute ein Freizeitzentrum. Die ebenfalls spätklassizistische **Villa Stockhausen** mit Säulenhallen zur Elbseite und Ecktürmchen am Eingang baute Lohse nach 1850 für den Baron von Stockhausen, Hofmarschall des preußischen Prinzen. Nach ihrem letzten privaten Besitzer, Karl August Lingner, heißt die Villa auch ›Lingner-Schloß‹. Lingner, Begründer des Hygiene-Museums, vermachte das Gebäude 1916 der Stadt Dresden. Das dritte Elbschloß, **Schloß Eckberg,** jetzt Jugendtouristhotel, konzipierte 1859–61 der Semperschüler Christian Friedrich Arnold im Tudorstil aus gelblichem Sandstein für den Großhändler Souchay.

An die 50 km² große *Dresdner Heide,* das größte und beliebteste Naherholungsgebiet der Stadt, grenzt **Loschwitz,** bis zur Reblauskatastrophe 1886–87 Winzerort. Viele Dresdner Künstler besaßen hier einen Sommersitz, und bei ihnen verkehrte, wer Rang und Namen in der Geisteswelt besaß: Ernst Moritz Arndt, Goethe, die Brüder Humboldt, Heinrich v. Kleist, Novalis. Schiller schrieb 1785–87 als Gast seines Freundes Gottfried Körner den Hauptteil des »Don Carlos« (Gedenkstätte). An den Maler Eduard Leonhardi, einen Meister der Waldlandschaft, erinnert das ehemalige Leonhardi-Museum in Loschwitz (Umschlagrückseite). Der angrenzende *Weiße Hirsch,* benannt nach dem 1688 gebauten Weingut mit Gastwirtschaft ›Zum Weißen Hirsch‹, wurde nach 1874 eine bevorzugte Villenkolonie und bekannt durch das 1888 von Heinrich Lahmann eröffnete naturheilkundliche Sanatorium und das 1955 gegründete ›Institut Manfred von Ardenne‹, zu dem eine kugelförmige Sternwarte gehört. Eine *Gedenkstätte* auf dem Weißen Hirsch erinnert an den dänischen Schriftsteller Martin Andersen Nexö, der 1951–54 hier wohnte.

Als einzige Dresdner Elbbrücke überdauerte die Loschwitzer Brücke, im Volksmund ›**Blaues Wunder**‹ genannt, den Luftangriff vom 13./14. Februar 1945. Sie ist 281 m lang und hat nur eine Öffnung von 141,5 m. Rund 3500 t Stahl benötigten 1891–93 die Erbauer Claus Köpcke und Hans Manfred Krüger für die blau gestrichene Eisenkonstruktion. Zu den technischen Denkmälern in Loschwitz zählen auch die Bergbahnen, die zusammen jährlich etwa 5 Millionen Einheimische und Besucher auf die Elbhänge befördern. Die *Schwebeseilbahn* (1898–1900), die älteste ihrer Art, verkehrt zwischen Pillnitzer Landstraße und Loschwitzer Höhe. Die *Standseilbahn* (1895) fährt zur Großgaststätte Luisenhof, dem ›Balkon Dresdens‹.

Wenn Schiller beim Blasewitzer Wirt seinen Schoppen Wein trinken wollte, mußte er sich mit der Fähre übersetzen lassen, was er wohl des öfteren tat. Die Wirtstochter Justine Segedin, 90jährig 1856 als Frau Senator Renner gestorben, finden wir als ›Gustel von Blasewitz‹ im »Wallenstein« wieder.

Schifferkirche Maria am Wasser in Dresden-Hosterwitz ▷

Wachwitz ist Anlegestelle der Weißen Flotte. Hier befindet sich ein anderes technisches Wahrzeichen Dresdens, der 252 m hohe *Fernsehturm* mit einem doppelstöckigen Café in 142 m und einer Aussichtsplattform in 148 m Höhe, kelchartig erbaut 1964–69 nach einem Entwurf des Architekten Kurt Novotny.

Am Elbufer zu **Laubegast** steht das 1776 errichtete *Denkmal* der Theaterreformerin Caroline Neuber, die in Laubegast unter bedrückenden Bedingungen lebte und 1760 starb.

In **Hosterwitz** steht die *Schifferkirche Maria am Wasser,* ein spätgotischer Bau mit Zwiebelhaube auf dem Türmchen aus der Zeit von 1497–1500. Die Kirche wurde 1704 vergrößert und umgebaut und 1774 mit einer doppelgeschossigen Empore versehen. Im Kanzelaltar (1644) ist ein Abendmahlrelief von Conrad Buchau eingelassen. Der Friedhof liegt zum Schutz vor Hochwasser wallartig erhöht. Vom Fluß aus nicht wahrnehmbar steht Dresdens einzige, vom Krieg verschont gebliebene, *Carl-Maria-von-Weber-Gedächtnisstätte.* Weber besaß hier 1818–24 ein Winzerhäuschen, in dem er »Euryanthe«, den »Freischütz« und »Aufforderung zum Tanz« komponierte.

Schloß Pillnitz (Farbabb. 15), ein glanzvoller Chinoiserie-Bau, war bis 1918 die Sommerresidenz der Wettiner. Die Anlage wirkt teils höfisch, dem barocken Dresden verwandt, teils heiter und elegant. Das alte Schloß in Pillnitz gehörte 1708–18 der Gräfin Cosel.

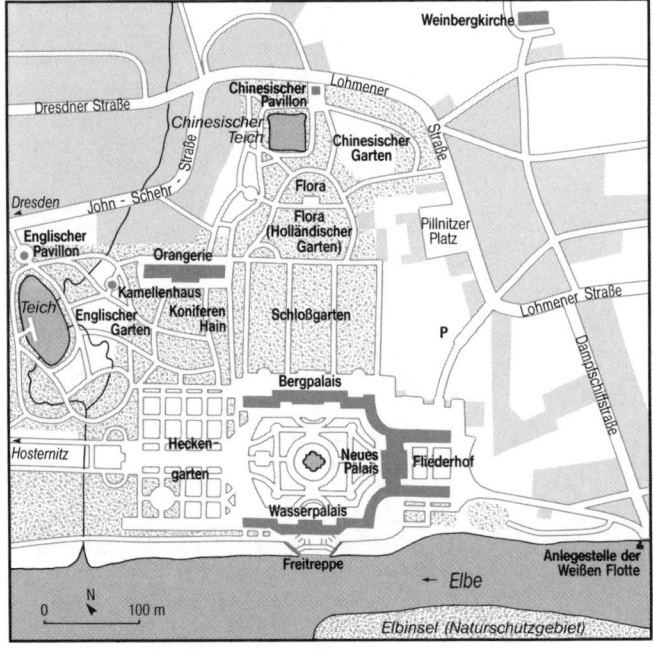

Schloß Pillnitz, Grundriß

Kurfürstliche Gondel (1790) für Fahrten auf der Elbe im Park von Schloß Pillnitz

Nachdem sie in Ungnade gefallen war, ließ August der Starke durch Matthäus Daniel Pöppelmann und Zacharias Longuelune das ›Lustschloß für Park- und Wasserfeste‹ bauen. 1720 wurde das elbseitig dreigeschossige *Wasserpalais* mit *Treppen* bis zum Strom errichtet (Abb. 12). Im Mittelbau des Palais legten Restauratoren 1989/90 unter mehreren Schichten Putz originale Freskenmalerei aus der Zeit nach 1722 frei. Dies ist das früheste Beispiel der Chinoiserie in der europäischen Innenarchitektur. Als symmetrisches Parallelstück zum Wasserpalais fügte man 1722/23 das spätbarocke *Bergpalais* harmonisch in die Landschaft ein (Abb. 9). Beide Anlagen wurden 1788–91 um zweigeschossige Flügelbauten verlängert. Die Entwürfe stammten von Christian Traugott Weinlig und Johann Daniel Schade im engen Anschluß an die Planung von Zacharias Longuelune. Die Ausführung erfolgte durch Christian Friedrich Exner. Das die Hauptgebäude verbindende klassizistische *Neue Palais* mit dem Fliederhof schuf 1822–26 Christian Friedrich Schuricht anstelle des 1818 abgebrannten Renaissance-Schlosses. Festsaal und Kapellenflügel, die bedeutendsten Raumschöpfungen der Dresdner Kunstlandschaft, malte Carl Christian Vogel von Vogelstein aus. Von ihm stammt auch das Altarbild ›Mariä Himmelfahrt‹. Im Schloß Pillnitz unterzeichneten im August 1791 Leopold II. von Österreich, Friedrich Wilhelm II. von Preußen und Kurfürst Friedrich August III. von Sachsen die Pillnitzer Deklaration, die das revolutionäre Frankreich herausforderte. Nach 1945 nahm das Schloß die Dresdener Gemäldegalerie auf. Seit 1963 ist es Sitz des 1876 gegründeten Museums für Kunsthandwerk.

Der **Park Pillnitz** erfuhr im Laufe der Zeit ebenfalls Veränderungen. Ältester Parkbau ist der Mittelteil der *Orangerie,* 1730 nach einem Entwurf von Longuelune errichtet. Der

Englische Pavillon entstand 1784, der *Chinesische Pavillon* 1804 und das *Palmenhaus* 1859. Der Lustgarten zwischen den drei Palais war in der Zeit des Barock höfische Vergnügungsstätte. Eine 500 m lange *Kastanienallee* in Richtung Hosterwitz diente nach 1766 als Maillebahn (Maille war ein golfähnliches Ballspiel in der Zeit des Rokoko). Um 1790 wurde der Park im englischen Stil erweitert. Eine botanische Rarität ist die 9 m hohe und 4 m breite *Kamelie,* das letzte der 1770 eingeführten Exemplare.

Außerhalb des Parks liegt die von Pöppelmann 1723–27 gebaute barocke **Weinbergkirche.** Zu ihrem kostbaren Besitz zählt das aus dem Dresdener Schloß umgesetzte *Abendmahlrelief* von Johann Georg Kretzschmar (1648). Die 10,5 ha große *Elbinsel* gegenüber dem Wasserpalais, die letzte von 18, ist seit 1924 Naturschutzgebiet. Hier brüten etwa 50 verschiedene Vogelarten.

In **Graupa** nahe Pillnitz befindet sich das *Lohengrinhaus,* ein altes Bauernhaus, in dem Richard Wagner 1846 lebte und an der Oper »Lohengrin« arbeitete. Das Haus wurde 1907 Gedenkstätte und 1982 Museum. Nahe der Lochmühle steht seit 1933 Sachsens einziges *Richard-Wagner-Denkmal,* in Bronze geschaffen von Richard Guhr, der Wagner als Gralshüter darstellte.

Eine weitere Sehenswürdigkeit liegt etwas abseits in **Heidenau,** der 16 ha große **Barockpark Großsedlitz,** ein Kleinod französischer Gartenarchitektur.

Der Park war 1719–1723 Besitz des Grafen Wackerbarth und erfuhr bereits damals die Grundlage seiner Gestaltung. Nach Plänen von Matthäus Daniel Pöppelmann baute Johann

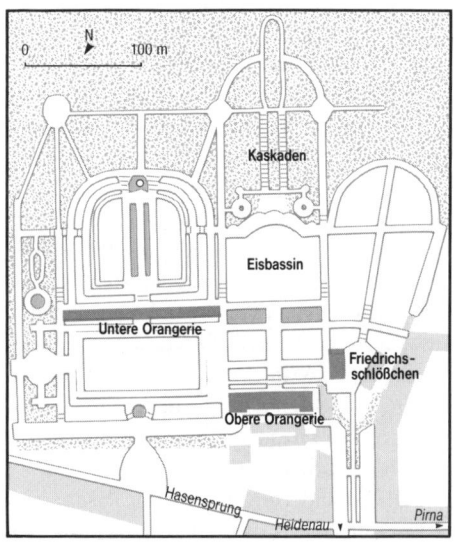

Barockpark Großsedlitz, Grundriß

Friedrichsschlößchen und Obere Orangerie im Barockpark Großsedlitz. Lithographie, um 1840

Christoph Knöffel 1720 das dreiflügelige Friedrichsschloß. Die *Obere Orangerie* mit ›Eisbassin‹ (Wasserparterre) und Kaskaden kann als erstes selbständiges Werk Knöffels gelten.

1723 kaufte August der Starke Großsedlitz. Ein zweites Versailles vor Augen, plante er tiefgreifende Veränderungen, mit deren Ausarbeitung er Longuelune, Knöffel und Pöppelmann beauftragte. Nach dreijähriger Bauzeit waren 1726 die finanziellen Mittel erschöpft. Neben der Umgestaltung der Gartenabschnitte hatten sich die Pläne des Kurfürsten lediglich im Bau der *Unteren Orangerie* realisiert. Sie wurde 1861–64 nach veränderten Entwürfen erneuert. Vermutlich von Pöppelmann stammt die Konstruktion des Orangerieparterres an der 100-Meter-Front der *Unteren Orangerie* mit der weltberühmten ›Stillen Musik‹, einer Fontänenanlage mit rahmender Doppeltreppe, geschmückt von musizierenden Putten (Abb. 18). Das Parterre diente als Festplatz für das jährlich stattfindende Fest des polnischen Weißen-Adler-Ordens.

Kennzeichnend für den Park ist die meisterhafte Ausnutzung der Höhenunterschiede der einzelnen Parterres durch Freitreppen und Terrassenanlagen. Die *Gartenplastiken* sind wahrscheinlich Werke von François Courday (Abb. 17), Johann Christian Kirchner und Benjamin Thomae. Von den insgesamt 360 Skulpturen überdauerten nur 52. Einige wurden 1754 von preußischen Truppen nach Sanssouci ›umgesetzt‹, andere 1813 durch französische

Truppen zerstört. Das Schloß brannte 1813 ab. Von der ursprünglich dreiflügeligen Anlage wurde ein Seitenflügel 1872–74 als *Friedrichsschlößchen* wiederaufgebaut. Während der Restaurierung im Jahre 1960 versetzte man das Tor und zwei Delphinbrunnen vom Hof des Dresdner Landhauses nach Pillnitz und gestaltete damit den repräsentativen Eingang. Der Barockpark Großsedlitz gilt als einer der bedeutendsten im deutschsprachigen Raum.

Meißen, die Wiege Sachsens

Burgberg, Stadt und Porzellanmanufaktur bilden im 26 km südwestlich von Dresden an der Elbe gelegenen Meißen einen Dreiklang. Die Bauten auf dem Burgberg sind steinerne Zeugen tausendjähriger Geschichte des Landes und gehören zum wertvollsten, was Generationen deutscher Architekten und Bildhauer ins kulturhistorische Erbe einzubringen vermochten. Thietmar von Merseburg berichtet in seiner Chronik, 928/29, daß die Gründung der Burg Misni als erster Stützpunkt der Deutschen in slawischen Landen durch Heinrich I. erfolgt ist. Im Unterschied zu der Mehrzahl der sächsischen Städte wurde Meißen im Zweiten Weltkrieg nicht beschädigt. Der mittelalterliche Charakter des Burgberges pflanzt sich noch heute sichtbar fort in den verwinkelten Gassen der Altstadt, deren harmonisches Bild

Burgberg mit Albrechtsburg und Dom. Stich, um 1840

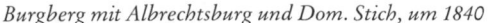

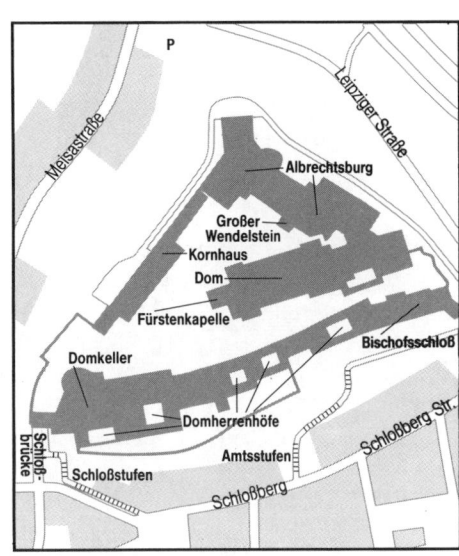

Lageplan des Burgbergs

von modernen Zweckbauten nicht gestört wird. Vom jenseitigen Elbufer bietet sich der schönste Blick auf das in eine reizvolle Natur eingebettete architektonische Ensemble.

Bereits 1000 gab es wohl eine ovale Marktsiedlung am Fuße der Burg, 1002 ist ein Jahrmarkt bezeugt. Unter Markgraf Dietrich erfolgte um 1205 die planmäßige Stadtgründung. Angesichts der mächtigen Feudalgewalt ›auf dem Berg‹ hielten sich die Rechte der Bürger in engen Grenzen. Die erste wirtschaftliche Blüte entfaltete sich mit dem Bau der Albrechtsburg, an der 1477 fast 1500 Arbeiter mitwirkten. Das belebte den Markt. Die Bürger der Stadt bauten nun selbst, und das mit Unterstützung der Architekten der Burg wie Arnold von Westfalen. Die Burg spielt auch eine wesentliche Rolle in der Geschichte des begehrtesten Erzeugnisses der Stadt – Porzellan. Die 1723 eingeführten blauen Schwerter (zuvor AR = Augustus Rex) sind weltweit anerkannte Markenzeichen. Sitz der Porzellanmanufaktur wurde Meißen zwischen 1710 und 1864 vor allem deshalb, weil August dem Starken das Produktionsgeheimnis nirgendwo so sicher schien wie hinter den dicken Mauern der Albrechtsburg, die für Johann Friedrich Böttger, dem Erfinder der Rezeptur des ›weißen Goldes‹, einem Gefängnis gleichkam.

Der **Burgberg,** ein strategisch vorteilhaft gelegenes Felsplateau am linken Elbufer, ähnelt einem Dreieck. Um den zentral gelegenen Dom gruppieren sich Burg, Bischofssitz, Domherrenhöfe und Kornhaus. Mit Errichtung der Markgrafenburg setzte 929 die Bebauung ein. Die sich heute darbietende **Burganlage** (Abb. 20) entstand im wesentlichen 1471–85 nach Plänen von Arnold von Westfalen mit Erweiterungsbauten bis 1525 unter Jakob Heilmann von Schweinfurt als epochales Werk »zwischen zwei Zeitaltern« (O.E. Schmidt). Spätgo-

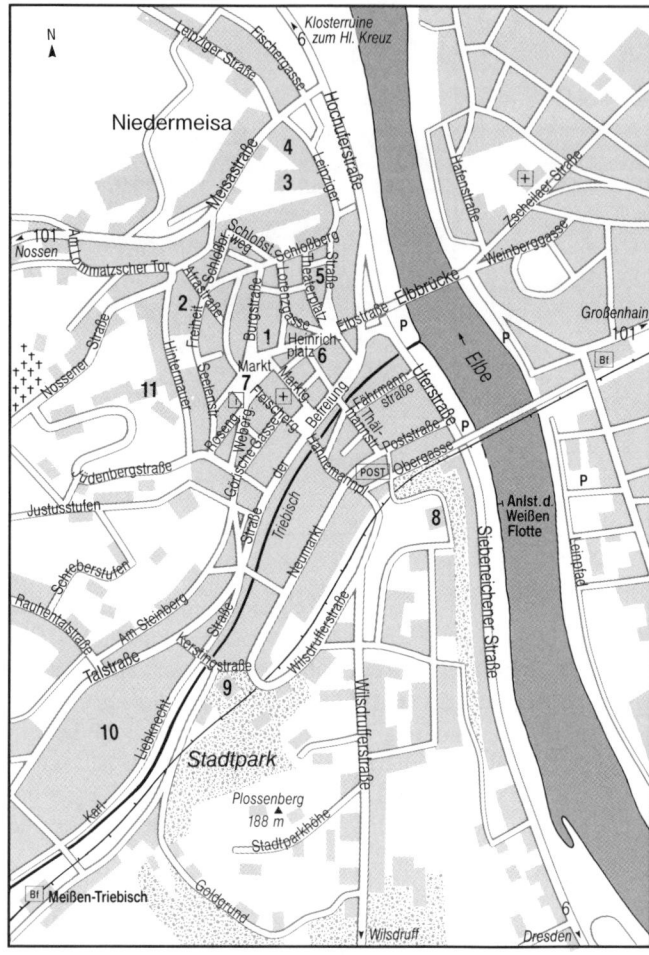

Meißen:
1 Rathaus
2 Kirche St. Afra
3 Dom
4 Albrechtsburg
5 Stadttheater
6 Ehem. Franziskaner-
  kirche (Stadtmuseum)
7 Frauenkirche
8 Martinskirche
9 Nicolaikirche
10 Porzellanmanufaktur
   mit Museum

tisch sind Bauglieder und Bauschmuck, schon dem Geist der Renaissance verhaftet Christoph Walthers I. Wappenbüsten im Wappensaal und seine Reliefs in den Brüstungsfeldern, etwa ›wie Wein und Weib die Weisen betören‹ (1524). Meisterhaft gelang die Raumanordnung, die auf zwei Bauherren, Kurfürst Ernst und Herzog Albrecht, abgestimmt sein mußte. Nur die Wirtschaftsräume im Keller und im Erdgeschoß waren für eine gemeinsame Nutzung vorgesehen. Es gibt zwei *Wendelsteine*, einen größeren und einen kleineren. Baugeschichtlich von besonderer Bedeutung sind die hier erstmals eingesetzten Zellengewölbe und Vorhangbögen in den Räumen der Burg, wie im *Großen Gerichtssaal* (Abb. 16). Man baute noch, als sich die Bauherren 1485 zerstritten. Dresden wurde Residenz, nicht Meißen. Damit blieben der erst seit 1676 Albrechtsburg genannten Burg Umbauten erspart. Sie gehört heute zu den wenigen unverfälscht erhaltenen spätgotischen Profanbauten. Um die Räume der Burg restaurieren zu können, sorgten 1864 der kunstsinnige König Johann und der Altertumsverein für den Auszug der Porzellanmanufaktur. Von den Kontributionen, die Frankreich 1871 an Sachsen zahlen mußte, zweigte König Johann 500 000 Mark für die Erneuerung der Burg ab. Die Dresdner Kunstakademie übernahm 1873–82 die Ausmalung der Räume mit Darstellungen aus der Geschichte der Burg.

Die Burg beherbergt heute ein *Architekturmuseum* und eine *Kunstsammlung*, zu der zwei Skulpturen ›Maria mit Kind‹ von Hans Witten (um 1510), ein romanisches Kruzifix (um 1000), das Tympanon aus Elsterebnitz (um 1080) und zwei Altäre von Peter Breuer (um 1506) gehören. Informiert wird auch über die Geschichte der Porzellanmanufaktur.

Der **Dom zu Meißen,** eigentlich Dom St. Johannis ev. und St. Donati, erfuhr ein wechselvolles kirchen- und baugeschichtliches Schicksal. Das Bistum Meißen wurde 968 durch Kaiser Otto I. gegründet. Im Investiturstreit 1073 setzte Heinrich IV. den Meißner Bischof Benno und andere Anhänger des Papstes fest; zur Buße erlegte ihm der Papst 1077 den ›Gang nach Canossa‹ auf. Stift, Dom und Bistum fielen 1581 mit dem Tode des letzten Meißner Bischofs nolens volens dem Kurfürsten zu. Den lutherischen Gottesdienst hatte man schon 1540 eingeführt. Vorgängerbauten des Doms waren eine kleine Kapelle (10. Jh.) und eine viertürmige romanische Basilika (106–73). Mit dem Bau des jetzigen gotischen Doms wurde um 1260 begonnen. Die erste Bauphase zog sich mit Unterbrechung bei wechselnden Bauvorstellungen bis 1410 hin. Der bereits hochgotisch wirkende einschiffige Chor mit ⅝ Schluß wurde 1268 erstmals genutzt. Das Querschiff paßt sich stilistisch an, ist aber schlichter; um 1270 entstand das große Chorfenster mit beachtenswertem Maßwerk und erneuertem Glasgemälde. Die achteckige *Johanneskapelle* wurde 1291 vollendet, der prächtige Kapitelsaal 1297. Eine architektonisch glückliche Lösung fand sich bei Einbindung der

Meißen, Grundriß des Doms: 1 Fürstenkapelle 2 Georgskapelle 3 Johanniskapelle (Achteckkapelle) 4 Kreuzgang 5 Maria-Magdalenen-Kapelle 6 Sakristei

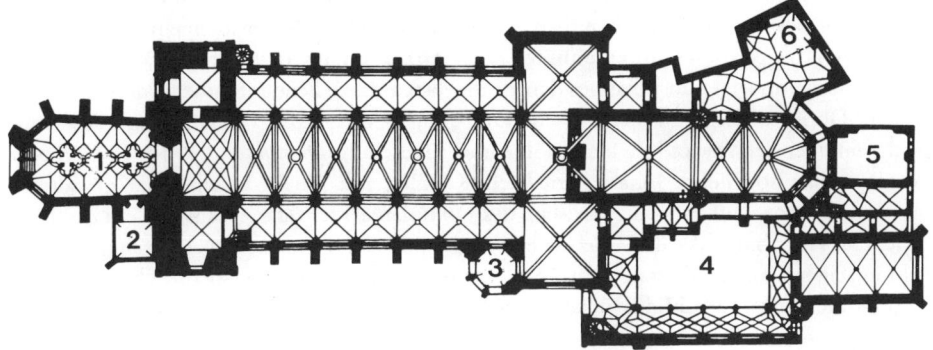

Klausur. Der Kreuzgang entstand um 1260, etwa zur selben Zeit auch die östlich angrenzende bischöfliche Hauskapelle, die heute als Lapidarium eingerichtete *Maria-Magdalenen-Kapelle*. An dem als Basilika angelegten Langhaus wurde das ganze 14. Jh. über gebaut, gleichwohl erscheint es als architektonische Einheit, abgesehen vielleicht vom Maßwerk. In die beiden Westtürme, Baubeginn 1315, wurde bei Fertigstellung des Langhauses das *West-portal* eingefügt (um 1400), aus dem mit der nach 1423 vorgesetzten, 1443–46 vermutlich durch Moyses von Altenburg netzgewölbten *Fürstenkapelle* ein Innenportal geworden ist (Abb. 13). Die Doppelturmfassade stürzte 1413 infolge eines Blitzschlages bis auf die beiden unteren Stockwerke ein. Arnold von Westfalen schuf 1470–77 das formenreiche dritte Geschoß, der Karlsruher Architekt Karl Schäfer 1904–09 das vierte Geschoß und die neogotischen Türme. Bis dahin war der ›Höckrige Turm‹ an der Ostseite der einzige Turm des Doms. Die *Sakristei* entstand 1504, die kleine *Georgskapelle*, in die 1677 eine Stuckdecke von Wolf Caspar von Klengel eingezogen wurde, 1530–40.

Die Ausstattung des Doms zählt zu Sachsens wertvollsten Kunstschätzen. Die der Werkstatt des Naumburger Meisters zugeschriebenen *Stifterfiguren* des Kaisers Otto I., der Kaiserin Adelheid (Abb. 14), Johannes des Evangelisten und des Donatus an den Chor-Innenwänden sowie die drei Figuren in der Johanneskapelle, Maria mit dem Kind, Johannes den Täufer und den Diakon Stephanus darstellend, gehören zu den besten bildhauerischen Leistungen des 13. Jh. Der Einbau des *Chorgestühls* erfolgte 1529/30. Die etwa 30 Altäre fielen der Reformation zum Opfer. Von Lucas Cranach d. Ä. blieb aus vorreformatorischer Zeit in der Georgskapelle ein *Triptychon* von 1534; der *Laienaltar* aus der Cranach-Werkstatt vor dem Lettner, angeblich von 1526, wahrscheinlich von 1539/40, veranschaulicht bereits lutherische Auffassungen. Von den vielen *Grabplatten* ist die der Nürnberger Vischer-Werkstatt zugeschriebene Friedrichs des Streitbaren († 1428) von besonderem kulturgeschichtlichem Wert. Im Dom befinden sich 164 Grabdenkmäler, wobei jene in Fürsten- und Georgskapelle unberücksichtigt sind. Aus nachreformatorischer Zeit stammt nur die schlichte *Sandsteinkanzel* von 1591.

Das im Vergleich zur Albrechtsburg schlicht wirkende **Bischofsschloß** (heute Sitz des Gerichts) wurde 1518 vollendet. Die Südostecke beherrscht der *Liebenstein*, ein runder Eckturm mit glockenförmiger Haube und Spitze (17. Jh.). Sehenswert ist das Zellengewölbe im ersten Obergeschoß. Zwischen dem Schloß und dem **Burgkeller**, dem einstigen Sitz des Burggrafen, liegen die **Domherrenhöfe:** *Domplatz 5*, erbaut 1525 für die Domdechantei, mit Sitznischenportal und Johannes den Evangelisten darstellender Statue; *Domplatz 7*, die frühere **Domprobstei**, eine spätgotische Drei-Flügel-Anlage von 1497–1503 mit den Wappentafeln über der Tür und Zellengewölbe im Erdgeschoß; *Domplatz 8*, seit 1740 Wohnsitz des Porzellanmodelleurs Johann Friedrich Kändler, mit einem vasenförmig gestalteten barocken Treppenlauf. An der Nordseite des Domplatzes steht das zusammen mit der Burg errichtete **Kornhaus**, das 1897 für Wohnzwecke umgebaut wurde. Das gotische Mitteltor geht in seiner heutigen Gestalt auf 1875 vorgenommene Veränderungen zurück. Beachtenswert ist die steinerne **Schloßbrücke** wegen ihrer zwei Bögen aus den Jahren 1221–28. Mit dem Burglehen Freiheit 2 wurde im 16. Jh. der vordere der alten Brückentürme verbunden.

Der Burgkeller in Meißen. Aquarellierte Bleistiftzeichnung von Friedrich Kersting aus der ersten Hälfte des 19. Jh.

Die angrenzende **Afra-Freiheit** war eine befestigte Siedlung jenseits des Burgbergs. Die Höfe gehörten geistlichen oder weltlichen Dienstrittern und waren steuerlich begünstigt. Sonderrechte hielten sich zum Verdruß des Rates der Stadt Meißen bis ins 19. Jh. Der *Jahnaische Freihof* (Nr. 1), 1609/10 unter Einbeziehung aus dem 12. Jh. stammender Teile errichtet, fällt durch den hohen Treppenturm und das Sitznischenportal von Balthasar Barthel d. Ä. auf. *Rote Stufen* (Nr. 3) ist ein spätgotischer Bau (um 1510) mit Backsteingiebel und Spitzbogenportal. Das burgähnliche *Pfarrhaus* (Nr. 7) mit ansehnlichem Erker von 1535 gilt als besonders typischer Freihof. 1064 wurde die nach Niederlassung der Augustiner-Chorherren (1205) mehrfach umgebaute **St.-Afra-Kirche** geweiht. Der schrittweise erfolgte Gotisierungsprozeß ist für den Gesamteindruck bestimmend. Die ungewöhnliche Länge des nach 1284 veränderten Chors ist in der Anpassung an den Bergsporn begründet. Der mit Figuren und Knorpelwerk verzierte *Altar* (um 1660) wurde von Valentin Otte geschnitzt und von Johannes Richter gemalt. Die *Kanzel* ist ebenfalls eine Arbeit von Valentin Otte (1657). Ein den Jonas ausspeiender Wal bildet die Kanzelauflage. Die Holzfiguren der Brüstung sollen Mitglieder der Familie von Schleinitz darstellen. Als Anbau entstand 1408 die *Schleinitz-Kapelle*. In den Gebäuden des 1539 aufgelösten Augustiner-

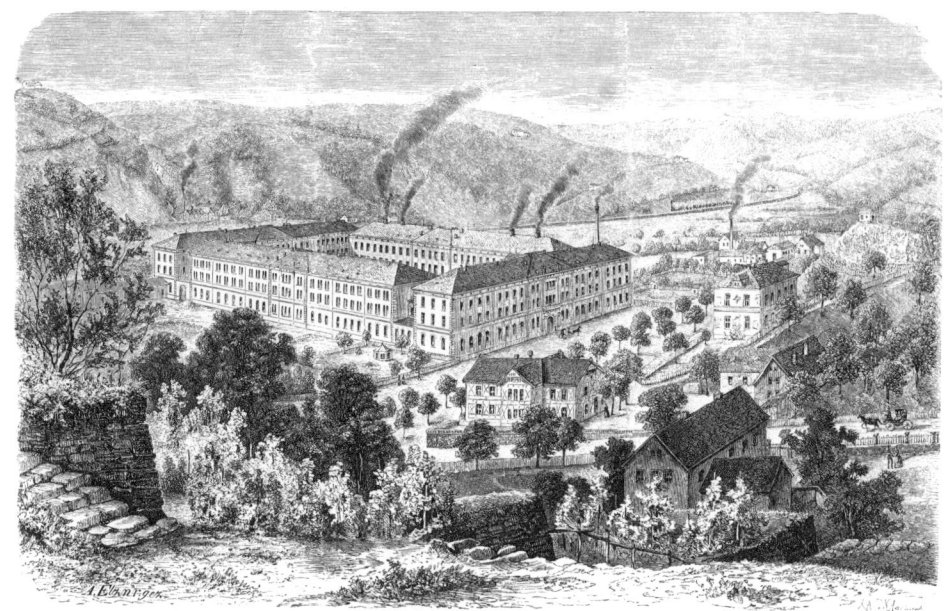

Die Meissener Porzellanmanufaktur, nach einem Stich des 19. Jh.

Klosters befand sich nach 1543 die **Fürstenschule St. Afra,** zu deren Absolventen im 18. Jh. Christian Fürchtegott Gellert und Gotthold Ephraim Lessing gehörten. Die Schule, die nach 1871 einen Neubau bezog, wurde 1943 von den Nationalsozialisten geschlossen.

Die 1205 erstmals erwähnte **Frauenkirche** in der Altstadt wurde nach Bränden von 1447 und 1455 als dreischiffige spätgotische Hallenkirche 1457 wiederaufgebaut. Im Innern ist als architektonische Besonderheit deutlich erkennbar, daß das netzgewölbte Langhaus breiter ist als lang. Der spätgotische *Schnitzaltar* mit einer Marienkrönung im Schrein entstand um 1500. Der Kirchturm mußte 1549 nach einem Brand erneuert werden und wurde 1929 mit einem Meissener Porzellanglockenspiel, dem ersten seiner Art, von Emil Paul Börner ausgestattet. Zum ehemaligen Friedhof führte das um 1600 im Stil der Renaissance errichtete **Tuchmachertor,** das 1956 durch eine Kopie ersetzt wurde.

Die **Franziskanerkirche** gehörte zu dem 1258 gegründeten Franziskanerkloster und wurde nach Brandschäden 1447–57 zur dreischiffigen spätgotischen Hallenkirche umgebaut. Nach Aufhebung des Klosters in der Reformationszeit (1539) diente sie zunächst als Begräbnisstätte, dann als Speicher; heute beherbergt die Kirche das *Stadtmuseum.* Der hohe Chor wurde 1823 abgebrochen; erhalten blieben Teile des Kreuzgangs, vier Fenster mit Vierpaßmaßwerk und zwei Tore. Unter den Grabplatten und Skulpturen im Kreuzgang befinden sich Arbeiten von Johann Joachim Kändler. Nahe der Kirche steht ein mittelalterlicher **Marktbrunnen** mit dem von Robert Heinze geschaffenen Standbild Heinrichs I.

Das **Rathaus,** ein schlichter Bau mit drei hohen Zwerchgiebeln über der Traufe, wurde 1472 unter der Mitwirkung Arnolds von Westfalen begonnen. Merkwürdig ist das Verhältnis zwischen der 11 m hohen Fassade und dem 18 m hohen Dach. Die Anpassung an das abfallende Gelände erforderte den Bau eines zweigeschossigen West- und eines dreigeschossigen Ostteils. Den roten Rathausturm schmückt der ›Meißner Judenkopf‹. Der *Ratssitzungssaal* weist noch eine Holzbalkendecke aus der Entstehungszeit auf. Mit ihm verbunden ist das zellengewölbte *Steinerne Kämmerlein,* das frühere Stadtarchiv.

Zu den sehenswerten **Bürgerhäusern am Markt** gehören vor allem die *Marktapotheke,* ein Renaissancebau von 1560 mit einem zweigeschossigen Erker von 1717, und das *Bennohaus* (Markt 9), einst bischöflicher Besitz, mit noch romanischen Bauteilen, einem schönen Sitznischenportal (Ende 16. Jh.) und einem Zellengewölbe vom Ende des 15. Jh. im gesamten Erdgeschoß. Ein prachtvoller Bürgerbau ist auch das 1569–71 errichtete *Brauhaus* (An der Frauenkirche 3), dessen Renaissanceportal mit dem Relief ›Simsons Kampf mit dem Löwen‹ Hans Köhler d. Ä. zugeschrieben wird.

Im Triebischtal steht die älteste, spätromanisch-frühgotische Kirche der Stadt, seit 1800 **Nikolaikirche** genannt. 1923–28 wurde sie zu einer Gefallenen-Gedächtnisstätte umgestaltet; die *Epitaphien* aus Meissener Porzellan wurden von Emil Paul Börner (1888–1970) geschaffen. Das Grundstück Talstraße 9 bezog 1865 die **Porzellanmanufaktur.** Vor dem Eingang erinnert eine Büste an Johann Friedrich Böttger.

Johann Friedrich Böttger
(* 1685 Schleiz, † 1719 Dresden)

200 Jahre währte es, bis das Geheimnis der Porzellanherstellung in Europa gelüftet werden konnte – durch den alchemistischen Goldsucher Johann Friedrich Böttger. Seine Vertrautheit mit der Alchemie ließ den Verdacht aufkommen, das ›weiße Gold‹ sei ein Produkt der ›schwarzen Kunst‹.

12jährig ging der Sohn eines Schleizer Münzmeisters nach Berlin in die Lehre, tagsüber zum Apotheker Zorn, abends zum Alchemisten Lascaris. 16jährig prahlte er damit, ihm könne die Herstellung reinen Goldes gelingen. Als sich daraufhin die Obrigkeit für ihn interessierte, floh er im Oktober 1701 nach Wittenberg. Er ahnte nicht, welches Vertrauen die Mächtigen in seine vermeintliche Kunst setzten. Preußens König wollte ihn zurückholen und schrieb ein Kopfgeld von 1000 Talern aus; August der Starke setzte ihn als ›Monsieur Schrader‹ fest und ließ ihn von bis zu 200 Soldaten vor ›Entführern‹ schützen und mit Blasrohren auf ihn schießen, sobald er sich dem Tor näherte. Schließlich gelang es Böttger, den Befehl Augusts zu erfüllen und die Rezeptur für das ›weiße Gold‹ der Chinesen zu finden. Vom Januar 1708 datiert die (1960 gefundene) Rezeptur für weißes Hartporzellan. Als Rohstoff dienten Böttger Ton aus Nürnberg, Waldenburg/Sa., Colditz und Meißen sowie Caolin aus Aue. Alabaster verwandte man zu Böttgers Zeit als Flußmittel, obwohl Spat bekannt war. Böttger brannte nicht in einem Gang wie die Chinesen, sondern nach Töpfertradition mit Vor- und Gutbrand. Weil das Domkapitel keinen Alchemisten auf dem Domberg dulden wollte, konnte die Gründung der Porzellanmanufaktur erst im Juni 1710 auf der ›sicheren‹ Albrechtsburg erfolgen. Die Geheimhaltung ging soweit, daß wegen der Ohrenbeichte kein Katholik beschäftigt werden durfte.

Böttger trank täglich zwei bis drei Kannen Schnaps und rauchte unmäßig viel. 1714 kam er zwar aus dem Gefängnis frei, doch August der Starke ließ ihn bis zur letzten Stunde argwöhnisch beobachten. Mit 35 Jahren starb Böttger, von der langen Gefangenschaft seelisch und moralisch zerrüttet. Auf dem Dresdner Johannisfriedhof wurde er beigesetzt, erst nach zehn Tagen, heimlich und nachts.

Die Meissener Rezeptur

Nimm Colditzer wohlgeschlemmten Thon, 9 Theile, weiße Schnorrische Erde, auch so viel, und nur 3 Theile Alabaster. Diese Composition ist die schönste, schmelzet nicht, und werden die daraus formirten Gefäße oder Geschirre zuvorderst in den Brennofen gesetzt, weil sie starkes Feuer vertragen können.
Papst von Ohain, notiert 1720/21

Außerhalb der Innenstadt liegt im Norden Meißens die Ruine des nach 1217 gebauten **Zisterzienserinnenklosters Zum hl. Kreuz.** Die erhaltenen Fenster- und Türgewände zählen zu den wertvollsten sächsischen Steinmetzarbeiten aus romanischer Zeit.

Das 1550 errichtete und 1745–48 umgebaute **Schloß Siebeneichen** ist als ›Romantikerburg‹ in die Geschichte eingegangen. Um 1800 trafen sich hier die antinapoleonischdeutschnational gesinnten Dichter Novalis, Fichte, Kleist, Körner u. a.

Der Modelliersaal der Meissener Porzellanmanufaktur, 1909

Die Sächsische Schweiz

»Irgendwo – aber nicht gerade an einem der schönsten Punkte im Sandsteinländchen – sollte man eine Schandsäule für den Mann errichten, der den schrecklichen Namen ›Sächsische Schweiz‹ erfunden hat«, meinte der Schriftsteller Karl Gjellerup 1899. Dann wären zwei Säulen geboten: eine für Anton Graff, eine für Adrian Zingg (1734–1816). Die beiden Maler, Lehrer an der Dresdner Kunstakademie, sandten 1766 vom Königstein Grüße aus der ›Sächsischen Schweiz‹ nach Hause – in die Schweiz. Die bizarren Felsen und romantischen Täler zwischen Pirna und Schmilka hatten Erinnerungen an die heimische Bergwelt geweckt. Die Sachsen haben den Schweizer Malern keine Schandsäule gesetzt, die Sächsische Schweiz vielmehr zu verteidigen gewußt; Geographen und Geologen fanden nur bei Behörden Gehör, die vor zweieinhalb Jahrhunderten die amtliche Bezeichnung ›Elbsandsteingebirge‹ einführten. Die Lexika gönnen daher der Sächsischen Schweiz kein eigenes Stichwort.

Seit April 1991 hat die 400 km² große Sächsische Schweiz den Status eines Nationalparks. Wer je seinen Schritt hierher gelenkt hat, schwört, daß Carl Maria von Weber die Anregung für die Wolfsschluchtszene in seinem »Freischütz« der Sächsischen Schweiz verdankt. Mehr noch als Musiker, Dichter oder Bildhauer fanden Maler wie Canaletto, Caspar David Friedrich, Ludwig Richter und Robert Sterl hier ihre Motive.

Die Sächsische Schweiz gilt als attraktives Ausflugsziel und Urlaubsgebiet. Der berühmte Königstein wird jährlich von etwa 500 000 Touristen besucht, die nicht minder berühmte Bastei im Sommer von bis zu 50 000 täglich. Vorbei sind die Zeiten der Sesselträger. Von Rathen bis zum Königstein kostete 1883 das Getragenwerden 4,50 Mark. Heute sind Aufzüge Trumpf.

Derartige Bequemlichkeiten sind bei den Bergsteigern verpönt. Der rauhe Sandstein wird mit den Fingern oder den nackten Zehen gerieben, bis er Halt bietet. Für August den Starken, der 1708 auf den Lilienstein kletterte, wurden allerdings Stufen in den Fels gehauen. In der faschistischen Ära stellte eine lose Gruppe Klettersportler um Kurt Schlosser ihre Fähigkeiten und ihre Ortskenntnis in den Dienst der Fluchthilfe und schleuste Verfolgte in die Tschechoslowakei.

Mit anderen Augen als Touristen und Kletterer haben Architekten und Steinmetze stets das Felsengebiet betrachtet. Sandstein fand Verwendung bei der Errichtung örtlicher Bauten wie dem Königstein, der Basteibrücke oder der ›Millionenmauer‹, eine die Eisenbahn vor Steinschlag schützende Anlage bei Vogelgesang. Sandstein aus der Sächsischen Schweiz war

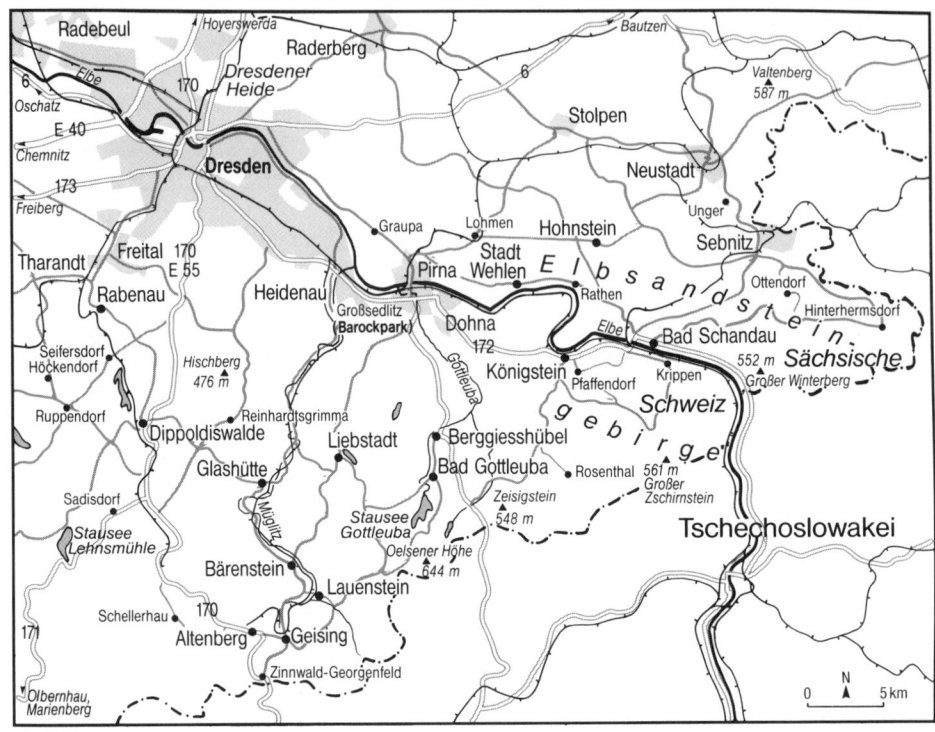

Karte der Sächsischen Schweiz

(und ist) auch andernorts gefragt. Für den Dresdner Zwinger fand er Verwendung, für Schloß Hartenfels, das Brandenburger Tor, das Rathaus in Antwerpen, Schloß Christiansborg in Kopenhagen u. a. Der Abbau von Steinen hat zwar die Wirtschaft belebt, aber seine Spuren in der Landschaft hinterlassen.

Pirna mit dem Sonnenstein

Mit dem Bau der Eisenbahn 1850 wurde die am Ausgang des Elbtals gelegene Stadt Pirna (50 000 Ew.) das Tor zur Sächsischen Schweiz. Der Tourist muß sich entscheiden, ob er den Weg ins Elbsandsteingebirge rechts oder links der Elbe fortsetzen will, da die nächste Elbbrücke bis Bad Schandau auf sich warten läßt. Er sollte sich Zeit lassen und in Pirna

Die Maler der Romantik ›entdeckten‹ die Sächsische Schweiz als romantische Landschaft. Caspar David ▷
Friedrich zeichnete das ›Felsentor im Uttenwalder Grund‹ um 1800

*Blick auf Pirna mit der Festung Sonnenstein vom rechten Elbufer in der Gegend des Dorfes Posta aus.
Federzeichnung von Bernardo Bellotto (gen. Canaletto), um 1753*

Station machen. Sandsteinvorkommen und Handel ließen die Stadt zu einer der reichsten
Städte des alten Sachsens werden. Bernardo Bellottos (gen. Canaletto) Gemälde von Pirna
vermittelt, welche Pracht diese Stadt einst entfaltet hat. Bedeutende Baudenkmäler bezeugen
dies noch heute, obwohl im Zweiten Weltkrieg viele Lücken ins historische Stadtbild
geschlagen wurden. Die erstmals 1233 urkundlich erwähnte Marktsiedlung, um 1220 im
Zuge der deutschen Besiedlung slawischer Gebiete gegründet, entwickelte sich im Schutz
der hochgelegenen Burg, ›Hus Perne‹ (festes Haus) genannt, die 1668–85 durch Wolf Caspar
von Klengel und 1735–37 durch Jan de Bodt zur Festung erweitert wurde. Die Wehrhaftig-
keit des **Sonnensteins** wurde in keinem Krieg ernstlich auf die Probe gestellt; die Festung
diente als Schloß und Staatsgefängnis. Während des Siebenjährigen Krieges ließ Marschall
Daun, Befehlshaber der mit Sachsen verbündeten Österreicher, die Wehranlagen sprengen.
Es überdauerten ein 1740 errichtetes Gebäude an der Elbseite und drei Bastionen der Nordfront. Der Sonnenstein wurde 1811 zur ersten deutschen Heilanstalt für Geisteskranke
ausgebaut. Unter dem Hitler-Regime fielen 14000 Patienten dem Euthanasie-Programm
zum Opfer. Nach 1945 war der Sonnenstein Quarantänelager für Kriegsflüchtlinge. Heute
sind Industriebetriebe die Hausherren.

In Pirnas Blütezeit als wichtiger Handels- und Umschlagplatz im Warenverkehr auf der Elbe
von und nach Böhmen fiel der Bau der **Stadtkirche St. Marien** 1502–46 durch Peter Ulrich,

Peter von Pirna genannt. Als er 1513 starb, traten Markus Ribisch und Wolf Blechschmidt sein Erbe an. Von einem Vorgängerbau (1466–79) blieb nur der Turm erhalten. Die dreischiffige Kirche mit dem gewaltigen, über 19 m hohen Dach darf zu den schönsten obersächsischen spätgotischen Hallenkirchen gezählt werden, vor allem wegen der originell-verspielten Formenvielfalt ihres Deckengewölbes, das auf zwölf achteckigen Säulen ruht (Abb. 15). Im Mittelschiff zeigt es ein sehr fein gesponnenes Maschennetz, in den Seitenschiffen ein Sternenmuster. Ein besonders schönes, in der spätgotischen Gewölbedekoration einmaliges Detail findet sich im Ostabschluß des südlichen Seitenschiffs: drei vom Gewölbegrund gelöste Schleifenrippen und eine Hobelspanrippe. Die 1544/46 entstandene *Gewölbemalerei* mit biblischen Motiven ist erhalten. Den Evangelisten Lukas und Markus im Mittelschiff verlieh der Künstler die Gesichtszüge von Luther und Melanchthon. Zu den Kostbarkeiten der Innenausstattung gehören der 1610–12 von Michael und David Schwenke gefertigte *Spätrenaissance-Altar* und die spätgotische *Kanzel* von 1525. Die erst 1571 eingebauten *Steinemporen* widersprechen der Bauauffassung Ulrichs. Eine Folge späterer Eingriffe ist auch die Barockhaube des Turms.

Ein weiterer Sakralbau von Bedeutung ist die katholische Kirche **St. Heinrich**, in alten Stadtführern als ›Klosterkirche‹ erwähnt. Sie wurde um 1300 für die Dominikaner angelegt und noch im 14. Jh. zu einer zweischiffigen gotischen Hallenkirche mit dreijochigem Kapitelsaal ausgebaut. Das Kloster wurde 1539 säkularisiert. Kriegsschäden verwandelten die Anlage 1945 in eine Ruine. Nach ihrer Rekonstruktion übernahm die katholische Gemeinde 1957 die Kirche unter neuem Namen. Die mittelalterlichen *Wand- und Gewölbemalereien* sind größtenteils freigelegt. Umsetzungen erneuerten und bereicherten die Innenausstattung: Aus der Kirche St. Marien stammen zwei *Glasmalereien*, die *Sandsteintaufe* von 1574 stellte Thallwitz im Kreis Wurzen, der *Schnitzaltar* von 1510–20 ist eine Thüringer, die spätgotische *Kreuzigungsgruppe* eine Lausitzer Arbeit. Das Kapitelsaalgebäude ist heute Sitz des *Stadt- und Kunstseidenmuseums;* Pirna hat sich als Kunstseidenproduzent einen Namen gemacht.

Das **Rathaus** inmitten des Marktplatzes (Farbabb. 23) verkörpert infolge zahlreicher Umbauten unterschiedliche Baustile. Nur noch einige spätgotische Portale, etwa der Westseite, sind vom Bau aus dem Jahr 1485 erhalten, der nach 1555 von Architekt Wolf Blechschmidt grundlegend verändert wurde. 1878–80 erfolgte ein Erweiterungsbau. Den Auffassungen der Renaissance entsprechen die drei Volutengiebel von 1549 an der Westseite, Fenster und Erdgeschoßtüren (um 1500). Der durchbrochene barocke Turm mit der Kunstuhr von 1557 entstand 1718.

Über wertvolle alte **Bürgerbauten** verfügt Pirna in großer Zahl. Hervorzuheben sind einige Häuser am Markt: *Nr. 3* (um 1500) mit Kielbogenportal, fünffachem Baldachin und Sitznischen; *Nr. 7* (Canalettohaus) mit spätgotischer Giebelfassade (um 1520); *Nr. 9* mit Barockportal von 1673; *Nr. 20* mit Madonna (1514) unter der Dachtraufe. Von der Südwestseite des Marktes bietet sich der berühmte ›Canalettoblick‹ auf Rathaus, Marienkirche und den Sonnenstein. Auch ein Abstecher in die Straßen der **Altstadt** führt zu sehenswerten historischen Bürgerhäusern. Wegen ihrer reichverzierten Erker sind *Barbiergasse 10*, ein

Der Marktplatz von Pirna. An der Stirnseite das ›Canalettohaus‹, in dem der Maler Bernardo Bellotto (gen. Canaletto) lebte, der dieses Gemälde um 1753 schuf

Renaissancehaus von 1624 mit Engelserker, und *Obere Burggasse 1* mit Teufelserker sehenswert. Beide Häuser haben schöne Portale. Ein besonders prächtiges Portal mit einem Reliefbild des Architekten Wolf Blechschmidt führt in das 1545 gebaute Haus *Niedere Burgstraße 1*. Unter Denkmalschutz steht das Geburtshaus des von Luther bekämpften Ablaßhändlers Tetzel *(Nr. 19)* in der alten Schmiedestraße (Tuchmachergasse). Auch ein Gang zum **Kirchplatz** lohnt sich: Am *Haus Nr. 2* fällt ein Relief von 1525 auf, Adam und Eva darstellend. Der schon 1384 erwähnte *Erlenpeter* mit Brunnenfiguren von Heinrich Schneider (1908) auf dem Kirchplatz ist der berühmteste der zahlreichen Brunnen der Stadt.

Auf der Festung Königstein

Zum Symbol der Sächsischen Schweiz ist die Festung Königstein (Abb. 22) geworden, eine auf einer Sandstein-Tafel 240 m über der Elbe gelegene, 9,5 ha große Wehranlage. Böhmens König Wenzel I. besiegelte 1241 einen Grenzvertrag auf dem ›Stein des Königs‹ *(castrum in lapide regis)*. Dies ist der erste Hinweis auf die Existenz einer Burg. Sie fiel 1459 nach langen Zwistigkeiten an die Wettiner, die aber schon den nahen Sonnenstein als Feste besaßen. Herzog Georg der Bärtige wandelte den vernachlässigten Königstein 1515 in ein Kloster um, das jedoch im Zuge der Reformation schon 1524 wieder aufgelöst wurde.

Die Wasserversorgung, eine elementare Voraussetzung für das Wohnen auf der Burg, wurde erst 1563–69 mit der Anlage des 152,47 m tiefen Brunnens gesichert. Jean de Bodt

156

ersetzte 1735 das schlichte Dach durch das barocke Brunnenhaus mit dem stattlichen Gewölbe, dessen Spannweite 10 m beträgt.

Im Lauf der Zeit wurde der Königstein zu einer der stärksten Festungen des Landes ausgebaut. Vor allem Kurfürst Christian I. betätigte sich seit 1589 als Bauherr. Erster Festungsarchitekt war Paul Buchner d. Ä. Er plante die um das gesamte Plateau führende Brustwehr und verlegte das Tor von der Süd- an die Westseite. Unter seiner Leitung entstanden das **Garnisonshaus** (1589), die älteste deutsche Kaserne, und das **Alte Zeughaus** (1594), dessen Kreuzgratgewölbe und Rundsäulen im Erdgeschoß eine bemerkenswerte Leistung darstellen. Die achteckige **Christians- oder Friedrichsburg** (1591) war Wachturm und Lusthaus; August der Starke ließ den einfachen Bau 1721 im Stil des Barock mit Freitreppe und Balustrade umgestalten.

Unter Einbeziehung von Resten der alten ›Kayserburg‹ entstand 1619 die **Georgenburg,** durch Klengel um die *Georgenbatterie* erweitert (1679). Im nahebei gelegenen **Neuen Zeughaus** (1631) ist der *Johannessaal* mit einem Kreuzgratgewölbe sehenswert. Die zweigeschossig unterkellerte **Magdalenenburg** (1621/22) war als Gästehaus gedacht. Um Heidelberg auszustechen, beauftragte August der Starke Daniel Pöppelmann, ein Faß zu projektieren, das 2498 Hektoliter aufzunehmen vermochte. Vier Böttger arbeiteten 1723–25 an dem Riesenfaß, das 1819 beim Umbau der Magdalenenburg in ein Provianthaus zerstört wurde. Mit zu den jüngsten Bauwerken der alten Festung zählen die **Kasematten** (1770–1820) und das **Schatzhaus** (1853) der Wettiner.

Zur Waffensammlung des heute in der Festung untergebrachten **Museums** gehören alte Geschütze, u. a. die ›Faule Magd‹ von 1450, Kaliber 35. Schaden hat das Riesengeschütz nicht angerichtet; der Königstein blieb militärisch bedeutungslos.

Der Königstein fungierte in erster Linie als Staatsgefängnis, in das zwischen 1591 und 1922 über 1000 Häftlinge eingeliefert wurden. Leipzigs betrügerischer Bürgermeister Dr. Franz Conrad Romanus saß 41 Jahre ein (s. S. 402), 33 Jahre Friedrich Wilhelm Menzel, der für

Die Festung Königstein. Stich von Matthäus Merian, um 1650

157

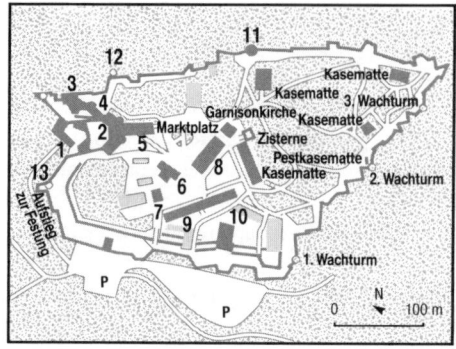

Festung Königstein:
1 *Eingang*
2 *Torhaus*
3 *Georgenburg*
4 *Georgenbatterie*
5 *Neues Zeughaus*
6 *Brunnenhaus*

7 *Schatzhaus*
8 *Magdalenenburg*
9 *Garnisonshaus*
10 *Altes Zeughaus*
11 *Friedrichsburg*
12 *Hungerturm*
13 *Seigerturm*

Preußen spionierende Kanzlist Brühls. Johann Friedrich Böttger, der Begründer der Porzellanmanufaktur (s. S. 149f.), ist hier 1706–07 festgesetzt worden. Zu den Häftlingen gehörten im 19. Jh. der Anarchist Michail Bakunin, der Dichter Frank Wedekind und der Sozialist August Bebel. Während der beiden Weltkriege war der Königstein Offiziers-Gefangenenlager. Dem französischen General Henri Giraud gelang 1942 die Flucht.

In Krisenzeiten diente der Königstein dem Hof als ›Fluchtburg‹, so 1756 bei Ausbruch des Siebenjährigen Krieges und während der 48er Revolution. Im Siebenjährigen Krieg und im Zweiten Weltkrieg lagerten in den als bombensicher geltenden Kasematten Dresdner Kunstschätze, vor allem Exponate des Grünen Gewölbes.

Die *Stadtkirche St. Marien* in der unterhalb der Festung liegenden **Stadt Königstein** wurde 1720–24 unter Leitung George Bährs errichtet. Nach einem Brand mußte die einschiffige Barockkirche 1810–22 erneuert werden. Aus der Zeit des Umbaus (1810) stammt der in klassizistischer Säulenarchitektur gehaltene große Kanzelaltar.

Bad Schandau und die Bastei

Bad Schandau (4300 Ew.), 1437 erstmals urkundlich erwähnt, entwickelte sich dank des Elbhandels mit Holz und Getreide und der Elbschiffahrt in den folgenden Jahrhunderten zu einem florierenden Städtchen. Im 19. Jh. verwandelte die Entdeckung der reizvollen Natur und einer Eisenquelle im Kirnitzschtal die Stadt in einen bis heute beliebten Kur- und Erholungsort. Der Pirnaer Arzt Dr. Cadner erkannte bereits 1730 das »rote Flößgen« auf dem Gelände des Floßmeisters Johann Christian Häntzschel, an den heute noch das ›Café Häntzschel‹ erinnert, als eisenhaltig und gesundheitsfördernd. Auf dem Elbwege wurde das Heilwasser nach Dresden gebracht und verkauft. Erst 1799 entstand ein Badehaus, doch mehr als 70 oder 80 Gäste jährlich stellten sich zunächst nicht ein. Der berühmteste Patient war 1806 Theodor Körner. Der Rat der Stadt kaufte 1880 das Badehaus und investierte eine

Die Basteifelsen bei Rathen, nach einem Stich des 19. Jh.

halbe Million Mark in Umbauten und Park, was sich bezahlt machte. Die Hoffnung, Karlsbad überflügeln zu können, erfüllte sich zwar nicht, aber mit 4000 Gästen im Jahr konnte fortan gerechnet werden.

Die restaurierte **Stadtkirche St. Johannis** stammt von 1709 und besitzt einige bemerkenswerte Schätze, darunter einen *Renaissance-Altar*, den Hans Walther 1574–79 aus heimischem Sandstein und belgischem Marmor sowie sächsischen Halbedelsteinen für die Dresdner Kreuzkirche fertigte und der auf Umwegen 1927 nach Bad Schandau gelangte. Die von einer Moses-Figur getragene *Kanzel* wurde 1705 aus nur einem Sandsteinblock gearbeitet und aus Privathand gekauft; Wappen und Monogramm verweisen auf G. G. Conrad, den früheren Eigentümer. An der Kirchenpforte befinden sich zwölf Hochwassermarken. Als 1845 die Elbe sieben Meter über normal stieg, stand das Wasser etwa in Höhe der Kanzelbrüstung.

Sehenswert ist auch der **Alte Brauhof** (Markt 12), ein Renaissancebau mit achteckigem Treppenturm und einer Rundbogendurchfahrt mit Schlußstein von 1680. Das **Alte Stadthaus** (Poststraße 12), von 1863–1938 Sitz des Rates, mit städtischem und kurfürstlichen Wappen versehen, verfügt über ein Sitznischenportal.

Landschaftlicher Höhepunkt der Sächsischen Schweiz ist die **Bastei** (Farbabb. 17), 1592 bei der Landvermessung durch den Markscheider Matthias Oeder ›Pastey‹ genannt. Von dem 200 m steil zur Elbe abfallenden Felsen bietet sich ein herrlicher Rundblick auf Königstein, Lilienstein und die Felsmassive der Sächsischen Schweiz (Farbabb. 16). 1979 wurde das Berghotel ›Bastei‹ umgebaut, 1984 der Wehrgang der alten Burg Neurathen rekonstruiert.

Zwischen Neurathen und dem Basteiplateau gab es 1826 schon eine hölzerne Brücke; sie wurde 1851 durch eine Sandsteinbrücke ersetzt, in deren vorletzten Bogen sich die Bauleute namentlich im Stein verewigt haben.

Im **Wehlgrund** zwischen Bastei und Gansfelsen entstand 1936 die inzwischen auf 2200 Sitzplätze erweiterte *Felsenbühne Rathen,* zu der die 487 Stufen zählende *Rathener Treppe* hinabführt. Webers »Freischütz« und Bühnenfassungen der Romane Karl Mays erfreuen sich hier der besonderen Publikumsgunst.

Pfaffenstein – Bad Gottleuba – Kuckuckstein – Weesenstein

Östlich des Königsteins liegt der **Pfaffenstein** mit ›Nadelöhr‹, ›Barbarine‹ (nach einer alten Sage auch ›versteinerte Jungfrau‹ genannt) und den ›Räuberhöhlen‹, von denen der 28 m tiefe ›Diebeskeller‹ größer als jede andere Höhle der Sächsischen Schweiz ist. Zwar wird der Pfaffenstein (427 m) schon seit 1852 bewirtschaftet, aber erst 1880 entstanden die Berggaststätte und der 28 m hohe Aussichtsturm; der Gasthof wurde 1897 umgebaut, der Aussichtsturm 1904. Während der Arbeiten an den Fundamenten glückten wertvolle prähistorische Funde: Flachbeile, Mahlsteine, Gebrauchskeramik – von dem aufmerksamen Wirt sichergestellt – verwahrt heute das Museum Pirna bzw. das Landesmuseum für Vorgeschichte Dresden. Demzufolge war der Pfaffenstein vor 3000 Jahren schon besiedelt. Eine natürliche Voraussetzung boten die in dieser Gegend sonst seltenen Wasserquellen.

Ein Abstecher ins Hinterland ist Besuchern der Sächsischen Schweiz zu empfehlen. Nahe der tschechischen Grenze liegt **Bad Gottleuba,** ein altes Bergarbeiterstädtchen am Flüßchen Gottleuba. Die seit 1828 bekannten Heilquellen führten zum Aufbau eines Stahl- und Moorbades. Aus der Zeit um 1525 stammt die spätgotische *Stadtkirche* mit Kreuzrippen- und Netzgewölbe und schönem Astwerkportal. Die *Postmeilensäule* von 1731 auf dem Markt wurde 1980 erneuert. Oberhalb der Stadt entstand 1964–76 eine *Talsperre* mit einer 52 m hohen und 327 m langen Staumauer. Unter Wasser gesetzt sind 174 ha Land. Damit kam die Errichtung des Hochwasserschutzsystems in dieser Gegend zum Abschluß.

Im benachbarten Kneippkurbad **Berggießhübel** erinnert ein Mahnmal an die Hochwasserkatastrophe von 1927, die 88 Menschen das Leben kostete. Weggeschwemmt wurde dabei auch die *Postdistanzsäule,* deren Nachbildung von 1957 heute am ehemaligen Bahnhof steht. In Berggiesshübel nahm Sachsens Eisenabbau den Anfang. Um 1600 gab es 90 Gruben und 13 Hammerwerke. Hier wirkte 1520–41 der Begründer des sächsischen Eisenkunstgus-

1   DRESDEN   Katholische Hofkirche, im Hintergrund die Semperoper   ▷

3 DRESDEN Zwinger
◁ 2 DRESDEN Elbblick
4 DRESDEN Fürstenzug am Schloß

5 DRESDEN Semperoper

6 DRESDEN Stallhof-Arkaden

7 Schloß Moritzburg bei Dresden ▷

9 ANNABERG-BUCHHOLZ Annenkirche, Gewölbe im Langhaus

◁ 8 LEIPZIG Nikolaikirche

10 LEIPZIG   Stadtbad, Schwimmhalle im alten Trakt

11 LEIPZIG   Stadtbad, Sauna

Sich regen

bringt Segen

12 DRESDEN   Milchladen in der Bautzner Straße

13 Schloß Albrechtsberg bei Dresden

14 SÄCHSISCHE SCHWEIZ Die Elbe bei Bad Schandau

15 Schloß Pillnitz bei Dresden

17 SÄCHSISCHE SCHWEIZ Bastei, im Hintergrund rechts der Lilienstein ▷

16 SÄCHSISCHE SCHWEIZ Blick von der Bastei auf Elbtal und Lilienstein

18 MEISSEN   Burgberg mit Dom und Albrechtsburg

19 BAUTZEN   Stadtansicht, links die Alte Wasserkunst

20   ROCHLITZ   Schloß ▷

21 PLAUEN   Altmarkt mit Altem Rathaus

22 GÖRLITZ   Bürgerhäuser am Untermarkt

23 PIRNA Markt mit Rathaus

24 FREIBERG Obermarkt mit Rathaus

25 Löbau Rathaus

26 Chemnitz Altes Rathaus ▷

28 LANDWÜST   Vogtländisches Bauernhaus mit Giebelumgebinde (Bauernmuseum)
◁ 27 SCHELLERHAU   im Erzgebirge
29 RAUN   Fachwerkhaus im Egerländer Stil

ses, Hans Rabe. Grab- und Ofenplatten aus seiner Werkstatt befinden sich in den Museen Liebstadt, Freiberg und Prag. Die Heilquelle wurde 1717 entdeckt.

Im weiter westlich gelegenen Tal der Seidewitz liegt **Schloß Kuckuckstein**. Um 930 soll es hier schon eine Befestigung gegeben haben. Die Grafen von Dohna errichteten um 1200 an der über das Osterzgebirge führenden Paßstraße eine Burg, unterhalb derer Liebstadt entstand, 1286 als *civitas Libenstat* bezeugt. Die 1402 zerstörte Burg wurde von ihren neuen Besitzern, den Grafen Bünau, bis 1453 im spätgotischen Stil wiederaufgebaut. Im Nordosten, an der militärisch gefährdetsten Seite, entstand der trutzige Turm. Im 16. Jh. erfolgte ein An- und Umbau, 1726 die Erneuerung des Schloßinneren.

Die Familie von Carlowitz, seit 1775 im Besitz des Schlosses, ließ es 1795–1802 nach Plänen von Dauthe und Schuricht neogotisch verändern und nannte es ganz im Geiste der Romantik ›Kuckuckstein‹. Durch die Brüder Carlowitz, die enge Beziehungen zum Siebeneichen-Kreis (s. S. 150) unterhielten und mit Novalis und Anton Graff befreundet waren, wurde Schloß Kuckuckstein ein Zentrum der Freimaurer. Mit der Sammlung von Freimaurerschriften besitzt die *Carlowitz-Bibliothek* großen kulturellen Wert. Seit 1954 ist das Schloß Museum und steht unter Denkmalschutz. An die ursprüngliche Architektur erinnert wenig. Neben dem Bergfried beeindruckt die *Kapelle* mit Vorhangbogenfenstern, ähnlich denen in der Albrechtsburg. Restauriert wurden Wappensaal, Rittergang, Halle des Tafelhauses (16. Jh.) und die Freimaurerloge von 1800. Unter den Sammlungen des *Museums* befinden sich Materialien über den Bauernaufstand in Sachsen (1790), dessen geistiger Führer, der Seilermeister Christian Benjamin Geißler, aus Liebstadt stammte.

Schließlich ist das *Napoleon-Zimmer* zu erwähnen. Mit 40 000 Mann rückte Napoleon im September 1813 in Liebstadt ein und nahm Quartier im Schloß. In der Bibliothek störte ihn das Bild Moreaus, eines Generals der französischen Revolution. Er riß es aus dem Rahmen, schnitt Kreuz der Ehrenlegion und Kokarde heraus und schrieb unter das Bild: »*Le traître en état indigné*«. Liebhaber boten später Phantasiepreise für das zerstörte Gemälde. Der Schloßherr, Carl Adolph von Carlowitz, gehörte zu Napoleons entschiedensten Gegnern. Als russischer Generalmajor befehligte er 1814 das ›Banner der freiwilligen Sachsen‹ gegen Napoleon. Wertvolles Material über ihn ist im Besitz des Museums.

Die **Pfarrkirche** von Liebstadt, um 1500 errichtet, besitzt von einem Retabel niederländischer Herkunft aus dem späten 15. Jh. drei spätgotische Altartafeln (Kreuzgang, Kreuzabnahme und Auferstehung).

Südwestlich von Pirna liegt **Weesenstein**, eines der schönsten sächsischen Schlösser. Der Name leitet sich wohl von ›Wiese‹ ab: das Bauensemble erhebt sich auf einem Felsen im Wiesengrund an der Müglitz; besiedelt wurde der 1318 erstmals erwähnte Fels schon um 1200. Der älteste Teil des Schlosses ist der um 1300 entstandene *Rundturm* mit der im 18. Jh. aufgesetzten barocken Haube. Die Grafen von Bünau, Besitzer Weesensteins von 1413–1780, ließen die militärisch bedeutungslos gewordene Burg 1526–75 zu einem Schloß ausbauen. Die älteren Bauteile von Schloß Weesenstein sind völlig in den Felsen gehauen. Gebaut wurde von oben nach unten, d. h. der höchstgelegene Teil ist der älteste, und zur

Schloß Kuckuckstein.
Stich, um 1840

zeitlich auf ihn folgenden Etage wird die Treppe hinabgeklettert. Das Schloß ist eine mehr-
flügelige Anlage mit drei Fensterreihen, besteht aber aus acht Etagen, so daß der Besucher
leicht die Orientierung darüber verliert, in welchem Stockwerk er sich befindet. Das wappengeschmückte *Hauptportal*, das zu den kostbarsten Werken der Renaissance in Sachsen
zählt, trägt die Jahreszahl 1575. Die Innenräume sind prächtig ausgestaltet, besonders der
Festsaal mit seiner reichstuckierten Decke und den kostbaren Ledertapeten aus dem frühen
18. Jh. Die kostbaren Tapeten auch der anderen Zimmer stellen eine Hauptsehenswürdigkeit des Schlosses dar, in dem heute ein *Interieurmuseum* mit einer bedeutenden Tapeten-
sammlung untergebracht ist. Dufour & Leroy aus Paris stellten 1725 die sepiafarbene Bildtapete ›Chinesische Landschaft‹ sowie 1815 ›Amor und Psyche‹ her; Jean Zuber aus Rixheim
im Elsaß druckte 1827 die stark farbige Tapete mit Motiven aus dem ›Griechischen Freiheits-
kampf‹.

Die *Schloßkapelle* wurde 1738–41 nach einem Entwurf George Bährs gestaltet, seiner
letzten Arbeit. Auf Weesenstein richtete man ein Gedenkzimmer für den genialen sächsi-
schen Baumeister ein. Die Gestaltung der in ihrem ursprünglichen Zustand erhaltenen
Kapelle geht auf Andreas Hünigen zurück; die hölzernen Altarfiguren schuf der Permoser-
Schüler Benjamin Thomae (1682–1751), die Orgel der Silbermann-Schüler Johann Tobias
Dressel.

Südwärts vom Schloß wurde um 1781 von Johann Georg Schmidt ein *Barockgarten* mit
zweigeschossigem Gartenflügel und Pavillon angelegt.

Schloß Weesenstein. Stich, um 1830

Von der 1403 geschliffenen **Burg Dohna** auf dem Felsen an der Müglitz blieb nur der Rundturm erhalten. Womöglich geht die erste Festungsanlage an dieser Stelle auf Aloys von Urpach zurück (Anfang 9. Jh.).

Dohna war neben Meißen das älteste Zentrum einer Burggrafschaft. Die *Pfarrkirche*, eine spätgotische Hallenkirche mit Chor von Anfang des 15. Jh. und Langhaus (um 1500), besitzt einen Flügelaltar (1518) und einen reichen Taufstein.

Zwischen Stolpen und Sebnitz

Hinter Neustadt erhebt sich das **Ungermassiv** (538 m) mit einem 1885 erbauten und 1973 von 18 auf 33,5 m erhöhten Aussichtsturm. Vom Unger aus ist die das Zittauer Gebirge und die Sächsische Schweiz verbindende Landschaft gut überschaubar. Sie hat ihre Eigenheiten: Mit Zentrum bei Hohnstein kam es vor etwa 70 Millionen Jahren zur geologisch interessanten ›Lausitzer Überschiebung‹, auch ›Lausitzer Störung‹ genannt; es entstand eine streng ausgeprägte Grenze zwischen Lausitzer Granit und Sandstein der Sächsischen Schweiz. Der Unger selbst ist Teil der Lausitzer Granitlandschaft, für die ausgedehnte Felder, breite Täler und waldreiche Kuppen charakteristisch sind; westlich der Überschiebung dominieren dagegen Zerklüftungen und Ebenheiten mit aufgesetzten Tafelbergen. Von diesem Kontrast geht ein landschaftlicher Reiz aus, dem sich wohl kein Betrachter entziehen kann.

Die Burg Stolpen. Stich, um 1840

Stolpen (2200 Ew.) liegt inmitten des Südwestlausitzer Hügellandes. Der Name kommt vom sorbischen *Stolpy*, was soviel wie ›Säulen‹ bedeutet. Vor etwa 25 Millionen Jahren kam es zum Ausbruch basalthaltiger Lava; die Lava erstarrte zu Säulen, die den langsamer verwitternden Granit bis zu 9 m überragen. Der Basalt ist dunkler als der Granit, fast schwärzlich. Zum Schutze der Salzstraße von Halle nach Böhmen bauten auf der Basaltkuppe (357 m) nach einer von 1121 bis 1723 geführten Chronik »anno 1121 (...) die Deutschen auf hiesigem Berge (...) eine Burgk von geschrotenem Holze«. Sie gehörte 1227–1559 den Bischöfen von Meißen, dann tauschte der Kurfürst die **Burg** gegen das Amt Mühlberg ein; das Bistum Meißen verlor mit Stolpen den Einfluß auf die Oberlausitz. Der Ausbau der Burg zur Festung zog sich über Jahrhunderte hin. 1764 wurde die Festung aufgegeben, doch Napo-

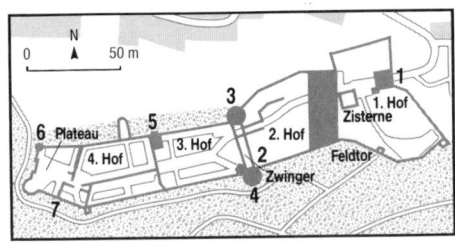

Burg Stolpen: 1 Festungstor 2 Hauptportal 3 Schösserturm 4 Johannisturm (Coselturm) 5 Seigerturm 6 Siebenspitzenturm 7 Ruine der Burgkapelle

leon, der im Juni 1813 hier Einzug hielt, ließ die Anlagen erneuern und die Burg vor seinem Rückzug sprengen. Die zum Teil nur als Ruine erhaltene Anlage besteht aus fünf Gebäudekomplexen, die durch Höfe verbunden sind. Es überdauerten der *Johannisturm* mit Kerker (1509), der *Schösserturm* (1487) und Teile des *Siebenspitzenturms* (1451–76). Baulich interessante Details sind das *Festungstor,* das Wolf Caspar Klengel 1675 schuf, ein *Renaissanceportal* (Mitte 16. Jh.) im dritten Hof und der 82 m tiefe *Brunnen,* den Freiberger Knappen 1608–30 mit Feuer und Meißel in den Fels trieben. Das *Schloßmuseum* mit Waffensammlung gibt 13 Burg- und 8 Kellerräume zur Besichtigung frei.

Stolpen diente den Bischöfen von Meißen wie den Wettiner Kurfürsten als Staatsgefängnis. Bekanntester Häftling war die Gräfin Anna Constanze Cosel (1680–1765), die politisch einflußreiche Mätresse Augusts des Starken. Sie war 36 Jahre alt, als sie 1716 im Johannisturm – heute meist ›Coselturm‹ genannt – eingekerkert wurde, verbüßte 28 Jahre Haft, lebte freiwillig weitere 21 Jahre auf Stolpen, bis sie im Alter von 85 Jahren

Die Gräfin Anna Constanze Cosel. Gemälde, vermutlich von Adam de Manyoki oder Jonis de Silvestre, um 1711

starb. Bestattet wurde sie nach ihrem letzten Willen angeblich in einer Höhle am Schaftberg; erst 1881 entdeckte man ihr Grab in der Burgkapelle. Die Kapelle ist heute nur noch in Resten erhalten.

Die **Altstadt** von Stolpen steht unter Denkmalschutz. Jockrim, die älteste Siedlung, wurde 1429 zerstört. Beim Neuaufbau drängten sich die Häuser näher an die Burg. 1723 brannte Stolpen ab; keines der 107 Häuser blieb verschont. Sie wurden an ihrer ursprünglichen Stelle wiederaufgebaut, so daß sich die Bausubstanz bei unveränderter Straßenführung und Stadtansicht verjüngte und Stolpen noch immer mittelalterlich wirkt. Der Markt steigt zur Burg hin steil an. Das mit einem Dachreiter gekrönte *Rathaus* entstand 1726–28, wurde 1938 umgebaut und trägt am Eingang das Stadtwappen. Das schlichte *Amtshaus* von 1680 ist das älteste Kursachsens. Von 1710 stammt die *Apotheke.* Die im Kern noch romanische *Pfarrkirche* in der Altstadt wurde 1490 spätgotisch umgebaut und im 18. und 19. Jh. weiter verändert. Beachtenswert sind Altaraufsatz und Kanzel von Anfang des 18. Jh.

Östlich von Stolpen liegt das Dorf **Polenz,** dessen umliegende Talwiesen im zeitigen Frühjahr von tausenden Schlüsselblumen übersät sind.

Das benachbarte **Neustadt** wurde von Freiberg aus um 1300 planmäßig angelegt. Den Anstoß zur Stadtgründung gab sicher der hier betriebene Goldbergbau. Das zweigeschossige *Rathaus* mit Walmdach und schlankem Dachreiter ist 1679 gebaut und 1698–1703 sowie 1968 rekonstruiert worden. Daneben steht eine restaurierte *Postmeilensäule* aus Cottaer Sandstein mit kursächsischem und polnischem Wappen und vierseitiger Inschrift. Die Pfarrkirche *St. Jakobi* wurde 1346 schon erwähnt, 1495 erneuert und 1883/84 im Stil der Neugotik umgebaut durch Gotthardt Ludwig Möckel. Das mit Sitznischenportal versehene *Pfarrhaus* von 1616 ist der Stadt ältestes Gebäude, umgebaut im 19. Jh.

Wenige Kilometer südlich liegt **Sebnitz** (15000 Ew.). Das alte sorbische *Sabniza* ist ein betriebsames Industriestädtchen mit bekannten Markenzeichen. ›Sebnitzer Zeuge‹ fanden im 18. Jh. Abnehmer in ganz Westeuropa, im nördlichen Afrika und sogar in Westindien. Noch 1869 gab es 2000 Webstühle in der Stadt. Inzwischen hatten sich auch andere Gewerke verbreitet. So wurde 1827 die erste Papierfabrik hier gegründet. In der Welt bekannt wurde das Städtchen aber mit der 1835 von zugezogenen böhmischen Handwerkern begründeten Herstellung von Kunstblumen, die seit 1847 auf der Leipziger Messe offeriert wurden. Das *Heimatmuseum* in der Bergstraße 9 zeigt u. a. historische Blumenmuster und Petroleumlampen. Hinzu gesellen sich Scherenschnitte von Adolf Tannert, des im vorigen Jh. auf diesem Gebiet führenden Volkskünstlers.

In der *Neumannmühle* im Nachbarort **Ottendorf** wurde seit dem 16. Jh. bis 1945 Holz gesägt und geschliffen. Die Holzschliffanlage mit Raffineur, Schleifer, Entwässerungsmaschine und Sortierer entspricht dem Stand von 1870. Das unterschlächtige Wasserrad hat einen Durchmesser von 4,6 m. Wiederhergestellt wurde das alte Einblatt-Sägegatter. Die denkmalgeschützte Neumannmühle, ein Fachwerkbau aus dem 18. Jh., ist seit 1969 Schauanlage.

Von den einstmals zahlreichen rechtselbischen Burgen in dieser Gegend blieb nur **Burg Hohnstein** (Abb. 21) erhalten. Sie erhebt sich auf einem Sandsteinfelsen 140 m über dem Polenztal und ist nur vom Marktplatz her zugänglich. Die einst hölzernen Anlagen wurden erst im 17./18. Jh. durch die heutigen Steinbauten ersetzt. Das große Gebäude im ersten Hof hat rückseitig einen sechseckigen Treppenturm, der Mittelbau einen quadratischen Turm und einen langen Durchgang zum zweiten Hof. Die als Grenzfeste gegen Sachsen im 12. Jh. errichtete böhmische Burg kam 1353 in den Besitz eines Hinko Berka von Duba, dessen Wappen mit den gekreuzten Eichenästen (dub = Eiche) in den vorletzten Bogen des Ganges gehauen wurde. Das Wappen am Burgeingang ist das kurfürstliche; durch Tausch fiel Hohnstein 1443 an Kursachsen, zunächst als böhmisches Lehen (1806 erst annulliert). Als Sitz des Justizamtes erlangte Hohnstein 1543–1853 großen Einfluß. Nach dem Auszug des Amtes diente die Burg 1866–1924 als Arbeits- und Haftanstalt, bis der sächsische Landtag 1925 auf Verpachtung des gesamten Komplexes drang. Hohnstein wurde ›Jugendburg‹, Deutschlands größte Jugendherberge, doch 1933/34 richteten die Nationalsozialisten hier eines der ersten Konzentrationslager ein (Gedenkstätte). Seit 1948 ist Hohnstein wieder Jugendburg.

Adam Zürner und die Kursächsischen Postmeilensäulen

(* 1680 Marieney/Vogtl., † 1742 Dresden)

Zürners Postmeilensäulen beleben das Stadtbild und sind für Sachsen-Besucher eine Attraktion – Zürners Landkarten fristen ein verborgenes Dasein in den Archiven, der gewaltige »Atlas Augusteus« im Staatsarchiv Dresden.

Zürner, seit 1705 Pfarrer in Skassa bei Großenhain, gab 1711 seine »Special-Landt-Charte von Großenhain« heraus. Sie war so genau, daß die Militärs gegen die Veröffentlichung protestierten. August der Starke aber beauftragte Zürner mit der Fortsetzung der ersten

Landvermessung in Deutschland, die wegen des Dreißigjährigen Krieges nicht Zürners Werk ging als »zweite sächsi- die Geschichte ein. Bereits 1732 lagen vor.

d. h. er legte 18000 Meilen auf sächsi- nes ›geometrischen Wagens‹ registrier- dessen Durchmesser 1,44 m = 1 Rute Rute. (Das Längenmaßsystem wurde meile = 1 Stunde = 0,5 Meile = 4,531

1718 gab Zürner eine »Chur-Sächsi- gänzt um 16 Seiten Text mit prakti- tionen. Für 1 Taler war dieser ›erste haben.

erließ August der Starke 1721. Zürner entwarf vermutlich Matthäus Daniel stanzsäule ist 4,53 m hoch und weist terbau Sockel, Postament und Posta- teil, dazu ein als Obelisk gestaltetes nungsangaben, Wappenstück und des Barockzeitalters waren die Säu- Grundanstrich weiß, Inschrift goldet.

Vorläufer unserer Straßensteine am säulen (3,75 m hoch) mit Namen nächsten Poststation, Halbmei- meilensäulen (1,70 m). Ein bes- kunstvollere Postmeilensäulen

1586 von Matthias Oeder begonnen und vollendet worden war. Adam Friedrich sche Landesvermessung« (1713–42) in 902 »General- und Special-Charten«

›Dreimal um die Erde‹ fuhr Zürner, schen Straßen zurück. Ein Zählwerk sei- te die Umdrehungen des Meßrades, je Umdrehung betrug oder 0,72 m = ½ 1722 in Sachsen vereinheitlicht: Post- km = 1000 Ruten.)

sche Post-Charte« heraus, 1719 er- schen Hinweisen über Routen und Sta- Reiseführer‹ auf jeder Poststation zu Das Dekret über Postmeilensäulen fertigte die Distanztabellen, die Säulen Pöppelmann. Eine sächsische Di- sieben Teile auf: im 1,20 m hohen Un- mentbekrönung, Schaftfuß als Mittel- Oberteil mit Schaft für die Entfer- Spitze. Ganz nach dem Geschmack len viel farbenprächtiger als heute: schwarz, Posthorn gelb, Wappen ver- Zu den Distanzsäulen kamen als rechten Straßenrand Ganzmeilen- und Entfernungsangabe der lensäulen (3 m hoch) und Viertel- seres Markierungssystem und gab es in ganz Deutschland nicht.

Dicht an die Burg drängt sich das **Bergstädtchen Hohnstein** (1100 Ew.). Zweigeschossige Fachwerkbauten aus dem 18./19. Jh. prägen das Stadtbild. Zwei sehr schöne, reichgegliederte Fachwerkbauten am Markt entgingen 1724 dem Stadtbrand: die *Oberförsterei* von 1721, seit 1846 Apotheke, und das *Malzhaus* von 1688, durch Waldemar Kandler 1917 zum Rathaus umgebaut mit steinernem Portal, Dachreiter und hofseitigem Laubengang. *Markt 4* ist das Geburtshaus von Christoph Gottlieb Schroeter (1699–1782), der im Alter von 18 Jahren das Hammerklavier erfand. Der Kasper in der Wetterfahne des denkmalgeschützten *Puppenspielhauses* von 1938 erinnert an das einst international bekannte Hohnsteiner Puppenspiel. Nach dem Stadtbrand entwarf George Bähr binnen eines Monats unter Einbeziehung der alten Umfassungsmauern das Projekt für den 1725–28 ausgeführten Neubau der äußerlich schlichten *Dorfkirche*. Die Grundfläche ist quadratisch. Drei Seiten weisen zweigeschossige Emporen auf: Kanzel, Altar und Orgel stehen übereinander; den Altar schuf 1736 Johann Christian Kirchner; die aus Stöntzsch bei Borna umgesetzte Orgel stammt von 1678, die Taufe von 1738. Die Kirche ist eine der bedeutendsten Barockkirchen Sachsens.

Das elbwärts gelegene **Lohmen** (Sorbisch: lomen = Steinbruch) war vor dem Bau der Eisenbahn für die Dresdner das Tor zu Sächsischen Schweiz. Im Gasthof *Zum Erbgericht* trafen sich die Bergführer, die den ersten Touristen ihre Dienste zur Verfügung stellten. Ortspfarrer Carl Heinrich Nicolai, gebürtiger Berliner, gab 1801 den ersten »Wegweiser durch die Sächsische Schweiz« heraus, was ihm den Ruf einbrachte, ›Erschließer des Elbsandsteingebirges‹ zu sein. Nicolais Grab befindet sich östlich der Kirche. In die Blütezeit des Ortes fiel 1786–89 der Bau einer neuen **Kirche** durch Festungsbaumeister Johann Daniel Kayser, Schüler von George Bähr. Seit der Renovierung 1954 ist der Innenraum wieder klassizistisch in den Farben Weiß und Gold gehalten. Die Kirche hat dreigeschossige Holzemporen; Taufstein, Kanzelaltar und Orgel sind übereinander plaziert. Das mehr als drei Meter hohe gotische *Holzkruzifix* eines unbekannten Meisters ist Mitte des 17. Jh. für den Vorgängerbau geschaffen worden und mußte des öfteren umziehen. Seit 1953 steht es in der Turmhalle. Das *Altarkruzifix* aus Meissener Porzellan wurde nach einer 1748 von Kändler entworfenen Form gearbeitet. Die Pfarrei besitzt noch ein *Gemälde* vom Flügelaltar der alten Kirche von Heinrich Gödding aus dem Jahre 1575; die auf ihm dargestellten Figuren tragen die zeitgenössischen Trachten der Gegend.

Vor allem in der Basteistraße und einigen Gassen, so der Färber-, Töpfer- und Schmiedegasse, haben reizvolle *Umgebindehäuser,* manche mit Holzverschalung oder Schieferbehang an der Giebelseite, die Zeiten überdauert.

Drei Tageswanderungen durch die Sächsische Schweiz

von Hans Brichzin

Die besondere Anziehungskraft der Sächsischen Schweiz liegt in ihrer einzigartigen Natur. Um diese zu erleben, muß man sich die Landschaft erwandern. Hier werden dem Leser drei besonders schöne Wanderungen fernab der Autostraßen und großen Siedlungen vorgeschlagen, auf denen er die charakteristischen Elemente der Landschaft dieses nicht sehr großen, nicht sehr hohen, aber sehr stark zerklüfteten und lebhaft gegliederten Sandsteingebirges kennenlernen kann: Berge, Felsmassive mit imposanten Gipfelaussichten über hohen senkrechten Abgründen, tief eingeschnittene Täler und cañonartige Schluchten im Wechsel mit ausgedehnten Ebenen. Nadel- und Mischwald herrschen vor, doch geben auch Wiesen und Felder, die sich um die in der Ferne sichtbaren Dörfer legen, der Landschaft einen lieblich-malerischen Reiz.

Diese typischen Landschaftselemente haben sich am ursprünglichsten und geschlossen im östlichen Teil des Nationalparks, der Hinteren Sächsischen Schweiz erhalten, wo sie auch am ruhigsten und wie zum Wandern geschaffen ist. Die Routen sind keine Spaziergänge, sondern sportliche Ganztagswanderungen mit steilen Auf- und Abstiegen, zwischen denen freilich auch bequeme Partien liegen, die stets mit schnell und stark wechselnden Reizen keine Langeweile aufkommen lassen.

1. Von Bad Schandau über die Schrammsteine und den Kleinen Winterberg durch das Wildensteiner Waldtal zum Lichtenhainer Wasserfall

Bei dieser Streckenwanderung von ca. 20 km Länge ist mit einer Gesamtgehzeit von 6 ½ Std. zu rechnen, zu denen jeder Stillstand, jede Rast oder Einkehr hinzuzuzählen sind. Vom Endpunkt kann man bis zum frühen Abend mit der elektrischen Kirnitzschtalbahn oder einem Bus nach Bad Schandau zurückfahren. Ein zeitiger Aufbruch ist also empfehlenswert, wenn man nicht 10 km zurücklaufen oder ein Taxi rufen will. Zur Wanderausstattung sollte gehören: Wanderkarte Schrammsteingebiet, Maßstab 1: 10 000, Dresden 1991.

Die Wanderung beginnt in **Bad Schandau**, Ecke Badeallee/Fernverkehrsstraße 172 am Hotel Lindenhof. 5 Min. Richtung stadtauswärts gibt es einen elektrischen Personenaufzug, der uns 50 m am Hang emporhebt. Durch den Wald rechts hinauf führt ein Weg nach **Neuschandau**.

Will man auf den Aufzug verzichten oder ist er außer Betrieb, dann muß man in der Badeallee am Kurpark, 100 m von der Ecke Lindenhof entfernt, rechts über eine Treppe zwischen zwei Häusern den Luther-Weg nach Neuschandau hinaufsteigen.

Oben sollte man rückschauend die Aussicht auf das Elbtal und die südliche Sächsische Schweiz genießen und wendet sich dann gegen Osten nach **Ostrau.**

Das **Hochplateau** wurde im 13. Jahrhundert durch bäuerliche Siedler aus dem Westen des Reiches kolonisiert, führte ein abgeschiedenes Dasein, bis es im 19. Jahrhundert dank seiner exponierten Lage und Rundumsicht dem Tourismus erschlossen wurde. Alte Bauernhäuser im Fachwerkstil, Pensionen, Ferienheime, Gasthöfe, Villen und Einfamilienhäuser bestimmen nun das Bild auf der Ostrauer Scheibe, die 1934 nach Bad Schandau eingemeindet wurde.

Auf der Straße zieht man mit der Markierung roter Strich am oberen Ortsteil vorbei auf die imposanten Felsen Falkenstein und Vordere Schrammsteine zu.

Mit der Autostraße biegt man rechts zum Wald herab, folgt ihr noch 400 m bis zu einer scharfen Rechtskurve. Am Großen Backofenstein, einem oben überhängenden Felsen, geht es geradeaus mit gelbem Strich und rotem Punkt den breiten **Wenzelweg** hinauf. Nach 1 km bilden kreuzende Wege einen Wegstern am Holzgestell eines Trigonometrischen Punktes. Hier verläßt man den Wenzelweg und folgt nach rechts dem **Elbleitenweg** mit gelbem Strich gen Süden.

Rechts sieht man bald über dem Wald den freistehenden Falkenstein, einen berühmten Kletterfelsen, dessen senkrechte Wände sich 80 m über der Fußhalde erheben. Wenig später beginnt links mit dem Hohen Torstein die Kette der Vorderen Schrammsteine. Die Verwitterung hat den ursprünglich geschlossenen Block stark in einzelne Gipfel und Säulen zerklüftet.

Wo von rechts unten zwei Wege heraufkommen, tut sich zwischen den Felsen eine breite Lücke auf. Nach links über den Bohlenweg und Felstrümmer hinweg durchschreitet man das **Große Schrammtor** und hält sich dann links mit dem blauen Strich auf dem Weg **Vordere Promenade** am Felsmassiv entlang.

Ca. 750 m nach dem Schrammtor müssen wir auf dem **Jägersteig** mit dem blauen Strich über eiserne Stufen und Leitern an der Felswand hinauf. In 10 Min. wird ein Felssattel erreicht. Geradeaus gähnt der Abgrund, aber nach links und rechts geht es weiter zum Grat empor. Vorerst wendet man sich nach links die eisernen Stufen hinauf gegen Westen bis auf die zwei Felskanzeln **Schrammsteinaussicht** und **Elbaussicht.** Beide gewähren unvergleichliche Fernsichten über die Sächsische Schweiz.

Auf gleichem Wege kehrt man zum Sattel zurück. Mit Hilfe eiserner Griffe gelangt man, dem blauen Strich folgend, auf den **Gratweg** und gegen Südosten, von dem aus weitere Ausblicke überraschen. Da der Grat stark zerklüftet ist, läuft der Weg links oder rechts an den Felsen vorbei und heißt bald **Schrammsteinweg.**

◁ *Blick über die Elbe mit Schrammsteinen*

Nach ca. 18 Min. erreicht man rechts einen Aussichtspunkt über tiefem Abgrund in die Breite Kluft und auf die Elbe mit Herrnskretschen (Hřensko). Nach links geht es weiter, vorbei an der Schlucht Lehne und den darüberstehenden Lorenzwänden. Der Weg steigt an, fällt wieder, schlägt einen Bogen nach rechts, dann wieder scharf links.

Bevor er nach links schwenkt, führt rechts ein schmaler Fußweg durch den Wald zum Abgrund über dem Falkoniergrund zwischen dem Verborgenen Horn links und dem **Groß-vaterstuhl** rechts. Hier empfiehlt sich ein **Abstecher** auf schmalem Pfad nach rechts auf halber Höhe um den Großvaterstuhl herum, immer zwischen Abgrund und Felswand, der jedoch ca. 1 Std. kostet. An kritischen Stellen sind Halteeisen und Ketten angebracht. Es ist ein Umweg von romantischer Wildheit in einem einsamen Felswinkel vom Falkoniergrund zum noch imposanteren Rauschengrund, der im Westen von pittoresken Felsgipfeln begrenzt wird. Der Rauschenstein ist der größte und höchste. Sein Plateau liegt 300 m über der Elbe. Es trug im Mittelalter eine Warte der Wildensteiner Raubritter.

Nachdem der Großvaterstuhl weit umrundet ist, kommt man – sich immer rechts haltend – auf einen Weg mit grünem Strich und mit diesem aufwärts zum Schrammsteinweg zurück. Eine Strecke von ca. 1 km ist nach rechts ein zweites Mal bis zu der Stelle zu gehen, wo wir ihn verlassen haben.

Die Wanderung läuft nun auf dem Schrammsteinweg scharf nach links. Bald wendet sich der Weg nach rechts, umgeht einen Ausläufer der Lorenzlöcher (Wilder Grund) und kommt nach ca. 5 Min. in eine Felsenecke.

Hier verläßt man den Schrammsteinweg, der nach links weiterzieht, und steigt rechts über Stufen den **Zurückesteig** hinauf, der die Markierung blauer Strich weiterträgt. Auf- und abwärts schlängelt er sich in Windungen durch ein wildes, zerklüftetes Felsareal. Mit einem letzten steilen Anstieg erreicht man den Plateauausläufer des Langen Horns auf dem Affensteinmassiv.

Auf dem **Reitsteig** wendet man sich mit den blauen und gelben Strichen nach rechts bergab. Nach 500 m sollte man innehalten, über eine schmale Felsspalte nach rechts zum Abgrund auf den Bergsporn bei der Neuen Wenzelwand steigen und den Ausblick in und über den Heringsgrund bis hin zum Zirkelstein, zur Kaiserkrone und zum Großen Zschirn-stein genießen, dessen linke Kante mit 562 m die höchste Erhebung der Sächsischen Schweiz ist. Rechts daneben liegt der Kleine Zschirnstein, am Horizont der Hohe Schneeberg mit dem Aussichtsturm (Děčinsky Snežnik, 726 m).

Zurückgekehrt auf den Reitsteig folgt man ihm noch 200 m weiter nach rechts und geht dann nach links steil zur Quelle Friensteinflößel hinab, von ihr zum **Frienstein** hinauf, links um ihn herum und durch ein Felsentor auf einem schmalen Band überm Abgrund auf seiner Talseite entlang. Wo sich das Felsband zu einer großen Terrasse zwischen Tal und Gipfel weitet, dringt die Friensteinhöhle oder **Idagrotte** tief und weiträumig in den Felsen hinein.

Höhle und **Gipfel** dienten dem Rittergeschlecht der Berken von Duba im Mittelalter als Signalwarte, weshalb der Frienstein auch Vorderes Raubschloß genannt wird. Man schaut weit nach Norden und in das Wildensteiner Waldtal hinab, aus dem heraus sich das Felsmassiv Neuer Wildenstein am Hang des bewaldeten Hausberges erhebt. Auf ihm stand einst die Hauptburg des Raubritters.

Die Schrammsteine im Abendlicht

Man muß auf dem Felsband den gleichen Weg zurück, jedoch nicht noch einmal zum Friensteinflößel hinab, sondern nach links auf den **Oberen Affensteinweg** mit grünem Strich zum Kleinen Winterberg. Wieder ist es eine romantische Partie in halber Höhe zwischen den Felswänden rechts und dem Abgrund links durch den Wald, dessen Lücken neue Fernsichten bieten.

Der bewaldete Gipfel des **Kleinen Winterberges** (500 m) wird nicht erstiegen, sondern nur links umschritten. Wo der Weg plötzlich steil nach rechts abfällt, wird der Nordhang erreicht. Ein Weg mit rotem Punkt kommt von unten herauf, läuft gegen Osten weiter.

An dieser Stelle erblickt man rechts in der Höhe unter hohen, alten Buchen einen runden **Pavillon** von 1818, der als Architekturzeugnis der Romantik auf einem Felssporn in romantischer Naturumrahmung steht. Am Berghang führt von rechts nach links ein von Laub fast verschütteter Pfad zum Pavillon hinauf. Eine Marmortafel mit lateinischer Inschrift über dem Eingang (und deutscher Übersetzung im Innern) kündet von einem gefährlichen Jagderlebnis Kurfürst Augusts im Jahre 1558. Schon seit dem 16. Jahrhundert stand auf der Klippe ein hölzernes Gebäude mit der Tafel.

Vom Berghang steigt man mit dem roten Punkt die Serpentinen in den **Wildensteiner Wald** hinab, durchquert ihn auf dem breiten **Fremdenweg,** der den roten Punkt übernimmt und wandert über die Zeughausstraße geradeaus hinweg bis zum **Neuen Wildenstein**. Auf eisernen Stufen und durch die Nasse Schlucht geht es steil zur berühmten Felsenhöhle **Kuhstall** und zum Gipfel hinauf.

Die durch Verwitterungsvorgänge auf natürliche Weise entstandene 17 m breite, 24 m tiefe und 11 m hohe Höhlung bietet einen malerischen Durchblick ins Tal. Links vom Geländer steigt man nun über Steinstufen durch den zerklüfteten Felsen und in einem tiefen Riß die eiserne Himmelsleiter hinauf aufs Plateau, das von etwa 1410 bis 1451 die **Burg der Ritter der Berken** von der Duba aus Böhmen trug. Im Zuge des sozialen Niedergangs ihres Standes sanken sie zu Räubern und Wegelagerern herab. Ihre Burg wurde vom sächsischen Landesherrn belagert und eingenommen, der Ritter mit den Seinen zwangsweise umgesiedelt. Um 1455/56 wurde die Burg durch Feuer zerstört. Mauerreste, Falze für die Balkenlager und eine in den Felsen gemeißelte Zisterne sind letzte Spuren dieser Zeit. Die Höhle ›Kuhstall‹ wird in einer Unterburg mit Palisaden bzw. Brettern verstellt und als Stall genutzt worden sein, vermutlich auch für die in der Umgebung zusammengeraubten Kühe.

An der Westseite des Gipfelplateaus steigt man herab, steht vor weiteren stark zerklüfteten Felsen, geht am Felsgang ›Krumme Karline‹ zur Gaststätte ›Kuhstall‹ zurück, dann links den Weg mit dem roten Punkt durch den Wald hinab. Nach ca. 500 m kreuzt der Hintere Kuhstallweg. Links auf erhöhter Terrasse entspringt der **Münzborn**, dessen frisches Wasser wohl schon die Burg genutzt haben wird.

Geradeaus mit dem roten Punkt geht es weiter am Hang hinab bis zur **Kirnitzsch**, dem schönsten und klarsten Gebirgsbach der Sächsischen Schweiz und des ganzen Freistaates. Brücken ermöglichen den Übergang zum 1854 erbauten **Berggasthof ›Lichtenhainer Wasserfall‹**, hinter dessen Giebelseite sich der Lichtenhainer Bach über eine Felsstufe ergießt und in die Kirnitzsch mündet.

Hier ist man am Ende der Streckenwanderung angelangt, kann sie aber zu einer Rundwanderung erweitern, wenn man nicht mit Bahn oder Bus zurückfährt, sondern 5 Min. bis zum Beuthenfall der Straße abwärts folgt, dort über die Brücke auf das linke Ufer wechselt und auf dem alten **Flößersteig** an der Kirnitzsch 10 km nach Bad Schandau zurückwandert. Der Flößersteig ist ein mit grünem Schrägstrich markierter Naturlehrpfad, an dem viele Tafeln über Natur und Geschichte des Kirnitzschtals informieren. Die Autostraße verläuft am rechten Flußufer, auf die der Flößersteig unterhalb der Ostrauer Mühle überwechselt.

2. Durch die wildromantische Felsenwelt rings um den Großen Zschand und entlang der Grenze zwischen Sächsischer und Böhmischer Schweiz

Die Rundwanderung ist ca. 22 km lang, für die man etwa 6 1/2 Std. Gesamtgehzeit benötigt. Zur Ausrüstung sollte neben einer Wanderkarte Sächsische Schweiz unbedingt der Personalausweis oder Reisepaß gehören, weil entlang der Grenze Kontrollen möglich sind.

Ausgangs- und Endpunkt ist die Neumannmühle im Kirnitzschtal an der Straße Bad Schandau – Hinterhermsdorf. Von Sebnitz aus fährt man über Ottendorf. Auf beiden

Straßenverbindungen verkehren auch Busse. (Linie R-241: Pirna – Bad Schandau – Hinterhermsdorf; R-269: Sebnitz – Ottendorf – Buschmühle – Hinterhermsdorf) Bei Anreise mit dem Auto ist der Parkplatz an der Neumannmühle zu benutzen.

Von der **Neumannmühle** (s. S. 190) geht man 300 m auf der Straße an der Kirnitzsch zur **Buschmühle** hinauf und rechts über die Brücke in den Mühlenhof hinein.

Die seit 1592 nachweisbare, vermutlich aber ältere **Buschmühle** war eine Brettmühle, wurde aber 1710 durch einen Mahlgang, 1783 auch zur Lohmühle erweitert. Von alters her ist sie auch ein einfaches Gasthaus. Das Fachwerkhaus mit der Gaststube wurde 1790 erbaut. Immer noch ist das Anwesen im alten Familienbesitz, und es ist die einzige und letzte der vielen Mühlen in der Sächsischen Schweiz, in der noch heute mit dem überbauten Wasserrad oder auch mit Strom Getreide gemahlen wird – allerdings nicht mehr zu Mehl, sondern zu Futterschrot.

Aus dem Hof der Buschmühle steigt man steil die **Waldschlucht** hinauf. An der **Weggabelung** nach 200 m muß man den rechten, jahrhundertelang begangenen, nun aber langsam zuwachsenden **Hohlweg** bis zur großen **Waldwiese** mit Scheune einschlagen.

Auf dieser Ebenheit lag im Mittelalter die Siedlung Jentzschdörfel, die zwar 1543 noch erwähnt, 1592 aber schon als Wüstung beschrieben wird. Danach war das Areal als ›Buschmüllers Räumicht‹ landwirtschaftliche Nutzfläche. Am benachbarten, südöstlich gelegenen Heulenberg war im 16. Jahrhundert und von 1714 bis 1728 Bergbau im Gange. Durch den Standstein war vulkanischer Basalt mit glitzernden Einsprengungen von Magneteisenerz durchgebrochen. Die Basaltsäulen wurden in Steinbrüchen abgebaut und auch Stollen in der Hoffnung auf wertvolle Minerale oder gar Gold vorgetrieben. Als Funde ausblieben, wurde es wieder still und einsam um den Heulenberg und den benachbarten Neunstelligen Hübel, so daß in den vergangenen Jahren sogar früher ausgesetzte Gemsen und Luchse hier gesehen wurden.

Mitten durch die Wiese folgt man dem Weg in den Wald hinauf. Nach 300 m mündet er auf den Weg **Flügel E**, der uns rechts bergab in den **Großen Zschand** bringt, eine 6 km lange Schlucht, die sich von der Kirnitzsch bis über die Staatsgrenze hinaufzieht und früher eine Paßstraße nach Böhmen war. Wir gehen sie links hinauf bis zum Zeughaus, wo sich die Schlucht kesselartig erweitert.

1642 wurde hier ein hölzernes, 1732 das heutige **Zeughaus** zur Unterbringung des kurfürstlichen Jagdgeräts und einer Waldarbeiterfamilie gebaut. Im vorigen Jahrhundert konnten darin auch Fuhrleute und ›Schweizreisende‹ bewirtet und beherbergt werden. Das schöne Forsthaus im Fachwerkumgebindestil kam hinzu. In der DDR-Zeit ließ sich die Staatsicherheit das Ferienheim bauen, das heute Sitz der Nationalparkverwaltung ist. Ein Imbißkiosk mit Gästegarten bietet Speisen und Getränke.

Vor dem Ferienheim folgt man links dem anderen Ende des Weges **Flügel E** mit grünem Strich hinauf. Nach 200 m bietet nach links ein Pfad die Möglichkeit eines **Abstechers** zum Gipfel des **Teichsteins** (412,5 m), der das Tal überragt. 190 m über dem Zeughaus genießt man hier eine Aussicht, die mit zu den schönsten Panoramen der Sächsischen Schweiz gehört. Für die 20 Min. steilen Aufstiegs und denselben Weg zurück, wird man überreichlich belohnt, freilich nur an Tagen mit Fernsichtwetterlage.

Die Sommerwand über dem großen Zschand

Rechts am Heim der Nationalparkverwaltung vorbei führt die Route im Großen Zschand gegen Süden mit den Markierungen roter und grüner Strich weiter. Aber schon nach 150 m folgt man mit dem grünen Strich links dem **Hochhübelweg** ca. 15 Min. bis zum Sattel hinauf und geht dann nach rechts mit derselben Markierung auf dem **Reitweg** auf die Felsen Thorwalder Wächter und Thorwalder Turm zu. Dieser Wanderweg wird uns jetzt etwa eine Stunde lang in ständigen S-Kurven durch den Wald an dem Felsmassiv der **Thorwalder Wände** entlangführen. Links streben senkrecht die Felsen auf. Rechts kommt man an den abfallenden Quertälern vorbei, die Rohrkiefer-, Weißtannen-, Brückner- und Erlenschlüchte heißen, wobei hier ›Schlüchte‹ gleich Schlucht, also singularisch gebraucht ist.

Wenn sich nach ca. 50 Min. auf dem Reitweg ein Fels auch zur Rechten erhebt, links an der Wand eine Bergungsbox mit dem Zeichen des Roten Kreuzes hängt, ist man am **Klingermassiv** angelangt. Zwischen zwei nicht sehr hohen Felspfeilern hindurch, dabei um einen großen im Wege liegenden Stein herum, wendet sich der grün ausgeschilderte Reitweg scharf nach links und bergab. Doch zuvor verweile man auf der Höhe und schaue staunend auf das Gebirgspanorama zu unseren Füßen und in der Ferne. Absteigend kommt man nach 10 Min. zur **Hickelhöhle.** Sie ist 45 m breit und 15 m tief unter einem riesigen Felsüberhang.

Unterhalb der Höhle läuft ein 650 m langer Weg mit rotem Strich durch die **Hickelschlüchte** in den **Großen Zschand** herab. Hat man letzteren erreicht, wandert man nach links ohne Markierung 15 Min. bis an die Staatsgrenze heran.

Am Geländer geht es rechts sehr steil den **Raingrund** hinauf, zwischen Felsbrocken hindurch oder über sie hinweg immer an den Grenzsteinen entlang, die in Sichtabständen stehen.

Der **Rainsteig** ist seit dem 19. Jahrhundert ein bekannter und höchst beliebter, weil wildromantischer Wanderweg gewesen. Er begleitet die 1459 im Vertrag von Eger zwischen Sachsen und Böhmen festgelegte Grenze. Nach dem nationalsozialistischen Zwischenspiel der Annexion Böhmens und Mährens 1938–1945 wurde der Rainsteig wegen politischer Bedenken aus den in der DDR erschienenen Wanderkarten verbannt, aber von den Wanderern nie ganz aufgegeben. Die positiven sächsisch-tschechischen Verhandlungen und die für April 1991 vorgesehene Eröffnung des Naturparks Sächsisch – Böhmische Schweiz werden ihn in die neu zu schaffenden Wanderkarten zurückbringen und der Rainsteig könnte zu einem Weg guter Nachbarschaft und Freundschaft werden.

Nach ca. 30 Min. Aufstieg im Raingrund kommt man beim Grenzstein 7/24 auf einen Bergrücken in dem ausgedehnten Felsmassiv **Partschenhörner.** Bei 7/25 gehen wir wenige Schritte bergab auf einen am Fels markierten Stein ohne Nummer (Felszeichen) zu und links die Stufen auf einen weiteren Bergrücken hinauf. Durch hohes Farnkraut senkt sich der Weg wieder, läuft auf einen kaminartigen Steilabfall zu, dem man nach rechts ausweichen muß, um den Stein Nr. 8 zu erreichen.

Bei Grenzstein 8/1 und 8/2 öffnet sich eine wunderbare Aussicht ins Nachbarland. Über den 200 m tiefen Abgrund schaut man in den Prebischkessel, der hufeisenförmig von der Flügelwand (Křidelni stěna) mit dem imposanten Eckfelsen links und dem Felsmassiv rechts, in dem das von hier nicht sichtbare Prebischtor (Pravčiká brána) steht, umgeben ist. Der Gabrielensteig (Gabrielina stezka) läuft auf halber Höhe an den Felswänden entlang.

Schaut man später vom Stein 8/10 zurück, überblickt man einen großen Teil des Landschaftsschutzgebietes Elbe-Sandstein (Labske piskovece) mit so bekannten Ausflugszielen wie Rainwiese (Mezni Louka) oder das Tal des Kamnitzbaches (Kamenice) mit der Edmundsklamm (Dolni soutěska), den markanten Kegel des Rosenberges (Růžák), hinter dem sich viele andere des Böhmischen Mittelgebirges erheben.

Ca. 500 m läuft die Grenze im Abstand von nur 10–20 m am Abgrund entlang. Beim Stein 8/13 biegt sie ansteigend nach rechts ab. Wir folgen ihr weiter bis Stein 10/2. Fünf Meter nach ihm verlassen wir sie nach rechts und treten auf dem Weg mit dem gelben Strich in den oberen Auslauf der **Richterschlüchte** ein. Nach 200 m stößt der Weg auf einen anderen mit grünem Punkt. Mit beiden Markierungen steigen wir rechts steil über Felsbrocken und Baumwurzeln ein Stück in der Richterschlüchte ab.

Nach 5 Min. bilden rechts vom Weg starke Überhänge im Winkel der Felswände die **Richtergrotte.** Links des Weges steht der Kletterfelsen Richterschluchtturm. 60 m darunter zweigt nach links der **Goldsteig** mit dem gelben Strich ab, der uns erneut in eine nahezu märchenhaft anmutende Wildnis bringt.

Er läuft auf der schmalen Terrasse einer tonreichen Grenzschicht zwischen zwei Gesteinsstockwerken entlang. Links stehen stark gegliederte, durch Verwitterung zerstörte Felswände und rechts ziehen sich die mit abstürzenden Felsbrocken übersäten Berghänge in die Gründe hinab.

Auf 3 km bietet der **Goldsteig,** sich in ständigen Kurven, bald fallend, bald steigend um die Felswände windend, Aussichten zum Felsblock Sommerwand oder dem Jortansborn, über die Waldschluchten in den Großen Zschand hinab und zu den Thorwalder Wänden hinauf. Dabei passieren wir links am Goldsteig die Felsen Goldsteighorn, Spitzhübel, Spitzes Horn und Kaaba, die vor allem den Bergsteigern wohl bekannt sind. Wenn zu ihren seltsamen, ungewöhnlichen Gestalten im Dunkel des Waldes und dem Dunst der aus der Tiefe heraufsteigenden Feuchtigkeit und Kühle noch fallende Blätter des Herbstes und der Humusgeruch des Bodens hinzukommen, dann wird der Zauber herber Einsamkeit und Schwermut dieser Landschaft zu einem bleibenden Erlebnis.

Der letzte Höhepunkt am Goldsteig ist der **Goldstein,** an dem sich eine Bergungsbox befindet. 250 m nach ihm wird der breite **Roßsteig** mit dem blauen Strich erreicht. Hier lohnt es sich, die Kraft für einen letzten **Abstecher** zur Goldsteinaussicht aufzubringen und links den Roßsteig 10 Min. aufzusteigen, bis ein Höhenrücken erreicht wird. Nach links trete man bis zum Abgrund vor. Erneut interessant und überraschend andersartig ist der Blick auf die Felsenwelt des Wandergebietes und in die bis zu 100 m tiefen Schluchten.

Schließlich geht es den Roßsteig rechts wieder steil abwärts bis zum **Zeughaus** und gemächlich im **Großen Zschand** 1,8 km hinunter zur Neumannmühle im Kirnitzschtal.

Jetzt passieren wir auch den unteren Abschnitt des Großen Zschand. Er ist hier eine tief eingeschnittene Schlucht zwischen eng stehenden, senkrechten und stark zerklüfteten Felsen mit Überhängen und kleinen Grotten. Feuchtigkeit und Kühle lassen einen großen Artenreichtum der für die gesamte Sächsische Schweiz typischen Farnkräuter gedeihen. Auf unzugänglichen Felsbändern überlebten Reliktpflanzenarten der Nacheiszeit wie Sumpfporst oder Knotenfuß. Die Felsen sind mit Moosen und Flechten bedeckt, weit sichtbar darunter die gelbleuchtende Schwefelflechte.

3. Vom Wachberg-Panorama über die Sächsische Schweiz zum Weißbachtal und in der Kirnitzschklamm durch den Hinterhermsdorfer Grenzwinkel

Die Streckenwanderung von der Grenzstadt Sebnitz (s. S. 190) nach Hinterhermsdorf ist eine Ganztagswanderung von ca. 27 km und etwa 7 Std. Gesamtgehzeit. Ein früher Aufbruch ist angeraten, da sich durch Unterwegsaufenthalte mitunter die Dauer einer Wanderung verdoppeln kann. Abkürzungsmöglichkeiten werden angemerkt.

Von Hinterhermsdorf kann man mit der Buslinie R-268 über Saupsdorf oder mit der R-269 über Ottendorf am Abend direkt, mit der R-241 über Bad Schandau und von dort mit Bus (R-260) oder Bahn (Strecke 314) nach Sebnitz zurückfahren.

An der oberen, südöstlichen Ecke des renovierten, architektonisch interessanten **Sebnitzer Marktplatzes** lenkt uns die Markierung blauer Strich in die Kirchgasse, an der **Kirche** vorbei in die **Bergstraße** hinauf, die zwischen zwei großen Schulgebäuden des Jugendstils beginnt. Links an der Bergstraße liegt das **Heimatmuseum** ›Prof. Dr. Alfred Meiche‹. Nach diesem bekannten Sebnitzer Geschichts-, Sprach- und Heimatforscher (1870–1947) wurde auch der

Wanderweg benannt, an dessen Beginn wir uns befinden. Vorerst an alten Umgebindehäusern und dem Gasthof ›Zum Bergkeller‹ vorbei, weitet sich die enge Bergstraße ein wenig platzförmig, wo wir auf dem **Bergweg** rechts zwischen Gärten und Häusern steil ansteigen. An dessen Gabelung geht man erneut nach rechts zur **Asphaltstraße** auf der Höhe.

130 m über der Stadt im Talkessel liegt rechts die ›Grenzbaude‹. Einst war es die Gaststätte ›Grenadierburg‹. In den achtziger Jahren wurde sie um- und neugebaut zu einem zentralen Kinder- und Jugendlager der DDR-Jugendorganisation FDJ, das in seiner großspurigen Betonarchitektur nicht in die Berglandschaft paßt.

Man folgt der Straße nach links 100 m herab und wandert geradeaus über die Tannertstraße hinweg dem blauen Strich des **Meiche-Weges** nach durch Gärten in den Wald hinein.

Nach leichtem Anstieg öffnet sich der Blick auf den oberen Teil von Hertigswalde, einem typischen Reihendorf der deutschen Kolonisation des Mittelalters, das Sebnitz eingemeindet ist. Gleichzeitig blickt man erstmals von den Bergen des Lausitzer Granits ins Elbsandsteingebirge hinüber. Der Meiche-Weg wird immer wieder zu einer Art riesigen Terrasse mit Rundblick auf die Sächsische Schweiz.

Vor dem oberen Ende von **Hertigswalde** muß man rechts zu den Häusern hinab, unmittelbar vor einem am gußeisernen Deckel erkennbaren Brunnen und nach einem tiefer auf der Wiese stehenden Trinkwasserbehälter. An der Bushaltestelle stößt man auf die Straße, der man einige Schritte abwärts folgt, dann überquert, um auf der gegenüberliegenden Seite zwischen alten Bauerngehöften auf einem **Feldweg** nach links oben zu wandern. Der Feldweg am Hang erspart uns die Autostraße, die wir oben wieder erreichen und auf ihr zur Gaststätte ›**Waldhaus**‹ gelangen. Es steht an der Kreuzung der Straße Sebnitz – Saupsdorf und der alten ›Hohen Straße‹, einer mittelalterlichen Fernverkehrsstraße von der Elbe herauf nach Böhmen.

450 m müssen wir jetzt der **Autostraße** in Richtung **Saupsdorf** bergab folgen, nach dem Ortsausgangsschild in der leichten Linkskurve dann im spitzen Winkel nach links auf den **Wanderweg** hinaufgehen, der am Waldrand entlangläuft.

Wo sich der Weg in ein kleines Quertal senkt, liegen rechts die Gebäude der einstigen **Waldmühle.** Zur Markierung blauer Strich gesellt sich der grüne Punkt. Am Waldrand geht's aus dem Tal heraus. Rechter Hand erfreuen drei Linden auf der Wiese des Wanderers Auge und ein klares Bächlein plätschert ihm entgegen. Indem wir es überqueren, kommt man nach links in das Dunkel des Waldes hinein und wandert dann rechts steil über Baumwurzeln bergauf. Wenn man ein Stück Hohlweg verlassen hat, sieht man links in 20 m Entfernung erstmals einen Stein der deutsch-tschechoslowakischen Staatsgrenze. Die Wanderung geht erst rechts bergan, dann eben und geradeaus über eine Waldwiese zu einer **Wegkreuzung.** Der nach links abzweigende Weg endet abrupt am Grenzstein Nr. 14. Wir wählen den rechten zum **Wachberg** (496 m) und zur ›Wachbergbaude‹.

Neben Bewirtung bietet sich hier eine der prächtigsten und weitläufigsten Aussichten über die Sächsische Schweiz, ins Böhmische Mittelgebirge und bis zum Kamm des Osterz-

Die Kirnitzsch unterhalb der Niederen Schleuße ▷

gebirges. Beim Wirt hängt eine alte farbige Postkarte, auf der das wunderbare Panorama detailliert erläutert ist.

Vom Gasthaus folgt die Wanderung ein kurzes Stück der Straße bergab, dem blauen und roten Strich nach. Am linken Waldrand verlassen wir sie aber und nehmen nach links abwärts den Waldweg, der beide Wandermarkierungen weiterträgt. Als schmaler Fußweg präsentiert der **Meicheweg** im ständigen Auf und Ab abwechslungsreiche Partien im und am Grenzwald.

40 Min. nach dem Wachberg steigt man aus einem letzten Quertal eines Grenzbächleins steil heraus, kreuzt an der Schutzhütte die geschotterte **Alte Nixdorfer Straße,** die jahrhundertelang und bis 1945 das sächsische Hinterhermsdorf mit dem böhmischen Nixdorf (Mikulášovice) verband.

Abkürzung: Wer die Wanderung abkürzen möchte, kann nun nach rechts mit dem blauen Strich die Nixdorfer Straße unter den alten Linden und rechts am bewaldeten Weifberg vorbei hinabgehen und erreicht nach 20 Min. Hinterhermsdorf.

Die Wanderung geht an der Schutzhütte mit dem roten Strich geradeaus weiter zwischen dem Wald links und dem **Weifberg** rechts. Eine schöne Aussicht nach Osten überrascht uns, bevor man über Wiesen zum **Schäferräumicht** gelangt.

Vom alten Gasthaus im Schäferräumicht sind es nur ein paar Schritte zum **Folgenweg** hinauf, einer breiten Forststraße, die uns nach links, also gegen Osten, ins Tal des Heidelbaches zu einer Kreuzung mit Schutzhütte bringt. Mit dem gelben Strich geht man nun nach links auf dem ebenfalls breiten **Bammelweg** über das Bächlein hinweg stark bergan. Nach 10 Min. erreicht man auf einem Bergrücken die **Kalkstraße.** Wir überqueren sie, halten uns halblinks mit dem gelben Strich in den Wald hinein auf dem stillen Zeidlerweg, der bald abfällt und in 10 Min. im **Weißbachtal** ist. Hier führt er nach rechts mit dem Lauf des Wassers bis ins **Kirnitzschtal** und in diesem wiederum rechts flußabwärts.

Das **Weißbachtal** ist eines der abgelegensten, stillsten und damit auch schönsten Täler der Sächsischen Schweiz. Es trennte hier Deutschland von Österreich, seit 1919 Deutschland von der Tschechoslowakei, ist seit dem Mittelalter Grenze zwischen Sachsen und Böhmen. In Sichtweite stehen die weißen Grenzsteine abwechselnd links und rechts des Baches.

Die geologische Grenze haben wir mit dem letzten Bergrücken überschritten: Vom Lausitzer Granit- und Elbsandsteingebirge. Ab Grenzstein 21/7 verengen hohe Sandsteinfelsen cañonartig das Tal. Im Sommer umfängt angenehme Kühle den Wanderer hier unten auf dem bequemen und beschaulichen Weg stets unmittelbar am Bach. Von hohen Bäumen beschattet, eilt das klare Wasser dahin. Fischchen tummeln sich darin und Frösche springen mitunter hinein, vom Fuße des Wanderers im üppigen Gras und Kraut des Ufers aufgescheucht. Tierpfade am Waldboden der Hänge zeigen an, daß zwischen Abend- und Morgendämmerung das Wild aus beiden Ländern zur Tränke herabsteigt und das Tal durchquert. Moose und Flechten, auch die gelbleuchtende Schwefelflechte, haben Wände und Felstrümmer überzogen.

Nach 40 Min. erreichen wir eine Talweitung, wo der Weißbach in die Kirnitzsch mündet. Dieser Fluß bildet nun auf 9 km die deutsch-tschechische Grenze. Nach dem dämmrigen

Engtal erfreuen im starken Erlebniswechsel jetzt breite, lichtüberflutete Wiesen das Auge, welche die Kirnitzsch mäanderreich durchzieht, von Erlen und Weiden malerisch begleitet.

1 km unterhalb der **Weißbachmündung** stehen ›**Im Loch**‹ zwei sehr alte Umgebindefachwerkhäuschen, wo im 16. Jahrhundert eine Brettmühle klapperte und in denen früher Waldarbeiter wohnten.

Nach den zwei Häuschen ›Im Loch‹ schwenkt die Kirnitzsch scharf nach links in einen großen S-förmigen Bogen. Wir gehen zu einem dritten Wohnhaus am Hang hinauf, unmittelbar am Haus vorüber und in den Wald hinein.

200 m nach dem Wohnhaus biegt der Fahrweg nach rechts. An dieser Stelle müssen wir ihn verlassen und auf einem leicht zu übersehenden Pfad nach links in den Wald hinein. Steil, z. T. über Steinstufen geht es hinab zu einem Steg über den Heidelbach kurz vor dessen Mündung in die Kirnitzsch. Man steht auf einer breiten Forststraße am **Mönchstein**.

Abkürzung: Rechts am Mönchstein vorbei gegen Westen führen die Hinterdaubitzer- bzw. Mühlstraße und der Lehmhübelweg ins 2,5 km entfernte Hinterhermsdorf.

Die Wanderung folgt der **Forststraße** links gegen Süden leicht bergan und ist mit gelben und roten Strichen markiert. Nach 200 m stößt sie auf die Kirnitzsch und rechts flußabwärts nach weiteren 300 m auf die **Niedermühle**.

Die Niedermühle liegt zwischen steilen, bewaldeten Berghängen im Engtal und ist wohl die älteste Schneidemühle im ganzen Kirnitzschtal gewesen. Vor 30 Jahren arbeitete sie noch mit einem hölzernen Mühlrad von 2,90 m Durchmesser. Heute wird der schon stark verfallene Gebäudekomplex nur noch von einer wohl über 80 Jahre alten Frau bewohnt. Bis 1945 ging der Fahrweg zur Mühle geländebedingt ein kurzes Stück aufs tschechische Ufer hinüber. Zwei Brückenreste zeugen noch davon. Da sich das Tal unterhalb der Mühle im Pechloch noch mehr verengt, kann man nicht mehr unmittelbar am Wasser weiter.

Aus dem Hof heraus führt rechts ein Pfad hinter dem Wirtschaftsgebäude hinauf, hält sich auf halber Höhe am Taubenstein vorbei und kommt wieder zur Kirnitzsch zurück. Hier gabelt er sich. Die gelbe Markierung läuft in einer Stunde durch den Reißersgrund nach Hinterhermsdorf hinauf (**Abkürzung**).

Die Wanderung folgt dem roten Strich am Bach entlang, erreicht wieder die Fahrstraße, die einst vom böhmischen Ufer herüberkam und steigt auf ihr über das Tal empor. Wo rechts ein Seitental einmündet, verlassen wir die Fahrstraße nach links und wandern auf dem **Fußsteig roter Strich** weiter, der uns hoch über der Kirnitzsch entlangführt, die eine tiefe Klamm ausgewaschen hat, bis daß man die **Obere Schleuße** erreicht, zu der wir im Bogen herabsteigen.

Im 16. Jahrhundert wurde hier, wo sich die gegenüberstehenden Felswände auf 4,5 m nähern, ein 700 m langer und an der Staumauer 4 m tiefer **Flößerteich** aufgestaut. Das im Einzugsgebiet des Kirnitzsch- und Weißbachtals gefällte Holz wurde in Form von Scheiten und Stämmen eingebracht und beim Öffnen der Stauvorrichtung mit der Wucht der Wassermassen donnernd zu Tal geschwemmt. 1924/25 wurde auf Grund der Kahlschläge einer Nonnenplage (Forstschädling) zum letzten Mal geflößt.

Hinterhermsdorf

1879 richtete man auf der Oberen Schleuße eine **Kahnfahrt für Wanderer** ein, die sie zu einem der bekanntesten Plätze der Sächsischen Schweiz werden ließ. Auf dem Kahn gleitet man lautlos übers Wasser, in dem sich Forellen tummeln, an sonderbar geformten Felsen, uralten Baumriesen und seltenen Pflanzen am und im Wasser vorbei. Stockenten, Wasseramseln und die so seltenen wie schönen Eisvögel sind in der Kirnitzschklamm noch heimisch.

Kommt man in den Morgen- oder Abendstunden hierher, wenn die Stechkähne an der kleinen Waldgaststätte noch oder schon wieder angekettet sind, dann findet man selbst im Sommer den Frieden dieser einzigartigen Naturidylle wieder, die aber selbst im Touristenrummel ihren Eindruck nicht verfehlt.

Für den Fortgang gibt es zwei Möglichkeiten: 1.: Auf treibendem Kahn in ca. 20 Min. bis zur Sperrmauer, dann über Stufen zum Weg auf die Terrasse hinauf. 2.: Zu Fuß auf dem Weg roter und blauer Strich oberhalb der Schleuße flußabwärts. Noch 3 km lang bleibt das Tal eine romantische Wildwasserklamm voller Naturschönheiten. Nach 200 m steht man am Schleußenhorn oder **Hermannseck,** einem Felsen in einer Aussichtskanzel.

Abstecher zur Aussicht Hermannseck: Eine enge Spalte mit Eisenstiege führt durch den Felsen zur Schlegelhütte hinauf und nimmt die Markierung roter Strich mit. An der Felsflanke kommt man wieder herab.

Abkürzung: Mit dem roten Strich wie vorstehend beschrieben, zur Schlegelhütte hinauf und oben geradeaus durch den Wald über den Hohweg nach Hinterhermsdorf.

Nach dem Hermannseck durchquert unsere Wanderroute mit dem blauen Strich den **Seifengrund,** auch Seufzergründel genannt, schlängelt sich dann nach rechts vom Tal hinweg, später wieder nach links an der **Wolfsschlucht** zurück und schließlich steil bergab durch einen niedrigen natürlichen Felstunnel aus Blocktrümmern auf die Talsohle der Kirnitzsch.

Ab Grenzstein Nr. 28 weitet sich das Tal zunehmend. Die Wildheit der Klamm weicht einer lieblichen, lichten Wiesenaue, die die Kirnitzsch mit weit ausladenden Mäandern ausfüllt. Rechts steht die Wand der **Rabensteine.** Zur Markierung blauer Strich gesellt sich der grüne auf der nun asphaltierten **Kirnitzschforststraße.** An einer Brücke und Wildfutterstelle mit kleiner Scheune unterm Felsen Hühnerkopf rückt die Grenze spitzwinklig nach Süden von der Kirnitzsch ab. 200 m danach trennen sich die Wegmarkierungen am Brückengrund. Wir bleiben mit der blauen am rechten Ufer.

Nach Einmündung des **Quasengrundes** verengt sich das Tal wieder. An zwei Stellen fließen rechts des Weges Schichtquellen am Fuße der Felsen hervor. Die erste bleibt hinter Strauchwerk versteckt, die zweite, **Marienquelle** genannt, ist eingefaßt und nicht zu übersehen, zumal sie mit 2 l/sec. reichlicher fließt.

Abkürzung: 300 m unterhalb der Marienquelle kommt der Stimmersdorfer Weg mit roter Markierung über die Brücke, geht nach weiteren 100 m rechts aufsteigend die Lindigtstraße (Forstweg) nach Hinterhermsdorf hinauf.

Unsere Wanderung bleibt am Bach und erreicht nach 25 Min. die 1612 angelegte **Niedere Schleuße** mit dem Häuschen auf der Staumauer, die 30 000 m³ Wasser für das Flößen zurückzuhalten vermochte. Nur noch 700 m laufen wir an der Kirnitzsch abwärts, bis an einer Schutzhütte das Tal des Hinterhermsdorfer Dorfbaches einmündet. Auf dem **Dorfbachweg** wenden wir uns rechts hinauf. An schmalen Wiesen und schönen Mischwaldrändern vorbei erreicht man in 35 Min. **Hinterhermsdorf.** An einer ersten Weggabelung im Tal halte man sich nach rechts oben, an der nächsten links, d. h. immer am Bächlein bleibend. An alten Fachwerk- und Umgebindehäusern entlang, gehen wir im Dorf die Hauptstraße hinauf, dann links zum **Gasthaus Erbgericht,** zum Feuerwehrhaus und Freibad, wo sich auch die Bushaltestelle befindet.

Im östlichen Erzgebirge

Mit der Eisenbahn durchs Müglitztal bis Altenberg

Die Gegend um Altenberg, Geising und Zinnwald-Georgenfeld ist ein beliebtes Ausflugsziel der Dresdner; über die E 55 ist das 50 km entfernte Altenberg schnell zu erreichen. Eine reizvolle Alternative bietet die Anfahrt mit der bei Heidenau ins Müglitztal abbiegenden Eisenbahn, die durch fünf Tunnel und über 13 Brücken führt; die Talsohle liegt bis zu 15 m tiefer. Alte Steinbrüche und durch den Eisenbahnbau 1890 angeschnittene Gesteine, wie bei **Dohna** (rechts) der 90 Mio. Jahre alte ›Pläner‹ und der 1 km von hier entfernte ›Kahlbusch‹, eine Quarzporphyr-Quellkuppe (Naturdenkmal), erwecken nicht nur das Interesse der Geologen. Hinter dem zweiten Tunnel erscheint (links) für einen Augenblick **Schloß Weesenstein** (s. S. 185 f.) im Blickfeld. Die Gemälde am Giebel des Bahnhofs **Burkhardswalde-Maxen** erinnern an die Schlacht bei Maxen (1759). Hinter **Mühlbach** wird der Elbsandstein von der erzgebirgischen Gneislandschaft abgelöst. Bald darauf ist **Glashütte** erreicht, wo im 19. Jh. mit der fabrikmäßigen Uhrenproduktion in Deutschland begonnen wurde. Vom Zug aus ist das *Uhrenwerk* zu sehen, das in einer 1845 gegründeten Uhrmacherlehrwerkstatt seinen Ursprung hat. 1870 entstand hier die erste deutsche Uhrmacherschule, 1913 in eine Ingenieurschule für Feinwerktechnik umgewandelt. Zu ihren Lehrstücken gehört eine meisterhafte astronomische Uhr (1918–26). Nach weiteren 12 km läuft der Zug im Bahnhof **Lauenstein** ein, das beliebter Ausgangspunkt für Wanderungen im Osterzgebirge ist.

Die **Burg** auf dem Felsen über der Müglitz wurde 1243 erstmals erwähnt. Unter der Familie von Bünau, die seit 1517 im Besitz der Burg war, erfolgten bis ins 17. Jh. Umbauten des vorderen Bereichs zu einem Renaissanceschloß. Die mit Maßwerkfenstern versehene *Burgkapelle*, in der Renaissanceplastiken gezeigt werden, stammt vom Ende des 15. Jh. Prächtigster Raum des Schlosses ist mit seiner reichen Stuckdecke der *Wappensaal* (17. Jh.). Das Schloß, 1824–1945 Sommersitz der Familie von Hohenthal, beherbergt heute ein bedeutendes *Natur- und Volkskundliches Museum*. Nahe beim Schloß steht der schöne *Falknerbrunnen*.

Die **Stadtkirche** ist eine dreischiffige, spätgotische Hallenkirche aus dem 15. Jh. mit 1594 erneuertem Langhaus. Der großartige *Altarbau* aus Sandstein mit seinen vorzüglichen Reliefbildern stammt von Michael Schwenke. Derselbe Künstler schuf auch *Kanzel* und *Taufstein*. Die im Nordosten an den Chor anschließende *Bünausche Grabkapelle* weist eine

Burg Lauenstein.
Stich, um 1850

rciche Stuckdecke von 1600 auf. Das Bünausche Familienepitaph im viergeschossigen Aufbau schmücken virtuos feingearbeitete Reliefs mit dem Jüngsten Gericht im Zentrum (Abb. S. 70). Ebenso hervorragend gearbeitet sind die beiden vor dem ersten Geschoß auf einem Sockel stehenden lebensgroßen Stifterfiguren.

Hinter Lauenstein biegt die Eisenbahn in den **Geisinggrund** ein. Rechts wird der Geisingberg mit Aussichtsturm sichtbar (823 m), als Basaltkuppe inmitten der Gneisite ein ungewöhnliches geologisches Phänomen. Der **Kahleberg** ist mit 904 m der höchste Berg im Osterzgebirge.

Der Grünflächenanteil ist im Osterzgebirge auffallend hoch; selbst in Höhen von 700 und 800 m weiden Viehherden, wird Ackerbau betrieben. Die von der Bahn her einzusehenden **Geisingbergwiesen** stehen unter Naturschutz. Typisch für die Wiesenflora sind die Atlantdisteln, auch ›Malerpinsel‹ genannt. Meist an Waldrändern steht die ebenfalls charakteristische Sibirische Schwertlilie (Der botanische Garten Schellerhaus zeigt 2000 Pflanzen des Gebirges). Der vorwiegend aus Fichten bestehende Wald leidet heute arg unter Umweltschäden. Bei km 49,2 hat die Müglitztalbahn **Altenberg** erreicht.

Wintersportler kommen im schneesicheren Gebiet um Altenberg auf ihre Kosten. In Altenberg lockt vor allem die Riesengrundschanze. **Zinnwald-Georgenfeld** ist der schneereichste Ort des Osterzgebirges und neben Oberwiesenthal und Klingenthal der bedeutendste sächsische Wintersportplatz, der vor allem durch die Biathleten in der Welt ein Begriff wurde. Für die Rennschlitten- und Bobsportler legte man 1987 einen 1413 m langen Eiskanal mit 17 Kurven durch den Kohlgrund zum Hirschsprung an, 1991 war er Austragungsort der Bob-Weltmeisterschaften.

Zu den merkwürdigsten Geschichtsquellen der Region gehören die ›Walenbücher‹. ›Walen‹ nannte man Schatzsucher, die als Einzelgänger durchs Gebirge streiften und in Merkheften die Erzfunde notierten. Aufgrund der Walenbücher wurde noch keiner fündig, doch der seit sechs Jahrhunderten betriebene, nun unrentabel gewordene Zinnabbau hat die Wirtschaft dieser Region geprägt. Viele Siedlungen mit den für das Osterzgebirge typischen Häusern aus Feldsteinen in der Erdgeschoßzone, mit großem Schindeldach, verschaltem Wettergiebel und Vorhäuschen entstanden im Zuge des Bergbaus.

Das **Bergbaumuseum Altenberg,** eine aufschlußreiche Schauanlage, wurde 1953–55 in einem von 1513 bis 1952 betriebenen Pochwerk mit angeschlossener Zinnwäsche eingerichtet. Abgesehen vom elektrischen Antrieb, ist die Anlage ursprünglich. Der Buchenholzstempel wiegt 250 kg; die Stempel-Technik war ein Jahr vor Gründung des Pochwerks erst erfunden worden. Zur Schauanlage gehört der 1802 aufgefahrene, 180 m lange ›Neubeschert-Glück-Erbstollen‹.

Ein Denkmal ganz anderer Art ist die **Altenberger Pinge,** ein 22 ha großes Bruchgebiet; 1620 hatten eingefallene Stollen einen Bergeinsturz verursacht.

Die verlockend klares Badewasser führenden **Galgenteiche** sind künstliche Wasserreservoirs des Bergbaus, über den Neu-Graben verbunden mit dem Wasserspender, dem 12,5 ha großen **Georgenfelder Hochmoor.** Es steht seit 1926 unter Naturschutz, kann aber über einen 1200 m langen Knüppeldamm begangen werden (Mai-Oktober täglich Führungen).

Dippoldiswalde und Tharandt

In der kleinen Stadt **Dippoldiswalde** (6400 Ew.) erheben sich zwei große Kirchen. Im Mittelschiff der turmlosen **Nikolaikirche,** einer dreischiffigen, romanisch-frühgotischen Pfeilerbasilika (um 1230) mit Kreuzrippengewölbe im Chor, haben sich Reste der *Wandbemalung* aus dem 13. Jh. erhalten; dargestellt ist die Nikolaus-Legende. Der spätgotische *Flügelaltar* (um 1520) zählt durch Vergoldung, reiches Schnitzwerk und künstlerisch vollkommene Bemalung zu den sakralen Kostbarkeiten Sachsens. Die *Holzbalkendecke* des Mittelschiffes wurde im 19. Jh. eingezogen.

Die spätgotische Stadtkirche **St. Marien und Laurentius** wurde 1499 erneuert. Vom romanischen Vorgängerbau (um 1215) stammen das Unterteil des wuchtigen Turms mit Portal und die ›Brauthalle‹ genannte Vorhalle. Den achteckigen barocken Turmaufsatz entwarf Wolf Caspar Klengel (1685). Damit lassen sich drei Stilepochen an der Kirche ablesen. Als architektonische Besonderheit gelten die abgeflachten Rippen des Deckengewölbes. Nach dem Brand von 1632 wurde das Kircheninnere neu gestaltet. 1963–65 legte man bei Restaurierungsarbeiten im Altarraum *Wandmalereien* von S. Heber (1638) und an der Kassettendecke *33 Gemälde* von Johann Panitz (1640–42) in noch kräftigen Farben frei. Das *Altarbild* (1670), Christus am Kreuz mit Maria und Johannes darstellend, wird als reifste Arbeit von Johann Fink angesehen. Aus der Mitte des 17. Jh. stammen auch *Kanzel* und *Taufbecken.* Die Stadtkirche besitzt einen kostbaren Bestand alter Bücher.

Inneres der Stadtkirche St. Marien und Laurentius in Dippoldiswalde. Das Deckengewölbe ist mit gotisierenden Wandmalereien aus dem 19. Jh. geschmückt

Das freistehende **Rathaus,** ein spätgotischer Bau (Ende 15. Jh.), erhielt im frühen 16. Jh. den Renaissancegiebel an der Nordseite (1540) und das Renaissanceportal (1534). Das alte *Ratszimmer* mit zwei schönen Portalen und einem durchbrochenen, kunstvoll bemalten Rippengewölbe kann leider nicht besichtigt werden.

Der architektonisch wichtigste Teil des nach dem Brand von 1632 mehrfach umgebauten **Schlosses** bewahrt bis heute sein ursprüngliches Aussehen, das ihm 1530–40 von Christoph

Tendler, dem Baumeister des Kurfürsten August, verliehen wurde. Der zweiachsige Mittelbau gegenüber der Stadtkirche ähnelt dem Georgenbau des Dresdner Schlosses; reichdekorierte Pilaster gliedern die drei Geschosse.

Ein einzigartiges Technisches Denkmal ist die 1981 rekonstruierte und zur Schauanlage ausgebaute **Lohgerberei** von 1750 in der Freiberger Straße 18; die Werkstatt war bis 1920 in Betrieb.

Dippoldiswalde hat Anschluß an Sachsens zweitälteste Schmalspurbahn (Spurbreite 750 mm), die seit 1882 von Freital durch das romantische Tal der Weißeritz nach Kipsdorf führt.

Rund um Dippoldiswalde lohnt sich der Besuch von fünf meist abseits der von Dresden nach Altenberg führenden F 170 gelegenen Dorfkirchen. Zur Ausstattung der 1742 umgebauten spätgotischen *Kirche* **Reinhardtsgrimma** aus der Zeit um 1500 (Abb. 32) gehören zweigeschossige Emporen, eine Kanzel (1672) mit Gemälden von Jakob Hennig und die besonders klangreine Orgel Gottfried Silbermanns (1731); regen Zuspruch finden die alljährlich ausgerichteten ›Sächsischen Orgelmusiken‹. Die *Dreifaltigkeitskirche* in **Schmiedeberg** schuf 1713–16 George Bähr, der Architekt der Dresdner Frauenkirche, über dem Grundriß eines Kreuzes als barocken Zentralbau mit dreigeschossigen Emporen. Das Sandstein-Taufbekken ist ein Werk des Dresdner Hofbildhauers Benjamin Thomae. Die Kirche gilt als eine der schönsten Kleinstkirchen Sachsens. In der *Kirche* zu **Höckendorf**, einer umgebauten romanischen Basilika (13. Jh.), beeindruckt der spätgotische Schnitzaltar (1515), der in der dreiteiligen Predella feingearbeitete Reliefs mit Szenen aus der Marien- und Passionsgeschichte zeigt und am Altaraufsatz die Himmelfahrt Marias. Auf eine romanische Basilika des 13. Jh. geht auch die *Kirche* im benachbarten **Ruppendorf** zurück (17. Jh.), die gleichfalls einen spätgotischen Schnitzaltar (um 1500) besitzt, jedoch ohne Predella und Bekrönung. Der spätgotische Flügelaltar von 1518 der *Kirche* zu **Seifersdorf** stammt vermutlich aus dem Kloster Altzella. Die Figuren in der Predella stellen den hl. Martin und die Apostel Johannes und Jakobus dar. Das Altarwerk entstand erst 1605 mit dem Kirchenbau; an den Vorgänger bau erinnert im Chorgiebel die Jahreszahl 1451. Der barocke Holzdeckel des spätgotischen Taufsteins wurde 1743 von dem Bauern Spieß geschnitzt.

In **Tharandt,** 15 km südwestlich von Dresden, gründete Heinrich Cotta 1811 eine Forstakademie, nach der Petersburger die älteste der Welt. Der *Forstbotanische Garten* umfaßt heute ein 18 ha großes Areal mit etwa 2000 Gehölzen und vielen Gräsern. Im *Schweizerhaus,* 1842 als Vorlesungssaal gebaut, befindet sich seit 1885 die forstbotanische Sammlung. Eine forst- und jagdkundliche Lehrschau existiert seit 1966 im *Jagdhaus Grillenburg.* Das Gebäude war früher die Schösserei und erbte 1828 vom abgebrochenen Jagdschloß Dachreiter und den Namen. Das Jagdschloß hatte sich Kurfürst August 1554–58 als ›Grillenbrecher‹ (›Sorgenbrecher‹) bauen lassen. Türen, Fenster und Eisenbeschläge wurden der 1476–77 durch Arnold von Westfalen umgebauten *Burg Tharandt* (13. Jh.) entnommen, für die August kein Interesse zeigte. Die malerisch gelegene Burgruine, deren Schönheit Heinrich von Kleist begeisterte, steht heute unter Denkmalschutz.

Die Bergkirche zum hl. Kreuz in Tharandt

Die Reste der Unterburg fanden Verwendung für die 1626–29 gebaute und 1808 nach einem Brand erneuerte *Bergkirche zum hl. Kreuz.* Die Gewölbe und das Säulenportal gehörten zur romanischen Burg (1220–30); aus der alten Burgkapelle stammt die 1980 restaurierte, spätgotische, holzgeschnitzte Kreuzigungsgruppe (um 1500). In der Bergkirche findet alljährlich der ›Tharandter Orgelsommer‹ statt.

Das im Norden von Tharandt an der Autobahn gelegene **Wilsdruff** wurde 1256 erstmals als Waldhufendorf erwähnt. Die 1591 umgebaute und mit Dachreiter versehene einschiffige romanische *Jakobikirche* (12. Jh.) besitzt das älteste sächsische Geläut (um 1250). In der 1896 neu erbauten Pfarrkirche *St. Nikolai* befinden sich ein romanisches Säulenportal in der Turmhalle und ein prächtiger Altaraufsatz aus Sandstein von Caspar Klüppel (1631). Restauriert und in die Anlage am Markt umgesetzt wurde 1971 die alte *Distanzsäule* der Post.

In der Oberlausitz

Unter Lausitz wurde im Mittelalter die Niederlausitz verstanden, das alte Siedlungsgebiet der slawischen *Lusici* zum Spreewald hin. Die Oberlausitz ging aus dem ebenfalls von Slawen – sorbischen Milzenern – besiedelten Gebiet um *Budissin* (Bautzen) hervor. Die Landschaft wechselt zwischen der Ebene mit ihren fruchtbaren Lößböden, Heideland und Hügeln, von denen manche Granitlieferanten sind, und dem Zittauer Gebirge, einem Ausläufer des Elbsandsteingebirges.

Einige Gebiete gerieten bereits 921/22 unter den Einfluß des ersten deutschen Königs Heinrich I.; Markgraf Ekkehard von Meißen unterwarf das Milzenerland 990 vollständig. Die Oberlausitz aber reifte zum Zankapfel zwischen den angrenzenden Territorialmächten. Sie kam nach langwierigen Kämpfen 1028 für 13 Jahre zu Polen, dann gewann Konrad I. die Oberherrschaft; 1158 fiel dieses Gebiet an Böhmen, 1253 an Brandenburg, 1329 wieder an Böhmen und 1635 schließlich an Kursachsen, das jedoch 1815 Teile an Preußen abtreten mußte.

Die Herrscher nannten sich Markgrafen der Lausitz, überließen die Regierungsgeschäfte aber dem Landvogt, der seinen Sitz auf der Ortenburg in Bautzen hatte. Infolge des Fehlens einer eigenen Landesherrschaft waren die Städte hier einflußreicher als westlich der Elbe. Wesentlich für die Entwicklung der Wirtschaft war die verkehrsgünstige Lage. Die 1252 erstmals in den Quellen ›Hohe Straße‹ genannte *via regia* führte von Meißen über Kamenz, Bautzen und Görlitz nach Polen, die ›Böhmische Straße‹ von Prag über Zittau und Görlitz nach Brandenburg und weiter zur Ostsee. Waid aus Thüringen und Lausitzer Tuch dominierten im Fernhandel. Versorgt wurden Schlesien, Polen und sogar Ungarn.

In den Manufakturen wurden Tuche und Leinen hergestellt. Die Tuchmacher waren von Wollimporten abhängig, die Leineweber dagegen griffen auf heimischen Flachs zurück. Im 17. und 18. Jh. fand Lausitzer Leinen Absatz in halb Europa; dann gingen bedeutende Märkte an die englische und irische Konkurrenz verloren.

Städtischem Selbstwertgefühl und städtischer Macht entsprach 1346 die Gründung des Sechsstädtebundes – Bautzen, Kamenz, Görlitz, Löbau, Zittau und Lauban – als Selbsthilfeorgan gegenüber dem Adel mächtig genug, um sich mit den süd- und norddeutschen Städtebündnissen dieser Zeit vergleichen zu können. Einen Einschnitt bedeutete 1547 der Pönfall

Karte der Oberlausitz ▷

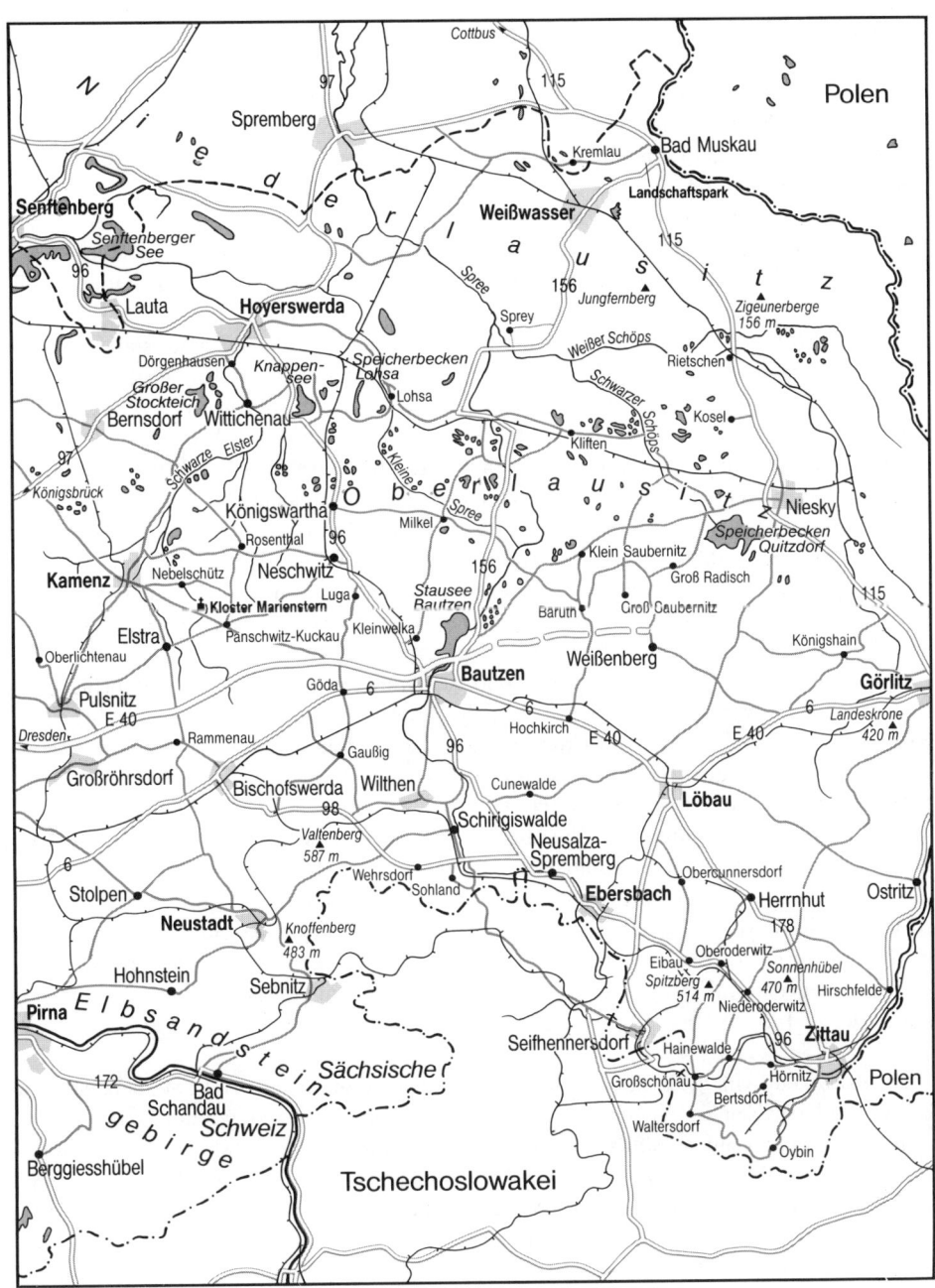

(lat. poenas = Strafe). Die protestantischen Städte hatten dem katholischen Kaiser in der Schlacht bei Mühlberg keine Gefolgschaft geleistet; ihr Aufgebot lief schon vor der Schlacht auseinander. Die Städte zahlten eine Geldstrafe und verloren die Hochgerichtsbarkeit sowie das Gros der säkularisierten Güter, was die Wirtschaft der Region schwächte. Der Adel wollte weder starke Städte noch eine starke Krone; ihm schwebte eine Adelsrepublik nach polnischem Beispiel vor.

Wie die weltlichen Machtverhältnisse gestalteten sich auch die geistlichen anders als im Westelbischen. Als erste Kirche in der Oberlausitz gründete das Bistum Meißen 999 St. Johannis in Bautzen; zum Pfarrsprengel gehörten zuerst 185 Siedlungen. Instabile politische Verhältnisse aber brachten Rückschläge. Das 1365–84 errichtete Kloster Oybin wurde vom Prager Bischof Wenzel geweiht; ihm, nicht dem Bistum Meißen, unterstand der Zittauer Raum. Stolpen war 1227–1559 Eigentum und zeitweilig Sitz der Bischöfe von Meißen, dann tauschte der Kurfürst die Feste gegen das Amt Oberlausitz. Der Augsburger Religionsfriede von 1555 legte die Entscheidung über die Annahme des neuen Glaubens in die Hände des Landesherren. In der Oberlausitz, wo die Stände dominierten, gab es keine einheitliche Regelung. Im Widerspruch zum Augsburger Religionsfrieden standen Täufertum, Kryptocalvinismus, Mystik. Jakob Böhme aus Görlitz begann 1612 mit der Niederschrift seiner der protestantischen Orthodoxie entgegengesetzten Werke. Religiöser Liberalismus ließ die Oberlausitz zu einer Zufluchtsstätte für in Schlesien oder Böhmen aus Glaubensgründen Verfolgte werden. Einige Gebiete blieben katholisch: Marienthal, Marienstern, das Domstift Bautzen.

Die Klosterdörfer von Marienstern sind siedlungsgeschichtlich von herausragender Bedeutung. Crostwitz blieb vom Vordringen der Gutswirtschaft unberührt und stellte ein in Sachsen seltenes Beispiel für ein rittergutsfreies Bauerndorf dar. Schweinerden, heute zu Panschwitz-Kuckau gehörig, blieb über die Jahrhunderte Rundplatzdorf; die gesamte Dorfanlage steht heute unter Denkmalschutz.

Sakral- und Bürgerbauten der Oberlausitz verraten böhmischen Einfluß. In den Weberdörfern dominierte das Umgebindehaus. Den Grundstock bildete der in waldreichen Gegenden übliche, in der Form slawischer Tradition folgende Blockbau. Die Bohlenkonstruktion erschwerte eine später erforderliche Aufstockung um eine weitere Etage. Die Last mußte auf durch Streben verbundene Ständer verteilt werden. So entstand ein Rahmen, Umgebinde genannt. Verschieferungen vor allem der Giebel erfolgten erst ab der zweiten Hälfte des 19. Jh.

Die Lausitz ist die einzige Region, in der eine nationale Minderheit lebt: die **Sorben**, von den Deutschen lange Zeit als ›Wenden‹ bezeichnet, das kleinste slawische Volk, dessen Volksangehörige sich heute auf ca. 60 000 belaufen. Bei der Teilung Sachsens 1815 kamen etwa 80 % der Sorben zu Preußen. Die deutschen Verwaltungen tolerierten zumindest im 17. und 18. Jh. angesichts des Fehlens einer eigenen Landesherrschaft die sorbische Sprache, die dem Druck der Germanisierung über Jahrhunderte widerstehen konnte. Schon im 16. Jh. hatten sich gar zwei verschiedene sorbische Schriftsprachen herausgebildet, die nieder- und die

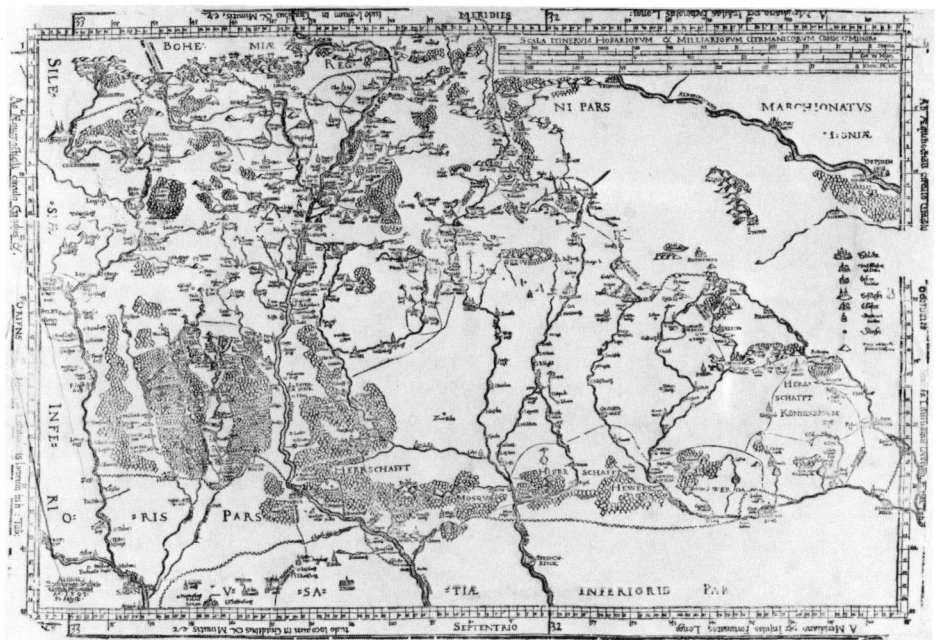

Die älteste Karte der Oberlausitz (ca. 1:250000) von Bartholomäus Scultetus aus Görlitz. Abzug aus dem Jahr 1899 vom Originaldruckstock von 1593

obersorbische. Für die Entwicklung der obersorbischen Schriftsprache von Bedeutung war 1706 die Übersetzung des Neuen Testaments durch Michal Frencel. Mit Jan Bochuwal Dejka, der 1809 die erste sorbische Monatsschrift herausgab, Handrij Zejler, dem Begründer der sorbischen Romantik, und Jan. A. Smoler, der u. a. die alten Volkslieder sammelte, erlangte das sorbische Selbstverständnis im 19. Jh. einen ersten Höhepunkt. Die Literaten hatten gegenüber den bildenden Künstlern größere Möglichkeiten der Identifikationsfindung. Zwar stammen einige bedeutende plastische Werke des Bautzner Domstifts von dem Sorben J. Delenka (1695–1763), doch die meisten Bildhauer und Maler gingen nach Böhmen, so auch Matthias Wenzel Jäckel, der 1684 in Prag eine eigene Werkstatt gründete und die Skulpturen für die Karlsbrücke schuf. Den wertvollsten Beitrag zur Wahrung ihrer kulturellen Identität sicherte die Volkskunst. Die Sorbinnen etwa tragen ihre regional variantenreiche Tracht, so oft sich dazu Gelegenheit bietet. Die intensive Pflege vieler Volksbräuche wie des Osterreitens, der Ostereierbemalung oder der Fastnachtsmaskerade trägt gleichfalls zur Wahrung sorbischer Identität bei. Das wichtigste Fest der Sorben ist die Vogelhochzeit am 25. Januar mit dem wie ein Weihnachtstisch gedeckten Vogelhochzeitstisch.

Traditioneller Osterritt am Ostersonntag in der Gegend von Marienstern

Der Kampf der slawischen Minderheit um ihre Rechte ist jahrhundertelang geführt worden. Der Zusammenschluß in der *Domowina* (Heimat) 1912 verbesserte die Chancen beträchtlich. Arnost Bart, Vorsitzender 1912–27, schloß sich 1919 der tschechischen Delegation bei den Friedensverhandlungen in Versailles an. Deutschland mußte den nationalen Minderheiten – wenn auch geringe – Zugeständnisse machen. Die Verfassung der Weimarer Republik nahm als Artikel 113 auf: »Die fremdsprachigen Volksteile dürfen (...) nicht in ihrer freien volkstümlichen Entwicklung, besonders nicht im Gebrauch ihrer Muttersprache (...) behindert werden.« Unter den Nationalsozialisten litten die Sorben unter einer Unterdrückungskampagne, die mit dem Verbot der Domowina und der sorbischen Zeitungen 1937 begann. Der Gebrauch der sorbischen Sprache war streng untersagt. Himmler entwickelte im Mai 1940 einen Plan zur »Endlösung der Wendenfrage«, demzufolge alle Sorben ausgesiedelt werden sollten. Gedacht war zunächst an Polen, dann an Elsaß-Lothringen; der Zusammenbruch des ›1000jährigen‹ Reichs verhinderte die Ausführung dieses Vorhabens.

Das Land Sachsen verabschiedete 1948 ausdrücklich ein Gesetz zur Wahrung der Rechte der sorbischen Bevölkerung, und auch praktisch unterstützte es die Sorben in der Pflege ihrer Sprache und Kultur. Die Metropole der Sorben wurde wieder Bautzen; hier hat die Domowina ihren Sitz, hier befindet sich das ›Haus der Sorben‹. Ins Leben gerufen wurden der Domowina-Verlag, das Institut für sorbische Volksforschung, das Staatliche Ensemble für sorbische Volkskultur, das sorbische Volkstheater, neu belebt das Museum für sorbische Geschichte und Kultur, alle angesiedelt in Bautzen.

Nach der Zählung von 1956 gab es 100 000 Sorben. Daß es trotz staatlicher ›Pflege‹ seither zu einem Rückgang auf ca. 60 000 gekommen ist, ist lange verschwiegen worden. Die Industrialisierung der sorbischen Gebiete, die mit der Zerstörung geschlossener Dorfgemeinschaften einherging, führte zur Emigration vieler Bewohner; nach 1949 verschärfte die zunehmende Vernichtung großer Teile der landwirtschaftlichen Strukturen durch die Industrie diese Entwicklung noch.

Bautzen, das sächsische Nürnberg

Im zweisprachigen Gebiet der Oberlausitz sind heute Doppelbezeichnungen der Orte und Straßen üblich; die Metropole auf einem Granitplateau über der Spree heißt amtlich Bautzen/Budissin (45 000 Ew.). Erst nach 1520 kam unter den deutschstämmigen Siedlern anstelle des slawischen *Budissin* der Name ›Bautzen‹ auf. Um 1400 zählte die Stadt an der von Erfurt über Leipzig nach Breslau führenden ›Hohen Straße‹ mit 5300 Einwohnern 2000 mehr als Dresden bei einem Anteil der Sorben von knapp 40 %. Die Altstadt mit ihren Basteien, alten Bürgerhäusern und winkligen Gassen läßt noch heute etwas vom Leben im späten Mittelalter ahnen.

Mit Bautzen haben wir eine der ältesten Siedlungen Europas vor uns. Archäologen sind bei Ausgrabungen auf Werkzeuge aus dem Mittelalter der Steinzeit gestoßen. Der berühmteste Fund, ein Frauengrab, gehört allerdings ›schon‹ zur Aunjetitzer Kultur (frühe Bronzezeit 1800–1500 v. Chr.); u. a. sind etwa 300 Bernsteinperlen aus diesem Grab geborgen worden. Die wertvollsten Funde verwahren das Stadtmuseum Bautzen und das Dresdner Landesmuseum für Vorgeschichte. Die Sorben siedelten sich nach 500 n. Chr. an. Dem »Bayrischen Geographen« zufolge, einer wichtigen Quelle von um 850, war Bautzen Mittelpunkt eines 30 Burgwarde zählenden Gebiets der Milzener. In der Chronik des Thietmar von Merseburg wurde Budissin 1002 erstmals als *civitas* erwähnt; 1213 erfolgte die Verleihung des Stadtrechts. Die zum Teil noch sehr gut erhaltenen Wehranlagen deuten einstige Geltung als Grenzfeste und politisches Zentrum an, Sakral- und Bürgerbauten wirtschaftliche Macht.

Im Dreißigjährigen Krieg wechselte die Stadt mehrmals den Besitzer. Sie wurde 1620 durch Kurfürst Johann Georg I. von Sachsen und 1634 durch Wallenstein in Brand gesteckt. Akten und Schriften aus der Zeit davor sind entsprechend rar; Archive und Bibliotheken sind unwiederbringlich verloren. Die ausgebrannten Kirchen und Häuser dagegen ließen sich in vielen Fällen wieder erneuern, aber angesichts der verheerenden Schäden und der aufgetretenen Verarmung des 1635 sächsisch gewordenen Bautzen nahm der Wiederaufbau fast 200 Jahre in Anspruch. Der Grundriß der denkmalgeschützten Altstadt entspricht jedenfalls heute noch dem von nach 1648.

Bautzen. Holzstich, um 1870

Napoleon schlug 1813 in Bautzen eine seiner letzten siegreichen Schlachten. Zu Schaden kamen dabei vor allem die umliegenden Dörfer. Im Zweiten Weltkrieg ist Bautzen zur Festung erklärt und im April 1945 umkämpft worden. Bei diesen militärisch sinnlosen Operationen ließen 320 Bürger ihr Leben, und jedes dritte Haus wurde zerstört.

Das heutige **Rathaus** (Abb. 26) ist ein für Baugeschichte und -politik besonders charakteristisches Denkmal. Wahrscheinlich für den Richter oder Stadtvogt als ›steinernes Haus‹ nach 1213 errichtet, 1489–93 um einen Turm erweitert, wurde es im Dreißigjährigen Krieg zerstört. Der von der verarmten Stadt unter Entbehrungen errichtete Neubau, eingeweiht 1697, brannte 1704 ab. Der Versuch, die Substanz zu retten, mißglückte; drei Giebel der Ruine stürzten während der Umbauten ein. Der Turm mit seinem gotischen Unterbau erhielt 1705 ein schlankes Oberteil samt barocker Haube. Der heute dreistöckige, schlichte barocke Bau mit Doppeltreppe an der Rückfront entstand unter der Leitung Johann Christoph Naumanns 1729–32. Die hölzernen *Türen* im Innern stammen aus der Spätrenaissance. Der zweigeschossige *Vorbau* wurde 1863 verändert. An der Südseite des Turms befindet sich eine bemerkenswerte *Sonnenuhr*. Die *Statue des ›Ritters Dutschmann‹* von Christoph Walther II., 1576 als Brunnen-Bekrönung angefertigt, hat lange auf einer Konsole am Rathaus gestanden, dort aber nur Gastrecht genossen; 1986 wurde sie auf ihren alten Platz, den Brunnen auf dem Marktplatz, zurückgesetzt.

Die alten **Bürgerhäuser** Bautzens stammen fast ausnahmslos aus der Zeit nach dem Dreißigjährigen Krieg, als die Stadt im Stil des Barock wieder aufgebaut wurde. Wegen seiner Zwei-Fenster-Breite nennt der Volksmund *Hauptmarkt 5* das ›Handtuch‹. Die vielleicht schönste Fassade, mit erkerartigem Mittelrisalit, bietet das Haus *Hauptmarkt 7* von 1730. *Hauptmarkt 2* auf der Westseite des Platzes wird wegen des 1791 aus Sandstein gehauenen Buchs als Schankzeichen ›Goldenes Buch‹ genannt. In der bereits 1542 nachgewiesenen *Stadtapotheke* (Nr. 6) sind alte spätgotische Gewölbe zu bewundern und drei Stadtwappen an der Vorderfront. Im benachbarten *Jahreshaus* von 1720, so genannt wegen des kalendermäßigen Aufbaus – 4 Treppen, 12 Schornsteine, 52 Zimmer und 365 Fenster –, einem der repräsentativsten Gebäude der Stadt, pflegten hohe Gäste Quartier zu nehmen, etwa der Preußenkönig Friedrich II. und Napoleon. Das *Gewandhaus* (Ecke Innere Lauenstraße) ist das älteste der Oberlausitz (1284); es hat baugeschichtlich das Schicksal des Rathauses geteilt und erst 1882/83 seine heutige Gestalt im Stil der Neorenaissance erhalten. Vom Ratskeller des Vorgängerbaus (1472) stammt noch das gotische Gewölbe. Die **Innere Lauenstraße** ist eine alte, noch sehr repräsentative Einkaufsstraße, gesäumt von prächtigen,

Bautzen: 1 Dom St. Peter 2 Domstift 3 Rathaus 4 Gewandhaus 5 Michaeliskirche 6 Ortenburg 7 Nikolaiturm 8 Ruine der Nikolaikirche 9 Gerberbastei 10 Schülerturm 11 Reichenturm 12 Liebfrauenkirche 13 Stadtmuseum 14 Museum für sorbische Geschichte und Kultur 15 Deutsch-Sorbisches Volkstheater 16 Neue Wasserkunst 17 Alte Wasserkunst

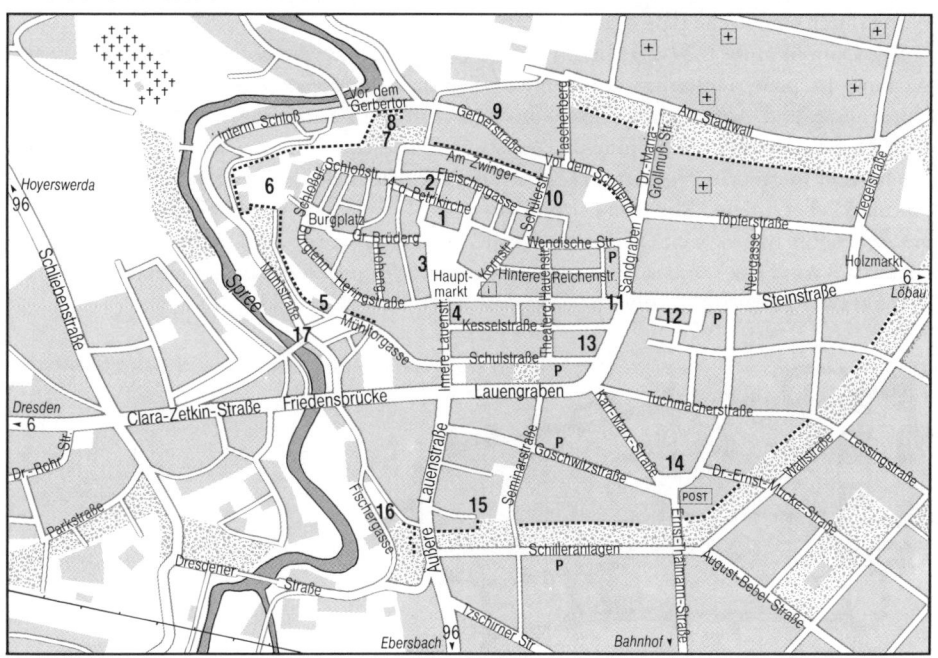

an das alte Dresden erinnernde Barockbauten. Eine besonders dekorativ gestaltete Fassade besitzt *Nr. 6* (um 1720) mit den allegorischen Figuren ›Liebe‹, ›Frömmigkeit‹, ›Glaube‹ und ›Hoffnung‹ und reizvollen Stuckornamenten sowie *Nr. 8* (um 1720), dessen Fassade von Pilastern gegliedert ist. Schöne alte Bürgerhäuser befinden sich auch in der Reichenstraße, der Heringsgasse, der Schloßstraße und am Fleischmarkt Haus Nr. 2 von 1670 mit schmiedeeisernem Tor und Kartusche mit Hausmarke. Der alte **Stadtbrunnen** (1611) geht auf Wenzel Röhrscheidt d. J. zurück. Bei der Umgestaltung 1865 wurde Johann Georg I., in dessen Regierungszeit die Lausitz an Sachsen fiel (1635), ein Standbild gesetzt. Den Platz beherrscht der gotische **Dom St. Peter** mit seinem knapp 85 m hohen Turm und barockem Helm von Martin Pötzsch (1664). Der Petridom, wie er meist genannt wird, gehört zu Sachsens bedeutendsten Sakralbauten (Abb. 30). Nach 992 ist die erste Kirche an dieser Stelle errichtet worden. Von ihr blieb bei der Erneuerung 1293/1304 der Westchor mit Portal erhalten. Der dreischiffigen Umgangshalle mit einheitlichem Netzgewölbe über Chor und Langhaus und auffallend schlanken Pfeilern wurde 1456–1463 ein viertes Schiff südwärts zugefügt, mit Sternengewölbe und prächtigen sechsteiligen Maßwerkfenstern. Der Bau weist in seiner Langhausmittelachse zwischen dem 4. und 5. Joch einen Knick nach Süden auf, der sich wohl aus der unterschiedlichen Bauzeit erklärt.

Seit 1523 ist der Dom Simultankirche; im Chor findet der katholische Gottesdienst statt, im Langhaus der protestantische. Beide Teile wurden 1564 durch ein 4 m hohes Eisengitter voneinander getrennt. Bei der Restaurierung des Dominnern im Jahre 1956 hat man das Gitter durch eine flache Balustrade ersetzt.

Der Dom brannte 1634 aus; bis etwa 1640 erfolgte der Wiederaufbau, dann die Neuausstattung. Im protestantischen Kirchenteil fallen der *Altaraufsatz* von 1644 mit Reliefs der Kreuzigung und Auferstehung sowie im Südschiff die *Fürstenloge* von 1673/74 auf. Der katholische Bereich ist noch prachtvoller ausgestaltet. Von Giovanni Maria Fossati stammt der barocke marmorne *Hochaltar* (1722/24) mit Gemälden des gebürtigen Tirolers Giovanni Antonio Pellegrini und Skulpturen von Benjamin Thomae. Das kunstvoll geschnitzte *Chorgestühl* gehört in die zweite Hälfte des 18. Jh. Die *Orgel* wurde 1642 gebaut, der Orgelprospekt 1908 von Fritz Schumacher zusammen mit den Emporen erneuert. Balthasar Permoser schnitzte das lebensgroße hölzerne *Kruzifix* (1714).

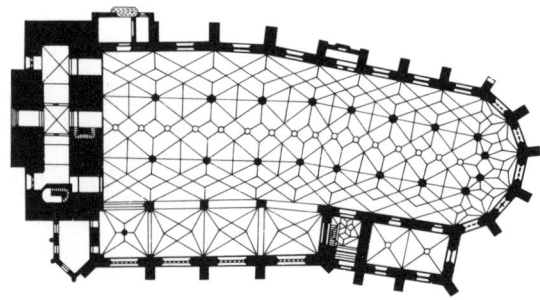

Bautzen, Dom St. Peter, Grundriß

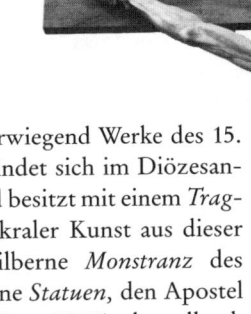

Der überwiegend Werke des 15. schatz befindet sich im Diözesanseums) und besitzt mit einem *Trag-* Zeugnis sakraler Kunst aus dieser gotische silberne *Monstranz* des zwei silberne *Statuen*, den Apostel Bartholomäus (1539) darstellend, des Nürnberger Goldschmiedes stücke des Schatzes.

scher Pilasterarchitektur gehaltene **Domstifts** nördlich vom Dom mit 1221 die Stadtpfarrei ersetzte und ker zählte. Zum Stift kam im Laufe besitz. Der barocke Gebäudekom-1634 beim Stadtbrand vernichteten

Das Wahrzeichen Bautzens ist Granitplateau über der Spree. Die Jahr 1002 zurück. Unter Matthias garn, seit 1469 Herrscher der Lausche Neubau, der für lange Zeit Umbauten nach dem Dreißigjähri-Lasten der einheitlichen Architekrungen, etwa die drei Renaissance-Hauptfront. Die *Eingangshalle* der Akustik; der schönste Raum ist

und 16. Jh. beinhaltende **Dom**museum (Abteilung des Stadtmu-*altar* von um 1250/60 ein seltenes Zeit im Ostsächsischen. Eine spätheimischen Künstlers Hans Ochs, Paulus (um 1520) und den heiligen und *Reliquiarien* aus der Werkstatt Paul Müller bilden weitere Haupt-

Sehr dekorativ ist das in toskanibarocke Portal (um 1755) des dem Wappen des Domstiftes, das einen Probst sowie sechs Kanonider Zeit ein ausgedehnter Grundplex entstand 1683 anstelle der Anlage.

für viele die **Ortenburg** auf einem Anfänge der Feste gehen auf das Corvinus, 1458–90 König von Unsitz, erfolgte 1483–86 der spätgoti-Sitz des Landvogtes sein sollte. gen Krieg und im 19. Jh. gingen zu tur, brachten aber auch Bereiche-Zwerchhäuser von 1698 an der Burg besitzt eine hervorragende der *Audienzsaal* mit einer figuren-

reichen Stuckdecke von 1662, die den italienischen Meistern Comotan und Vietti zugeschrieben wird. Verteilt auf neun Relieffelder werden legendenhaft Höhepunkte der Lausitzer Geschichte von der Belehnung Widukinds bis zum Übergang an Kursachsen 1635 dargestellt. Die 75 kg schwere bronzene Uhr im Saal ist ein Geschenk des ›Sonnenkönigs‹ Ludwig XIV. an August den Starken. Der *Torturm* mit Zinnenkranz stammt noch aus spätgotischer Zeit. Im zweiten Obergeschoß befindet sich die *Georgskapelle* mit spätgotischer Innenarchitektur. Das 9 m hohe *Denkmalrelief* aus Sandstein von Briccius Gauske (1486) für Matthias Corvinus an der Ostseite des Turms wurde wegen seiner Porträtähnlichkeit gerühmt. Der in

Abb.: Kruzifix von Balthasar Permoser im Bautzener Dom

einer Rundbogennische sitzende König hält Zepter und Reichsapfel in der Hand; das ungarische Wappen im Giebelfeld wird durch das Wappen ungarischer Provinzen ergänzt. Von diesem Denkmal existieren Kopien u. a. in Budapest und Szeged.

Zu den Nutzern der Räumlichkeiten gehören das Staatsarchiv und das Stadtarchiv sowie seit 1957 das 1904 gegründete *Museum für sorbische Geschichte und Kultur.*

Ein anderes Wahrzeichen der Stadt ist die **Alte Wasserkunst** (Farbabb. 19), ein bedeutendes technisches Denkmal der Lausitz. Anstelle eines hölzernen Turms von 1496 baute Wenzel Röhrscheidt d. Ä. 1558 aus Bruchsteinen (Granit) die zugleich als Bastion dienende Wasserversorgung. Gestautes Spreewasser trieb das Mühlrad an, dieses wiederum ein Pumpwerk, das über einen Zwischenspeicher das Wasser in die Turmspitze drückte, von wo es durch hölzerne Rohre in die Bütten der Altstadt floß. Der rechteckige Unterbau für das Schöpfwerk schließt den vorkragenden Wehrgang ein. Der etwa 50 m hohe, siebenstöckige mit einem gemauerten Helm gekrönte Rundturm verjüngt sich von unten nach oben infolge reduzierter Mauerstärke; innen bleibt der Durchmesser konstant. Obwohl Wenzel Röhrscheidt d. J. 1606–10 am Neutor die **Neue Wasserkunst** errichtete, blieb die alte bis Mitte dieses Jh. im Gebrauch. Seit 1953 beherbergt sie ein *Technisches Museum;* ein Aufstieg zur Plattform ist möglich.

Alte Wasserkunst und benachbarte **Michaeliskirche** bilden ein architektonisch reizvolles Ensemble. Die Kirche, nach 1429 dreischiffig als fast quadratische Halle mit einschiffigem Chor erbaut, war ebenfalls Teil der Wehranlagen. Der Turm- und Erweiterungsbau wurde 1634 noch unvollendet Opfer des Stadtbrandes, und es sollten mehr als 100 Jahre vergehen, bevor die Kirche überhaupt wieder genutzt werden konnte. Strebepfeiler und Netzgewölbe sind bemerkenswert, ebenso die Maßwerkfenster; die alte Innenausmalung ging 1892 bei der neogotischen Umgestaltung verloren. Die Kirche ist seit 1619 Parochialkirche der evangelischen Sorben.

Von den vielen Türmen und Basteien der alten Stadtbefestigung ist nordwärts der **Schülerturm** aus dem 15. Jh. mit quadratischem Torturm und Dachpyramide (nachgewiesen seit 1709) bemerkenswert. An der Feldseite des Turms befindet sich ein *Kreuzigungsrelief* aus dem 15. Jh. Auch die **Gerberbastei,** seit 1922 Jugendherberge, verdient Beachtung. Der älteste Teil des fünfgeschossigen Bauwerks wurde 1503 vollendet, seine Mauern sind im allgemeinen 3 m dick. Das Baujahr des **Nikolaiturms** ist nicht exakt nachweisbar; der alte Holzturm wurde 1522 durch einen steinernen ersetzt und 1775 als Kegel gestaltet. Die 1620 in die Feste einbezogene **Nikolaikirche** von 1444 ist seit 1634 Ruine. Besonderen Reiz bieten der alte Wehrgang und die Nikolaistufen. Der *Nikolaikirchhof* mit den Bischofsgräbern wurde 1445 angelegt; von 1745 an erfolgte innerhalb der Ruine der 1620 zerschossenen Nikolaikirche die Beisetzung sorbischer Priester.

Jenseits des Doms befindet sich am Obermarkt das 1868 gegründete **Stadtmuseum** mit Zeugnissen aus der Vor- und Frühgeschichte und Exponaten der Lausitzer Volkskunst sowie einer Gemäldegalerie mit Werken von Cranach d. Ä., Graff, Uhde, Thoma, Liebermann, Slevogt u. a., einer Sammlung von Jugendstilmalerei, einem graphischen Kabinett und Plastiken der Gotik und des Barock, darunter Werke von Permoser.

Die **Liebfrauenkirche,** 1293 erstmals erwähnt, verlor durch Umbauten weitgehend ihr einst gotisches Aussehen. Kreuzgratgewölbe und Oberteil des Turms entstanden 1686–91. Das Innere wurde 1886 neogotisch verändert. Zur Ausstattung gehören ein Hochaltar von 1698 sowie Nebenaltäre von 1710–75 aus der Werkstatt des Bautzeners Philipp Dittrich. Die Liebfrauenkirche ist seit 1647 Pfarrkirche der katholischen Sorben.

Der 54 m hohe **Reichenturm** von 1490/92 wurde im Dreißigjährigen Krieg zerstört (1620). Aus Mitteln einer Lotterie erfolgte 1715–18 unter Johann Christoph Naumann der Aufbau des barocken Oberteils mit Eckpilastern, Austritten und Plattform. Aus dem Lot geraten, neigt er sich 1,44 m nach Nordwesten, so daß er als ›schiefer Turm von Bautzen‹ gilt. Der Aufstieg über die mittelalterliche Treppe ist etwas beschwerlich, wird aber mit dem Ausblick über die an Türmen so reiche Stadt belohnt, der erklärt, warum Bautzen als ›sächsisches Nürnberg‹ bezeichnet wird.

Der hl. Ambrosius. Holzskulptur von Balthasar Permoser im Stadtmuseum Bautzen, vor 1725

Rund um Bautzen lohnen zahlreiche kleinere Orte einen Besuch. Das wenige km westlich gelegene **Göda** war bis 1831 Sitz des Wendischen Landgerichts. Südlich des Orts liegt ein slawischer Ringwall, die 9 m hohe, ovale *Gödaer Schanze,* als Burgwardsitz eine der bedeutendsten Wehranlagen des Milzener Gaues. Die von Bischof Benno 1076 als Christianisierungsstützpunkt gegründete *Kirche* ist die älteste im Bautzener Kreis. Der Querwestturm mit den beiden Helmen von 1892 stammt im Unterbau noch aus romanischer Zeit. Spätgotisch ist die netzgewölbte dreischiffige Halle mit eingezogenem sternengewölbten Chor (1515–17). Umbau und Neueinrichtung brachten 1892 leider beträchtliche Wertverluste. Bei der Restaurierung nach 1974 konnte man eine alte Blumenmalerei freilegen.

4 km südlich von Göda und etwa 12 km südwestlich von Bautzen liegt **Schloß Gaußig.** Im Park existieren noch unterirdische Gewölbe- und Kelleranlagen eines Rittersitzes der Familie von Haugwitz aus der Zeit um 1548. Das vor 1713 gebaute barocke Schloß, das 1747–50 Sachsens Premier Heinrich Graf Brühl und von 1766 bis in unser Jahrhundert der gräflichen Familie Schall-Riaucour gehörte, wurde um 1800 von Christian Friedrich Schuricht im palladianischen Klassizismus (Andrea Palladio, ital. Architekt 1508–50) umgebaut. Das

Vestibül wurde als Säulenrotunde angelegt, ein *Gartensaal* mit Hermenpilastern geschaffen und die Hoffassade durch vorgezogene Risalite dekorativer gestaltet. Der eigentlich zweigeschossige Bau erhielt um 1870 ein Mansardendach. 1894 wurde eine neoromanische *Kapelle* angebaut, zu deren Ausstattung ein spätgotischer Flügelaltar aus der Zeit um 1480 gehört, und 1907 ein *Bibliotheksflügel* für die 6000 Bände umfassende ›Aufklärungsbibliothek‹ mit z. T. seltenen Schriften des 18. Jh. Die Kunstsammlungen Dresden haben den größten Teil des Kunstbesitzes übernommen, der einst zum Schloß gehörte. Die Gemäldegalerie Brühls mit Werken von Cranach, Rembrandt, Rubens, van Dyck u. a. bedeutenden Malern wurde bereits nach dem Tod des Ministers (1763) an die Eremitage in St. Petersburg verkauft. Der historische, ursprünglich barocke *Landschaftspark* (28 ha) mit ausgedehnten Rhododendron-Beständen ist um 1800 in einen englischen Landschaftsgarten verwandelt und mit drei Pavillons bestückt worden.

Schirgiswalde im Süden von Bautzen wurde erst 1809 von Böhmen an Sachsen abgetreten und bildete dann bis 1845 einen Stadtstaat, in dem man keine Steuern zahlen mußte und es keine Militärpflicht gab, dafür viele ›Pascher‹ (Schmuggler) und Anhänger des in Sachsen verbotenen ›Böhmischen Lottos‹. Einflüsse böhmischer Architektur sind hier noch deutlicher als sonst in der Lausitz erkennbar. *Laubenhäuser* und *Laubengang* am Markt stammen aus der zweiten Hälfte des 17. Jh. Die einschiffige barocke *Pfarrkirche Mariä Himmelfahrt* (kath.) mit Stichkappen-Tonnengewölbe baute 1739–41 Zacharias Hoffmann aus Böhmen; die gotisierenden Türme sind von 1866/68. Der Hochaltar, die beiden Nebenaltäre und die Kanzel gehören zum böhmischen Spätbarock (1741).

Eine siedlungsgeschichtlich interessante Gemeinde ist das benachbarte **Wehrdorf,** seit Mitte des 13. Jh. als Waldhufendorf nachgewiesen. Mit dem Aufkommen der Leinenweberei erfolgte im 18. Jh. eine extrem ausgeprägte Parzellierung nicht nur des Gutes, sondern auch der Bauernhöfe. Das Ortsbild prägen 90 ein- und zweigeschossige *Umgebindehäuser.* Zu den schönsten gehören Nr. 62 mit hölzerner Galerie und Nr. 136, als Obermühle bekannt, mit Mansardendach (1786). Das berühmteste ist das Haus von ›Bihms Koarle‹ (Nr. 48), des 1854 hier geborenen Lausitzer Mundartdichters August Matthes.

Eine sehenswerte *Kirche* besitzt auch **Sohland,** einige km südlich an der tschechischen Grenze gelegen. Der Zittauer Meister Karl Christian Eschke schuf sie 1823/24 im klassizistischen Stil. Bekannt geworden ist der Ort vor allem durch den Granitabbau. Nach 1983 wurden die Natursteinwerke Brückmühle zur Schauanlage ausgebaut.

Nordöstlich von Sohland treffen wir auf beliebte Ausflugsziele der Bautzener: den **Bieleboh** und den **Czorneboh** – die ›Südseite‹ und die ›Nordseite‹. Der Czorneboh ist mit 561 m der höchste Berg dieser Region. Die merkwürdigen Formen seines ausgewaschenen und verwitterten Gesteins erinnern zuweilen an Schalen oder Näpfe. Phantasievoll sind die Deutungen: Von Opferbecken ist die Rede oder gar von Teufelsfenstern. Hier ist so manche Lausitzer Sage angesiedelt, wie auch die vom ›Schwarzen Gott‹ aus der Heldenchronik des Helmold (12. Jh.). Zwischen ›Südseite‹ und ›Nordseite‹ liegt **Cunewalde,** Geburtsort und Grabstätte des Dichters Wilhelm von Polenz (1861–1903), der den von Zola beeinflußten naturalistischen Roman »Der Büttnerbauer« (1895) schrieb. Das Denkmal vor dem ehemaligen Gut derer von Polenz schuf 1909 A. Kramer. Die barocke *Dorfkirche* mit dreifachen Emporen an der Längsachse wurde 1780–93 erbaut. Sie ist mit 3000 Sitzplätzen der wohl größte Kirchensaal der Oberlausitz.

Hochkirch, 12 km südöstlich von Bautzen gelegen, erlebte im Oktober 1758 eine der entscheidensten und blutigsten Schlachten des Siebenjährigen Krieges. Es siegten die Österreicher unter Marschall Leopold Joseph von Daun im Kampf gegen die Preußen. Drei *Obeliske* vor der Dorfkirche erinnern an die 15 000 Gefallenen dieser Schlacht. Die *Kirche* wurde 1720 im Stil des Barock gebaut und 1750 um den Turm bereichert. Hinter dem Altar steht das Marmordenkmal für den gefallenen preußischen Feldmarschall Jakob Keith. Nahe Hochkirch liegen die **Niethener Schanze,** ein alter slawischer Wall, und das Dörfchen **Wuischke** mit seinen Himmelschlüsselwiesen, das einen wohltuenden Kontrast zu den Zeugen der Kriegsgeschichte ringsum bildet.

Legenden winden sich um das *Rathaus* im weiter nordöstlich gelegenen **Weißenberg.** Schildbürger sollen das zweigeschossige barocke Gebäude (1787/88) mit Krüppelwalmdach errichtet haben. Beweis: die vorgelagerte, überdachte Wendeltreppe sei nur ein Ersatz für den vergessenen Eingang. Die spätromanische *Dorfkirche* (13. Jh.) ist im 17./18. Jh. umgebaut worden. Sehenswert ist die *Alte Pfefferküchlerei* (Heimatmuseum) in einem nach 1643 gebauten Haus am Markt. Der alte Backofen und die beiden Backstuben (1683) – eine für die Teigzubereitung, die andere für das Ausformen – sind erhalten, ebenso der bemalte Ladentisch, ein Deckenleuchter mit Pfefferkuchen, eine Vielzahl alter Pfefferkuchenformen aus dem 17./18. Jh. und eine Pfefferkuchen-Sammlung. Gebacken wurde hier zuletzt 1938. Im Ort aber werden noch heute nach Originalrezepten Pfefferkuchen hergestellt.

Zu empfehlen ist ebenfalls eine Erkundung der nordwestlich bzw. nord-nordöstlich gelegenen Ortschaften bei Bautzen. Nur 6 km sind es bis zum einzigartigen *Saurierpark* in **Kleinwelka,** einem naturkundlichen Freilichtmuseum, das jährlich mit einer halben Million Besuchern rechnen kann. Auf einem 2 ha großen Areal sind 70 detailgetreue Nachbildungen urzeitlicher Reptilien ausgestellt, darunter der 15 m hohe Brachiosaurus, der größte der bekannten Pflanzenfresser und ein fast 30 m langer Diplodocus, ein Sumpfbewohner der Jura- und Kreidezeit mit kleinem Schädel auf langem Giraffenhals. Mit den Nachbildungen

Im Saurierpark von Kleinwelka

Schloß Neschwitz bei Bautzen

eines Australopithecus begann die Ausstattung des Parks mit Modellen der wichtigsten Vertreter des Urmenschen, die ums Jahr 2000 voraussichtlich abgeschlossen sein wird.

Im weiter nördlich an der Elster gelegenen **Luga** wurde 1977 eine aus Saritsch umgesetzte alte *Bockwindmühle* als Schauanlage hergerichtet. Es ist die letzte von 16 noch um 1900 in der Bautzener Gegend existierenden Mühlen dieser Art. Gebaut wurde sie 1733, und in Betrieb war sie bis 1940. Das ursprünglich einstufige Mahlwerk wurde 1820 um einen zweiten Mahlgang ersetzt. Die im Krieg schwer beschädigte Mühle wurde 1953 erneuert. Ein kurzes Stück weiter die Elster hinab liegt **Schloß Neschwitz,** das 1723 von Herzog Friedrich von Württemberg-Teck an der Stelle einer Wasserburg aus dem 13. Jh. als Jagdschloß errichtet wurde. Der imposante, zweigeschossige barocke Bau ist an der Längsseite durch Kolossalpilaster gegliedert. Der zweigeschossige *Festsaal* ist mit Malereien im pompejanischen Stil (1806) dekoriert. Die beiden *Statuen* in den Nischen der Schmalseite schuf Benjamin Thomae. Im Krieg zerstört wurde das sogenannte *Neue Palais,* ein Werk des Dresdner Architekten Friedrich August Krubsacius. Vergangenheit ist auch die einst bewunderte Apfelsinenplantage des Herzogs, in der besten Zeit etwa 100 Bäume zählend; die großen Gewächshäuser gab es schon im vorigen Jahrhundert nicht mehr. Die Besucher lockt heute vor allem der 5,5 ha große Park, angelegt 1723 von Johann Friedrich Karcher im Stil des Barock, Ende des 18. Jh. westwärts erweitert um die englische Anlage. Die Sandsteinplastiken im Park stammen von Johann Christian Kirchner. Schloß Neschwitz gehörte 1737–64 dem Polen Alexander Josef Graf Sulkowski, Minister unter Friedrich August II. und Förderer des Katholizismus in der Lausitz.

Nach weiteren 4 km entlang der Elster gelangt man nach **Königswartha.** Das *Schloß Königswartha* wurde um 1780 für den Reichsgrafen Johann Friedrich von Dallwitz als zweigeschossiger Rechteckbau mit Walmdach im vorwiegend klassizistischen Stil errichtet, nur die Parkseite mit abgerundetem Mittelrisalit und Mezzanin zeigt noch alle Merkmale des Barock. Die vier Sandsteinfiguren vor der Gartenfront stellen Gestalten aus der griechischen Mythologie dar. Um das Jahr 1730 entstanden die von Luga nach hier umgesetzten sechs Statuen aus der Werkstatt Permosers an der Hauptfront. Der Park wurde um 1800 nach englischem Vorbild umgestaltet.

Wenige km östlich liegt **Milkel.** Das *Schloß* erinnert mit seinen dicken, dreigeschossigen Rundtürmen etwas an die Moritzburg. Unter Verwendung der Reste einer Wasserburg aus dem 16. Jh. wurde das Barockschloß um 1720 mit giebelgekröntem Mittelrisalit, Freitreppe und Mansardenwalmdach errichtet. Im Stil des Rokoko ist der Festsaal im Obergeschoß gehalten. Im Schloß ist die sorbische Sprachschule untergebracht.

Wer die sorbische Küche probieren will, besucht am besten den *Wodny Muz* (›Wassermann‹), das Spezialitätenrestaurant im weiter östlich gelegenen **Malschwitz.** Serviert wird u. a. *Serbska Kermusa poliwka,* zu deutsch ›Kirmessuppe‹.

Von Bautzen die Spree aufwärts erstreckt sich die 1968–75 für das Kraftwerk Boxberg errichtete **Talsperre,** 600 ha groß und bevorzugtes Naherholungsgebiet der Bautzner. Hier wird dem Segeln gefrönt und dem Surfen. Zum Dorf Quatitz hin blieb ein bedeutendes Vogelschutzgebiet erhalten. Die Talsperre Bautzen ist Landschaftsschutzgebiet.

In der Heimat von Lessing und Fichte

In **Kamenz** wurde als Sohn des zweiten Stadtpfarrers Gotthold Ephraim Lessing (1729–81) geboren, der große Dichter der Aufklärung, dessen »Nathan der Weise«, »Emilia Galotti«, »Minna von Barnhelm« und die »Hamburgische Dramaturgie« Literatur- und Theatergeschichte schrieben. Lessings Geburtshaus wurde 1842 durch einen Brand zerstört, so daß das anläßlich seines 200. Geburtstages 1929 gegründete **Lessingmuseum** mit einem Neubau vorlieb nehmen mußte. Es ist im Besitz einer einmaligen Spezialbibliothek, zu deren Bestand seltene Erstausgaben und frühe Editionen gehören. Seit 1961 richtet Kamenz jährlich Lessingtage aus, die von Literaturwissenschaftlern aus aller Welt besucht werden. Das *Lessing-Denkmal* von 1863 vor dem Museum schuf der Bildhauer Hermann Knaur, die Stele mit szenarischen Darstellungen aus Lessings Dramen J. Peschel.

Lessings Geburtsstadt liegt auf einem Plateau oberhalb der Schwarzen Elster und gilt als ›grüne Stadt‹ der Oberlausitz. Seit Jahrhunderten ließen die Stadtväter Parks und Gärten anlegen. Zu den heimischen Rotbuchen oder Kastanien gesellen sich Tulpenbäume, Zypressen, Concolartannen u. a. seltene Baumarten. Um die **Hutberg-Anlage** mit ihren Rhododendronsträuchern, Azaleen, Jasmin- und Kerribüschen in voller Blüte erleben zu können, finden sich um Pfingsten jährlich etwa 20000 Besucher ein. Auf dem Hutberg steht schon seit 1864 ein Aussichtsturm, von dem aus sich ein schöner Blick über die Stadt bietet.

Kamenz wurde um 1200 durch die Herren von Vesta (später von Kamenz) angelegt. Begünstigt durch die Lage an der ›Hohen Straße‹, entwickelte sich die Stadt schon früh zu einem Zentrum der Tuchmacherei und Leinenweberei. Die Stadt war Mitglied des 1346 gegründeten Sechsstädtebunds, dessen Auf- und Niedergang sie intensiver erlebte als andere Städte. Von der historischen Bausubstanz ging vieles beim Stadtbrand von 1842 verloren, aber anders als viele sächsische Städte wurde Kamenz im Zweiten Weltkrieg vor größeren Kriegsschäden bewahrt.

Charakteristisch für das Stadtzentrum ist die geschlossene Bebauung; acht Häuserblöcke gruppieren sich um den rechteckigen Markt (88 × 38 m). Das **Rathaus** wurde 1847–50 unter Leitung des Zittauer Architekten Carl August Schramm im Stil eines neogotischen, italienisch anmutenden Palastes gebaut. Der **Andreasbrunnen** mit dem Standbild der Justitia ist ein rares Zeugnis der Renaissancekunst in Kamenz. Die Sandsteinarbeit datiert von 1570 (Kopie) und könnte aus der Schule Christoph Walthers II. stammen. Der Brunnen erinnert an den Bürgermeister Andreas Günther, der nach dem Pönfall 1547 eine Milderung der über Kamenz verhängten kaiserlichen Strafe erreichte. Ans Rathaus schließen sich die nach dem Brand von 1842 gebauten, spätklassizistischen zweigeschossigen **Fleischbänke** mit gewölbtem Laubengang an. Zu den wenigen Bürgerhäusern, die die Stadtbrände von 1707 und 1842 überdauerten, gehört das **Malzhaus** in der Zwingerstraße, ein zweigeschossiger Renaissancebau mit kreuzgewölbter, dreischiffiger Halle. Ein schöner barocker Bürgerbau blieb mit dem **Ponickau-Haus** in der Pulsnitzer Straße erhalten. Heute ist er Sitz des *Museums der Westlausitz*.

Reich ist Kamenz an Sakralbauten mit kostbarer Ausstattung. Auf einem 35 m hohen Sporn über der Schwarzen Elster überragt die **Hauptkirche St. Marien** die Stadt und ist zugleich ihre herausragende Sehenswürdigkeit. Die ursprünglich dreischiffige, nach 1429 um ein viertes Schiff erweiterte spätgotische Hallenkirche wurde 1400–80 aus heimischem Granit gebaut. Schon von Ferne fallen die beiden, je zwei Schiffe überspannenden, parallelen Satteldächer mit blendengeschmückten Backsteingiebeln und der in die Nordwestecke einspringende Turm mit barockem Aufsatz und Haube auf. Im Innern tragen Achteckpfeiler ohne Kapitelle die verschiedenartig gegliederten Gewölbe. Der *Marienaltar* (Ende des 15. Jh.) mit Maria im Schrein und figuriertem Gesprenge zählt zu den Meisterwerken spätgotischer Kunst in Sachsen. Von einem Lausitzer Meister stammt der *Michaelisaltar* (1498). Bei der *Kreuzigungsgruppe* im Triumphbogen handelt es sich vermutlich um ein Werk des frühen 15. Jh. Der kleine *Flügelaltar* mit dem Brustbild Christi wurde 1505 gearbeitet. Die hölzerne *Kanzel* (1566) bemalte Andreas Dreßler aus Kamenz. Auf Wolfgang Krodel gehen die drei *Votivgemälde* von 1542 zurück. Noch ins 14. Jh. gehört ein schreinartiger *Reli-*

39 CHEMNITZ Karl-Marx-Monument
◁ 38 ZWICKAU Markt   41 CHEMNITZ Siegertsches Haus ▷
40 PLAUEN Bürgerhäuser in der Nobelstraße

43 ZWICKAU Dünnebierhaus

◁ 42 ZWICKAU Gewandhaus

45 ANNABERG-BUCHHOLZ Annenkirche, Inneres nach Osten
◁ 44 EBERSDORF Inneres der Stiftskirche mit Pulthalterfiguren von Hans Witten am Hochaltar

46 CHEMNITZ   Schloßkirche, Geißelsäule von Hans Witten

47 FREIBERG   Dom, Tulpenkanzel von Hans Witten ▷

49 Die Göltzschtalbrücke bei Mylau
◁ 48 SCHNEEBERG Haus in Pagodenform
50 BAD ELSTER Kurhaus

51 AUGUSTUSBURG Südfront

52 SCHNEEBERG Haus eines Industriellen aus der Gründerzeit

53 CARLSFELD Dreifaltigkeitskirche ▷

55 REHEFELD im Osterzgebirge
◁ 54 SEIFFEN Dorfkirche 57 GROSSRÜCKERSWALDE Wehrkirche ▷
56 SCHNEEBERG Die Kirche St. Wolfgang über der Altstadt

quienbehälter. Bemerkenswert sind auch die *Epitaphien,* im Vorraum u. a. die der Eltern und eines Großvaters Lessings. Der Kirchhof ist von einer hohen Mauer umgeben, aus der bastionsartig die **Katechismuskirche** hervorragt. Sie ist 1338 gestiftet worden und das älteste erhaltene Bauwerk der Stadt. Die Ausstattung des Saals mit Emporen und bemalter Holzdecke erfolgte 1724. Die *Schießscharten* verraten einstige Wehrfunktion. Marien- und Katechismuskirche stellten im Verteidigungssystem einen wichtigen strategischen Punkt dar.

In Höhe der alten Stadtmauer wurde 1493–1507 die Kirche der Franziskaner gebaut, heute **St. Annen-** oder einfach **Klosterkirche** genannt, eine dreischiffige Halle mit einschiffigem Chor und Netzgewölbe. Auffallend sind die monumentalen Backsteingiebel mit Ziegelblenden. Von der alten Ausstattung blieben mehrere geschnitzte Altarschreine erhalten: der *Annenaltar* von 1512 mit der hl. Sippe; der *Marienaltar* von 1510 mit Maria, Wolfgang und Ottilie; der *Heilandsaltar* von 1513 mit Christus, Franziskus und Bernhard, der *Franziskusaltar* (um 1520) mit einer Darstellung der Stigmatisation des hl. Franziskus; der *Altar der hl. Sippe* um 1515. Das Kloster ist 1565 säkularisiert worden. Einer seiner letzten Bewohner war der sagenumwobene ›kluge Mönch‹ Matthäus Rudolph, ein Heilkundler und Alchemist.

Außerhalb des Stadtkerns steht die zweitälteste Kirche, die einschiffige gotische **Justkirche,** errichtet 1377 als Begräbniskirche. Vollständig erhalten sind im Chor die *Wandmalereien* von etwa 1380/90. Der 1937 freigelegte Gemäldezyklus, der zu den wertvollsten historischen Wandmalereien Sachsens zählt, stellt das Leben Christi dar, die klugen und die törichten Jungfrauen sowie verschiedene Engel. Spätgotisch ist der *Flügelaltar* (um 1500) mit der Marienkrönung im Schrein.

Westlich von Kamenz liegt dort, wo die alte ›Hohe Straße‹ am Rand der Laußitzer Heide die Pulsnitz überquerte, **Königsbrück.** Hier gründeten die böhmischen Könige eine Zollfeste, in deren Schutz sich das 1248 erstmals genannte Städtchen entwickelte. Das auf einer Landzunge gelegene dreigeschossige barocke *Schloß* entstand um 1700 und zählt 19 Fensterachsen. Der Mitteltrakt wird durch einen Balkon betont, und aufgemalte ionische Pilaster zieren die Fassade. Von einem älteren Renaissanceschloß blieb ein Portal von 1550 erhalten. Das Schloß war nach 1438 Stammsitz der Grafen Dohna und repräsentierte die zweitgrößte Standesherrschaft der Oberlausitz.

Die barocke *Stadtkirche* wurde 1682–1719 unter Leitung der Architekten Christoph Gottschick und Georg Friedrich Spieß gebaut. Zur Ausstattung gehören zwei Tafelgemälde von 1475 und ein wertvoller Altaraufsatz von 1692. Wiederholt baulich verändert wurde die 1578/79 errichtete *Hospitalkirche,* die über ein spätgotisches Kruzifix (um 1510) und einen sehenswerten barocken Flügelaltar von 1728 verfügt.

Nach einigen km entlang der Pulsnitz in südlicher Richtung erreicht man **Oberlichtenau.** Das *Schloß* entstand 1720. Der zweigeschossige Rechteckbau mit abgewalmtem Satteldach und Mittelrisalit mit Dreiecksgiebel wurde 1750 von Johann Christoph Knöffel erweitert und im Innern verändert. Ein Prunkstück ist im Obergeschoß der Festsaal von 1726 mit seiner reizvollen Stuckdekoration. Der *Barockpark* von 1720 wurde mehrfach umgestaltet;

bemerkenswert sind vor allem die barocken Plastiken. Leider befindet sich das Schloß heute in einem sehr schlechten baulichen Zustand.

An der Quelle des gleichnamigen Flusses liegt die ›Pfefferkuchen-Stadt‹ **Pulsnitz,** quellenmäßig belegt ist die Pfefferkuchenbäckerei seit 1558. Ein zweiter traditionsreicher Erwerbszweig der Pulsnitzer ist die Töpferei mit der charakteristischen Schwämmeltechnik. Die Kunsttöpferei Jürgel (Ernst-Thälmann-Straße 4) begann 1742 mit einem 1959 außer Betrieb gestellten ›Kasseler Langofen‹ (heute im *Museum*) und der Name ›Jürgel‹ wurde bald Markenzeichen für die Waren mit blauer und brauner Glasur. Ein einmaliges technisches Denkmal in Sachsen ist die *Pulsnitzer Blaudruckerei;* das Färbereihaus in der Bachstraße verfügt über rund 600 Modeln (Druckstöcke), darunter viele aus dem 18./19. Jh.

Die **Stadtkirche St. Nikolai,** eine dreischiffige Hallenkirche vom Anfang des 16. Jh., abgebrannt 1742, wurde 1742–45 nach Plänen Johann Andreas Hünigens wiederaufgebaut. Haube und Laterne des Turms datieren von 1781. Die Raumgestaltung entspricht den Auffassungen des Dresdner Ratszimmermeisters George Bähr: ovaler, zweigeschossiger Emporeneinbau, schlanke Stützen mit geschnitzten Kapitellen, auf denen die hölzerne Flachkuppel ruht. Zu beiden Seiten des einschiffigen Chores verlaufen üppig dekorierte zweigeschossige Logen. Der *Empire-Säulenaltar* aus Terrakotta wurde 1796 von dem Dresdner Töpfermeister Johann Gottfried Lehmann geschaffen. Die reich figurierte *Holzkanzel* (um 1600) ist eine Arbeit des Freiberger Bildhauers und Malers Franz Ditterich d. Ä. (1557–1607). Ein zellengewölbter Raum im Südteil wurde 1934 als *Gedächtniskapelle* für den größten Sohn der Stadt, Ernst Rietschel (1804–61), eingerichtet. Der Bildhauer schuf u. a. das Goethe-Schiller-Denkmal in Weimar. In Pulsnitz sind die Grabsteine seiner Eltern Beispiel seiner Kunst. Die Stadt errichtete auf dem Markt ein *Rietschel-Denkmal,* und am Haus Rietschelstraße 16 erinnert eine Tafel daran, daß der Bildhauer hier geboren wurde.

Das **Alte Schloß,** ein zweigeschossiger Renaissancebau (um 1600) und das **Neue Schloß,** ein Barockbau von 1718, werden vom Gesundheitswesen genutzt. Das 1555 errichtete **Renaissance-Rathaus** wurde mehrmals umgebaut. Der **Perfert** (Am Gut Nr. 1) war ein wehrhafter, von Wasser umgebener Speicher. Der zweigeschossige Bau (um 1420) gilt als ältester erhaltener Fachwerkständerbau Sachsens.

Zum Herrschaftsgebiet der Grafen von Kamenz gehörte früh schon das 1213 erstmals erwähnte **Rammenau** im Osten von Pulsnitz, wo einst die Grenze der Oberlausitz verlief. Das 1721–37 unter Johann Christoph Knöffel (Oberleitung Matthäus Daniel Pöppelmann) erbaute **Barockschloß Rammenau** zählt zu Sachsens schönsten Schlössern. Auf hufeneisenförmigem Grundriß errichtete Knöffel einen zweigeschossigen Drei-Flügel-Bau mit Mansardenwalmdach. Den Mittelrisalit krönt ein Dreiecksgiebel, Lisenen gliedern die schlichte Fassade. Das Schloß ist aus Sandstein aus der Maingegend errichtet worden, und die Transportkosten ruinierten den Bauherren v. Knoch. Bei der Zwangsversteigerung 1744 fiel das Schloß an die Familie v. Hofmann (seit 1779 Graf Hofmannsegg), die 1798 den Innenausbau zum Abschluß brachte. Den beiden Bauphasen gemäß ist die Dekoration noch barock oder schon klassizistisch, wie die illusionistische Architekturmalerei im *Treppenhaus.* Den großen *Fest- und Spiegelsaal* im Obergeschoß schmücken Wandmalereien, das

Das ›Chinesische Zimmer‹ in Schloß Rammenau

Chinesische Zimmer eine prächtig bemalte Wandbespannung, das *Goldene Zimmer* eine klassizistische Wandmalerei. Die Räume tragen alle einen besonderen Namen: Teufelszimmer, Bulgarisches Zimmer, Tapetenzimmer, Pompejanisches Zimmer, Rosenzimmer usw.

Der *barocke Garten* mit Sandsteinfiguren, Postamenten, Balustraden und Treppen wurde nach 1800 in einen englischen Landschaftspark umgestaltet.

Schloß Rammenau dient heute als Kulturzentrum. Gartensaal, Jagdzimmer, Kornblumenzimmer und Vogelzimmer, barock gehalten, werden von der Schloßgaststätte genutzt, einer der schönsten Gaststätten des Landes. Seit 1977 besteht im Schloß eine *Gedenkstätte* für den in Rammenau geborenen Philosophen des klassischen deutschen Idealismus *Johann Gottlieb Fichte* (1762–1814). Ein *Museum* mit einer Sammlung zur Schloßgeschichte, einer kleinen Gemäldegalerie und verschiedenen Sammlungen wie Meissener Porzellan, Zinn und Granit aus den heimischen Steinbrüchen ist ebenfalls in den Räumen des Schlosses untergebracht.

Über eine bemerkenswerte Barockausstattung verfügt die dreischiffige *Hallenkirche* von 1726 im südlich von Kamenz gelegenen **Elstra.** In Anlehnung an ein Rubensgemälde schuf 1733 Christian W. Ernst Dietrich (1712–74), Brühls Galerieinspektor, das Altarbild ›Kreuzabnahme‹. Die 1734 gebaute Kanzel stammt vermutlich von Andreas Böhmer.

Die sehr schöne *Dorfkirche* mit Walmdach und Dachreiter im benachbarten **Nebelschütz** errichtete 1740–43 Zacharias Hoffmann. Ein nach Ost und West im Halbrund schließendes Rechteck bildet den Grundriß. Außen gliedern Lisenen die Wände, im Innern Pilaster. Im Mittelpunkt des bis in die Gewölbe reichenden barocken Hochaltars steht das Gemälde ›Maria Himmelfahrt‹ von Franz Karl Palko (1724–67) aus Breslau.

Das Kloster St. Marienstern

Das 1248 gegründete Zisterzienserinnenkloster Marienstern bei Panschwitz-Kuckau ist eine der bemerkenswertesten Sehenswürdigkeiten des Landes. Neben Marienthal (s. S. 275) ist Marienstern das einzige deutsche Zisterzienserinnenkloster, das sich über Jahrhunderte hinweg zu behaupten vermochte. Es zählt heute etwa 60 Konventsmitglieder, ist selbständig und hat ein eigenes Noviziat. Die von der Ordensregel vorgeschriebene Abgeschlossenheit des Klosters war bei der Gründung gegeben. Daß später die ›Hohe Straße‹ vorbeiführen würde, einer der belebtesten Handelswege, konnte niemand voraussehen.

Als katholische Oase in Sachsen wurde Marienstern letzte Ruhestätte der Katholiken des Hofes. Anton Egon von Fürstenberg (1656–1716), Statthalter Augusts des Starken, ist hier beigesetzt, die Gräfin Sulkowski (1712–41), der Architekt Raymond Leplat († 1742), der Komponist Giuseppe Peranda († 1675). Die Herren von Kamenz hatten als Stifter des Klosters lange vor der Reformation die Bestattung auch von Nichtkonventsmitgliedern im Kloster durchgesetzt. Der **Sandsteinsarkophag** der Stifter mit Bronzeplatten (Prager Schule um 1629) steht vor dem Hochaltar. Die darin verewigten Daten sind ungenau: Bernhard III. starb nicht 1321, sondern 1296, Heinrich I. 1318, nicht 1380.

An Wallfahrtstagen wie Osterdienstag, Pfingstdienstag, Fronleichnam, Maria Heimsuchung und Maria Geburt zieht es Katholiken zu Tausenden nach Marienstern. Mit der Osterwallfahrt verbunden ist das altsorbischer Tradition folgende Osterreiten, das Abreiten der Saat. Es ist zwar auch in einigen anderen Orten noch Brauch, aber eigentlich in Marienstern beheimatet. Sorbischem Brauchtum und Künsten fühlt sich das Kloster sehr verbunden. Im 1890–95 angelegten **Lippe-Naturpark** des Klosters steht seit 1949 ein bronzenes Denkmal für den sorbischen Dichter Jakub Bart-Ćišinski (1856–1909) aus Kuckau (Gedenkzimmer in seinem Geburtshaus).

Der **neue Konvent** wurde 1731/32 gebaut; das **Haus der Äbtissin,** mit Türmchen, stammt vermutlich aus dem späten 17. Jh. Kloster und Wirtschaftsgebäude sind von einer Mauer umgeben. Die **Klosterkirche,** eine dreischiffige, spätgotische Hallenkirche mit barockem Inventar, hat als charakteristisches Zeichen von Zisterzienserbauten keinen Turm, aber einen Dachreiter (1677). Den Dreieckgiebel schmückt ein Stern. Die älteste

Im späten Mittelalter stand Kloster Marienstern unter dem Schutz der böhmischen Könige. Das böhmische Wappentier bildet die Brunnensäule des achteckigen Brunnens vor der Klosterkirche

Bausubstanz stammt von 1259, die dominierende, die barocke, von 1720/21. Die Kirche steht der Laiengemeinde offen und ist dementsprechend groß: 44 m lang, 13,5 m breit, 17 m hoch. Die Nonnenempore und ein zum Kreuzgang ausgebautes Seitenschiff sind dem Orden vorbehalten. Es fehlen Lettner und Altarkapelle. Der schöne *Hochaltar* (1751) ist eine Arbeit von Franz Lauermann (Prag) und neben dem von St. Petri in Bautzen der kostbarste der Lausitz. Zu den wertvollen Stücken des Klosters zählt ein *Vesperbild* aus der Mitte des 14. Jh. in einem prunkvollen barocken Gehäuse. Das *Altarbild* (1755), die Himmelfahrt Marias darstellend, geht auf Franz Paleko zurück. Der große *Tabernakelschrein* (1756) samt feingearbeitetem Schloß stammt von Kaspar Gschwander, die *Tabernakeltür* von Ignatz Platzer, beide aus Prag. Platzer fertigte auch die Figuren der vier Haupttheiligen, derzeit im nicht öffentlichen Teil. Er besorgte zudem den figürlichen *Altarschmuck*, der 1891 durch Statuen von Ferdinand Demetz aus Tirol ersetzt worden ist. Das große *Abendmahlsbild* an der Chorwand nahe dem Hochaltar ist ein Werk von Franz Schwarz. Darauf findet sich die Darstellung eines romanischen Kelchs, einer früher im Klosterbesitz befindlichen Goldschmiedearbeit aus dem 13. Jh. Zum Figurenschmuck der Kirche gehören auf der Brüstung des Nonnengangs *zwölf barocke Statuen* von 1720. Jedem Gewölbejoch sind drei überlebensgroße Holzplastiken zugeordnet. An der Westseite stehen die fast lebensgroßen *Sandsteinstatuen* ›Christus auf der Rast‹ (1718) und ›Mater Dolorosa‹ (1720), die beide von Matthias Wenzel Jäckel aus Prag geschaffen wurden. Die Ostfenster des nördlichen Seitenschiffes weisen noch zwei Scheiben mit *Glasmalereien* in leuchtender Farbenpracht von etwa 1370 auf. Schon zur Klausur zählt die *Sakristei* mit Bauteilen aus dem 13. Jh. Innerhalb der Klausur befinden sich ein *Flügelaltar* von 1520–25 und die *Bibliothek*, deren älteste Handschrift aus dem 13. Jh. stammt. Für jedermann zu besichtigen sind dagegen nahe dem Gästehaus drei *Denkmalsäulen:* die 6 m hohe Dreifaltigkeitssäule (1723), mitten im Hof die 5,5 m hohe Mariensäule (1720) und die Nepomuksäule (1721).

Zu St. Marienstern gehört der 6 km vom Kloster entfernte Wallfahrtsort **Rosenthal.** Ziel der Wallfahrer ist seit 1669 die 30 cm hohe Statuette ›Unserer Lieben Frau von der Linde‹ mit einem zwölfteiligen Bilderkranz aus dem Marienleben, die 1460–80 aus Lindenholz geschnitzt wurde. 1628 erhielt sie einen Ehrenplatz in der *Wallfahrtskirche,* die 1776/78 erweitert wurde. Am 1. Mai 1945 brannte die Kirche nach einem Bombenangriff aus; der Verwalter konnte die Statuette aus den Flammen bergen. Noch im selben Monat kam es zur ersten Nachkriegswallfahrt. Beim Wiederaufbau erhielt die Kirche, eine der größten der Lausitz (42 m lang und 19 m breit), eine moderne Innenausstattung. Die wertvolle Orgel stammt von der Firma Gebrüder Jehmlich, Dresden, der stattliche Hochaltar aus Marmor und Muschelkalk wie die Seitenaltäre von Georg Nawroth.

Hoyerswerda – Weißwasser – Bad Muskau

Bei der Neubildung der Länder wurden die Kreise Weißwasser und Hoyerswerda wieder Sachsen zugerechnet. Beide haben die wechselvolle Geschichte der Lausitz erlebt: Sie gehörten zu Meißen, Brandenburg, Böhmen, Sachsen und Preußen (Regierungsbezirk Frankfurt/Oder bzw. Provinz Schlesien), in der länderlosen Zeit der DDR (1952–90) zum Bezirk Cottbus. Wer Archivstudien betreiben will, muß reisen. Die einschlägigen Akten liegen in Prag (für die böhmische Ära bis 1635), Dresden (1635–1815), Frankfurt/Oder (1815–25), im heute polnischen Liegnitz (1825–1945) und in Potsdam (1945–1990).

Die Strukturveränderungen hinterließen auch Spuren anderer Art. Im Kreis Hoyerswerda (Wojerecy) verläuft jetzt die Ländergrenze mitten durch das in den vergangenen Jahrzehnten ausgebaute Kohle- und Energiezentrum ›Schwarze Pumpe‹. Ihren Arbeitsplatz haben die Beschäftigten in Brandenburg, ihre Wohnstätte in Sachsen. **Hoyerswerda** erlebte nach 1955 durch den Bergbau ein enormes wirtschaftliches Wachstum. Als Wohnstadt der ›Schwarzen Pumpe‹ erhöhte sich die Einwohnerzahl bis 1986 von 7775 auf 72000, also binnen dreier Jahrzehnte um mehr als das Neunfache. Die Krise des Bergbaus und der Drang nach Westen führten 1989/90 zur Abwanderung von 7000 Menschen. Die während der Konjunktur Zugezogenen kamen vorwiegend aus dem Erzgebirge, und namentlich sie traten 1990 für die Vereinigung mit Sachsen ein.

Der Grundstein zur **Neustadt** Hoyerswerda wurde am 31. August 1955 gelegt. Die Planung der ›sozialistischen Wohnstadt‹ übernahm Richard Paulick, die bildkünstlerische Gestaltung der einheimische Bildhauer Jürgen von Woyski. Touristische Anziehungspunkte sind das *Rosarium*, das *Planetarium* und das *Kulturzentrum* der Niederlausitz, das ›Haus der Bergarbeiter‹, dessen aufwendig ausgestatteter Saal nach dem Leipziger Gewandhaus und der Dresdener Semperoper über die beste Akustik aller Festsäle Sachsens verfügt.

Die Erschließung der Kohle brachte auch für die Archäologen Arbeit und neue Erkenntnisse. Im Wettlauf mit dem Bagger, der fünf Dörfer ›räumte‹, erfolgten intensive Grabungen auf einem 8 km² großen Areal in der Gegend von Uhyst. Registriert sind 41 Fundstellen in vier Gemarkungen, wo u. a. ein altsteinzeitliches Federmesser (um 10000 v. Chr.), sieben Feuersteingeräte aus dem Mesolithikum und sechs Zeugnisse der Trichterbecherkultur gefunden wurden. Nach jetzigem Erkenntnisstand war das Gebiet seit etwa 2500 v. Chr. dauerhaft bewohnt. In die Bronzezeit gehören zwei Gräberfelder mit unterschiedlichem Leichenbrand, nach Radiocarbondatierung von 1200 bzw. 895 v. Chr. stammend. Infolge der raschen Vergänglichkeit des Holzes blieb von Wohnstätten wenig übrig, und so verdient der bei **Merzdorf** freigelegte bronzezeitliche Grundriß einer 4,5 × 4,5 m großen Hütte aus senkrecht stehenden Hölzern besonders Beachtung.

Mit der Billendorfer Kultur (750–300 v. Chr.) klang an der oberen Spree die ›Lausitzer Kultur‹ – ein von Rudolf Virchow geprägter Begriff – aus. Für die folgenden Jahrhunderte mangelt es an Funden, was als Bestätigung schon früher angenommener Siedlungsleere gelten kann. Aus dem 2./3. Jh. n. Chr. stammt die bei Merzdorf ausgegrabene Hochofenbatterie, ein in diesen Breiten einmaliges Zeugnis des Rennfeuer-Schmelzverfahrens. Die Völkerwanderung führte wahrscheinlich zu einer neuerlichen Verödung des Spreetals. Erst im 12./13. Jh. kam es wieder zur Besiedlung durch Germanen und Slawen; für frühere slawische Siedlungen fehlt jeglicher Hinweis. 1931 konnte bei **Klein-Neide** in nur 1,5 m Tiefe ein Schatz aus der Bronzezeit freigelegt werden. Über ihn und neuere Ausgrabungen wird ab 1992/93 nach seiner Rekonstruktion wieder das Hoyerswerdaer *Heimatmuseum* informieren; es besteht seit 1932 und wurde 1952–55 unter Leitung des Kunstmalers Günter Peters (1907–86) ins Schloß verlegt.

Die Geschichte des **Schlosses** Hoyerswerda ist eng mit dem Wirken der Fürstin Ursula Katharina von Teschen verknüpft. Als die mit dem Fürsten Lubomirski verheiratete

Mätresse Augusts des Starken der Gräfin Cosel weichen mußte, erhielt sie als ›Abfindung‹ 1705 die abgelegene Herrschaft Hoyerswerda. Der frühere Eigentümer, der kursächsische Kanzler Wolf Dietrich von Beichlingen, saß seit 1703 als Häftling auf dem Königstein und hatte alle Ansprüche auf seinen Besitz verloren. Die verbannte Fürstin, die später den Prinzen von Württemberg heiratete und in Leitmeritz beerdigt ist, ergriff für 32 Jahre Besitz von Hoyerswerda, bemüht ihren Dresdner Lebensstil fortzusetzen. Das schlichte, dreigeschossige Renaissanceschloß auf elliptischem Grundriß wurde 1592 anstelle einer alten Lausitzer Grenzfeste unter Seyfried von Promnitz errichtet. Das dreiteilige Wappen Seyfrieds und seiner beiden Frauen über dem Schloßtor zeugt heute noch davon. Die anspruchsvolle Fürstin Teschen ließ den alten Herrensitz 1727 mit acht Vordergiebeln, einem barocken Portal und einem 1823 wieder abgebrochenen Turm versehen. Im Innern entstand ein großer *Festsaal*, bei dessen Umbau zum Ausstellungs- und Musiksaal 1954 Kreuzgewölbe freigelegt und die Fenster in den zwei Meter dicken Mauern vergrößert wurden. Das in preußischer Zeit als Gerichtssitz und Gefängnis genutzte Schloß hat durch bauliche Veränderungen gelitten. (Seit 1989 Rekonstruktion). Hinter dem Schloß legte die Fürstin nach 1724 einen Park an. Heute ist er ein großer **Zoo**, in dem sich über 800 Tiere in 197 Arten tummeln. Den *Sorbenbrunnen* in den Anlagen schuf Jürgen von Woyski; die Keramikreliefs stellen sorbische Bräuche zu verschiedenen Jahreszeiten dar. Die zahlreichen Plastiken im Park gehen auf das Internationale Hoyerswerdaer Bildhauersymposium 1977 zurück.

Permanente Geldsorgen verlangten der Fürstin wirtschaftliches Engagement ab. Unter ihr wurde Hoyerswerda 1708 in den Postkurs einbezogen. Vor dem Schloß steht noch eine **Distanzsäule** von 1730, restauriert 1972; den alten Schriftblock verwahrt das Heimatmuseum. Die **Lange Straße** gab es schon Mitte des 17. Jh., aber erst zur Zeit der Teschen entwickelte sie sich zu einer ausgesprochenen Handwerkergasse. Sie blieb im Originalzustand erhalten und steht als Museumsstraße unter Denkmalschutz.

Noch auf Kanzler von Beichlingen geht die Errichtung des **Amtshauses** nahe dem Rathaus (1702) zurück, eines 1982 restaurierten zweigeschossigen Barockbaus mit Kreuzgewölbe im Erdgeschoß und Balkendecke in der oberen Etage.

Die Stadt wurde im Zweiten Weltkrieg zu 40 % zerstört, so daß nur wenige Bauten im ursprünglichen Zustand erhalten sind. Das 1980 erneuerte **Rathaus** von 1592 am Markt, um das Nachbargebäude 1930 erweitert, ist ein dreigeschossiger Renaissancebau mit zweiläufiger Freitreppe und einem Rundbogenportal, über dem das dreiteilige Wappen der Familie von Promnitz prangt. Noch original sind die unterteilten Fenster und die schmiedeeisernen Fenstergitter. Das **Haus der Apotheke** geht in heutiger Gestalt auf Umbauten von 1850 zurück. Sehenswert sind die historischen Gewölbe und schmiedeeisernen Türen. In Sichtweite des Marktes erhebt sich die 1346 erstmals erwähnte **Stadtkirche St. Johannis.** Unter Einbeziehung von Mauerresten aus dem 10. Jh. wurde nach 1500 aus Bruchsteinen die sternengewölbte dreischiffige Hallenkirche im Stil der Spätgotik errichtet. Die Restaurierung des 1945 ausgebrannten Sakralbaus erfolgte 1954/63; die Renaissancehaube des Turms wurde 1985 rekonstruiert. Der *Altar,* ein schönes Werk der Spätrenaissance, wurde aus Zabeltitz umgesetzt. Kriegsschäden mußten auch an der alten Begräbniskirche am Stadt-

Weißwassers Eishockeyclub – hier bei einem Spiel gegen den EHC Freiburg – machte den kleinen Ort an der polnischen Grenze in ganz Deutschland bekannt

park, der **Kreuzkirche,** behoben werden. Der einschiffige barocke Sakralbau entstand Mitte des 18. Jh. mit Balkendecke, Walmdach und Dachreiter. Eine unsachgemäße Restaurierung beeinträchtigte 1937 den künstlerischen Wert des Kanzelaltars. Das Gotteshaus diente 1813 als Lazarett für die Opfer der Schlacht bei Bautzen zwischen preußischen, russischen und napoleonischen Truppen; auf dem *Friedhof* sind die Gefallenen beigesetzt. Auf dem **Eichberg bei Steinitz,** wo die Schlacht am heftigsten tobte, wurde 1913 ein mit Kugeln von 1813 bestückter Obelisk als Mahnmal gesetzt.

In Hoyerswerda wurden wichtige Kapitel der sorbischen Geschichte geschrieben. Eine Gedenktafel gegenüber dem Schloß erinnert daran, daß 1912 im einstigen ›Gesellschaftshaus‹ die Gründung der Domowina erfolgte. Sie brachte es bis 1922 auf 25 000 Mitglieder, von denen 20 000 aus Hoyerswerda stammten.

Pfarrer im nahen **Lohsa** war 1835–72 Handrij Zejler, der mit seinem fünfteiligen Liederzyklus »Die Jahreszeiten« (1845–60) zum Wegbereiter der sorbischen Nationalliteratur wurde; 1847 gehörte er zu den Mitbegründern der Mačia Serbska, der ersten wissenschaftlichen Vereinigung der Sorben. Zejlers Grab befindet sich an der Ostseite der mit einem reichen Kanzelaltar aus dem 17. Jh. ausgestatteten *Dorfkirche*. Als kleines *Bauern- und Bergbaumuseum* wurde in **Zeißholz** (Čisow) ein sorbisches Gehöft eingerichtet (Anmeldung über die Gemeinde). Nahe Zeißholz verläuft die *Landwehr*, eine 1,5 km lange dreifach gestaffelte Lausitzer Wallanlage aus dem Mittelalter.

Wittichenau (Kulow) gilt als sorbisch-katholische Hochburg, brachte doch nur hier die vom Kloster Marienstern um 1600 eingeleitete Rekatholisierung dauerhaften Erfolg. Im Schutze des Klosters konnten sich Sprache und Brauchtum der katholischen Minderheit freier entfalten als anderswo; bekannt geworden ist das 3000 Einwohner zählende Wittichenau (seit 1293 Stadt) vor allem durch das sorbische Osterreiten. An den Feldrainen trifft man noch auf Kruzifixe. Die Pfarrkirche *Maria Himmelfahrt* wurde nach 1440 in Etappen als dreischiffige spätgotische Hallenkirche mit Netzgewölben und quadratischem Westturm gebaut. Andreas Dreßler aus Kamenz schuf 1597 das Gemälde für den Altaraufsatz. Unbekannt blieb der Meister der um 1500 entstandenen spätgotischen Schnitzreliefs; die Figuren stellen Maria und Johannes dar. Die *Kreuzkirche* ist ein 1780/81 errichteter Barockbau mit Dachreiter. Zur Ausstattung gehört ein spätgotischer Flügelaltar aus dem 15. Jh. Zur gleichen Zeit wie die Kreuzkirche entstand 1780 das ebenfalls im Stil des Barock gehaltene *Jakubetzstift* mit schönen Gewölben.

Ein sehenswertes technisches Denkmal ist die aus dem heute polnischen Tschausdorf-Flaun umgesetzte *Bockwindmühle* von 1707 in **Dörgenhausen**, deren Flügel eine Länge von 19 m erreichen. Im Anbau des drehbaren Holzhauses befand sich die ›Feis‹, die Schlafkammer des Müllers. Die Mühle war in Dörgenhausen seit 1920 im Einsatz und verarbeitete ab Windstärke 4 täglich 3 t Getreide. Sturmschäden setzten dem Betrieb 1941 ein jähes Ende.

Eine Sehenswürdigkeit der Natur ist das zum Kloster Marienstern gehörende **Dubringer Moor**; einschließlich der Neudorfer Teiche ist es 6 km^2 groß und damit eines der ausgedehntesten sächsischen Moore.

Weißwasser (Bela woda) hat ähnlich wie Hoyerswerda erst spät eine industrielle Entwicklung genommen und ist dann ›Wohnstadt‹ geworden (36000 Ew.). Die Zukunft des ab 1968 aufgebauten Wärmekraftwerks auf Braunkohlenbasis, Boxberg, ist ungewiß. Bereits im ausgehenden 19. Jh. war es nach dem Bau der Glashütte (1872/73) zu einem raschen Bevölkerungszuwachs gekommen. Die Zuzügler kamen vorwiegend aus den alten Zentren der schlesischen Glasindustrie ins seit 1815 schlesische Weißwasser. Es fehlt leider ein Museum.

Als TV Weißwasser wurden die Lausitzer 1937 schlesischer Meister im Eishockey, als Dynamo Weißwasser fünfzehnmal DDR-Meister. Heute heißt der Verein PEV Weißwasser, und der Bundesligawind weht in die mit 500 Sitz- und 2500 Stehplätzen bescheidene Arena – solange das 13000 Zuschauer fassende *Stadion* nebenan noch ohne Dach ist.

Vom *Jagdschloß* Weißwasser blieb wenig erhalten. Errichtet wurde es im 17. Jh. 1860 im ›normannischen Stil‹ umgebaut, erhielt es eine Holzverkleidung. Verschwunden ist der zur Zeit des Barock vielgerühmte 3000 ha große Wildpark, aber 1810–20 entstand unter der Leitung des Fürsten Pückler-Muskau ein *Landschaftsgarten* mit vielen seltenen Gehölzen. Der Park liegt am Südrand des 97 ha großen Naturschutzgebietes ›Urwald‹, wo noch Pflanzen aus dem Altpleistozän wachsen.

Blick vom Dorf Berg auf die Stadt Muskau, das Schloß und den Park. Lithographie aus Hermann Fürst von Pückler-Muskaus »Atlas« zu den »Andeutungen über Landschaftsgärtnerei«. Heute ist die Aussicht über die Neiße nicht mehr möglich, und Rathaus (linker Rand), sorbische Kirche (links) und ev. Stadtkirche (rechts) von Bad Muskau existieren nicht mehr

Auch das benachbarte **Kromlau** besitzt ein hervorragendes Zeugnis der Gartenkunst in dem 1850 von Friedrich Hermann Rötzschke angelegten *Landschaftspark* mit seinen zahlreichen Rhododendren, Azaleen, Tulpenbäumen und einer riesigen Trauerbuche. Das *Schloß* Kromlau wurde 1845 erbaut.

Das Dörfchen **Schleife** bemüht sich sehr um die Pflege sorbischer Volkstrachten und -musik, und dies nicht nur an Fest- und Feiertagen. In der *Muskauer Heide* finden sich in größerer Zahl noch Zeugnisse sorbischer Bauweise aus dem 17. bis 19. Jh.; erhalten blieben 115 alte Block- oder Schrotholzbauten, darunter die Holzkirche zu Sprey.

Das 1253 erstmals erwähnte **Bad Muskau** wurde noch in den letzten Tagen des Zweiten Weltkrieges zu 70 % zerstört und verlor 1945, als die Neiße deutsch-polnische Grenze wurde, seine Stadtteile und Besitzungen auf der Ostseite des Flusses. Seit 1961 ist Muskau, das seit 1822 einen Badebetrieb unterhält, staatlich anerkanntes Moor- und Kneippbad. Dem Kurwesen verdankte Muskau 1896 zum guten Teil die *Waldeisenbahn* nach Weißwasser. Fürs Bad transportierte sie Kohle, Holz und vor allem Moor. Der Verkehr wurde 1978 durch die Reichsbahn eingestellt. Von 100 km Gleis werden heute noch 13 km befahren; zwei Züge nutzt das Ziegelwerk Weißwasser, 70 Waggons und sieben Dampfloks stehen in Depots westlicher Bundesländer. Seit einiger Zeit gibt es Bemühungen, die historische Mini-Schmalspurbahn als touristische Attraktion wieder rollen zu lassen.

Das *Neue Schloß* entstand 1520–30 und wurde 1863–66 unter Prinz Friedrich der Niederlande im Stil der Neorenaissance umgebaut; es brannte 1945 ab und ist seitdem Ruine geblieben (Abb. 36). Das *Alte Schloß,* seit 1520 als Amtshaus genutzt, wurde unter Prinz Friedrich 1863–66 erneuert. Nach seiner Zerstörung im Krieg entstand es 1965 in exakter Nachahmung der früheren Renaissanceformen neu. Über dem Portal prangt wieder das farbenfreudige Doppelwappen der Grafen Dohna-Callenberg, und in den Nischen darüber stehen drei Sandsteinfiguren früherer Schloßherren. Im Alten Schloß fand 1970 das *Stadtmuseum* ein würdiges Domizil.

Muskau ist ein Synonym für Parkkultur. Hermann von Pückler war einer der meistgelesenen Reiseschriftsteller seiner Zeit. 1817 heiratete er eine Tochter des preußischen Kanzlers von Hardenberg; seit 1822 war er preußischer Fürst. Auf seiner 1811 geerbten Standesherrschaft schuf er einen 598 ha großen **Landschaftspark** im Neißetal. Die Arbeiten begannen 1815 und zogen sich bis 1845 hin. Pückler lehnte sich an englische Gartenanlagen an, die er auf seinen ausgedehnten Reisen kennengelernt hatte. Sein Park sollte der Öffentlichkeit zugänglich sein, die Architektur harmonisch in die Landschaft eingebettet. Meisterhaft legte

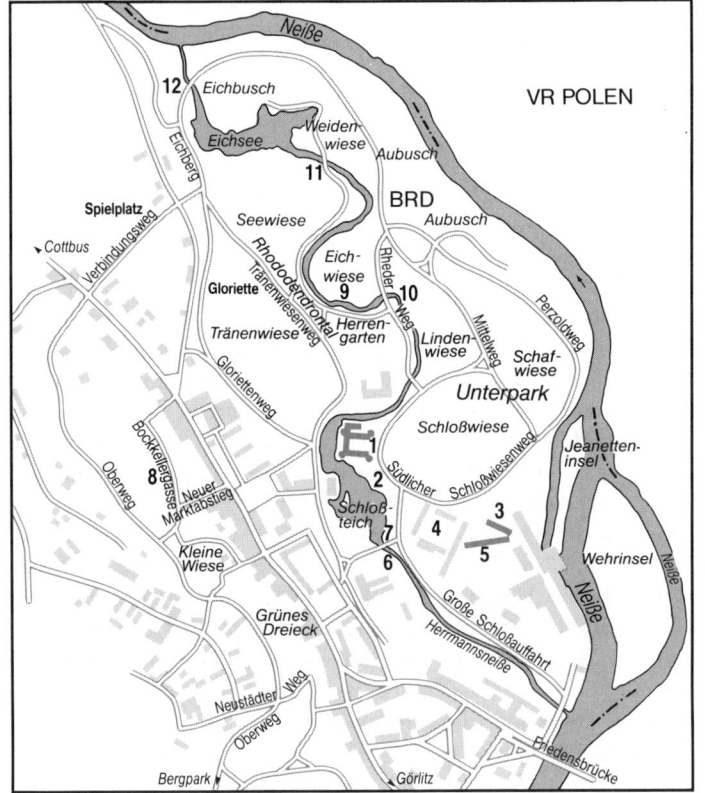

Muskauer Park:
1 *Schloß*
2 *Schloßgarten*
3 *Orangerie*
4 *Bauhof*
5 *Tropenhaus*
6 *Karpfenbrücken-Wasserfall*
7 *Kanalwasserfall*
8 *Bockkeller-Plateau*
9 *Herrengarten-Wasserfall*
10 *Rhederbrücke*
11 *Schäferbrücke*
12 *Eichseebrücke*

Freie Natur in ihrer edelsten Form

Aus Hermann Fürst von Pückler-Muskaus »Andeutungen über Landschaftsgärtnerei«:

Ist endlich alles fertig, so wird ein großer Teil (ja der größte) von dem wahren Verdienste des Schöpfers dennoch dem fremden Beschauer unbemerkbar bleiben, und um so *gewisser, je besser* er gearbeitet hat. Dies ist aber gerade des Verständigen Bestreben und Triumph, daß man glaube: Alles, was man sieht, müsse so und nicht anders sein, und sei auch von jeher nicht viele anders gewesen. Es sollte mir sehr leid tun, wenn z. B. beim Anblick der üppigen Wiesen in meinem Park, jetzt noch jemand sich mit der Vorstellung quälte, daß ehemals hier kaum die Distel wuchs, oder, wenn er im freudig wuchernden Gebüsch auf ebener Chaussée gemächlich dahinrollt, nur bei dem Gedanken stehenbliebe, daß früher hier ein grundloser Sumpf kaum dem weidenden Vieh die Annäherung erlaubte. Der höchste Grad der landschaftlichen Gartenkunst ist nur da erreicht, wo sie wieder freie Natur, jedoch in ihrer edelsten Form, zu sein scheint. Es ist dies eine eigentümliche Affinität, welche die Naturmalerei mit der dramatischen ausübenden Kunst hat, da beide allein unter allen Künsten die Natur selbst zum Material und zugleich zum Gegenstande ihrer Darstellung wählen, der Schauspieler, indem er mit seiner eignen Person ideale Menschen von neuem zu verwirklichen sucht, der Gartenkünstler, indem er die rohen ungeregelten Naturstoffe und Bilder zu einer poetischen Landschaft vereinigt und erhebt. Leider geht die Ähnlichkeit noch weiter, denn beider Schöpfungen sind sehr prekär, wiewohl der Vorteil hier wenigstens noch auf des Naturmalers Seite bleibt.

Lithographie aus Graf Hermann von Pückler-Muskaus »Atlas« zu den »Andeutungen über Landschaftsgärtnerei«. A–f: Bildung von Inseln; g: falsche; b: bessere Bildung von Inseln; i, k: Bepflanzung von Inseln

er, ein Autodidakt, die Wege an, »stumme Führer des Spazierengehenden«, und wie kaum ein anderer verstand er es, Wasser, »das Auge der Landschaft«, in den Park einzubeziehen. 1834 erschienen seine »Andeutungen über Landschaftsgärtnerei«, in denen er seine Theorie zur Garten- und Parkgestaltung darlegt, deren oberster Grundsatz lautet, daß ein Garten um so schöner sei, »je mehr er vergessen läßt, daß er von Menschen gestaltete Natur ist«.

1845 mußte Pückler Muskau verkaufen. Hatte ihn der Park ruiniert? So recht glaubhaft ist diese romantische Version nicht. Pückler war ökonomisch offenbar ungeschickt, sein extravaganter Lebensstil hatte ihm schon in der Leipziger Studienzeit den Namen »der tolle Pückler« eingetragen. E. T. A. Hoffmann und Charles Dickens nahmen ihn zum Vorbild extravagant lebender Romanfiguren in »Das öde Haus« (Graf P.) und den »Pickwickern« (Graf Smorltork). Zudem fiel es ihm schwer, den damals sich vollziehenden Übergang zur freien Lohnarbeit zu akzeptieren. Anfangs hatte er als Arbeitskräfte Unfreie und Gefangene einsetzen können.

Heute ist der Park durch die deutsch-polnische Grenze geteilt. Auf einem 27 km langem Wegenetz kann die deutsche Parkseite erwandert werden.

Görlitz

Görlitz, an der Oder-Neiße-Grenze gelegen, wurde 1031 als *Gorelic* erstmals erwähnt. Die Stadt, im Anschluß an eine Burg um 1200 entstanden, entwickelte sich im Mittelalter dank vorteilhafter Lage am Schnittpunkt der ›Hohen Straße‹ *(via regia)* und der ›Böhmischen Straße‹ zu einem bedeutenden Mittler um Warenverkehr zwischen Thüringen/Sachsen und Schlesien/Polen bzw. der Hanse und den oberdeutschen Städten, Böhmen und Ungarn. Vor allem blühte der Handel mit Waid aus Erfurt und Tuch aus heimischer Produktion. Bauliche Zeugen aus dieser Zeit sind die Hallenhäuser der Spätgotik und Frührenaissance. Ihrer Anlage nach dienten die Hallen der Tuchprüfung; die Stoffballen wurden von oben herabgelassen.

Der Stadtbrand von 1525 vernichtete wertvolle gotische Bauwerke und machte einen Neuaufbau der Stadt erforderlich, der unter Ratsbaumeister Wendel Roskopf d. Ä. (um 1480–1549) einheitlich im Stil der Frührenaissance erfolgte. Roskopf baute harmonisch, zweckmäßig und repräsentativ. Die Innenräume blieben weitgehend dem traditionellen gotischen Hallenbau verpflichtet. Merkmal der neuen Bauauffassung, die als ›Görlitzer Stil‹ beispielgebend für die Stadtplaner der deutschen Renaissance wurde, ist vor allem die Fassadengestaltung mit Pilastern und Gesimsen.

Auf die Bedeutung der Stadt läßt sich auch aus dem berüchtigten ›Pönfall‹ von 1547 schließen. Weil er dem Kaiser in der Schlacht bei Mühlberg nicht zu Hilfe geeilt war, mußte der 1346 gegründete Lausitzer Sechsstädtebund 76 000 Gulden Strafe zahlen; Görlitz übernahm mit 40 000 Gulden mehr als die Hälfte der Gesamtlast. Von diesem Schlag aber sollte sich die Stadt nur schwer erholen. Der Puls der alten Lebensader, die ›Hohe‹ bzw. ›Böhmische Straße‹ hieß, schlug schon weniger kräftig.

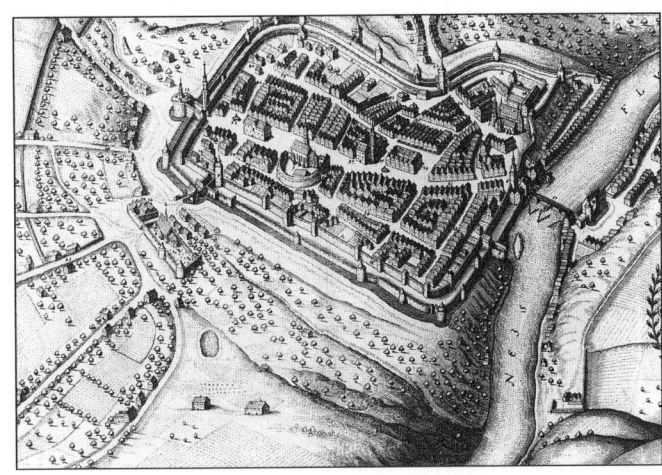

Görlitz, nach einem Kupferstich von Matthäus Merian, um 1650

Am Reichenbacher Tor befinden sich zwölf Wappen. Die untere Reihe zeigt die Wappen der Mitglieder des einst so mächtigen Sechsstädtebundes – Bautzen, Görlitz, Zittau, Löbau, Kamenz, Lauban; die Wappen der oberen Reihe dokumentieren staatliche Zugehörigkeit – Deutsches Reich, Mark Meißen, Brandenburg, Kursachsen, Preußen, Schlesien; das böhmische Wappen wird in der unteren Reihe durch das der Stadt Löbau vertreten.

Die Neißestadt war ein geistiges Zentrum des Späthumanismus. Als »gelehrsamer Ketzer aus Görlitz« wurde Bartholomäus Scultetus (1540–1614) bekannt, der die philosophischen Schriften des Paracelsus herausgab und 1593 die erste Karte der Oberlausitz anfertigte (Abb. S. 218). Berühmtester Sohn der Stadt aber ist der ›Schuster-Philosoph‹ Jakob Böhme (1575–1624). Sein einstiges Wohnhaus steht auf polnischer Seite, sein Denkmal, in Lauchhammer nach einem Modell von Johannes Pfuhl 1898 gegossen, im Park. Der ›*Philosophus teutonicus*‹, der eine Reformation der erstarrten Reformation anstrebte, hinterließ ein 4000 Druckseiten umfassendes Werk.

1779 riefen die Philanthropen Karl Gottlob von Anton und Adolph Traugott von Gersdorf die »Oberlausitzische Gesellschaft der Wissenschaften« ins Leben, eine regionale deutsche Gelehrtenorganisation (1950 aufgelöst). Sie trat in der späten Aufklärungsperiode vor allem für die Verbesserung der Schulbildung, die Bauernbefreiung, die Gleichstellung der Sorben und die Erforschung ihrer Sprache und Kultur sowie den technischen Fortschritt ein. Im 19. Jh. wandte sich die Gesellschaft der Geschichtsforschung, dem Aufbau der Archive und der Edition von Urkunden zu. Ihre kostbare Bibliothek und die Sammlungen samt dem einzigartigen physikalischen Kabinett beherbergt seit 1950 das am einstigen Sitz der Gesellschaft (Neißstraße 30) geschaffene **Museum.** An eines der bedeutendsten Mitglieder der

Gesellschaft, Alexander von Humboldt, erinnert ein Denkmal im Stadtpark, gegossen 1871 nach Christian Daniel Rauch.

Der **Stadtpark**, ein schönes Zeugnis der Gartenkunst, wurde 1833 unter Mitwirkung Peter Joseph Lennés und Umgestaltung eines älteren Gartens angelegt. Die exotischen Gewächse bezeugen, daß ursprünglich ein botanischer Garten geplant war. In Form eines Globus gestaltet, findet sich im Park der für Görlitz charakteristische *Meridianstein*, der die Lage des 15. Meridians kennzeichnet. Zur Neiße hin steht die 1911/12 von Bernhard Sehring im klassizierenden Jugendstil errichtete *Stadthalle* mit 2700 Plätzen, an der Promenade das *Ständehaus* von 1853. Der Stadtpark ist Teil einer großflächigen Grünanlage, die wohl im

Görlitz: 1 Rathaus 2 Dreifaltigkeitskirche 3 Schönhof 4 Biblisches Haus 5 Waidhaus 6 Kirche St. Peter und Paul 7 Nikolaiturm 8 Nikolaikirche 9 Hl. Grab 10 Finstertor 11 Reichenbacher Turm 12 Kaisertrutz mit Museum 13 Annenkapelle 14 Gerhart-Hauptmann-Theater 15 ›Dicker Turm‹ 16 Museum für Naturkunde 17 Meridianstein

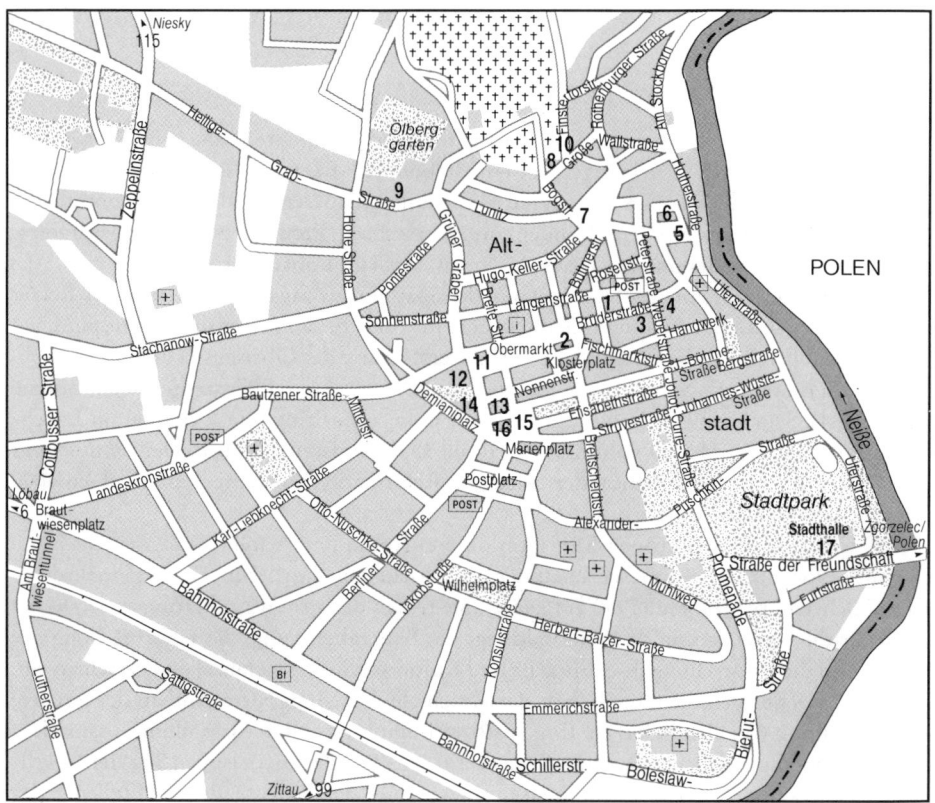

Der Bau des Neißeviadukts bei Görlitz. Stich von 1847

19. Jh. dazu beigetragen hat, Görlitz zu einem bevorzugten Alterssitz pensionierter preußischer Beamter und Offiziere werden zu lassen.

Die Industrialisierung stand für Görlitz in engster Verbindung mit dem Aufkommen der Eisenbahn. Seit 1850 werden hier Waggons gebaut. Hand in Hand mit der Industrialisierung ging das Wachstum der Einwohnerzahlen (1850 = 19 700 Ew., 1900 = 81 000 Ew.). Auf altem Vorstadtgelände entwickelte sich zwischen Altstadt und Bahnhof die geschäftige Innenstadt. Der **Bahnhof** wurde 1847 eingeweiht. Sein heutiges Aussehen – vortretende Empfangshalle mit fünf Bogenfenstern, Walmdach und einem Uhrturm als Dachreiter – verdankt er den Umbauten von 1914–17. Unter Gustav Kießler entstand 1844–47 in 32 Bögen der 475 m lange und 35 m hohe **Neißeviadukt** (1945 gesprengt, 1954–57 wiederaufgebaut).

Das wohlhabende Bürgertum des 19. Jh. bevorzugte für Geschäftsbauten die Berliner Straße, für Wohnungsbauten das angrenzende Gebiet zum Stadtpark hin. Nach 1852 ist mit viergeschossigen Mietshäusern die Elisabethstraße bebaut worden, in den 60er–80er Jahren, durchsetzt mit Villen (Nr. 30), die Herbert-Balzer-Straße. Es gibt in Sachsen kein zweites **Wohngebiet der Gründerjahre** in dieser Geschlossenheit.

Görlitz erließ bereits 1907 beispielhaft eine Verordnung zum ›Schutz der Stadt gegen Verunstaltung‹ durch Industrie- und Geschäftsbauten. So blieb die Altstadt als Wohnstadt erhalten. Vor größeren Kriegsschäden blieb Görlitz verschont, doch aus Geldmangel und Ignoranz ließ man nach dem Krieg zahlreiche historische Bauten verfallen – trotzdem die Altstadt komplett unter Denkmalschutz steht.

Görlitz ist seit 1945 eine geteilte Stadt. Die am Fernhandel gewachsene, landoffene Stadt wurde zum Grenzort, die östlich der Neiße gelegenen Stadtteile fielen an Polen. 1950 unterzeichneten im benachbarten Zgorzelec Josef Cyrankiewicz und Otto Grotewohl ein Abkommen über die Oder-Neiße-Grenze.

Demiani- und Marienplatz eignen sich als erste Stationen auf dem Weg in die **Altstadt**. Ersteren beherrscht der 1490 zur Verstärkung der westlichen Wehranlagen gebaute **Kaiser-trutz** mit bis zu 4,7 m dicker Ringmauer und Rundturm; im Dreißigjährigen Krieg ›trutzten‹ hier die Schweden dem kaiserlichen Heer. Beim Umbau zur Hauptwache 1848–50 wurde der hölzerne Wehrgang durch einen massiven ersetzt, der Turm aufgestockt und die Anlage um Ecktürme und Säulenhallen erweitert. Bereits 1932 verlegten die *Städtischen Kunst-sammlungen* einige Abteilungen in den Kaisertrutz. Nach Verlust des im Ostteil der Stadt gelegenen Hauptgebäudes stand den Sammlungen bis 1949 nur der Kaisertrutz zur Verfügung. Er blieb Sitz der Gemäldegalerie und der Stadtgeschichtsabteilung. Der Kaisertrutz gehörte zur Wehranlage und war bis 1448 durch zwei hohe Wehrmauern mit dem **Reichen-bacher Turm** verbunden. Bis zur halben Höhe stammt er aus der Zeit um 1376 (oder früher); der zylindrische Oberbau mit herauskragendem achteckigen Wehrgang datiert von 1484/85, die barocke Kupferhaube von 1782. In dem mit Wappen geschmückten Turm werden u. a. historische Waffen ausgestellt.

Am benachbarten Marienplatz befindet sich das **Museum für Naturkunde**. Die drei-schiffige **Frauenkirche** von 1449–86 an der Ostseite des Platzes ist ein kostbares Zeugnis spätgotischer Baukunst. Reichen figürlichen Schmuck weist das *Wesportal* auf; über den Portalbögen die Verkündigungsdarstellung. Ein besonders bemerkenswertes Detail ist das *Maßwerkfenster* im Westturm, der 1735 eine Barockhaube erhielt. Über den Achteckpfei-lern der Kirche spannt sich ein Netzgewölbe. Sehenswert ist die schwalbennestartig ange-brachte *Orgelempore* mit hölzerner Maßwerkbrüstung im Nordschiff.

Mit Schauseite zum Demianiplatz erhebt sich das 1912/13 errichtete **Centrum-Waren-haus** mit Arkadengang und Glaskuppel; im Inneren Galerien, Holztreppen und Brücken. Es ist in Sachsen das einzige noch im Originalzustand erhaltene Großkaufhaus aus der Zeit vor 1914. Der Potsdamer Architekt Schmanns hat sich bei der Projektierung am Berliner Kaufhaus Wertheim orientiert. Geltung weiß sich der mächtige 45 m hohe ›**Dicke Turm**‹ am östlichen Ende des Platzes zu verschaffen. Der Rundturm aus Grauwacken im Unterbau (13. Jh.) mit spätgotischem Oberteil aus Backstein und Renaissance-Haube von 1565, dessen Mauerstärke im unteren Geschoß 5 m beträgt, ist der heute noch erhaltene Teil des Frauen-torturms. Das spätgotische prächtige *Sandsteinwappen* der Stadt Görlitz von Briccius Gauske (1477) mit den Statuen von Maria und Barbara war ursprünglich am Frauentor selbst angebracht (umgesetzt 1856). Neben Reichsadler und böhmischem Löwen trägt es die Inschrift: ›*Invia virtuti nulla est via*‹ (Kein Weg ist der Tapferkeit unmöglich). Gegenüber dem Dicken Turm liegt die **Annenkapelle**, die heute als Turnhalle genutzt wird. Sie entstand 1508–12 unter Albrecht Stieglitzer als Privatkapelle für den reichen Kaufherrn Hans Frenzel. Die zahlreichen Skulpturen am Außenbau sind spätgotisch.

Die Anlage des angrenzenden **Obermarktes** erfolgte im Zuge der Stadterweiterung um 1245. An der Nordseite stehen nach dem Stadtbrand von 1717 errichtete, später aufgestockte Barockbauten. Bemerkenswert ist das *Haus Nr. 25* mit zur Verrätergasse führendem Tor, an dem eine Tafel an den Tuchmacheraufstand von 1527 erinnert; hier lebte der hingerichtete Peter Liebig, dem die als Diskriminierung gedachten Initialien »D.V.R.T.1527« (Der verräterischen Rotte Tür) an die Tür angebracht wurden. Im barocken Zustand von 1718 erhalten blieb das *Haus Nr. 29*, heute Sitz der ›Görlitz Information‹, mit reich geschmücktem Portal; vom Balkon aus beobachtete Napoleon 1813 den Abmarsch seiner Truppen.

Die gegenüberliegende **Dreifaltigkeitskirche** wurde für das 1234 gegründete Franziskanerkloster gebaut. Die beiden Säulen am Triumphbogen stammen aus der Zeit um 1240. Der gotische Chor mit Kreuzrippengewölbe ist 1371–81 errichtet worden. In das einschiffige Langhaus mit Netzgewölbe (von 1508) wurden im 15. Jh. der zweigeschossige Kreuzgang und die Barbarakapelle einbezogen. Um 1500 entstand das nördliche Doppelportal. Der schlanke Turm seitlich vom Chor mit Laterne und Spitzhelm wird als ›der Mönch‹ bezeichnet; die Turmuhr geht nach alter Sitte 7 Minuten vor. Es heißt, so sei die Wache 1527 beim Aufstand der Tuchmacher rechtzeitig zur Stelle gewesen. Als einzige Kirche von Görlitz enthält die Dreifaltigkeitskirche noch ihre spätgotische Ausstattung. Dazu gehören das geschnitzte *Mönchsgestühl* (1484), die aus Sandstein gearbeitete *Grablegungsgruppe* des Hans von Olmütz (1492), ein geschnitzter ›Christus in der Rast‹ (um 1500) und ein *Kreuzigungsbild* mit Stifterpaar (1524) von Franz Han. Im alten Kreuzgang zeigt die *Ausmalung* (um 1430) ein Engelskonzert mit einer interessanten Darstellung der Musikinstrumente. Der *Wandelaltar* (1516) zeigt innen ›Maria in der Strahlensonne‹ mit Engelskindern. Ein Zeugnis frühbarocker Kunst ist die reichgeschmückte *Kanzel* (1670). Der prächtige *Hochbarock-Altar* (1713) ist das Hauptwerk von Caspar Georg von Rodewitz. Vor der Kirche steht die Kopie eines **Rolandsbrunnen** (1590) mit Kriegerfigur (um 1670); Original im Museum, Neißstraße 30.

Zu den Straßen mit den bemerkenswertesten Renaissance- und Barockhäusern gehört die **Brüderstraße** (Abb. 23) mit ihrer für Görlitz charakteristischen Gassenüberbauung. Sehenswert ist das Portal des *Renaissancebaus Nr. 11*, geschaffen von Wendel Roskopf (1547). Auf ihn geht auch *der Schönhof* (Nr. 8) von 1526 zurück, ältestes und prachtvollstes Renaissance-Wohnhaus mit Pilastergliederung, Eckerker über beiden Obergeschossen, Erdgeschoßlaube und Renaissancesaal mit ionischen Säulen. Das Portal stammt von 1617.

Der **Untermarkt** (Farbabb. 22) mit dem *Neptunbrunnen* (1756) von Johann Georg Mattausch ist der ältere der beiden Märkte (um 1220) und eine städtebauliche Meisterleistung. Das **Rathaus** beherrscht als Ensemble die gesamte Westfront. Ältester Bauteil ist der südliche (vor 1378). Den achteckigen Turmaufsatz schuf Albrecht Stieglitzer (1511–16), die stark profilierte barocke Turmhaube Ratsbaumeister Samuel Suckert (1742). Beachtung verdient die *Uhr* mit zwei übereinanderliegenden Zifferblättern (1525 bzw. 1584). Mit dem zwölfstelligen Zifferblatt führte Bartholomäus Scultetus, sechsmal zum Bürgermeister gewählt, den Gregorianischen Kalender in der Oberlausitz ein. Zu jeder vollen Stunde klappt die Kinnlade des behelmten Kriegerkopfes herunter. Das darüberliegende Zifferblatt gehört zu einer Monduhr. Den Neumond verkündete früher der Löwe im Spitzbogen durch ein Pfeifkonzert. Turmseitig fällt über der Treppe das spätgotische *Wappen des Matthias Corvinius* von Ungarn mit zwei vollplastischen Wappenhaltern auf (1488), eine qualitätvolle Bildhauerarbeiter. Die Gewölbe sind gotisch bzw. barock; gotisch sind auch im Vorsaal die aus Sandstein gearbeiteten Türstöcke (1511–16). *Brüderstraße 7* ist ein Bau des 14. Jh., was die Neorenaissance-Fassade nicht vermuten läßt. Der Einbindung dieses Traktes des ehemaligen Königlichen Gerichts in den Rathauskomplex und der damit verbundenen Winkellage ist eines der bekanntesten baulichen Details zu danken, die *Freitreppe des Rathauses* mit Verkündigungskanzel von Wendel Roskopf (Abb. 28); das Kanzelrelief wird Andreas Walther I. zugeschrieben. Am Treppenanlauf steht die vermutlich von Andreas Walther II. geschaffene, ornamentierte Sandsteinsäule mit dem *Standbild der Justitia* (1591). Säule und Standbild sind 1952 durch eine Kopie ersetzt worden. (Das Original galt als Kriegsverlust; die Säule wenigstens wurde aber in Polen wiedergefunden und steht heute im Museum Neißstraße 30). Sehenswert ist der schöne *Renaissancehof,* von einem Archivflügel mit Renaissancefassade umgeben, ebenfalls ein Werk Wendel Roskopfs (1534), und dem auf zwei Säulen fußenden Gerichtserker (1564) von Wendel Roskopf d. J. Im Innern des alten *Gerichtsflügels* gestaltete der Kunstschreiner Franz Marquirt 1564 eine Intarsiendecke. Von ihm stammen auch die Arbeiten im *Kleinen Ratszimmersaal;* Holzdecke, Vertäfelung und eine prachtvolle Intarsientür (1566). Das *Oberbürgermeister-Zimmer* mit Spiegelgewölbe mit leicher Stuckdekoration gehört schon in die Zeit des Barock. Sehr schön ist das *Renaissanceportal* des Rathauseingangs Untermarkt 8. Der Gebäudeteil, in den es führt, wurde 1902 dem nördwärts gelegenen **Neuen Rathaus** von 1902/03 angepaßt, einem Prunkbau der Neorenaissance mit Erdgeschoßlauben.

Die Lauben, in denen früher der Tuchhandel abgewickelt wurde, sind ein Charakteristikum von Görlitz, so vor allem die an der Südfront des Untermarktes gelegenen spätgotischen **Langen Lauben**, die durch die Fassaden alter Kaufmannshäuser mit zentraler Treppenhalle führen. Architekturhistorisch besonders wertvoll sind die Häuser **Untermarkt 2–5**

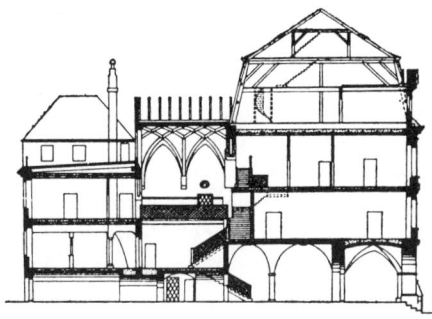

Görlitz, Längsschnitt durch das Bürgerhaus Untermarkt 3

mit den typischen Spitzbogenarkaden und kreuzrippengewölbten Lauben. *Nr. 4* wurde Ende des 15. Jh. zum Hallenhaus umgebaut, 1536 mit einer Renaissancefassade versehen; *Nr. 5* besitzt ein spätgotisches Portal (1500) und reiche Innenausstattung, so eine spätgotische Erdgeschoßhalle mit Maßwerkbrüstung und ein spätgotisches Prunkzimmer mit Wandmalerei (um 1515) im 1. Stock. Die barocke Fassade datiert von 1790. Nicht minder beachtenswert ist **Untermarkt 25** mit fünf Spitzbogenarkaden und einer – dem benachbarten Barockbau Nr. 26 angepaßten – Renaissancefassade (1730); im Innern ist eine spätgotische Zentralhalle und ein Renaissancesaal erhalten geblieben. An Nr. 24, der ehemaligen **Ratsapotheke** (Abb. 27), ist die doppelte Sonnenuhr von Zacharias Scultetus (1550) beachtenswert. Ihre zwei Zifferblätter tragen die Inschriften *Solarium* (Sonnenweiser) und *Arachne* (Spinne). Das spätgotische Portal von **Nr. 22** heißt wegen seiner eigenartigen Akustik bei den Görlitzern ›Flüsterbogen‹. Die **Alte Börse** (heute Kaufhaus) ist ein Barockbau mit schlichter Fassade, aber mächtigem Portal (1706–14) von Caspar Georg von Rodewitz. Die Inschrift besagt, daß hier 1784 das erste Museum und die erste öffentliche Bibliothek der Stadt einzogen. Als letzter bedeutender Bau der Renaissance entstand 1600 die ehemalige **Waage** (Nr. 14). Die Kragsteine sind mit Bildnissen geschmückt, darunter das Porträt des Baumeisters Jonas Roskopf.

Zwei der schönsten Bürgerbauten der Stadt stehen in der nahen **Neißstraße**. *Nr. 30* ist eine palaisartige, unregelmäßige Vierflügelanlage mit 13 bzw. 7 Achsen, z. T. betont durch Kolossalpilaster, Rundbogenportal, Hofloggien, gewölbten Räumen im Erdgeschoß und Stuckdecken in den Wohnräumen. Gebaut wurde das Wohn- und Handelshaus 1727–29 unter Samuel Suckert im Stil des Barock für den Kaufherren Christian Ameis. Hier hatte 1804–1950 die Oberlausitzische Gesellschaft der Wissenschaften ihren Sitz. Als Erbe übernahm das 1953 eingezogene *Museum* die Wissenschaftsgeschichtliche Sammlung, das Physikalische Kabinett (Elektrizität um 1800) und die Oberlausitzische Bibliothek der Wissenschaften (100000 Bände). Das Museum zeigt ferner Oberlausitzische Volkskunst, eine Johannes-Wüsten-Ausstellung und Grafiken (36000 Blatt im Bestand). Das benachbarte *Haus Nr. 29* zählt zu den schönsten deutschen Bürgerhäusern der Renaissance. Es entstand 1570 stark gegliedert, mit Säulenportal, reichem Bauschmuck und prachtvoller Treppenhalle mit Galerien. Wegen der biblische Themen darstellenden Reliefs in den Brüstungsfeldern wird es auch das ›Biblische Haus‹ genannt. An diesem Haus läßt sich der Niedergang des Görlitzer Handels mit dem Pönfall ablesen. Die Halle ist bereits zum Treppenhaus geschrumpft.

Auch die nahegelegene **Peterstraße** wartet mit einigen sehenswerten Bürgerhäusern auf. *Nr. 8.* stammt aus der Frührenaissance und wurde von Wendel Roskopf gebaut (1528). Im Obergeschoß liegt eine Diele mit Schleifrippengewölbe und ein Renaissancesaal mit Balkendecke. Äußerlich schlicht ist das spätgotische *Haus Nr. 14* (15. Jh.). Sehr großzügig wirkt die Erdgeschoßhalle mit Kreuzgratgewölben und Mittelsäule. Eine Treppenhalle mit Holzgalerien und Wendeltreppe führt durch drei Etagen.

Die das Stadtbild prägende spätgotische **Kirche St. Peter und Paul** (1423–97), auf einem Felsplateau hoch über der Neiße gelegen, ist eine der größten Hallenkirchen Sachsens. Der

Sündenfall und Vertreibung aus dem Paradies zeigt ein Relief am ›Biblischen Haus‹ in der Neißstraße

Westriegel mit den beiden Achtecktürmen (Betonaufbauten und neogotische Helme 1889/91) und dem Brautportal gehört noch zum spätromanischen Vorgängerbau (1230–40). Unter Hans Knoblauch und Hans Baumgarten begann 1423 der Neubau. Geplant war ein dreischiffiges Hallenhaus, wobei zunächst auf dem abschüssigen Gelände neben umfangreichen Substruktionen die große vierschiffige Krypta St. Georg entstand. Sie war zugleich Ersatz für die alte Burgkapelle. Nach der Einweihung 1457 wurde mit dem Bau des Hallenchores (Abb. 29) begonnen. Im Bauverlauf änderte sich der ursprüngliche Plan, und man fügte den begonnenen drei Schiffen im Norden und im Süden je ein verschieden langes Schiff hinzu. Die *Krypta* mit Netz- und Sterngewölbe und Wandmalerei gilt als schönster spätgotischer Raum der Oberlausitz. Die *Maßwerkfenster* des äußeren Nordschiffes ähneln jenen des Petridoms zu Bautzen. Mit Einziehen des Sterngewölbes in das bis zu 27 m hohe, 38 m breite

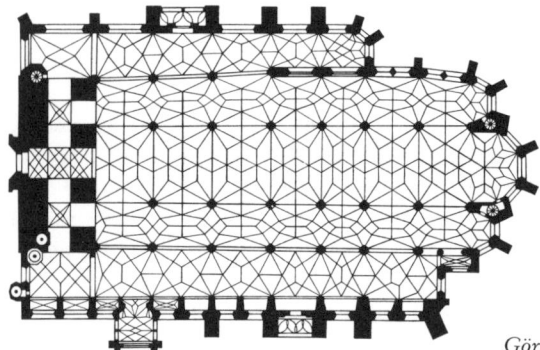

Görlitz, Grundriß der Kirche St. Peter und Paul

Die Hl. Grabkapelle

und 62 m lange Hallenhaus durch Conrad Pflüger wurde der Bau 1497 offiziell vollendet. Die gotische *Portalhalle* mit doppelter Freitreppe an der Südwestseite gehörte zu den Nacharbeiten, auch das Nordportal (1543) und das Südportal (1553) sind beide Schöpfungen der Renaissance. Die Ausstattung ist barock; die alte gotische Ausstattung mit etwa 30 Altären verbrannte 1691, ausgenommen ein *Taufgitter* Hans Mantlers von 1617. Die *Sandsteinkanzel* stammt von 1693, der *Altar,* eine Arbeit des Dresdner Bildhauers Georg Heermann, von 1695. Eugenio Casparini schuf 1703 die *Orgel,* Johann Conrad Büchau den *Prospekt.* Einen der drei plastisch reichen protestantischen *Beichtstühle* – mit Petrus und Magdalena schuf Caspar Georg von Rodewitz (1715). Beachtenswert sind auch die barocken *Epitaphe* an der Nordseite.

Die *Steinmetzzeichen* der am Kirchenbau beteiligten Meister sind im Erdgeschoß des benachbarten **Waidhauses**, 1490–97 Bauhütte Conrad Pflügers, mit Rötel in den Putz geschrieben. Um Bauplatz für die Kirche zu schaffen, war der Eberhardsturm des einst zur Burg gehörenden Freihofes abgebrochen worden. Die *Schießscharten* des freistehenden Grauwackenbaus erinnern noch an alte Wehrfunktionen. Der Rat nutzte ab 1529 die Räume als Waidniederlage, und so kam das Haus – ältester Profanbau der Stadt – zu seinem Namen.

Alleingelassen wirkt seit Abbruch des Nikolaitores im 19. Jh. der 1348 erstmals erwähnte runde **Nikolaiturm** mit barocker Kupferhaube. Als einziges Stadttor hat das **Finstertor** an der Mauer des Nikolaifriedhofs überdauert. Das Haus daneben, das **Scharfrichterhaus** von 1666/76 mit massivem Erdgeschoß und Andreaskreuzen in der Brüstung, ist das einzige in einer Altstadt noch vorhandene Fachwerkhaus der Oberlausitz.

Die dreischiffige spätgotische **Nikolaikirche** (1452–1520) entstand auf dem Areal der ältesten Stadtkirche (um 1100). Wesentlich gefördert wurde der Bau erst nach 1515 unter Wendel Roskopf d. Ä. Unvollendet blieb das wertvolle *Südportal* (um 1517) mit Maßwerkbaldachin, Kreuzigungsrelief und Statuen. Die ursprüngliche Ausstattung verbrannte 1717, und die neue, so der *Altar* von 1720, ist barock. Den Dachreiter erhielt die turmlose Kirche 1786. Sie wurde 1925 unter Martin Elsässer zu einem Ehrenmal für die Görlitzer Opfer des Ersten Weltkrieges umgebaut; zwölf Pfeiler wurden entfernt, z. T. ersetzt durch Stahlbetonsäulen, und ein neogotisches Rabitzgewölbe eingezogen.

Im Nordwesten der Stadt an der Landstraße nach Girbigsdorf befindet sich das orientalischen Formen verhaftete **Heilige Grab**, bei der Kapelle zum hl. Kreuz, das ursprünglich über einen Prozessionsweg mit der Peterskirche verbunden war. In der zweigeschossigen *Kapelle zum hl. Kreuz* (1481–1504) mit schlankem Dachreiter liegt unten die kryptenartige Adamskapelle, darüber die Golgathakapelle. Der Riß in der Ostwand versinnbildlicht das Erdbeben beim Tode Jesu. Im Salbhaus, einer überdachten Mauernische, die Hans Olmützer zugeschriebene Pietà aus Sandstein (1500). Die *Hl. Grabkapelle* ist eine Nachbildung des Hl. Grabes in Jerusalem, mit Vorkammer und Grabkammer. Nördlich schließt sich der *Landschaftsgarten* mit Bach Kidron, Ölberg und Jüngerwiese an; er ist der älteste allegorische Landschaftsgarten Deutschlands. Bürgermeister Georg Emmerich, der wegen eines sittlichen Fehltritts 1464 eine Pilgerfahrt nach Jerusalem und eine Sühnestiftung auf sich nehmen mußte, finanzierte die Anlage. Sie soll an den Sieg der Corvinus-Anhänger über die hussitisch eingestellten Bürger erinnern. Eine Nachbildung des Hl. Grabes für August den Starken befindet sich in Schloß Ujasdow in Polen.

Die **Landeskrone** am Stadtrand (419,6 m) ist ein beliebtes Ausflugsziel mit Aussichtsturm, Theodor-Körner-Denkmal und Berggaststätte. Der 200 m hohe Basaltkegel auf Lausitzer Granodiorit bot sich seiner strategisch günstigen Lage wegen als Wehrbasis an. Dem Ringwall der frühen Eisenzeit folgte die slawische ›Wendenschanze‹ und dieser die deutsche Burg (1268 erstmals erwähnt); Görlitz kaufte 1440 die Burg und ließ sie abbrechen.

Das flußaufwärts im Neißetal gelegene **Ostritz** wird 1005 schon urkundlich erwähnt, früher noch als Görlitz, und ist Sitz des 1234 von der böhmischen Königin Kunigunde gegründeten **Zisterzienserinnenklosters Marienthal**. Die mittelalterliche Anlage ist in der zweiten Hälfte des 17. Jh. erneuert worden; aus dieser Zeit sind Kirche (mit 1740 verändertem Chor), Abtei und Probstei erhalten. Die quadratische Vier-Flügel-Anlage des *Klausur hofes* entstand 1743–44, die *Kreuzkapelle* mit der Kuppelausmalung von Giovanni Battista Casanova 1756. Sehr wertvoll ist die 1752 erfolgte barocke Ausstattung der *Bibliothek* im nördlichen Flügel; dazu gehört das Deckengemälde, das die Zerstörung des Klosters durch die Hussiten darstellt. Kostbarster Bestand der Bibliothek sind Handschriften aus dem 13. Jh. Das Kloster ist reich an *Plastiken*: an erster Stelle sei die Figur des auferstandenen Jesus (um 1330) erwähnt; bedeutend sind ferner eine Anna selbdritt (Ende 15. Jh.) und die betende Maria (zweite Hälfte 15. Jh.). In der *Probstei* befinden sich z. T. sehr wertvolle Gemälde des 18. Jh., auf dem *Hof* die Dreifaltigkeitssäule (1716) und die Sandsteinfigur des hl. Nepomuk (1755). Auf dem *Stationsberg* in der Nähe des Klosters beeindruckt die kolossale, holzgeschnitzte Kreuzigungsgruppe (1728).

Der rechteckige spätromanische Chor der **Pfarrkirche von Ostritz** stammt aus der ersten Hälfte des 13. Jh. Das 1423 zerstörte Langhaus wurde 1427 wiederaufgebaut und 1615 erneuert. Der *Hochaltar* (1773) mit reich bewegtem hölzernen Aufbau wird von zwei seitlichen Durchgangstüren mit den lebensgroßen Figuren von Petrus und Paulus gerahmt und von dem Gemälde ›Mariä Himmelfahrt‹ (1788) gekrönt. Die *Sandsteinkanzel* (1609) an der Treppenbrüstung zeigt am Kanzelkorb mehrere Reliefs. Eine kostbare *Monstranz* von 1500 gehört zum liturgischen Gerät der Kirche.

Zittau und Oybin

Das **Zittauer Gebirge** mit der Lausche als höchstem Berg (793 m) und dem Oybin (513 m) als bekanntestem ist ein beliebtes Reiseziel.

Zittau ist erstmals 1238 bezeugt. Um 1255 entstand die Befestigung unter Ottokar II. Für den Böhmenkönig, der Bautzen und Görlitz an Brandenburg verpfändet hatte, wurde das ihm diesseits der Berge verbliebene Zittau ein strategisch wichtiger Punkt. Seit 1945 liegt Zittau in einem Dreiländereck, dort wo die Mandau in die Neiße mündet. Der Name ›Mandau‹ leitet sich vom slawischen *mantava* ab, was soviel wie ›trübes Wasser‹ bedeutet. Auch die Geschichte Zittaus kennt ›trübe‹ Kapitel, so die Beschießung der Stadt durch die Österreicher unter Marschall Daun im Siebenjährigen Krieg, bei der große Teile der Stadt zerstört wurden. Der Wiederaufbau erfolgte im Stil des Barock unter Verwendung von Rumburker Granit und Sandstein aus den Brüchen bei Waltersdorf.

Die vorteilhafte geographische Lage in der Nähe zweier Gebirgspässe der ›Böhmischen Straße‹ verhalf der Stadt zu einer Mittlerrolle im Fernhandel. Da Görlitz hohe Zölle verlangte, baute Löbau 1367 eine Umgehungsstraße von Bautzen nach Zittau, von der Zittau mehr profitierte als Löbau. Um 1730 war Zittau nach Leipzig der wichtigste Handelsplatz in Sachsen. Das selbstbewußte Zittau setzte nach der Staatsreform (1831) eine Konstitutionssäule; es ist die einzige, die es in Sachsen gibt.

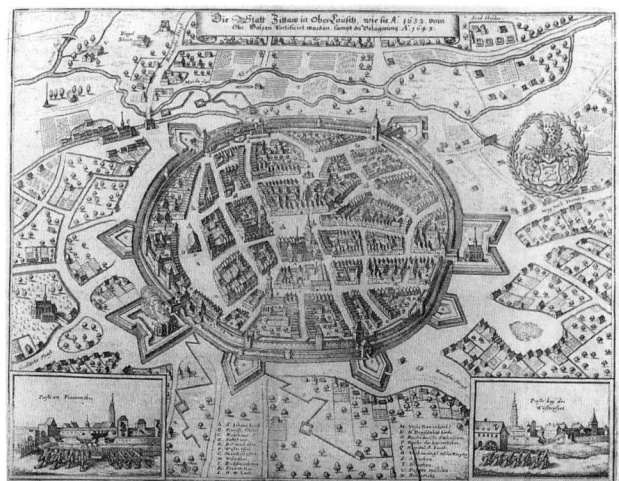

Zittau aus der Vogelperspektive. Stich von Matthäus Merian, um 1650

Der Handel florierte bereits im späten Mittelalter. Seit 1389 besaß Zittau eine besondere Salzkammer, dort wo sich jetzt der Marstall befindet. Böhmisches Bier stand fast immer auf der Warenliste, ebenso schlesisches Rind und polnisches Getreide. Auch Tuche, die im Gewandhaus direkt neben dem Ratssitz umgeschlagen wurden, spielten eine große Rolle. Auf Dauer bedeutungsvoller aber war Leinwand aus heimischer Produktion. In Großschönau allein gab es zu Beginn des 18. Jh. 782 Webstühle. In Zittau sind noch einige alte Weberhäuser aus dem 18. Jh. am Burgmühlgraben und zwei Bleichgärten an der Alten Burgstraße erhalten. Auch die Ortsbezeichnungen künden von Zittaus Bedeutung als Weberstadt: Webervorstadt, Weberkirche, Weberfriedhof und Weberstraße; durch letztere führte die ›Böhmische Straße‹, und hier hatten die Kaufherren ihren Sitz. Zum Markt hin stehen noch einige der palastartigen Handelshöfe. Auch heute noch lebt jeder zweite Zittauer von der Textilherstellung oder -verarbeitung. 1812 begann man in der Umgebung von Zittau mit dem Abbau der Braunkohle. Namen wie Töpferberg oder Tongasse künden von der alten Tradition der Töpferei in Zittau. Im Zuge der Industrialisierung erfolgte 1881 die Gründung eines Tonwerkes und 1889 des ›Phänomen‹-Fahrradwerks. Seit Ausgang des vorigen Jahrhunderts ist auch der Fremdenverkehr eine wirtschaftliche Größe; Zittau ist sowohl Reiseziel als auch erste Station auf dem Weg ins Gebirge.

Die denkmalgeschützte **Altstadt** liegt inmitten einer ringförmigen Grünanlage, die nach Abbruch der doppelten Stadtmauern im 19. Jh. geschaffen wurde. Der alte Markt ist infolge späterer Bebauung hufeisenähnlich in mehrere Plätze geteilt. An der Ostseite befindet sich das **Rathaus** (Abb. 25). Der ursprüngliche Bau aus dem 16. Jh. brannte 1757 ab. Gerettet wurde das *Stadtwappen*, das sich jetzt an der Südseite befindet. Da die Kriegsfolgen lange das

Stadtsäckel belasteten, ließ dcr Wiederaufbau des Rathauses bis 1840/45 auf sich warten. Den Entwurf lieferte Karl Friedrich Schinkel (1781–1841), in Zittau vielbeschäftigt und geehrt durch die *Schinkelsäule* am klassizistischen Stadtbad von 1873. Sein Schüler Carl August Schramm war Baumeister in Zittau und realisierte als Bauleiter das am Vorbild italienischer Renaissance-Palazzi orientierte Rathaus-Projekt des Meisters mit dem 50 m hohen, zinnenbekrönten Turm. Am *Portal* wacht Justitia mit dem Gesetzbuch in der Hand über Recht und Ordnung. Zu den schönsten Innenräumen zählt der *Bürgersaal* mit seiner Kassettendecke, die am deutlichsten Schinkels Handschrift verrät.

Der stattliche **Mars- oder Rolandbrunnen** an der Westseite des Marktes stammt noch von 1585; die puttenverzierte *Renaissancesäule* mit Kompositkapitell trägt eine Mars-Statue. Sehenswert sind die stattlichen alten **Bürgerhäuser.** Das *Noacksche Haus* (Nr. 4), ein sehr schöner Barockbau von 1689, fällt vor allem durch seinen zweigeschossigen Erker und die

Zittau: 1 Rathaus 2 Johanniskirche 3 Dornspachhaus 4 Altes Gymnasium 5 Schwanenbrunnen 6 Herkulesbrunnen 7 Marstall 8 Fleischerbastei 9 Blumenuhr 10 Samariterinnenbrunnen 11 Kleine Bastei 12 Mars- oder Rolandbrunnen 13 Petri-Pauli-Kirche 14 ehem. Franziskanerkloster (Stadt- und Kreismuseum) 15 Brunnen ›Grüner Born‹ 16 Kreuzkirche 17 Frauenkirche 18 Hospitalkirche St. Jakob 19 Dreifaltigkeitskirche 20 Johanneum 21 Gerhart-Hauptmann-Theater 22 Kulturzentrum 23 Hochschule für Energiewirtschaft

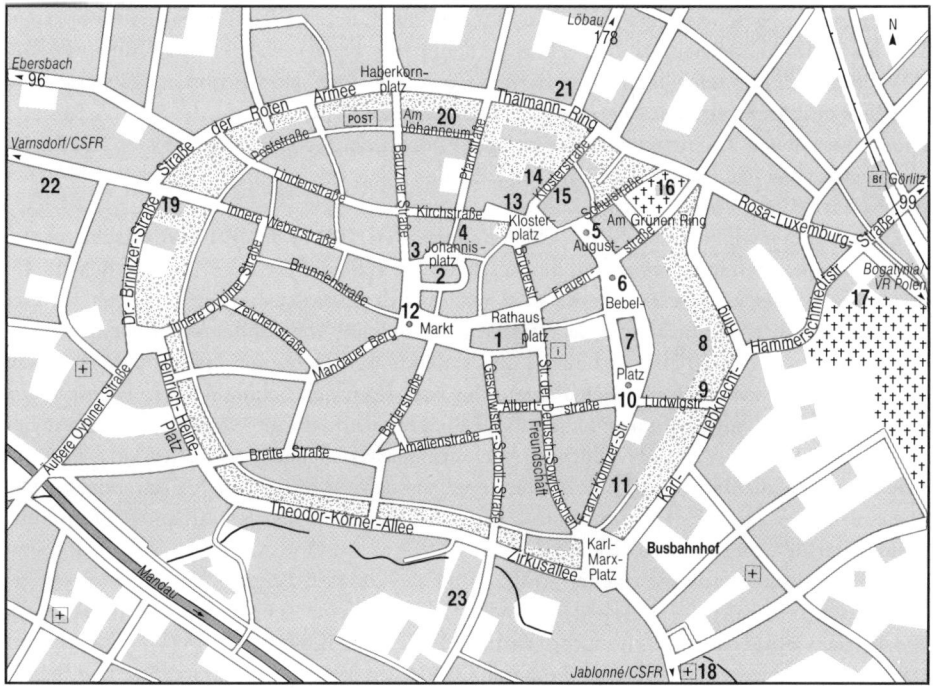

Portal des alten Hotels ›Zur Linde‹

klare Fassadengliederung auf; an der Rückfront verlaufen dreigeschossige Kolossalpilaster. Das *Haus Nr. 10* beherbergte früher die Ratsapotheke, wie die Rokokokartusche bezeugt. Das im 16. Jh. schon beurkundete Haus verdankt sein barockes Aussehen Umbauten von 1707 und 1760. Der reich gegliederte Barockbau *Nr. 24* am Rolandsbrunnen, 1678 errichtet, war Sitz des Amtsgerichts. Die einstige *Fürstenherberge* (Nr. 13) mit der für das Rokoko charakteristischen Lisenengliederung entstand nach dem Siebenjährigen Krieg (1767); im alten *Hotel ›Zur Linde‹* (Nr. 9), einem bedeutenden Barockbau von 1720 mit tiefem Hof, hat das ›Sonnen-Cafe‹ Einzug gehalten.

Die aus unterschiedlichen Stilepochen stammenden Türme der **Johanniskirche** an der Nordseite des alten Marktes zeigen ihre wechselvolle Baugeschichte an. Die aus dem 15. Jh. stammende gotische Kirche brannte 1757 während der Bombardierung der Stadt ab. Der Umbau begann 1768 unter Andreas Hünigen, der sich am Vorbild der Dresdner Kreuzkirche orientierte. Nach 30jähriger Bauzeit (mit vielen Unterbrechungen) wurden die Arbeiten eingestellt und erst 1834–37 nach Plänen von Karl Friedrich Schinkel unter einem neuen Bauleiter, Carl August Schramm, abgeschlossen. Dabei erhielt der Nordturm seine gotisierende Gestalt von 1709, der Südturm nüchtern klassizistische Form. Auffällig sind die mächtigen Arkadenbögen, die halbrunde Treppe vor dem Altar und die Kassettendecke. Die Johanniskirche zählt zu Sachsens bedeutendsten klassizistischen Sakralbauten. Vom Südturm bietet sich ein schöner Blick auf die Stadt.

Das **Dornspachhaus** (Bautzener Straße 2) baute sich 1553 Bürgermeister Nikolaus von Dornspach mit Erker und Arkadenhof; Portal und Giebel stammen aus dem 17. Jh. In Dornspachs Bürgermeisterzeit wurde nördlich der Johanniskirche nach 1571 das **Alte Gymnasium** errichtet, zweigeschossig und mit drei Zwerchhäusern geschmückt. Die Schule setzte dem Gründer an der Fassade ein Grabmal. Rektor des Gymnasiums war 30 Jahre lang Christian Weise (1642–1708), der Begründer des politischen Romans in Deutschland. Das Dornspachhaus und das Gymnasium sind besonders wertvolle Bürgerbauten der Stadt aus der Zeit der Renaissance.

Der nahe Klosterplatz ist wegen seiner sechs Zufahrtswege nur schwer zu verfehlen und schon von weitem auszumachen durch den 70 m hohen, unten rechteckigen, oben schlanken Turm der **Petri-Pauli-Kirche**, den geschweifte Haube und Laterne krönen. Infolge mehrerer Umbauten weist die einstige Klosterkirche der Franziskaner verschiedene Stilepochen auf. Die Sakristei gehört in die Zeit der Frühgotik (zweite Hälfte 13. Jh.), ebenso der Chor von 1293. Die im 15. Jh. errichtete zweischiffige Halle ist spätgotisch, wurde aber 1658–62 von Martin Pötzsch aus Bautzen barock umgebaut und 1881 wieder dem alten Zustand angeglichen. Barock sind die Betstufen, etwa die Noacksche von 1696, Emporen in Schiff und Chor datieren von 1660, der Altar und die Kanzel von 1668.

Kulturgeschichtlich besonders wertvoll ist die Restsubstanz des 1268 gegründeten **Franziskanerklosters**. Zittau bekannte sich als erste Stadt der Oberlausitz bereits 1521 zur Reformation und säkularisierte das Kloster 1522; der letzte Mönch starb 1554. Ab 1675 haben sich Zittaus reiche Bürgerfamilien auf dem Klostergelände *Grufthäuser* mit z. T. beachtenswerten Steinmetz- und Kunstschmiedearbeiten anlegen lassen. Im *Ostflügel* des einstigen Klostergebäudes befinden sich zwei sternengewölbte Räume (Ende 14. Jh.) und Mönchszellen. Den *Westflügel*, nach Bürgermeister Heinrich von Heffter benannt, baute Martin Pötzsch 1662 um. Auf den Grundmauern des alten Speisesaals der Mönche entstand ein Haus, das zu den kostbarsten Renaissance-Bauten Zittaus gehört, hervorzuheben ist vor allem der reichgegliederte Volutengiebel. Im Erdgeschoß des Westflügels, dem früheren Refektorium, sind Reste gotischer Wandmalerei erhalten. Im zweiten Obergeschoß wurde 1709 die Ratsbibliothek untergebracht. Der ehemalige Bibliothekssaal ist mit dem Deckengemälde ›Pandora vor den olympischen Göttern‹ von Nikolaus Prescher geschmückt. 1928 zog das *Stadt- und Kreismuseum* in den Heffter-Bau ein. Zu dessen Sammlungen gehören keramische Arbeiten, vor allem Zittauer Fayencen. Außerdem bietet sich dem Besucher ein vorzügliches Stadtmodell, an dem er sich gut informieren kann. Geologische Exponate zeigt das im Stadtmuseum untergebrachte *Dr.-Curt-Heinke-Museum*. Vor dem Stadtmuseum hat der vom Markt nach hier umgesetzte **Grüne Born** (1679) seinen Platz gefunden. Michael Fröhlich, der heimische

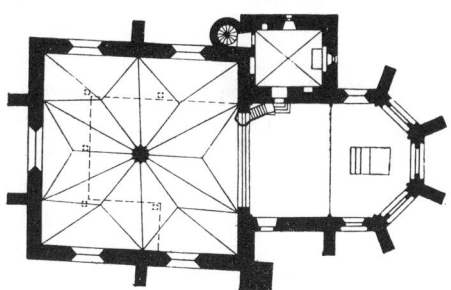

Zittau, Grundriß der Kreuzkirche

Kunstschmied, zierte den Brunnen mit Eisengitter, kursächsischem Wappen und goldener Kugel. Die gotische **Kreuzkirche** von 1410 auf fast quadratischem Grundriß zeigt böhmische Bauweise. Mauern und Gewölbe haben den Dreißigjährigen Krieg überdauert, an den in die Außenwand eingemauerte Kugeln gemahnen und der der Kirche schwere Schäden zufügte, so mußte das Chorgewölbe durch eine flache Stuckdecke ersetzt werden. Das Sterngewölbe im Westteil ruht auf einem einzelnen schlanken Mittelpfeiler. Die *Kreuzigungsgruppe* an der Nordwand stammt aus der zweiten Hälfte des 15. Jh.; die übrige, auffallend einheitliche Ausstattung aus der Zeit nach 1651. Auf dem Friedhof rings um die Kirche sind die prachtvollen barocken *Grufthäuser* aus dem 17./18. Jh. mit ihren vorzüglich geschmiedeten Gittern sehenswert.

Bemerkenswert sind die Brunnen auf dem **August-Bebel-Platz** (Abb. 24): *Schwanenbrunnen* (1710), *Herkulesbrunnen* (1708) mit überlebensgroßer Herkules-Gestalt und *Samariterinnenbrunnen* (1679) mit einer Samariterin als Zentralfigur und vier wasserspeienden Delphinen. Letzterer steht vor der Stadtschmiede (1710) am platzbestimmenden *Marstall* von 1511, erst Zeughaus, dann Schüttboden, schließlich Pferdestall. Das gewaltige Mansardendach des siebenstöckigen Marstalls geht auf Umbauten von 1730 zurück.

Die **Fleischerbastei** ostwärts ist die letzte Bastei der bis 1869 geschliffenen Stadtbefestigung. Die hier 1907 geschaffene *Blumenuhr,* deren Aussehen mit der Jahreszeit wechselt, samt *Meissener Glockenspiel* von 1966, eine originelle Visitenkarte Zittaus, zieht die Besucher an. Schon im Bereich des Ringes steht das Geburtshaus des Komponisten Heinrich Marschner (1795–1861). Die **Hospitalkirche St. Jakob** ist ein einschiffiger Sakralbau des 14. Jh. Das Türmchen wurde 1778 aufgesetzt; Kanzel und Altaraufsatz stammen von 1680. Noch innerhalb des Ringes liegt die alte Weberkirche, heute **Dreifaltigkeitskirche**. In den Bau einbezogen wurde Ende des 15. Jh. ein Turm des alten Webertors; der Umbau von 1889 gibt der Kirche ihr heutiges Gepräge. Einige Grabsteine und -denkmäler auf dem *Weberfriedhof* haben kulturhistorischen Wert. Schon jenseits des Ringes liegt die **Frauenkirche**. Die einstige Johanniter-Kirche, dreischiffig, im Kern 1260 entstanden, wurde 1538 und 1572 umgebaut. Der *Renaissance-Flügelaltar* mit spätgotischer Maria im Schrein entstand 1619, zeitgleich mit der *Kanzel* von Michel Greger.

Auch die umliegenden Dörfer haben kunst- und kulturhistorisch Interessierten etwas zu bieten: **Hirschfelde** an der Route Zittau – Görlitz z. B. mit sehenswerten *Vorlaubenhäusern* aus dem 18. Jh. Charakteristisch ist das vorgezogene Fachwerk-Obergeschoß auf profilierten Holzsäulen, seltener auf Steinsäulen. Bereits im 15. Jh. ist auf diese Art gebaut worden. Die *Dorfkirche* mit Rippengewölbe im Chor (14. Jh.) und sternengewölbtem spätgotischem Langhaus (15. Jh.) wurde in der ersten Hälfte des 18. Jh. neu ausgestattet; Nikolaus Prescher schuf 1726 die Gemälde an den Emporen.

Die *Barockkirche* zu **Bertsdorf** entstand 1672–79, nach einem Entwurf des Dresdners Andreas Klengel, einschiffig mit Kreuzgratgewölbe und um den Ostabschluß herumgezogenen zweigeschossigen Holzemporen. Nach dem Vorbild der Bertsdorfer Kirche entstanden andere Dorfkirchen, als bedeutendste die in **Niederoderwitz**, gebaut 1719–26 von J. G.

Vorlaubenhäuser in Hirschfelde

Förster. Turm und Durchgänge sind größer und stattlicher als bei ähnlichen Kirchen aus gleicher Zeit. An den Logen finden sich kostbare Schnitzereien. Die Malereien an den dreigeschossigen Emporen sind noch ursprünglich.

An der Bertsdorfer Kirche hat sich auch Johannes Kirchstein orientiert, unter dessen Leitung 1705–11 die *Dorfkirche* in **Hainewalde** errichtet wurde. Die *Kanitz-Kyausche-Grabkapelle* (Abb. 34) gehört mit ihren vier gleichartigen Fronten und den Franz Biener zugeschriebenen allegorischen Skulpturen von 1715 (Abb. 35) zu den beeindruckendsten Leistungen des Barock im Lausitzischen. Vom *Alten Schloß* der Familie von Nostiz überdauerte das Torhaus (1564). Vom *Neuen Schloß* (1749–55) ging bei Umbauten (1882/83) manches barocke Detail verloren. Zum englischen Landschaftsgarten erweitert, blieb der großartige *barocke Terrassengarten* (18. Jh.) erhalten.

Schloß Hörnitz, auf halbem Weg von Bertsdorf nach Hainewalde gelegen, wurde 1651–54 von Meister Valentin für Zittaus Bürgermeister C. von Hartig gebaut; im Nordwest-Teil kam 1853 ein Turm mit Wendeltreppe hinzu. Zwischen zwei Türmen erstreckt sich die Front des dreigeschossigen Baus mit zweigeschossigen Giebeln und Zwerchhäusern im Stil der Spätrenaissance. Der kleine *Landschaftspark*, mehrfach umgestaltet, geht wesentlich auf den Gartenarchitekten Petzold aus der Pücklerschule (s. S. 260 ff.) zurück.

Im grenznahen Raum konzentrieren sich Museen. Das weiter westlich gelegene **Seifhennersdorf** ist durch seine Polierschiefervorkommen bekannt geworden. Paläontologie, Geologie und Bergbaugeschichte sind folgerichtig die vorherrschenden Themen des sehenswerten *Museums*.

Großschönau, im 12. Jh. als Waldhufendorf angelegt, ist ein Weberdorf geworden und geblieben. Seit 1974 ist in 16 Räumen des ›Kupferhauses‹, einer nach ihrem Kupferdach benannten Damastmanufaktur von 1809, das *Museum der Oberlausitzer Leinen- und Damastindustrie* untergebracht.

Waltersdorf hat sein ursprüngliches Dorfbild weitgehend bewahren können. In großer Zahl sind noch *Umgebindehäuser* vorhanden, meist mit Schiefer gedeckt und mit fränkischem Fachwerk im Obergeschoß, manchmal auch holzverkleidet. Der Blockbauweise halber verdient das Haus Nr. 76 in der Ernst-Thälmann-Straße Beachtung, wegen der oben offenen Galerie in der gleichen Straße Haus Nr. 169. Charakteristisch für die Häuser des Orts sind Türstöcke aus Sandstein mit Korbbögen und barocken Verzierungen. In einer 1855 stillgelegten Wassermühle von 1614 befindet sich das 1956 eröffnete *Mühlenmuseum* mit zwölf Schauräumen, darunter ein originalgetreu erhaltener Mahlraum von 1800.

Als Naturdenkmal geschützt sind im benachbarten **Johnsdorf** die alten *Mühlsteinbrüche*, die 350 Jahre lang fast aller Herren Länder mit Mühlsteinen versorgten. Säulenförmig ragen ›Große‹ und ›Kleine Orgel‹ in der Felsenstadt empor. Das Sandsteingebiet wird durch den Nonnenfelsen unterbrochen, einen bis zu 4 m breiten und 30 m hohen Basaltzug, seit 1846 über eine Felsentreppe zugänglich und ›bewirtschaftet‹. Der Kurort Johnsdorf (451 m) ist das geographische Zentrum des Zittauer Gebirges. Einige Häuser zeigen barocke Sandstein-Türstöcke oder (und) Umgebinde.

Das Ruinenensemble **Burg, Kaiserhaus und Klosterkirche** auf dem **Berg Oybin** liegt inmitten einer beeindruckenden Berglandschaft, und das Ensemble zählt zu den schönsten naturgebundenen Kunstdenkmälern. Besiedelt war der Oybin schon um 900 v. Chr. Heinrich von Leipa ließ 1311–16 jene Burg bauen, von der Bergfried, Rittersaal und zwei Tore erhalten sind. Unter Karl IV. wurde die Anlage 1364 am nördlichen Felshang um das z. T. erhaltene *Kaiserhaus* erweitert. Bereits ein Jahr später ließ der Kaiser unmittelbar neben der

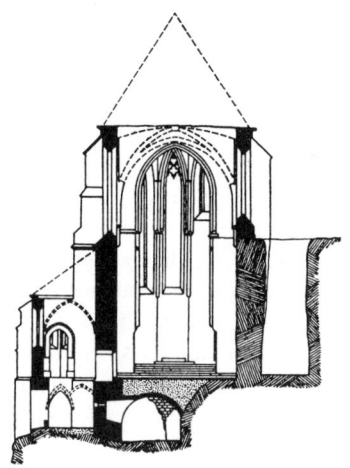

Die Ruine des Klosters Oybin. Bleistiftzeichnung ▷
mit Sepialavierung von Carl Gustav Carus, 1820

Oybin, Querschnitt durch die Klosterkirche

Burg das Cölestiner-Kloster errichten, das von hervorragender Bedeutung in der deutschen Klostergeschichte ist. Der Mönch Peter von Morrone, 1294 für fünf Monate Papst Cölestin V., gründete 1264 den Orden, der es auf 200 Klöster brachte, heute aber nur noch in Italien vertreten ist.

Den Bau des *Klosters Oybin* (1365–84) besorgten Schüler des Peter Parler von Gmünd. Wie überall in der Sakralarchitektur der Lausitz vor der Zeit der Hussitenkriege ist der böhmische Einfluß auf das aus heimischem Sandstein gebaute frühgotische Kloster unverkennbar. Der Grundriß erinnert in allen Einzelheiten an die Apollonariskirche in Prag. Das einschiffige Langhaus erreichte eine Höhe von 22,5 m bei einer Länge von 15,40 m und einer Breite von 10,75 m. Es gab nur einen einzigen Zugang: das Westportal. Die Felsen erzwangen ungewöhnliche Raumlösungen. Der Kreuzgang z. B. mußte am Felsrand unter dem Niveau des Schiffes entlang geführt werden und öffnete sich nur der Kirche zu. Beim Umbau wurde 1512–15 an der Südfront ein 30 m langer Gang ins Gestein gehauen.

Das Kloster ist mit der Reformation um 1546 aufgelöst worden. Gegen einen Obolus von 91 000 Talern überließ 1574 der Kaiser das Kloster der Stadt Zittau. Drei Jahre später stürzte das Gewölbe der Kirche nach einem Brand ein. 1681 verursachte ein Felssturz erhebliche Schäden und 1707 setzte ein neuerlicher Brand das Zerstörungswerk fort. Das Schicksal der Innenausstattung des alten Klosters ist nur teilweise bekannt. Der Prager Karls-Universität fiel die Bibliothek zu, Löbau die Orgel, ein Altar mit hölzernen Statuen der Kirche Cvikov in Böhmen.

Die Klosterruine wurde im 19. Jh. von den Romantikern ›entdeckt‹ und war vielfach Motiv romantischer Malerei. So malte Carl Gustav Carus den ›Friedhof auf dem Oybin‹ mit dem gotischen Doppelfenster vor dem Kreuzgang (Museum Leipzig) und Caspar David Friedrich die ›Kirchenruine Oybin‹. Seit 1973 finden im alten Kloster die ›Oybiner Musiktage‹ statt.

In das 1574 mit dem Kloster an Zittau gefallene **Dorf Oybin** wanderten nach 1680 zahlreiche Weber ein. Für die größer gewordene Gemeinde wurde am Burghang 1709 eine *Bergkirche* gebaut. Sie besitzt einen Rokoko-Altar von 1773; Emporen und Decke sind 1723 bzw. 1737 von Johann Christian Schmied bemalt worden. Eine 1890 eingerichtete *Schmalspurbahn* verbindet den Kurort Oybin ebenso wie Johnsdorf mit der 13 km entfernten Kreisstadt Zittau.

Von Löbau nach Herrnhut

In **Löbau**, um 1200 auf einer steil zum Fluß abfallenden Anhöhe gegründet, lassen Reste der alten Stadtmauer die mittelalterliche Anlage noch gut erkennen. Der Markt (40 × 94 m) ist dank glücklicher Straßenführung aus beachtlicher Entfernung zu erblicken, eine Eigenart der gut durchdachten Stadtanlage. 1346 war Löbau Gründungsort des Lausitzer Sechsstädtebundes und offiziell Konventsstadt bis zur Teilung Sachsens 1815. Die Tagungen fanden im Franziskanerkloster, später im Rathaus statt; das Museum (Johannisgasse 5) verwahrt noch den Original-Glaspokal des Sechsstädtebundes. Von diesen sechs Städten besaß Löbau den höchsten Anteil an Ackerbauern, so im 16. Jh. 70 %. Die Stadt hatte 1306 eine ›Weichbildverfassung‹ erhalten, mit der 28 umliegende Dörfer der jurisdiktionellen Zuständigkeit des städtischen Erbrichters unterzogen wurden. Die einstige Mittlerrolle im Handel mit Böhmen ging weitgehend an das jüngere, vorteilhafter gelegene Zittau verloren. Dafür erlangten Leinenweberei, Leinwandhandel und Garnmarkt (bis 1800) Bedeutung. Die erste Fabrik, gegründet 1838, war dann auch eine Rot- und Buntfärberei. Etwas später, 1859, kam durch die Firma Förster der Musikinstrumentenbau auf; Förster-Flügel wurden ein bekanntes Löbauer Markenprodukt.

Sehenswert ist das dreigeschossige, barocke **Rathaus** (Farbabb. 25), das der Zittauer Maurermeister Rößler unter Verwendung der Reste des 1710 abgebrannten alten Rathauses aus dem 15. Jh. schuf. Der Laubengang wurde 1891/92 neobarock umgestaltet, der quadratische, im Kern spätgotische Turm mit vorkragendem Zinnenkranz erhöht. Die Wände des repräsentativen *Eingangsbereichs* mit Stadtwappen sind mehrfarbig bemalt und teils vergoldet. Das *Bürgermeisterzimmer* schmücken eine Stuckdecke und Gemälde des Zittauer Malers Nikolaus Prescher aus dem Jahre 1713.

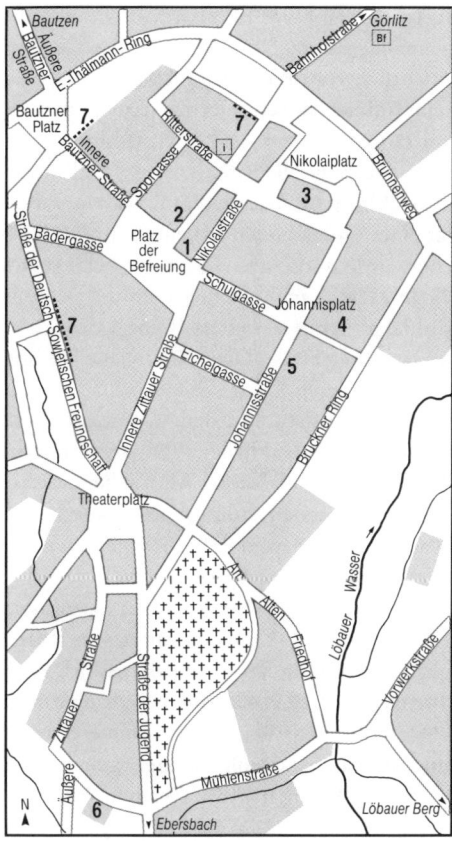

Löbau: 1 Rathaus 2 Stadthaus ›Goldenes Schiff‹ 3 Nikolaikirche 4 Johanniskirche 5 Stadtmuseum 6 Heiliggeistkirche 7 Reste der Stadtmauer

Das **Stadthaus**, genannt ›Goldenes Schiff‹, ist mit seiner reizvollen barocken Dekoration der schönste Bürgerbau (1720) Löbaus, das mit **Rittergasse Nr. 6 und 7** weitere stattliche barocke Bürgerbauten besitzt. Die charakteristischen Bürgerbauten waren ursprünglich schlichte Giebelhäuser; drei stammen noch aus der Zeit um 1700 und haben als einzige keine barocken Veränderungen erfahren; sie bilden ein bemerkenswertes architektonisches Ensemble am Zugang zur **Badergasse**. Herausragendes Beispiel moderner Architektur ist **Kirschallee Nr. 1**, ein 1933 für den Fabrikanten Schmitze errichtetes Wohnhaus nach einem

Entwurf von Hans Bernhard Scharoun auf unregelmäßigem Grundriß mit ineinanderübergehenden Räumen und großen Glasflächen im Bauhaus-Stil.

Östlich vom Rathaus erhebt sich die einst zum Franziskanerkloster gehörende spätgotische **Johanniskirche** aus dem 15. Jh. mit kreuzrippengewölbtem Chor und 1840 eingezogener Holzdecke sowie einer Holzempore im Innern. Unter dem Chor befindet sich eine von außen zugängliche *Krypta,* an der Südseite des Chors ragt ein auffallend schlanker Turm mit achteckigem Glockengeschoß auf. Die **Nikolaikirche** ist in ihrer heutigen Gestalt das Resultat einer umfassenden Erneuerung von 1884–96, bei der sie zur neugotischen Backsteinkirche wurde und einen die Stadt überragenden Turm erhielt. Der Chor birgt Reste aus dem 13. Jh. Das Langhaus aus dem 14. Jh. wurde zweischiffig angelegt und 1742 durch ein südliches Schiff erweitert. Durch den Umbau im späten 19. Jh. entstand eine einheitliche dreischiffige Halle. Die spätgotische **Heiliggeistkirche** erfuhr 1712 barocke Veränderungen. Nach schweren Kriegsschäden von 1945 wurde die 1712 eingebrachte barocke Ausstattung wiederhergestellt. Auf dem **Alten Friedhof,** dem Frauenkirchhof, befinden sich wertvolle barocke Grabdenkmäler. Von kulturhistorischer Bedeutung ist insbesondere die Gruftkapelle des Handelsherrn M. Lücke mit ihren vortrefflichen Ornamenten (1731).

Die **Postmeilensäule** auf dem Bautzner Platz ist die östlichste Sachsens. Das Original aus Waltersdorfer Sandstein (1729) ging verloren und wurde 1957 durch die heute zu sehende Nachbildung ersetzt.

Ein einzigartiges Denkmal des Eisenkunstgusses ist der **Friedrich-August-Turm** auf dem Löbauer Berg (447 m), gestiftet von dem Bäckermeister Friedrich August Bretschneider, gegossen 1854 in der Hütte Bernsdorf. Allein die 128stufige Wendeltreppe des 28 m hohen Turms mit drei Plattformen stellt eine meisterliche Leistung der Schmiedekunst dar. Seit 1985 ist der ursprünglich 70 t schwere Turm um 1,5 t gewichtiger: in 3, 9, 15 und 21 m Höhe mußten Flachstahlringe eingezogen werden, um den Rost nicht früher als unvermeidbar über den Denkmalschutz siegen zu lassen.

Rund um Löbau lohnen einige Orte vor allem wegen der typischen Umgebindehäuser einen Besuch. Das Dorf **Kittlitz** ist Gründungsort der von dem Lausitzer Komponisten Korla Awgust Kocor 1845 ins Leben gerufenen Sorbischen Gesangsfeste. Den Bau der auffallend großen *Dorfkirche* (1749–69) leitete Andreas Hünigen. Zur Innenausstattung gehören ein Altar, überdacht von einem Baldachin aus vier hohen korinthischen Säulen, die durch Korbbögen verbunden sind, und eine reich verzierte Kanzel aus der Entstehungszeit; aus dem Jahre 1839 stammt die Orgel.

Als ältestes erhaltenes Umgebindehaus der Lausitz gilt das *Reiterhaus* (Abb. 37) im südwestlich von Löbau an der tschechischen Grenze gelegenen **Neusalza-Spremberg,** dessen Hauptgebäude mit Oberlaube aus der Zeit um 1660 stammt. Den Namen gab die Reiter-Schießscheibe von 1874 im Giebel des im 18. Jh. rechtwinklig angebauten ›Reiterflügels‹. 1963 wurde das Gebäude erneuert und um eine ›Heimatstube‹ bereichert.

Der Friedrich-August-Turm auf dem Löbauer Berg ▷

Die geschlossenste Anlage von *Umgebindehäusern* bietet **Obercunnersdorf**, ein langgestrecktes altes Waldhufendorf. Hier haben 43 100 bis 200 Jahre alte Gebäude kulturgeschichtlich herausragenden Wert. In der Regel sind sie verschiefert, wobei helle und dunkle Schieferplatten im Wechsel angebracht wurden, was eine interessante Musterung ergibt, die durch Symbole noch ergänzt wird. Am ursprünglichsten ist der Bestand Im Winkel, in der Hauptstraße und am Brückenweg. Zwei besonders schöne Umgebindehäuser stehen Hauptstraße 78 und Bahnhofstraße 27. Der Brückenweg ist nach dem nahen 7-Bogen-Viadukt aus Natursteinmauerwerk benannt, ein Denkmal des frühen sächsischen Eisenbahnbaus. Die große *Saalkirche* aus dem 17. Jh., 1691 und 1749 umgebaut, deren wuchtiger Turm von einer geschweiften Haube mit Laterne gekrönt wird, besitzt eine sehenswerte Innenausstattung: Die bemalten Felder der Doppelempore stammen noch aus dem 17. Jh., ebenso der Altaraufsatz (1691).

Schöne *Umgebindehäuser* prägen auch das Dorfbild von **Ebersbach**, etwa Amtsgerichtsstraße 47 mit reizvollem Fachwerk von 1780 und Hauptstraße 103a, ein Haus mit ungleich geteiltem Giebel (1750). Die *Dorfkirche* (Abb. 33), eine große Saalkirche mit holzverkleideter gewölbter Decke und dreigeschossigen bemalten Emporen, stammt im Kern aus dem Jahre 1559. Langhaus und Glockengeschoß gehen auf Umbauten von 1682 zurück; der Ostteil mit Kuppelwölbung wurde 1726–29 auf dreiviertelkreisförmigem Grundriß ergänzt. Der 1738 von Zittau nach hier umgesetzte Orgelprospekt stammt aus dem Jahre 1685. Zur barocken Ausstattung gehören zwei Paar Altarleuchter aus versilbertem Zinn (1732), der Baldachinaltar mit Ölbergrelief (1784) und die Kanzel (1786). In der ›Humboldtbaude‹ auf dem Schlechteberg zu Ebersbach befindet sich das *Oberlausitzer Regionalmuseum*, das u. a. Sammlungen dörflicher Trachten und der typischen bunten Oberlausitzer Möbel ausstellt.

Das benachbarte **Eibau** hat viel mit Ebersbach gemeinsam: ein *Heimat- und Humboldtmuseum*, zu dessen Exponaten Keramik und Schnitzereien der Lausitz sowie eine völkerkundliche Sammlung gehören, *Umgebindehäuser*, mit schönen Portalen geschmückt, und eine barocke Dorfkirche (1703–07), deren Turm mit einer Doppellaterne gekrönt und deren Innenraum mit dreigeschossigen Emporen und einem Altar aus dem 18. Jh. ausgestattet ist. Lohnend ist ein Abstecher zur guterhaltenen *Paltrockwindmühle* von 1876 im benachbarten **Oberoderwitz**, die unter Denkmalschutz steht. Die Dorfkirche (1816–18), ein klassizistischer Bau mit dreigeschossigen Emporen, ist mit 1500 Sitzplätzen für ländliche Verhältnisse ungewöhnlich groß.

Auf etwa halber Strecke zwischen Löbau und Zittau liegt **Herrnhut**, Stammsitz der einige hunderttausend Mitglieder in aller Welt umfassenden Herrnhuter Brüder-Unität. Christian David, aus religiösen Gründen im katholischen Mähren verfolgt, siedelte 1722 als erster am Hutberg und wurde so »der exulierenden Mähren ihr Moses«, wie das Kirchenbuch vermerkt. Im Verlauf von etwa 50 Jahren bauten die Glaubensbrüder Herrnhut auf. Den Grund und Boden stellte der Besitzer des Gutes Berthelsdorf, der pietistische Dichter Nikolaus Ludwig Graf von Zinzendorf, trotz landesherrlichen Einspruchs zur Verfügung. Unter seiner Leitung bildeten die Exulanten 1727 eine christliche Brüdergemeinde, die streng solidarisch organisiert war, Besitz, Kriegsdienst und technischen Fortschritt verwarf und ob des Gebotes priesterlicher Ehelosigkeit im Gegensatz zur Landeskirche stand. Die Unität entwickelte eine intensive, betont unpolitische Erziehungs- und Missionstätigkeit in fast allen Staaten Europas und in Übersee.

Das **Gemeindehaus**, wie die Unität ihre Kirche nennt, wurde 1756/57 nach einem Entwurf von S. A. von Gersdorf in schlichtem Barock auf rechteckigem Grundriß mit einfachem Dachreiter errichtet, 1945 zerstört und 1950–53 wiederaufgebaut. Die Ausstattung verzichtet auf jede Art von Schmuck, statt am Altar wird der Gottesdienst am einfachen Predigttisch zelebriert, eine Kanzel gibt es nicht. Männer und Frauen sitzen getrennt. Die Kleidung der Brüder ist schwarz; die Schwestern tragen eine weiße Haube mit farbigem Band, die ihren Stand anzeigt (hellblau = verheiratet, weiß = verwitwet, rosarot = ledig).

Auf dem rechteckigen Platz vor dem Gemeindehaus steht ein **Zinzendorf-Denkmal**. Den Platz umrahmten **Chorhäuser** für ledige Brüder und Schwestern, von denen einzig das Chorhaus der Witwen überdauerte (1759–61).

Das **Barockschloß** des Grafen, ein Bau mit Mittelrisalit und zwei Flügelanlagen zum Garten hin, wurde im Zweiten Weltkrieg ebenfalls zerstört und beherbergt nach seinem Neuaufbau (1977/78) das ›Förderungszentrum Johann Amos Comenius‹ für hirngeschädigte Jugendliche. Der streng gegliederte alte *Vogtshof* (1730–34, erweitert 1746) mit Mittelrisalit und Dacherker dient der Unität als Verwaltungssitz.

Der **Gottesacker** am Hutberg, mit der Stadt durch eine Allee verbunden, besteht seit 1730. Gestützte Linden teilen ihn in begrenzte ›Quartiere‹. Ein Hauptweg trennt Männer- und Frauengräber. Die Bestattung erfolgt nach dem Todestag in der Reihe. Die Grabplatten der Zinzendorfs liegen zentral und erhöht. Es gibt keine Grabhügel, und die Grabsteine nennen nur Namen und Geburts- und Sterbedaten.

In einem **Barockbau von 1764** (Comeniusstraße 6), dessen Inneneinrichtung aus dem 18. Jh. stammt und zu dem ein Barockgarten mit Pavillon (1770) gehört, sind die *Alt-Herrnhuter Stuben* untergebracht, die mit komplett eingerichtetem Wohnzimmer einer Herrnhuter Familie und Exponaten des Herrnhuter Kunstgewerbes über das Leben der Brüdergemeinde Auskunft geben. Das bereits 1878 gegründete **Völkerkundemuseum** in der Goethestraße 1 zeigt Exponate aus den von den Herrnhutern missionierten Ländern; so gehören u. a. Objekte aus Afrika, Tibet und Kaschmir, Grönland, Alaska und den Siedlungsgebieten nordamerikanischer Indianer zu den ethnographischen Sammlungen. Das Völkerkundemuseum Herrnhut gehört zum Staatlichen Museum für Völkerkunde in Dresden.

Erzgebirgisches Vorland und Vogtland

Das waldreiche Hügelland von Vorland und Vogtland wird das ganze Jahr von Touristen besucht. Die zahlreichen Talsperren laden zum Baden ein; es locken günstige Wintersportmöglichkeiten, etwa in Klingenthal (920 m), der Kurbetrieb in den Staatsbädern Brambach und Elster sowie Wandermöglichkeiten in den Naturschutzgebieten.

Das **Vorland des Erzgebirges** ist ein dicht bevölkerter Raum in dessen Siedlungsstruktur das große Industriedorf dominiert. Abgesehen von Chemnitz, dem Zentrum der Textilindustrie im 19. Jh., fehlen die Industriegiganten. Das Textilgewerbe war schon früh so weit verbreitet, daß der im 19. Jh. aufkommende Textilmaschinenbau, eng verknüpft mit der 1837 gegründeten Firma Hartmann, sich wie selbstverständlich in diesem Raum ansiedelte, vom Werkzeugmaschinenbau inzwischen eingeholt. Durch die Auto-Union kam im 20. Jh. die Kfz-Industrie auf.

Im 17. Jh. wanderten zahlreiche Exulanten aus Böhmen nach Markneukirchen und Klingenthal ein und brachten das Geigenbauerhandwerk mit, das sich im 19. Jh. zu einer vielfältigen, exportfähigen Instrumentenproduktion im Vogtland entwickeln sollte.

In den Urkunden begegnet uns die Bezeichnung **Vogtland** *(voyte lande)* für die historische Landschaft im südwestlichen Zipfel Sachsens schon 1254. In der umstrittenen Grenzregion genossen die vom Kaiser eingesetzten Reichsvögte, die Herren von Weida waren das 1209, eine landesherrliche Sonderstellung, und so kam der Name ›Vogtland‹ nicht von ungefähr. Den wichtigsten Einschnitt in der Geschichte der Region brachte das Jahr 1466, als Plauen an die Wettiner fiel. Bei der Teilung Sachsens im Jahre 1485 kam das Vogtland zu den Ernestinern. Der ›voigtländische Kreis‹, schon 1577 unter Kurfürst August gebildet, profilierte sich mit Plauen als Kreisstadt nach 1602, gehörte 1567–1718 zum Herzogtum Sachsen-Zeitz und wurde mit Bildung des ›Zwickauer Kreises‹ 1853 aufgelöst.

Chemnitz, das sächsische Manchester

Chemnitz (310 000 Ew.), von 1953–90 Karl-Marx-Stadt, ist ein Zentrum der Administration (1952–90 Bezirksstadt), des Maschinenbaus und der technischen Wissenschaften. Die Stadt ist mit vielen Beinamen bedacht worden: ›Tor zum Erzgebirge‹, ›Sächsisches Manchester‹ oder auch ›Ruß-Chemnitz‹, wegen der ›dicken Luft‹, die die Abgase der Industrie, be-

Der Fabrikant Richard Hartmann, nach einem Stich von 1858

sonders die der Braunkohlekraftwerke in Chemnitz erzeugen.

Kaiser Lothar III. gründete 1136 am Chemnitzfluß ein Benediktinerkloster, in das Mönche aus Pegau einzogen, und nahe dem Kloster legte um 1165 Barbarossa, dem viel an einer Verbindung zwischen Altenburg und Prag lag, das reichsunmittelbare Chemnitz an (1216 als *civitas* erwähnt). Nach der Schlacht bei Lucka 1308 (s. S. 14) fiel die Stadt an das Haus Wettin, das Kloster aber blieb reichsunmittelbar, und die Äbte zählten bis zur Säkularisierung des Klosters 1541 zu den einflußreichsten Reichsfürsten. Durch das landesherrliche Bleichprivileg vom 14. Dezember 1357 wurde Chemnitz das Zentrum der obersächsischen Leinenweberei. Ähnlich führend wurde die Stadt ab dem 16. Jh. in der Baumwollweberei. Im Zusammenhang mit der Blüte des Bergbaus im Erzgebirge entstanden 1470/71 die erste Saigerhütte in Sachsen und zwei Kupferhammerwerke. Im 18. Jh. kamen Strumpfweberei (1728) und Kattundruck (1770) auf. Für die gesamte Landesgeschichte bedeutungsvoll wurde die Gründung der Bernhardschen Spinnerei (1799), die die

Richard Hartmanns Maschinenfabrik in Chemnitz, nach einem Stich von 1858

Industrialisierung in Sachsen einleitete. Lange Zeit galt diese Spinnerei auch als beispielhafter Fabrikbau, an dem sich die Architekten orientierten. Bernhard arbeitete mit englischen Maschinen, bis Karl Gottlieb Haubold, der 1834 die Wöhlersche Werkstatt übernahm, mit der Herstellung von Spinnmaschinen begann. Richard Hartmann, der sich 1837 selbständig machte, baute auch andere Maschinen, Lokomotiven z. B. – im 19. Jh. als einziger in Sachsen. Hartmanns fähigster Konstrukteur, Louis Schönherr, entwickelte den maschinellen Tuchwebstuhl und gründete 1851 eine Webstuhlfabrik, die spätere Sächsische Webstuhlfabrik AG. In kürzester Zeit wurde Chemnitz so »die erste Fabrik- und die zweite Handelsstadt im Lande«, wie es in einem 1871 verlegten Lexikon heißt. Und eine Hochburg der Arbeiterbewegung! Zu den ersten deutschen Arbeiterzeitungen gehörte die »Chemnitzer Freie Presse« (1871), und mit Fritz Heckert wirkte hier nach 1915 der bekannteste Arbeiterführer Sachsens, der 1923 Minister der Zeigner-Regierung (s. S. 37) wurde.

Zwischen 1883 und 1930 stieg die Einwohnerzahl von 100000 auf 350000. Mit dem großräumigen Theaterplatz (1900) und den angrenzenden Funktionalbauten verliehen die Städteplaner Chemnitz das Gepräge einer modernen Großstadt. Wo früher die Stadtmauer verlief, entstanden jetzt nicht etwa Grünanlagen wie in Leipzig, sondern Mietskasernen. In bevorzugten Wohngegenden, etwa am Küchwald, ließen sich die Fabrikanten ihre Villen bauen.

Im Februar und März 1945, nur wenige Wochen vor Eintritt der Waffenruhe, wurde

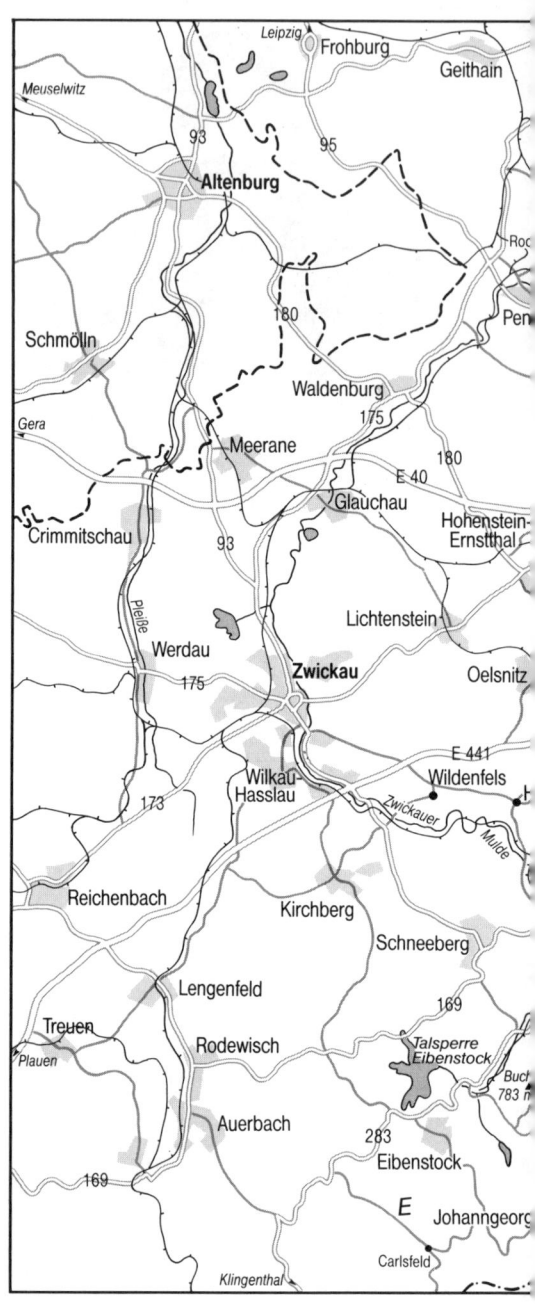

Erzgebirge und Vorland

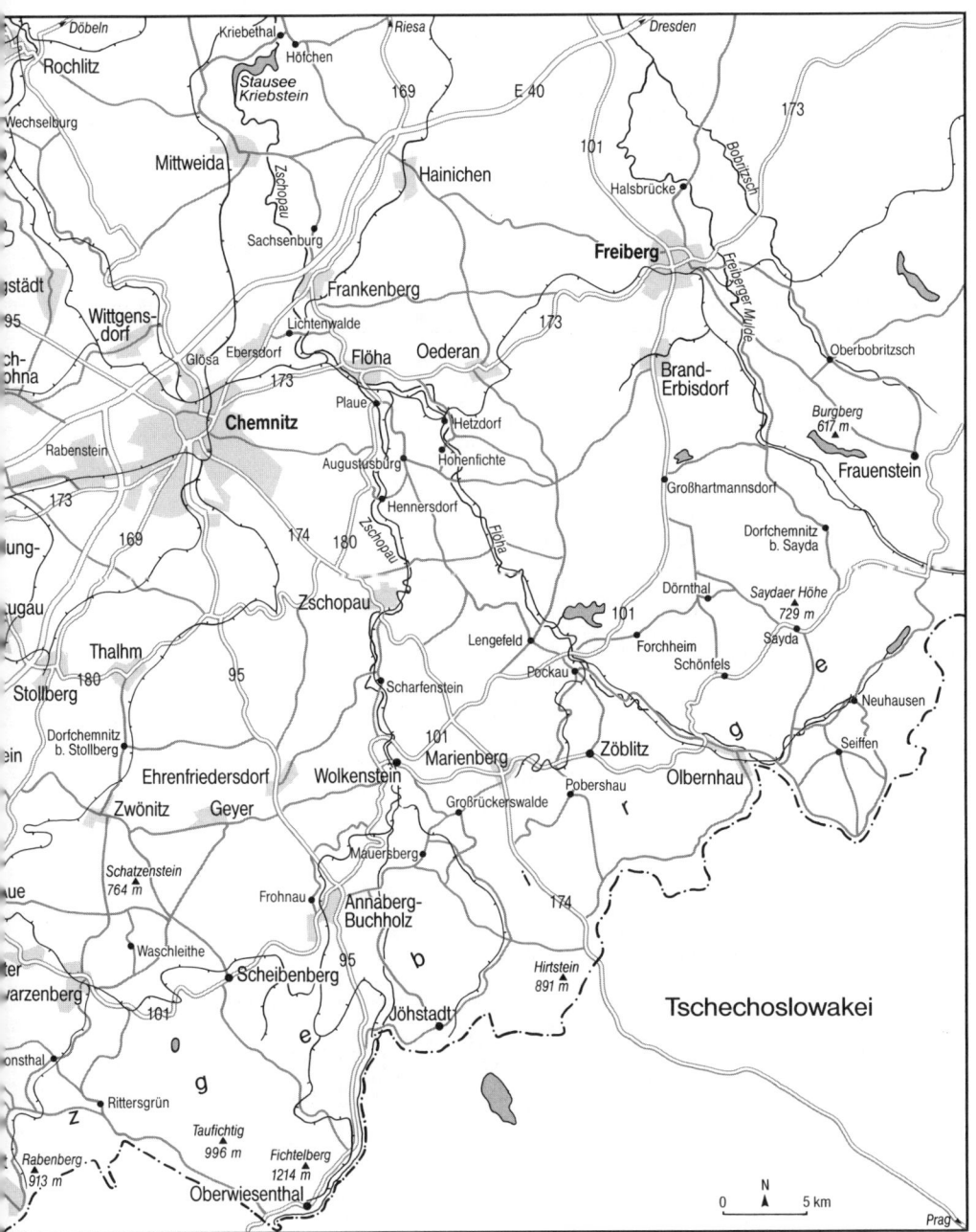

Döbeln
Rochlitz
Kriebethal
Höfchen
Riesa
Dresden
173
Wechselburg
Stausee
Kriebstein
169
E 40
Mittweida
101
Hainichen
Halsbrücke
Zschopau
Sachsenburg
Freiberg
Freiberger Mulde
Bobritsch
gstädt
Frankenberg
Oberbobritzsch
95
Wittgens-
dorf
Lichtenwalde
173
Oederan
ohna
Ebersdorf
Flöha
Brand-
Erbisdorf
Glösa
173
Burgberg
617 m
Plaue
Chemnitz
Hetzdorf
Rabenstein
Augustusburg
Hohenfichte
Großhartmannsdorf
Frauenstein
173
Hennersdorf
Dorfchemnitz
b. Sayda
ung-
169
174
180
Zschopau
Flöha
Dörnthal
Saydaer Höhe
729 m
ugau
Zschopau
101
Sayda
Lengefeld
Forchheim
e
Thalhm
180
95
Pockau
Schönfels
Stollberg
Scharfenstein
Neuhausen
Dorfchemnitz
b. Stollberg
101
Marienberg
Zöblitz
g
Seiffen
ein
Ehrenfriedersdorf
Wolkenstein
Pobershau
Olbernhau
Zwönitz
Geyer
Großbrückerswalde
r
Schatzenstein
764 m
Mauersberg
aue
Frohnau
Annaberg-
Buchholz
174
Waschleithe
b
ter
Scheibenberg
95
Hirtstein
891 m
Tschechoslowakei
warzenberg
101
Jöhstadt
e
onsthal
g
Rittersgrün
z
Taufichtig
996 m
Fichtelberg
1214 m
Rabenberg
913 m
Oberwiesenthal
N
0   5 km
Prag

291

Chemnitz bei Bombenangriffen zu zwei Dritteln zerstört. Die meisten der bis dahin erhaltenen historischen Gebäude wurden vernichtet oder schwer beschädigt. Beim Wiederaufbau stand eine moderne und klare städtebauliche Ordnung im Vordergrund. Der mittelalterliche Stadtkern mit seinen historischen Bauten wurde neu errichtet und mit dem nördlich davon gelegenen Kulturzentrum innerhalb eines breiten Gürtels von Grünanlagen zu einem neuen Stadtzentrum zusammengefaßt, der Verkehr tangential daran vorbeigeleitet.

Das spätgotische **Alte Rathaus** (Farbabb. 26) am Markt entstand 1496–98 in einer Phase des Aufschwungs für ein selbstbewußt gewordenes Bürgertum. In den Bau einbezogen wurde ein 1486 schon erwähnter Turm. Beim Umbau des Westflügels 1883 erhielt er die Giebel im

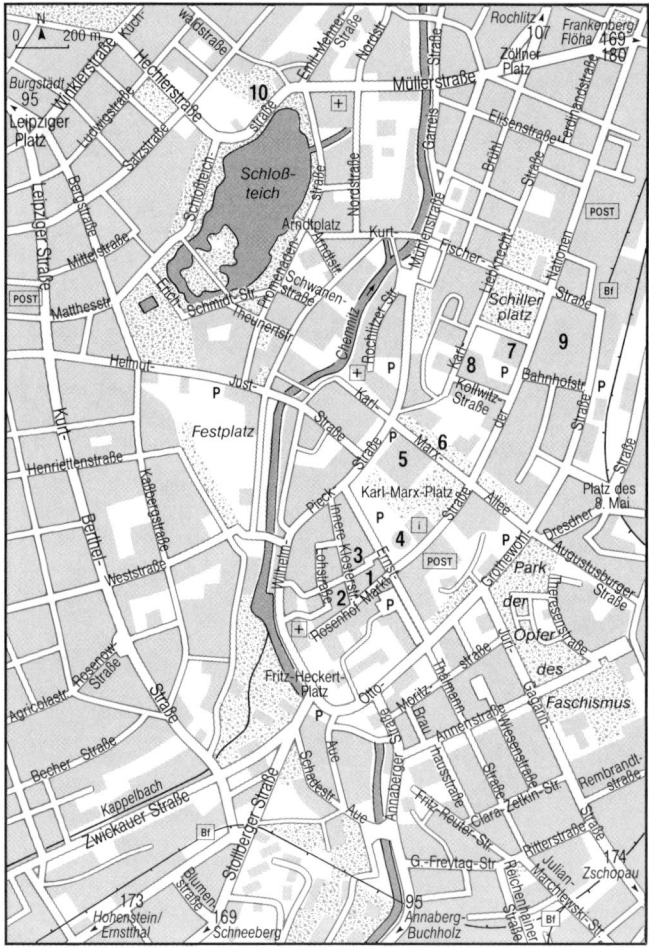

Chemnitz:
1 *Altes und Neues Rathaus*
2 *Siegertsches Haus*
3 *Jakobikirche*
4 *Roter Turm*
5 *Stadthalle*
6 *Karl-Marx-Monument*
7 *Fritz-Heckert-Haus*
8 *Städtische Museen*
9 *Opernhaus*
10 *Schloßkirche*

Besichtigungsvorschlag

Chemnitz ist großflächig. Bei knapp bemessener Zeit ist ein inklusive Besichtigungen auf drei bis vier Stunden berechneter Rundgang vom **Markt über den Theaterplatz zum Schloßteich** und zurück zum Markt empfehlenswert. 1. **Markt.** Sehenswert das Alte Rathaus mit Hohem Turm, das barocke Siegertsche Haus, der Rosenhof; die Jakobikirche mit dem Peter-Breuer-Altar. Vorbei dann am **Roten Turm**, einem Rest der Stadtbefestigung, die Brückenstraße (früher Karl-Marx-Allee) kreuzend zur 2. Station, dem **Theaterplatz** mit neugotischer Petrikirche, Hotel ›Chemnitzer Hof‹, Theater und Museumskomplex: Kunstsammlung, Textil- und Kunstgewerbesammlung, Museum für Naturkunde; vor dem Museum der ›versteinerte Wald‹. Hinter dem **Schillerplatz** führt nach links die Kurt-Fischer-Straße zum 3. Ziel, dem **Schloßteich.** Besichtigung der Schloßkirche und des Schloßbergmuseums; Kreuzgangflügel bedeutendes frühgotisches Baudenkmal Sachsens, Geißelsäule von Hans Witten in der Schloßkirche. Zurück zum Markt über Schloßteich- und Brückenstraße, vorbei an **Stadthalle** und **Hotel ›Kongreß‹**, 15 Minuten Fußweg.

Stil der Neorenaissance. Mit Beseitigung der schweren Kriegsschäden 1946–51 erfolgte wiederum eine wesentliche Veränderung: Das wertvolle *Renaissance-Portal* von 1559 mit den Halbfiguren der Judith und Lukrezia wurde in die Turmmitte gesetzt. Im Innern rekonstruierte man die *Ratsstube* mit dem Sterngewölbe von 1557. Die alte Renaissance-Ausgestaltung von 1556–57 ging bereits 1911 bei einem Umbau verloren. Berühmtester Hausherr war der Naturforscher Georgius Agricola, der 1531 als Stadtarzt nach Chemnitz kam, 1555 hier starb, aber im Dom zu Zeitz beigesetzt ist. Er verfaßte das Hauptwerk der damaligen Montanwissenschaft »De re metallica«. Als Agricola Bürgermeister war, zählte die Stadt 4000 Einwohner.

Unter völlig anderen, nämlich großstädtischen Bedingungen baute Richard Möbius 1907–11 das **Neue Rathaus,** indem er Stilelemente der Spätgotik und Renaissance aufgriff und mit denen des damals besonders in Chemnitz beliebten Jugendstils verband. An der Hofseite ließ er das *Renaissance-Portal* von 1598 einbauen, das zur an dieser Stelle abgebrochenen Lateinschule gehörte. Das Rathausinnere besticht durch die im Obersächsischen einmalige *Jugendstilausstattung*. Max Klinger schuf 1918 für den Stadtverordnetensaal das Wandbild ›Arbeit, Wohlstand, Schönheit‹.

Den Ratshäusern benachbart erhebt sich die **Jakobikirche.** Der romanische Erstbau von um 1200 brannte 1333 ab. Das spätgotische dreischiffige Langhaus entstand 1350–65, der an die Sebalduskirche in Nürnberg erinnernde Hallenumgangschor mit Maßwerk-Schmuckstreifen unterhalb der Fenster 1405–12. Die heutige Fassade geht auf Umbauten von 1911 zurück. Nach Kriegszerstörung wurde der Chor bis 1949 wiederaufgebaut, 1970–73 erneuerte man die eingestürzten Gewölbe und Pfeiler des Langhauses. Da die Innenausstattung fast restlos verloren war, mußten Umsetzungen erfolgen. So gelangten 1970 von der Johanniskirche der *Flügelaltar* Peter Breuers (1505) mit spätgotischen Malereien von Hans Hesse und eine *Sandsteintaufe* aus dem 17. Jh. in die Jakobikirche. Die *Kanzel* mit Kreuzigungsgemälde von Andreas Göding (1612) stammt aus Dresden-Leuben.

Henry van de Velde und der Jugendstil in Chemnitz
(* 1863 Antwerpen, † 1957 Zürich)

Chemnitz war keine Hochburg des Jugendstil wie München, Berlin oder Darmstadt. Doch mit Haus Esche besitzt die Stadt einen der schönsten Jugendstilbauten in Sachsen. Flächigkeit und dekorative, pflanzenhafte Ornamentik sind die Kennzeichen dieses ›Neuen Stils‹, dessen Vertreter um die Jahrhundertwende gegen die Nachahmung historischer Stile opponierten.

Henry van de Velde war Maler, Kunstgewerbler und machte sich vor allem als Architekt einen Namen. Seinen ersten bedeutenden Bau schuf er 1895/96 mit Haus Bloemenwerf in Uccle bei Brüssel, seinen letzten mit dem inzwischen abgetragenen Theater für die Werkbundausstellung 1914 in Köln. Seit 1902 lebte er in Weimar, wo er die Kunstgewerbeschule leitete.

Der Textilfabrikant Herbert Esche bestellte bereits 1898 bei Van de Velde Möbel und wünschte sich dann »ein Haus zu haben, das mit dem Geist der für ihn entworfenen Möbel übereinstimme, um endlich den zwischen der Einrichtung und der vulgären und prätentiösen Mietwohnung bestehenden Widerspruch zu beseitigen, in dem er lebte« (van de Velde). 1903 war das 1911 erweiterte Haus Esche in der Chemnitzer Parkstraße 58 bezugsfertig – ein eigenwilliger Bau mit gebrochenem Satteldach und großer Mittelhalle.

Haus Esche überstand beide Weltkriege. Teile der Ausstattung und einige Bauunterlagen wurden 1990 auf 40 Lose verteilt bei Wolfgang Ketterer in München mit 650 000 DM taxiert versteigert.

Die Villa Esche

Beim Gang um die Ratshäuser und die Jakobikirche passiert man das **Siegertsche Haus** (Abb. 41). Johann Christoph Naumann baute den fünfachsigen, mit Figuren von J. D. Klöß geschmückten Barockbau 1737–41 für einen reichen Kaufherrn. Der Wiederaufbau des im Krieg zerstörten Gebäudes erfolgte 1953/54 in Verbindung mit einer Neugestaltung der angrenzenden Häuserfront. Das 1954/55 im Neobarock errichtete **Agricola-Haus** an der

Ecke Innere Klostergasse steht an der Stelle des im Dreißigjährigen Krieg zerstörten Hinterhauses, wo der berühmte Gelehrte und Bürgermeister 1531–55 gelebt hat.

1957/58 wurde der **Rote Turm**, Zeugnis der alten Stadtbefestigung, wiederaufgebaut und ein Museum darin eingerichtet. Der Bruchstein-Unterteil des Turmes stammt noch aus dem 12. Jh., ist also älter als die einstige Stadtmauer, deren Existenz für das 13. Jh. gesichert ist; das Backstein-Obergeschoß mit gotischer Verblendarchitektur datiert von 1555. Der Turm war Sitz des Stadtgerichts. Hier verbrachte August Bebel 1885 eine sechsmonatige Untersuchungshaft.

Ein Beispiel moderner Architektur ist das 1969–74 unter Leitung von Rudolf Weiser errichtete benachbarte Ensemble aus **Stadthalle** und **Hotel ›Kongreß‹** (93 m hoch). Die Kombination Hochhaus-Flachhaus mit Dreieckraster als Grundschema hat Nachahmung gefunden (Haus der Lehrer in Berlin). Für die künstlerische Ausstattung der Stadthalle beauftragte man Fritz Cremer mit einer 2,70 m hohen Bronzeplastik Galileis (1972).

Nur wenige Schritte von der Stadthalle entfernt stößt man auf das 12,40 m hohe **Karl Marx-Monument** (1978) des sowjetischen Bildhauers Lew Kerbel (Abb. 39) mit dem metallenen Spiegel im Hintergrund, der viersprachig den Schlußsatz des Kommunistischen Manifestes wiedergibt: »Proletarier aller Länder, vereinigt euch!«

Bei der Bebauung des neuen Theaterplatzes nach der Jahrhundertwende fügte Stadtplaner Richard Möbius die schon bestehende neogotische **Petrikirche** (1888) ins architektonische Bild harmonisch ein. Das **Stadttheater** (heute Opernhaus) entstand unter seiner Leitung. Das gleichzeitig errichtete Gebäude der **Städtischen Museen** am Theaterplatz erhielt eine sehr schöne Innengestaltung im Jugendstil. Es beherbergt mehrere Sammlungen. Die *Kunstsammlung* verfügt über etwa 16 000 Werke, darunter wichtige Gemälde deutscher Künstler wie Graff, Richter, Spitzweg, Klinger, Uhde, Liebermann, Slevogt, Corinth und dem Chemnitzer Schmidt-Rottluff, ein Grafik-Kabinett und französische Plastik. Die *Textil- und Gewerbesammlung* besteht seit 1898 und besitzt etwa 6000 Textilien und 2000 Erzeugnisse vorwiegend heimischen Kunsthandwerks seit dem 16. Jh. Von internationaler Bedeutung sind 500 Stoff-Fragmente aus ägyptischen Gräbern (4.–8. Jh.). Das *Museum für Naturkunde* informiert in erster Linie über den geologischen Aufbau im heimischen Raum. Sehenswert ist vor allem das Insektarium, mit dem ›Gläsernen Bienstock‹. Vor dem Museumsgebäude steht eine der Hauptsehenswürdigkeiten von Chemnitz: der ›**versteinerte Wald**‹, ein Ensemble von 250 Mio. Jahre alten verkieselten Baumstämmen aus dem Chemnitzer Raum. Nördlich der Innenstadt, in der Nähe des Küchwaldparks, liegen das **ehemalige Benediktinerkloster** und die **Schloßkirche**. Das Klostergebäude beherbergt seit 1929 das *Schloßbergmuseum,* zu dessen wertvollsten Beständen das aus der Jakobikirche umgesetzte ›Hl. Grab‹ (um 1480), eine aus Holz gefertigte Arbeit mit alter Bemalung, und die ›Schmerzensmutter‹ von Hans Witten gehören.

Das frühgotische Kreuzrippengewölbe im östlichen Kreuzgang (1274) erinnert sehr an den Meißner Dom. Die umgebenden Kreuzgänge gehen auf das 14. Jh. zurück. Abt Heinrich von Schleinitz ließ 1499–1514 die *Klausur* spätgotisch erneuern. Aus dieser Zeit stammt auch der bemerkenswerte Wabengiebel. Der *Saal im Obergeschoß* ist bereits von den Auf-

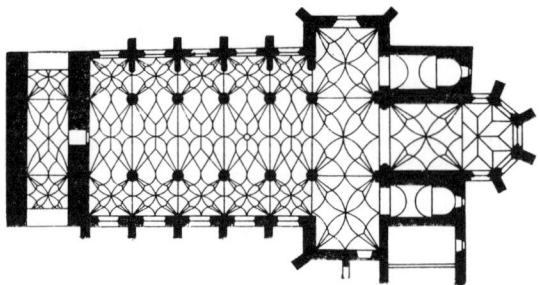

Chemnitz, Grundriß der Schloßkirche

fassungen der Renaissance geprägt, die kassettierte Holzdecke eine architektonische Meisterleistung. Nach der Säkularisierung des Klosters 1541 erfolgte die Umwandlung der Klausur in ein Schloß. Damit verbunden waren radikale Veränderungen am Gebäude, außen wie innen. Eine Rekonstruktion erfolgt seit 1981. Die **Schloßkirche** ist eine dreischiffige Hallenkirche mit Sternengewölbe. Aus romanischer Zeit sind das Chorquadrat, die beiden Nebenchöre und das südliche Querhaus erhalten. Um 1400 erfolgte der Chorausbau. 1514–26 wurden Quer- und Langhaus verändert, und 1895–97 fanden die Turmobergeschosse des Westbaus ihren Abschluß. Bedeutender Teil der Ausstattung ist das zum Schutz vor Umweltschäden von der Nordwand ins südliche Seitenschiff verlegte *Hauptportal*, ein spätgotischer ›Triumphbogen aus Stein‹. Das von Franz Maidburg 1525 geschaffene Portal weist eine monumentale Astwerkdekoration auf, durchsetzt mit Figuren der Madonna, Johannes des Täufers, des Benedikt, der Scholastika und der kaiserlichen Stifter Lothar und Kreszenza. Die aus dem alten Bußraum stammende, heute hinter dem Altar befindliche *Geißelsäule* (Abb. 46), 3,60 m hoch, die Christus umgeben von seinen Henkern darstellt, ist im drastischen Realismus der szenischen Darstellung ein Hauptwerk des spätgotischen Naturalismus von Hans Witten (1515). Von den alten Altären sind vier Tafeln aus der Schule Lucas Cranachs d. Ä. erhalten. Überdauert hat auch eine in Öl auf Holz gemalte *Kreuzigungsgruppe,* wohl von Hans Cöln, die ursprünglich zum Lettner gehörte. Bei der Restaurierung 1952 wurden im Chor *Gewölbemalereien* von 1525–30 freigelegt.

Die **Stiftskirche** im Ortsteil **Ebersdorf** war in Sachsens katholischer Zeit Wallfahrtskirche (Erstbau 12. Jh.). Die *Sitzmadonna* (um 1320) war möglicherweise das Gnadenbild der Wallfahrer. Mit der (Marien-)Wallfahrt in Verbindung zu bringen sind Votivgaben, so die Kleider der 1455 in Altenburg entführten Prinzen Ernst und Albrecht. Der Neubau und die überaus reiche Ausstattung der Stiftskirche (Abb. 44) fielen in die Blütezeiten der Wallfahrten. In der entscheidenden Bauphase um 1410–20, entstand der stattliche Chor, zunächst ohne Netzgewölbe (um 1500), anschließend das Langhaus mit Kreuzrippengewölbe. Neben die Kirche gesetzt wurde die *achteckige Kapelle.* Die farbkräftigen gotischen *Wandmalereien* aus dem frühen 15. Jh. im Innern sind etappenweise bis 1981 wieder freigelegt worden. Die zweigeschossige *Nordkapelle* mit Maßwerkgewölbe im Erdgeschoß wurde um 1460–70 errichtet. Von der Befestigung des Kirchhofs überdauerten Mauerreste und zwei Türme.

Die Ausstattung der Stiftskirche verdient besondere Beachtung. Einer der bedeutendsten Bildhauer seiner Zeit, Hans Witten, schuf für die Kirche ein überlebensgroßes, holzgeschnitztes *Kruzifix* (um 1513), den *Grabstein* des Dietrich von Harras mit einer fast lebensgroßen Figur des Verstorbenen (um 1505) und zwei lebensgroße *Pulthalterfiguren,* Diakon und Engel darstellend (1513). Von Hans Hesse stammen die Gemälde auf den Flügeln des *Hochaltars* (1513), der zu den wertvollsten Flügelaltären Sachsens gehört und der Freiburger Schule zugeschrieben wird; im Mittelschrein Maria zwischen Barbara und Dorothea. Von einem anderen *Flügelaltar* (um 1430) sind Mittelschrein und rechter Flügel mit einer Verkündigungsszene erhalten. Aus dem 16. Jh. stammen einige der *Glasfenster* mit Heiligendarstellungen und Wappen. Von den beiden *Taufsteinen* gehört einer ins späte 15. Jh., der andere mit Reliefschmuck aus Zinn in die zweite Hälfte des 16. Jh. Die kleine *Marmorfigur* des hl. Hieronymus, eine burgundische Arbeit von seltener Ausdruckskraft, stammt aus der ersten Hälfte des 15. Jh.

In der näheren Umgebung von Chemnitz liegen weitere sehenswerte Sakralbauten. Der schöne Schnitzaltar (1480–90) in der

Grabstein des Dietrich von Harras in der Stiftskirche zu Ebersdorf

Dorfkirche des östlich der Stadt gelegenen **Euba**, seit der Restaurierung 1907 im Turm aufgestellt, stattete schon den Vorgängerbau aus. Die achteckige Sandsteintaufe (1596) mit betenden Kindern in Taufkleidern ist eine Arbeit Michael Hegewalds. Der barocke Kanzelaltar und die Orgel sind von 1744. Die *Kirche* im nahen **Kleinolbersdorf** (1790) verdient vor allem wegen des Flügelaltars (1500–02) Beachtung. Die Figuren im Schrein, den hl. Martin mit Fabian und Laurentius darstellend, schnitzte Peter Breuer.

Die barocke *Dorfkirche* **Niederlichtenau** im Norden von Chemnitz (1746–54; umgebaut 1961) ist im Besitz eines Altars mit Moses als Träger (17. Jh.) und einer Kanzel von 1615. Beide Stücke sind von manieristischer Formgebung und bilden eine stilistische Einheit. Die im Kern romanische *Dorfkirche* (12. Jh.) in wenige km entfernten **Auerswalde** ist mit einem sehenswerten Flügelaltar (1503) ausgestattet, der den Altenburger Meistern Peter und Jakob Naumann zugeschrieben wird. Der Altar zeigt eine Mondsichelmadonna im Schrein, die

297

Verkündigung in der Predella und Gemälde mit Anna selbdritt und der Schmerzensmutter auf den Rückseiten der großen Flügel. 8 km weiter westlich liegt **Burgstädt**. Seine mehrfach umgebaute spätgotische *Stadtkirche* (1522) hat aus Wiedersberg den barocken Kanzelaltar (1710) von Johann Nikolaus Kade übernommen. Bemerkenswert sind weiter zwei Kelche (15. Jh.) und ein Schnitzrelief (1692), das die Lehre Luthers versinnbildlicht, eine Arbeit von Ch. Suttinger und E. Fischer.

Die *Johanniskirche* in **Rußdorf**, heute Ortsteil des 7 km südlich von Burgstädt gelegenen Limbach-Oberfrohna, wurde 1729–34 von Grund auf erneuert. Zur ursprünglichen Ausstattung gehört ein hölzerner Taufständer mit geschnitzten Voluten, Kinderengeln und Blüten. Der prächtige Kanzelaltar (1766) ist das Werk eines Zwickauer Bildhauers und zeigt Altenburger Einflüsse; Rußdorf gehörte seit 1457 dem Georgsstift zu Altenburg.

Auf einen mittelalterlichen Vorgängerbau geht die 1770 und 1851 umgebaute *Kirche* in östlicher Richtung auf Chemnitz zu gelegenen **Röhrsdorf** zurück. Zu ihrer Ausstattung gehören ein kostbarer Kelch (um 1500), die aus der Chemnitzer Johanniskirche 1721 umgesetzte steinerne Kanzel (1565), eine hölzerne Marienfigur (15. Jh.) im 1929 aus älteren Teilen zusammengesetzten Altarwerk und eine Christusfigur aus dem 14. Jh.

Ein Abstecher von Chemnitz Richtung Nordosten führt nach **Bräunsdorf** an der Freiberger Mulde. Zur Ausstattung der 1900 errichteten *Kirche* gehört ein spätgotischer Flügelaltar (1517) mit der Madonna im Schrein – das Jesuskind modern ergänzt – und bedeutenderen figürlichen Malereien auf den Flügelrückseiten, sowie einem Abendmahlrelief (17. Jh.) in der Predella.

Auf halbem Wege von Chemnitz nach Zwickau liegt **Hohenstein-Ernstthal** (16800 Ew.). Der eine verbindet mit dem Ort den Sachsenring, auf dem 1927, damals noch ›Badberg-Viereck‹ genannt, das erste Motorradrennen ausgetragen wurde, der andere eher Karl May, den hier geborenen Abenteuerschriftsteller (s. S. 129). Das schmale dreistöckige *Geburtshaus des Dichters* (Karl-May-Str. 14) ist seit 1985 Gedenkstätte. Karl May, das fünfte von 14 Kindern eines armen Webers, hat in seiner Autobiographie ›Ich‹ und dem Roman ›Das Buschgespenst‹ den erzgebirgischen Webern ein literarisches Denkmal gesetzt. Hohenstein, nach Silberfunden 1513–17 planmäßig als Bergstadt angelegt, und die 1679 entstandene Webersiedlung Ernstthal am oberen Ende des Goldbachtals sind seit 1898 vereint.

Hohenstein-Ernstthal liegt am Hang des Pfaffenberges (481 m). Der *Markt* (117 m × 137 m) steigt 30 m an und steht mitsamt der ihn umgebenden Bauten unter Denkmalschutz. Beeindruckend sind seine ungewöhnliche Größe, Bepflanzung, Hanglage, die gute Aussicht auf das Erzgebirge. Die den Markt begrenzenden Häuser sind stufenweise angeordnet. Das gestaffelte *Rathaus* von 1702–03 wurde 1898–1905 im Stil des romantischen Historismus umgebaut. Von den alten *Bürgerhäusern* am Altmarkt verdienen einige besondere Beachtung: Nr. 6 ein klassizistischer Bau von 1800, Nr. 14 mit Rundbogenportal und Sitznischen von 1676, die Mohrenapotheke (Nr. 18) von 1676 mit Andreaskreuzen und Nr. 30, ein Barockbau von 1718. Die den Platz beherrschende barocke *Stadtkirche St. Christophorus* hat Johann Gottlieb Ohndorff 1756/57 errichtet; 1889 erfolgten außen wie innen Umbauten.

Zur Ausstattung der Kirche gehört ein marmornes Taufbecken von Michael Hegewald (1610). Das Denkmal vor der Kirche und die Gedenktafel am Pfarrhaus erinnern an einen zweiten großen Sohn der Stadt: Gotthilf Heinrich Schubert (1780–1860), Arzt, Naturphilosoph und Romantiker.

In den *Dorfkirchen* der Umgebung sind einige alte Meister mit wertvollen Arbeiten vertreten. So findet sich in **Bernsdorf** ein überlebensgroßer geschnitzter Kruzifixus von Peter Breuer (1515–20). Auf den gleichen Künstler geht der überlebensgroße Kruzifixus aus der Zeit um 1510 in der Dorfkirche **Grumbach** zurück. Aus der Werkstatt von Hans Witten kommen in der Dorfkirche zu **Wüstenbrand** zwei Flügel eines spätgotischen Altars (um 1512) mit geschnitzten Figuren, Katharina und Barbara darstellend. Die Kunstschätze der genannten Kirchen stammen jeweils von den Vorgängerbauten.

Die Hinterseite des Geburtshauses von Karl May in Hohenstein-Ernstthal

---

Schlimme Zeiten

Über die erbärmlichen Lebensbedingungen der Erzgebirgischen Weber in der Mitte des 19. Jh. berichtet Karl May in seiner Autobiographie »Ich«.

Es waren damals schlimme Zeiten, zumal für die armen Bewohner jener Gegend, wo meine Heimat liegt. Dem gegenwärtigen Wohlstand ist es fast unmöglich, sich vorzustellen, wie armselig man sich am Ausgang der vierziger Jahre dort durchs Leben hungerte. Arbeitslosigkeit, Mißwachs, Teuerung und Aufruhr, diese vier Worte erklären alles. Es mangelte uns an fast allem, was zu des Leibes Nahrung und Notdurft gehört. Wir baten uns von unserm Nachbarn, dem Gastwirt ›Zur Stadt Glauchau‹, des Mittags die Kartoffelschalen aus, um die wenigen Brocken, die vielleicht noch daran hingen, zu einer Hungersuppe zu verwenden. Wir gingen nach der ›Roten Mühle‹ und ließen uns einige Handvoll Beutelstaub und Spelzenabfall schenken, um irgend etwas Nahrungsmittelähnliches daraus zu machen. Wir pflückten von den Schutthaufen Melde, von den Rainen Otterzungen und von den Zäunen wilden Lattich, um das zu kochen und mit ihm den Magen zu füllen. Die Blätter der Melde fühlten sich fettig an. Das ergab beim Kochen zwei oder drei kleine Fettäuglein, die auf dem Wasser schwammen. Wie köstlich und schmackhaft uns das erschien! Glücklicherweise gab es unter den vielen Webern des Orts, die arbeitslos waren, auch einige wenige Strumpfwirker, deren Geschäft nicht ganz zum Stillstehn kam. Sie webten Handschuhe, die man den Leichen anzieht, ehe sie begraben werden. Es gelang Mutter, solche Leichenhandschuhe zum Nähen zu bekommen. Da saßen wir nun alle, der Vater ausgenommen, von früh bis abends spät und stichelten drauf los. Mutter nähte die Daumen, denn das war schwer; Großmutter die Längen mit dem kleinen Finger und ich mit den Schwestern die Mittelfinger. Wenn wir recht fleißig waren, hatten wir alle zusammen am Schluß der Woche elf oder auch zwölf Neugroschen verdient. Welch ein Reichtum! Dafür gab es für fünf Pfennig Runkelrübensirup, auf fünf Dreierbrötchen gestrichen; die wurden sehr gewissenhaft zerkleinert und verteilt. Das war zugleich Belohnung für die verfloßne Woche und Anregung für die künftige.

Zwickau

Zwickau (120000 Ew.) besitzt heute vor allem durch den Automobilbau, den 1904 August Horch hier begründete, wirtschaftliche Bedeutung. Zum Horchwerk gesellte sich 1909 ›Audi‹ (lat. ›Horch‹). 1932 vereinten sich beide Unternehmen mit Wanderer und Motorwerke Zschopau zur Auto-Union AG, dem ersten bedeutenden deutschen Automobil-Konzern. Seit 1957 wurde hier das meistgebaute Auto des ehemaligen Ostblocks produziert, der ›Trabant‹. Im Verlaufe von 33 Jahren rollten drei Millionen Trabis vom Band, zuletzt 550 pro Tag. Über neun Jahrzehnte Zwickauer Automobilbau informiert die ständige Automobilausstellung in der Walther-Rathenau-Straße 51. Gezeigt werden verschiedene Motoren, und etwa 20 Autos, neben Serienfahrzeugen auch in Zwickau entwickelte, in der DDR der Öffentlichkeit vorenthaltene Prototypen.

Lange Zeit bestimmten Steinkohlenbergbau (1979 aufgegeben) und Marienhütte (1871 schon 1500 Beschäftigte) das Wirtschaftsprofil der Stadt. Das erste Geld aber brachte der Handel. Als *Zwicow*, Zollstelle am ›Böhmischen Steig‹ – der Handelsstraße von Leipzig über Altenburg nach Prag – wurde der Ort 1118 erstmals erwähnt. Für Friedrich den Weisen war Zwickau die »Perle in des Churfürsten Landen«. Die historische Stadtanlage läßt sich noch gut erkennen, obwohl von den Basteien, vier Toren und Türmen der einstigen Doppelmauer am 40 m breiten Stadtgraben nur noch der Pulverturm erhalten ist. Das reiche Zwickau konnte sich prunkvolle Bauten leisten, viele davon überdauerten dank relativ geringer Kriegsschäden und einer behutsamen Stadterneuerung. Die Industriestadt Zwickau wird im Kunstland Sachsen als kulturelles Zentrum leicht verkannt.

Bedeutende Sehenswürdigkeiten stehen auf engstem Raum am **Hauptmarkt** (Abb. 38) oder nahebei, so das 1522–25 von Friedrich Schultheiß gebaute, 1953 rekonstruierte **Gewandhaus** (Abb. 42). Sein prachtvolles Satteldach und der fünfgeschossige Staffelgiebel mit gekurvten, rippenartigen Stegen, spätgotisch, aber schon die Renaissance andeutend, gehören zu den eindrucksvollsten Zeugnissen der sächsischen Architektur. Der Dachreiter mußte 1953 erneuert werden; 1941 war das Original von 1745 verbrannt. Die *Eingangshalle*

Der ›Trabi‹ – hier beim Auftanken an einer Tankstelle bei Bitterfeld – wurde in Zwickau gebaut

ist wegen ihres Rippengewölbes in gewundener Reihung bemerkenswert. Nach Verlust seiner ursprünglichen Funktion als städtische Waage mit Brot- und Fleischbänken im Erd- und Tuchhallen im Obergeschoß diente das Gewandhaus für Theateraufführungen – dies schon zur Zeit der Caroline Neuber, die 1702–1717 hier lebte. Ihre Truppe leistete Bahnbrechendes für das deutsche Theater. Offiziell aber wurde das Gewandhaus erst 1823 Stadttheater. Der *Theatersaal*, wie er sich heute darstellt, ist 1855 in die Längsachse des Hauses eingebaut und 1946 neu gestaltet worden. Am Zwickauer Theater waren so berühmt gewordene Schauspieler engagiert wie Hedda Zinner, Inge Meysel und Joachim Gottschalk; hier gastierten Lili Marberg, Adele Sandrock, Lotte Loebinger und Heinrich Greif. Seit 1946 gehört zum Haus ein Opernensemble. Das traditionsreiche Zwickauer Puppentheater bezog 1987 den Neubau direkt hinter dem Gewandhaus. Das benachbarte nach 1403 in spätgotischem Stil errichtete **Rathaus** mit Zinnenkranz und Türmchen zeigt sich seit dem Umbau 1866/67 neogotisch. Unter Wolf Caspar von Klengel erfolgte schon 1679 die erste große Erneuerung. Über dem Balkon präsentiert sich das ›Ganze Wappen‹ Zwickaus; der rechte Helm ist mit dem Kurhut und sieben in den Stadtfarben weiß-rot gehaltenen Fähnchen verziert, der linke mit dem eine Streitkeule schwingenden hl. Mauritius, dem Schutzheiligen der Stadt. Der *Ratssaal*, hervorgegangen aus der alten Jakobskapelle von 1473–77 mit Kreuzrippengewölbe, zählt zu den schönsten historischen Räumen der Stadt.

Der dritte bedeutende Bürgerbau ist das **Dünnebierhaus** (Abb. 43) in der Wilhelm-Pieck-Straße. Die mit dem Schneeberger Erzbergbau liierte Bürgerfamilie Römer errichtete 1480 das prachtvolle Gebäude (jetzt Hochzeitspalast), dessen spätgotischer, wegen Rißbildung 1980 erneuerter Staffelgiebel mit Blendbogen geschmückt ist. Das angrenzende **Renaissancegebäude Regerstraße 12** wurde 1982 mit originalgetreuer Fassade neu aufgebaut. Auf die Familie Römer geht auch das dreigeschossige **Eckhaus mit Staffelgiebel** Hauptmarkt 8 zurück. »Merten romer 1479« steht im Doppelwappen; ein älteres Wohnhaus gibt es in ganz Westsachsen nicht. Sehenswert ist weiter das **Kräutergewölbe** am Hauptmarkt 17/18, um 1500 errichtet, 1967 erneuert, seit 1561 Sitz der Löwenapotheke.

Zwickaus bedeutendster Sakralbau ist der **Dom**, so die offizielle Bezeichnung seit 1935 für die nach 1206 gegründete Stadtkirche St. Marien. Die Kirche entstand in mehreren Bauphasen. Der älteste erhaltene Teil ist der Unterbau des Turms von 1336, ev. nach Kirchenbrand 1383. Der Chor entstand 1453–70, die West-Südpartie 1476–83 unter Nickel Eichhorn, das Langhaus samt Sakristei mit netz- und sternförmigem Rippengewölbe 1505–37 unter Peter Harlaß, nach dessen Tod unter Leitung von Caspar Teicher, die Chorwölbung 1563–65

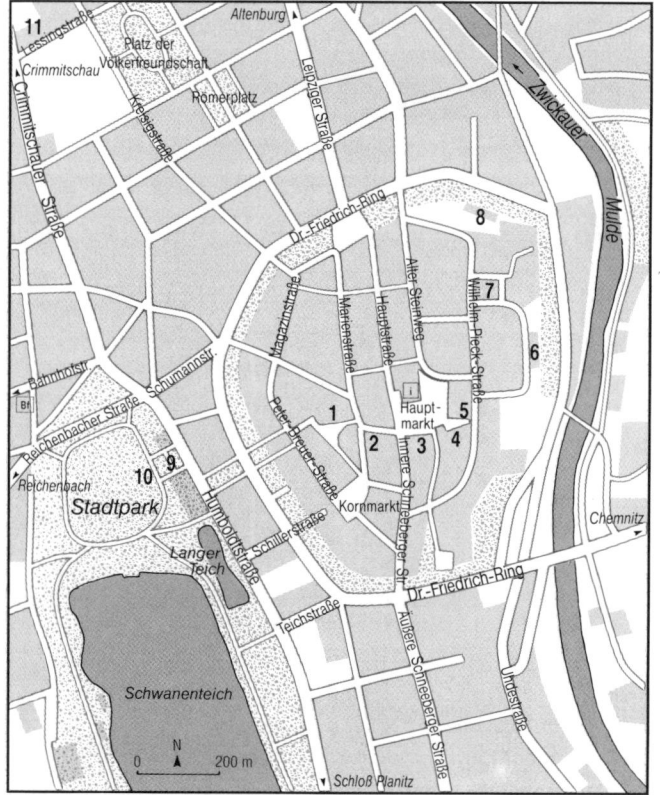

Zwickau:
1 Dom St. Marien
2 Robert-Schumann-Haus
3 Rathaus
4 Gewandhaus
5 Dünnebierhaus
6 Pulverturm
7 Katharinenkirche
8 Schloß Osterstein
9 Robert-Schumann-Denkmal
10 Musikpavillon
11 Museumsbau mit Ratsschulbibliothek

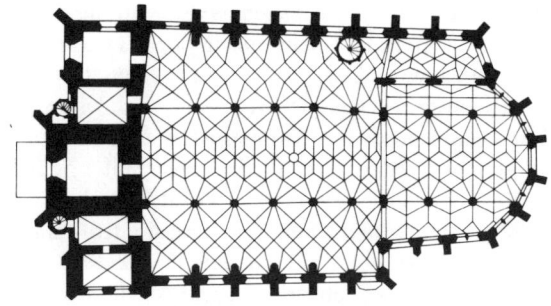

Zwickau, Dom St. Marien, Grundriß

unter Nickel und Philipp Hofmann, der dreistöckige (barocke) Turmaufsatz 1671–77 unter Joachim Marquard. Kriegs- und Hochwasserschäden (1945 bzw. 1954) erforderten eine langwierige Restaurierung (1951–56). Im Gegensatz zu anderen sächsischen Kirchen weist der Zwickauer Dom prunkvolle äußere Bauelemente auf, etwa das astwerkgeschmückte *Kielbogenportal* an der Nordseite. Das Kircheninnere wirkt trotz vieler Umbauten erstaunlich geschlossen. Zu den kanzelartig angelegten *Emporen* führen Wendeltreppen. Die nordseitige, doppelläufige *Wendeltreppe* gilt als hervorragende Leistung spätgotischer Steinmetzkunst. Die *Kanzel* mit Renaissance-Dekoration schuf 1538 Paul Speck. Unter den Gedenktafeln befinden sich auch Arbeiten von Hans Hesse, so der 1,27 m hohe *Epitaph des Baldassar Teufel* mit ›Ecce homo‹ (um 1500); ein anderes Werk Hesses, der Epitaph der Familie Gulden (1503), steht derzeit in der Albrechtsburg Meißen. Das bedeutendste Kunstwerk des Doms, der 7 m breite und 2,5 m hohe *Flügelaltar,* stammt von Michael Wolgemut aus Nürnberg (1479). Die vier Marienbilder unterhalb der Flügel sind vom Meister selbst. Die acht Maria umgebenden weiblichen Heiligenfiguren an der Schauseite werden neuerdings Veit Stoß zugeschrieben. Den 5 m hohen *Schrein des hl. Grabes* (1507) schuf Michael Heuffner; am *Vesperbild* an der Nordseite der Kapelle (1502) demonstriert der Zwickauer Bildschnitzer Peter Breuer sein überragendes Können. An der Marienkirche predigte der reformatorische Theologe und Revolutionär Thomas Müntzer (1520), und Johann Ludwig Krebs (1737–44), ein Schüler Bachs, war hier Organist. Der *Domhof,* ovalförmig und damit nicht ganz in die rechtwinklige Stadtanlage passend, verdient der um 1500 gebauten Priesterhäuser wegen Beachtung.

Müntzers zweite Zwickauer Wirkungsstätte (1520/21) war die **Katharinenkirche** nahe dem Dünnebierhaus, gegründet um 1206–19 als Klosterkirche der Benediktinerinnen. Reste vom spätromanischen Vorgängerbau blieben erhalten. Von Ende des 14. bis Ende des 15. Jh. wurde die 1957–61 restaurierte, dreischiffige Hallenkirche mit Netz- und Sterngewölbe errichtet. Auf den Säulen der achteckigen Sakristei (14. Jh.) ruht ein bemerkenswertes Sternengewölbe. Zur wertvollen Innenausstattung der Kirche gehört ein *Flügelaltar* von 1517/18 aus der Cranach-Werkstatt. Im Mittelbild sind neben biblischen Gestalten Kurfürst Friedrich der Weise und Herzog Johann der Beständige dargestellt. Von Peter Breuer stammt der *Christus mit Siegesfahne* am nördlichen Chorpfeiler (1498). Die *Sandsteinkanzel* schuf Paul Speck 1538 zeitgleich mit der Kanzel im Dom.

Verpflichtet fühlt sich Zwickau vor allem Robert Schumann (1810–56), der hier als Sohn des Herausgebers eines »Staats-, Post- und Zeitungs-Lexikon von Sachsen« geboren wurde. Das **Geburtshaus des Komponisten** am Hauptmarkt 5 mußte 1955 wegen Baufälligkeit abgerissen werden; der Wiederaufbau mit originalgetreuer Fassade erfolgte an gleicher Stelle. Das Haus ist seit 1956 Sitz der Nationalen Forschungs- und Gedenkstätte. Das Interieur des *Gedenkzimmers* stammt aus dem Familienbesitz und gewährt einen Einblick in die bürgerliche Wohnkultur des 19. Jh. Das Robert-Schumann-Archiv verwahrt hauptsächlich Handschriften; über den Lebensweg des Komponisten und seiner Frau Clara informiert eine ständige *Ausstellung,* und im mit nur 25 Plätzen sehr intimen *Musikraum* können Aufnahmen mit Werken des Meisters angehört werden. Auch ein größerer *Konzertsaal* mit 189 Plätzen ist vorhanden. Seit 1963 richtet Zwickau internationale Schumann-Wettbewerbe aus; jährlich vergibt der Rat einen ›Schumann-Preis‹ für die beste Schumann-Interpretation.

Noch innerhalb des Ringes, in Sichtweite der Katharinenkirche, befindet sich **Schloß Osterstein**. Osterland nannte Heinrich I. im 10. Jh. den eroberten Gau Zwickau, der unter Konrad dem Großen (1124–56) zu den Wettinern kam. Anstelle einer alten Feste der Sorben trat im 12. Jh. eine Burg, die 1404–07 umgebaut wurde. Da Zwickau 1444 die Gerichtsbarkeit kaufte, verlor die Burg als Sitz des Vogtes ihre Bedeutung; 1587–90 schließlich wurde sie unter Leitung Hans Ermischs zu einem dreigeschossigen Stadtschloß im Stil der Renaissance für den Amtshauptmann ausgebaut. Von 1775–1962 diente das Schloß als Strafanstalt, dessen prominenteste Häftlinge Karl May und August Bebel waren.

Der **Museumsbau** (1912–14) liegt am Rande der Innenstadt (Lessingstraße 1). Gezeigt werden u. a. Erzeugnisse der heimischen Porzellanmanufakturen, wertvolle Werke des Zwickauer Meisters Peter Breuer und des in Zwickau geborenen Malers Max Pechstein (1881–1955); im Seitenflügel befindet sich die *Ratsschulbibliothek,* eine der ältesten deutschen Bibliotheken, seit 1537 als erste Sachsens öffentlich. Zu ihrem Bestand gehören ein Dokument aus dem 9. Jh., etwa 1200 Inkunabeln, 200 Buchhandschriften, eine Autographensammlung, u. a. mit Handschriften Luthers und Melanchthons, Erstdrucken von Müntzer und Luther, sowie Musikalien-Unikate, u. a. von Heinrich Schütz. Die Zwickauer Ratsschulbibliothek genießt Weltruhm. Auch das *Stadtarchiv* hat hier seinen Sitz. Es besitzt neben vielen anderen Kostbarkeiten 15 Handschriften von Hans Sachs (1494–1576).

Ein sehr wertvoller spätgotischer Flügelaltar (15. Jh.) mit Maria und Johannes dem Täufer sowie der hl. Margarete im Schrein und barocken Flügelgemälden lohnt den Besuch der *Kirche* im Ortsteil **Auerbach**.

Die einst bedeutende *Burg* im Ortsteil **Planitz**, 1192 erwähnt, wurde im Dreißigjährigen Krieg von den Schweden zerstört. Das schlichte Schloß entstand 1641. Es kam 1689 in den Besitz der Familie von Arnim, die bauliche Veränderungen traf und 1769 im Park das zweigeschossige *Teehaus* mit umlaufender Galerie und Freitreppe errichten ließ. Einen

Musikzimmer im Geburtshaus Robert Schumanns

schönen Sakralbau der Neogotik errichtete 1873–75 Ludwig Möckel mit der *Lukaskirche*. Wesentlich älter ist die *Dorfkirche* (1585–87) mit Felderdecke (17. Jh.). Samuel Lorentz aus Freiberg schuf 1592 den gotischen Flügelaltar mit Abendmahlsrelief im Mittelteil, Andreas Behain ebenfalls 1592 die Rundkanzel. Zum ältesten Kirchenbesitz gehört ein Kruzifix aus dem 15. Jh.

In der Umgebung von Zwickau finden sich kulturell bedeutende Sehenswürdigkeiten in großer Zahl. Zu Planitz gehörte früher **Cainsdorf** am südlichen Stadtrand, dessen *Dorfkir-che* ein neogotischer Bau des Dresdner Architekten Northoff ist. Der Bildhauer Georg Gröne schuf 1894 die Triumphkreuzgruppe ›Christus am Kreuz mit Bergmann und Hütten-arbeiter‹. Bei der Kirchweihe 1895 hieß das bei Pastor Moritz Seidel: »Arbeiter rechts und Arbeiter links, und der gekreuzigte Arbeiter mitten innen.« Grönes Arbeit und Seidels Weihepredigt lösten den ›Cainsdorfer Kirchenstreit‹ aus. Die Zwickauer Kumpel schlugen sich dabei auf die Seite des Bildhauers und des Pastors.

Die meisten Kirchen der Umgebung sind auf weniger spektakuläre Art bekannt gewor-den: Der Bildschnitzer Peter Breuer verhalf ihnen zu Ruhm. In zehn Kirchen des Kreises Zwickau sind Arbeiten dieses großen Künstlers anzutreffen. Einer seiner schönsten Flügel-

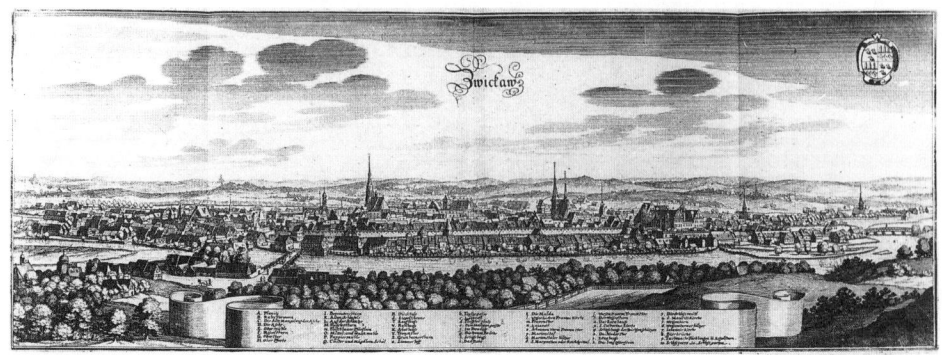

Zwickau. Kupferstich von Matthäus Merian, um 1650

altäre steht in der 1516 gebauten und um 1695 mit Felderdecke und Emporen ausgestatteten *Salvatorkirche* im 8 km südlich gelegenen **Weißbach**; der Altar (1518/20) mit ›Salvator mundi‹ im Mittelschrein überrascht Breuer-Kenner mit seiner Monumentalität. Die *Kirche zu den drei Marien* in **Härtensdorf** kann auf einen anderen ›Breuer‹ verweisen. Der Flügelaltar mit Anna im Schrein (1509/10) wirkt dezent; er gilt ob seiner sanft-zurückhaltenden Gestaltung als »liebenswürdigstes Werk« des Meisters. Zur Ausstattung der im Kern romanischen Kirche gehört eine bemerkenswerte Sandsteintaufe (um 1500).

Noch romanisch sind Chorturm und Mauerteile der 1732–34 und 1841 erneuerten *Kirche* zu **Thierfeld**, die wegen ihrer über Kreuz angelegten Dächer auffällt. Im kreuzgratgewölbten Sanktuarium wurden gotische Wandmalereien (um 1300) freigelegt, auf denen Könige und Königinnen sowie die zwölf Apostel dargestellt sind. Das spätgotische Sakramentshaus (15. Jh.) weist Monstranzform auf; auch Schmerzensmann und Engelsfiguren sind spätgotisch, ebenso die Kreuzigungsgruppe (Ende 15. Jh.). Emporen und Kanzel stammen aus der Barockzeit. Auf dem Friedhof befindet sich das Grabmal Paul Flemings († 1640). Der Lyriker wurde 1609 in **Hartenstein**, einige km westlich von Zwickau geboren. Das Museum in der *Oberburg Stein* würdigt das Werk des Dichters; die *Niederburg* dient als Erholungsheim. *Schloß Stein,* einst Residenz der Grafen von Schönburg-Hartenstein, liegt malerisch auf mehreren Felsen an der Mulde; der Bau, dessen Grundstein im 11. Jh. gelegt worden sein soll, ist bis in Höhe des dritten Geschosses in den Fels eingebunden. Teile der Oberburg mit Bergfried sind noch romanisch; die Niederburg mit spitz behelmtem Rundturm entstand im 14.–16. Jh. und wurde nach einem Brand 1798 erneuert. Schloß Stein war die Vorburg von Hartenstein (Schloß bis auf Wall und Baureste zerstört).

Nahe Stein liegt die **Prinzenhöhle,** ein 20 m tiefer Stollen; hier wurde Prinz Ernst 1455 nach dem Altenburger Prinzenraub drei Tage lang gefangengehalten.

Auf einem Bergsporn entstand im 12. Jh. die nahegelegene **Burg Wildenfels,** die im 16. und 18. Jh. zu einem Schloß mit zweihöfiger Anlage umgebaut wurde. Bemerkenswert sind

Portal, Saal mit klassizistischer Pilastergliederung (1782) und die mit den romantischen Malereien ›die vier irdischen und drei himmlischen Tugenden‹ geschmückte *Rotunde*. Im *Saal* wird bildhaft die Herrschaft Solms-Wildenfels dargestellt, die sich mit Burg, Stadt und zwei Dörfern bis 1846 gegen die Eingliederung in den Territorialstaat Sachsen zu behaupten vermochte.

Etwa auf halbem Wege von Zwickau nach Chemnitz liegt **Stollberg**. Erstmals 1244 wurde eine ›Staleburc‹ erwähnt; mit den Umbauten kam der Name *Schloß Hoheneck* auf. Das im 17. Jh. baufällig gewordene Schloß wurde im 19. Jh. völlig erneuert und dient seither als Haftanstalt. Das am Fuße von Schloß Hoheneck reizvoll gelegene Städtchen gefällt wegen seiner schönen alten Fachwerkbauten. Unter Einbeziehung romanischer Bausubstanz (um 1225) entstand Ende 14./erste Hälfte 15. Jh. die spätgotische *Marienkirche* mit Kreuzrippengewölbe. Zur Ausstattung gehören ein spätgotischer Flügelaltar mit Maria im Schrein (1516) und das Höcknersche Epitaphium (17. Jh.). Aus der zweiten Hälfte des 15. Jh. stammt die 1653–59 umgebaute Pfarrkirche *St. Jakobi*, die über ein lebensgroßes Kruzifix (1662) von Johann Heinrich Böhme d. Ä. verfügt.

Die *Dorfkirche* im wenige km nordwestlich gelegenen **Lugau** wurde 1843 errichtet. An Vorgängerbauten erinnert der Turm der Friedhofsanlage (1508). Die Kirche besitzt ein Kruzifix von Peter Breuer (1502). Unter Denkmalschutz steht das klassizistische, palastartig angelegte *Spinnereigebäude* (1812), ein dreigeschossiger Bau mit Eckbetonung mittels großer Halbsäulen. Als Architekt wird Johann Traugott Lohse angesehen. Einblick in die Geschichte des von 1844 an erschlossenen Lugau-Oelsnitzer Steinkohlenreviers gewährt das *Heimatmuseum* Lugau. Das bedeutendste Technische Denkmal des (eingestellten) Steinkohlenbergbaus ist der *Karl-Liebknecht-Schacht* in **Oelsnitz**. Der Schacht wurde 1869 abgeteuft und brachte es zuletzt auf 588 m. Das 50 m hohe Schachthaus besteht seit 1923. Eine Schauanlage im ehemaligen Mannschaftsbad zeigt originalgetreu die Verhältnisse vor Ort; durch wichtige Teile des Reviers führt ein Lehrpfad.

In entgegengesetzter Richtung, 10 km südwestlich von Zwickau, erhebt sich auf ovalem Felsengrund malerisch über der Pleiße die **Burg Schönfels**, ein beliebtes Ausflugsziel. Um 1880 soll der Grundstein der Burg gelegt worden sein, zu deren Besitzern so bekannte sächsische Adelsfamilien wie die von Erdmannsdorff und von Carlowitz gehörten. Ihr heutiges Aussehen verdankt sie den Umbauten im 15. Jh. Seit der zwischen 1640 und 1651 erfolgten Behebung von Kriegsschäden gab es keine baulichen Eingriffe mehr; die zweihöfige Burganlage ist ursprünglich wie kaum eine andere, und die baulichen Details sind beachtenswert: der 25 m hohe Bergfried, die reihum führende Galerie an der Hofseite und außen als Gegenstück der Wehrgang, die 8,5 m lange Torhalle des noch romanischen Rundtors und über der Einfahrt die kreuzgewölbte, quadratische *Burgkapelle* (um 1480), zu deren Ausstattung ein Renaissance-Flügelaltar mit Triptychon von Mathias Krodel d. J. (nach 1550) und eine von Engelsfiguren getragene reich geschnitzte Kanzel (17. Jh.) gehören. Seit Abschluß komplizierter Restaurierungsarbeiten (1975) beherbergt die Burg ein Burgmuseum, eine Freilichtbühne, Bärenzwinger und eine Gaststätte. Hinter Schönfels liegt schon vogtländisches Gebiet.

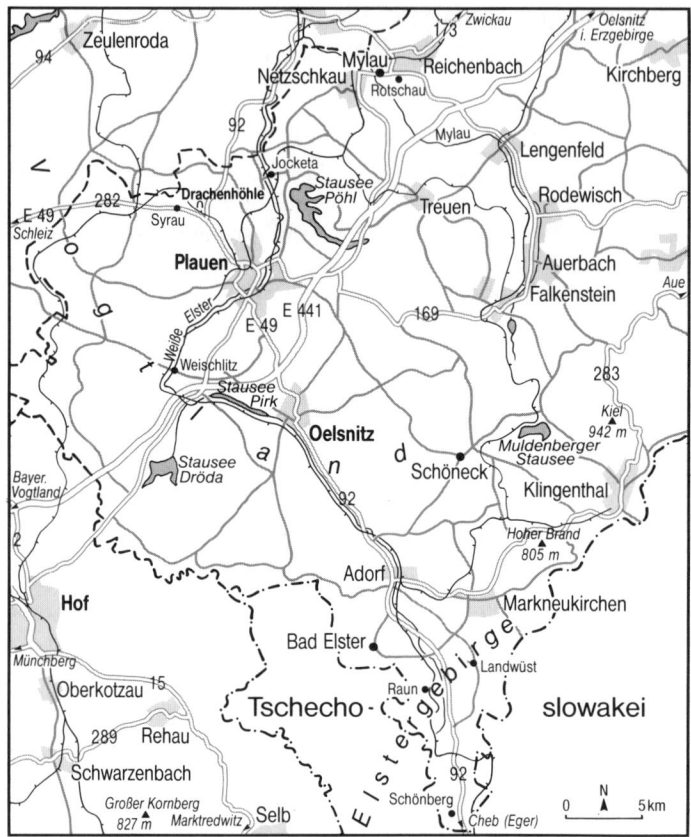

Karte des Vogtlands

Plauen

Plauen, erstmals 1122 als *vicus Plawe* (sorb. ›Flußaue‹) erwähnt, liegt ausnehmend schön am Oberlauf der Weißen Elster. Auffallend ist der Höhenunterschied von 205 m innerhalb des Stadtgebietes. Der einst von Mauern umgebene Stadtkern umfaßte ein Areal von 300 m × 350 m; beim Wiederaufbau nach dem Brand 1844 vollzog die Stadt eine Wende um 180° zum Oberen Bahnhof hin. Das prächtige Alte Rathaus kehrt seitdem der Stadt die Rückseite zu. Gelebt haben die Plauener immer vom Bekleiden anderer Leute. Die ›Schleierherren‹ liefer-ten die zu Luthers Zeit so beliebten Halskrausen. Dann kam die Musseline auf, dann die Plattstickweberei und schließlich die Spitzenherstellung. 1880 brachte Theodor Bickel die erste maschinengestickte Tüllspitze der Welt auf den Markt. Viele Arten von Handspitzen sind seither auf der Stickmaschine imitiert worden, doch mit der Ätzspitze begann der

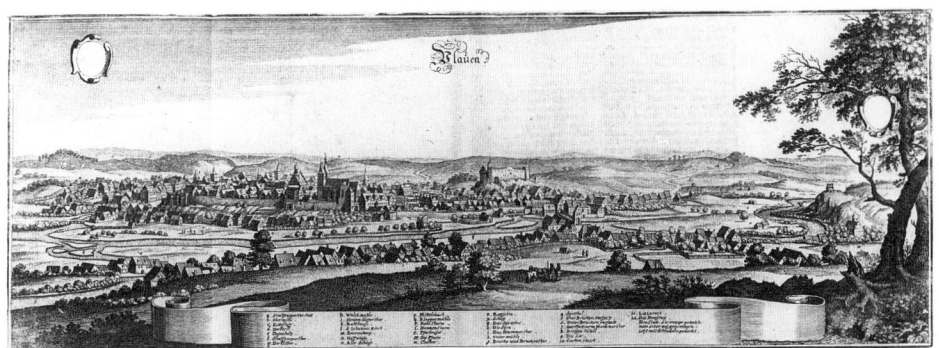

Plauen, nach einem Kupferstich von Matthäus Merian, um 1650

Siegeszug. Noch heute bildet die Spitzenherstellung den Hauptwirtschaftszweig der Stadt, deren Bürger jedes Jahr im Juni das ›Plauener Spitzenfest‹ feiern. Nicht nur allgemeine Wirtschaftskrisen, auch Modeschwankungen beschworen bei solcher Einseitigkeit Gefahren herauf. Einen traurigen Rekord erlebte Plauen 1933: Von 45 000 Werktätigen waren 27 400 erwerbslos, prozentual mehr als in jeder anderen deutschen Großstadt. Plauen erlebte noch gegen Kriegsende schwere Luftangriffe, bei denen die Stadt zu 75 % zerstört wurde.

Der 64 m hohe Turm des 1912–22 gebauten **Neuen Rathauses** markiert den Stadtkern. Den Altmarkt, so genannt seit der Anlage des als Bindeglied zum neuen Baugebiet gedachten Klostermarktes (1849), beherrscht das bereits 1382 erwähnte **Alte Rathaus** (Farbabb. 21), eines der schönsten in ganz Sachsen. Der spätgotische Unterbau ist von 1508, der Renaissance-Giebel von 1548. Sein Wahrzeichen, die *Kunstuhr,* 1548 von Puhkaw aus Nürnberg geliefert, besteht aus einem Stunden- und einem Minutenblatt und einer darunter gesetzten Sonnenuhr. Die Figuren sind beweglich, und es lohnt sich, den Stundenschlag abzuwarten.

Im Erdgeschoß beeindrucken sowohl der Kreuzgang mit Sternengewölbe als auch die beiderseitigen Säle (1508); im westseitigen, mit spätgotischen Balkendecken versehen, findet das *Museum Plauener Spitzen* eine würdige Heimstatt.

In der Nobelstraße 9–13 (Abb. 40) hat seit 1923 das **Vogtlandmuseum** seinen Sitz. Die reichen Baumwollhändler Kanz und Baumgärtel, ›Fürsten von Plauen‹ genannt, ließen sich 1787–95 im Stil des Empire die beiden heute vereinten Häuser bauen. Sie gehören zu den wenigen alten Bürgerhäusern, die den Krieg überdauert haben. Der *Festsaal* im Mitteltrakt ist prachtvoll wie der eines Schlosses. Rokoko oder Klassizismus? Es sind Elemente beider Stilepochen erkennbar. Meisterhaft gelang die Raumanordnung. Dem Besucher erscheint der Saal rechteckig; erst bei genauer Betrachtung wird der trapezförmige Grundriß erkennbar. Die Wände sind in Felder mit Darstellungen der zwölf Monate aufgeteilt. Besonders prachtvoll ist der Kronleuchter. Der Festsaal, häufig für Konzerte und Vorträge genutzt, ist nur einer von 30 Räumen des Vogtlandmuseums. Zu besichtigen sind u. a. eine Kupferküche

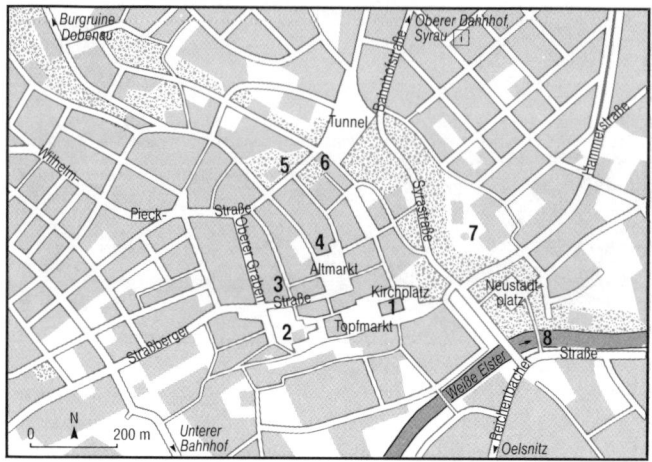

Plauen:
1 *Johanniskirche*
2 *Malzhaus*
3 *Vogtlandmuseum*
4 *Altes Rathaus*
5 *Lutherkirche*
6 *Nonnenturm*
7 *Roter Turm*
8 *Elsterbrücke*

mit 60 Gegenständen des 18./19. Jh. und Kabinettschränke von 1594 bzw. Mitte 17. Jh. mit farbigen Reliefintarsien. Vom Cranach-Schüler Walter Krodel stammt das Bildnis ›Katharina von Bünau‹ (1560); Carl Baehr schuf das Porträt des Dichters Julius Mosen, der mit dem »Andreas-Hofer-Lied« und dem von Albert Lortzing vertonten Polenlied »Die letzten Zehn vom vierten Regiment« als einziger vogtländischer Dichter überregionale Bedeutung erlangte. Sein Werk gehört zum Sammelgebiet des Museums wie auch das des 1845 in Plauen geborenen Malerpoeten Hermann Vogel, der vor allem für die »Fliegenden Blätter« in München arbeitete und über †100 Blätter hinterlassen hat. Auch über den Plauener Hermann Dunger (* 1843), der die Volkslieder des Vogtlands beispielhaft für Sachsen sammelte, und über Georg Samuel Dörffel (1643–88), den bedeutenden Plauener Astronomen, informiert das Museum.

Die **Lutherkirche**, vor 1883 Gottesacker- bzw. Bartholomäuskirche genannt, entstand 1693–1722 als zweiter protestantischer Zentralkirchenbau des Landes. Bei vorherrschend barocken Stilelementen sind Einflüsse der Gotik noch erkennbar. Zur Weihe 1722 wurde aus der Leipziger Thomaskirche ein um 1490 in der Erfurter Schule gearbeiteter spätgotischer *Vierflügelaltar* mit prunkvollem Renaissanceaufsatz (1587) übernommen. Vor allem der Mittelschrein mit einem großen Relief der ›Beweinung‹ stellt eine Meisterleistung dar. Die einfühlsam gestalteten, ausdrucksvollen Gesichtszüge der Figuren wirken anrührend auf den Betrachter. Dank rechtzeitiger Auslagerung konnte der Altar, der zu den wertvollsten sakralen Kunstschätzen Sachsens gehört, vor Kriegsschäden bewahrt werden.

Die **Johanniskirche** wurde 1122 geweiht; die Eintragung ist Plauens älteste Urkunde. Unter dem Deutschen Ritterorden erfolgte 1224–50 der Bau einer dreischiffigen romanischen Basilika mit vierkantigen Doppeltürmen. Nach einem Brand (1548) wurde die Kirche 1548–56 als dreischiffige Hallenkirche im gotischen Stil wieder aufgebaut. Die *Vogtskapelle* mit siebenteiligem Sterngewölbe (1322) und die 52 m hohen Doppeltürme (1250), seit 1644 mit barocken Turmhauben versehen, wurden in den Neubau einbezogen. Im Zweiten Weltkrieg zerstört, erfolgte 1951–63 abermals der Wiederaufbau der Johanniskirche. Die alte Innenausstattung hatte sie bereits 1815 bei einer baulichen Veränderung eingebüßt. Der Altar wurde dabei durch ein Bild ersetzt. Die heutige Ausstattung geht im wesentlichen auf Umsetzungen und Leihgaben zurück. Aus dem Vogtlandmuseum stammen *Kruzifix* und *Apostelfiguren;* das Museum in Meißen stellte den *Taufstein,*die Nikolaikirche Görlitz die *Kanzel* zur Verfügung. Von den Türmen der alten Stadtbefestigung überdauerte nur der **Nonnenturm** (um 1200). Seinen Namen verdankt er dem einstigen Regelhaus in der Nachbarschaft, das aber nicht von Nonnen bewohnt war, sondern von Bußschwestern. Der Turm erhob sich dereinst 30 m über das Syratal. Das Umfeld ist immer wieder verändert worden, zuletzt 1960 durch den Abbruch der letzten Reste der einst 10 m hohen Bastion.

Die **Elsterbrücke** wurde 1244 bereits als *pons lapideus* (steinerne Brücke) erwähnt und ist Sachsens älteste Steinbrücke. Über das Tal der Syra führt die 1903–05 errichtete **Friedensbrücke**. Mit einer Höhe von 18 m und einer Spannweite von 90 m ist sie Europas größte Steinbogenbrücke.

Die über der Elster oberhalb der Syramündung angelegte Eversteinsche Burg (um 1100) brannte 1548 ab und wurde 1670–75 erneut zerstört. Auf den teils heute noch erkennbaren Resten ihrer Grundmauern baute man ein Brauhaus, das **Malzhaus** (1727). Das um 1220 entstandene Schloß der Vögte jenseits des Syratals wurde bei Bombenangriffen 1945 völlig in Trümmer gelegt. Nur der 16eckige **Rote Turm** mit barocker Haube wurde 1954 wiederaufgebaut.

7 km nordwestlich von Plauen liegt an der Quelle der Syra der Ort **Syrau**. Der 1400 Einwohner zählende Ort wurde erstmals 1122 als *Siroume,* dann 1282 als *Syraw* (sorb. ›Weide‹) erwähnt. Seine Hauptsehenswürdigkeit ist die seit 1928 zugängliche, zweistöckige *Tropfsteinhöhle.* Auf einem über 398 Stufen führenden, manchmal etwas mühsamen Rundgang kann man die herrlichen Stalaktiten und Stalagmiten und die als ›Plauener Gardinen‹ bekannten, 2,5 m langen Sintervorhänge bewundern. Die Seen sind bis zu 12 m tief.

Nahe Syrau steht die letzte *Windmühle* des Vogtlandes, deren Mahlwerk beinahe vollständig aus Holz konstruiert ist; der Mahlbetrieb wurde 1929 eingestellt.

Von den Dorfkirchen im Kreis Plauen verdienen vor allem zwei Beachtung. Die 1626 gebaute *Salvatorkirche* in **Kürbitz** gilt als eine der schönsten Sachsens aus dieser Zeit. Vom Vorgängerbau wurde ein geschnitzter Marienaltar (um 1500) übernommen. Die *Kirche* in **Steinsdorf** fällt durch ihre rechteckige Anlage auf. Den sehr intim wirkenden Innenraum schließt eine 1551 restaurierte Felderdecke aus dem 17. Jh. ab. Eine kulturhistorische Kostbarkeit ist der Flügelaltar von Peter Breuer (1497). Die verloren geglaubte Predella mit dem Gemälde ›Das Schweißtuch der Veronika‹ wurde 1953 wiedergefunden und restauriert.

Etwa 11 km südlich von Plauen nahe Oelsnitz liegt **Schloß Voigtsberg**. Die alte Bergzungenburg (1317) an einem 20 m abfallenden Hang wurde nach ihrer Zerstörung im Dreißigjährigen Krieg um 1644 unter Verwendung alter Bausubstanz wiederaufgebaut, war bis 1858

Sitz des Amtmanns und nach einem kompletten Umbau bis 1924 Gefängnis. Seit 1937 besteht hier ein *Heimatmuseum*. Der aus Muschelkalk gebaute Bergfried war ursprünglich 30 m hoch, wurde aber 1788 um 7 m verkürzt. Kunsthistorisch bemerkenswert ist allein die *Georgenkapelle* mit Kreuzrippengewölbe (um 1400).

Die Pfarrkirche *St. Jakobi* in **Oelsnitz**, ein zweischiffiger asymmetrischer Hallenbau (um 1340, verändert 1519 und 1888), verfügt über ein wertvolles Altargemälde von Christoph Langer (1770) und einen Taufstein von Ernst Rietschel (1833). Das Kircheninnere stellt sich nach seiner Restaurierung wieder in den Farben von 1634 dar.

Kaiserburg Mylau und Göltzschtalbrücke

Der Kreis Reichenbach nordöstlich von Plauen bietet auf engem Raum einen erstaunlichen Reichtum unterschiedlicher Sehenswürdigkeiten.

In **Reichenbach** (28 000 Ew.), 1212 urkundlich erstmals erwähnt, gaben wie überall im Vogtland früh schon Bergbau und Textilgewerbe den Ton an. Das nahegelegene Alaunwerk Mühlwand lieferte von 1690 bis 1825 etwa 34 000 Ztr. Reinalaun bester Qualität. Der Anschluß an das Eisenbahnnetz führte im 19. Jh. zur rasanten, industriellen Entwicklung der heute vor großen wirtschaftlichen Problemen stehenden Stadt.

Nach Reichenbach zieht es vor allem Freunde der Theatergeschichte. Die ›Neuberin‹, die im Sinne Gottscheds mit ihrer Wandertruppe das deutsche Theater reformierte, wurde hier 1697 am Johannisplatz 3 als Friederike Caroline Weißendorf geboren. Ihr Geburtshaus, das älteste noch größtenteils erhaltene Gebäude der Stadt, wurde in den letzten Jahren rekonstruiert und beherbergt seit 1968 die *Neuberin-Gedenkstätte*. Die beiden Kirchen stammen aus dem 18. Jh. Die *Stadtkirche St. Peter und Paul*, 1720 erbaut, besitzt eine bemerkenswerte barocke Kanzel sowie eine Silbermannorgel von 1723–25. In der *Trinitatiskirche*, 1848 umgebaut, befindet sich ein kostbarer spätgotischer Flügelaltar aus der zweiten Hälfte des 15. Jh.

Im angrenzenden kleinen Ort **Mylau** erhebt sich auf einem nach drei Seiten hin steil abfallenden Bergsporn inmitten der Stadt die **Kaiserburg**; wie kaum eine Feste des Vogtlandes hat sie die Stürme der Zeit ohne großen Schaden überdauert. Im Kern geht die um zwei Höfe gruppierte Anlage auf das ausgehende 12. Jh. zurück. Ältester noch erhaltener Teil der Burg ist der 25 m hohe *Bergfried* aus Tonschiefer, ein Rundturm mit 2,5 m dicken Mauern und Zugang in 6 m Höhe (jetzt im zweiten Stock des 1892 eingefügten Zwischenbaus). Den Bauherren war an der Wehrfähigkeit der Burg gelegen, nicht an einer prunkvollen und komfortablen Innenarchitektur. 1367 weilte Kaiser Karl IV. in der an Böhmen gefallenen Burg und veranlaßte ihren Ausbau mit Westzwinger und Westtor. Die ›böhmische Zeit‹ währte bis 1422, dann fiel Mylau ans Kurfürstentum Sachsen. Von 1451–1577 befanden sich Burg und Herrschaft im Besitz der Familie Metzsch, die um 1500 den Palast aufstocken und

60 FREIBERG Dom, Goldene Pforte, Tympanon
◁ 59 FREIBERG Dom, Goldene Pforte, Figuren am rechten Gewände
61 FREIBERG Dom, Goldene Pforte, Figuren an den Archivolten

62 FREIBERG Dom, Kurfürstliche Begräbniskapelle

63 WECHSELBURG Stiftskirche, Inneres mit Lettner ▷

65 LEIPZIG Deutsche Bücherei, Mosaik im Eingang

◁ 64 LEIPZIG Mädlerpassage

66 LEIPZIG Deutsche Bank

67 LEIPZIG Schinkeltor vor der Universität

68 LEIPZIG Kaufhaus Topas

69 LEIPZIG Russische Kirche ▷

71 TORGAU Schloß Hartenfels, Westseite mit Schloßbrücke

◁ 70 LEIPZIG Thomaskirche 72 TORGAU Schloß Hartenfels mit Wendelstein ▷

73 Burg Gnandstein

74 COLDITZ Schloß

75 LEIPZIG Gohliser Schlößchen

76 Schloß Hubertusburg

77 TORGAU Bürgerhäuser am Markt ▷

den Treppenturm bauen ließ. Der mit Luther gut bekannte Joseph Levin von Metzsch führte im Vogtland die Reformation ein. Zwischen 1809 und 1837 befand sich in den inzwischen leerstehenden Räumen der Burg die Baumwollspinnerei Christian Gotthelf Brückners, die seinerzeit weithin größte Fabrik. Der Rat der Stadt Mylau kaufte 1892 die Burg und verlegte das Rathaus in das erneuerte Herrenhaus. Der gesamte Südwestflügel am Glockenturm wurde bis 1909 umgebaut. Der Burgrundgang entstand 1895. Das *Museum* der Burg besitzt drei spätgotische Plastiken aus der alten Burgkapelle sowie vier barocke Heiligenfiguren und den Prospekt der in umgebauter Form erhaltenen Silbermannorgel (1731) aus der 1887 abgebrochenen und neu aufgebauten Pfarrkirche.

Drei Kilometer südlich von Mylau liegt **Schloß Netzschkau**, bis 1578 ebenfalls im Besitz der Familie Metzsch. Lange Zeit gehörte es dann den Boses, bis es 1858 an Schönburg-Glauchau fiel. Der Ostteil des Schlosses ist baugeschichtlich weniger interessant als der nach 1462 im spätgotischen Stil errichtete Westteil mit Rund- und Viereckturm, dessen wenige, wie bei der Albrechtsburg in Meißen in Vorhangbogen geschlossene Fenster die Schule Arnolds von Westfalen verraten. Die *Innenräume* wurden 1627 umgestaltet, wobei ein Teil des Saals für den Flur verlorenging. Die reich profilierten spätgotischen Holzbalkendecken wurden mit Stuckdekorationen im Stil der Renaissance überzogen, die in Sachsen als frühe Beispiele deutscher Stuckarbeit einmalig sind. Von 1627 stammt noch der 4,10 m hohe, mit Wappen verzierte, schwarzglasierte Kachelofen. Der kuppelartige Aufbau ist ein selten schönes Zeugnis heimischer Töpferkunst. Nach Rekonstruktionsmaßnahmen wurde Schloß Netzschkau 1972 wieder zugänglich.

Von Mylau wie Netzschkau aus zwei Kilometer entfernt liegt die 1846–51 erbaute, von Johann Andreas Schubert konstruierte 574 m lange **Göltzschtalbrücke** (Abb. 49). Sie ist die höchste Eisenbahnbrücke (78 m) und die größte Ziegelbrücke (26 Mio. Ziegel) der Welt. Auf vier Etagen verteilen sich 81 Bogen. Beschäftigt wurden bis zu 1736 Arbeiter, von denen 31 tödlich verunglückten. Daß der Bauleiter Robert Wilke sich von der Brücke in selbstmörderischer Absicht herabstürzte, gehört ins Reich der Legende. Belegt ist, daß sich Baugrundprobleme einstellten und die Eisenbahngesellschaft bankrott ging; die sächsische Regierung mußte einspringen.

Die **Elstertalbrücke** bei Jocketa, ebenfalls in den Jahren 1846–51 erbaut, ist 279 m lang und 68 m hoch. Der größte Bogen übertrifft mit seiner Spannweite von 31,15 m alle Bogen der Schwesterbrücke. Infolge einer militärstrategisch sinnlosen Sprengung entstand im April 1945 eine 77 m breite Lücke, die bis 1950 wieder geschlossen wurde.

Das nahegelegene Triebtal bei Jocketa ist ein attraktives Erholungsgebiet. Hier entstand 1958–64 die **Talsperre Pöhl**, benannt nach dem einst nahe der 50 m hohen und 312 m langen Staumauer gelegenen Dorf Pöhl, das weichen mußte. Der Stausee, einer der größten im Lande, ist maximal 45 m tief, 7 km lang und staut 62,4 Mio. m^3 Wasser.

Die Göltzschtalbrücke bei Mylau. Stich, um 1840

Johann Andreas Schubert und die Industrielle Revolution in Sachsen
(*1808 Wernesgrün/V., † 1870 Dresden)

Die Industrielle Revolution in Sachsen ist ohne den Ingenieur Johann Andreas Schubert nur schwer vorstellbar.

Als neunjähriger wanderte Schubert, Sohn armer Leute, bis nach Leipzig, wo sich Polizeipräsident von Rackel seiner annahm und ihm eine solide Ausbildung an Thomasschule und Dresdner Knabeninstitut ermöglichte. Nachdem er sein darauffolgendes Studium an der Baugewerbeschule abgeschlossen hatte, wurde der 24jährige Professor an der neugegründeten Technischen Bildungsanstalt. Die Regierung wurde 1832 durch sein »Handbuch der Mechanik für Praktiker« auf ihn aufmerksam und schickte ihn zu einem Studienaufenthalt nach England, wo der Bau des Themsetunnels gerade im Gange war. Nach seiner Rückkehr setzte sie ihn als technischen Berater junger Unternehmer ein. 1836 gründete Schubert ein eigenes Unternehmen, die ›Aktien-Maschinenbau-Gesellschaft‹ in Schloß Übigbau. Hier baute er 1836 das Elbedampfschiff ›Königin Marie‹ und Deutschlands erste Lokomotive, die ›Saxonia‹ (s. S. 442).

Bei der Planung von Göltzschtal- und Elstertalbrücke beauftragte die Regierung ihn, Semper und Geutebrück mit der Begutachtung der eingehenden Entwürfe, von denen sich jedoch keiner als brauchbar erwies. Schubert formulierte 16 Grundsätze für ein zweites Preisausschreiben. Er plädierte für einen »soliden Steinbau« und für einen »Etagenbau«, um Reparaturen leichter ausführen zu können, und weil dann »bei einem Einsturz nur ein Teil einbricht«. Es kam zu keinem zweiten Preisausschreiben; Schubert mußte die Berechnungen selbst übernehmen.

Bad Elster und Bad Brambach

Das Obere Vogtland steht zwischen Adorf und Schönberg unter Landschaftsschutz. Der Kapellenberg bei Schönberg, mit 756 m die höchste Erhebung des Vogtlandes, bietet sich als Aussichtspunkt an. Landwüst und das benachbarte Raun sind rar gewordene Zeugnisse typisch vogtländischer Siedlungsstruktur und des vom Egerland beeinflußten charakteristischen Fachwerkbaus. Und *last not least:* Der Kurbetrieb sorgt für Belebung. Bad Elster rechnet mit jährlich 24 000 Patienten, Bad Brambach mit 9000. Vor allem Rheuma-, Herz- und Kreislaufkranke suchen hier Genesung.

Bad Elster (3200 Ew.), das Mineral- und Moorbad an der oberen Weißen Elster, erlebte 1849 die erste Badesaison als ›Königlich sächsisches Staatsbad‹ mit 129 Gästen (Abb. 50). Als dann 1890 mehr als 5000 Patienten kamen, war die Furcht vor dem nahen, renommierten Konkurrenten Karlsbad gebannt. Die älteste der drei Hauptquellen ist die 1789 gefaßte Moritzquelle in der 1929 aus Postelwitzer Sandstein gebauten *Wandelhalle*. Die Marienquellen wurden 1839 bzw. 1847 entdeckt. Die *Quellenhalle* mit Säulen aus Saalburger Marmor entstand 1954–59 nach einem Entwurf von K. Kind; die *Quellenschale* ist eine Arbeit von Fritz Kühn. Die *Pfarrkirche St. Trinitatis* (Ende 19. Jh.) besitzt wertvolle spätgotische Holzstatuen (um 1500) und aus dem 18. Jh. drei schöne Gemälde: ›Petri Fischzug‹, ›Abendmahl‹ und ›Kreuzigung‹.

Bad Brambach (2500 Ew.) im südlichsten Winkel des Vogtlandes besitzt die mit 2270 Mache-Einheiten je Liter stärkste Radiumquelle der Welt. Im Tal des Röthenbaches enthält auch die Luft Radon. Geologisch liegt der Ort in einer für die Entstehung der Mineralquellen wichtigen Bruchzone zwischen Graniten und Basalten. Bereits 1812 wurde der Freiberger Hüttenchemiker Wilhelm August Lampadius auf den »Sauerbrunnen von Unterbrambach« aufmerksam, aber erst ab 1890 gelangte das wohlschmeckende Mineralwasser zum Versand, und 1912 erst erfolgte die Eröffnung des Kurbetriebes im *Bose-Haus* (heute ›Fritz-Rödiger-Haus‹), nachdem der Radiumgehalt der ›Neuen Quelle‹ entdeckt worden war. Das *Vogtlandhaus* (im Wirtschaftshof Heimatstube) entstand 1926–28 als Kurhotel, der *Kurhof* 1935. Das Bad diente von 1945–57 der Roten Armee als Sanatorium. In dieser Zeit wurde die Eisenquelle (1948) mit Marmor aus Hitlers Reichskanzlei neu gefaßt.

Landwüst (400 Ew.) nahe Bad Elster, 1319 als *villa quae landvoste dicitur* erwähnt, ist ein charakteristisches Waldhufendorf. Den Einfluß des Egerlandes auf die ländliche Bauweise zeigt anschaulich die 17bogige Hochlaube des *Hauses Nr. 1.* Das typisch vogtländische Bauernhaus – Mensch und Vieh unter einem Dach – verkörpert *Nr. 48* (1782), seit 1968 Sitz des *Vogtländischen Bauernmuseums* (Farbabb. 28). Der 7,75 m breite und 17,60 m lange Grundriß ist in drei Bereiche gegliedert: die gewölbte Küche in der Mitte, links eine 40 m^2 große Blockstube als Schlaf-, Wohn- und Arbeitsraum, rechts der Stall aus Naturstein. Der Umschrot kragt an der Hofseite vor. Besonders reizvoll aber ist der Fachwerkgiebel im Egerländer Stil. Die Scheune hat statt einer Treppe Leitern und zwei Tore, jeweils für Ein- und Ausfahrt. Der Brunnen erreicht eine Tiefe von 10 m; fast modern wirkt die Holzpumpe anstelle der ursprünglichen Handwinde. Der Pechstein, ein schüsselförmiger Stein, ›Griebenherd‹ genannt, wurde zur Gewinnung von Wagenschmiere benötigt. Als Rohstoff diente harzreiches Holz, dem durch Schwelen gewonnen Extrakt wurde Leinöl beigemengt. Den Grundstock für das Museum legte der Bauer Walter Wunderlich an. Inzwischen zählt die Sammlung einschließlich der landwirtschaftlichen Geräte und Stirnjoche 4000 Exponate, darunter ein sehr schöner ›Kammerwagen‹ (Brautwagen). Kernstück des Freilandmuseums ist das ›Tirpfhäusel‹, ein aus Tirpersdorf umgesetztes Gutsarbeiterhaus von 1810.

Im ursprünglichen Bauerndorf **Raun** (300 Ew.), 1348 als Ruewen erwähnt, das komplett unter Denkmalschutz steht, beeindrucken die alten Blockhäuser mit Umgebinde und reichverzierten Fachwerkgiebeln im Egerländer Stil (Farbabb. 29). Die Kapelle (1534) zählt zu den ältesten Dorfkirchen des Vogtlandes. Eine einmalige Sehenswürdigkeit ist die ›Pechstoa‹, eine alte Pechsiederei.

Im ›Musikwinkel‹

Als klang- und formschön gerühmt werden Musikinstrumente aus Markneukirchen und Klingenthal. Der ›Musikwinkel‹ im oberen Vogtland gehört zu den Weltzentren des Instrumentenbaus. Seinen Aufstieg verdankte der Musikinstrumentenbau dem Niedergang des Bergbaus, der Notwendigkeit, sich einem anderen Gewerbe zu widmen. Die wegen ihres Glaubens in der Heimat verfolgten Egerländer hatten Mitte des 17. Jh. die Geigenbaukunst mitgebracht. Holz und Baumharz für die Lackgewinnung lieferten die Wälder, Darmsaiten die Schafzucht. Die heutzutage jährlich im Mai stattfindenden ›Vogtländischen Musiktage‹ sind für die Instrumentenbauer so etwas wie ein Examen – und eine Erlebnis für die Zuhörer.

In **Markneukirchen** (7600 Ew.) hängt der Werkstatthimmel schon seit 300 Jahren voller Geigen; 1677 gründeten zwölf Meister die erste Innung der Geigenbauer von ›nuwenkirchen‹. Ein halbes Jahrhundert später wurde Neuenkirchen (Mark – erst seit 1858) nach der Stadt Stradivaris das ›sächsische Cremona‹ genannt. Außer Geigen wurden bald zunehmend Bratschen gebaut sowie volkstümliche Lauten und Gitarren, Mandolinen und Zithern, Flöten, Oboen und Klarinetten, Waldhörner, Trompeten und Posaunen, Schlagzeuge usw. Im 20. Jh. wurde der Instrumentenbau technisiert. Musima, der größte Betrieb, zählt 1200 Beschäftigte und exportiert in 75 Länder. Die serienmäßige Produktion hat zwar die Handarbeit zurückgedrängt, doch die Zahl der selbständigen Meister war mit 100 im Jahr 1989 noch immer recht hoch. Seit 1989 gibt es in Markneukirchen eine ›Talenteschmiede‹, eine Schule des Kunsthandwerks zur Förderung begabten Nachwuchses.

Dem Geigenbauer hat der heimische Bildhauer Matuska ein Denkmal gesetzt (1970). Es steht vor dem 1883 gegründeten *Musikinstrumenten-Museum* im **Paulus-Schlössel**, einem spätbarocken Bürgerbau von 1784–89, das nach umfangreichen Restaurierungsarbeiten (1989) rund 1000 Exponate zeigt, die seit 1886 über die deutschen Konsulate in den verschiedensten Ländern, so in Ägypten, Korea und Japan erworben wurden.

Geigenbauer in seiner Werkstatt in Markneukirchen

Ein Teil der Instrumente stammt aus den Dresdner Sammlungen, die dem Museum 1886 17 historische Blasinstrumente überließen und 1941 einen Kontrabaß aus dem 17. Jh. In dem zweigeschossigen, breit gelagerten Bau mit fein geschwungenem Mansarddach und turmartigen Vorbauten befindet sich ein reizvoller Hof mit Laubengängen und Galerien. Die Innenräume beherbergen neben dem Museum auch eine *Gedenkstätte* für den heimischen Landschaftsmaler Rudolf Schuster, einen Schüler Ludwig Richters.

Der Ort **Klingenthal** (13 000 Ew.), 17 km nördlich von Markneukirchen, zieht sich in einer etwa 100 m breiten Talsohle 5 km lang, mit 530 m als tiefstem, und dem 920 m hohen Aschberg mit der 1929 gebauten Jugendherberge als höchstem Punkt. Auch Klingenthal begann mit dem Geigenbau, nahm aber eine andere Entwicklung als Markneukirchen. Johann Wilhelm Glier aus Untersachsenberg brachte 1829 von einer Reise eine Mund-Äoline mit, ein zum Klavierstimmen gedachtes Klangholz mit Metallzungen. Glier entwickelte daraus die Mundharmonika und 1852 die Ziehharmonika. In der bereits 1843 gegründeten *Musikschule* – das jetzige Domizil mit Glier-Saal stammt von 1929 – wurden die Instrumentenbauer ausgebildet. Ihr Handwerk war gefragt: Klingenthal produzierte schon 1860 etwa 3 Mio. Mund- und 220 000 Handharmonikas. Anders als in Markneukirchen ist der Instrumentenbau heute fast völlig mechanisiert, für den Musikfreund lohnt sich am ehesten ein Besuch im Mai, wenn Klingenthal in Verbindung mit den ›Vogtländischen Musiktagen‹ internationale Akkordeonwettbewerbe austrägt (seit 1975).

Sehenswert ist das 1628 gebaute und 1828 völlig erneuerte *Schloß der Boxberger*, heute Kreiskulturhaus. Auch der *Kielflößgraben* von 1630 verdient einen Blick: über Mulde, Göltzsch und Weiße Elster erfolgte von hier aus der Holztransport nach Leipzig. Die *Stadtkirche Zum Friedefürsten* entstand 1736/37 mit dreifach gestuftem Kuppeldach, Laterne und böhmischer Zwiebelhaube sowie zwei vorgesetzten Treppenhäusern und ist der erste und größte barocke Zentralbau über achteckigem Grundriß in Sachsen. Vergleichbar aber wesentlich kleiner sind die Rundkirchen in Carlsfeld (s. S. 343) und Seiffen (s. S. 368). Im Inneren der Stadtkirche fallen die dreigeschossigen Emporen auf und der Kanzelaltar (um 1737) mit lebensgroßen Figuren, geschaffen von dem Bildhauer Zimmermann aus dem böhmischen Schönbach.

Klingenthal ist ein Zentrum des Wintersports. Die *Große Aschbergschanze* im Steinbachtal wurde 1959 eingeweiht; da der Turm 1990 gesprengt werden mußte, ist sie derzeit außer Betrieb. Seit 1932 besteht die *Vogtlandschanze* im nahen **Mühlleithen**, wo seit 1966 jeweils im Januar Internationale Damenskirennen ausgetragen werden.

Nur 2 km sind es von hier bis zum **Schneckenstein** (890 m), dem einzigen europäischen Fundort von Topasen, die hier bis zum Ende des 18. Jh. gefördert wurden und heute im Grünen Gewölbe zu Dresden besichtigt werden können. Eigenmächtige Schürfungen der Touristen zwangen die Behörden zur Einzäunung des Areals und seiner Kennzeichnung als Naturdenkmal. Die *Kosmos-Ausstellung* im alten Bahnhof des nahen **Morgenröthe-Rautenkranz** erinnert an den prominentesten Sohn der 1200 Ew. zählenden Gemeinde: Sigmund Jähn, erster deutscher Kosmonaut, der 1978 gemeinsam mit Waleri Bykowski ins All startete. Ein beachtenswertes Denkmal der Technikgeschichte stellt die *Hochofenruine* dar mit dem zweigeschossigen Herrenhaus (1692). Von 1820–1875 existierte ein mit heißem Wind betriebener Hochofen. Morgenröthe hatte seinerzeit einen Ruf als Zentrum des Eisenkunstgusses, vor allem als Hersteller gußeiserner Öfen. Der Roheisengewinnung folgte 1875 der Grauguß im Kupolofen. Von 1918–1968 sind hier Glocken gegossen worden, darunter die 254 kg schwere Hospitalglocke von Lambarene, ein Geschenk für Albert Schweitzer zum seinem 85. Geburtstag im Jahre 1960. Ein Großbrand 1968 zerstörte die Gießerei, deren Glocken ebenso ein Markenzeichen des Musikwinkels darstellen wie seine Geigen oder Harmonikas.

Auerbach – Rodewisch – Falkenstein

Auerbach (17 000 Ew.) im Tal der Göltzsch wurde um 1300 planmäßig durch die Plauener Vögte angelegt. Im späten Mittelalter lebten die Bewohner der von Wäldern umgebenen Stadt von der Pechsiederei. 1561 erfolgte die Belehnung mit dem Pechrecht, und in der Glanzzeit arbeiteten mehr als 40 Pechhütten. ›Pechwagen‹ transportierten die Ware bis Hamburg, Lübeck, Wismar, Stettin und Danzig. Für das Auspichen der Schiffsplanken wurden damals große Mengen Pech benötigt, so daß Auerbach als Pechstadt in vielen Häfen Europas bekannt wurde. Als zweiter lukrativer Wirtschaftszweig erwies sich ab 1402 der Zinnabbau; 1543 wurde Auerbach Bergamtsstadt.

Von der verheerenden Feuersbrunst 1757 erholte sich die Stadt einigermaßen, nicht aber von dem Brand 1834. Die Zinnvorkommen waren um diese Zeit weitgehend erschöpft – 1850 wurden die Gruben geschlossen, und bei Pech schwand die Nachfrage. Baumwollweberei und Spitzenklöppelei konnten nicht zeitgleich zwei Erwerbszweige ersetzen und den Wiederaufbau der Stadt in gewünschter Weise finanzieren. So gingen die letzten baulichen Zeugnisse einer glanzvollen Vergangenheit mit dem Stadtbrand für immer verloren. Die wirtschaftliche Stagnation im Zeitalter der Industrialisierung bewahrte Auerbach jedoch wenigstens vor dem »dornigen Kranz von zweckvollen Häßlichkeiten«, wie der Chronist Konrad Haumann 1925 sarkastisch meinte. Ein Blick vom 47 m hohen Schloßturm bestätigt es: Die Natur blieb der Stadt an den Phyllithängen des Göltzschtals nahe. Zwei Sakralbauten verdienen Beachtung: Die *Nikolaikirche*, aus dem 15. Jh. stammend, aber wiederholt umgebaut, zuletzt 1867, besitzt einen schönen barocken Altar (1701) von Gottfried Ullrich aus Zwönitz. Die *Stadtkirche St. Laurentius*, 1834/39 anstelle eines Vorgängerbaus unter Verwendung älterer Bauteile im klassizistischen Stil errichtet, 1945 von Kriegsschäden betroffen, erhielt 1953 aus Freiberg einen nach Umbauten verfügbaren barocken Kanzelaltar.

Einige Dorfkirchen im Umkreis sind im Besitz wertvoller sakraler Kunstwerke. In der im Kern noch mittelalterlichen *Kirche* zu **Röthenbach** (Chorabschluß 1880), steht ein sehr schöner, spätgotischer Schnitzaltar (1516) des Zwickauer Meisters Peter Breuer mit Maria im Schrein, Barbara und Katharina in den Flügeln und der gemalten Verkündigung auf den Rückseiten. Ähnlich in Aufbau und Themenwahl – Maria mit dem Kinde im Schrein, Barbara und Katharina in den Flügeln – ist der zur Zwickauer Schule gerechnete Flügelaltar (um 1520) in der *Dorfkirche* zu **Plohn** (1861). Hervorragend gearbeitete Schnitzreliefs schmücken den Kanzelkorb (Anfang 17. Jh.).

Die barocke *Stadtkirche St. Peter* zu **Rodewisch** wurde 1729–36 errichtet. Aus der Gründungszeit stammt der Kanzelaltar mit den überlebensgroßen Figuren; sie stellen Moses und

Das ›Feste Haus‹ in Rodewisch

Johannes dar. Den bemerkenswerten Baumstammkruzifixus (um 1670/80) schuf vermutlich Benjamin Böhme. Erhalten sind Reste eines spätgotischen Flügelaltars (um 1516) von Peter Breuer.

Rodewisch errichtete 1950 auf dem Turm der Pestalozzi-Schule eine *Schulsternwarte,* die sich ab 1957 auch international einen Namen mit der Sputnik-Forschung gemacht hat. Der Umzug in die neue Sternwarte erfolgte 1967. Im Ortsteil **Obergöltzsch** wurde 1937–39 eine Ringwallanlage mit den Grundmauern des von einem Wassergraben umgebenen ›*Festen Hauses*‹ aus der Zeit der deutschen Besiedlung (1150–1230) ausgegraben, wobei auch allerlei Geräte aus dem 12. bis 16. Jh. zutage gefördert wurden, die im *Museum Göltzsch* im Alten Herrenhaus ausgestellt sind. Das *Schlößchen Göltzsch,* um 1500 abseits vom ›festen Hus‹ als Wohnhaus entstanden und lange Zeit als Scheune genutzt, wurde 1951–60 anhand archäologischer Funde rekonstruiert. Aus Schloß Tiefenau stammt das schmiedeeiserne Gitter der Einfahrt.

· 4 km südwestlich von Auerbach liegt **Falkenstein**, das bei einem Brand 1859 total zerstört wurde. Die Ortsanlage drückt daher Vorstellungen der Stadtplaner von Mitte des 19. Jh. deutlicher aus als sonstwo in Sachsen. Das *Schloß* ist ein schlichter klassizistischer Bau (nach 1859) inmitten der Stadt. Nur ein Rest des Bergfrieds auf dem Felsgeviert im Park erinnert an die alte Burg (um 1200). Im Schloß befindet sich ein *Museum,* das u. a. Einblick in die Geschichte der traditionellen vogtländischen Pech- und Gardinenproduktion gewährt. Ein weiteres Hauptthema ist das ›Brauchtum im östlichen Vogtland‹ – die vogtländische Tracht, die Falkensteiner Holzschnitzerei, der vogtländische ›Moosmann‹. Sehenswert ist vor allem die 3 m hohe ›Falkensteiner Kunstuhr‹ (1896–1925) und der 12 m^2 große mechanische Heimat- oder Weihnachtsberg mit geschnitzten Figuren (1951). »Wu mir derhamm sei!« Unter dieses Motto stellten die Volkskünstler ihre Arbeit.

Das westliche und mittlere Erzgebirge mit seinen Ausläufern

Das Erzgebirge ist nicht nur ein schneesicheres Wintersportgebiet mit Zentrum um den Fichtelberg, sondern vor allem auch eine bedeutende Kulturlandschaft. Der Silberbergbau machte die Gegend im späten Mittelalter zu einer der reichsten Deutschlands, wo Adel und Bürgertum in den neu entstehenden Städten prachtvolle Bauten errichteten. Der obersächsische Kirchenbau führte die Spätgotik zum krönenden Abschluß; Sachsens Reichtum an sakralen Kunstschätzen ist mit dieser Region wesentlich verbunden. Dafür stehen die Namen bedeutender Künstler wie Peter Breuer, Hans Hesse, Hans Witten, Lucas Cranach d. Ä. und d. J. und nicht zuletzt der Orgelbauer Gottfried Silbermann, der seine Werkstatt in Freiberg hatte.

Auch Burgen und Schlösser finden sich hier in besonderer Dichte; Rochsburg, Burg Kriebstein und die Augustusburg sind vor allem zu nennen.

Desgleichen stehen hier technische Denkmäler gedrängter als anderswo in Sachsen. Vor allem die ›Alte Elisabeth‹ in Freiberg und der ›Frohnauer Hammer‹ sind Spuren des Bergbaus und der Metallurgie, an denen man nicht vorübergehen sollte.

Eine große Anziehungskraft besitzt bekanntermaßen die reiche Folklore des Erzgebirges. ›Hutzenabende‹, wo man die alten Volkslieder singt, Klöppeln, Schnitzen, Zinngießen, Bergmannsparaden und Weihnachtsberge machen das Erzgebirge zum Inbegriff einer heilen dörflichen Welt. Oftmals wird darüber vergessen, daß die ›heimische Produktion‹ von Spitzen und Spielzeug in der großen Armut begründet war, die nach dem Niedergang des Bergbaus hier herrschte.

Folklorezentrum Schneeberg

Schneeberg (22 000 Ew.), um 1470 in einer der reichsten deutschen Silbergegenden gegründet, gilt gemeinhin als die ›Weihnachtsstadt des Erzgebirges‹.

In den 60er Jahren wurde es hier Sitte, in der Vorweihnachtszeit auch auf Märkten und Straßen Pyramiden aufzustellen, die es inzwischen zur stattlichen Anzahl von 65 weihnachtlichen Sendboten gebracht haben. Die Schneeberger Pyramide, 8 m hoch, entstand 1966 in Form eines Förderturms, und ihre gedrechselten Figuren stammen aus der Welt des Bergbaus. Bereits in den 20er Jahren verlegten die Schnitzer die Weihnachtsgeschichte aus dem Orient in die erzgebirgische Heimat.

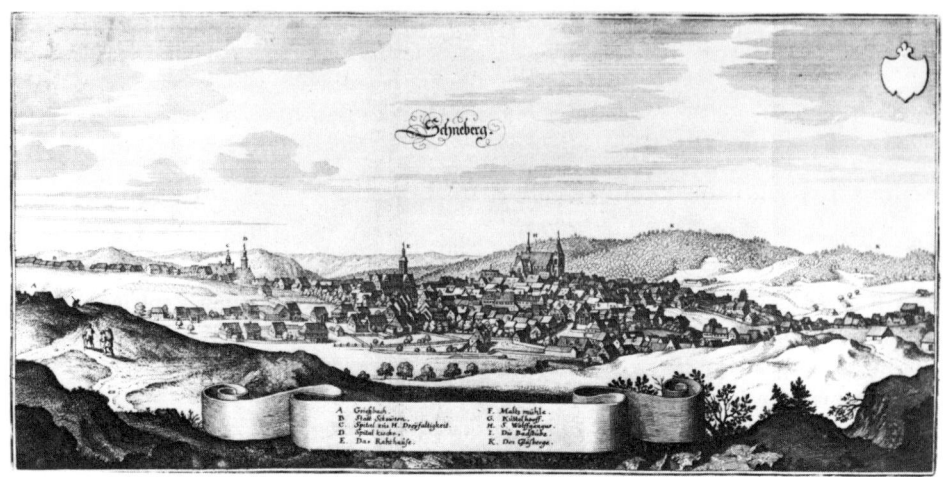

Schneeberg, nach einem Kupferstich von Matthäus Merian, um 1650

Auch das im 16. Jh. begonnene Klöppeln hat in Schneeberg Tradition, und wie die Schnitzerei ist es eine Heimindustrie, die aus der Not geboren wurde. Die Herstellung der Klöppelspitzen erfolgt durch paarweises Kreuzen, Verdrehen und Verflechten der Fäden, eine Kombination von Weben, Zwirnen und Knüpfen. Nur in Schneeberg kam es zur Gründung einer besonderen **Klöppelschule** (1878) – offiziell Spitzenklöppelmusterschule –, die 1962 den Kern der neuen Fachschule für angewandte Kunst bildete, welche nicht nur die Kunst des Klöppelns, sondern auch die des Schnitzens vermittelt und neuerdings in der Außenstelle Markneukirchen auch den Geigenbau lehrt. Im offiziell zum »Folklorezentrum für das Erzgebirge und Vogtland« ernannten Schneeberg wird Brauchtum engagiert und vielseitig gepflegt; wofür ›Schneeberger Bergparade‹, ›Bergkapelle‹, ›Schneeberger Maad‹ und ›Filzteichmaad‹ stehen wie auch das **Museum für bergmännische Volkskunst** im Bortenreutherhaus mit seiner auf 15 Räume verteilten Ausstellung kunstvoller Klöppelarbeiten und Schnitzereien, darunter Pyramiden aus anderthalb Jahrhunderten und Modelle alter Schachtanlagen. Das Museum versteht sich als ethnographisches Zentrum des Erzgebirges.

Die Förderung von Silber leiteten die beiden Zwickauer Bürger Römer und Federangel 1460 ein. Am 6. 2. 1471 hat man »den rechten Putzen beyn Haaren gekrieget«, vermeldet die Chronik. Der berühmteste Fund war der 400 Zentner schwere ›Silbertisch‹, an dem 1477 der Herzog unter Tage speiste. Als die großen Silberfunde bekannt wurden, wanderten Bergknappen in Scharen zu: 1200 bis ins Jahr 1474. Gebaut wurde unter Zeitdruck, und so kam es zu einer unregelmäßigen Siedlungsanlage; **Neustädtel**, der ältere Teil, ist als Flächendenkmal geschützt. Bis 1483 wurde Silber im Wert von 1,8 Mio. Gulden gefördert, damals ein gewaltiger Betrag, so daß Schneeberg eine reiche Stadt wurde, die eine eigene Münze prägte, den ›Schnieder‹.

Bei der Suche nach Silber wurden noch weitere 140 Mineralien entdeckt, so daß sich der Bergbau umstellen konnte, als um 1540 die ergiebigsten Lagerstätten erschöpft waren und Spanien inzwischen amerikanisches Silber billig auf den Markt brachte. Nach einer Stagnationsphase machte die Bergstadt im 17. Jh. noch einmal von sich reden: als Europas größter Kobaltproduzent. Eine neuerliche intensive Bergbautätigkeit setzte nach 1946 mit dem Uranabbau durch die Wismut AG ein (s. S. 341).

Die **Altstadt** mit dem zweiteiligen Markt wurde 1719 von einem Brand heimgesucht, dem etwa 400 Häuser zum Opfer fielen; die Neubebauung erfolgte wohlgeplant 1719–25. Markt und angrenzende Gebäude bilden ein einheitliches, im westlichen Erzgebirge beispielloses Ensemble im Stil des Hochbarock, das heute unter Denkmalschutz steht.

Die **St. Wolfgangskirche** (Abb. 56) ist die
Hallenkirchen Sachsens und wird an Grö-
fen. Anstelle eines bescheidenen Gottes-
Geschosse des Westturms und der untere
stand 1515–40 der Neubau. Baumeister
gau, ab 1526 übernahm Fabian Lobwas-
der Einzug der Emporen durch
und der Chor bilden eine Einheit.
licht; man rechnete mit weiteren
das Verlangen des Bergmanns
hohe Turm wurde 1673–76
me d. Ä. erhöht; der Turm-
Ihr derzeitiges Aussehen ver-
abgeschlossenen Wiederauf-
den Luftangriff vom April
heute wieder der ursprüngli-
tung ging während der Refor-
Lucas Cranach d. Ä. stammen
lich einen Flügelaltar bildenden
ger Barockmeister Johann Chri-
Altaraufbau zusammensetzte
zu sehen ist. In der Reforma-
Bildnistafeln von Wolfgang Kro-
(1580) angefertigt. Der *Taufstein*
Das **Rathaus** geht in seiner
eines neogotischen Gebäudes
rück, das seinerseits einen ba-

jüngste der berühmten spätgotischen
ße nur von der Annaberger übertrof-
hauses (1574–78), von dem nur drei
Teil der Westfront erhalten sind, ent-
war zunächst Hans Meltwitz von Tor-
ser die Bauleitung. 1536/37 erfolgte
Wolff Riediger. Die drei Schiffe
Die Halle ist großräumig und
Zuzüglern und wußte um
nach Helligkeit. Der 72 m
durch Johann Heinrich Böh-
helm stammt von 1751–53.
dankt die Kirche dem 1990
bau nach der Zerstörung durch
1945. Die Wölbung entspricht
chen Form. Die Erstausstat-
mation bereits verloren. Von
die hervorragenden, ursprüng-
zwölf Tafeln, die der Schneeber-
stian Böhm zu dem kostbaren
(1532–39), der heute in der Kirche
tionszeit wurden auch die fünf
del (1561) und Martin Krodel
datiert von 1714.
heutigen Gestalt auf den Umbau
(1851/52) von 1911/12 zu-
rocken Vorgänger von 1719

Oberberghauptmann Freiherr von Herder als bergmännischer Leuchter. Holzschnitzarbeit von Gustav Rössel aus dem 20. Jh. im Schneeberger Museum für erzgebirgische Volkskunst

Bei einer erzgebirgischen Bergmannsparade tragen die Bergleute ihre traditionellen Trachten: links Blaufarb-Bergleute, rechts Silberbergleute

nach einem Brand ersetzte. Das *Stadtwappen* an der Fassade datiert von 1852, und das *Sandsteinrelief* über dem Portal verweist auf den legendären ersten Silberfund. Bemerkenswert sind die klassizistischen *Kassettendecken* im Flur und in den Repräsentationsräumen.

Einige der barocken Bürgerhäuser zeichnen sich durch reiche Stuckfassaden aus, so das **Fürstenhaus**, in dem der Schwedenkönig Karl XII. gewohnt hat. Zu Alt-Schneeberg gehört das **Brotmännchenhaus**, während der Hungersnot 1771 für ein Brot verkauft. Das **Borten-**

reutherhaus (Museum, Eingang Obere Zobelgasse), baute 1725 Johann Christoph Naumann (1664–1742), der Architekt des Jagdschlosses Hubertusburg. Wahrzeichen Schneebergs ist der bronzene **Bergmannsbrunnen ›Neuer Anbruch‹**, 1936 von Anton Schüler aus Dresden geschaffen.

Der Tourist findet in Schneeberg 20 bergbauliche Denkmäler, die entlang des **Bergbaulehrpfads** erkundet werden können. Der Lehrpfad endet am *Filzteich*, heute mit 23 ha Wasserfläche Westsachsens größtes Strandbad. In einem Hochmoor (Filz = Torf) wurde der Teich 1483–85 als erster Stausee in Sachsen angelegt. Goethe, der 1786 hier weilte, nannte den Bergsee »ein Naturwunder, überwältigend schön«.

Rund um Aue

Die Nachkriegsgeneration wird in **Aue** (29 000 Ew.), 5 km östlich von Schneeberg am Zusammenfluß von Schwarzwasser und Mulde gelegen, stets die von den Alliierten vergessene, am 21. Juni 1945 erst besetzte Stadt sehen, und die ›Wismut-Metropole‹. Hinter diesem Namen eines harmlosen Metalls verbirgt sich der nach dem Krieg für den Bau sowjetischer Atombomben begonnene Uranerzabbau, der im Erzgebirge seine strahlenden Halden teils inmitten der Städte Aue, Schneeberg, Johanngeorgenstadt, Schwarzenberg und anderen hinterlassen hat. Zu Zehntausenden verpflichteten sich die Bergleute zur extrem gesundheitsschädlichen Arbeit in den Gruben; das schnelle Geld trieb sie, oder sie waren zwangsverpflichtete Ex-Nazis, ›Landstreicher‹, Kriegsgefangene etc. Aus der sowjetischen SAG Wismut wurde 1953 die Sowjetisch-Deutsche-Aktiengesellschaft (SDAG) Wismut, die ihren Hauptsitz 1956 ins Thüringische verlegte.

Aue war noch im 19. Jh. viel kleiner als Schneeberg oder Freiberg (1815 = 711 Ew.), baute quantitativ weniger Erze ab, mit Kaolin und Wismut aber zwei Stoffe, denen anderorts nur geringe Bedeutung zukam, und machte sich eher in der Erzverarbeitung als in der Erzförderung einen Namen.

Böttger entdeckte das europäische Porzellan unter Verwendung von Kaolin aus der 1700 von Veit Hans Schnorr gegründeten **Weißerdenzeche St. Andreas**, und nur von ihr bezog die Meissener Porzellanmanufaktur bis 1854 den Ton. Das *Huthaus* der Zeche steht noch und wird als Feierabendheim genutzt (Am Lumpicht). Wismut, von Agricola bereits 1556 beschrieben, setzten die Mediziner zur Bekämpfung von Geschwüren ein. Den geringen Weltbedarf deckte vor 1914 monopolartig die Wismutschmelze in Niederpfannenstiel. 1635 von Veit Hans Schnorr als Farbenmühle gegründet und bis um 1720 der Welt einziger Hersteller von Kobaltblau, das den Thüringer Färberwaid verdrängt hat; das Kobalt lieferte Schneeberg. Der 1550 erstmals erwähnte Auerhammer wurde Sachsens Blechschmiede. Erst 1661 setzte der Zinnabbau unter Veit Hans Schnorr d. J. in Höhe des heutigen Stadtparks ein. Einige **alte Bergmannshäuser** überdauerten, so *Bergfreiheit Nr. 11*, ein Umgebindehaus von 1663; *Bergfreiheit Nr. 1*, ein rekonstruiertes Huthaus, ist jetzt Sitz der Traditionsstätte Erzbergbau mit ›Glöcklstube‹, Knappschaftssaal und Schaustollen.

Silberbergwerk im Erzgebirge. Holzschnitt von Hans Sebald Beham, 1530

Der Neusilber- und Nickelproduktion verdankte Aue wesentlich die Entwicklung zum industriellen Zentrum des Westerzgebirges im 19. Jh., denn sie lieferte den Rohstoff zur heimischen Besteck- und Silberwarenproduktion.

Zu den bemerkenswerten Sakralbauten in Aue gehört die Kirche des 1173 gegründeten Augustiner-Chorherren-Stifts **Klösterlein Zelle**, des ersten im Erzgebirge errichteten Klosters, das bald in die Abhängigkeit des im nahen Grünhain 1236 gegründeten mächtigen Zisterzienserklosters geriet, an das heute nur noch eine 2 km lange Klostermauer erinnert. Die schlichte, einschiffige romanische *Kirche* ist eines der ältesten Bauwerke im Erzgebirge. Architektonische Änderungen erfolgten 1758 und 1948. An der Nordseite befindet sich im Innern eine barocke *Herrschaftsloge*. Der mit Relieffiguren geschmückte *Kanzelaltar* stammt aus der zweiten Hälfte des 17. Jh. Das ursprünglich an der Giebelwand befindliche kostbare Sgraffitogemälde wurde in die Annenkapelle des Freiberger Doms umgesetzt. Der Mönch Martinus schuf es um 1236; es zeigt Maria mit dem Kinde, den hl. Nikolaus und Kaiser Friedrich II. Er bestätigte die Gerechtsame des Klosters.

Von Aue in südlicher Richtung die Mulde entlang führt der Weg nach **Eibenstock**, dessen Entwicklung seit dem 13. Jahrhundert vom Zinnabbau bestimmt wurde, wovon ein Zinnseiferbild im Rathaus zeugt. In den besten Jahren bestritt man hier ein Viertel der gesamten sächsischen Zinnproduktion. Mit dem Niedergang des Bergbaus kam das 1775 von Clara Angermann aus Bialystock eingeführte Sticken mit der Häkelnadel auf, das als Eibenstocker Tambouriersticken in die Chronik einging und für das Erzgebirge so charakteristisch wie das Klöppeln ist.

Nach etwa 15 weiteren Kilometern in südlicher Richtung ist **Carlsfeld** (1300 Ew.) erreicht. Der Unternehmer Veit Hans Schnorr, der 1678 seinen Besitz um ein Hammerwerk in Carlsfeld erweiterte, stiftete die dortige *Dreifaltigkeitskirche* (Abb. 53), die zwischen 1684 und 1686 gebaut wurde. Der ortsbestimmende Barockbau ist der älteste Vorläufer des protestantischen sakralen Zentralbaus, den George Bähr mit der Dresdner Frauenkirche zu höchster Vollendung führte. Johann Georg Roth, ein Geselle Bährs, leitete die Bauarbeiten. Der Außengrundriß der Kirche ist achteckig, der Grundriß des Innenraums viereckig. Über dem Bau erhebt sich eine achteckige Kuppel mit zentraler hoher Laterne. Zur Ausstattung gehören dreigeschossige Emporen und ein sehr schöner Kanzelaltar von Johann Heinrich Böhme d. J. (1688).

Die Gemeinde Carlsfeld liegt etwa 900 m hoch und ist der westlichste Ferienort des Erzgebirges. In den Jahren 1927–29 entstand die *Talsperre Weiterswiese* . Nahebei liegen die unter Naturschutz stehenden Hochmoore *Weitersglashütte* und *Großer Kranichsee* (936 m), dessen Name sich nicht von Kranich ableitet, sondern von *granic,* dem tschechischen Wort für Grenze. Zwei Drittel des Krummholz-Hochmoors mit den bis zu 15 m mächtigen Torfschichten und hundertjährigen Kiefern liegen auf tschechischem Gebiet.

Johanngeorgenstadt, östlich von Carlsfeld direkt an der tschechischen Grenze gelegen, wurde 1654 von böhmischen Exulanten gegründet und nach Kurfürst Johann Georg I. benannt. Siedlungsgeschichtlich bemerkenswert ist die Streulage (13 Stadtteile). Von 1662–1856 war die Stadt Sitz eines Bergamtes und 1723 mit 350 Eisen- und Zinn- sowie 85 Silbergruben bedeutender als Schwarzenberg. Das seit 1789 bekannte Uranvorkommen wurde 1946–56 systematisch abgebaut, riesige strahlende Halden künden davon. Heute zählt die Stadt etwa 9000 Einwohner, 1950 waren es 45 000! Der von 1671–1958 betriebene *Schacht ›Unverhofft Glück‹* ist heute Schaubergwerk. In der Stollenkaue befindet sich ein Mundloch. Auf ebener Erde führt der Weg in den 200 m langen Gang aus der Zeit um 1840.

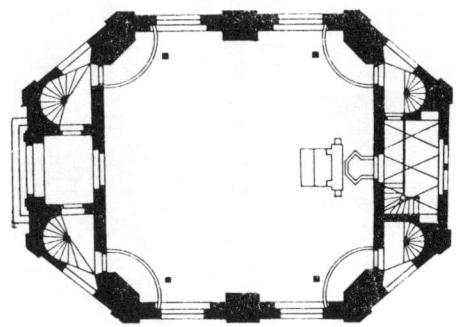

Carlsfeld, Grundriß der Dreifaltigkeitskirche

Bemerkenswert sind vor allem die 28 m hohe Radstube mit zwei Rädern von 10 bzw. 16 m Durchmesser, die Förderbühne und die Ausstellung bergmännischer Geleuchte. Im Dachreiter der Kaue hängt eine geschnitzte Glocke; ihr verdankt das Schaubergwerk die umgangssprachliche Bezeichnung ›Glöckl‹.

Johanngeorgenstadt steuerte so manches Stück zu Goethes Mineraliensammlung bei. Der Dichter weilte hier am 18. 8. 1785 und fuhr auch ins Bergwerk ein, woran in der Vorhalle der Post eine Bronzetafel mit einem Ausschnitt aus seinem Brief an Frau von Stein erinnert.

Südwestlich der Stadt liegt der **Kleine Kranichsee**, ein 29 ha großes, seit 1928 unter Naturschutz stehendes Kiefernhochmoor, durch das ein Knüppeldamm führt.

Ebenfalls unter Naturschutz stehen die **Teufelssteine** nordöstlich der Stadt. Auf die 1925 erschlossene, 30 m hohe Felsnadel aus Turmalingranit führen acht nur für Bergsteiger zugelassene, schwierige Kletterwege.

Johanngeorgenstadt gilt als ziemlich schneesicher und bietet vielseitige Wintersportmöglichkeiten. Die 1929 gebaute Sprungschanze war die erste deutsche Großschanze. Sie wurde 1962 durch die neue **Erzgebirgsschanze** ersetzt.

Verschiedene Techniken der Grubenbewetterung: Wettermaschinen mit unterschiedlich angetriebenen Blasebälgen (links) und Flügelbaum (rechts). Holzschnitte aus Georgius Agricolas »De remetallica libri XII«, 1556

Auf dem Weg von hier nach Schwarzenberg passiert man **Antonsthal**, dessen 1969 eingerichtete *Schauanlage ›Pochwerk und Erzwäsche unverhofft Glück‹* einen interessanten Einblick in den historischen Bergbau erlaubt. In einem Gebäude der 1828 gegründeten Silberhütte demonstrieren funktionstüchtige, mit Wasserkraft angetriebene Maschinen die Erzaufbereitung durch Pochen und Waschen. Bereits 1350 gab es in **Erla** einen ›Hammer‹. Die Hammerwerke spezialisierten sich auf Waffen, Schaufeln oder Sensen, im 18. Jh. insbesondere auf Draht. Über Sachsen hinaus bekannt wurden die Schwarzenberger Plattwalzen des Balthasar Georgi († 1761). Selbst das ferne Petersburg gehörte zu den Abnehmern. Um 1830 gerieten Eisenzechen und Hammerwerke in eine Krise. Um ihr zu entrinnen, wurde 1831 am Schwarzwasser die ›Antonshütte‹ gegründet, die aber schon 1859 den Betrieb einstellen mußte (heute Papierfabrik). Das nach einem Entwurf von Christian Friedrich Brendel in Morgenröthe-Rautenkranz für die Antonshütte gegossene Schwarzenberggebläse von 1830 steht heute in der Schauanlage ›Alte Elisabeth‹ zu Freiberg (s. S. 377 f.).

Zur verkehrsmäßigen Erschließung des Erzgebirges trug 1889 der Bau einer 750 mm breiten Schmalspurbahn vom nahen **Grünstädtel** nach **Oberrittersgrün** bei. Zum letzten Mal fuhr die Bahn am 25. 9. 1971. Im ausgedienten Bahnhof Rittersgrün zeigt das *Museum Schmalspurbahnhof* (1977 gegr.) u. a. den ›Museumszug‹.

Von Grünstädtel sind es nur noch 3 km bis nach **Schwarzenberg** (16 000 Ew.). Von der einst bedeutenden strategischen Lage des in einem Talkessel gelegenen Orts zeugt die um 1170 errichtete **Bergspornburg**. Den Wettinern war die an der Grenze zwischen Eger- und Pleißenland zwei Paßstraßen kontrollierende Burg so wichtig, daß sie 1533 der Familie von Tettau Feste und Herrschaft abkauften, eine in Sachsen ungebräuchliche Methode zur Erweiterung der Territorialmacht.

Anstelle der bis auf den Bergfried zerstörten Burg wurde ein *Schloß* errichtet. 1555–56 wurde es von den Wettinern neu befestigt und das alte ›Oberhaus‹ zu einem Jagdschloß ausgebaut. Einige Räume des Schlosses nutzt heute das *Museum Erzgebirgisches Eisen*. Zu den attraktivsten Exponaten gehört die in Originalgröße aufgebaute Nagelschmiede aus dem 19. Jh.; daneben sind Modelle einer Löffelschmiede, einer Zinngießerwerkstatt und eines erzgebirgischen Buckelbergwerks zu sehen.

Nach dem Brand der alten Stadtkirche errichtete Johann Georg Roth 1690–99 auf der alten Unterburg die *Stadtkirche St. Georg.* Der barocke Saalbau mit umlaufender Empore kommt bei einer Deckenspannweite von 17 m ohne Pfeiler aus. Das Altargitter schuf der einheimische Plattwalzenmacher Zacharias Georgi († 1714). Die Holzdecke schmücken zwei Engelsfiguren (1729–35) von Johann Georg Krafft.

Eisengewinnung und -verarbeitung haben die Geschichte der Bergstadt Schwarzenberg (1536) geprägt. An der 3 km entfernten Waschleithe gibt das *Schaubergwerk Herkules-Frisch-Glück,* ein Untertagemuseum in einem 80 m tiefen Stollen des erzführenden Kalklagers, Einblick in die Technik der von 1705–1949 betriebenen Grube.

Im Nordosten von Aue liegt in einer Flußbiegung der Zwönitz das gleichnamige Städtchen. Das *Sühnekreuz* an der Rathausstraße erinnert daran, daß durch **Zwönitz** zwischen 1485 und 1547 die Grenze zwischen Kursachsen und dem Herzogtum Sachsen verlief. Der Grundriß der Stadt ergab sich aus der Lage an der Handelsstraße von Glauchau nach Böhmen. An die einstige Bedeutung im Postverkehr erinnert die *Distanzsäule* am Rande des Marktes mit 63 Ortsnamen. Der Markt wurde in Erwartung bedeutender Erzfunde und eines daraus resultierenden raschen Bevölkerungszuwachses großzügig angelegt.

Nach dem Stadtbrand 1687 entstanden in Zwönitz meist zweigeschossige Bürgerhäuser mit Ständerfachwerk und verziertem Brüstungswerk. Besonders schöne Zeugnisse der barocken Neubebauung sind neben der *Alten Schule* (Kirchstraße 9) die beiden Gasthäuser ›*Hotel Roß*‹ (1941 erneuert) und ›*Goldener Stern*‹ am Markt. Südlich des Marktes erhebt sich die 1688–92 von Johann Paul aus Adorf erneuerte *Pfarrkirche St. Trinitatis* mit dem 1724 ergänzten Nordturm. Sehenswert ist die den Salomonischen Tempel symbolisierende Innenarchitektur. Den Kanzelaltar schuf Gottfried Ulrich 1691.

Weder Bergbau noch Bevölkerungszuwachs entwickelten sich in der erwarteten Weise. Die Freie Bergstadt (1556) zählte 1750 nur noch 600 Einwohner. Auch die Papierproduktion, mit der 1568 begonnen wurde, brachte keinen bedeutenden wirtschaftlichen Aufschwung. Seit 1984 ist die 1972 stillgelegte *Wintermann-Papiermühle* in **Niederzwönitz** Schauanlage. Die Fachwerkbauten entstanden 1850 unter Verwendung der Altbausubstanz von 1781. Die Maschinenausstattung entspricht dem Stand um 1900.

In Niederzwönitz steht heute noch die 1583 gepflanzte *Lutherlinde*. Ihr Stammumfang mißt beinahe 7 m, und sie gilt als besterhaltener Gedächtnisbaum für Luther. Vorsorglich wurde 1983 daneben eine neue Lutherlinde gepflanzt.

Wintersport am Fichtelberg

Zum **Fichtelberg**, mit 1214 m der höchste Berg im Freistaat Sachsen, führt der kürzeste Wanderweg von Johanngeorgenstadt aus über Myslivny auf böhmischer Seite; Autofahrer benutzen am besten die Straße über Breitenbrunn – Tellerhäuser – Oberwiesenthal. Von Chemnitz bis Oberwiesenthal sind es 65 km über die F 95. Die schönste, aber langwierigste Anfahrt (4 Std.) bietet die von Chemnitz über Flöha durchs romantische Zschopautal führende Eisenbahn, zwischen Cranzahl und Oberwiesenthal seit 1897 als Schmalspurbahn (750 mm) verkehrend.

Die touristische Erschließung des Fichtelbergs setzte 1889 mit dem Bau einer ersten Berggaststätte ein; die heutige mit 42 m hohem Aussichtsturm besteht seit 1967. Für den Aussichtsturm mußte die 1864 errichtete Triangulationssäule an ihren jetzigen Platz gegenüber der 1916 erbauten Wetterwarte versetzt werden.

Am Fichtelberg liegen mehrere Naturschutzgebiete, etwa das *Pfahlmoor* und der *Schönjungferngrund*, ein 23 ha großer urwaldartiger Fichtenwald mit subalpinen Pflanzen. Von hier aus ist es nicht weit zur *Großen Fichtelbergschanze* (1973). Das Fichtelberggebiet mit seinen Schanzen, der Rennrodelbahn (1971 eingeweiht) und den international anerkannten Loipen ist das Ski-Zentrum des Bundes-Olympiastützpunktes Chemnitz und das sächsische

Annaberg. Kupferstich von Matthäus Merian, um 1650

St. Moritz der Ski-Urlauber. Die 1924 gebaute *Schwebebahn* von Oberwiesenthal zum Gipfel überwindet die 1175 m lange Strecke und den Höhenunterschied von 303 m in 7 Minuten.

Oberwiesenthal, die höchstgelegene Stadt Sachsens (914 m), eine 1517 planmäßig angelegte Siedlung, verdient nicht nur als Wintersportort und Basis für einen Aufstieg zum Fichtelberg Beachtung. Die neogotische *Kirche* (1863–66) mit der 1968 aufgesetzten Turmspitze besitzt ein wertvolles schmiedeeisernes Altargitter (um 1700) und einen Weihnachtsberg aus der Zeit um 1900. Die *Distanzsäule* (1730) auf dem Markt nennt 78 Ortsnamen, was von der einstigen Bedeutung des Grenzortes im Postverkehr zeugt. Zu Oberwiesenthal gehört das Klimasanatorium ›Sachsenbaude‹ (1130 m) für Hautkranke.

Das 20 km weiter nördlich gelegene **Cranzahl**, früher ein Klosterdorf, besitzt eine *Dorfkirche* (1910) mit einer kostbaren Ausstattung. Der Schnitzaltar mit Anna, Maria und dem Kind im Schrein stammt von Peter Breuer (1514), das Staffelbild mit dem Schweißtuch der Veronika von Hans Hesse (1520).

Beliebtes Ausflugsziel ist die 1948–51 gebaute *Talsperre* mit dem 37 m hohen und 420 m langen Damm aus Gneisbruch.

»Zu Annebarg fangt de Walt aa«

Für das 1887 gegründete **Erzgebirgsmuseum** (Große Kirchgasse 16) kann es wohl kaum einen besseren Standort geben als Annaberg-Buchholz.

Chor der Engel in Verehrung der Dreieinigkeit. Detail der ›Schönen Tür‹ in der Annenkirche

Die Bergstadt entwickelte sich im 16. Jh. zum wirtschaftlichen und kulturellen Zentrum des östlichen Erzgebirges mit Einfluß auf ganz Kursachsen. An der 1509 von der Bergbehörde (1497–1856) erlassenen Bergordnung orientierte sich der gesamte deutsche Bergbau. 380 Zechen verzeichnete das Amt 1530. (Als letzte stellte 1892 die Himmelfahrt-Fundgrube den Betrieb ein.) Das junge Bürgertum, reich und selbstbewußt, der Meinung huldigend, »Zu Annebarg fangt de Walt aa«, zog namhafte Gelehrte und Künstler an. Adam Ries (1492–1559) war 36 Jahre lang Bergschreiber und Leiter der renommierten Rechenschule. Barbara Uttmann (1514–75) ist hauptsächlich die Entwicklung des Spitzenklöppelns zu einem für das Erzgebirge charakteristischen Kunsthandwerk zu verdanken, eingewanderten protestantischen Wallonen die Posamenterie (um 1560). Große Architekten, Schnitzer und Maler hinterließen hier Werke, die zu Sachsens bedeutendsten Kunstschätzen zählen.

Zur Gründung der 1943 vereinten Doppelstadt führte das 1492 nach den Silberfunden am Schreckenberg einsetzende ›Bergkgeschrey‹, zur Zweiteilung landesherrliche Machtinteressen: Auf albertinischer Seite entstand Annaberg, auf ernestinischer, aber mit ungünstigeren Voraussetzungen, Buchholz. Annaberg wurde planmäßig angelegt, mit Hauptachsen, rechteckigem Markt und Kirchplatz. Den fast kreisförmigen Grundriß entwarf der Bürgermeister von Freiberg, Ulrich Rülein von Calw.

Aus der Blütezeit der wachsenden und prosperierenden Stadt – um 1540 war Annaberg mit 12 000 Einwohnern größer als Leipzig – sind einige Gebäude erhalten: Das **Gasthaus ›Wilder Mann‹** (Markt 13) besitzt ein sehr schönes gotisches Zellensterngewölbe, die **Bibliothek** (Klosterstraße 5) ein sehenswertes Tor (beide aus der Zeit um 1508). Das **Adam-Ries-Haus** (Johannisgasse 13), seit 1985 Gedenkstätte, ist ein Nachfolgebau von 1731, aber Grundmauern und Teile des Erdgeschosses stammen noch von dem Haus, das der Rechenmeister der deutschen Nation 1525–59 bewohnte.

Ein Meisterwerk der Architektur und Kunst ist die 1499–1525 errichtete **St.-Annen-Kirche**, Sachsens größte Hallenkirche, mit der die obersächsische Spätgotik ihren Höhepunkt erreichte. Der Schwabe Conrad Pflüger (tätig 1477–1515) lieferte den Entwurf, Peter Ulrich von Pirna übernahm 1507–13 die Bauleitung, und vollendet wurde der Bau unter Jacob Haylmann von Schweinfurt (1475–1525). Zwischen 1970 und 1981 wurde die Kirche

Annaberg-Buchholz,
Grundriß der Annenkirche

sorgfältig restauriert. Äußerlich ist sie von monumentaler Schlichtheit. Allerdings wurde das Dach später vereinfacht, und der Turmhelm erfuhr 1813 eine Erneuerung. Die großartige Wirkung des Innenraums (Abb. 45) geht vom übergreifenden, unterschiedlich figurierten Schleifenstern- und Schlingrippengewölbe aus (Farbabb. 9). Schiffs- und Jochgrenzen sind so unauffällig überbrückt, daß Mittelschiff, Seitenschiffe, Chor und Gemeinderaum als Einheit erscheinen. Querschiffen ähnlich sind die Seitenchöre über den Sakristeien. Formenreichtum und künstlerische Vollkommenheit der Ausstattung sind im mittelsächsischen Raum einmalig. Franz Maidburg schuf an den *Emporenbrüstungen* die 100 Reliefs, von denen 80 das Neue Testament illustrieren. Für die ›Lebensalter‹, auf 20 Feldern je 10 Jahre im Leben eines Mannes und einer Frau darstellend, verwandte er die Werke Lucas Cranachs d. Ä. als Vorlage. Sie sind eine schöne spätgotische Deutung des menschlichen Lebenswegs.

Von Maidburg stammt auch die 1516 datierte *Kanzel,* die in den Relieffeldern am Kanzelkorb u. a. eine Anna selbdritt und einen Bergmann bei der Arbeit zeigt. Vermutlich ist das *Portal der Alten Sakristei* von 1518, das älteste Renaissance-Portal Sachsens, ebenfalls eine Arbeit des bedeutenden Bildhauers. Als ein wesentliches Werk der deutschen Frührenaissance gilt der *Hochaltar* des Augsburger Bildhauers Adolf Daucher mit der Darstellung des Stammbaums von Jesus und Maria (Wurzel Jesse) aus Solnhofer Kalkstein. Der 1,82 m hohe und 1,53 m breite, von der Bergknappschaft 1521 im nördlichen Nebenchor aufgestellte *Bergknappschaftsaltar,* vermutlich eine Arbeit Hans Leinbergers aus Landshut, zeigt auf der Rückseite vier Tafeln von Hans Hesse mit Szenen aus dem Silberbergbau sowie Darstellungen der Fundlegende und verschiedener Bergbaubetriebe, so daß dieser Schnitzaltar ein einmaliges Dokument zur Kulturgeschichte des Bergbaus ist. Hesse schuf auch die zwei Flügelgemälde des Triptychons hinter dem *Hauptaltar;* eines davon, die hl. Katharina darstellend, signierte er mit HH, was 1871 zur irrtümlichen Präsentation des Bildes auf der Hans-Holbein-Ausstellung in Dresden führte. Ein heimischer Künstler, Christoph Walther d. Ä., schuf 1522 den *Altar der Münzer;* auch die *52 Figuren* im Gewölbe der Seitenschiffe stammen von Walther (1519). Die *Schöne Tür* am nördlichen Südschiff gehörte bis 1577 zum Franziskanerkloster, wo sie nur einmal im Jahr, am Tag des Portiuncula-Ablasses, geöffnet wurde. Die freie Komposition der die Architektur locker überspielenden Figurendekoration verleiht diesem Werk Hans von Wittens seine überragende Bedeutung für die sächsische Plastik. Eine andere Arbeit Wittens, der kelchförmige *Taufstein* (1515), gelangte 1556 über das Benediktinerkloster Chemnitz nach Annaberg. Den *Schlußstein* zumindest fertigte der

---

Barbara Uttmann
(* 1514 Elterlein, † 1575 Annaberg)

»Sie ward durch das im Jahre 1561 von ihr erfundene Spitzenklöppeln die Wohltäterin des Erzgebirges« lautet die Inschrift ihres 1815 errichteten Grabsteins. Es gibt kein authentisches Bildnis von ihr, sondern nur eine Bronzestatue auf dem Marktbrunnen in Annaberg, die der Bildhauer Henze 1886 nach seiner Vorstellung von einer Bürgerin der Reformationszeit schuf. Geboren wurde Barbara Uttmann als viertes Kind des reichen Fundgrübers Heinrich von Elterlein. Bei Adam Ries, dem Rechenmeister, ging sie in Annaberg in die Schule. Mit 15 Jahren heiratete sie den aus Schlesien stammenden, wohlbegüterten Bergherren Christoph Uttmann (1507–53). Das Ehepaar wohnte mit seinen zwölf Kindern im Haus Markt 8 in Annaberg.

Die Spitze gehörte zum modischen Erscheinungsbild der Renaissance. Ihren Ursprung nahm die Kunst der Spitzenherstellung im 14. Jh. mit dem Netzestricken der Fischerfrauen in Südeuropa. Barbara Uttmann erfand also eigentlich nicht das Klöppeln, sondern den für das Erzgebirge typisch gewordenen Klöppelsack und -schlag, statt der anderswo üblichen Klöppelkissen und -nadeln. Ihre Spitzen besaßen ein Muster aus geradlinigen Ornamenten und waren schlichter als die Brüsseler Spitzen.

Als Verlegerin, die 900 Klöpplerinnen zu keinesfalls leichten Arbeitsbedingungen beschäftigte, war sie wohl weniger eine caritative »Wohltäterin« als eine tüchtige und erfolgreiche Unternehmerin.

Meister 1522 eigens für die St.-Annen-Kirche. Ursprünglich im östlichen Joch an der Nordseite befindlich, ist der Stein mit einem Motiv der Danielslegende an der nördlichen Neuen Sakristei angebracht. Einige Kunsthistoriker schreiben Witten auch den *Bäckeraltar* von 1515 zu (andere Walther). Peter Breuer ist mit einem Bildwerk Anna selbdritt vertreten (1500), das heute das Mittelstück eines neuzeitlichen Wappens in der *Brauthalle* bildet.

1502 wurde der Grundstein für die **Bergkirche St. Marien** gelegt, die nach einem Brand 1604 im Renaissancestil (1616) wiederaufgebaut wurde. Der *Altar* (1616) von Bernhard Ditterich hat durch die später erfolgte Verbindung zur Kanzel an Schönheit verloren, der *Intarsienstuhl* (1617) dagegen zeigt seine ursprüngliche Form.

Die Pfarrkirche **St. Katharinen** im Ortsteil Buchholz entstand 1504, wurde in den letzten Kriegstagen zerstört und von 1967 an wiederaufgebaut. Hans Hesse malte die Tafeln des einst sechsflügeligen *Hochaltars* mit der 2,15 m hohen und 1,81 m breiten Mitteltafel 1523/24 für das Annaberger Franziskanerkloster; die Mönche zogen 1539 aus, und 1594, noch rechtzeitig vor dem Klosterbrand 1604, wurde der Hochaltar nach St. Katharinen gebracht. (Ein Flügel ging verloren.) Die nach der Einführung der Reformation erfolgte teilweise Übermalung ist 1840 wieder entfernt worden. Von Hesse stammt auch der 1,10 m hohe *Wolfgangsaltar* (1515) in der neuen Begräbniskapelle; die Mitteltafel stellt den hl. Wolfgang, eine Bergbaulandschaft und die Daniellegende dar.

Die *Lutherkirche* im Ortsteil **Kleinrückerswalde** ist ein Barockbau von 1780, vorher stand hier eine Wehrkirche von 1414. Zur Ausstattung gehören ein spätgotischer Schnitzaltar und ein lebensgroßes Baumstammkruzifix (Ende 15. Jh.).

Rund um Annaberg lohnt sich der Besuch einiger Orte für den kunstinteressierten Reisenden. Eine der ältesten barocken *Dorfkirchen* (1684–1686) steht im wenige Kilometer östlich gelegenen **Steinbach**. Zur Ausstattung gehören ein spätgotischer Schnitzaltar (Ende 16. Jh.), ein Kanzelaltar von Gottfried Ullrich (1715) und ein von der Decke herabhängender barocker Taufengel. Im Ort haben sich noch zahlreiche *Fachwerkhäuser* erhalten; sehenswert ist vor allem Nr. 70 mit durchkreuzten Rauten in den Eckfeldern und Sitznischenportal.

Die 1675–77 im Stil der Renaissance gebaute *Stadtkirche St. Salvator* zu **Jöhstadt** im Süden von Annaberg besitzt einen prächtigen Altar aus dem 17. Jh. Den 9 m hohen hölzernen Aufsatz mit der Anbetung der Könige im Mittelteil und lebensgroßen Figuren von Moses und Johannes dem Täufer vor den Doppelsäulen schuf 1676 der Schneeberger Holzbildhauer Andreas Petzold. In Jöhstadt befand sich auch die 1839 abgebrochene, älteste Wallfahrtskirche des Erzgebirges, deren farbenprächtige Emporenbilder in die Wehrkirche Großrückerswalde überführt wurden.

Im 5 km nördlich von Jöhstadt gelegenen **Königswalde** wurde die 1632 abgebrannte Wehrkirche 1656 durch einen Renaissancebau ersetzt. Ursprünglich ist noch die Kassettendecke. Der barocke Kanzelaltar stammt aus Ehrenfriedersdorf. Einer der schönsten Fachwerkbauten am Ort ist das um 1632 errichtete *Pfarrhaus* mit einem Fries von Andreaskreuzen. Mit dem *Bierbalzerhaus* (1709) blieb ein originales Umgebindehaus erhalten.

Der Frohnauer Hammer

Scheibenberg im Westen von Annaberg gehört zu den in der Zeit des Silberrauschs planmäßig gegründeten Siedlungen (1522) mit einem quadratischen Markt (75 m × 75 m) und schachbrettartiger Stadtanlage. Die *Apotheke* am Markt, ein vierflügeliger Barockbau von 1743, ist mit reichen Stuckdecken geschmückt. Die *Stadtkirche St. Johann* ist ein 1754–56 barock erneuerter Renaissancebau von 1559–71 mit spätgotischem Flügelaltar (1500), einer Kanzel von 1709 und Grabdenkmälern aus dem 17. Jh., darunter das Grabmal des Chronisten Christian Lehmann mit Bergmannsemblem.

Bei Annaberg befindet sich das wohl bedeutendste technische Denkmal Sachsens, der **Frohnauer Hammer**. Seit dem 14. Jh. nachgewiesen und von 1657–1904 in Betrieb, ist der Hammer seit 1925 Schauanlage. In einer bekannten Weise von Alfred Kaden heißt es:

Der Stolz vo unnerm Arzgebirg,
a wahrer Edelstoa
das ist das alte Hammerwark
do unten in Fronaa

352

Der Eisenhammer in seiner jetzigen Gestalt entstand 1657, mußte allerdings nach dem Brand 1692 neu aufgebaut werden. Das Rohmaterial bezog der Hammer aus den umliegenden Hütten oder von Annaberger Eisenhändlern. Die jetzige Anlage ist funktionstüchtig. Die drei Hämmer wiegen 100, 200 und 300 kg und haben ein Fallgewicht von 4002, 8004 und 12008 kg. Sie liegen in einem Stempelgerüst, und zu diesem verläuft parallel die 320 Zentner schwere, mit einem Wasserrad verbundene Hartholzwelle.

Etwa 40 % der Produkte des Frohnauer Hammers nahmen die umliegenden Bergwerke ab, Beschläge für die Grabenkünste, Schlegel, Haspeln u. a.; 40 % der Dresdner Hof, interessiert vor allem an Lafettenbeschlägen und Geschützlagerungen, und 20 % die Bauern, deren Bedarf an Sensen, Pflugscharen, Radbereifungen u. a. der Hammer deckte. Ein selten schönes Zeugnis Frohnauer Schmiedekunst ist der aus einem Stück getriebene *Rosenzweig*, Exponat der Schauanlage.

Das barocke *Herrenhaus* des Hammerbesitzers Claus wurde 1697 als Fachwerkbau errichtet. Die heute zu besichtigenden Räumlichkeiten entsprechen dem Stand von 1908. Der weiß-grün glasierte Kachelofen stammt von 1720. Dem Museum ist eine Volkskunstgalerie angeschlossen, über deren Eingang der fürs Erzgebirge charakteristische Schwibbogen angebracht ist. Einer alten Tradition folgend, hingen die Knappen zur Mettenschicht ihre Lampen über den halbkreisförmigen Stolleneingang. Für den Holzschnitzer sollte dies ein beliebtes Motiv werden.

Das Greifensteingebiet

Sieben bizarre Felsen, die **Greifensteine**, blieben von einem einst mächtigen Granitblock nordwestlich von Frohnau als Verwitterungsreste bestehen. Auf dem höchsten Greifenstein (732 m) befindet sich eine kleine Plattform, von wo aus sich der mittelsächsische Raum gut überschauen läßt. Ausgrabungen im Jahr 1969 haben erbracht, daß der Felsen nach 1350 die einzige Festung des Erzgebirges trug. Die Funde verwahrt das *Greifensteinmuseum* in Ehrenfriedersdorf. Die Reste der Festung und sechs Greifensteine fielen Steinbrucharbeiten zum Opfer. Von den verbliebenen sieben Granitsockeln sind sechs Kletterfelsen; Bergsteiger können zwischen 65 verschiedenen Routen wählen.

Seit 1931 finden die *Greifenstein-Festspiele* im **Naturtheater Greifensteine** (4000 Plätze) statt. Allein sieben Fassungen des ›Stülpner-Stoffes‹ gelangten zur Aufführung. Der *Stülpnerhöhle* genannte Stollen südöstlich der Greifensteine soll dem erzgebirgischen Volkshelden Carl Heinrich Stülpner (1762–1841) als Winterquartier gedient haben.

Die Greifensteinstadt **Ehrenfriedersdorf** (7000 Ew.) besitzt die älteste noch betriebene *Zinngrube* (1293 schon erwähnt). Legenden ranken sich um ›die lange Schicht‹ des Knappen Oswald Barthel, der 1508 verunglückte und 1568 unverwest ausgegraben wurde. Die Stadt setzte Barthel auf dem Sauberg ein Denkmal. Die spätgotische *Stadtkirche St. Nikolai* (Chor und Turm 14. Jh.) ist mit einem prächtigen, sechsflügeligen Schnitzaltar von Hans Witten ausgestattet, dessen ursprüngliche Fassung beinahe unversehrt erhalten ist und der zu den

Die Greifensteine bei Ehrenfriedersdorf

bedeutendsten mittelalterlichen Altären Sachsens gehört. Im Schrein eine Marienkrönung zwischen der hl. Katharina und dem hl. Nikolaus. Die Gemälde schuf Hans von Cöln. Das Chorgestühl stammt z. T. noch aus dem 15. Jh., die Kanzel von 1685.

Die lange Schicht

Als man im Jahre 1568 eine alte Fundgrube im Sauberg zu Ehrenfriedersdorf aufgewältigte, fand man einen toten Bergmann, der wie schlafend aussah. Nichts mangelte an ihm, sondern Kopf und Leib, Arme und Beine waren in Ordnung beisammen. Er hatte eine Berghaube, wie sie die Alten trugen, auf dem Haupt und schwarzes Haar, wohl eine halbe Elle lang, einen weißen Zippelpelz und ein Paar Grubenhosen am Leibe, Schuhe an den Füßen und eine Unschlittasche mit einem Zschärper am Gürtel. Drei alte Bergleute sagten aus, es sei ihnen in gutem Gedächtnis, daß 1508 am Tage Katharina ein Häuer mit Namen Oswald Barthel aus Ehrenfriedersdorf im Sauberg verfallen sei, also, daß kein Mensch imstande war, ihm zur Rettung zu kommen. Mehr denn 60 Jahre hatte er unter Berg und Wasser gelegen, als er nun endlich in rechter Weise zur Erde gegeben werden konnte. Der Pfarrer verkündete in der Leichenpredigt bei der feierlichen Bestattung, die auf Kosten der Gewerken ging, daß er heute einen begrabe, der 35 Jahre bevor er, der Pfarrer, das Licht der Welt erblickt habe, gestorben sei.

Südlich der Greifensteine liegt die Bergstadt **Geyer** (6000 Ew.). Der reiche Grubenbesitzer und Baumeister der Augustusburg, Hieronymus Lotter, kaufte sich am Geyersberg 1566 den heute nach ihm benannten *Lotterhof* (wiederholt umgebaut). In der Nähe des Hofes befindet sich die *Pinge*, ein nachdenklich stimmendes Denkmal bergmännischen Raubbaus. Ein Einsturz der unzulänglich gesicherten Stollen 1704 wurde nicht als Warnung verstanden; der Berg war aufgerissen, die Förderung erleichtert. 1803 brach die Grube völlig zusammen. Die 70 m tiefe, 160 m breite und 200 m lange Pinge läßt das Ausmaß der Katastrophe ahnen.

Das Stadtbild prägt der 42 m hohe *Wachtturm* (Unterteil 1395, achtseitiger Aufsatz 1561–64). Ein Kreuzgang verband das Bauwerk mit dem Turm der *Kirche St. Laurentius.* Auch die *Friedhofsmauer* gehörte zum Befestigungssystem. In den siebten Stock des seit 1945 nicht mehr bewohnten Wachtturms zog 1952 das *Museum* ein: im fünften Stockwerk befindet sich die *Lotterstube.*

Rund um die Augustusburg

Einer Festung gleich erhebt sich weithin sichtbar auf einem Porphyrkegel (516 m) zwischen Flöha und Zschopau das größte Schloß des Erzgebirges, die **Augustusburg** (Abb. 51). Sie wurde 1568–72 im Stil der Renaissance zum »ewigen Gedächtnis des gemachten Friedens« errichtet. Um die Grumbachschen Händel (1563–67) zu beenden, hatte Kurfürst August im Auftrag des Kaisers die über den Herzog von Sachsen verhängte Reichsacht vollstreckt und Gotha erobert. Mit dem Schloß setzte er sich selbst und der Macht der Wettiner ein Denkmal. Um Baufreiheit zu schaffen, wurden die Reste der alten Burg Schellenberg vom Ende des 12. Jh. abgetragen. Am Entwurf für das neue, zweigeschossige Jagdschloß beteiligten sich mehrere Architekten, darunter Erhard van der Meer aus Holland. Die Bauleitung übernahm der Leipziger Bürger- und Baumeister Hieronymus Lotter, nach dessen Vertreibung 1572 kurzfristig der italienische Baumeister Rochus (Guerino) Graf zu Lynar. Mit der Augustusburg wurde erstmals in Sachsen ein Schloß symmetrisch angelegt. Bedeutung für die landesherrliche Hofhaltung hatte der am 30. Januar 1572 eingeweihte Prunkbau nur bis 1632. Christian Traugott Weinling restaurierte 1799–1809 das vernachlässigte Schloß, dessen Innenausstattung fast völlig abhanden gekommen war, im klassizistischen Stil. Dabei vereinfachte er radikal die ursprünglich reich gegliederte Dachzone. Der mit Balustraden verzierte Rundgang war bereits 1776 abgebrochen worden. Von 1790–1849 diente die Augustusburg als Haftanstalt, 1933 als Konzentrationslager. Unter Einsatz von Häftlingen ließ Hitler das Schloß zu einer sogenannten Gauführerschule ausbauen. Nach 1945 zogen Jugendherberge und Museen ein.

Schönstes Portal der Burg ist das in Etappen gebaute **Südportal** mit Löwen und kurfürstlichem Wappen von 1614, dessen Pfeiler, Archivolte und Kriegerkopf noch unter Lotter entstanden. Über dem Südtor erhebt sich der alte **Glockenturm** mit einer 1734 in Dresden gegossenen Glocke. Im Wirtschaftshof steht das 1831 erneuerte, bis 1882 genutzte **Brun-**

Die Augustusburg nach einem Stich des 19. Jh.

nenhaus mit dem 170 m tiefen Brunnen, den Oberbergmeister Martin Planer in siebenjähriger Bauzeit bohrte. Als Helfer kamen Knappen und zur Zwangsarbeit verurteilte Wilderer zum Einsatz. Das sehr gut erhaltene Göpelwerk zeugt von der hohen Kunstfertigkeit der Zimmerleute. Im **Alten Stallhof** wurde eine Kutschensammlung untergebracht.

Von der ursprünglichen Innenausstattung der Burg sind im **Hasenhaus** Teile eines Bilderzyklus des Hofmalers Heinrich Göding von 1572 erhalten. Er zeigt die ›verkehrte Welt‹: Hasen jagen Menschen. Die Nationalsozialisten klassifizierten die Gemälde als ›entartet‹ und verunstalteten sie völlig. 1960 wurde der Hasensaal restauriert; er gehört heute zum *Museum für Jagdtier- und Vogelkunde* des Erzgebirges. Ebenfalls von Göding stammen die Wandgemälde im *Venussaal* des Hasenhauses. Die **Kapelle**, erbaut von Erhard van der Meer (1568) gilt als vollkommenstes Beispiel einer protestantischen Schloßkirche. Der 1961 von nachträglichen Einbauten befreite Rechtecksaal mit mehrgeschossigen Emporen an drei Seiten reicht über zwei Etagen. Über den Mittelraum spannt sich ein Tonnengewölbe. Den geschnitzten Rahmen des Wittenberger *Renaissance-Altars* schuf 1571 Wolfgang Schreckenfuchs aus Salzburg, das Altarbild Lucas Cranach d. J. Vor dem gekreuzigten Jesus kniet die kurfürstliche Familie, linksseitig August mit den Söhnen, rechtsseitig Anna mit den Töchtern. Die *Kanzel* (1573) ruht auf einer Halbsäule und stützt sich auf Konsolen. Die Gemälde in den durch geschnitzte Hermen getrennten sechs Feldern stellen Szenen aus dem Leben von Maria und Jesus dar und werden der Werkstatt von Lucas Cranach d. J. zugeschrieben. Die barocke *Orgel* (1758) ist eine Arbeit von Georg Renkewitz.

Ein magischer Anziehungspunkt vor allem für junge Leute ist das 1961 im alten Küchentrakt gegründete **Zweitakt-Motorrad-Museum**. Gezeigt werden rund 60 Originalmotorräder von Daimlers Petroleum-Reitwagen aus dem Jahre 1885 bis zum aktuellen Modell.

Die **Schloßlinde** beim Nordportal wurde 1421 gepflanzt und bringt es auf einen Umfang von 8 m. Die Äste der früher noch mächtigeren Krone müssen gestützt werden; der Stamm erhielt 1669 ein Kupferdach. Seit 1911 fährt eine Standseilbahn zur Augustusburg hinauf. Durch das 1969–71 aufwendig restaurierte Nordportal führt der Fußweg in die Stadt.

Die **Stadt Augustusburg** (2900 Ew.) hieß bis 1899 Schellenberg. Mit der stattlichen *Kirche* suchte Christian Friedrich Uhlig, der sie 1840–42 im spätklassizistischen Stil baute, ein architektonisches Gegengewicht zu dem wuchtigen Schloß auf dem Berg zu schaffen. Nach einem Brand erfolgte 1893–96 ein neobarocker Umbau. Von der alten Kirchenausstattung blieben ein ›Stehender Christus mit Wundmalen‹ (Anfang 16. Jh.) und das Altarbild ›Emmausjünger‹ von F. Gonne (1850) erhalten.

Lieferant des für den Bau der Augustusburg benötigten Kalks war das einige Kilometer nördlich gelegene **Flöha** (10 500 Ew.), bis 1880 auch Steinkohlenproduzent und früher zudem ein bedeutender Floßplatz. Die *St. Georgskirche* entstand im ausgehenden 15. Jh. Überdauert hat aus dieser Zeit der Chor: das Schiff mit Flachdecke wurde 1741 umgebaut.

Das Südportal der Augustusburg mit dem von Löwen gehaltenen kurfürstlichen Wappen

Von der Erstausstattung stammt der spätgotische Flügelaltar eines unbekannten Meisters mit Maria zwischen Georg und Martin im Mittelschrein und den 14 Nothelfern in der Predella. Den als Kelch geformten Taufstein schuf um 1595 Michael Hegewald. Die reich geschnitzte Kanzel erwähnt die Kirchenchronik erstmals 1676.

Ein bedeutendes Denkmal der Industriearchitektur bildet die *Baumwollspinnerei* im Ortsteil **Plaue**, gegründet 1809 auf der Kohlwiese durch das Handelshaus Pflugbeil & Co. Mit 1000 Beschäftigten war die Baumwollspinnerei 1909 die größte Sachsens. Beim Fabrikneubau 1900 bewahrte die geschichtsbewußte Unternehmerfamilie Clauß Altbauten wie die viergeschossige Spinnmühle von 1809, den fünfgeschossigen Erweiterungsbau von 1815 und das Selfaktorengebäude von 1863 vor dem Abbruch. Somit läßt sich die bauliche Entwicklung eines Großbetriebes heute noch anschaulich verfolgen.

Für den Eisenbahnbau war die Überbrückung von Flöha und Zschopau mit mancherlei Schwierigkeiten verbunden. Durch Krümmung des 1866–68 unter Verwendung von Granit, Gneis und Sandstein gebauten *Flöhatalviadukts* bei **Hetzdorf,** der wie Göltzschtal- und Elstertalbrücke zu den großen Steinbrücken des Landes zählt, ließen sich beide Flüsse überqueren. Der Viadukt ist 326 m lang, 41,6 m hoch und hat vier große und 13 kleine Bogen; 1987 wurde er durch zwei Brücken ersetzt und ist seitdem Denkmal. Zu Schwierigkeiten kam es 1928, als der angeschnittene Berg zu wandern begann, so daß terrassenförmig 270 000 m³ Gestein abgetragen werden mußten.

Interessante technische Bauwerke sind auch die **Hausbrücken Hohenfichte** und **Hennersdorf**, die einzigen in Sachsen erhaltenen Brücken dieses Typs. Erstere ist 55 m lang und führt in fünf Meter Höhe seit 1832 über die Flöha. Frühere Brücken waren dem Treibeis zum Opfer gefallen. Über die Zschopau wurde in Hennersdorf 1834–40 vier Meter über der Wasserfläche durch Christian Friedrich Uhlig eine etwas kürzere Hausbrücke gebaut (38,5 m).

Als schönes Zeugnis erzgebirgischer Volkskunst gilt das **Bergmännel** im Tal der Großen Lößnitz bei Leubsdorf, 2 km südöstlich der Augustusburg. Der Bergknappe Carl August Nendel schnitzte es 1830 und stellte es dort auf, wo er sich auf seinem täglichen Weg zur 15 km entfernten Grube Langenau eine Rast zu gönnen pflegte.

Das Leubsdorf benachbarte **Grünhainichen** war Umschlagplatz für erzgebirgisches Spielzeug und andere Schnitz- und Drechselarbeiten und regelmäßig auf den Messen in Leipzig und Frankfurt/O. vertreten. Einblick ins Kunsthandwerk bietet die *Ausstellung ›Erzgebirgische Volkskunst‹*. Ein technisches Denkmal ist heute die alte, 1650 erstmals erwähnte *Spänemühle*.

Besonders wegen ihrer Ausstattung sind einige Dorfkirchen im Umkreis von Augustusburg erwähnenswert, so die **Dittmannsdorfer Kirche** mit ihrem kostbaren, gemalten spätgotischen Flügelaltar von Hans Hesse (1497). Die Tafeln, in der mittleren die Dreieinigkeit, auf den Flügeln die Madonna im Strahlenkranz, Anna selbdritt, Hieronymus und Johannes auf Patmos darstellend, sind das Erstlingswerk des Meisters, der die rückwärtigen Gemälde zum Bergknappschaftsaltar der Annenkirche zu Annaberg (s. S. 349) beitrug.

Für die spätgotische **Kleinhartmannsdorfer Kirche** (Ende 15. Jh.) schuf 1510 Philipp Koch, vermutlich der Meister der Freiberger Domapostel (s. S. 373) die Holzplastik einer

Anna selbdritt. Zum Kirchenschatz gehört noch eine weitere Schnitzfigur Anna selbdritt vom Ende des 15. Jh.

Obwohl **Oederan** 1583 Bergstadt geworden war, lebten seine Bewohner eher von Leinenweberei und Tuchmacherei als vom Bergbau. Das *Rathaus* stammt aus dem Jahre 1575 und verdankt sein heutiges Aussehen dem Umbau von 1789. Sehenswert ist der figurengeschmückte Runderker. Die spätgotische *Stadtkirche St. Marien* wurde nach dem Brand von 1487 erneuert und 1709–27 umgebaut; damals krönte man den Turm mit einer barocken Haube. Zur Ausstattung gehören eine Silbermannorgel von 1726 sowie ein Taufstein und ein hölzernes Kruzifix aus dem 17. Jh. Die neogotische Innenarchitektur geht auf 1890–92 vorgenommene Veränderungen zurück. Vor der Stadt liegt der Friedhof mit bemerkenswerten klassizistischen *Gruftkapellen* aus der Zeit um 1800. Die denkmalgeschützte *Altstadt* von Oederan bietet ein selten geschlossenes Bild, da bei einer Neubebauung um 1800 in einheitlichem Stil die zweigeschossigen Häuser mit hohen Sattel- oder Mansardendächern entstanden.

Zur Ausstattung der barocken *Dorfkirche* des nördlich von Oederan gelegenen **Frankenstein**, die 1746 unter Einbeziehung eines mittelalterlichen Turms gebaut wurde, gehören eine Silbermannorgel von 1748–53, ein wertvoller hölzerner Kanzelaltar (um 1746) und ein silbernes Kruzifix (zweite Hälfte 17. Jh.).

Auf dem Weg ins wenige Kilometer westlich gelegene Frankenberg passieren wir **Langenstriegis**. Die *Dorfkirche* wurde 1722 errichtet. Sie besitzt zwei gemalte Altarflügel mit Rochus und Christus vom Meister des Kriebsteiner Alexius-Altars und einen Flügelaltar von 1520, im Schrein eine Pietà vom Anfang des 15. Jh.

Die Bewohner von **Frankenberg** (16 000 Ew.), in der Rodungszeit von Franken besiedelt, 1222 bereits als Stadt bekannt und seit 1683 Bergstadt, lebten vom Kupferbergbau und von der Leinenweberei, nach Rückgang des Bergbaus im 19. Jh. auch vom Zigarrenwickeln. Heute ist Frankenberg eine vielseitige Industriestadt. Einige liturgische Geräte der 1741 gebauten *Stadtkirche St. Ägidien* gehören zum besonders wertvollen Kulturbesitz des Landes Sachsen, darunter ein Kelch mit Reliefszenen aus dem Leben Christi, der noch aus der ersten Hälfte des 14. Jh. stammt, und ein Kelch mit Patene, eine Nürnberger Arbeit von 1697 sowie ein silbernes Altarkreuz von 1711. Sehenswert sind auch die Messinggrabplatten von 1680 und 1751–55 in der Turmvorhalle.

Im Kreis Flöha liegt auch die **Burg Lichtenwalde**. Hier geht die Sage vom ›Harras, dem kühnen Springer‹, um. Sie bezieht sich auf den 1499 gestorbenen Dietrich von Harras; sein Grabmal in der Stiftskirche Ebersdorf schuf Hans Witten. Von der mittelalterlichen Ritterburg, die er bewohnte, blieb bis auf geringe Reste nur die einschiffige *Kapelle* mit Kreuzrippengewölbe erhalten (15. Jh.). Das dreiflügelige, seit 1948 als Sanatorium genutzte *Barockschloß* ließ der Feldmarschall Augusts des Starken, Jakob Heinrich von Flemming, 1722–26 erbauen; 1905–07 erfolgten Veränderungen im neobarocken Stil. Nur die Wandverkleidung des Chinesischen Zimmers vermittelt noch einen Eindruck von der ursprünglichen Einrichtung. Der *Park* zählt zu Sachsens schönsten Barockgärten im Übergang zum

Rokoko. Nach dem Beispiel des Boseschen Gartens in Leipzig legte der Braunschweiger Achatz Friedrich Wehmann 1730–37 das 10 ha große Gelände als Terrassengarten mit zahlreichen Wasserspielen, Pavillons und Skulpturen an.

Von Zschopau nach Wolkenstein

Bereits 1174 wird in den Chroniken der ›böhmische Steig‹, die Handelsstraße von Leipzig nach Prag, erwähnt. Ein 1932 errichtetes Denkmal an der Steinbrücke (1812), wo der Steig den Fluß überquerte, erinnert noch heute an die mittelalterliche Verkehrsader. In solch günstiger Lage entfaltete sich das 1286 erstmals erwähnte **Zschopau**. Es gehörte zum mächtigen Kloster Hersfeld, das an einem Stützpunkt auf dem Weg zum böhmischen Kloster Ossegg interessiert war. Kursächsisch wurde die Stadt 1455.

Im 20. Jh. erlebte Zschopau dank seiner Motorradwerke, die in den 30er Jahren weltweit die meisten Motorräder produzierten, einen ungeheuren wirtschaftlichen Aufschwung.

Die malerisch über dem Fluß gelegene **Burg Wildeck** entstand vermutlich Mitte des 12. Jh. Geblieben ist aus dieser Zeit der 1977 restaurierte Rundturm, wegen seiner mächtigen Mauern (4 m) *Dicker Heinrich* genannt. Herzog Moritz, später Kurfürst, ließ die Burg 1545 zu einem Jagdschloß umbauen, weitere Veränderungen erfolgten im 19. Jh.

Zu den sehenswerten Häusern im historischen Kern von Zschopau gehört neben dem **Rathaus** mit Turm und Glockenspiel das **Edelhaus**, ein für den Jägermeister Cornelius von Rüxleben 1561 errichteter Renaissancebau, der zeitweilig als Rathaus diente. Das Innere der 1494 gegründeten **Kirche St. Marien** wurde 1751 nach einem Brand im Stil des Barock von Johann Gottlieb Ohndorff einheitlich gestaltet. Aus dem Jahre 1859 stammt der spätklassizistische *Kanzelaltar*. In St. Marien wirkte Valentin Weigel (1533–88) als Pfarrer, ein heimlicher Anhänger mystisch-spiritueller Gedanken mit Einfluß auf Jakob Böhme und im 19. Jh. mit Ludwig Würkert ein zweiter Unangepaßter: Der ›rote Pfarrer‹ wurde 1849 von preußischen Soldaten in der Sakristei verhaftet und zu acht Jahren Zuchthaus verurteilt.

Im März/April lohnt sich ein Ausflug zu den 6 ha großen Wiesen mit ihren zahllosen blühenden Krokussen in **Drebach** am Grundbach, einem Zufluß der Zschopau. Der in der Medizin kundige Priester David Rebentrost (1648–1703) soll dem verunglückten Kurfürsten Johann Georg II. erste Hilfe geleistet und zum Dank drei Pflanzen aus dem landesherrlichen Garten erhalten haben, darunter den bald aus dem Pfarrgarten wuchernden Krokus.

An einer Flußschleife nahe Zschopau liegt auf einem Felssporn 34 m über dem Tal die ringförmig angelegte **Burg Scharfenstein**, drei Jahrhunderte im Besitz der Familie von Einsiedel. Der 17 m hohe Bergfried stammt aus dem 13. Jh., überdauerte wie das wappengeschmückte Außentor, das gotische Torhaus und der Renaissancegiebel (1533) des Wohnflügels den Brand von 1921. Die heute als Kinderheim genutzte Burg wurde 1921/22 in Anlehnung an die alte Form neu aufgebaut. Nur selten wurde die Burg belagert, darunter einmal und nur für einen Tag von Karl Stülpner, dem Selbstjustiz übenden legendären Scharfensteiner ›Sohn der Wälder‹. Im kleinen **Ort Scharfenstein** erinnern Gedenktafeln an Stülpner.

Zschopau, nach einem Kupferstich von Matthäus Merian, um 1650

Ein kurzes Stück weiter die Zschopau hinauf erhebt sich auf einem steil zum Fluß abfallenden Felsen eines der ältesten Schlösser des Erzgebirges: **Schloß Wolkenstein**. Die im 12. Jh. an dieser Stelle errichtete Burg der Herren von Waldenburg kam 1478 in den Besitz der Wettiner, die 1478–1505 den Umbau zu einem Schloß veranlaßten. Zwischen 1503–39 diente es Herzog Heinrich zeitweilig als Residenz. Heute befindet sich hier neben Schnitzer- und Klöppelstube ein Heimatmuseum, das u. a. ein maßstabgetreues Diorama von Wolkenstein zeigt.

Wolkenstein (2000 Ew.) gehört zu den ältesten Siedlungen im Erzgebirge und war Ende des 15. Jh. ein Zentrum des Bergbaus und Sitz eines Kurfürstlichen Amtes. Die Stadt erstreckt sich in ungewöhnlicher Lage auf einem 70 m hohen Felsmassiv über der Zschopau. Der denkmalgeschützte Stadtkern ist wegen seines noch heute mittelalterlichen Gepräges sehenswert. Von der *Befestigung* blieben Mauerreste und das Mühltor mit der Figur des hl. Bartholomäus (16. Jh.) erhalten. Die ursprünglich spätgotische *Kirche St. Bartholomäus* entstand nach einem Brand 1689 neu. Der Altaraufbau (1648) wird Johann Böhme zugeschrieben.

Bereits seit dem 13. Jh. sind *Thermalquellen* bekannt. Das Warmbad Wolkenstein ist Sachsens ältestes Heilbad.

Schloß Wolkenstein.
Stich, um 1850

Im Kreis Marienberg

In den Gruben von **Marienberg** wurde 1904 die letzte Schicht gefahren; 384 Jahre lag die erste da zurück. Aus Annaberg, wo die Zechen bereits einen Rückgang des Ertrags verzeichneten, stellten sich die ersten Siedler ein, nachdem Clemens Schiffel 1519 in dem kleinen Waldhufendorf Wüstenschletta Erz gefunden hatte. Herzog Heinrich teilte die großen Erwartungen und verfügte die Gründung einer neuen Bergstadt namens Marienberg. Stadtplaner wurde Ulrich Rülein von Calw, der schon in Annaberg tätig gewesen war. Um 1540 förderte man in 559 Gruben Erz, das einen Gewinn von 260 000 Gulden pro Jahr erzielte; die Einwohnerzahl lag inzwischen bei 11 000; man rechnete mit weiteren Erzfunden und Zuzüglern und baute großzügig.

Die symmetrische Stadtanlage Marienbergs läßt heute noch etwas vom Geist der Renaissance spüren. Marienberg brach als erste Stadt Sachsens, dem gewachsenen Selbstbewußtsein des Bürgertums Rechnung tragend, mit der Dominanz sakraler Bauten. So steht die Stadtkirche St. Marien nicht am Markt, sondern wird durch einen Straßenzug von ihm abgetrennt.

Der quadratische, 1971 veränderte **Markt** zählt zu den größten Sachsens. Linden umsäumen den Platz, auf dem sich das überlebensgroße Bronzestandbild (1900) des Stadtgründers Herzog Heinrich erhebt. Marienberg brannte 1610 ab. Nur wenige Bauten aus der Entstehungszeit wurden vor der Zerstörung bewahrt, so das **Lindenhäuschen** (Bergstr. 14), ein Bergarbeiterhaus aus dem 16. Jh., und das ehemalige **Bergamt** (Markt 14) von 1539. Das von Johann Hoffmann 1537–41 errichtete **Rathaus**, ein Renaissancebau mit reichgeschmücktem

Portal und von einer Doppellaterne gekröntem Dachreiter, wurde aus Geldmangel nach dem Stadtbrand in schlichterer als der ursprünglichen Form restauriert. Zu den auffallenden Details gehört die 2 × 2 m große *Sonnenuhr*. In völligem Kontrast zum sonst üblichen zeigt sie eine untergehende Sonne, womit ihr Schöpfer vielleicht in der prosperierenden Silberstadt an die Vergänglichkeit irdischer Güter und irdischen Lebens gemahnen wollte.

Während der Blütezeit des Bergbaus zwischen 1541 und 1566 entstanden die Befestigungsanlagen der Stadt, von denen bis in unsere Tage der **Rote Turm**, Reste der 2 m dicken Stadtmauer und ihr Wahrzeichen, das **Zschopauer Tor** (1545), erhalten geblieben sind. Das heute im Tor untergebrachte *Museum* zeigt neben einer Stülpner-Ausstellung u. a. den 16 m² großen Marienberger Märchenberg mit beweglichen Figuren aus 20 Märchen.

Erst 1588–64 entstand als letzte der großen erzgebirgischen Hallenkirchen die dreischiffige spätgotische **Stadtkirche St. Marien**. Den Brand von 1610 überdauerten die Umfassungsmauern und das kielbogige Portal (1560), im Innern ein spätgotischer *Flügelaltar* mit Maria im Schrein (Ende 15. Jh.) und ein *kleiner Altar* mit Anna selbdritt (Anfang 16. Jh.). Beim Wiederaufbau der Kirche (1611–16) schloß man den Turm mit einer Zwiebelhaube ab. Die zerstörten hölzernen Pfeiler und die Holzdecke wurden erst 1669–75 von Andreas Klengel durch steinerne toskanische Säulen und rippenlose Kreuzgewölbe ersetzt. Früher schon wurde die Innenausstattung erneuert. So erhielt die Kirche einen hölzernen *Altaraufbau* von Andreas Helmert (1617) mit Gemälden von Kilian Fabritius (1616) – das große Gemälde mit der Geburt Christi weist bereits manieristische Züge auf –, die beiden *Bergmannsleuchten* (1614) und die *Sandsteinkanzel* (1617).

Sehenswerte, kulturhistorisch bedeutende Bauten sind die **Wehrkirchen** in der Umgebung Marienbergs. Anders als im Tal der Zschopau schützten keine Burgen die von ausgedehnten Wäldern umgebenen Dörfer der Grenzregion, und ihre Bewohner bauten daher die Kirchen im 14./15. Jh. zu Fluchtburgen aus, die einen eigenen Kirchentypus bilden. Unter dem Einfluß von Einwanderern setzte sich ein ans osteuropäische Blockhaus erinnernder Baustil durch. Die 1,5 bis 2 m dicken Mauern aus Bruchsteinen erreichen eine Höhe von 5 bis 9 m. Auf auskragenden Deckenbalken ruht das hölzerne Oberteil samt Wehrgang, um 1700 meist holzverkleidet. Den Abschluß des schindelgedeckten Walmdachs bildet ein Dachreiter. Der Einstieg ins Kircheninnere erfolgte über den Wehrgang. Zum Verteidigungssystem gehörte auch die schindelgedeckte, dicke, nicht übermäßig hohe Friedhofsmauer. Vom 16. Jh. an verloren die Wehrkirchen ihre militärische Bedeutung. Sofern man sie nicht abriß, paßte man sie baulich an ihre nun wieder ausschließlich religiöse Funktion an. Statt der Schießscharten erhielten sie Fenster, und man stattete sie nun kostbar aus. Eine der bemerkenswertesten *Wehrkirchen* steht inmitten des nahen Ortes **Großrückerswalde** (Abb. 57) auf einer Anhöhe (610 m). Sie entstand wahrscheinlich in der Mitte des 15. Jh., noch bevor der Silberrausch einsetzte. An der Südseite der 28 m hohen Kirche ist der Wehrgang nicht mit Holz verkleidet; an der Westseite sind noch Schießscharten erhalten. Das tief heruntergezogene Schindeldach entspricht dem ursprünglichen Zustand. Der *Dachreiter* mit viereckig geschweifter Haube und auf achteckigen Säulen stehender Laterne wurde 1958 in Kupfer

eingedeckt. Um Platz für die wachsende Gemeinde in der nur 217 m² großen Kirche zu
gewinnen, wurden *Emporen* eingefügt: vor 1594 die erste, 1690 die zweite, 1753 die dritte.
Die Tafelbilder an den unteren Emporen, Heilige, Knappen, Köhler und Hüttenarbeiter
darstellend, wurden aus der 1839 abgebrochenen Jöhstädter Josefkirche übernommen. Die
immer wieder ergänzte Ausstattung ist ein Zeichen wachsenden Wohlstands und Selbst-
bewußtseins. Den *Kanzelaltar* (1649) schuf Georg Öhmigen aus Annaberg, die *Kassettendecke* (1686/87) Christoph Bandt aus Buchholz. Große kulturgeschichtliche Bedeutung
kommt den beiden *Pestbildern* (1583) zu, die zu den ältesten künstlerischen Darstellungen
eines Erzgebirgsdorfes gehören.

Die *Wehrkirche* zu **Lauterbach** nördlich von Marienberg zählt zu Sachsens schönsten
Dorfkirchen. Im Jahre 1905 wurde beschlossen, die im 15. Jh. errichtete, 1663 und 1776–79
veränderte Kirche für einen Neubau abzureißen: der Gemeinde war sie zu klein, der Bau-
polizei zu hinfällig. Der Kunsthistoriker Cornelius Gurlitt intervenierte, und 1906/07 versetzte man die Kirche auf den neuen Friedhof. Das charakteristische Schindel- wurde dabei
durch ein Schieferdach ersetzt und der 1,85 m hohe Wehrgang größtenteils holzverkleidet.
Ansonsten erfolgte der Wiederaufbau originalgetreu (Sakristei und Vorbau sind Anbauten).
Im Inneren fällt die bemalte *Kassettendecke* (1623) auf: In den quadratischen Feldern sind die
zwölf Aposteln dargestellt, in den achteckigen Feldern die vier Evangelisten. Der spätgotische *Flügelaltar* (Anfang 16. Jh.), im Mittelschrein Georg, Maria mit Kind und Barbara, auf
den Flügeln Martin und Laurentius zeigend, kommt aus einer Freiberger Schnitzerwerk-
statt. Die *Madonnenfigur* an der Chorwand schuf Peter Breuer (1502–05). Von einem
unbekannten Meister stammt die *Orgel* (1620–30): Sie ist eine der ältesten in Sachsen und
wurde 1958 restauriert. Eine wertvolle Arbeit stellt auch die *Kanzel* (1701/02) dar.

In **Dörnthal** erhebt sich auf einer Anhöhe inmitten des befestigten Friedhofs eine guter-
haltene *Wehrkirche* (14. Jh., Chor von 1539). Wie in Lauterbach wurde das Schindeldach
durch ein Schieferdach ersetzt. Im Innern beeindruckt vor allem die bei einer Restaurierung
1932 freigelegte kostbare, mit sechsblättrigen Rosenmotiven und Heiligenbildern bemalte
Kassettendecke. Die Kanzel aus dem 17. Jh. ist mit einer originellen blau-rot-weißen Scha-
blonenbemalung dekoriert. Ältestes Stück der Ausstattung ist der lebensgroße, hölzerne

Die Wehrkirche in Lauterbach ▷

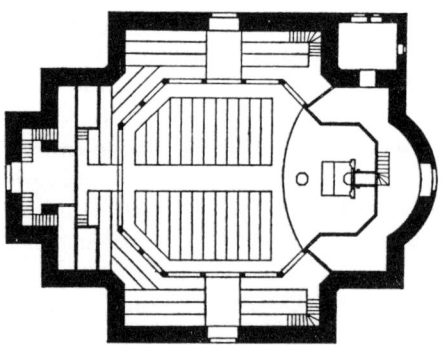

Forchheim, Grundriß der Dorfkirche

Kruzifixus (16. Jh.). In die gleiche Zeit gehört der spätgotische Flügelaltar, umgesetzt aus Großhartmannsdorf. Als sehr schöne Arbeit verdient die Sandsteintaufe mit Kindern im Taufkleid Beachtung (1610).

Verwiesen sei hier auf zwei bemerkenswerte Sakralbauten in Nachbarorten von Dörnthal: Die mit einer Silbermannorgel ausgestattete barocke *Dorfkirche* in **Forchheim** baute 1719–26 George Bähr, der Architekt der Dresdner Frauenkirche. Die *Stadtkirche* in **Sayda**, nach Brand 1838–42 wiederaufgebaut (Chor 14. Jh., Langhaus 1502), besitzt vor allem wegen der *Epitaphien der Familie Schönberg* im Chor kunstgeschichtliche Bedeutung. Das von Uriel Eckardt aus Freiberg für den 1605 verstorbenen Caspar II. geschaffene Epitaph ist mit seiner reichen Ornamentik und den knienden Stifterfiguren von großer Pracht. Durch seine strenge Formgebung überzeugt das Epitaph für Caspar I. († 1578) mit den knienden Figuren des Verstorbenen und seiner beiden Frauen. Daneben sind 24 Wappen der Schönburgs dargestellt und außerdem Schloß Sayda, von dem es sonst keine bildlichen Darstellungen gibt.

Von der *Wehrkirche* in **Mittelsaida** blieb der verschieferte Wehrgang gut erhalten. Der Dachreiter wurde 1729 aufgesetzt. Die Kassettendecke im Innern ist mit barocken ornamentalen Malereien dekoriert. An der Nordempore konnten bei der Restaurierung 1955–58 Wandmalereien freigelegt werden: ein Passionszyklus in elf Bildern (1650–1700).

Auch die oftmals umgebaute *Dorfkirche* in **Lippersdorf** (im Kern Anfang 13. Jh.) besaß ursprünglich Wehrfunktion, wovon die Schießscharten an der Ostseite und die fensterlose Westseite zeugen. 1670 wurde die Kirche erhöht und mit einer Orgel ausgestattet. Bemerkenswert sind im Innern ein ›Christus in der Rast‹ (vor 1500) und das als Altarretabel dienende Berbisdorf-Epitaph (nach 1613).

Die *Wehrkirche* in **Mauersberg** zwischen Marienberg und Annaberg-Buchholz ist eine Rekonstruktion (1951/52) des 1889 abgebrochenen Baus; die Mittel dazu stiftete der Dresdner Kreuzkantor Rudolf Mauersberger (1889–1971). In seinem 1973 als Gedenkstätte eingerichteten Geburtshaus werden u. a. Schnitzarbeiten Mauersbergers gezeigt, so etwa der 15 m² große ›Heimatberg‹ mit 94 Häusern und rund 300 Bäumen, das Modell der Wehrkirche Großrückerswalde sowie die ›Hutzenstube‹ und die ›Pfefferkuchenstube‹ aus dem Oberloschwitzer Gartenhaus.

Im nahen Grenzgebiet befindet sich bei Satzung der **Hirtenstein** (891 m), ein bemerkenswertes Naturdenkmal. Fächerförmig ragt aus dem Rotgneis-Gipfel der ›Palmwedel‹ hervor, eine Basaltsäule von seltener Schönheit. Auf der Wasserscheide des Erzgebirgskamms liegt bei Satzung das Naturschutzgebiet **Mothauser Heide** mit einem 143 ha großen, bis zu 9 m mächtigen Hochmoor, das als einziges im Erzgebirge einen geschlossenen Latschenkiefernbestand aufweist.

Reich ist die Marienberger Gegend auch an technischen Denkmälern. Nur 3 km von der Bergstadt entfernt liegt **Pobershau** (1800 Ew.), eine bergmännische Streusiedlung. Schürfungen erfolgten hier schon 1484, und 1519 wurde der historische St.-Fabian-Sebastian-Gang entdeckt, dem Marienberg die Gründung verdankt. Pobershau brachte es 1839 auf 366

Zechen. Der Bergbau wurde 1869 eingestellt. Einige der Anlagen sind seit 1959 in die
1934 begonnene museale Erschließung des
Reviers einbezogen. Das *Schaubergwerk
›Zum Tiefen Molchner Stolln‹* (1525) bei Pobershau ist das einzige zu besichtigende Beispiel für Zinnbergbau auf Gängen. Der Besucher passiert einen 180 m langen Gang der
einst revierprägenden Zeche.

Einzigartig ist auch das **Museum ›Kalkwerk Lengefeld‹**. Im kalkarmen Erzgebirge
hatte der Untertageabbau der in Gneis gebet-
teten, heute für Terrazzo verwendeten Kalk-
kristalle stets eine besondere Bedeutung.
Vier stillgelegte turmartige Kalköfen veran-
schaulichen die technische Entwicklung vom
Rumford-Ofen (1818) zum Rüdersdorfer
Ofen (1873). 1986 öffnete das Museum seine
Pforten. Es informiert über die Technik der
Kalkproduktion, aber auch über ein dunkles
Kapitel in der Geschichte der Dresdner Gemäldegalerie. Vom 27. 4.–1. 5. 1945 wurden
Porzellan und 189 Gemälde, darunter ›Der
Zinsgroschen‹ von Tizian, im Kalkwerk
›bombensicher‹ eingelagert. Per Aufzug lie-
ßen sich nur die in Kisten verpackten kleinen

Titelblatt der sächsischen Bergordnung von 1589

Bilder in die Zeche bringen; die großen Gemälde ließ man über eine Rutsche auf die 42 m tiefe
Sohle hinabgleiten. Zeitgleich wurden Vorbereitungen zur Sprengung getroffen.

Die heute vom Gesundheitswesen genutzte, malerisch über der Flöha gelegene **Burg
Rauenstein** bei Lengefeld (907 schon erwähnt) geht im Kern auf eine Felsenburg aus dem
11. Jh. zurück und galt als berüchtigtes Raubritternest. Der Ausbau zum Schloß erfolgte
nach 1567 unter Kurfürst August. Im 19. Jh. wurde der Turm gekürzt und der Wirtschafts-
komplex erneuert, 1907–09 das Innere umgebaut. Durch Anbauten läßt die in den Felsen
gehauene Burg keine bauliche Einheit erkennen. Die marmorne muschelförmige Schale des
Springbrunnens im Vorhof war ein Geschenk Friedrichs II. von Preußen. Das Schloß hat als
sächsisches ›Dornröschenschloß‹ lange Zeit einen festen Platz in der Märchenwelt eingenommen. So manches Märchenbuch des 19. Jh. zeigte in der Bildbeilage eine Aufnahme der
Burg Rauenstein, die seit 1843 der Familie Herder gehörte, den Nachkommen Johann
Gottfried Herders.

Im 2 km entfernten **Pockau** wurde die 1783 errichtete und bis 1945 betriebene *Ölmühle* zu
einer Schauanlage mit funktionstüchtigem Räder- und Stampfwerk aus der Entstehungszeit

eingerichtet. Auf einer Freianlage wird die Produktionstechnik der Flachsgewinnung und -verarbeitung gezeigt.

Ein Stück weiter die Flöha hinauf, in **Olbernhau**, wurde 1958–60 der *Althammer Grünthal* restauriert und ist seit 1962 funktionstüchtige Schauanlage. 20 Gebäude – Hammer, Herrenhaus, Arbeiterhäuser, Hüttenschule usw. – gehören zu diesem in Europa einmaligen technischen Denkmal eines frühkapitalistischen Hüttenbetriebs. Erstmals Erwähnung fanden Saigerhütte und Hammer 1537. Dreißig Jahre später übernahm der Kurfürst den Betrieb: Die vierzipflige Schornsteinzierde heißt heute noch ›Kurfürstenhut‹. Verarbeitet wurde Kupfer aus dem Mansfeldischen, aus Böhmen und auch Ungarn. Über die Geschichte der Saigerhütte von 1537–1914 informiert das Museum.

Spielzeugland Seiffen

Seiffen (640 m), eine Streusiedlung im Ländereck 12 km östlich von Olbernhau, ist von Fichtenwäldern umgeben, die nach Süden hin durch Umweltschäden in Mitleidenschaft gezogen sind. Seiffens Wahrzeichen könnte ein Nußknacker sein. Das Ortsbild prägen Holzstapel, die das Rohmaterial fürs Spielzeug liefern. Der Bergmann auf der Wetterfahne der *Kirche* (Abb. 54) aber beweist, daß Seiffen nicht schon immer ein Synonym für Spielzeug war. Auch der Ortsname verrät es: Die ersten Siedler beschäftigten sich mit dem ›Ausseifen‹ von Zinn, vermutlich schon vor Seiffens urkundlicher Ersterwähnung 1324. Ab der zweiten Hälfte des 15. Jh. erfolgte der Zinnabbau bergmännisch. Die Ausbeute betrug in der Glanzzeit um 1725 400 Zentner jährlich. Die zu Beginn des 19. Jh. gewonnenen 18 Zentner jährlich nehmen sich dagegen ausgesprochen dürftig aus, und 1849 mußte man den Zinnabbau aufgeben. Die 35 m tiefen Bergeinbrüche inmitten des Dorfes, die ›Binge‹ und die ›Geyerin‹; Bezeichnungen wie ›Bergmanns-‹ oder ›Schmelzhüttenweg‹ halten die Erinnerung an den Bergbau wach. Die 1488 am Schwartenberg gegründete Glashütte erlag der Konkurrenz in der ersten Hälfte des 19. Jh. Die zuerst als Nebenerwerb und Freizeitbeschäftigung betriebene Holzschnitzerei mußte nun den Lebensunterhalt sichern. Erstmals wird 1644 ein Drechsler urkundlich erwähnt; Teller und Spindeln drehte er, nicht etwa Spielzeug. 1699 brachte Johann Friedrich Hiemann per Schubkarre aus Seiffen Drechslerware zur Leipziger Messe, und um 1750 verstand man unter ›Seiffener Ware‹ nicht nur Löffel und Teller, sondern auch Spielzeug. Den Vertrieb organisierten bald Leipziger oder Nürnberger Händler in großem Stil. Schumanns »Staats-, Post- und Zeitungslexikon« von 1824 klagt zwar darüber, daß »das Spielzeug die nutzbringende Ware immer mehr verdrängt«, kritisiert aber zugleich das »fremdsüchtige Sachsen«: Seiffener Waren kämen aus Nürnberg »in drei- oder vierfach höhern Preise« nach Sachsen zurück. Dresden allerdings ließ seit 1809 Seiffener Ware auf dem Striezelmarkt zu.

Zum ersten ›Schlager‹ sollte die Arche Noah werden, die als Spielzeug noch vor nicht allzu langer Zeit in Mode war. Die Seiffener Arche zählte 400 Figuren, 8 Personen- und 192 Tierpaare. Daß ein solch aufwendiges Erzeugnis bezahlbar gehandelt werden konnte, lag

Wohnstube eines Spielzeugmachers im Erzgebirgischen Spielzeugmuseum Seiffen

wesentlich an den extrem niedrigen Löhnen. Mit der Reifendrechslerei, die als einzigartiges Handwerk nur in Seiffen zu Hause ist, hatte sich ein hochproduktives Verfahren entwickelt. Verarbeitet wird nur nasses Fichtenholz; es ist weich und leicht spaltbar. Erforderlich sind 20 bis 30 verschiedene Drehstähle, 13 allein für einen Pferdereifen. Der entscheidende ›Rest‹ heißt Augenmaß. Der fertige Reifen hat eine Ringform mit Erhöhungen und Tiefen. Dem Laien geben sie Rätsel auf, aber auch der Dreher weiß erst beim Spalten, ob ihm die Arbeit gelungen ist. Wenn nicht, bleibt nur der Abfallkasten; Korrekturen mit dem Schnitzmesser sind kaum möglich. Einblick in die Geheimnisse der Reifendrechslerei gewährt die 1959 eingerichtete **Schauwerkstatt**. Das 1953 eröffnete **Erzgebirgische Spielzeugmuseum** zeigt, was im Verlauf der Jahrhunderte in der Schnitzkunst geleistet worden ist. Zu den Exponaten gehören eine 2,50 m hohe Weihnachtspyramide (Ende 19. Jh.), ein Hänge-Laufleuchter (1870), der Seiffener Weihnachtsberg, Nußknacker, Räuchermännchen, Schwibbogen und vieles mehr. Ein volkskundlich-historisches **Freilichtmuseum** ergänzt seit 1972 Schauwerkstatt und Museum. Aufgekauft und wieder funktionstüchtig gemacht wurde das *Preißlersche Wasserkraft-Drehwerk* von 1760–80, das letzte seiner Art. Dampfkraft kam in Seiffen erstmals 1868 zum Einsatz, elektrischer Antrieb 1912. Auf dem Areal des Drehwerks am Ortsausgang der vielbesuchten Spielzeugmachergemeinde wurde in den letzten Jahren ein typisches **Erzgebirgsdorf** aus Häusern aufgebaut, die man von anderswo hierher versetzte: ein *Bergmannswohnhaus* (früher ›An der Binge‹, ein *Flößer-Wohnhaus* aus Rechenberg-Bienenmühle, *Umspannstation, Wohnhaus* und *Werkstatt* eines Spankorbmachers aus Dörnthal, ein *Waldarbeiter-Wohnhaus* aus Deutscheinsiedel, *Stellmacherwerkstatt, Spritzenhaus* (rekonstruiert) und *Wasserkraft-Sägewerk* aus Pfaffenhain. Die Sammlung kulturhistorisch interessanter Bauten soll in den nächsten Jahren noch erweitert werden.

Das silberne Freiberg

»Als Leute von Halle (...) Salz durch das Meißner Land nach Böhmen fuhren, sahen sie in den Räderspuren ein Stück Bleiglanz, das durch die Gießbäche aufgedeckt war«, schreibt Agricola (s. S. 293) über die Entdeckung des Silbervorkommens bei Freiberg 1168. Markgraf Otto errichtete alsbald in der Gegend einen großen Herrenhof, der durch das Silber schnell

Freiberg: 1 Dom   2 Schloß Freudenstein   3 Mineraliensammlung der Bergakademie   4 Stadt- und Bergbaumuseum   5 Stadttheater   6 Nikolaikirche   7 Donatsturm   8 Rathaus   9 Petrikirche   10 Schwedendenkmal   11 Naturkundemuseum   12 Ratskeller   13 Bergakademie   14 Alte Elisabeth   15 Jakobikirche

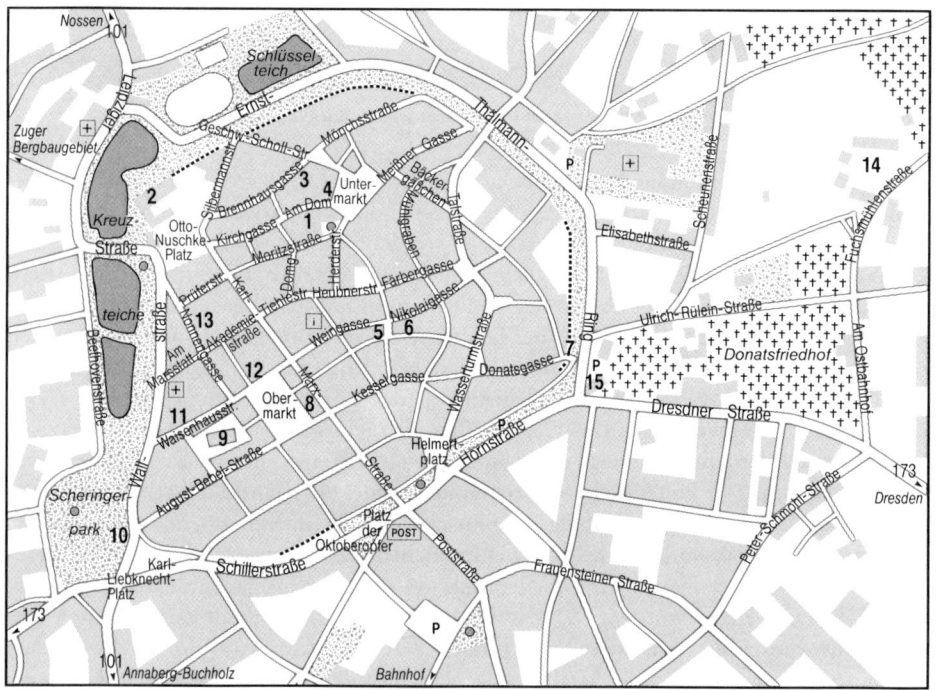

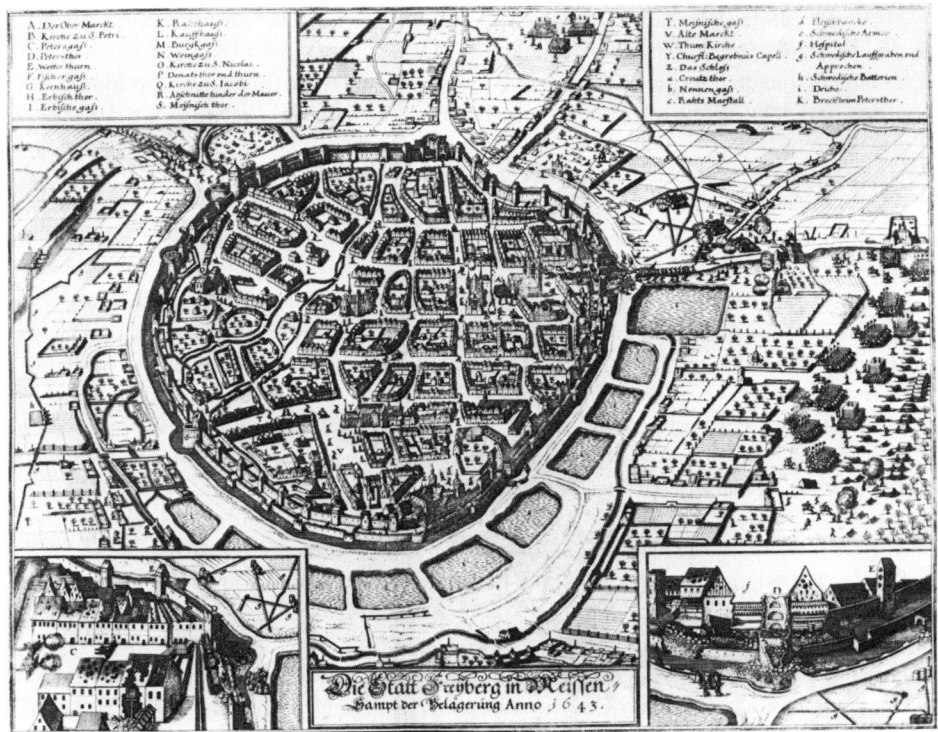

Die Belagerung Freibergs durch schwedische Truppen im Dreißigjährigen Krieg. Kupferstich von Matthäus Merian, 1643

bedeutend wurde. In seiner Nachbarschaft entstand die Stadt Freiberg, wo sich zahlreiche Bergleute ansiedelten. Schon Mitte des 13. Jh. erhielt die Stadt ausgedehnte Rechte und wurde im 14. Jh. zur ersten freien Bergstadt Deutschlands.

Freiberg lieferte das »reinste und beste Silber«. Von Markgraf Otto hieß es, er besäße Silber im Wert von 30 000 Mark (1 Mark = 233 g Silber), und bis ins vorige Jahrhundert wurden im Durchschnitt 110 Zentner Silber gefördert. Das meiste davon wanderte in die 1240 erstmals erwähnte Münze. Freiberg wurde zur wichtigsten Münzstätte des Landes, die, in der Bürgerstadt, immer im Besitz des Landesherrn blieb. Die Bürger trieben ausgedehnten Fern- und auch Geldhandel. Bis ins 15. Jh. war Freiberg das Bankzentrum der Wettiner. Als 1871 die Reichsgoldmünze eingeführt wurde, sank der Silberpreis, und auch die Hinwendung zu Blei, Zink, Zinn und Wismut konnte den endgültigen Niedergang der Gruben nicht aufhalten, die schon im 17. Jh. einen Rückgang zu verzeichnen hatten. Am 30. September 1913 wurde in Freiberg die letzte Schicht gefahren.

Als im 18. Jh. der Bergbau in Freiberg eine letzte Blüte erlebte, wurde die Bergakademie gegründet (1765). An dieser ersten technischen Hochschule Deutschlands lehrten u. a. Wilhelm August Lampadius und Clemens Winkler, hier studierten Alexander von Humboldt, Freiherr von Stein, Novalis, Theodor Körner und Michail Wassiljewitsch Lomonossow. Wenn Freiberg heute jährlich zum Berg- und Hüttenmännischen Tag einlädt, finden sich etwa 1200 Montanwissenschaftler aus allen möglichen Ländern ein.

Das wohlhabende Bürgertum der Silberstadt konnte sich repräsentative Gebäude und bedeutende Künstler leisten; um 1500 galt Freiberg als Hochburg der Holzbildhauerei in Deutschland.

Nirgendwo im Sächsischen westlich der Elbe sind die alten Stadtbefestigungen gegenwärtiger. Die 39 Türme standen am Außenrand der Mauer, konnten also nach drei Seiten verteidigt werden. Sie waren rechteckig, abgesehen vom 35 m hohen **Donatsturm**, einem 1455 erstmals erwähnten Torturm mit Kegeldach von 1515. Der Einstieg in den Turm lag 7 m über der Straße. Eine reiche Stadt mußte auf Sicherheit besonders bedacht sein, und die Fürsorge zahlte sich aus. Dank der aufwendigen Verteidigungsanlagen konnten Freibergs tapfere Bürger im Dreißigjährigen Krieg den schwedischen Belagerungen standhalten, während derer mehr als die Hälfte der Stadt zerstört wurde. Ein 1843/44 von Eduard Heuchler im Stil des romantischen Historismus errichtetes **Schwedendenkmal** erinnert daran.

Teil der Befestigung war auch **Schloß Freudenstein**, eng mit der Geschichte der Stadt verbunden und bedeutendes Kulturdenkmal. In der einstmals an dieser Stelle erbauten markgräflichen Burg (Ende 12. Jh.) tagten des öfteren die Landstände, residierte Herzog Heinrich 1505–39, wurden die Kurfürsten Moritz und August geboren. August ließ 1566/77 durch Hans Irmisch das Schloß, einen sechsteiligen Gebäudekomplex im Stil der Renaissance, als vollkommenen Neubau errichten und von Freiberger und Lütticher Künstlern ausgestalten. Zar Peter der Große, der 1711 hier zu Gast war, rühmte vor allem die prachtvolle Ausstattung der *Schloßkapelle*. Der Freudenstein wurde um 1800 Militärmagazin und durch das hierfür nötige Ausbrechen der Wände verunstaltet. Den *Keller* mit seinem frühgotischen Tonnengewölbe nutzt heute eine gemütliche Gaststätte.

Freibergs **Altstadt** überstand den Bombenangriff im Oktober 1944 relativ unbeschadet, so daß sie mit ihren winkligen Gassen und alten Bürgerhäusern bis heute das Bild einer spätmittelalterlichen Stadt bewahren konnte. Mehr als 400 Gebäude sind im denkmalgeschützten historischen Stadtkern über 300 Jahre alt. Eindrucksvollstes Zeugnis der wirtschaftlichen und künstlerischen Blüte Freibergs im 16. Jh. ist der **Dom** (Abb. 58). Im Gegensatz zum Naumburger oder Magdeburger Dom weist er ein schmuckloses Äußeres auf; markant ist nur das schiefergedeckte Satteldach. Anstelle des 1484 abgebrannten Vorgängerbaus aus dem 13. Jh. errichteten 1490–1512 die Gebrüder Bartholomäus und Johannes Falkenwalt das spätgotische Langhaus mit drei nahezu gleichbreiten Schiffen, Netzgewölben und nach innen gezogenen Strebepfeilern. Mit der fast zeitgleich gebauten Thomaskirche in Leipzig (Abb. 70) ist der Freiberger Dom Prototyp der obersächsischen Hallenkirchen. Ein Meisterwerk hochmittelalterlicher Plastik ist die ursprünglich mehrfarbige *Goldene Pforte* an der

Südseite. 1230–35 aus Sandstein für die alte romanische Pfeilerbasilika geschaffen, stellt sie das früheste Beispiel eines figurengeschmückten Archivoltenportals in Deutschland dar (Abb. 59–61). Die Archivolten des neunfach gestuften Portals sind nach dem Vorbild der französischen Gotik mit Statuetten und Kleinskulpturen geschmückt: Marienkrönung, Abraham, Engel, Apostel und Evangelisten, um nur einige Figuren zu nennen. Die acht Figuren in den Nischen der Portalgewände (Abb. 59) sind alle, wie etwa Daniel, die Königin von Saba und Salomo, die Verkünder von Maria und der Kirche als Mutter und Braut Christi. Das komplexe ikonographische Programm der Goldenen Pforte ist in dieser Form einzigartig und wahrscheinlich durch die Zisterziensermönche in Altzella vermittelt. Zur Ausstattung des Langhauses gehört die 1508–10 von Hans Witten geschaffene *Tulpenkanzel* (Abb. 47), ein aus dem Felsen sprießendes, phantastisches Riesengewächs, das die Entstehung des Bergbaus symbolisiert und zu den einfallsreichsten Gestaltungen in der mitteleuropäischen Plastik der Spätgotik gehört. Die *Bergmannskanzel,* deren Korb und Treppe jeweils von einem Bergmann getragen werden, schuf 1638 Hans Fritzsche. In ihrer feierlichen Monumentalität und ergreifenden Schlichtheit ist die aus Eichenholz geschnitzte *Triumphkreuzgruppe* über der Empore zwischen Halle und Chor ein Hauptwerk mitteldeutscher Holzbildnisse. Hervorragende Beispiele dieser Kunst sind auch die 13 Figuren des *Apostel-Zyklus* (um 1500) an den eingezogenen Strebepfeilern. Matthäus (?), Philippus, Paulus und Jakob Minor (?) schuf der nach ihnen benannte Meister der Freiberger Domapostel, vermutlich der 1498–1539 in Freiberg tätige Philipp Koch; die restlichen Apostel stammen aus seiner Werkstatt. Um 1510 entstand die *Reihe der törichten und klugen Jungfrauen* an den Schiffspfeilern. Der Freiberger Dom besitzt neben einer kleinen die älteste und größte *Silbermannorgel* mit drei Manualen, 45 Registern und 2674 Pfeifen (1711–14). Den barocken

Gottfried Silbermann

(* 1683 Kleinbobritzsch, † 1753 Dresden)

45 Orgeln hat Gottfried Silbermann gebaut; erhalten sind 31. Der herrliche Klang seiner Instrumente machte den Meister mit dem Beinamen ›Freybergischer Belzaleel‹ berühmt. Als Orgelbauer nahm er unter den Künstlern der Barockzeit eine Sonderstellung ein, da er nicht vorrangig für den Hof arbeitete.

Der als Sohn eines Zimmermanns im Kirchspiel Frauenstein geborene Silbermann erlernte das Orgelbauerhandwerk bei seinem Bruder Andreas in Straßburg. Im Jahre 1710 ließ er sich in Freiberg nieder, wo es weder an Zinn noch an Holz mangelte. Seine Werkstatt im Regimentshaus am Schloßhof mit drei bis sieben Gesellen gehörte zu den bedeutendsten ihrer Art in Europa. Der Erfolg Silbermanns wurzelte in der sorgfältigen und schönen Verarbeitung auserlesener Materialien in Verbindung mit einer unkomplizierten Mechanik sowie in seinem kaufmännischen Geschick. Der selbstbewußt auftretende Meister galt als harter Verhandlungspartner. Abgestimmt auf die Kaufkraft seiner Kunden, brachte er fünf Dispositionstypen zu Preisen zwischen 200 und 20 000 Talern auf den Markt. Die kleinste Silbermannorgel mit nur elf Stimmen steht in der Marienkirche zu Rötha.

Prospekt lieferte Elias Lindner. Silbermann baute noch drei weitere Orgeln für Freiberg; eine davon, die der Johanniskirche, wurde 1939 in den Dom umgesetzt.

Der Komponist Christoph Demantius machte als Kantor des Doms die Bergstadt im frühen 17. Jh. zu einem kirchenmusikalischen Zentrum Sachsens.

Gegen Ende des 16. Jh. wurde der Hohe Chor zur **Kurfürstlichen Begräbniskapelle** (Abb. 62) umgestaltet, in der von nun an die Wettiner ihre letzte Ruhe finden sollten. Man beauftragte den seit 1575 in Dresden lebenden Italiener Giovanni Maria Nosseni mit der Realisierung der prunkvollen Grabstätte, die nördlich der Alpen das bedeutendste Werk des italienischen Manierismus ist. Die eingebaute Epitapharchitektur besteht im Erdgeschoß aus Marmor mit Bronzeplastiken, darüber aus Stein mit Stuckfiguren. Malereien und Stuck der Kuppel zeigen einen ›Himmel‹ mit der Wiederkunft Christi.

Heinrich der Fromme († 1541) war der erste Landesherr, der sich im Freiberger Dom beisetzen ließ. Die Schlichtheit seiner Grabplatte folgt seinem testamentarisch verfügten Wunsch. Für Kurfürst Moritz († 1553) wurde 1559–63 nach einem Entwurf der Italiener Benedikt und Gabriel Thola das die Raummitte einnehmende dreigeschossige *Moritzmonument* mit der lebensgroßen knienden Figur des Kurfürsten geschaffen, das erste Freigrab der Renaissance im mitteldeutschen Raum. Neu für Sachsen war auch der Gebrauch von Marmor. Zu Nossenis Mitarbeitern gehörten u. a. Carlo de Cesare aus Florenz, der fünf der sechs *Bronzestatuen* am Altar schuf, und Pietro de Boselli aus Venedig. Aus der Freiberger Gießerei Hilliger stammen die *29 Grabplatten,* die wie auch die *Prunksärge* im Westteil der Kapelle aus Zinn bestehen. In der *Schwestergruft* liegen Kurfürstin Anna Sophia († 1711) und ihre Schwester, Kurfürstin Wilhelmine Ernestine von der Pfalz († 1706); sie war in Prettin beigesetzt worden, aber ihr Sarg wurde nach Freiberg überführt, als 1811 die Lichtenburg in ein Zuchthaus umgewandelt wurde. So kamen auch die *Barockplastiken,* die Balthasar Permoser für Prettin geschaffen hatte, in den Freiberger Dom. Am Kreuzhof des Domes entstand die spätgotische **Annenkapelle** mit einem Rippengewölbe in gewundener Reihung. Den *Epitaph-Altaraufsatz* schuf 1674 Johann Heinrich Böhme d. Ä. Prunkstück der Ausstattung ist die 1513 von Franz Maidburg geschaffene *Steinerne Madonna* auf einer Engelskonsole. Von der Kapelle zur Goldenen Pforte führt ein Kreuzgang.

Der Dom bildet das architektonische Zentrum des **Untermarkts**, der trotz unterschiedlicher Fassadengestaltung ein harmonisches Ganzes bildet. Abgebrochen und neu aufgebaut wurde 1984 das *Haus Nr. 11,* ohne Eingriff in das Ensemble.

Zeitgleich mit dem Dom wurde nach 1484 die spätgotische, mit Zellen- und Kreuzgewölbe ausgestattete dreistöckige **Thümerei** gebaut, ein großer Gebäudekomplex, zu dem der *Domherrenhof* gehört. Die zwölf Domherren mußten nach der Reformation ausziehen, und der Rat der Stadt überließ 1542 unter Bürgermeister Ulrich Rülein von Calw, dem Autor der ersten deutschsprachigen montanwissenschaftlichen Arbeit, Stadtarzt und Professor in Leipzig, die Thümerei der 1515 gegründeten Lateinschule. Sie brachte es zeitweilig auf 1000 Schüler und existierte in diesem Haus bis 1875, also insgesamt 333 Jahre lang. Seit 1903 ist in der ehemaligen Thümerei das 1861 gegründete *Stadt- und Bergbaumuseum* untergebracht, zu dessen wichtigsten Exponaten Sächsische Holzskulpturen aus der Zeit um

Silberner Weinhumpen der Freiberger Bergknappschaft von Andreas Müller, 1679, aus dem Freiberger Stadt- und Bergbaumuseum. Im Innern sieht man die ›Fahrt‹, die Leiter zum Ein- und Ausfahren in den Schacht

1500 gehören, darunter Werke Peter Breuers und des Meisters der Freiberger Domapostel sowie Zeugnisse der Bergbaukultur, wie etwa ein Modell des um 1800 gebauten Kahnhebewerkes.

Das *Haus Nr. 11 in der Kirchgasse* war nach 1679 Sitz der 1541 von Moritz geschaffenen Obersten Bergbehörde des Kurfürstentums Sachsen. Gebaut wurde es im 16. Jh. Das gut erhaltene Sterngewölbe reicht – eine Seltenheit in der Architektur – fast bis zum Boden.

Sehenswert ist die *Mineraliensammlung* der Bergakademie in der Brennhausgasse 14. Die Sammlung ist die älteste und international bedeutendste ihrer Art. Allein die Lagerstättensammlung verfügt über 60 000 Belege aus 2500 Vorkommen in aller Welt.

Handwerksburschen, die in Freiberg gewesen sein wollten, im Wanderbuch aber keinen Eintrag besaßen, wurden gern nach den ›Kreuzen‹ befragt. Sie befinden sich nicht etwa am Dom, sondern an einer Ecke des **Rathauses** (Obermarkt, Farbabb. 24), Nachfolgebau des 1375 abgebrannten Dinghauses und lange Zeit größtes Rathaus der Markgrafschaft Meißen. Der gotische Bau entstand 1470–74, aber schon 1420 wurde mit dem Bau des vor die Fassade tretenden, quadratischen Turms begonnen (1618 erhöht). Vom einst gewaltigen Ziegeldach wurden 1857 acht Meter abgetragen. Die letzte Veränderung erfolgte 1919/20 mit dem Ausbau des Dachgeschosses. Von einst zwei Erkern blieb nur der 1578 von Andreas Lorentz, einem Vertreter einer heimischen Künstlerdynastie geschaffene erhalten. Der *Kopf im Giebeleck* ist der Überlieferung nach ein Porträt des Altenburger Prinzenräubers Kunz von Kaufungen, der am 14. 7. 1455 in Freiberg hingerichtet wurde. Nur in einer so mächtigen Bürgergemeinde wie Freiberg war die Verurteilung eines Ritters durch ein städtisches Gericht möglich. Der dunkle ›Spuckstein‹ am 1897 aufgestellten **Marktbrunnen** mit der Bronzestatue Ottos des Reichen markiert die Hinrichtungsstätte. Die Strickleiter, über welche die Prinzen aus dem Altenburger Schloß entführt wurden, hängt im Gebälk der ehemaligen *Ratsdiele* mit ihren drei spitzbogigen Arkaden. Ein Spitzbogenportal mit kunstvoll gearbeiteter Eisentür (1611) führt zur *Silberkammer,* seit 1632 Ratsarchiv. Die ältesten Bestände reichen bis in das Jahr 1224 zurück, die kostbarsten sind die berühmten, das Stadt- und das Bergrecht betreffenden Freiberger Handschriften aus der Zeit nach 1294. Im Turm befindet sich die *Lorenzkapelle,* durch die Reformation um ihre Funktion als Betstube des Rates gebracht. Spitzbogenportal und Sterngewölbe sind der Kapelle architektonische Zierde. Der Freiberger **Obermarkt** ist einer der schönsten Märkte Deutschlands, ein Meisterstück alter Stadtplanung. Die an den Markt grenzenden **Bürgerhäuser** sind gut erhalten und sehenswert. *Haus Nr. 16,* ein Renaissancebau von 1545/46 mit schönem Portal, war ehemals Gewandhaus und ist heute als ›Ratskeller‹ bekannt. Im Saaltrakt (1685) traten die Neuberin, Clara Wieck u. a. zu ihrer Zeit populäre Schauspieler auf. Das *Haus Nr. 17,* schmal und hoch (32 m), entstand 1530 und ist eines der frühesten Zeugnisse der Renaissance in Sachsen. Paul Speck wird das mit Szenen aus der Geschichte des Bergbaus geschmückte Portal zugeschrieben. An der Hofseite befindet sich ein sehr schöner Wendelturm. Das Relief am *Haus Nr. 18,* Gottvater darstellend, stammt von 1515 und könnte eine Arbeit Franz Maidburgs sein. Auch das Eckgebäude *Haus Nr. 1* (1533), ein zu jeder Straßenseite hin zehnachsiges Gebäude, ist ein stattliches Bürgerhaus. Seit der Restaurierung (1975–78) entsprechen die historischen Räume im wesentlichen dem Zustand von um 1630, als das Haus Bürgermeister Jonas Schönlebe d. Ä. gehörte, dem Stifter der Bergmannskanzel des Doms. Durch Umbauten für die Konditorei Kunde verschwand 1862 u. a. das von Hans Fritzsche für Schönlebe errichtete Portal. Es wurde, wie auch der Giebel, anhand der alten Baupläne um 1900 erneuert. Eines der auffälligsten Gebäude ist das *Haus Nr. 4,* ein in Freiberg rarer Barockbau (1681).

Die Bebauung der Westseite des Obermarktes erfolgte nach 1484. Zuvor galt **St. Petri** als zum Obermarkt gehörig. Die spätgotische Hallenkirche entstand 1401–40 unter Verwendung spätromanischer Bausubstanz, mußte aber nach Brandschäden 1729–33 erneuert werden. Aus dieser Zeit stammen auch die kostbarsten Teile der Ausstattung – die *Silbermannorgel* (1735) und der *Taufstein* (1733) sowie das *Lesepult* (1734) von Johann Christian Feige d. Ä. Der höchste der drei Türme kann bestiegen werden (Anmeldung im Naturkunde-Museum). Das **Doppelhaus Petristr. 4/Waisenhausstr. 7** von 1555 wurde 1983–86 rekonstruiert. An den einstigen Besitzer, den Glocken- und Stückgießer Hilliger, erinnert an der Hausecke unter dem Sims das Wappen der Familie, ein weißer Bär, der einen Zirkel hält.

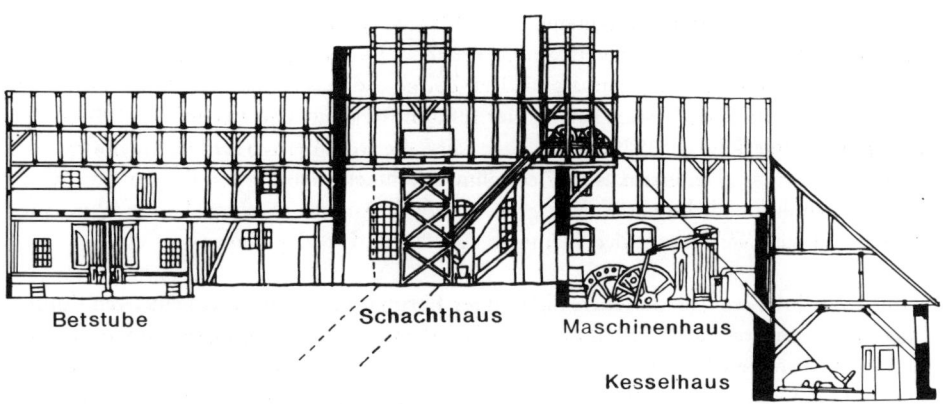

| Betstube | Schachthaus | Maschinenhaus |
| Kesselhaus |

Freiberg, ›Alte Elisabeth‹, Querschnitt

Christian Ehregott Gellert, der erste Leiter der Bergakademie, hatte Wohnung und Labor im **Haus Nr. 10** der Waisenhausstraße. Das 1550 errichtete und 1882 umgebaute Gebäude ist heute Sitz des 1884 gegründeten *Naturkunde-Museums,* das u. a. über den »Einfluß des Bergbaus auf die Landschaft« informiert. Das Museum verkauft Mineralien in kleinen Mengen.

Zu Freibergs Sehenswürdigkeiten zählt auch die spätgotische **Nikolaikirche,** in Etappen erbaut von Ende 14. Jh. bis nach 1484. Bemerkenswert ist vor allem die barocke Ausstattung von 1750–52. Der *Stuckmarmoraltar* stammt von Johann Gottfried Stecher, das *Altarbild* von Christian Wilhelm Ernst Dietrich, und die großen *Plastiken* schuf Gottfried Knöffler. Der Meister der Freiberger Domapostel ist mit dem *Hochrelief* ›Abendmahl‹ (um 1520) in der Sakristei vertreten. Die **Jakobikirche,** 1890–92 im Stil der Neogotik gebaut, hat die Ausstattung der 1890 abgebrochenen alten Jakobikirche übernommen. Dazu gehören eine *Silbermannorgel* von 1717, ein 1710 von Balthasar Permoser aus Elfenbein gearbeitetes *Kruzifix,* ein *Taufstein* Hans Walthers II. von 1555 und der *Altar* von Bernhard Ditterich, 1610 entstanden als ein Glanzstück des sächsischen Manierismus.

Rings um Freiberg gibt es zahlreiche Denkmäler des Silberbergbaus, direkt am Rande der Stadt zwei historisch besonders wertvolle. Von der ›**Alten Elisabeth‹** blieben die schindelge-deckten Übertageanlagen des ›Neuen Schachtes‹ (1815) einschließlich Ausstattung im Zustand von 1850 erhalten. Das zentral liegende Gebäude ist ein *Treibehaus.* Eine *Häuer-Betstube* ist erhalten, die einzige in dieser Gegend, ein Satz Leitern, über die ein- und ausgefahren wurde, ein 42 m langer Schlägelort, eine Pfaff-Dampfmaschine Baujahr 1847 und auch ein Totenbrett, auf das die Bergleute geschnallt wurden, die Opfer eines Gruben-unglücks geworden waren. Gesondert steht das *Schwarzenberg-Gebläse,* das bis 1926 in der Hütte Halsbrücke im Einsatz war. Das 33 000 kg schwere und 7,5 m hohe Gebläse lieferte pro Min. 45 m^3 Wind. Eine weitere Grube, der **Abrahamschacht** (um 1840), im vorigen Jh. ein Zentralschacht des Reviers, befindet sich ganz in der Nähe. Das *Treibehaus* von 1839 ist das größte im Erzgebirge erhaltene. Von 1813 stammt das *Huthaus,* von 1790 das *Mannschaftshaus,* von 1846 das *Verwaltungsgebäude.* Der Schacht, der es auf eine Teufe von 692 m brachte, führte 1894 erstmals im Erzgebirge die maschinelle Fahrkunst ein. Beim schwersten Unglück des Reviers kamen hier 1880 elf Bergleute ums Leben. Das 1974 stillgelegte **Hammerwerk** ist seit 1989 Schauanlage, verwaltet vom Betrieb für Denkmalpflege, der einige Räume nutzt. Der erstmals 1607 erwähnte Hammer versorgte den Bergbau mit Werkzeug. Zur funktionstüchtigen Anlage gehören Herd, Amboß, Wasserrad, eine 12 m lange und 6,5 t schwere Welle sowie drei Hämmer, 100, 200 und 350 kg schwer.

Südlich von Freiberg liegt das ehemalige **Zuger Bergbaugebiet**. In einem einstigen Förderhaus eines Schachtes der ›Alten Mordgrube‹ lädt die Gaststätte ›Zugspitze‹ zum Verschnaufen ein. 1824 stellte Christian Friedrich Brendel auf eben dieser Zugspitze seine Wassersäulenmaschine auf, und 1829 ließ er von der Mordgrube zur 250 m entfernten Erzwäsche seine Eisenbahn fahren, die erste Sachsens. Die Grube ›*Beschert Glück hinter den drei Kreuzen*‹ war mit 900 Beschäftigten eine der größten. Die Übertageanlagen haben bis heute überdauert. Das Förder-Huthaus mit Fachwerkgiebel, Dachreiter und Bergglocke ist sehenswert. Goethe, eifriger Mineraliensammler und eng befreundet mit Oberbergamtmann Wilhelm Heinrich von Trebra, besuchte die Grube 1810. Im ›*Dreibrüderschacht*‹ entstand nach Aufgabe des Bergbaus 1913 in 270 m Teufe das erste Kavernenkraftwerk der Welt. Im Verlaufe der Jahrhunderte legte der Bergbau zehn durch Kunstgräben oder Röschen (unterirdische Wasserführung) verbundene Teiche an, etwa den Berthelsdorfer Hüttenteich oder die Großhartmannsdorfer Teiche, die heute als Vogelparadies bekannt sind.

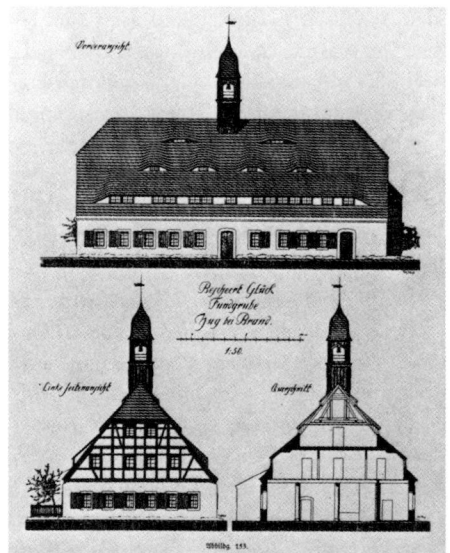

Das 1763 erbaute Huthaus der Grube ›Beschert Glück hinter den drei Kreuzen‹. Ansichten und Querschnitt von 1917

Das nahegelegene **Brand-Erbisdorf** (so seit 1912) verfügt wie Freiberg über ein *Bergbau-museum*. Wegen ihrer Ausstattung ist die spätgotische *Dorfkirche* im Ortsteil Erbisdorf sehenswert. Der lebensgroße, steinerne Bergmann, ursprünglich Kanzelträger, wurde 1585 in Freiberg von Samuel Lorentz gearbeitet. Das gravierte Taufbecken aus Zinn stammt von 1516. Erhalten sind Teile des Schnitzaltars (1603): Relieftafeln, zwei Sitzfiguren (Johannes des Evangelist und Moses) sowie die Predella mit einer Abendmahlsdarstellung.

Ähnlich reich ist die Ausstattung der südöstlich von Freiberg gelegenen *St. Nikolai-Kirche* von **Oberbobritzsch**. Das Äußere der aus dem 14. Jh. stammenden, 1710 erneuerten Dorf-kirche nahm bei Umbauten Schaden. Zum Kirchenbesitz gehört ein Flügelaltar der Freiber-ger Schule von 1521. Im Mittelschrein thront der hl. Nikolaus, der Schutzpatron der Kirche, umgeben von Barbara und Katharina. Auf den Altarflügeln sind Dorothea und Margarethe dargestellt; die Bilder der ersten Wandlung beziehen sich auf die Nikolaus-Legende, die der zweiten Wandlung zeigen Marterszenen. Die Orgel fertigte 1716 Gottfried Silbermann.

Kleinbobritzsch, die Heimatgemeinde von Gottfried Silbermann (s. S. 373), besitzt eine spätgotische *Dorfkirche* von 1513. Die Orgel, die der Meister seiner Kirche schenkte, ging leider verloren. Überdauert hat sein Geburtshaus, ein Fachwerkbau von 1680 (Nr. 2). Kleinbobritzsch gehört heute zu **Frauenstein** (von Freiberg 20 km entfernt). Im dortigen *Renaissance-Schloß*, 1585–88 von Hans Irmisch gebaut, einem winkelförmigen Gebäude mit Portal in toskanischer Ordnung und Treppenturm mit Sgraffito-Fries, befindet sich das *Silbermann-Museum*. Die alten Zwerchhäuser sowie die Innenausstattung des Schlosses sind 1728 verbrannt. Ein Opfer dieses Brandes wurde auch die 1272 erstmals erwähnte *Burg* oberhalb des Schlosses. Erhalten blieben der Nordturm, der ›Dicke Merten‹, mit einem stattlichen Tonnengewölbe, die Zisterne und sechs von sieben Türmen samt 250 m Ring-mauer. Die Burg gilt als größte Ruine der alten Markgrafschaft Meißen.

In den großräumigen Siedlungsgebieten wurden Anfang des 18. Jh. viele Gotteshäuser erneuert und erweitert, um Kirchgängern weite Wege zu ersparen. Die einschiffige *Dorfkir-che* im benachbarten **Burkersdorf** wartet noch mit einer kompletten Ausstattung aus dieser Zeit auf: Kassettendecke und doppelgeschossige Emporen, bemalt von G. Geißler (1719), geschnitzter Flügelaltar (Ende 15. Jh.), Kanzel mit Plastiken der Evangelisten (1620) und barocker Orgelprospekt (nach 1700).

Stahlerzeugnisse für die Freiberger Gruben lieferte von 1567–1933 der **Eisenhammer Dorfchemnitz**, Schauanlage seit 1969. Die technische Ausrüstung entspricht dem Stand von 1844 und ist funktionstüchtig. Das Wasserrad hat 36 Schaufeln und einen Durchmesser von 3,5 m. Die Daumenwelle ist 9,2 m lang bei einem Durchmesser von 1 m. In einem Stempel-gerüst lagern die beiden Schwanzhämmer; der Flachhammer (300 kg) bringt es auf eine Schlagfrequenz von 60 Schlägen, der Streckhammer (150 kg) auf 100 Schläge pro Minute. Im einstigen Wohnhaus des Hammerbesitzers wurde 1971 eine Heimatstube eingerichtet.

Im Gebiet nördlich von Freiberg häufen sich die technischen Denkmäler. Die *alte Mul-denbrücke* bei **Halsbach** z. B. stammt noch aus spätgotischer Zeit. In **Halsbrücke**, seit 1612 Sitz einer Hütte, gründete Friedrich Wilhelm Charpentier 1791 das erste Amalgamierwerk zur Gewinnung von Silber mit Hilfe von Quecksilber. Der bedeutende Freiberger Chemiker

Tympanon vom ehemaligen Kloster Altzella am Südportal der Pfarrkirche in Nossen

Wilhelm August Lampadius schuf 1815 im Amalgamierwerk die erste Gasbeleuchtungsanlage des Kontinents. An der Mulde stehen Reste eines *alten Kahnhebehauses*. Für Erztransporte zur Hütte war 1787–1808 ein 5 km langer Kanal mit Europas erstem Schiffshebewerk gebaut worden. Im Interesse der Umwelt entstand 1888/89 die 140 m *Hohe Esse*. Nahebei stehen das *Treibehaus* eines Lichtschachtes und die einzige als selbständiger Bau erhaltene *Kaue* des Freiberger Reviers. Um die mit dem Vordringen in immer größere Teufen verbundenen Abwasserprobleme zu lösen, war 1844–77 unter Oberbergamtmann August Wolfgang von Herder der Rothschönberger Stollen zur Triebitzsch gebaut worden. An der Kaue verläuft er in 138 m Tiefe. Mit einer Länge von 13,9 km (samt Nebenstollen 50 km), einer Höhe von 3 m und einer Breite bis 2,5 m war er seinerzeit das größte Stollensystem der Welt.

Weiter dem Lauf der Mulde folgend gelangen wir nach **Altzella** bei Nossen. Markgraf Otto hatte hier 1162 ein Kloster gestiftet; es sollte sich zu einem der reichsten des Landes entwickeln. Als es 1540 aufgelöst wurde, besaß es 275 km² Land mit rund 200 Dörfern. Der Boden wurde nach der Reformation an die Ritter verpachtet, die kostbare Bibliothek der

Leipziger Universität überlassen. In den Gebäuden aber wurde billiges Baumaterial gesehen; nur wenige Reste blieben erhalten. Zumindest am Sanktuarium erwachte 1680 Interesse: Eine Begräbniskapelle entstand, 1787–1804 ausgebaut zu einem *Mausoleum*. Mit den Ausgrabungen begannen 1953–61 die Erneuerungen an Mausoleum und *Konversenhaus*, in dem sich jetzt eine kleine Ausstellung zur Baugeschichte des Klosters befindet, das einmal zu den bedeutendsten im Meißner Land zählte.

Sachsenburg – Hainichen – Kriebstein

Im Nordwesten von Frankenberg erhebt sich auf einem Felsen über der Zschopau, der Hanglange folgend und ein Dreieck bildend, das dreigeschossige spätgotische **Schloß Sachsenburg**. Errichtet unter Verwendung von Teilen eines Vorgängerbaus 1488 durch Hans Reynhart für die Familie von Schönberg, wurde es wiederholt beschädigt und umgebaut. Von 1867–1926 war das Schloß Haftanstalt, 1933 wurde es ein nationalsozialistisches Konzentrationslager.

Im Erd- und Obergeschoß sind die Räume mit schönen Zellengewölben überspannt. Beachtung verdient vor allem die einschiffige *Kapelle* im Ostflügel mit Kreuzrippengewölbe und Vorhangbogenfenstern. Sakrale Gegenstände wie Altar und Taufstein wurden bei der Einrichtung des Gefängnisses nach Freiberg umgesetzt.

Die *Dorfkirche* im Ort **Sachsenburg** ist romanischen Ursprungs und wurde mehrmals umgebaut. Zur wertvollen Ausstattung gehören ein spätgotischer Flügelaltar mit dem Tryptichon ›Anbetung der Könige‹ aus der Zeit um 1500 und zwei Kelche aus dem 15. Jh.

Das weiter nordwestlich an der Mulde gelegene **Hainichen** (9700 Ew.) wurde erstmals 1185 als Klosterdorf von Altzella erwähnt und ist eine alte Weberstadt. Die *Trinitatiskirche* wurde 1896–99 anstelle der abgebrochenen Stadtkirche gebaut, von der die Ausstattung stammt. Zu ihr gehören ein Flügelaltar von 1515 mit Anna selbdritt im Mittelschrein, ein lebensgroßes Kruzifix aus dem 17. Jh. und ein Schnitzaltar mit dem hl. Nikolaus vom Anfang des 16. Jh.

Ein Denkmal von 1900 erinnert im Ort an den hier geborenen Friedrich Gottlob Keller (1816–95), der 1844 erstmals Papier aus Holz herstellte. 1845 erschien das Frankenberger Kreisblatt als eine der ersten auf Holzschliffpapier gedruckten Zeitungen. Keller konnte die Papiermühle Kühnheide nicht halten und verkaufte sein Patent 1850 an Heinrich Voelter in Bautzen.

In Hainichen kamen noch zwei weitere berühmt gewordene Persönlichkeiten auf die Welt: der populärste Dichter der Aufklärung, Christian Fürchtegott Gellert (1715–69) und sein Bruder Christian Ehregott (1713–95), Mitbegründer und erster Professor der Bergakademie Freiberg. Ihr Geburtshaus ließ Vater Gellert, Pfarrer in Hainichen, 1734 durch ein neues, zweigeschossiges mit Walmdach ersetzen. Es steht heute unter Denkmalschutz. Das *Museum* würdigt sowohl Keller als auch die Brüder Gellert; es zeigt u. a. etwa 600 Bücher mit Schriften des Dichters, darunter viele Erstaugaben und Übersetzungen.

Das etwa 10 km westlich von Hainichen gelegene **Mittweida** (19 500 Ew.) war bereits seit dem 15. Jh. Zentrum der Leinenweberei, und im 19. Jh. entwickelte sich hier eine bedeutende Textilindustrie. Das 1867 gegründete Technikum ist heute noch eine renommierte Ingenieurhochschule.

Die dreischiffige *Stadtkirche St. Marien* wird 1303 erstmals in den Quellen genannt. Sie brannte 1450 aus und wurde 1454–76 im Stil der Spätgotik wiederaufgebaut. Beim Bau des Mittel- und Südschiff vereinenden sterngewölbten Chors wirkte Arnold von Westfalen als Gutachter. Vom Vorgängerbau wurden die Sakristei, das Nordportal (1430) und das nördliche Seitenschiff, das niedriger ist als die beiden anderen, jüngeren Schiffe, in den Neubau einbezogen. Erst mit der Erhöhung des imposanten viereckigen Westturms (1516–22) kamen die Arbeiten zum Abschluß. Der dreiteilige Altar (1661) geht auf Valentin Otte und Johann Richter aus Meißen zurück, die Sandsteinkanzel auf Abraham Conrad Buchau aus Dresden. Noch von 1553 stammt der Taufstein. Von den alten *Bürgerhäusern* sind Rochlitzer Straße 3, Kirchberg 3–5 (Museum) und das Emmerichsche Eckhaus (Webergasse 1) mit reich bekröntem Sitznischenportal von 1537 bemerkenswert. Die *alte Stadtmauer* – vor 1470 errichtet – blieb im Westteil auf einer Länge von 800 m erhalten. An einigen Stellen erreicht das Bollwerk eine Höhe von 6 m. In nur wenigen sächsischen Städten haben sich so umfangreiche Reste der alten Stadtbefestigung erhalten können.

Das 1909–28 erbaute *Wasserkraftwerk Mittweida* (Ortsteil Neundörfchen) ist das landesweit besterhaltene alte Kraftwerk für Inselbetrieb und heute ein interessantes technisches Denkmal. Die gewaltige Druckrohrleistung, Gefallhöhe 115 m, wurde 1951–53 ausgewechselt. Das einstige Kesselhaus ist heute *Museum* und zeigt u. a. alte Dampfmaschinen und Generatoren.

Bei Höfchen über dem Tal der Zschopau erhebt sich die **Burg Kriebstein** (Abb. Umschlagvorderseite), eine der schönsten und besterhaltenen Burgen Sachsens. In den Quellen wird die Burg erstmals 1382 erwähnt. Zwei Jahre später begann unter Dietrich von Bernwalde der Schloßbau, der sich bis 1407 hinzog. Arnold von Westfalen war auf dem Kriebstein Bauberater. Seine typischen Bauformen finden sich am *Küchenhaus*. Weitere Ausbauten erfolgten 1564, dann blieben bauliche Aktivitäten lange Zeit aus. Erst 1828 wurden Veränderungen durch Prof. Siegel aus Leipzig vorgenommen, dessen Schüler Carl Moritz Hänel das Schloß dann 1866–68 neugestaltete. Teile der Umfassungsmauer und des Wehrgangs fielen dabei der Spitzhacke zum Opfer.

Die Besitzer der Burg wechselten oft. Zur Zeit des sächsischen Bruderkriegs (1446–51) gehörte sie dem Ritter Kunz von Kaufungen (s. S. 429), der sie am Ende des Krieges verlor und sich dafür mit dem Prinzenraub zu Altenburg rächte. Um 1550 war Georg von Carlowitz Burgherr. Mit ihm, dem die Städte Waldheim und Hartha gehörten sowie 23 Dörfer, erlebte die Burg ihre mächtigste Zeit. Im Jahre 1825 ersteigerte die Familie von Armin die Burg; sie sollte für die längste Zeitspanne Eigentümer bleiben.

Auffälligster Bauteil ist der 45 m hohe gotische *Wohnturm* mit sechs türmchenartigen Dacherkern und Balkendecken in allen fünf Stockwerken. Nach 1300 wurde die romanische *Kapelle* mit Kreuzgratgewölbe in den Felsen gehauen. Die 1933 freigelegten figürlichen

Wand- und Deckenmalereien (Seccomalereien) aus der Zeit um 1400 sind in Sachsen ohne Parallele. Von 1507 stammt ein spätgotischer Altar mit Heiligenbildern im Schrein. Um 1520 entstand ein gemalter Flügelaltar, der als einziger in Sachsen die Alexiuslegende thematisiert. Der Meister wird der Freiberger Schule zugerechnet.

Stilmöbel aus verschiedenen Epochen in den Räumen der Burg demonstrieren den Wandel der Wohnkultur.

Von der Burg zur 1927–29 gebauten **Kriebstein-Talsperre** mit einer 26 m hohen Staumauer sind es 2 km. Der 9 km lange und maximal 400 m breite See erreicht eine Wassertiefe bis zu 22 m und ist eine der schönsten Talsperren Sachsens.

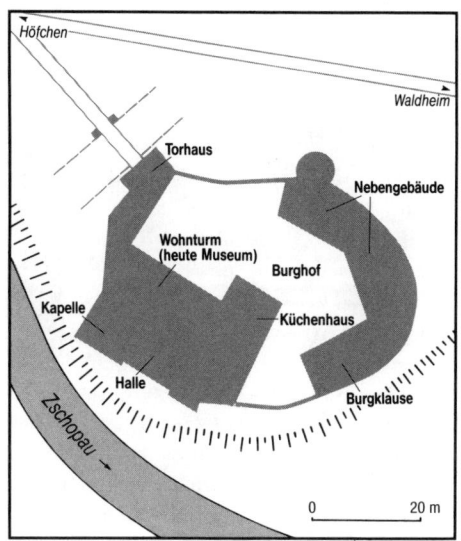

Lageplan der Burg Kriebstein

Wegen ihrer sakralen Kunstschätze lohnen einige Dorfkirchen im Umkreis die Besichtigung. Die *Kirche* in **Tanneberg** besitzt einen Flügelaltar (um 1520) und zwei Einfigurenschreine vom Ausgang des 15. Jh., vermutlich aus dem Kloster Altzella übernommen. Von dort stammt wahrscheinlich auch der überlebensgroße Kruzifixus von 1522 in der im Kern noch romanischen *Dorfkirche* in **Ringethal**. Der Rückweg von hier nach Hainichen führt über Rossau. Die *Dorfkirche* **Niederrossau** wurde Anfang des 16. Jh. unter Einbeziehung ihres romanischen Kerns umgebaut; der Chor ist tonnen- die Apsis zellengewölbt. Um 1770 wurden die reichdekorierten Emporen eingezogen; die mit figürlichen Malereien geschmückte Felderdecke stammt aus dem gleichen Zeitraum. Der Flügelaltar von 1521 wird dem Meister des Döbelner Altars zugesprochen; die Orgel (1670) ist eine der ältesten Sachsens.

Muldenburgen und Wechselburger Lettner

Die Burgen an der Zwickauer Mulde werden zwar nicht so besungen wie jene »an der Saale hellem Strande«, aber einem Vergleich halten sie dennoch stand. Bei Lunzenau steht mit der Rochsburg die ansehnlichste. Sie bildet das Hauptglied einer Burgenkette, zu der flußabwärts die Burgen in Rochlitz und Colditz gehörten, flußaufwärts die Wolkenburg, Waldenburg und Glauchau. Sie stellten ein schwer zu überwindendes Hindernis für den Gegner und eine vorteilhafte Basis für neue Eroberungen dar. Von den Festen ging die Besiedlung

Die Stiftskirche in Wechselburg

dieser Gegend aus. So gründeten die Burggrafen auf der Rochsburg Burgstädt und Penig. Zu den weltlichen Bollwerken gesellte sich ein geistliches: das Augustiner-Chorherren-Stift Zschillen (heute Wechselburg). Zeugnis von dessen Einfluß und Macht spiegelt die Stiftskirche wider, das bedeutendste romanische Bauwerk Sachsens.

Die 1190 erstmals erwähnte **Rochsburg** auf einem Felssporn in einer Schleife der Zwickauer Mulde bei Lunzenau gelegen, gehört wie Burg Kriebstein zu den stattlichen, gut erhaltenen mittelalterlichen Burgen. Möglicherweise sind im 32 m hohen *Bergfried* noch Bauelemente der ersten Anlage vorhanden. Die selbständige Herrschaft Rochsburg fiel 1470 an die Familie von Schleinitz, die 1470–82 den spätgotischen Haupttrakt errichten ließ. Die Bauleitung hatte 1472–75 Arnold von Westfalen. Die Burg brannte 1547 aus und gelangte 1548 in die Hände der mächtigen Schönburger Grafen. Sie ließen die Brandschäden beheben und bauten an. Unterbrochen durch einen neuerlichen Brand (1585), zogen sich die Arbeiten bis 1596 hin.

Der vierflügelige Hauptbau gruppiert sich um einen fast regelmäßig angeordneten Innenhof: Haupteingang mit Torturm und Rundbastion sowie der Pulverturm sind wie bei den meisten Burgen der Höhenlage des Bergsporns angepaßt. Das *Brunnenhaus* samt Räderwerk im Hof stammt aus dem 18. Jh.; den Brunnenschacht vertieften Freiberger Knappen 1470–75 von 31 auf 53 m. Sehenswert ist vor allem die *Schloßkapelle* St. Annen mit Netzgewölbe von Caspar Kraft (1523) und sandsteinernem Renaissance-Altar (1576) von Andreas Lorentz, einem Freiberger Künstler. Ebenfalls ins 16. Jh. gehört die *Alte Kemenate* mit Stichkappen-Tonnengewölbe. Die *Neue Kemenate* im Westflügel fällt durch den eingebauten Wendelstein auf. Bis 1900 war die Rochsburg bewohnt; heute sind in ihr eine Jugendherberge und ein *Museum* untergebracht. Letzteres zeigt kostbare Stilmöbel, vor allem aus der Zeit der Renaissance, des Barock und des Rokoko sowie Gemälde des 17./19. Jh. aus der Galerie der Schönburgs. Das Freigrab der Schönburgs in der noch romanischen **Dorfkirche** (Ende 12. Jh.) schuf Samuel Lorentz (nach 1581).

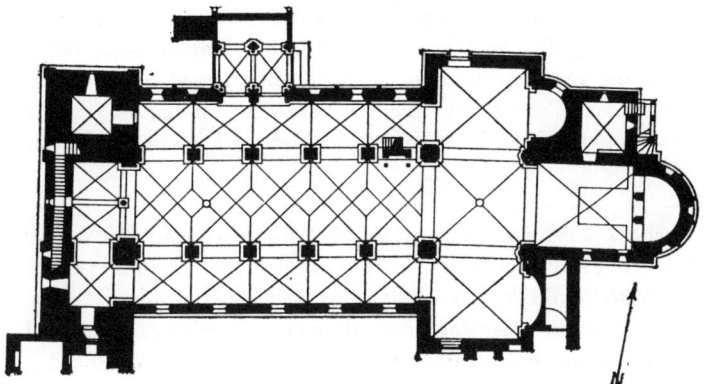

*Wechselburg,
Grundriß der
Stiftskirche*

Flußabwärts wird die Zwickauer Mulde bei **Göhren** von einem 1869/71 für die Eisenbahn gebauten zweistöckigen Viadukt mit 21 Bogen überbrückt. Mit Claus, dem Erbauer des Flöhatalviadukts bei Hetzdorf (s. S. 358), hatte sich für dieses Projekt ein erfahrener Architekt gewinnen lassen. Die noch romanische *Dorfkirche* zu Göhren ist mit einem spätgotischen Flügelaltar von 1512 ausgestattet; im Schrein Anna selbdritt. Den Altar schuf der in Altenburg beheimatete Franz Geringswald.

Wir folgen weiter dem Flußlauf der Mulde und erreichen bald **Wechselburg**. Die *Stiftskirche Wechselburg* wurde 1160–80 als dreischiffige Pfeilerbasilika für das Augustiner-Chorherren-Stift Zschillen errichtet. Der Chor entspricht alter sächsischer Tradition, Wandgliederung und Kapitelornamentik lassen Einflüsse französischer, niedersächsischer und oberrheinischer Bauschulen erkennen. An der Stiftskirche wiederum orientierten sich Architekten aus Freiberg und Chemnitz. 1278 fiel sie an den Deutschritterorden, unter dem 1474 das spätgotische Netzrippengewölbe im Mittelschiff eingezogen wurde. Das 1543 säkularisierte Ordenshaus kam 1553 im Tausch – daher wohl der Name Wechselburg – zur Herrschaft der Familie Schönburg. Das Kloster wurde nun zum Wohnschloß, die Stiftskirche zur Schloßkirche (1683/84) umgestaltet. 1753–56 wurden die Klostergebäude abgerissen und auf dem alten Klausurgelände das barocke Schloß unter Johann Gottlieb Ohndorff errichtet. Es gehört seit 1946 dem Gesundheitswesen und ist Touristen nicht zugänglich.

Die Kirche wurde nach dem Zweiten Weltkrieg Pfarr- und Wallfahrtskirche. Der reichgeschmückte, mit einer Kreuzigungsgruppe abgeschlossene *Lettner* (Abb. 63) von 1230–35 im Ostteil des Mittelschiffs zählt zu den bedeutendsten Kunstwerken des 13. Jh. im deutschsprachigen Raum. Krypta und Lettner wurden 1683 abgebrochen und die Bildwerke im Kirchenraum verteilt. Um den 1971/72 restaurierten Kanzellettner historisch getreu plazieren zu können, führte man umfangreiche Restaurierungsarbeiten durch. Der Wechselburger Lettner wird verschieden interpretiert. Vieles spricht für einen Zusammenhang mit den Bildwerken der Goldenen Pforte am Freiberger Dom (s. S. 372f.). Farbspuren belegen, daß der Lettner wie diese farbig bemalt war, unter großzügiger Verwendung von Gold und

Silber. Die Figuren der sich über dem letzten Bogen erhebenden Triumphkreuzgruppe sind überlebensgroß. Die Nischenfiguren in der Lettnerwand stellen in den unteren Feldern Abraham, und Melchisedech, darüber Daniel, David, Salomo und Ezechiel dar.

Fast parallel mit dem Lettner entstand das *Grabmal* mit dem Bild des Stifterpaares Dedo von Groitzsch († 1190), Sohn des Meißner Markgrafen Konrad, und seiner Ehefrau Mechthild († 1189).

Rochlitz (8000 Ew.), 968 erwähnt als *Rochilinze,* gehört zu Sachsens ältesten Städten (1209). Seit dem Mittelalter bildet das 1109 erstmals als Befestigung erwähnte **Schloß** (Farbabb. 20) den Mittelpunkt der Kreisstadt an der Zwickauer Mulde.

Die malerische Anlage liegt auf einem schmalen Ausläufer des Rochlitzer Berges. Die beiden mächtigen quadratischen *Türme* mit spitzen gotischen Helmen, die sogenannten ›Jupen‹, wurden Anfang des 13. Jh. gebaut und 1390 erneuert. Der Turm zur Mulde hin heißt des helleren Dachs wegen ›lichte Jupe‹, der Nordturm mit dem dunkleren Dach ›finstere Jupe‹. Die aus Fruchtschiefer bestehenden Türme sind die ältesten Teile der Burg. Ab dem 14. Jh. ist die alte romanische Burg in ein Schloß umgewandelt worden. Das *Fürstenhaus* mit dem großen und dem kleinen Wendelstein geht auf Umbauten von 1537–47 und 1590 zurück. Während des Dreißigjährigen Krieges wurde das Unterschloß zerstört.

Aus dem westlichen Querhaus ragt die *Schloßkapelle* hervor. Das Netzgewölbe im Innern (um 1500), aus sprödem Rochlitzer Porphyrtuff gearbeitet, wirkt auffallend feingliedrig. Erhalten sind Reste romanischer Wandmalereien. Kapelle und Nebenräume beherbergen heute ein *Museum* mit sakralen Plastiken des 15. Jh. Daneben gehören vor allem siedlungsgeschichtliche Exponate zum Sammlungsgebiet. Die Rochlitzer Burg spielte bei der Besiedlung des Landes eine ähnliche Rolle wie die Rochsburg (s. S. 384).

Der Rochlitzer Berg, ein alter Vulkankegel, liegt 353 m hoch. Vom aus Porphyrtuff erbauten Aussichtsturm (27 m) blickt man bis zum Kamm des Erzgebirges. Abgebaut wird das Vulkangestein rund um die Kuppe. Sprengungen sind auf Grund der Eigenart der geologischen Strukturen nicht möglich. Rochlitzer Porphyrtuff ist eng mit Sachsens Baugeschichte verknüpft. Der rote Stein, auch ›sächsischer Marmor‹ genannt, fand vielerorts Verwendung, so in der Rochsburg, der Burg Kriebstein, der Augustusburg, dem Schloß Colditz, dem Alten Rathaus zu Leipzig und auch in den Bauten der Stadt Rochlitz selbst.

Die vielen Stadtbrände überdauert hat die Rochlitzer **Kunigundenkirche**, eine bemerkenswert rein spätgotische, dreischiffige Hallenkirche mit Netz- und Sterngewölbe, gebaut 1417–76. Der gedrungene Turm stammt von 1804. Zur Ausstattung der Kirche gehört ein dreiflügeliger spätgotischer *Schnitzaltar* vom Meister der Freiberger Domapostel, Philipp Koch (1513). Die Tafeln der ersten Wandlung mit dem Nothelferbild werden Hans Dürer, dem Bruder Albrecht Dürers, zugesprochen, die Tafeln der zweiten Wandlung mit der Kunigundenlegende Philipp Koch. Die beiden Tonfiguren, Kunigunde und Kaiser Heinrich II. darstellend, gehören zu Sachsens ältesten keramischen Großplastiken (um 1476).

Ein verheerender Brand vernichtete 1802 die seit der Spätgotik gewachsene historische Stadtanlage. Die Bürgerhäuser am Markt entstanden einheitlich seit 1802/04; mit Übergabe

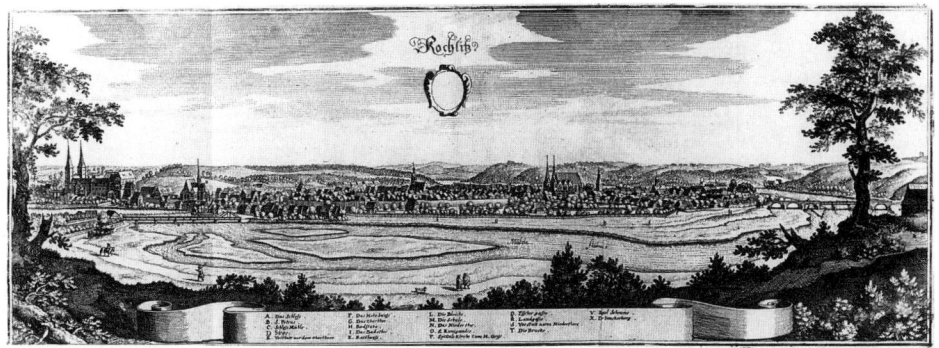

Rochlitz. Stich von Matthäus Merian, um 1650

des klassizistischen **Rathauses** fand 1828 der Wiederaufbau seinen Abschluß. Der Stadt-grundriß ist mit dem als erweiterte Durchgangsstraße konzipierten Markt ungewöhnlich. Rochlitz hat seinen Chrakter als typische alte Straßenmarktsiedlung bis heute bewahren können. Ähnliches kann noch von Geithain gesagt werden, mit Einschränkung auch von Meerane.

Am Unterlauf der Zwickauer Mulde liegt **Colditz** (7000 Ew.). Die Stadt ist für ihre traditionsreiche Steingutproduktion bekannt, mit der 1804 begonnen wurde, als der monopolartige Anspruch der Meissener Porzellanmanufaktur auf Colditzer Kaolin erlosch.

Die im 11. Jh. errichtete Burg gehörte ab 1180 zum Reichsgut und fiel 1404 an die Wettiner. Unter Friedrich dem Weisen und Johann Friedrich dem Sanftmütigen war Colditz kurfürstliche Residenz, dann Witwensitz (bis um 1700). Unter Einbeziehung noch gotischer Bauteile erfolgte 1578–91 unter Hans Irmisch und Peter Kummer d. Ä. der Umbau zum **Renaissanceschloß** (Abb. 74). Die Gemälde in den Schloßräumen stammten von Lucas Cranach d. J. Pankraz Zeller aus Regensburg fertigte 1583–91 die Leuchter für den 340 m² großen Saal des (1875 abgebrochenen) Saalhauses. Sie zählten zu den wertvollsten Schätzen des Schlosses, das zu den schönsten und prunkvollsten Sachsens gehörte. Es gruppiert sich unregelmäßig um zwei Höfe. Halbkreisförmig ist der Grundriß des *Hinteren Schlosses*. Noch von 1430 stammt das gotische Tor (Spannweite 3,40 m) das hier die 2,40 m dicke Mauer des alten Wehrgangs durchbricht. Gegenüber dem Tor stehen das *Fürstenhaus* mit Erker (im wesentlichen von 1524) und die 1584 umgebaute *Allerheiligenkirche* mit einem Rundbogenportal, das Andreas Walther II. zugeschrieben wird. Die *Steinbrücke* am stadtseitigen Zugang wurde 1584 gebaut. Der *Turmbau* mit vier Renaissance-Giebeln, Dachreiter und welscher Haube entstand 1530. Das zweite *Turmtor* ist mit dem sächsischen und dem dänischen Wappen geschmückt, ein Hinweis auf den Umbau des Schlosses unter Kurfürst August (Sachsen) und Kurfürstin Anna (dänische Prinzessin). Als die Wettiner sich verstärkt nach Dresden orientierten, verlor das alte Residenzschloß Colditz an Bedeutung. Möbel und Gemälde wurden 1787 verkauft. Das Schloß diente als Magazin, von 1803–29 als

Colditz, Schloßhof

Gefängnis. Seither ist es mit Unterbrechungen Heilstätte: 1933–34 war es Konzentrationslager, 1939–45 Kriegsgefangenenlager für alliierte Offiziere.

Das *Museum* nutzt Räume eines Barockbaus von 1730 in dem sonst nicht zugänglichem Schloß. Einmalig ist die Museumsabteilung ›Fluchtbewegung‹. Das Hauptgebäude des Museums mit wertvoller Kunst- und Steingutsammlung befindet sich in der Kurt-Böhme-Straße 1. Colditz prägte früher Münzen, Katharinen- und Margareten-Groschen, und ist Heimat des Begründers der wissenschaftlichen Numismatik, Johann David Köhler (1684–1755), in dessen Geburtshaus das Museum eine Spezialausstellung eingerichtet hat, ein Mekka für Münzsammler.

Bemerkenswert ist neben **Bürgerhäusern** am Markt (13 und 21) und nahebei (Tiergartenstraße 1 mit Wendeltreppe) das **Alte Rathaus**, ein 1650–67 erneuerter kubischer Renaissancebau von 1540 mit drei Volutengiebeln. Noch romanisch (12. Jh.) ist die einschiffige Kirche **St. Nikolai**. Einen spätgotischen Chor mit Netzgewölbe aus der ersten Hälfte des 15. Jh. weist die **Ägidienkirche** auf, zu deren Ausstattung ein Altaraufsatz von 1598 und zwei Alabasterreliefs von 1598 gehören.

Südlich der Rochsburg, flußaufwärts, liegt **Penig** (8300 Ew.), eine Stadt der Weber, Töpfer, Papierproduktion (seit 1508) und Strumpfwirkerei. Die *Kellerberganlage* soll Verteidigungszwecken gedient haben. Schlicht, aber ehrfurchtgebietend präsentiert sich die romanische Kirche *St. Ägidius* (12. Jh.). Das *Rathaus*, ein dreigeschossiger Renaissancebau mit dreiteiligem Hauptportal, stammt von 1545/46. Beachtung wegen ihrer bemerkenswerten Ausstattung verdient die *Kirche ›Unser Lieben Frauen auf dem Berge‹* (1476–1515). Die Malereien auf der Felderdecke schuf Constantin Seitz 1688. Der Altaraufsatz (1564) stammt von Christoph Walther II., der Taufstein (1609) von Gabriel Eckhardt. Lucas Cranach d. Ä. schuf das Luther-Porträt ›Junker Jörg‹ (1537), und auf die Freiberger Meister aus dem Haus Lorentz gehen einige Grabmäler zurück.

In **Wolkenburg**, Geburtsstadt des impressionistischen Malers Fritz von Uhde (1848–1911), gab es 1241 schon eine Burg, die nach 1635 bis ins 18.Jh. hinein zu einem *Schloß* der Familie von Einsiedel, der auch die Lauchhammer-Hütte gehörte, ausgebaut wurde. Dekorative Details aus Gußeisen, wie die Plastiken auf der doppelläufigen Freitreppe des Innenhofes, verweisen auf das Hüttenunternehmen des Bauherren. Der klassizistische Saal des Schlosses entstand im 18.Jh. nach einem Entwurf des Landbaumeisters Friedrich August Krubsacius. Teils nach Vorlagen von Adam Friedrich Oeser schuf Christian Umger die Stuckreliefs. Auch im *barocken Garten* am Schloß ist die Lauchhammer-Hütte mit vorromantischen Eisenkunstgüssen vertreten: Artemis (1792), Apoll (1800), u. a. Die *Alte Kirche* aus der Zeit um 1400, Begrabnisstätte der Familie von Einsiedel, besitzt einen Epitaphaltar aus Marmor von Johann Böhme (1657) für Rudolf Haubold von Einsiedel. Die *Neue Kirche*, 1794–1803 von Johann August Giesel mit auffallend gestrecktem Langschiff und Felderdecke errichtet, ist eine der bedeutendsten klassizistischen Dorfkirchen Sachsens. An den seitlichen Portikusanbauten befinden sich gußeiserne Reliefs aus

Schloß Wolkenburg. Stich, um 1840

Lauchhammer. Die Gemälde hinter dem Altartisch schufen Adam Friedrich Oeser und Hans Veit Schnorr von Carolsfeld.

Die Töpferstadt **Waldenburg** (4700 Ew.) zählte bis 1945 zu den Residenzen der Herren von Schönburg, die seit 1378 Besitzer der alten *Waldenburg* (1165–72) waren; der untere Teil des Bergfrieds von 1172 blieb von ihr erhalten. Im Stil englischer Tudorgotik ist 1855–59 ein *neues Schloß* gebaut worden. 1885 richtete man Festsäle ein (altdeutsches und chinesisches Zimmer, blauer und gelber Salon). 1909–12 wurde das Treppenhaus im Jugendstil umgebaut. Das Schloß, 1945 vom Gesundheitswesen übernommen, ist nicht öffentlich zugänglich.

Dem Schloß gegenüber schufen die Schönburger 1844 ein *Museum* für das 1840 gekaufte Lincksche Naturalienkabinett (begründet 1670). Die Bestände wurden systematisch erweitert. Das Herbarium umfaßt inzwischen 16000 Pflanzen. Gezeigt werden auch heimische Töpferwaren und Zeugnisse sakraler Kunst u. a. Teile von Peter Breuers Callenberger Altar (1512–13): Für die neue Dorfkirche Callenberg, errichtet 1859, war der Altar zu groß. So ist er auf Museen in Leipzig, Glauchau und Waldenburg (Figuren des Gesprenges) verteilt worden. Das Musem, das zwei Etagen belegt, ist das älteste Westsachsens.

Der *Park Grünenfeld* wurde 1780–95 von Christian Friedrich Schuricht im englischen Stil angelegt und später auf 105 ha erweitert. Zu den Parkbauten zählt das vom 1619 abgebrannten Hinteren Schloß 1786 geborgene Renaissancetor »Zur stillen Naturfreude«. Parkschlößchen und Gotisches Haus entstanden 1786. Der Park Grünenfeld ist ein Denkmal sächsischer Gartenbaukunst.

Die *Stadtkirche St. Bartholomäus* entstand einschiffig in der ersten Hälfte des 15. Jh. Ende des 15. Jh. kam es zur Erweiterung um ein zweites Schiff, der Überspannung mit Stern- und Netzgewölben und zur Errichtung des achteckigen Turmaufsatzes. Die Kirche wurde 1874 im Stil der Neogotik umgebaut und der prächtige Sandsteinepitaph von Christoph Walther II. (1567) für Hugo von Schönburg mit korinthischem Säulenaufbau und Freiplastiken aus der alten Schloßkapelle hierhin versetzt. Der Taufstein, der Christoph Walther II. zugeschrieben wird, stammt ebenfalls aus der Schloßkapelle.

Glauchau (33000 Ew.), ein Zentrum der Textilindustrie, war bis 1835 Sitz der Schönburgischen Regierung: Eine Kanzlei gab es bis 1918. Den Reichsgrafen von Schönburg, seit 1740 an Kursachsen gebunden, gehörten zehn Städte, 125 Dörfer und die Burgen Lichtenstein, Waldenburg, Hartenstein und Glauchau (zeitweilig auch Hohnstein, Rochsburg, Wechselburg u. a.). Aus einer Teilung der Herrschaft ergibt sich die merkwürdige Trennung durch einen alten Wallgraben von **Schloß Hinterglauchau** und Schloß Forderglauchau. Ersteres entstand 1470–85 als Folgebau der 1170–80 auf einem nach drei Seiten steil abfallenden Sporn errichteten spätgotischen Burg unter stilistischem Einfluß der Landeshütte Arnolds von Westfalen. Der bekannteste Raum neben der Kapelle war der einst riesige *Rittersaal,* in den 1550 eine Kassettendecke mit 91 Feldern eingezogen wurde, von denen 26 erhalten sind. Umgebaut wurden 1527–34 der Nordflügel (Frührenaissance), 1710–30 der Ostflügel (Barock) und 1864–65 der Südflügel (Neogotik). Das Schloß ist seit 1940 Heimstatt eines 1989 neu gestalteten *Museums* von überregionaler Bedeutung. Zwei berühmten Söhnen der

Schloß Waldenburg.
Stich, um 1840

Stadt, dem Mineralogen Georgius Agricola (* 1494) und dem Maler Erich Fraaß (* 1893) sind ständige Ausstellungen gewidmet. Im Rittersaal werden Exponate des 16. Jh. gezeigt. Besonders sehenswert ist die Grafiksammlung, im wesentlichen eine Schenkung des Arztes Rudolf Geipel (1869–1956). Sie umfaßt allein 800 Grafiken alter Niederländer und aus der Dürerzeit. Aus dem Besitz der Schönburgs stammen verschiedene Gemälde, vor allem aber wertvolle historische Möbel, darunter ein Damenschreibtisch von David Roentgen. Ihresgleichen sucht die Sammlung ostasiatischer Keramik mit Gefäßen aus *Blanc de Chine*. Von Peter Breuer haben zwei Flügel des Callenberger Altars (1512/13) überdauert.

Das **Schloß Forderglauchau** entstand 1527–34 durch den Umbau alter Wirtschaftsgebäude unter Andreas Günther aus Komotau. Veränderungen erfolgten zuletzt bei der Behebung von Kriegsschäden. Im Inneren sind noch schöne barocke Stuckdecken vorhanden. Etwa 13 m unter dem Schloßhof befinden sich Gänge aus dem 13./14. Jh. Sie könnten als Entwässerung und Fluchtweg, möglicherweise auch als Magazin gedient haben.

In der Stadt Glauchau ist das **Rathaus** von 1712 mit dem dicken achteckigen Turm interessant. 1819 wurde es durch die Einbeziehung des Nachbarhauses erweitert. Die **Stadtkirche St. Georg** entstand 1726–28. Sie besitzt von ihrem spätgotischen Vorgängerbau einen Flügealtar von 1510 mit Anna selbdritt im Schrein und eine Silbermannorgel von 1730.

Im benachbarten **Meerane** verdient die *Stadtkirche St. Martin* besondere Beachtung. Der Chorturm stammt noch aus der zweiten Hälfte des 12. Jh.; das Langhaus von 1882. Die Kirche hat von ihrem spätgotischen Vorgängerbau einen 1963/64 restaurierten Flügelaltar von Jacob Naumann (1506) mit Maria und Kind im Schrein übernommen und einen Kelch von 1500.

Im Leipziger Tiefland

Das Leipziger Land ist gut überschaubar. Vorteilhafte Aussichtspunkte sind das über 500 Stufen zu erklimmende Plateau des Völkerschlachtdenkmals und der per Lift zu bezwingende Uni-Riese in Leipzig, wo sich im gepflegten Restaurant der Rundblick genießen läßt. Im Norden heben sich bei guter Sicht die Konturen des Harzes ab, im Süden die des Erzgebirges. Die ›Zugspitze‹ im Leipziger Tiefland ist der Collm bei Oschatz mit 316 m. Zu den Besonderheiten dieser Landschaft gehört der Auenwald. Er zieht sich entlang der Pleiße und Elster als schmaler, etwa zwei Kilometer breiter Streifen. Im Baumbestand dominieren Stieleiche, Weißbuche und Ahorn. Die Rüster (Ulme), der typische Baum des Auenwaldes, wurde ein Opfer der Umweltbelastung. Der 1952 aus städtischer in staatliche Hand gewechselte Forst ist von 2700 ha auf 1022 ha geschrumpft; es sind mehr Bäume als weitsichtige Entscheidungen gefallen.

Von drei Seiten wird Leipzig vom Kohleabbau betroffen; die Abraumhalden erstrecken sich südwestwärts bis an den Stadtrand. Der künstliche Berg bei Espenhain bringt es derweil auf eine Höhe von mehr als 70 m. Kohle ist der Reichtum dieser Region, aber ein umweltbelastender. Felder und Wälder wurden verdrängt durch Tagebau und Kippen. Mit 3 Mio. m³ Erdbewegung war die Verlegung der weißen Elster bei Zwenkau verbunden. Über eine Länge von 12 km wurde die Eisenbahnstrecke Leipzig – Zeitz korrigiert, und zwischen Leipzig und Espenhain entstand eine neue Straßenverbindung. Lang ist die Liste der verschwundenen Dörfer: Magdeborn, Bösdorf, Eythra, Stöntzsch, Schleenhain, Crostewitz usw. Es gibt kein zweites Beispiel in der neueren deutschen Geschichte für eine nicht kriegsbedingte Bevölkerungsbewegung dieses Ausmaßes. Schnell veraltet wie Autokarten und Ortsverzeichnisse sind auch die Denkmallisten. Mit den Dörfern zogen auch die Kunstwerke um – die 1678 gebaute Orgel aus Stöntzsch in die Stadtkirche Stolpen, die Magdeborner Glocke nach Leipzig-Grünau, die Rokoko-Figuren des Landhauses Prödel ins Leipziger Museum... Mitunter werden auch Umzüge vermutet, wo keine erfolgten. Die beiden Röthaer Silbermann-Orgeln stehen noch an ihrem alten Platz.

Hoch oben auf dem Völkerschlachtdenkmal skizzierte der Maler Wolfgang Mattheuer (* 1927) sein Bild ›Das graue Leipzig‹, ein Werk, das die Gemüter bewegte. Das Urteil von Öffentlichkeit und Behörden fiel gegensätzlich aus, aber das nachdenklich stimmende Gemälde hat auf seine Weise das Umweltbewußtsein gefördert. Immer wieder ist zu vernehmen: in Sachsen gäbe es kein Gebiet, das zu begreifen so schwierig sei wie das Leipziger.

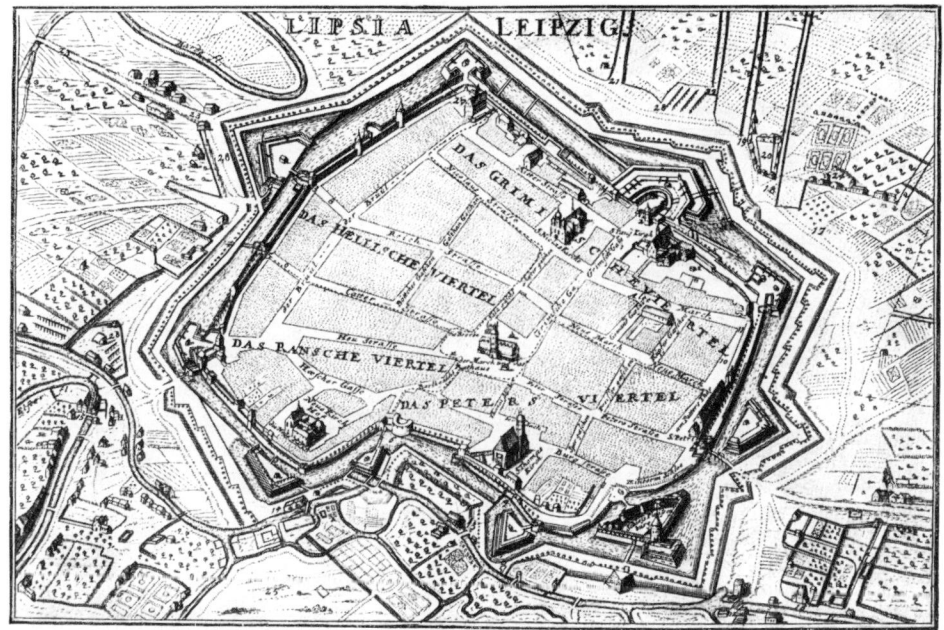

Stadtgrundriß von Leipzig. Kupferstich von Gabriel Bodenehr, um 1720

Dies mag seine Berechtigung haben. Nirgendwo sonst gab es radikalere Eingriffe in die Natur! Dennoch – unverwüstlichen Lebenswillen stellte das Leipziger Land schon des öfteren unter Beweis, und Tradition verpflichtet. Etwa 4300 Objekte haben kulturhistorischen Wert, allein in Leipzig 1400.

Messestadt Leipzig

Der Schriftsteller Christoph Hein möchte Leipzig gern als ›Heldenstadt‹ bezeichnet sehen, ging doch von hier in den stürmischen Oktobertagen 1989 die Wende aus. Der Nährboden dafür war günstig. Leipzig ist nie Residenzstadt gewesen mit höfischen Bauten, prunkvollen Schlössern und Palästen und auch nie Regierungssitz; die Stadt war jedoch stets dem Handel zugewandt und weltoffen.

Am Kreuzpunkt von via regia und via imperii, wo Grimmaische Straße und Reichsstraße einander schneiden, erfolgte der erste Güteraustausch. Um 1165 wurden die juristischen Grundlagen der Messe – Marktrecht und Meilenprivileg – im Stadtbrief, einem Pergament im Format heutiger Postkarten, fixiert. Das im Stadtarchiv verwahrte Dokument ist eine Rarität, es gehört zu den ältesten Aufzeichnungen des bürgerlich-feudalen deutschen

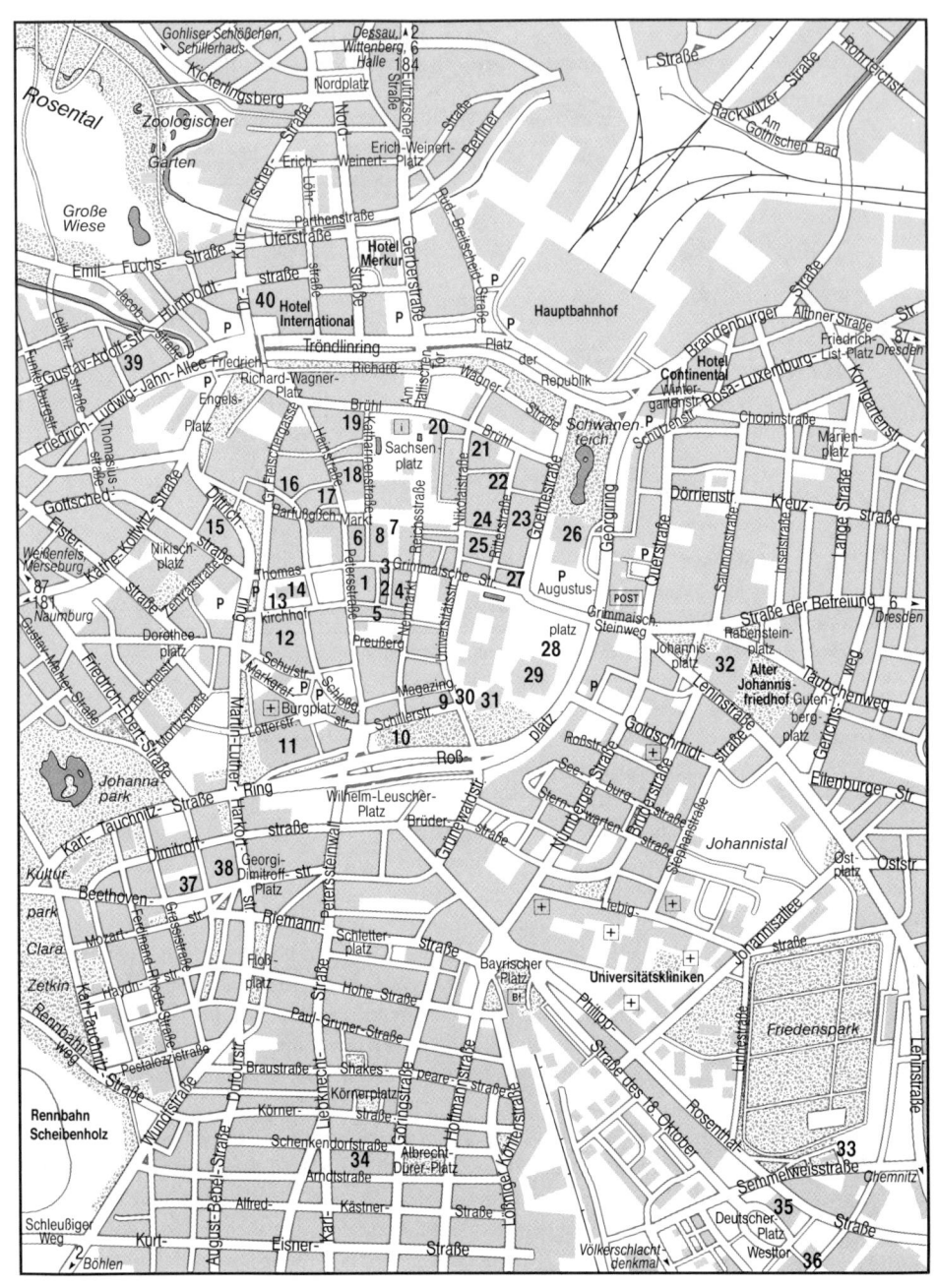

Rechts. In den Rang einer Reichsmesse wurde Leipzigs Markt durch Privilegien Kaiser Maximilians 1497 bzw. 1507 gehoben. Zu den alten Fernhandelsverbindungen gesellte sich dank der Blüte des erzgebirgischen und mansfeldischen Kupferbergbaus aus dem Hinterland ein Angebot an Silber, Kupfer, Wismut, Kobalt und Zinn. Leipzig vermittelte nicht nur , es brachte auch Waren ein.

Den Erfordernissen des Handels entsprachen die Durchgangshöfe, an die Barthels Hof (s. S. 400) noch erinnert. Die zur Straße gewandten Flügel dienten Wohnzwecken, die beiden inneren als Speicher. Der Hof war groß genug, um mehrere Planwagen, ›Weiße Elefanten‹ genannt, gleichzeitig be- und entladen zu können. Die Wagen brauchten nicht zu wenden; die Ausfahrt erfolgte zur anderen Straßenseite hin. Nach römischem Recht galt das Betreten der Höfe durch Unbefugte als Hausfriedensbruch. In Leipzig benutzten eilige Passanten die Höfe als Durchgang zur nächsten Querstraße, verlegten Händler während der Messe ihre Stände in die Höfe. Als im 19. Jh. Läden aufkamen, galten die belebten und beliebten Höfe als idealer Standort. Die erste Ladenstraße schuf 1819 C. R. Kanitz im Hotel de Pologne in der Hainstraße. Ladenstraßen wurden für Leipzig charakteristisch wie in anderen Handelsstädten Laubengänge. Vor der Zerstörung der Stadt 1943 gab es mehr als 40 Passagen. Zu den wenigen, die überdauerten, gehörte die berühmteste, die Mädlerpassage (s. S. 408).

Mit dem Übergang zur Mustermesse begann 1895 ein neues Kapitel im Messewesen. Die Industrie mit ihrer Massenproduktion hatte der alten Warenmesse ein Ende bereitet; sie vermochte die Warenflut nicht zu bewältigen. Da sich Serienprodukte gleichen, erwies sich die Bestellung anhand des Musters als ausreichend. Verdrängt sah sich der Kaufmann alter Prägung; der Fabrikant als Aussteller übernahm seinen Platz. Zu den gravierendsten Neuerungen gehörte der Rückzug des Handelsgeschehens in den Meßpalast (s. S. 400). Dieser war völlig auf die Belange der Messe zugeschnitten und stellte einen selbständigen Bautyp dar. Andere Messestädte haben die Grundidee übernommen, bauten aber in der Regel am Stadtrand. In Leipzig, wo die Warenmesse nachwirkt, stehen die Messehäuser in der Innenstadt – zwar nah beieinander, aber keinen Komplex bildend.

Für schwere Technik entstand 1920 am Fuße des Völkerschlachtdenkmals ein Messegelände, ursprünglich Technische Messe genannt. Von der internationalen Baufachausstellung (1913) konnte die ›Betonhalle‹ übernommen werden, ein Werk des Architekten Wilhelm Kreis. Die Meßpaläste in der Innenstadt hatten der Rat der Stadt oder private Vermieter gebaut, die Hallen auf dem Messegelände errichteten Großunternehmen.

Leipzig: 1 Messehaus am Markt 2 Mädlerpassage 3 ›Auerbachs Keller‹ 4 Zentral-Messepalast 5 Messehof 6 Altes Rathaus (Museum für Geschichte) 7 Goethe-Denkmal 8 Alte Börse 9 Ägyptisches Museum 10 Schiller-Denkmal 11 Neues Rathaus 12 Bosehaus (Bach-Museum) 13 Bach-Denkmal 14 Thomaskirche 15 Schauspielhaus 16 ›Kaffeebaum‹ 17 Barthels Hof 18 Alte Waage 19 Romanushaus 20 Messehaus Brühlzentrum 21 Steibs Hof 22 Oelßners Hof 23 Universität 24 Nikolaischule 25 Nikolaikirche 26 Opernhaus 27 Kroch-Hochhaus 28 Mendebrunnen 29 Gewandhaus 30 Leibniz-Denkmal 31 Moritzbastei 32 Grassi-Museum 33 Russische Gedächtniskirche 34 Comenius-Bücherei 35 Deutsche Bücherei mit Buch- und Schriftmuseum 36 Neues Messegelände 37 Universitätsbibliothek 38 Museum des Reichsgerichts und Museum der bildenden Künste 39 Deutsche Zentralbücherei für Blinde 40 Ring-Messehaus

Besichtigungsvorschlag:
Leipzigs Stadtkern liegt innerhalb eines 3,5 km langen Promenadenringes und ist nur zu Fuß passierbar. Bei einem Kurzbesuch empfiehlt sich folgende Route (3 bis 4 Stunden): Parken auf dem Augustusplatz. Per Lift Aufstieg zur 126 m hoch gelegenen Aussichtsplattform des **Universitätshochhauses.** Neben dem Uni-Riesen steht das 1981 eingeweihte **Neue Gewandhaus:** im Foyer Max Klingers Beethoven-Plastik. Über die Grimmaische Straße geht es zum Markt mit zwei Abstechern. Die abzweigende Ritterstraße führt zur **Nikolaikirche,** Besichtigung der innen klassizistisch gestalteten alten Kaufmannskirche. Zweite Station ist am Naschmarkt rechtsseitig die **Alte Börse,** ein blockartiges Barockgebäude von 1678–87 und Goethe-Denkmal, linksseitig die sehenswerte **Mädlerpassage** mit Meissner Glockenspiel und **Auerbachs Keller,** Leipzigs ›Heiligem Keller‹. Den Markt beherrscht das **Alte Rathaus** von 1556, der wertvollste Renaissancebau der Stadt. Südwestlich befindet sich das **Bach-Zentrum;** Besichtigung der Thomaskirche, des Bach-Denkmals und des Johann-Sebastian-Bach-Museums. Am Thüringer Hof vorbei geht es weiter zum **Neuen Rathaus.** Unter der Seufzerbrücke durch führt die Route um das Rathaus, eines der größten und schönsten der rund 50 in Wilhelminischer Zeit errichteten deutschen Rathäuser. Südwestwärts wird das ehem. Reichsgericht sichtbar. Durch den von Lenné angelegten Schillerpark erreicht man wieder den Augustusplatz.
Abstecher: Die Stätten der Völkerschlacht in der Südostvorstadt (2 Stunden): Das 1913 eingeweihte **Völkerschlachtdenkmal** ist ein Wahrzeichen der Stadt. Die Besichtigung mit Aufstieg zur Plattform dauert 1 Stunde; Besuch der **Russischen Kirche** in der Philipp-Rosenthal-Straße.

Die Leipziger Messe verfügt heute über 150 000 m² Ausstellungsfläche in Hallen und 80 000 m² Freifläche auf dem Messegelände sowie 15 Bauten mit 110 000 m² Ausstellungsfläche in der Innenstadt. Zwischen den beiden Hauptmessen im Frühjahr und Herbst finden seit 1990 Spezialmessen statt, was eine Hinwendung der traditionsreichen Universalmesse zur Fachmesse andeutet. Von 1991 an hat auch die Buchmesse einen eigenen Termin. Vor 1945 war Leipzig im deutschen Buchwesen führend (s. S. 420 f.). Bekannt ist Leipzig als Ausrichter der Internationalen Buchkunstausstellung (IBA).

Mit der Rauchwarenauktion behauptet sich ein Rest Warenmesse. Dem Übergang zur Mustermesse vermochte der mit ungleichen Naturprodukten umgehende Rauchwarenhandel nicht zu folgen. Unter den Hammer kommen jährlich etwa 8 Millionen Felle aus 17 Ländern. Die Auktionen finden auf der ›agra‹, dem 1952 geschaffenen Gelände der Landwirtschaftsausstellung statt. Der Brühl, die alte Weltstraße der Pelze, brannte 1943 aus. 1928 konzentrierten sich hier auf engstem Raum 718 Rauchwarenhandlungen, die ein Drittel der Welternte an Fellen umschlugen. Die Rauchwarenwirtschaft beschäftigte in ihrer besten Zeit 11 000 Personen und war vor dem Ersten Weltkrieg als Steuerzahler wichtiger als die Industrie. Ihr Anteil am Steueraufkommen der Stadt lag 1912 bei 40 %. Leipzig veranstaltete 1930 die Internationale Pelz-Fachausstellung (IPA). Das in der Welt einmalige Pelzmuseum wurde 1943 zerstört. An Leipzig als Pelzstadt erinnert wenig.

Die Nikolaikirche

Die Nikolaikirche wurde zur Wiege der gewaltfreien Revolution von 1989. Als symbolträchtig erwies sich das Schild an der Pforte: NIKOLAIKIRCHE – OFFEN FÜR ALLE. Die Kirche, in der seit Oktober 1981 die ›Montäglichen Friedensgebete‹ stattfanden, war ein ›Haus der Hoffnung‹, ein Treffpunkt für oppositionelle Basisgruppen. Von hier erfolgte am 25. September 1989 der Aufruf zur Gewaltlosigkeit bei der Demonstration, an der 8000 Bürger teilnahmen. Damals debattierte Leipzigs Geistlichkeit noch kontrovers so brisante Themen wie ›Schutz für die Schwachen‹, ›Trennung von Staat und Kirche‹. Am 9. Oktober 1989 versammelten sich 2000 Menschen in und 4000 vor der Kirche, 70000 demonstrierten auf der Straße: Gewandhauskapellmeister Kurt Masur, der ›Politiker wider Willen‹, vermittelte eine Erklärung einiger weniger entschlossener, aber einflußreicher Persönlichkeiten der Stadt zur Gewaltlosigkeit. Wer heute vor dem mächtigen Sakralbau steht, denkt wohl zuerst an den Herbst 1989.

Von den noch vorhandenen alten Kirchen ist die Nikolaikirche die älteste und mit einer Gesamtlänge von 63 m und einer Breite von 45 m auch Leipzigs größte Kirche. Sie wurde zur Zeit der Stadtrechtsverleihung um 1165 als Kaufmannskirche errichtet, was von Einfluß auf die stets zeitnahe Position der Kirche gewesen sein dürfte. An ihr predigte Johann Pfeffinger, der 1539 der Reformation in Leipzig den Weg bahnte.

Aus der Frühzeit stammen die Grundmauern des Westwerks. Mit einer Länge von 22,5 m und einer Tiefe von 9 m ist es das größte *romanische Mauerwerk* der Stadt. An der Außenwand der *Nordkapelle* wurden 1902 gefundene romanische Bauteile eingelassen. Aus dem 14. Jh. stammen der gotische Chor und die Unterteile der drei achteckigen Türme. Die Kapelle an der Südseite ist ein Ergänzungsbau von 1467. Aus dem romanischen Bau schuf Benedikt Eisenberg 1513–26 die dreischiffige spätgotische Hallenkirche mit Netzgewölbe. Der mittlere *Turm* wurde 1555 durch Hieronymus Lotter erhöht und erreicht mit der 1730/31 aufgesetzten barocken Haube eine Gesamthöhe von 75 m. Die vielgerühmte Innengestaltung verdankt die Kirche dem unter Johann Friedrich Carl Dauthe 1784–97 vollzogenen

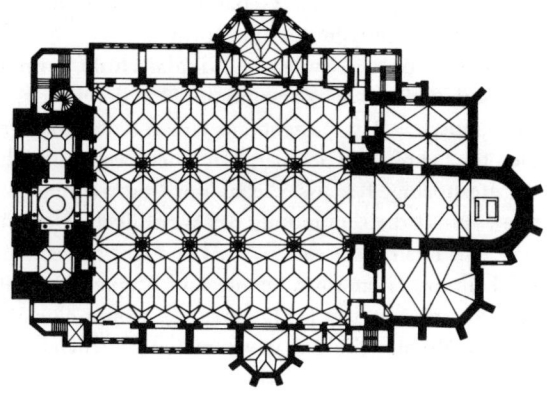

Nikolaikirche, Grundriß

klassizistischen Umbau. Aus dem Netzgewölbe entstand eine stuckierte Kassettendecke. Die Achteckpfeiler wurden als *kannelierte Säulen* verkleidet, die in Blattkapitellen mit Palmwedeln auslaufen. Im Chorraum zog Dauthe ein Tonnengewölbe ein. Bei jüngsten Erneuerungsarbeiten wurde die Farbgebung von 1797 wiederhergestellt: Rosé, Apfelgrün, Weiß (Farbabb. 8). Die Ausmalung der Kirche geht auf Adam Friedrich Oeser zurück. Von ihm stammen 35 Gemälde, darunter das Altarbild. Die alten Lucas-Cranach-Gemälde erhielten nach zufälliger Wiederentdeckung (1815) einen Platz im Museum. In der südlichen Turmhalle steht die steinerne *Lutherkanzel* (1521). Es ist fraglich, ob Luther je von ihr gepredigt hat. Den unbewiesenen Behauptungen ist es zu verdanken, daß die Kanzel alle Umbauten überdauerte. Ebenfalls aus gotischer Zeit stammen ein Madonnenbild, ein Schmerzensmann und ein in die nördliche Turmhalle umgesetzter Schnitzaltar. Die *Orgel*, 1859 eingebaut, gehört mit 6314 Pfeifen zu den größten Sachsens. Was es mit dem hinter einem Gitter an der äußeren Südostecke zu sehenden Hufeisen für eine Bewandtnis hat, bewegt die Gemüter der Leipziger seit Menschengedenken. Drei Deutungen stehen zur Auswahl: Das Hufeisen stammt von dem Pferd des Drachentöters St. Georg, der die Leipziger von einem Lindwurm befreite. – Es war dereinst das Wahrzeichen der hiesigen Schmiede. – Es gehörte zum Grabmal eines Schmiedes, geborgen bei Aufgabe des Nikolaikirchhofes. Eines läßt sich mit Sicherheit sagen: an einen Pferdehuf ist dieses Eisen nie genagelt worden!

Wie der Friedhof mußten auch die alten Handelshäuser rings um die Kirche im Laufe der Zeit weichen. Für die 1898 gegründete erste deutsche Handelshochschule entstand 1910 dem Ostwerk der Kirche gegenüber in der Ritterstraße 8–10 ein Neubau (heute Geschwister-Scholl-Haus der Universität) mit einer Bauplastik von Georg Wrba. Das Portal ist turmartig überbaut, die Fassade durch Wandpfeiler und Bogenreihung eindrucksvoll gegliedert.

In der **Nikolaistraße**, der historischen Verbindung zum *Brühl*, entstanden nach 1900 Geschäftsbauten des Rauchwarenhandels. Gebaut wurde zweckmäßig und traditionsbewußt. Von den rund 200 bildnerischen Darstellungen an den Fassaden beziehen sich etwa 100 auf den Pelz. Kulturgeschichtlichen Wert hat das Giebelfeld in *Steibs Hof* (Nr. 28). Dargestellt sind hier die Gebäude, die dem Neubau weichen mußten. Die Nikolaistraße wurde 1908 zum Bahnhof hin geöffnet.

Die erste Bürgerschule, die **Nikolaischule**, gründete Leipzig 1512 an der Nordseite des *Nikolaikirchhofes*, im Zentrum des Händlerviertels. Das alte Schulgebäude, ein 1511 errichteter gotischer Bau, bestand aus einem etwa 60 m² großen Unterrichtsraum und Wohnräumen für Lehrer und Schüler. Nach der Zerstörung durch einen Brand (1551) entstand 1568 der dreistöckige Renaissancebau mit Traufstellung zur Kirche. Eine neuerliche Zäsur bedeutete 1746–48 die Einbindung des Westflügels. Die Schule verfügte nun über sieben Auditorien, eine reich ausgestattete Aula und eine gewendelte Holztreppe. Zu den Schülern gehörten Leibniz, Thomasius, Seume und Wagner. Die Schule wurde 1872 in die heutige Goldschmidtstraße verlegt (1943 zerstört), womit eine 360jährige Schultradition ihr Ende fand. Die alte Nikolaischule ist in einem bedenklichen baulichen Zustand.

Das Alte Rathaus. Stich, um 1672

Der Markt und seine Bauten

Das **Alte Rathaus** an der Ostseite des Marktes ist Leipzigs schönster Bürgerbau und eines der berühmtesten Renaissance-Rathäuser Europas. Erbaut wurde es 1556 aus rotem Rochlitzer Porphyrtuff von Paul Wiedemann und Sittich Pfretzschner unter der Leitung von Hieronymus Lotter, Bürgermeister in Leipzig.

Von dem um 1480 entstandenen Vorgängerbau stammen die Grundmauern und das 1909 in den Südgiebel eingelassene gotische Fenster. Der zweigeschossige, mit *Arkaden* versehene, langgestreckte Rechteckbau beherrscht völlig das Marktbild. Der hohe *Turm* wurde asymmetrisch eingefügt – von den Zwerchgiebeln der Vorderfront stehen zwei links und vier rechts des Turms. Über dem *Portal* mit ionischen Säulen und ›Gaffköpfen‹ – sie stellen vermutlich Baumeister Lotter und Paul Wiedemann dar – befindet sich ein *Laubengang*. Von den Seitengiebeln her ist eine Schwenkung der Hausfront wahrnehmbar. Dieser unübliche Bauknick resultiert aus der Überbauung von zwei Vorgängerbauten. Zur Grimmaischen Straße öffnet sich der Markt trichterförmig.

Eine erste Restaurierung erfolgte 1672. Aus dieser Zeit stammt die im Gebälk umlaufende, aus 96 Worten bestehende Inschrift, die ›Bauchbinde‹. Der Turm erhielt 1744 durch Christian Döring eine barocke Haube. *Laubengang* und *Erker* an der Südseite schuf Otto Wilhelm Scharenberg beim Umbau 1906–09.

Das Alte Rathaus beherbergt seit 1911 das *Stadtgeschichtliche Museum*. Der 53 m lange und 11 m breite Festsaal diente früher als Ratsdiele, Tanzboden und Gerichtssaal. Erhalten sind drei kostbare *Renaissance-Kamine* aus Sandstein (um 1610), geschmückt mit Figuren von Franz Julius Döteber sowie der *Pfeiferstuhl* (1557). Bei dem *Richterstuhl* (1744) handelt es sich um eine Kopie. Das Portal im Stil des Barock erinnert an den Umbau 1906–09. Die *alte Ratsstube* mit Wandtäfelung und geschnitzter Kassettendecke (z. T. von 1556) gilt als schönster historischer Raum der Stadt. Das Bach-Porträt malte Elias Gottlob Haußmann. Das *Mendelssohn-Zimmer* wurde 1970 eingerichtet und mit Möbeln und Kunstgegenständen aus dem Besitz des Komponisten ausgestattet. Zu den 50 Spezialsammlungen des Museums gehört eine Stadtansichtensammlung mit 24 000 Graphiken, Fotos und Gemälden. Wertvolle Exponate des Museums sind zwei *Epitaphe* von Nikolaus Eisenberg (nach 1452), Gregor Ahnesorges Aktenschrank (1592) und der Trauring von Luthers Frau, Katharina von Bora. Das Alte Rathaus wurde 1989–91 restauriert.

Im Stil der Renaissance hatte Lotter 1555 an der Nordfront des Marktes die **Alte Waage** gebaut. Marktseitig erhielt sie einen Staffelgiebel und einen Treppenturm (1861 abgebrochen). Die Alte Waage diente ursprünglich dem Wiegen und der Abgabenerhebung. Von 1661 bis 1712 nahm sie das Postamt auf, und von 1917 bis zur Zerstörung 1943 war die Alte Waage Sitz des Messeamtes. Bei der Rekonstruktion des Hauses (1963/64) blieb der Treppenturm unberücksichtigt.

Barthels Hof an der Westseite des Marktes (Nr. 8) hat hofseitig noch einen prächtigen *Renaissanceerker* mit gotischen Rippen. Ursprünglich stand hier das Haus ›Zur Goldenen Schlange‹. Es wurde 1523 als erster Renaissancebau errichtet für den Faktor der einflußreichen Augsburger Handelsfirma Welser. Friedrich Seltendorff baute das Haus 1749/50 für den Kaufherren Johann Gottlieb Barthel im Stil des Barock um. 1871 wurde der kostbare Erker mit Türmchen von 1642 aus der Marktfassade herausgenommen und auf die Hofseite versetzt. Erhalten blieb der Charakter des Hauses als typischer Leipziger Durchgangshof. In einem Mansardenraum wohnte hier 1787–93 der Schriftsteller Johann Gottfried Seume.

An der Südseite des Marktes steht das **Königshaus**, so seit 1912 genannt, weil die Wettiner die erste Etage als Gästehaus nutzten. Hier wohnte 1698 Peter der Große und 1705 König Karl XII. von Schweden, und hier brachte Friedrich II. von Preußen 1760 während einer Unterredung mit Leipzigs Dichteridol Gellert, dem ›Proleten der Aufklärung‹, seine Verachtung der deutschen Literatur gegenüber der französischen zum Ausdruck. Hier nahm 1813 Napoleon Abschied von Sachsens König, hier starb 1820 Fürst Schwarzenberg, der

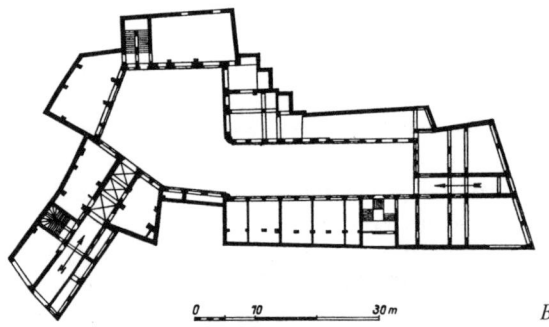

Barthels-Hof, Grundriß

Befehlshaber der Verbündeten in der Völkerschlacht. Kaum ein anderes Haus am Ort ist geschichtsträchtiger als dieses. Der Renaissancebau von 1558 wurde 1706/07 bei Bewahrung der spätgotischen *Wendeltreppe* durch Johann Gregor Fuchs für den Kaufmann Andreas Dietrich Apel in einen vierstöckigen Barockpalast umgebaut. Es wurde wiederholt verändert, so 1915/16 durch Gustav Pflaume in ein Messehaus. Beeindruckend sind der *Erker* und die 1965/66 rekonstruierte *Königshauspassage* mit Verbindung zur Messehofpassage.

Der **Markt** ist schachbrettartig gepflastert. Im Mittelfeld wurde 1845 das Stadtwappen eingelassen; 1925 legte Fritz Rentsch das heraldisch exakte *Mosaik* mit meißnischem Löwen an. Der Markt hat im Mittelpunkt vieler historischer Ereignisse gestanden. Sie sind überliefert auf einem *Bronzerelief* von Frank Ruddigkeit an der Südseite des Platzes. Wer den Markt passiert, schreitet über die 1925 eingeweihte älteste Untergrundmessehalle der Welt. Die 98 × 45 m² große Ausstellungsfläche wurde 1988 zugunsten des Wirtschaftstraktes um 8 m verlängert. Der Zutritt erfolgt über eine zweiarmige Treppe aus Rochlitzer Porphyrtuff.

Barocke Bürgerbauten

Leipzig erreichte nach dem Dreißigjährigen Krieg eine zweite Blüte in Handel und Bauwesen, die bis zum Siebenjährigen Krieg andauerte. Die Baumeister stammten überwiegend aus dem heimischen Bürgertum. Führender Architekt war Christian Döring, nur sind die meisten seiner Bauten im Zweiten Weltkrieg zerstört worden. Anders als in Dresden waren die Bauherren Kaufleute, die keine Schlösser und Paläste bauten, sondern zweckmäßige aber dennoch anspruchsvolle Wohn- und Handelshöfe.

Die bürgerlichen Barockbauten prägten das Stadtbild. Leipzigs ältester und prächtigster Barockbau ist die **Alte Börse** am Naschmarkt, eine eigenständige Leistung des sächsischen Barock trotz unverkennbar holländisch-italienischen Einflusses. Sie wurde 1943 schwer beschädigt und 1955–63 wiederaufgebaut. Der blockartige, auf einem Gewölbesockel ruhende, symmetrische Bau entstand 1678–87 unter Ratsbaumeister Christian Richter. Die Entwürfe lieferte vermutlich der Dresdener Architekt Johann Georg Starcke. Die wiederholt veränderte doppelläufige *Freitreppe* führt zum Hauptgeschoß mit dem beim Wiederaufbau schlicht gestalteten *Börsensaal*. Die einst reiche Stuckdecke von Giovanni Simonetti (1687), mit Gemälden von Johann Heinrich am Ende, verbrannte bei einem Bombenangriff. Das *Portal* wird von einem doppelten Giebel bekrönt, wovon der untere Giebel als Stadtwappen gestaltet ist. Den oberen Abschluß bildet eine Balustrade mit Ziervasen und Eckfiguren. Sie stellen Merkur, Apollo, Venus und Minerva dar und sind Nachbildungen der Arbeiten von Johann Caspar Sandtmann aus dem Jahr 1683.

Die Westseite der **Katharinenstraße** blieb als einziger vorwiegend barock gestalteter Gebäudekomplex erhalten. Das *Fregehaus* (Nr. 11), entstanden im 16. Jh., wurde 1706/07 von Johann Gregor Fuchs barock umgebaut. Die achtachsige Fassade gewinnt durch den reich gegliederten Mittelerker. Einen Umbau erfuhr auch das *Wincklersche Haus* (Nr. 21). Es wurde auf einem mittelalterlichen Tonnengewölbe 1750 durch Friedrich Seltendorff errichtet.

Haus des Bürgermeisters Romanus, Leipzigs erstes großes Barockhaus. Kupferstich von Samuel Blättner, nach 1705

Wertvollster barocker Bürgerbau ist das **Romanushaus** Ecke Brühl, stadtbekannt durch seinen Bauherren Franz Conrad Romanus. Er war ein fähiger und beliebter Bürgermeister, wurde jedoch wegen Wechselreiterei nach nur vierjähriger Amtszeit 1705 plötzlich verhaftet und verbrachte 41 Jahre seines Lebens auf dem Königstein. August der Starke strebte nie einen Prozeß gegen ihn an. Romanus hatte offenbar Geld für den Kurfürsten ›beschafft‹ und wurde nach Aufdeckung unlauterer Machenschaften gefährlich. Ein Teil des unterschlagenen Geldes steckt wohl in der Summe von 25000 Talern, die das Romanushaus verschlang, das Johann Gregor Fuchs 1701–04 errichtete. Die längere Front, 13achsig, zeigt zum Brühl, die kürzere sechsachsige zur Katharinenstraße. Beide *Fassaden* sind dreigeteilt, mit Giebeln gekrönt und wirkungsvoll durch Pilaster gegliedert. Lisenen sind charakteristisch. Girlanden schlängeln sich unterhalb der Fenster und Dachaufbauten. Die Figur des Hermes wurde nachträglich aufgesetzt. Das einst bekannte *Belvedere* (Ausblick) auf dem Dach verschwand schon im 19. Jh. Bei der Restaurierung des Gebäudes (1967–69) blieb die alte Innenausstattung unberücksichtigt. Kulturgeschichtlich kommt dem Haus große Bedeutung zu. Die

Tochter von Romanus, Marianne von Ziegler, hat für Johann Sebastian Bach viele Partituren geschrieben. Ab 1724 führte sie im Romanushaus einen literarischen Salon. In dem 1770 eingerichteten *Kaffeehaus Richter* (2. Etage) verkehrten namhafte Literaten, 1785 auch Friedrich Schiller, und 1792 wurde hier der Vorläufer des Börsenvereins der deutschen Buchhändler gegründet.

Der **Kaffeebaum** in der Kleinen Fleischergasse Nr. 4 ist Leipzigs ältestes und Europas zweitältestes Kaffeehaus. Das Gebäude entstand im 16. Jh., wurde 1725 vermutlich durch Christian Döring umgebaut und weist Elemente des Renaissance- wie des Barockstils auf. Als ein Wahrzeichen der Stadt gilt die barocke *Sandsteinplastik* von 1725 aus der Permoser-Schule über dem Portal: ein lebensgroßer Türke reicht einem Putto eine Schale Kaffee. Den Kaffeeausschank gab es schon 1694. Damals probierte August der Starke hier den ›neumodischen‹ Kaffee, der einmal das ›Nationalgetränk‹ der

Sandsteinrelief von 1725 über dem Portal des Kaffeebaums, Leipzigs ältestes Kaffeehaus

Sachsen werden sollte. Im Kaffeebaum hatten Robert Schumann und seine Freunde ihren Stammtisch, die ›Davidsbündler‹, die dem mächtigen Philistertum den Kampf ansagten gleich dem kleinen David.

Thomaskirche und Bachzentrum

Vom Kaffeebaum zur Thomaskirche führt die **Klostergasse**. Ecke Barfußgäßchen befindet sich *Zillis Tunnel*, eine traditionsreiche Gaststätte. Sie wurde 1887/88 für das Brauhaus Naumann in Anlehnung an die Leipziger Renaissance mit einem dreifenstrigen Eckerker über vier Geschosse gebaut. Haus Nr. 5 wird das ›*Alte Kloster*‹ genannt. Der Name erinnert daran, daß hier der Ostflügel des 1543 säkularisierten Thomasklosters stand. Der 1753–55 von George Werner errichtete Rokokobau blieb ohne nennenswerte Eingriffe erhalten. Ein auffälliges Detail ist das vierflügelige eichene Tor. Aus der Schauseite des Hauses wurde infolge der Ringbebauung die Rückfront; nur vom Hof her läßt sich das Gebäude wirklich beurteilen. Mit der Hauptfront zur Klostergasse steht Ecke Thomaskirchhof das *Kaufhaus Topas* (Abb. 68). Erbaut wurde es 1903/04 von dem Architektenbüro Schmidt & Johlige im Jugendstil mit durch Bögen verbundenen Pfeilern vom ersten bis zum dritten Obergeschoß und neobarocken Dachgaupen.

Als Wirkungsstätte von Johann Sebastian Bach (1685–1750) und des Thomanerchors genießt die **Thomaskirche** Weltruhm. Architektonisch repräsentiert sie den Prototyp der spätgotischen obersächsischen Hallenkirche (Abb. 70). Der Ursprungsbau entstand Mitte des 12. Jh. Mit der Gründung des Augustiner-Chorherren-Stiftes ist 1213–1223 ein neuer gotischer Chor errichtet worden. Der Unterbau des Südturms und der Triumphbogen am Chorzugang sind noch erhalten. Im 14. Jh. erfolgte einen durchgreifende Veränderung der Ostseite. Aus dieser Zeit stammen der *Hochaltar* und der neue Chor mit drei quereckigen kreuzgewölbten Jochen. Das dreischiffige Langhaus mit dem ungewöhnlich steilen Dach (Neigung 62 Grad) baute 1482–96 Claus Roder unter Verwendung von Weißenfelser Sandstein. Das Netzgewölbe geht auf Conrad Pflüger zurück. Das achteckige Obergeschoß des Turms schuf 1537 Hans Pfretzschner, die Barockhaube 1702 Gregor Fuchs. Die vergoldete Wetterfahne von 1537, die ›lachende Sonne‹ mit Strahlenkranz, gehört zu den frühesten Wahrzeichen Leipzigs und ist auf manchen alten Stadtdarstellungen zu finden. Pfingsten 1539 predigte Martin Luther in der Thomaskirche und führte damit die Reformation ein. Hieronymus Lotter baute 1570 die *Renaissance-Emporen*, die u. a. Raum für kirchenmusikalische Aufführungen bieten. Die Kirche wurde zur Wirkungsstätte des Thomanerchors, der aus einem zwölfköpfigen Chor der 1212 gegründeten Thomasschule hervorging; seit Anfang des 19. Jh. findet die berühmte Freitags-Motette statt (Wiederholung samstags).

Ihre heutige Gestalt erhielt die Kirche 1885–89 bei dem Umbau durch Constantin Lipsius, der das Hauptportal an die neugestaltete Hauptfassade verlegte. Die Halle, 39 m lang und 25 m breit, ist seit der Restaurierung 1961–64 wieder entsprechend ihrem ursprünglichen Zustand in dominierendem Weiß mit rotbraunen Gewölberippen gehalten. Freigelegt wurden gotische Malereien, so Pflanzen- und Strahlenornamente in den Gewölbezwickeln. Erhalten blieben die Bildnisse der ab 1573 tätigen Superintendenten sowie verschiedene *Epitaphe* aus dem 15.–17. Jh., darunter Werke von Stephan Hermsdorf und Wolf Hilliger. Hermsdorf gehörte zu den wenigen Bildhauern, die den Übergang von der Spätgotik zur Renaissance ohne Qualitätseinbuße zu vollziehen vermochten. Hilliger war verbunden mit der Freiberger Hütte, die eine hundertjährige Tradition sächsischer Gießkunst verkörperte und in der Thomaskirche mit drei Epitaphen vertreten ist. Eine bedeutende Leistung manieristischer Bildhauerkunst stellt das *Leicher-Epitaph* von Franz Julius Döteber dar (1612). Epitaphe erinnern zudem an den Choraldichter Nikolaus Selnecker und den Theologen Johann Benedikt Carpzow. Von besonderem Wert ist die um 1490 entstandene spätgotische

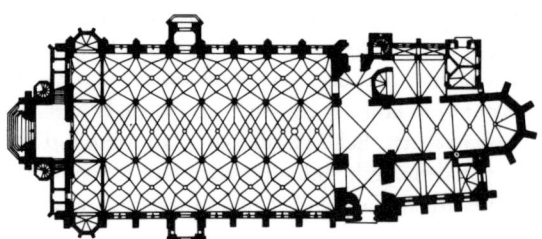

Thomaskirche, Grundriß

Sandsteingrabplatte des kurfürstlichen Feldhauptmanns Hermann von Harras. Im Kreuzgang bestattet wurde 1220 der Minnesänger Heinrich von Morungen, der als *miles emeritus* im Kloster seinen Lebensabend verbrachte. Aus dem Jahre 1614 stammt der *Taufstein*, eine Gemeinschaftsarbeit von Franz Joseph Döteber und Georg Kriebel. Überdauert hat ein *Kruzifix* von Caspar Friedrich Löbelt (1720). Beeindruckend ist auch der 1986 restaurierte *Paulusaltar*.

Den Ruhm verdankt die Kirche wesentlich ihren Kantoren. Eine Orgel wird urkundlich erstmals 1384 erwähnt; die jetzige ist eine *Schuke-Orgel* von 1967 mit 47 klingenden Stimmen. Sethus Calvisius, Thomaskantor bis 1615, war Leipzigs erster bedeutender Komponist. Von 1723 bis 1750 spielte Johann Sebastian Bach die Orgel. Er schrieb in Leipzig die Johannespassion (1723) und die Matthäuspassion (1729) sowie einige hundert Kantaten und Motetten,

Das Bach-Denkmal vor der Thomaskirche

von denen die meisten in der Nikolaikirche zur Uraufführung gelangten. Beerdigt wurde Bach ohne Grabstein »sechs Schritt von der Mauer« der im Krieg zerstörten Johanniskirche entfernt. Das Grab wurde 1894 entdeckt und freigelegt. Seit 1950 ruhen Bachs Gebeine im *Altarraum* der Thomaskirche. Die Bronzegrabplatte gehört zu den bemerkenswerten neuen Ausstattungsstücken. Der Bildhauer Carl Seffner schuf in Zusammenarbeit mit dem Mediziner Wilhelm His das 1908 enthüllte **Bach-Denkmal** vor der Thomaskirche. Dem Künstler gelang eine naturgetreue Darstellung des Kantors. Die 2,45 m hohe Figur steht auf einem Postament aus Muschelkalkstein, mit der linken Hand auf eine Orgel gestützt, an deren Rückseite die 1902 abgebrochene Thomasschule mit der Wohnung des Kantors zu sehen ist. Das alte Bach-Denkmal in den Anlagen ließ 1843 Mendelssohn-Bartholdy im Stil der Romantik durch Eduard J. F. Bendemann und Julius Hübner errichten. Erst 1841 ›entdeckte Leipzig seinen Bach‹, als Mendelssohn erstmals nach Bachs Tod die Matthäuspassion in der Thomaskirche aufführte.

Ins **Bosehaus**, Thomaskirchhof 16, zogen 1985 die Nationalen Forschungs- und Gedenkstätten Johann Sebastian Bach ein. Im Kern besteht dieses Haus seit 1586. Der kunstsinnige Gold- und Silberwarenfabrikant Georg Heinrich Bose, fünfmal Pate der Kinder seiner Nachbarn Bach, ließ den Renaissancebau 1709–11 in einen vierflügeligen barocken Handelshof umgestalten. Im rekonstruierten Sommersaal des Hintergebäudes gibt »ein verrollbarer

Plafond... eine Deckenöffnung mit einer umlaufenden Musikempore frei, so daß der Saal in den Dachbereich« eingreift, seinerzeit eine Sensation. Hier fanden intime Musikveranstaltungen statt, bei denen gelegentlich auch Bach auftrat. Von der einst prächtigen Innenausstattung des palaisähnlichen Gebäudes blieb nichts erhalten. In der im Stil der Renaissance gestalteten Eingangshalle befindet sich eine *Gedenkstätte*. Ins Bosehaus verlegt wurde das 1951 im Gohliser Schlößchen eröffnete **Bach-Archiv** mit 1000 Erst- und Frühdrucken, 3000 Schallplatten, 81000 Negativen und Fotokopien von Duetten sowie 4950 Bände und Hefte von Ausgaben Bachscher Werke in- und ausländischer Verlage. Das 1985 gegründete **Bach-Museum** würdigt in fünf Räumen die universellen Leistungen des Kantors. Höhepunkte im Musikleben Leipzigs sind das Bach-Fest, der Internationale Johann-Sebastian-Bach-Wettbewerb und Bach-Wettbewerbe für Kinder.

›Der Mustermesse ein Palast‹

Seit 1893 wurden im Zentrum der Stadt mehr als 30 Messehäuser errichtet, von denen einschließlich zweier Nachkriegsbauten noch 15 von der Messe genutzt werden. Durch die Meßpaläste unterscheidet sich Leipzigs Infrastruktur von jeder anderen Stadt. Beim Übergang zur Mustermesse wurden Gewölbe und Buden abgelöst von Kojen, die auf mehrere Stockwerke verteilt sind. Um einen Zwangsrundgang zu erreichen, der allen Ausstellern gleiche Chancen bietet, baute man um einen Hof und übernahm teilweise auch das Passagensystem.

Der Eingriff in die Altbausubstanz war rigoros. Dem *Handelshof* (1908/09) mußten 13 Gebäude weichen, dem mittelgroßen *Dresdner Hof* (1913) mit seiner 70 m langen Fassade 11 Häuser. In den Meßpalästen drückten sich unterschiedliche Stilauffassungen aus. Das ehemalige Messehaus *Reichskanzler* (1896–98) ist ein neobarocker Bau mit Kuppel, das *Riquethaus* (1908/09) ist im Jugendstil gehalten und der *Petershof* (1927–29) steht als Zeugnis der Neuen Sachlichkeit. *Stentzlers Hof* (1914–16) ist ein Stahlbetonbau mit einem Schaugiebel im Renaissancestil. In den Hof versetzt wurde vom Vorgängerbau ein zweistöckiger historischer Erker aus Eichenholz mit dekorativem Akanthusmotiv (um 1690), und an der Außenfront symbolisiert ein Roland Marktfreiheit und Handelsprivilegien.

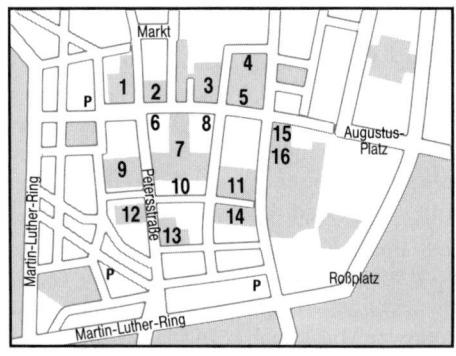

Die Messehäuser der Innenstadt: 1 Leipziger Messeamt 2 Untergrund-Messehalle 3 Handelshof 4 Specks Hof 5 Hansahaus 6 Messehaus am Markt 7 Mädler-Passage 8 Zentral-Messepalast 9 Petershof 10 Messehof 11 Städtisches Kaufhaus 12 Messehaus ›Drei Könige‹ 13 Stentzlershof 14 Dresdner Hof 15 Pressezentrum 16 Messe- und Informationszentrum

Specks Hof entstand als Meßpalast mit reichem Bauschmuck in den Jahren 1908/09

Der erste Bau für die Mustermesse war das **Städtische Kaufhaus** (1893–1907) zwischen Neumarkt und Universitätsstraße. Mangelndes Vertrauen des Handels in die neue Messeform zwangen den Rat der Stadt, das Vorhaben selbst zu finanzieren, daher die Bezeichnung ›städtisch‹; um ein Kaufhaus aber hat es sich nie gehandelt. Die Fertigstellung dieses ersten Meßpalastes erfolgte in mehreren Bauabschnitten unter Einbeziehung bzw. Abbruch bedeutender Leipziger Bauwerke. Das Architekten-Team Rayher, Korber, Möller übernahm die 1740–44 von Friedrich Seltendorff geschaffene *Barockfassade der Stadtbibliothek* am Gewandhausgäßchen und gestaltete die Flügel neobarock, um einen Stilbruch zu vermeiden. In nur 40 Kojen des ersten Bauabschnittes fand im März 1895 die erste Mustermesse statt. Die Fortsetzung der Bauarbeiten verlangte den Abbruch des Gewandhauses, das 1477–81 durch Arnold von Westfalen als Tuchhalle errichtet worden war und deren Boden in der dritten Etage Johann Friedrich Carl Dauthe 1780/81 in einen Konzertsaal mit 400 Plätzen umgewandelt hatte. Seit 1781 war hier einmal wöchentlich das aus dem ›Großen Concert‹ (1743) hervorgegangene Orchester aufgetreten, das nach dem Konzertsaal Gewandhaus benannt wurde. 1843 hatte Felix Mendelssohn-Bartholdy die erste Musikhochschule mit Sitz in diesem

Erstes Messeplakat, 1908

Haus gegründet. Daß diese historische Stätte einem Meßpalast weichen sollte, rief Proteste der Musikfreunde hervor. Als Ausgleich wurde im Städtischen Kaufhaus ein Konzertsaal mit 941 Plätzen geschaffen, obwohl das Gewandhausorchester und die Musikhochschule bereits Neubauten bezogen hatten. Schwierig gestaltete sich auch die Vollendung des Meßpalastes. Der erforderliche Abbruch des historischen *Kramerhaus* (16. Jh.) stieß ebenfalls auf Widerstand. Die Bauarbeiten verzögerten sich und konnten erst 1901 beendet werden. Die überlebensgroße *Bronzeplastik* an der zur Universitätsstraße gerichteten Fassade stellt Maximilian I. dar. Sie wurde 1897 von Carl Seffner geschaffen, anläßlich des 400jährigen Messeprivilegs. Im Zweiten Weltkrieg wurde das Städtische Kaufhaus fast völlig zerstört. Beim Wiederaufbau verzichtete man auf die historische Fassadengestaltung. 1988–91 wurde das Gebäude um einen Nordflügel erweitert.

Von den noch vorhandenen frühen Meßpalästen ist **Specks Hof** (1908/09) der älteste Privatbau. Sein Name geht auf den Besitzer des Vorgängerhauses zurück, den Wollhändler und Bierbrauer Maximilian Speck von Sternburg (»Sternburg-Bier«). Durch einen Erweiterungsbau (1928/29) wurde die Ausstellungsfläche des Meßpalastes auf 10 000 m² vergrößert. Stilistisch verkörpert dieser Meßpalast den sich konsequent vom Historismus abwendenden neuen Geschäftshaustyp. Eine interessante architektonische Lösung stellt die Kreuzform der erstmals in ein Messehaus einbezogenen *Ladenstraße* dar. Wandmalereien in der Passage vergegenwärtigen die Geschichte des Hauses und der Messesymbole. Das heute weltbekannte *Doppel-M* entwarf Erich Gruner; daß er im weißen Zwischenraum ein drittes ›M‹ sah – Meßamt für Muster-Messen –, ging im Laufe der Zeit verloren.

Der Meßpalast **Mädlerpassage** (Abb. 64) wurde 1912–14 von Theodor Kösser für den Kofferfabrikanten Anton Mädler anstelle von ›Auerbachs Hof‹ errichtet. Als Baumaterial diente nicht wie in Leipzig üblich Rochlitzer Porphyr, sondern Sandstein aus Pirna. An der Grimmaischen Straße wird die Fassade durch Halbsäulen, Atlanten und Balustrade geschmückt. Das hochgewölbte Portal gibt den Weg frei in eine der schönsten, alten Ladenstraßen Leipzigs. Die dreigeschossige Passage mit reichem Bauschmuck erinnert an italienische Architektur. Seit 1963 besteht eine Verbindung mit der Messehaus- und der Königshauspassage. Damit ist die Mädlerpassage Teil eines ganzen Durchgangssystems. In der

Rotunde erklingt seit 1969 zu jeder vollen Stunde tagsüber ein *Meissener Glockenspiel* (25 Glocken). Am nordseitigen Eingang steht auf dem Naschmarkt das **Goethe-Denkmal** von Carl Seffner (1903). Es zeigt den Dichterfürsten als Studenten der Alma mater Lipsiensis (1765–68). Im Sockel des Monuments befinden sich Porträts von Käthchen Schönkopf und Friederike Oeser.

Der **Auerbachs Keller**, Leipzigs bekannteste historische Gaststätte in der Mädlerpassage, ist der einzige erhaltene Teil des sich hier ehemals befindlichen *Auerbachs Hof.* Heinrich Stromer aus Auerbach in der Oberpfalz war Medizinprofessor, Rektor der Universität und Ratsherr. Im Hummelshainischen Hof eröffnete er 1525 eine gut florierende Weinschänke. Nach mehreren Umbauten entstand der 1538 eingeweihte Auerbachs Hof, Leipzigs Luxusbasar, mit Durchfahrt und 100 Gewölben. Den Weinkeller betrat man von der Straße her. Beim Umbau des Hauses 1625 malte Andreas Bretschneider die beiden *Tafelgemälde,* die sich auf den sagenhaften Faßritt des Wunderarztes Dr. Faust während seines Messebesuchs 1525 beziehen. Bretschneider datierte die Bilder werbewirksam aber fälschlich mit 1525. Der Faßritt war schon vor Goethe lokalisiert, aber erst seine Faust-Dichtung verhalf Auerbachs Keller zu Weltruhm. Am Eingang befinden sich *Bronzeplastiken* von Mathieu Molitor (1913), links ›Faust‹ und ›Mephisto‹, rechts ›die verzauberten Zecher‹. Mit Errichtung der Mädlerpassage (1914) wurde eine *Plafondmalerei* (um 1720), die Helios im Sonnenwagen darstellt, aus dem Weinkeller ins heutige Fotohaus am Passageneingang Neumarkt versetzt. Es zählt zu Leipzigs wertvollsten Zeugnissen barocker Raumkultur.

Gewandhaus – Opernhaus – Universität

Der 40 000 m² große **Augustusplatz** liegt am Rand des Stadtkerns. Noch auf Stadtansichten vom ersten Drittel des vorigen Jahrhunderts erscheint er als ›Ausspanne‹ der Fuhrleute oder Idyll des Kleinhandels. In Marktzeiten bot er bis zu 5000 Buden Raum. Zu den frühesten Bauten am Platz gehörte das 1833 errichtete ›Café Française‹, im Zuge der ›Erbfeind‹-Politik umgetauft in ›Cafe Felsche‹. Erst mit der Entwicklung Leipzigs zur Großstadt erfolgte die mehrseitige Bebauung des Platzes, der 1837 nach dem Sachsenkönig Friedrich August I. Augustusplatz benannt wurde. Augusteum, Post, Museum und Theater bildeten die markanten Punkte. Die 1240 geweihte *Paulinerkirche* erhielt 1898/99 durch Arwed Roßbach eine der neuen Raumordnung angepaßte Fassade.

Den Zweiten Weltkrieg überdauerte die zur Universität gehörende Kirche, aber sie paßte nicht zum ›Karl-Marx-Platz‹ und wurde daher trotz der Bürgerproteste 1968 gesprengt. Der Senat der Universität, die unter dem Rektorat eines Mediävisten stand, billigte die Sprengung ohne Gegenstimme. Da alle übrigen alten Monumentalbauten 1943 den Bomben zum Opfer fielen, erinnert nur noch wenig an den historischen Augustusplatz. An seinen einstigen Standort an der Südseite kehrte 1982 der **Mendebrunnen** (1883–86) zurück. Er war aufgrund einer Stiftung der Leipzigerin Pauline Mende errichtet worden. Über einer 50 m² großen Brunnenstube erhebt sich der von Adolf Gnauth (1840–84) entworfene und von Jacob Ungerer (1840–1920) vollendete neobarocke Brunnen mit einem 18 m hohem Obelisk

Mendebrunnen, im Hintergrund Uni-Turm und Gewandhaus

aus Meißner Granit und Bronzefiguren. – Ein schönes Zeugnis der Neuen Sachlichkeit ist das 13geschossige Versicherungsgebäude, das einstige Europahaus (1929), an der Ostseite des Platzes. Größere Beachtung findet aber wohl das zwölfgeschossige *Kroch-Hochhaus* (1927–28) an der Goethestraße. Leipzigs erstes Hochhaus, erbaut nach einem Entwurf des Münchner Architekten German Bestelmeyer für das Bankhaus Kroch. Seine beiden Glokkenmänner hat Josef Wackerle so dicht an den Rand gestellt, daß die Leipziger sie als ›Selbstmörder‹ bezeichnen. Dennoch wurden sie zu einem beliebten Wahrzeichen der Stadt. Das Zifferblatt der Uhr hat einen Durchmesser von 4,30 m.

Abgeschlossen wurde die Bebauung des Augustus-Platzes mit dem nach einem Entwurf von Rudolf Skoda errichteten und 1981 unter Kurt Masur eingeweihten **Neuen Gewandhaus**. Das dreigeschossige Konzerthaus ist mit Cottaer Sandstein verkleidet. Hinter der abends erleuchteten Glasfassade wird Sighard Gilles 712 m² großes *Deckengemälde* ›Gesang vom Leben‹ sichtbar, gegliedert in ›Orchester‹, ›Mächte der Finsternis‹, ›Lied der Zeit‹ und ›Lied vom Glück‹. Angeregt wurde der Künstler zu diesem Werk durch Gustav Mahlers ›Lied von der Erde‹. Infolge schräger Segmente ist das Bild jedoch von keiner Stelle aus voll überschaubar. Die Foyers sind geschmückt mit Bildern von 14 Künstlern, die dem Thema

Musik Ausdruck verliehen haben. Ein Pendant zu den zeitgenössischen Werken bildet die *Beethoven-Plastik* (1885–1902) im Foyer des Kleinen Saales von Max Klinger, die wohl bedeutendste Arbeit des Künstlers. Aus weißem Marmor gemeißelt, sitzt Beethoven vornübergebeugt, die Hände geballt, auf einem thronähnlichen, mit Engeln geschmückten bronzenen Sessel, zu Füßen ein Adler. Klinger wollte mit diesem Werk kein Denkmal schaffen, vielmehr seine Verehrung für den Genius der Tonkunst zum Ausdruck bringen. Die Plastik, eine Dauerleihgabe des Museums der bildenden Künste, ist dank der Glaswand auch von außen zu sehen. Der *Große Saal* mit 1905 Sitzplätzen gleicht einem Amphitheater. Von den 6638 Pfeifen der *Schuke-Orgel* mißt die größte 9,5 m, die kleinste 8 mm. Über dem Podium stehen die Seneca-Worte: »*Res severa est verum gaudium*« (»Wahre Freude ist eine ernste Sache«). Dieser Leitspruch war schon über dem kriegszerstörten Vorgängerbau (1882–1884) von Martin Philipp Gropius und Heino Schmieden angebracht.

Die Gewandhauskonzerte gehen zurück auf die 1743 von 16 Kaufleuten ins Leben gerufenen ›Großen Concerts‹, für die Bürgermeister Karl Wilhelm Müller über dem Tuchboden in der dritten Etage des damaligen Gewandhauses den am 25. 11. 1781 eingeweihten ersten Konzertsaal bauen ließ (s. S. 407 f.). Musikdirektor war damals Johann Adam Hiller, der Schöpfer des deutschen Singspiels. Das Orchester erlangte internationale Geltung unter Felix Mendelssohn-Bartholdy, der 1835 im Alter von 26 Jahren das Amt des Gewandhauskapellmeisters übernahm. Er vermochte als Komponist wie als Dirigent zu überzeugen, förderte zeitgenössische Komponisten, rehabilitierte den Thomaskantor Bach durch Wiederaufführung seiner vergessenen Matthäus-Passion und initiierte 1843 die Gründung des Conservatoriums. Die ›Leipziger Schule‹ errang internationalen Ruf. Wien war das »Herz der Musik, Leipzig der Kopf« (Max Kalbeck). Das 1892 von Werner Stein geschaffene *Mendelssohn-Denkmal*, eine etwa 3 m hohe Bronzestatue des Komponisten auf einem Granitsockel, wurde 1936 von den Nationalsozialisten vernichtet. Unter Carl Reinecke bezog das Orchester 1884 das Neue Gewandhaus nahe der Universitätsbibliothek mit einem 1700 Besucher fassenden Großen Saal. Es erlebte von 1895 an seine Glanzzeit unter Arthur Nikisch am Dirigentenpult. Das Orchester unternahm mit ihm 1916 erstmals eine Gastspielreise, und zwar in die Schweiz. Bis dato vertrat die Direktion den Grundsatz, wer an Gewandhauskonzerten interessiert sei, möge nach Leipzig kommen. 1944 wurde das Gewandhaus zerstört. An seiner Stelle entstand 1977–81 das heutige Gewandhaus.

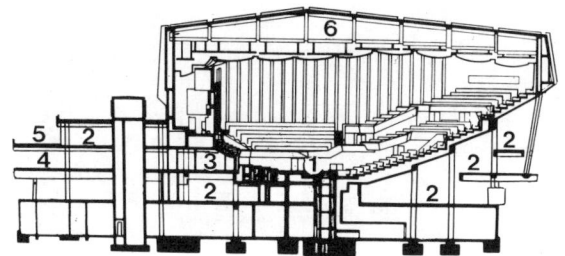

Neues Gewandhaus, Längsschnitt:
1 *Großer Saal*
2 *Foyer Großer Saal*
3 *Musikfoyer*
4 *Restaurant*
5 *Terrasse*
6 *Dachraum Großer Saal*

Gegenüber dem Gewandhaus steht das **Opernhaus**. Es wurde 1957–60 als erster Neubau am Platz anstelle des 1943 zerstörten Neuen Theaters errichtet. Der mit Elbsandstein verkleidete doppelstöckige Portalbau mit einem 350 m langen Attikageländer und großformatigen goldeloxierten Aluminiumfenstern stellt eine Synthese dar zwischen Klassizismus und moderner Architektur. Der Entwurf für das Einrangtheater mit 1635 Plätzen stammt von Kunz Nierade, dem Architekten der Komischen Oper in Berlin. Mit den ›Meistersingern‹ des in Leipzig geborenen Richard Wagners wurde 1960 das heutige Opernhaus eingeweiht.

Der Bronzeguß einer *Wagner-Büste* steht in den Grünanlagen hinter dem Opernhaus. Das Original hatte Max Klinger für das ›Musikzimmer‹ geschaffen, mit dem sich Leipzig 1904 an der Weltausstellung in St. Louis beteiligte.

Die **Universität**, deren Hauptgebäude die Südwestseite des Augustus-Platzes einnehmen, wurde 1409 unter Markgraf Friedrich dem Streitbaren gegründet. Lehrer und Schüler waren klösterlich untergebracht. Erst als der Alma mater im Zuge der Reformation 1544 der Besitz des Paulinerklosters zufiel, besserten sich die materiellen Bedingungen. Auf dem einstigen Klostergelände entstanden nach Entwürfen Schinkels 1831–36 unter Albert Geutebrück spätklassizistische Monumentalbauten. Im Zweiten Weltkrieg wurde der Universitätskomplex schwer beschädigt. Das 1891–97 von Arwed Roßbach erweiterte *Augusteum* ging verloren, ebenso zahlreiche Kunstwerke u. a. Max Klingers 125 m² großes Aula-Gemälde ›Die Blüte Griechenlands‹.

Hörsaal der juristischen Fakultät in der Universität. Kupferstich von Sysang, 1741

Das neue Universitätsensemble, entstanden zwischen 1968 und 1975, wird architektonisch beherrscht von dem 34stöckigen *Uni-Riesen*, einem 142,5 m hohen Gebäude mit einer Aussichtsplattform und einem Panorama-Café für 240 Gäste in 110 m Höhe. Das von Herman Henselmann in Gleitbauweise errichtete, 1973 fertiggestellte Hochhaus ähnelt einem aufgeschlagenen Buch. Der in sechs Jahrhunderten gewachsene Kunstbesitz der Universität ist stark dezentralisiert. Teile davon befinden sich u. a. im Ägyptologischen Museum (s. S. 419) und in Ausstellungsräumen der Universität in der Theaterpassage (Goethestraße 2). Von besonderem Wert sind die *Plastiken* der ehemaligen Paulinerkirche, so die Holzplastik des Thomas von Aquin (um 1400) und die im Innenhof des Universitätskomplexes liegenden *Grabplatten* aus dem 15. und 16. Jahrhundert, darunter die Grabplatte der Elisabeth von Sachsen. Ebenfalls im Innenhof gibt eine mehr als 300 Jahre alte Stundenglocke die Zeit an, ein Geschenk des Rektors zum 250jährigen Universitätsjubiläum 1659.

Ein bedeutendes Zeugnis klassizistischer Baukunst ist das **Schinkelportal** von 1830 in der Universitätsstraße (Abb. 67). Nahebei steht das **Leibniz-Denkmal**. Ernst Hähnel schuf 1883 die überlebensgroße Bronzefigur mit der allegorischen Darstellung einer Fakultät an jeder Seite. Das Denkmal stand ursprünglich am Thomaskirchhof, wurde aber später in den Paulinerhof versetzt. Leibniz, in Leipzig als Sohn eines Jura-Professors geboren und Absolvent der Alma mater Lipsiensis, kehrte der Stadt mit 20 Jahren für immer den Rücken, da ihm die Doktorarbeit wegen seiner Jugend nicht abgenommen wurde; die Professoren fürchteten offenbar in Leibniz einen Konkurrenten. Das Manuskript, das der bronzene Gelehrte in der Hand hält, soll der ›ägyptische Plan‹ sein, 1672 in Paris erfolglos mit dem Ziel vorgelegt, Frankreichs Expansionsdrang von Deutschland nach Afrika abzulenken.

Nur wenige Meter liegen zwischen dem Leibniz-Denkmal und der **Moritzbastei**, deren unterirdische Gewölbe seit 1982 ein Jugendzentrum (600 Plätze) mit so traditionsreichen Studentenlokalen wie *Schwalbennest* oder *Fuchsbau* nutzt. Die 1551–53 von Hieronymus Lotter errichtete Bastei ist der Rest der alten Wehranlagen. Sie überdauerte, da Johann Friedrich Carl Dauthe 1796 auf dem Unterbau Leipzigs große Bürgerschule errichtet hatte (1943 ausgebombt). Als letzter Teil der Stadtbefestigung fiel 1859 das von Matthias Daniel Pöppelmann erbaute barocke *Peterstor*.

Entlang des Stadtrings

Der Promenadenring in Leipzig ist über Jahrhunderte hinweg organisch gewachsen. Ein Kupferstich von Christian Friedrich Boetius zeigt eine 1702 angelegte Lindenallee längs des Stadtgrabens an der Thomaskirche. Um 1750 erstreckte sich diese Lindenallee schon bis zum Peterstor. Nach der Niederlegung der Stadtbefestigungsanlagen 1785 wurde die gewonnene Freifläche nicht bebaut, sondern vornehmlich mit Linden bepflanzt, Leipzigs ›Stammbaum‹; der Name der Stadt leitet sich vom slawischen *lipa* (Linde) ab. Der so entstandene Grüngürtel wurde durch berühmte Landschaftsgestalter parkähnlich ausgebaut. Heute ist die Promenade eine ringförmige Hauptstraße mit vereinzelten grünen Oasen und umschließt auf einer Länge von 3,5 km die Leipziger City.

Zwischen Opernhaus und Hauptbahnhof liegt die **Grünanlage** um den **Schwanenteich**. Bürgermeister Carl Wilhelm Müller entwarf 1784 den von Dauthe realisierten Plan zur Schaffung eines englischen Landschaftsgartens mit gewundenen Wegen und unregelmäßig angeordnetem Baumbestand, noch ungewöhnlich für das an barocken Gärten reiche Leipzig. Bei Neuordnung der Anlage wurde 1960 der 122 m lange und etwa 1,5 m tiefe Teich ostwärts versetzt.

Nach einem Entwurf von Frieder Gebhardt wurde 1969–74 auf polygonalem Grundriß das 208 Appartements zählende 32stöckige **Hochhaus Wintergartenstraße** errichtet. Es ist 95,5 m hoch und überragt mit 4,5 m das Völkerschlachtdenkmal. Ein besonderer Reiz geht von der kontrastreichen Fassade aus. Das MM-Symbol auf dem Dach und der Bauschmuck im unteren Bereich, u. a. ein historisches Tuchschererwappen und Wappen der Kaufmannsfamilie Hohmann, symbolisieren Handel und Gewerbe.

Das Hotel-Viertel am Hauptbahnhof (s. S. 442 f.) steht auf historischem Handels- und Gastronomie-Boden. Direkt vor dem Halleschen Tor ›parkten‹ dereinst die Planwagen, befanden sich ›Waage- und Akziseplatz‹ (nach 1820), konzentrierten sich die Herbergen, vor allem in der Gerberstraße, wo heute Leipzigs exklusivstes Hotel steht, das 29stöckige, 96 m hohe **Hotel Merkur**, gebaut 1978–81 von der japanischen Firma ›Kajima Corp. Tokio‹. Das Hotel verfügt über 700 Betten und zahlreiche Restaurants. Hinzu kommt ein Bankett- und Kongreßzentrum für 300 Teilnehmer. Am Tröndlinring steht das **Hotel International**, gebaut 1770/71 von Johann Friedrich Carl Dauthe als Wohnhaus für den Bankier Heinrich Löhr, dessen Namen es lange Zeit trug. Der Architekt Hermann Günther übernahm 1912/ 13 den Umbau, dem das Hotel sein jetziges Aussehen verdankt. Vom Obergeschoß ins Erdgeschoß versetzt wurde bei dieser Gelegenheit der Speisesaal von 1865 mit Wanddekoration aus Zöblitzer Serpentin, der dem Marmor ähnelt, sich aber leichter bearbeiten läßt. Gegenüber dem Hotel International baute Emil Franz Hänsel 1908 das **Kaufhaus Brühl**. Es wurde 1966–68 mit Aluminium-Vorhangfassade sowie im fünften Geschoß mit umlaufendem Fensterband verkleidet. Zu den Vorgängerbauten gehörte das 1886 abgebrochene Haus »Zum Roten und weißen Löwen«, in dem Richard Wagner geboren wurde.

Im südlichen Ringbereich steht eines der markantesten Gebäude der Stadt, das 1899–1905 von Hugo Licht erbaute **Neue Rathaus** mit dem *Stadthaus* von 1908–12. Beide Häuser sind durch einen doppelstöckigen *Bogengang*, die ›Beamtenlaufbahn‹, miteinander verbunden und zählen zusammen 900 Räume. *»Arx nova surrexit«* (»Eine neue Burg ist entstanden«) steht hoch über dem Hauptportal. Das Rathaus befindet sich auf dem Areal der im 13. Jh. errichteten *Pleißenburg*, in der 1519 die berühmte ›Leipziger Disputation‹ zwischen Luther und Eck stattfand. Von der 1896 abgebrochenen Burg blieb nur ein Turmstumpf erhalten, der auf 114,7 m erhöht wurde. Um den Turm gruppieren sich vielfältig gegliedert die Gebäudegruppen. Hugo Licht, Leipzigs führender Architekt des lange Zeit unterschätzten Historismus, vollbrachte hier seine reifste Leistung. Das Neue Rathaus aus mainfränkischem Muschelkalkstein beinhaltet Elemente der Renaissance, des Barock und des Jugendstils.

Fünf große *Statuen* an der Vorderfront verkörpern Justiz, Buchkunst, Wissenschaft, Musik und Handwerk. Zum Hauptportal an der Südseite führt eine *Freitreppe,* flankiert von auf Postamenten sitzenden ›Löwen‹, Leipzigs Wappentieren. Um die Rathausuhr verläuft mahnend die Inschrift »*Mors certa hora incerta*« (»Der Tod ist gewiß, die Stunde ungewiß«). Der Bauschmuck an den Fassaden geht im wesentlichen auf Georg Wrba zurück. Zu seinen originellsten Einfällen zählt die Karikatur am Eingang zum *Ratskeller* – ein armer Steuerzahler wird vom Stadtkämmerer verschlungen. Dieses stets aktuelle Thema belebte damals ein konkreter Anlaß: Der Bau des Neuen Rathaus erleichterte das Stadtsäckel um 8,99 Mio. Goldmark.

Auf dem Gelände der einstigen Pleißenburg entstand außer dem Rathauskomplex 1898–1901 noch das *Haus der Deutschen Bank* (Abb. 66). Die ungewöhnliche Dreiecksform erklärt sich aus dem Grundriß der Dreieckfestung. Arwed Roßbach, der Architekt des im Stil der italienischen Hochrenaissance gehaltenen Bankgebäudes, setzte das Portal an die abgerundete Schmalseite. Ecke Schillerstraße/Petersstraße hatte Max Hasak 1886–88 an der Stelle der abgebrochenen Peterskirche in Anlehnung an die italienische Palazzo-Architektur bereits das *Haus der Reichsbank* mit seitlichem Haupteingang errichtet. Die Portale der beiden Bankgebäude liegen sich daher gegenüber.

Die **Grünanlagen an der Schillerstraße** schuf Peter Joseph Lenné als englischen Park. Von den hier befindlichen Denkmälern ist das *Schillermonument* (1914) von Johannes Hartmann das künstlerisch wertvollste.

Rosental – Gohliser Schlößchen – Schillerhaus

Als Standort des Schiller-Denkmals hätte sich eher das Rosental angeboten, des Dichters Lieblingsplatz während seiner Leipziger Tage 1785.

Das nördlich des Rings gelegene **Rosental** ist ein beliebtes Ausflugsziel der Leipziger. 1663 kaufte der Rat der Stadt Leipzig das Gebiet von dem damaligen Kurfürsten Johann Georg II. August der Starke focht diesen Vertrag 1707 an, er wünschte sich einen barocken Park mit einem landesherrlichen Sanssouci. Dem Rat gelang es jedoch, das Projekt zu sabotieren. An das Vorhaben des Kurfürsten erinnern heute sieben Schneisen von 13 geplanten; sie sollten dem Landesherren freien Blick von seinem Schloß auf die umliegenden Dörfer gewähren. Bei strikter Schonung des uralten eichenen Baumbestandes ist der Wald 1837 als ›Stadtpark‹ mit prachtvoller, von Kunstgärtner Siebeck angelegter *Großer Wiese* gestaltet worden. Später hat so manches *Denkmal* hier einen würdigen Platz gefunden; eines steht für Carl Friedrich Zöllner (1800–60), den Komponisten von »Das Wandern ist des Müllers Lust«. 1968 begann der Ausbau des Rosentals zu einem Naherholungsgebiet. Ein ansehnliches Terrain wurde 1978 dem benachbarten *Zoologischen Garten* (gegr. 1878) überlassen. Eine Besonderheit stellt der 3,5 ha große Blindenpark dar; unterschiedlich duftende Pflanzen dienen als Wegweiser.

Nur einige Häuserblöcke vom Park entfernt befindet sich die 1894 gegründete *Deutsche Zentralbücherei für Blinde (DZB)*. Sie verfügt über eine eigene Druckerei und versorgt seit 1920 auf dem Postwege Blinde im deutschsprachigen Raum mit Publikationen in Blindenschrift und Tonbändern aus dem »Tonstudio für sprechende Bücher«.

An der Südseite des Rosentals entstand 1978–82 das katholische Gemeindezentrum mit einem 18 m hohen freistehenden Turm aus Stahlbeton. Die Kupferportale sind nach Motiven aus Sachsens Kirchengeschichte gestaltet. Westwärts grenzt das Rosental in einem Zipfel an das Sportforum mit dem 1950–55 errichteten Zentralstadion (100 000 Plätze), ein Erdwallstadion, in dem etwa 3 Mio. m³ Trümmer der zerbombten Stadt verborgen sind. Im Hauptgebäude des Zentralstadions befindet sich seit 1977 ein *Sportmuseum*.

Im nördlichen Bereich des Rosentals steht Leipzigs schönster Rokokobau, das **Gohliser Schlößchen**, 1755/56 vermutlich von Friedrich Seltendorff für den Rats- und Kaufherrn Johann Caspar Richter als Landsitz errichtet (Abb. 75). Das Fehlen einer für Adelssitze charakteristischen Freitreppe kennzeichnet das ›Schloß‹ als Bürgerbau. Der Turm mit Uhr ersetzte den in Gohlis fehlenden Kirchturm. Für Repräsentationszwecke lag das Schlößchen ideal. Dem Gelände angepaßt, ist es an der Schauseite drei-, an der Rückseite zweistöckig. Das schmiedeeiserne Tor wurde 1938 aus dem ehemaligen *Garten Gerhards* umgesetzt. Der Innenausbau zog sich infolge Kriegs- und Nachkriegsnöte bis 1780 hin. Von den Sälen, dem frühklassizistischen Steinsaal im Gartengeschoß, dem Empfangssaal und dem Festsaal, ist letztgenannter am bekanntesten. Das Deckengemälde ›Lebensweg der Psyche‹ stammt wie andere Malereien des Schlößchens von Adam Friedrich Oeser, der dem Klassizismus in Leipzig den Weg bahnte. Das Gohliser Schlößchen gelangte 1906 in den Besitz der Stadt und wird heute für kulturelle Veranstaltungen genutzt.

In zwei Dachstuben beim Bauern Schneider in der Menckestraße 42, ganz in der Nähe des Gohliser Schlößchens, nahm auf Einladung Leipziger Freunde Friedrich Schiller vom 7. Mai bis 10. September 1785 Quartier. Hier schrieb er an seinem Drama »Don Carlos«, bearbeitete für die Leipziger Bühnen »Fiesco« und verfaßte sein »Lied an die Freude«. Es war eine fruchtbare Schaffensperiode. Im selben Haus wohnte der Verleger Göschen. Schiller, ein Frühaufsteher, für den der Tag gegen 3 Uhr begann, liebte morgendliche Spaziergänge durchs Rosental, brachte anschließend seine Gedanken zu Papier, und derweil stellte sich auch Göschen ein, bereit zu hören und zu streiten. Der genaue Wohnsitz Schillers geriet später in Vergessenheit. Erst 1841 ermittelte Robert Blum Schillers einstiges Domizil, gerade noch zur rechten Zeit; das altersschwache Haus stand schon auf der Abbruchliste. Der 1842 gegründete Schillerverein konnte mit Hilfe von Spenden das Haus der Nachwelt erhalten. Es wurde 1856 durch eine Gedenktafel und 1911 durch eine Ehrenpforte kenntlich gemacht, 1967/68 restauriert und gehört als Memorialmuseum **Schillerhaus** zu den bekanntesten Sehenswürdigkeiten der Stadt. Mit dem Schillerhaus überdauerte ein altes Leipziger Bauernhaus aus der Zeit um 1700 – es ist heute das älteste innerhalb der Stadtgrenzen. Im Kastellangebäude befindet sich ein Miniaturmodell von Alt-Gohlis: etwa 40 Häuschen sind es, die sich um das Gohliser Schlößchen gruppieren.

Die Menckestraße bietet noch zwei weitere Sehenswürdigkeiten. Das *Haus Nr. 19* gehört zu den schönsten Bürgerbauten Leipzigs im Jugendstil. Alfons Berger schuf es 1903/04 dreistöckig mit seitlich angeordnetem Treppenhaus, korbbogigen Fenstern im Erdgeschoß und Kartusche im Giebelfeld. Die barocke Eingangstür mit Rokoko-Gitter stammt von einem abgebrochenen Gebäude des 18. Jh. Am *Haus Nr. 5* fällt der Runderker auf. Und

Das Schillerhäuschen in Gohlis. Stahlstich, um 1850

das Wirtshausschild! Seit 1986 lädt hier wieder die ›Alt-Leipziger-Gosenschänke‹ zum Verweilen ein. Die Gose, ein obergäriges Bier, wird in Leipzig seit 1738 getrunken. Die Gaststube wurde anhand von Bildern rekonstruiert und entspricht dem Zustand der 1899 in diesem Haus eröffneten Gosenstube.

Die stadteinwärts am Nordplatz gelegene **Michaeliskirche** (Nordkirche) gehört zu den markantesten Bauwerken des neuerdings wieder stärker beachteten Historismus. Der achteckige 70 m hohe Turm mit schlanker Kupferhaube und Laterne ruht auf einem viereckigen Unterbau. Der Außenbau der Kirche ist mit Sandstein verkleidet. Im Innern fallen drei bemerkenswerte farbige *Glasfenster* in der Chorwand auf – Geburt Jesu, Kreuzigung und Auferstehung darstellend. Die 1904 geweihte Kirche ist ein Werk der Architekten Heinrich Rust und Alfred Müller.

Nur einige hundert Meter vom Nordplatz entfernt, befindet sich das *Stadtbad*. Es wurde 1913–15 von Otto Wilhelm Scharenberg mit zurückgesetzter, durch eine mit einem zweigeschossigen Vorbau betonte Eingangsfront erbaut; im Giebelfeld befindet sich ein von Löwen gehaltenes Stadtwappen. In der Repräsentationshalle sind die Wände gegliedert durch geschoßhohe kannelierte Säulen. Die Bronzefigur des Zierbrunnens ist eine Arbeit von Josef Magr. In jedem der beiden Seitenflügel befindet sich ein großes Schwimmbecken, umgeben von Arkaden, darüber Emporen mit kannelierten Säulen. Der Ruheraum der Frauensauna ist im islamisch-maurischen Stil gehalten. Für ein doch relativ unbedeutendes Gebäude wie das Stadtbad überraschen architektonischer wie künstlerischer Aufwand (Farbabb. 10, 11).

›Musikviertel‹ und Grassimuseum

Das Musikviertel südwestlich des Neuen Rathauses entstand im Ausgang des 19. Jh. als bevorzugtes Wohngebiet des Großbürgertums. Die Lage war dank Zentrumsnähe und angrenzender Grünanlagen ideal: den *Johanna-Park* legte 1858–61 Peter Joseph Lenné an, der *König-Albert-Park* wurde 1897 gestaltet. Beide Parks sind heute einbezogen in den 1954–65 geschaffenen 133 ha großen **Clara-Zetkin-Park**. Die Ring und Park verbindende *Karl-Tauchnitz-Straße* galt als Leipzigs nobelste Straße. Hier hatten u. a. Max Ariowitsch und Richard Gloeck ihre Villen. Als Idealbau galt der italienische Renaissance-Palazzo mit Kranzgesims, flachem Dach und Balustrade. Nach der Zerstörung des Gewandhauses rechtfertigt den Namen Musikviertel nur noch die **Hochschule für Musik** in der Grassistraße 8, erbaut 1887 nach einem Entwurf von Hugo Licht. Beeindruckend sind Sandsteinfassade, dreiarmige Haupttreppe und Halle. Alle anderen Hochschulbauten dieser Gegend sind vergleichsweise nüchtern, ausgenommen die 1887–91 nach einem Entwurf von Arwed Roßbach gebaute **Universitätsbibliothek**. Der Bau hat ein Mezzaningeschoß. Nach wie vor nicht behoben sind die 1945 erfolgten Kriegsschäden. Die Bibliothek verfügt heute über 3,5 Mio. bibliographische Einheiten, darunter 2719 Frühdrucke, 757 000 Handschriften sowie 14 700 Bildnisse.

Zu den bedeutendsten Repräsentationsbauten des Wilhelminischen Kaiserreichs gehört das **ehemalige Reichsgericht,** nach Entwürfen von Peter Dybwad 1888–95 im Stil der Neorenaissance als Sitz des 1879 gegründeten Reichsgerichts gebaut. Die 68,5 m hohe Zentralkuppel und die Fassadenlängen weisen Ähnlichkeiten mit dem Reichstagsgebäude in Berlin auf. Den Giebel der Vorhalle tragen sechs korinthische Säulen. Die steinernen ›Rechtswahrer‹ an der Nordfront (links Eike von Repgow, der Anfang des 13. Jh. den Sachsenspiegel verfaßte) und die 5,5 m hohe Bronzestatue der ›Wahrheit‹ mit lodernder Fackel auf der Kuppel erinnern an die einstige Bestimmung des Gebäudes als Gericht, heute Museumskomplex. 1933 fand hier der aufsehenerregende Reichstagsbrandprozeß gegen Georgi Dimitroff statt.

Das ehemalige Reichsgericht ist seit 1952 Sitz des **Museums der bildenden Künste,** der nach Dresden bedeutendsten Kunstsammlung Sachsens. Das Museum ging aus dem 1837 von liberalen Kaufleuten gegründeten Leipziger Kunstverein hervor. Anders als in Dresden fehlten Kunstwerke höfischer Provenienz. Die meisten der Erwerbungen stammten aus privaten Legaten und waren in dem 1858 eingeweihten Museumsbau am Augustus-Platz untergebracht. Infolge der faschistischen ›Aktion entartete Kunst‹ büßte das Museum 350 Kunstwerke ein, darunter Arbeiten von Otto Dix, Emil Nolde und Paul Klee. Bereichert wurden die Bestände 1945 um die Sammlungen des Speck von Sternburg (200 Gemälde) und des Fritz von Harck. Zum Bestand gehören heute 2700 Gemälde, darunter 380 Werke niederländischer Meister, so der weltberühmte ›Liebeszauber‹, eine erotische Miniatur um

1470 und das um 1630 von Frans Hals gemalte Bild ›Der Mulatte‹, 15 Gemälde von Lucas Cranach d. Ä. und Arbeiten deutscher Meister des 19. Jh., 15 Gemälde von Friedrich August Tischbein, 41 von Anton Graff und 47 von Max Klinger, u. a. die ›Blaue Stunde‹. Die graphische Sammlung zählt 55 000 Blätter, darunter komplett das Werk Max Klingers. In die Dürer-Zeit gehören 750 deutsche Kupferstiche und Holzschnitte; 128 stammen von Albrecht Dürer selbst. Niederländische Arbeiten aus dem 15.–18. Jh. sind 320 vorhanden. Die Plastiksammlung zählt 850 Exponate. Repräsentativ vertreten ist namentlich die neuere Zeit mit Arbeiten von Klinger, Barlach, Kolbe, Rodin, Meunier, Arnold und Cremer. Nahezu vollständig zeigt sich das Schaffen des Tierbildhauers August Gaul.

Unmittelbar am Ring, Schillerstraße 6, befindet sich das **Ägyptische Museum** der Universität. Es erwarb 1842 das erste ägyptische Original. In heutiger Form besteht die Ausstellung mit 600 Originalen seit 1974. Das Gros der Exponate geht auf eigene Ausgrabungen des Ägyptologischen Instituts in Ägypten und Nubien (heute Sudan) unter Georg Steindorff 1903–14 und 1928–31 zurück.

Die *Johanniskirche* von 1584 hatte Hugo Licht 1894–97 in barockisierender Form umgebaut. Bei einem Luftangriff 1943 brannte die Kirche aus, nur der Turm von 1746–49 blieb erhalten. Trotz massiver Proteste wurde die Ruine 1963 abgetragen. Carl William Zweck und Hans Voigt hatten sich 1925–27 beim Bau des **Neuen Grassimuseums** am Johannisplatz von gebotener Rücksicht auf die Johanniskirche, den einzigen barocken Sakralbau der Innenstadt, und den *Alten Johannisfriedhof* (1873 geschlossen) leiten lassen. So entstand ein relativ flacher, um vier Höfe gruppierter sachlicher Bau aus Rochlitzer Porphyrtuff. Das Portal und die Dachaufbauten verraten Einflüsse des Expressionismus, der in Leipzigs Architektur ansonsten wenig Geltung erlangte. Im Nordflügel befindet sich das *Musikinstrumenten-Museum* der Universität. Es verfügt über 3500 Instrumente, von denen jeweils 1000 gezeigt werden können. Die Universität kaufte 1926 die Sammlungen eines 1902 gegründeten privaten Musikinstrumenten-Museums auf. Zu den ältesten und bedeutendsten Museen Europas zählt das *Museum für Völkerkunde*, gegründet 1869, das über 166 000 ethnographische Objekte verfügt. Einen Sammlungsschwerpunkt stellen ca. 45 000 Exponate Afrikas dar. Aus dem 1874 ins Leben gerufenen Kunstgewerbe-Museum ging 1920 das *Museum des Kunsthandwerks* hervor. Es versteht sich nicht nur als Museum, sondern auch als Partner des Kunstgewerbes und der Handwerkermesse. Die Vermarktung durch die Messe seit 1956 und der Kulturerbestreit erregten Widerspruch. Zu einem Sammlungsschwerpunkt sind kunstgewerbliche Erzeugnisse des 20. Jh. geworden. Gezeigt werden u. a. auch keramische Arbeiten des 13.–19. Jh., Zinn vom Mittelalter bis zur Gegenwart, spätmittelalterliche Skulpturen und Mobilar, vor allem aus der Barockzeit sowie Exponate der europäischen Ornamentblattsammlung (11 000 Blatt) vom 15. Jh. an. Das Museum verwahrt zudem den Hauptteil des alten Ratsschatzes. Der Name des Museumskomplexes geht auf den Stifter des Alten Grassimuseums zurück, den Kaufmann Franz Dominic Grassi.

Buchmuseum und Deutsche Bücherei

Charakteristisch für Leipzig ist auch die enge Bindung zum Buch. Bereits 1481 druckte Marcus Brandis aus Delitzsch das erste Buch in Leipzig. 1650 erschien mit der von Thimotheus Risch herausgegebenen »Einkommenden Zeitungen« die erste Tageszeitung der Welt.

Buchhändler in Leipzig

Seit Anfang des 18. Jh. gab es in Leipzig zahlreiche Buchhändler. Einer von ihnen war Karl Heinrich von Krögen (um 1750–1788). Vertraut mit dem geistigen Leben der berühmten Buchstadt, umreißt er im Jahre 1785 ironisch den Umgang mit der Literatur.

Deren sind hier etliche zwanzig. Schon im Anfange des sechzehnten Jahrhunderts waren die Leipziger Buchhandlungen beträchtlich, und jetzt ist Leipzig der Mittelpunkt derselben. Sie sind gleichsam in ihrem Elemente; ihre Pressen sind auf viele Jahre mit Produkten verschiedener Art besetzt, womit sie ganz Europa überschwemmen, und jetzt ist es sogar der gelehrten Buchhandlung eingefallen, Bücher nach Amerika zu schicken; ob dieses Unternehmen von demjenigen Nutzen sein wird, den man sich davon verspricht, daran zweifle ich sehr stark.

Die berühmteste Buchhandlung ist die Weidemanns Erben und Reichsche, sie zeichnet sich durch die typographische Schönheit ihrer Verlagsbücher besonders aus. Ein Beweis derselben ist die neue Ausgabe von Zimmermanns ›Einsamkeit‹. Herr Reich zieht durch sein starkes pro labore die besten Autoren an sich.

Vor einiger Zeit schrieb er an einen Autor, der sein Buch an den Verleger des Ortes, wo er wohnte, gegeben hatte, welches auch so wohl aufgenommen wurde, daß es die dritte Auflage erlebte. Herr Reich, seiner gewöhnlichen schönen Mode nach, schrieb gleich an den Verfasser, bot ihm funfzehn Reichsthaler pro Bogen, und siehe, der Herr Autor ließ sich durch die schönen Louisdors blenden und schrieb etwas zusammen, welches freilich weit unter seinem ersten Werke stund. Er ging damit zum Buchhändler seines Orts, der das erste Werkchen von ihm verlegt hatte, zeigte ihm den Brief des Herrn Reichs und bot ihm das Manuskript an, wenn er drei Louisdors bezahlen würde. »Nein!« antwortete der Mann ganz erschrocken, »da müßte ein junger Anfänger zum Schelm werden, ich danke vor das Manuskript, geben Sie es nur Herrn Reich.« Kann man sich nun wohl noch wundern, wenn die Bücher zu solchen enormen Preisen steigen, da man Übersetzungen ebenso teuer als Originale bezahlen muß?

Der Buchhändler weiß daher keinen anderen Ausweg, um zu seinen Kosten wieder zu kommen, als daß er kleine Auflagen und teure Preise macht und das Publikum dadurch schindet. Diese schönen Gewohnheiten, wie auch die kontante Art zu handeln, die sonst gar nicht Mode war, so daß die Leipziger Buchhändler auch Verlagsbücher changieren mußten und nicht nötig hatten, ihre Zuflucht zu Marbache und Konsorten zu nehmen, alles dieses, sage ich, haben wir dem Herrn Reich und Weygand zu verdanken. [. . .]

Hätten die Leipziger Buchhändler nicht die Fremden, die ihnen ihre Bücher abnähmen, sie würden bald zugrunde gehen müssen, aber hierauf trotzen sie, und leider können sie dieses auch; denn da Leipzig der Mittelpunkt ist, wo alle auswärtige Buchhändler hinkommen und ihr sauerverdientes Geld den Leipzigern ins Haus bringen müssen, so können sie freilich reiche Leute werden. Von dem Absatz könnten sie nicht leben, denn der ist sehr schwach. Sie brauchen keine Reise zu machen, können die Fracht, Ladenzins und hundert andere Ausgaben ersparen, welche den Fremden so beschwerlich fallen. Wovon sollten aber sie und ihre Weiber solchen Staat machen, wenn ihnen jene nicht dazu kontribuierten?

Friedrich Arnold Brockhaus, Buchhändler in
Leipzig um 1820. Graphik aus dem 19. Jh.

Das Verlagswesen entwickelte sich mehr und mehr zum Gewerbezweig. 1765 wurde in Leipzig die erste Buchhandlungsgesellschaft Deutschlands gegründet. Sie war ein Vorläufer des späteren Börsenvereins. Die Belebung von Buchdruck und -handel zog die Gründung bedeutender Verlagshäuser nach sich wie Brockhaus, Meyer, Teubner, Reclam, Insel, Thieme usw.

Das **Deutsche Buch- und Schriftmuseum** wurde 1884 vom Deutschen Buchgewerbeverein gegründet. Den Grundstock bildete die Handschriften, Inkunabeln und Drucke des 16.–19. Jh. umfassende Sammlung des Dresdner Kommissionsrates Heinrich Klemm, doch Weltgeltung erlangte das Museum erst durch die Eingliederung bedeutender Exponate der 1914 in Leipzig veranstalteten internationalen Buch- und Graphikausstellung (BUGRA), konzipiert von Karl Lamprecht (1856–1915). Das Museum siedelte 1950 in die Deutsche Bücherei über und vereinigte sich mit der Abteilung Künstlerische Drucke (gegr. 1917), der Bibliothek des Börsenvereins der Deutschen Buchhändler und dem Deutschen Papiermuseum Greiz. Das Buch- und Schriftmuseum verfügt heute über eine halbe Million bibliographischer Objekte, darunter 50000 museale Bücher, 60000 buchkünstlerische Archivalien und 225000 Wasserzeichen. Seit 1981 besteht die ständige Ausstellung ›Buch und Gesellschaft‹, eine Lehrschau, die einen Einblick in die Geschichte des Buches und der Schrift bietet. Leipzigs Ruf als Buchstadt ist sehr direkt verbunden mit diesem Museum – und dem Haus, in dem es sich befindet.

Die **Deutsche Bücherei**, die das Erbe der 1849 in der Paulskirche zu Frankfurt/Main mit 4600 Bänden geschaffenen Reichsbibliothek erfüllt, versteht sich seit 1913 als Gesamtarchiv des deutschen Schrifttums. Der 1825 gegründete Börsenverein der Deutschen Buchhändler zu Leipzig verpflichtete die Verlage, von jeder Publikation ein Exemplar kostenlos an die Deutsche Bücherei abzugeben. Sie sammelt als einzige sächsische Bibliothek nicht nach dem Auswahl-, sondern nach dem Vollständigkeitsprinzip. Ihr Bestand beläuft sich derweil auf 9 Mio. bibliographische Einheiten, und jährlich kommen 110 000 hinzu. Von Ausnahmen abgesehen, steht in diesem riesigen Bücherschrank der Nation jede deutschsprachige oder über Deutschland nach 1912 erschienene Publikation. Im Krieg wurden die Bestände an zehn verschiedene Orte ausgelagert, und dabei gingen 8000 Bände verloren. Die Deutsche Bücherei selbst wurde nur leicht beschädigt, wobei allerdings 50 000 Zeitschriftenbände vernichtet wurden. Die Deutsche Bibliothek in Frankfurt/Main, das Musikarchiv in Berlin und die Deutsche Bücherei bilden seit 1991 die Deutsche Bibliothek mit Sitz in Frankfurt/Main.

Die Deutsche Bücherei mit ihren sieben Lesesälen bietet 520 Benutzern Platz. Die Zahl der eingeschriebenen Leser liegt bei 200 000. Oskar Pusch, nach dessen Entwurf die Deutsche Bücherei 1914–16 errichtet wurde, erwies sich als vorausdenkender Architekt, kalkulierte Bestandszuwachs wie Benutzerzahl bis zum Jahre 2000 ein und entschied sich für einen ausbaufähigen Standort. Der Pusch-Bau mit der 120 m langen konkav geschwungenen Front, zwei turmartigen Erkern, Uhr und plastischem Schmuck gehört zu den beeindruckendsten Leistungen heimischer Architektur (Abb. 65).

Denkmäler der Völkerschlacht

Ernst Moritz Arndt meinte 1814 zuversichtlich: »Daß auf den Feldern bei Leipzig ein Ehrenmal errichtet werden muß, das dem spätesten Enkel noch sage, was daselbst im Oktober des Jahres 1813 geschehen… Ein kleines, unscheinbares Denkmal… thut es nicht, würde in seiner Armseligkeit von der großen That, wodurch die Welt… befreit ward, zu sehr beschämt werden. Das Denkmal… muß groß und herrlich sein, wie… eine Pyramide, ein Dom in Köln.« Doch der Bau einer Erinnerungsstätte für die siegreiche Schlacht der alliierten Truppen über Napoleon ließ lange auf sich warten. Der sächsische König, der auf Napoleons Seite gestanden hatte, verbot selbst Gedenkfeiern, und die übrigen Herrscher interessierte allenfalls ein ›Monarchenhügel‹.

1894 gründete der Leipziger Architekt Clemens Thieme den Deutschen Patriotenbund, der die von Arndt geäußerte Idee aufnahm bzw. zu seinem erklärten Ziel machte. Das archaisierend-zyklopische **Völkerschlachtdenkmal** entstand im Verlaufe einer 15jährigen Bauzeit und wurde 1913 anläßlich des 100. Jahrestages der Völkerschlacht in Anwesenheit des deutschen Kaisers und des sächsischen Königs eingeweiht. Auf sechs Mio. Goldmark beliefen sich die Kosten, aufgebracht durch Spenden, Pfennigsammlungen und Denkmals-Lotterien.

Der gewaltige Monumentalbau aus Beuchaer Granitporphyr – 500 Stufen führen zur Plattform in 91 m Höhe – besteht aus 26 500 Blöcken, wiegt sechs Mio. Zentner und ruht auf

Das Völkerschlachtdenkmal

26 m hohen Betonpfeilern. Den Entwurf lieferte Bruno Schmitz, der Architekt des Kyffhäuser-Denkmals. Die Bauleitung übernahm Clemens Thieme. Der pyramidenähnliche Bau ist sowohl im Außenraum als auch im Innenraum mit reichlich plastischem Schmuck versehen. Die vom Symbolismus der Jahrhundertwende beeinflußten Figuren stammen von den Bildhauern Christian Behrens und Franz Metzner. Der dreiteilige Innenraum, bestehend aus Krypta, Ruhmeshalle und Kuppel, ist 68 m hoch und hat eine hervorragende Akustik. Die *Krypta* ist das Ehrenmal für die Gefallenen. Metzner schuf die acht 5,5 m hohen Schicksalsmasken. Sie werden von jeweils zwei Kriegern bewacht und versinnbildlichen das Sterben. Die Aussagekraft dieser Masken liegt vor allem in der unterschiedlichen Stellung des Augenlids. In Metzners Masken äußert sich erstmalig in der Monumentalkunst der frühe Expres-

*Ikonostase und Kuppel der
Russischen Gedächtniskirche
St. Alexis*

sionismus. Der Mittelbau des Denkmals ist als *Ruhmeshalle* angelegt. Die vier 10 m hohen Kolossalfiguren stammen ebenfalls von Metzner. Sie verkörpern Glaubensstärke, Tapferkeit, Volkskraft und Opferbereitschaft. Im *Kuppelrand* zeigen sich 324 heimkehrende Krieger, fast lebensgroß. An der Außenfront halten zwölf Krieger Wache. Jede Figur wiegt 200 t. Die Stirnwand des Unterbaus schmückt eine 12 m hohe Figur des Erzengels Michael. Das 60 m breite *Steinrelief* von Behrens veranschaulicht den Sieg der Völker. Darüber steht schlicht: »18. Oktober 1813.«

Neben diesem Monumentalbau entstanden durch private Initiative 75 kleinere Gedenksteine der Völkerschlacht. Zu den bekannten zählen der **Napoleonstein** (1857) an der Tabaksmühle, von der aus Frankreichs Kaiser den Befehl zum Rückzug gab, und der **Poniatowski-Sarkophag** nahe der Elster, ursprünglich mit antikem Helm, Bildnis und Wappen des Fürsten sowie polnischen Adlern verziert. Den Schmuck zerstörten die Nationalsozialisten 1939. Das **Schwarzenberg-Denkmal** in Meusdorf ist 1838 errichtet worden. Der Oberkommandierende der Verbündeten, Karl von Schwarzenberg, hat als siegreicher Feldherr nie die Beachtung gefunden wie die Verlierer Poniatowski und Napoleon; das Denkmal entstand durch Initiative seiner Frau. Auf dem ehemaligen Schlachtfeld verteilt sind die 44 **Apelsteine**, die der Schriftsteller Theodor Apel 1862–64 auf eigene Kosten setzen ließ. Die meterhohen ›Steine‹, unterteilt in zwei Gruppen, geben die Positionen der Truppen an.

Die 1913 geweihte **Russische St. Alexis-Gedächtniskirche** (Abb. 69) in der Philipp-Rosen-thal-Straße erinnert an die in der Völkerschlacht gefallenen russischen Soldaten. Der Archi-tekt war Wladimir L. Pokrowski aus Leningrad. Er entschied sich für eine 55 m hohe Zelt-dachkirche nach dem Beispiel der Himmelfahrtskirche in Moskau-Kolomenskoje (1532), Rußlands ältester Zeltdachkirche. Russische Kirchen haben in der Regel fünf Türme, einen großen und vier kleine. Die in Leipzig stehende begnügt sich mit nur einem Turm, der von einer vergoldeten Zwiebelkuppel mit Patriarchenkreuz bekrönt wird. In der 39 m hohen *Oberkirche* hängt ein bronzener Kronenleuchter mit 68 Schalen, ein Geschenk des Zaren Nikolaus. Infolge Kriegsschäden bestehen nur die Schalen der unteren Reihen noch aus Jaspis (durchsichtiges Uralgestein). Raumbeherrschend ist die 18 m hohe *Bilderwand*, eine Stiftung der Donkosaken. Die Heiligenbilder nach Motiven des Dionisij (1440–1502) stam-men von dem Moskauer Maler Luka Martjanowitsch Jemeljanow. Die Verehrungsreihe im unteren Bereich weist silberverkleidete, mit Halbedelsteinen besetzte Ikonen auf. Rechts neben der Königstür befindet sich ein Bildnis des Moskauer Metropoliten Alexi, dem die Kirche geweiht ist. Die Gottesmutter auf der linken Seite ist eine Kopie der Smolensker Figur. Bei einem Kunstraub im Dezember 1990 wurden die Ikone ›Mutter Gottes aus Iwersk mit Kind‹ (17. Jh.) und das komplette Abendmahlgerät aus massivem Silber im Gesamtkunstwert von rund zwei Mio. Mark gestohlen. Als das eigentliche Ehrenmal gilt die *Unterkirche* mit der angrenzenden, über einen Laubengang erreichbaren *Gruft*. Von den vier Sarkophagen, die hier stehen, enthält einer die Gebeine Gefallener aus einem Sammelgrab.

Kunst zwischen Kohle

Als Zentrum des nordwest-sächsischen Braunkohlentagebaus steht **Borna** (20 000 Ew.) im Zwielicht. Weder Anfang noch Ende der Halden sind abzusehen. Der Bergbau hat viel Land verschlungen und Borna um seinen Beinamen ›Zwiebelborne‹ gebracht. Noch um die Jahr-hundertwende erstreckten sich ausgedehnte Zwiebelfelder um die Stadt, und Bornaer ›Zwie-belzöpfe‹ waren auf fast allen deutschen Märkten im Angebot.

Um 1255 als *civitas* begründet, zählt Borna zu den ältesten Städten des Meißnischen Landes. Am Portal des in heutiger Form 1887 entstandenen *Rathauses* (urspr. 1438, verän-dert 1668) ist mit einiger Mühe die Jahreszahl 1070 zu erkennen. Die 1964–67 restaurierte *Stadtkirche St. Katharinen* an der Nordseite des Marktes besitzt noch einen Querwestturm aus dem 13. Jh. Hans Wolffart errichtete 1411–34 das Langhaus. Das maßwerkähnliche Gewölbe zog 1455 Moyses von Altenburg ein. Berühmt ist der **Bornaer Altar**, ein prächti-ger spätgotischer Schnitzaltar. Wer die Bildflügel malte, ließ sich nie ermitteln. Die Bild-werke schuf 1511 Hans Witten. Die Figuren im Mittelschrein (›Die Heimsuchung‹) sind eine bildhauerische Meisterleistung. In der Predella ist die hl. Sippe, im Gesprenge die Marien-krönung dargestellt. Zwei Wandlungen des Altars enthalten Bildwerke, die dritte Malerei. Die erste Wandlung, mit geschnitzten Figuren, bezieht sich auf die Kindheitsgeschichte

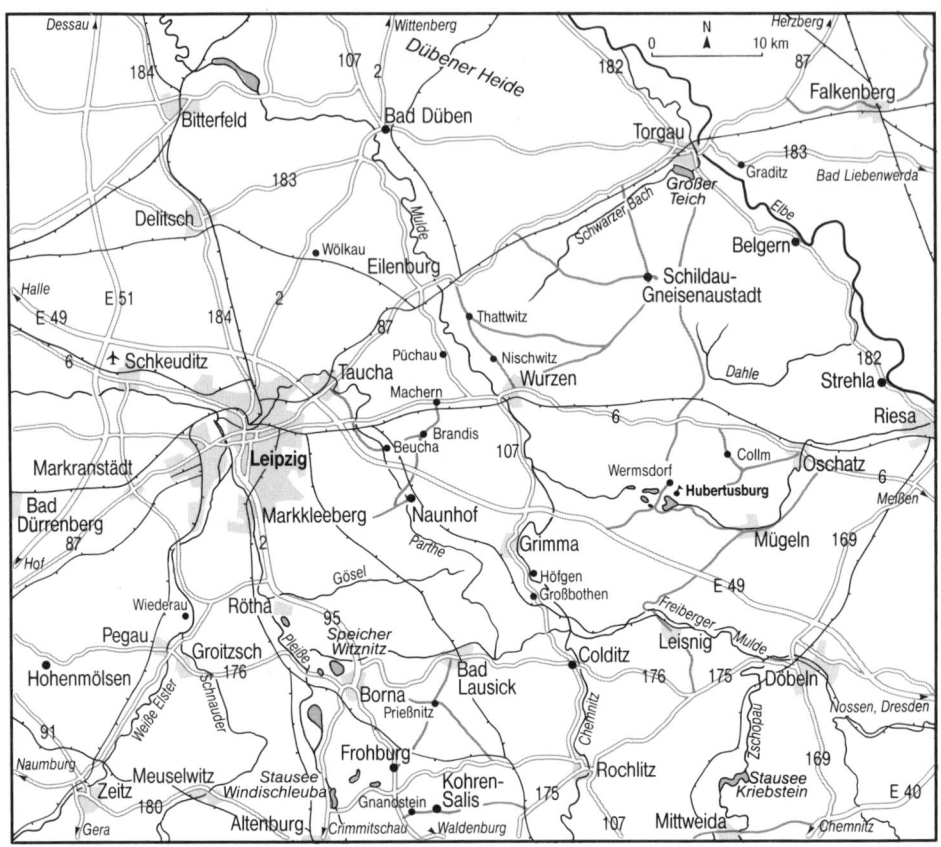

Das Leipziger Tiefland

Jesu. Der Bornaer Altar gilt als Hauptwerk von Hans Witten. Möglicherweise aus Barbaros-
sas Zeit stammt die romanische *Kunigundenkirche,* eine alte Backstein-Pfeilerbasilika im
Nordwesten vor der Stadt. Bei der Restaurierung 1923–33 wurden in der Hauptapsis Wandmalereien aus der Entstehungszeit (um 1200) und im Langhaus spätgotische Malereien
freigelegt. Der kleine, ebenfalls spätgotische Flügelaltar könnte eine Arbeit aus der Zeit um
1500 sein. Die Sandsteinfigur ›Maria mit dem Kind‹ stammt vermutlich von Anfang des
15. Jh. Von der Stadtbefestigung überdauerte das 1753 barock erneuerte vierstöckige *Reichs-
tor* (›reiches Tor‹) mit quadratischem Turm und welscher Haube. Es ist seit 1974 Sitz eines
Museums, das sich auf Bergbau und bergbaubezogene Kunst konzentriert.

Von Kohlehalden fast eingekreist ist auch **Pegau** (6000 Ew.). Das **Grabmal des Markgrafen Wiprecht von Groitzsch** (†1124) in der romanischen Kapelle der *Pfarrkirche St. Laurentius* (15. Jh.) gehört zu den bedeutendsten deutschen Kunstwerken der Romanik. Da Einflüsse des Wechselburger Kreises unverkennbar sind, dürfte das Monument um 1230 entstanden sein, hundert Jahre nach Wiprechts Tod. Beigesetzt war er ursprünglich neben seiner Frau Judita in der von ihm gegründeten (1556 zerstörten) Klosterkirche. Der Steinsarg wurde jedoch umgesetzt. Die *Sandsteinplatte* ist 2,30 m lang und 0,85 m breit. Die *Figur* – fast eine Vollplastik – liegt, den Kopf auf einem Kissen ruhend, wurde aber als Standfigur gearbeitet. Die linke Hand hält *Schwert* und *Schild,* der neben Lederschuhen und Sporen als bemerkenswertes Detail gelten darf. Die Augen sind geöffnet, und da dies ungewöhnlich

Schnitzaltar (1511) von Hans Witten in der Stadtkirche St. Katharinen zu Borna

bei einem Kenotaph ist, wurde wiederholt nach einer Deutung gesucht. Möglicherweise wollte der Künstler in Erinnerung bringen, daß Wiprecht 1090 seinen Gegner Hage von Tübichen in Zeitz grausam blenden ließ. Verziert war die Fassung des Grabmals ursprünglich mit 223 großen, geschliffenen Edelsteinen. Sie wurden im Laufe der Zeit gestohlen und

Grabmal des Markgrafen Wiprecht von Groitzsch (erste Hälfte 13. Jh.) in der Pfarrkirche St. Laurentius in Pegau

bei der Restaurierung des Grabmals 1869–71 durch Glasflüsse, Kristalle und Malachite ersetzt. Zur weiteren Ausstattung der Laurentiuskirche gehören ein *Kreuzigungsbild* (Ende 14. Jh.) und spätgotische *Schnitzfiguren*, u. a. eine Schmerzensmutter (um 1510) von Hans Witten. Die Kanzel (1616) ist geschnitzt. Der *Altaraufbau* (1621) ist mit Knorpelwerkwangen eingefaßt und mit Gemälden von Jacob Wendelmuth verziert; das Hauptbild wird als protestantische Allegorie der Erlösung gedeutet.

Das zweigeschossige **Renaissance-Rathaus** baute Paul Wiedemann 1559–61 nach einem Entwurf des berühmten Leipziger Baumeisters Hieronymus Lotter. Eine Verwandtschaft mit dem Leipziger Alten Rathaus ist unverkennbar, auch wenn der Giebelschmuck im Dreißigjährigen Krieg verlorenging. Bemerkenswert sind Hauptportal und porphyrverbrämte Fenster. Im Dachgeschoß befindet sich ein *Museum,* das u. a. einen spätgotischen Flügelaltar (1510), ein Zinnfiguren-Diorama von der Schlacht bei Großgörschen 1813 und manches andere Zeugnis aus der Geschichte der Stadt zeigt, die 1662 an Herzog Moritz von Sachsen-Zeitz fiel, landesherrlicher Sommersitz und zeitweilig Neben-Residenz war, aber immer Kleinstadt blieb.

In **Groitzsch** hatte Wiprecht nach 1073 eine nach ihm benannte Burg angelegt, die bis zur Zerstörung um 1306 Zentrum eines ausgedehnten Herrschaftsgebietes war. Wiprechts Lehnsbezirk erstreckte sich bis Leisnig und Dornburg. Aus der Ruine entnahmen die Groitzscher im 15.–16. Jh. ihr Baumaterial, und so überdauerten von der *Wiprechtsburg* auf dem Groitzscher Berg nur Reste eines runden *Wohnturms* und einer romanischen *Rundkapelle.* 1849 waren die alten Gemäuer entdeckt worden, die Freilegung erfolgte 1959–67 durch Herbert Küas. Nach mutwilliger Beschädigung der mühsam rekonstruierten Anlage sind Sicherheitsvorkehrungen getroffen und der freie Zutritt verwehrt worden. Eine zweite romanische *Rundkapelle* (Anfang des 12. Jh.) stand in *Knautnaundorf* bei Leipzig. Bei Errichtung der *Dorfkirche* im 15. Jh. wurde der Turm auf die Reste der Rundkapelle gesetzt, so daß die Umfassungsmauern bis in etwa 5 m Höhe erhalten blieben. Auch die Portalschwelle stammt noch vom Ursprungsbau. 1719 wurde die Kirche wesentlich verändert.

Zu den bemerkenswerten Herrensitzen des Kreises Borna zählt das heute von der Verwaltung genutzte **Schloß Wiederau**, eine 1705 wahrscheinlich von Johann Gregor Fuchs im barocken Stil umgebaute Wasserburg. In dem mit Deckengemälde und Stuck geschmückten Festsaal wurde die »Wiederau-Kantate« von Johann Sebastian Bach uraufgeführt. Für die Raumgestaltung des Hauses charakteristisch sind bemalte Leinwandtapeten (erste Hälfte des 18. Jh.).

Das Kohrener Land

Das Kohrener Land in unmittelbarer Nachbarschaft des Leipzig-Bornaer Industrie- und Braunkohleraums gelegen, stellt geographisch wie kulturhistorisch die Brücke zwischen Mittelsachsen und dem Saale-Elbe-Raum dar. Weite Teile des waldreichen Gebietes stehen heute unter Naturschutz. Die Eschefelder Teiche und das an die Pleiße-Talsperre grenzende

Areal sind für die Vogelwelt ein wahres Paradies. Erstaunlich klar noch sind die Wasser der Flüßchen mit den merkwürdigen Namen Maus, Ratte, Katze und Wyrha. Unter Naturschutz stehen auch die alten Steinbrüche. Der Rüdigsdorfer Sandstein – ein Porphyrtuff, feinkörnig und hart wie Feuerstein – diente als Material für bekannte Bauwerke, u. a. für das Altenburger Rathaus. Angeschliffene Bänderjaspisse erfreuen sich als Souvenir der besonderen Gunst der Touristen.

Das Kohrener Land gehört zu den ältesten Erholungsgebieten Sachsens. Wer gern auf den Spuren berühmter Leute wandelt, ist hier am rechten Platz. Besonders die Gutsbesitzer von Sahlis, die Familie Crusius – eine Zeitlang auch Inhaber der Teubnerschen Verlagsbuchhandlung in Leipzig – boten als Mäzen über Generationen hinweg Künstlern Gastfreundschaft, so Christian Fürchtegott Gellert, dem Dichteridol seiner Zeit (*Gellert-Brunnen* an der Maus), Felix Mendelssohn-Bartholdy, Ludwig Richter, Moritz von Schwind und Hans Veit Schnorr von Carolsfeld.

Siedlungsgeschichtlich sprechen die Ortsnamen im Kohrener Land für sich: Sahlis und Ossa sind sorbischen, Altmörbitz und Waldtz deutsch-slawischen, Frohburg und Gnandstein deutschen Ursprungs. Die abseits der alten Heerstraßen gelegene Region blieb auf Landwirtschaft und Gewerbe ausgerichtet, wenig beeinflußt von technischen Umwälzungen. Während des Bauernkrieges 1525 war Altmörbitz, während des sächsischen Aufstandes 1790 Sahlis ein Zentrum bäuerlichen Widerstandes gegen feudale Herrschaftsverhältnisse. Für ›Geschichten‹ hat die Geschichte auch gesorgt. So führten im Juli 1455 die Spuren des Altenburger Prinzenraubes auf die Wolfsburg im Streitwald bei Kohren, dem Sitz des Ritters Kunz von Kaufungen. Daß er sich im Krieg für den Kurfürsten Friedrich geschlagen hatte, war ihm teuer zu stehen gekommen. Der Gegner nahm ihm 4000 Gulden ab und beschädigte seine Besitzungen. Es sei altes Ritterrecht, meinte Kunz, daß der Kriegsherr den Schaden trage, doch dieser war anderer Meinung. Kunz rächte sich durch Entführung zweier Söhne des Kurfürsten, der Prinzen Ernst und Albert. Kurfürst Friedrich konterte: Kunz habe gegen altes Ritterrecht verstoßen, Kinder entführt und die Fehde nicht drei Tage vor der ersten Aktion angekündigt. Kaufungen wurde in Freiberg hingerichtet und die Wolfsburg zerstört.

Das Kohrener Land ist ein Burgenland. Im Dreieck angeordnet, hatten die Burgen Gnandstein, Frohburg und Kohren jahrhundertelang bedeutende Schutzfunktionen. Die **Burg Gnandstein** entstand zwischen 1130 und 1190 oberhalb der Wyhrafurt und ist die älteste erhaltene romanische Burganlage Sachsens (Abb. 73). Der *Palas* mit Rittersaal blieb in seiner ursprünglichen Form erhalten, und das ist für den sächsischen Raum einmalig. Auch der *Bergfried* überdauerte unverändert die Stürme der Zeit; er war zweckmäßig genug eingerichtet, um längere Belagerungen überdauern zu können. Für Besucher ist die spätgotische, prunkvoll ausgestattete *Burgkapelle* ein besonderer Anziehungspunkt. Der *Bartholomäus*- und *Annenaltar* mit bemalten Innenflügel und der *Marienaltar* mit Schnitzfiguren sind Arbeiten des Zwickauer Meisters Peter Breuer. Eine besondere Bewandtnis hat es mit dem Annenaltar. Anna galt als die Schutzpatronin des erzgebirgischen Silberbergbaus, und auf

Burg Gnandstein, Burgkapelle

den ersten Blick erscheint der Altar in dieser Gegend deplaciert, aber um 1500 kamen viele Kaufleute und Adlige des Leipziger Raums – auch die Besitzer von Burg Gnandstein – durch den Kauf von Kuxen erzgebirgischer Gruben zu Wohlstand. Die Fußbodenfliesen in der Kapelle sind das älteste Zeugnis heimischer Töpferkunst. Die Burg gehörte vom 15. Jh. bis 1945 der Familie von Einsiedel. Sie stellten wiederholt Beamte des sächsischen Hofes. Eine der bedeutendsten Persönlichkeiten war Heinrich von Einsiedel (1497–1557), »ein sonderbares und seltsames Licht des Adels seiner Zeit«, wie Luther bemerkte, ein Adliger, der Frondienste in Frage stellte. Kein geringerer als Melanchthon verfaßte seine Grabinschrift. Auf Burg Gnandstein kehrte Napoleon nach seinem Siege bei Großgörschen im Mai 1813 ein. Im gleichen Monat noch war ihm ein Sieg in Bautzen beschieden. Wenig später, im Juni 1813, fand Theodor Körner, bei Kitzen verwundet, für zwei Tage Unterschlupf auf Gnandstein.

An der Chorwand der *Dorfkirche* von **Gnandstein** befinden sich lebensgroße *Grabfiguren* der einstigen Burgherren, entstanden zwischen 1461 und 1756. Die spätgotische Kirche wurde 1518 als Gewölbebau geschaffen und erhielt sich nahezu unverändert. Aus der Zeit ihrer Gründung stammt auch die *Kanzel*, Lutherkanzel genannt: daß Luther hier gepredigt hat, ist jedoch unwahrscheinlich. Die Glasgemälde der Chorfenster datieren ebenfalls Anfang des 16. Jh. Das Auferstehungsbild stammt von Lucas Cranach d. Ä.

Die **Frohburg**, auch Vroburck genannt, 1199 erstmals erwähnt als Besitz des Rubertus de Vroburck, entstand am Schnittpunkt der Heerstraße von der Saale über Lucka zur Elbe und der Salzstraße von Halle über Borna nach Prag. An Stelle der Burg entstand als Vier-Flügel-Anlage im 16. Jh. das *Schloß*. Der Saal, bekannt als ›Steinerner Saal‹, ist erst 1806 durch Ludwig Kaaz gestaltet worden. Das riesige Wandgemälde stellt den Nemisee bei Rom dar.

Von der Burgseite (Kleinseite) getrennt, entwickelte sich von 1200 an planmäßig die Stadtgemeinde (Großseite). Sie ist als oppidum seit 1233 belegt. Die *Stadtkirche St. Michael*, ein dreischiffiger Hallenbau, wurde im 15. Jh. errichtet. Die Barockhaube des Turms stammt aus der zweiten Hälfte des 18. Jh. Neben der Weberei blühte in Frohburg das Töpfergewerbe, bis Emaille- und Alugeschirr aufkam. Kurt Feuerriegel aus Meißen belebte das traditionelle Töpferhandwerk neu, indem er 1910 eine Kunsttöpferei gründete. Die Keramische Abteilung im *Schloßmuseum* verfügt über rund 8000 Exponate. Künstlerisch gereifte Figuren Feuerriegels sind das ›Töpfermädchen‹, das ›Gutenbergdenkmal‹ und das ›Grabmal der Gutsbesitzer Krug zu Nidda‹. Mit 900 ha zählte das Gut zu den größten in Sachsen. Ebenfalls im Schloßmuseum befindet sich die ständige Ausstellung ›Kursächsische Postmeilensäulen‹. Frohburg selbst ist Standort einer *Distanzsäule* von 1717. Angegeben sind die Entfernungen: Wer nach Leipzig wollte, hatte acht Reisestunden vor sich.

Von der **Burg Kohren** (Chorun) überdauerten nur zwei mächtige romanische Rund-türme. Kaiser Heinrich I. gründete 928 die Burg auf älteren sorbischen Befestigungsanlagen; Kaiser Otto II. hat Kohren 974 dem Bistum Merseburg als Burgward zum Schutze deutscher Kolonisten geschenkt. Thietmar, einer der bedeutendsten Merseburger Bischöfe und bekannter Chronist, besuchte während einer Firmungsreise 1018 auch Kohren. Der noch vorhandene *Westturm* (12. Jh.) entging 1220 der Vernichtung der Burg durch Markgraf Dietrich von Meißen; der *Ostturm* (13. Jh.) gehört zu der wiederaufgebauten Anlage. Der letzte Burgherr, Helfreich von Mockau, verlor 1455 als Mitbeteiligter am Altenburger Prin-zenraub seine Besitzungen. Die im sächsischen Bruderkrieg (1446–51) arg in Mitleidenschaft gezogene Burg blieb von 1456 an unbewohnt und verfiel.

Kohren, 1453 zur Stadt erhoben, gelangte dank des Töpfergewerbes zu überregionaler Bedeutung. Wahrzeichen Kohrens ist der 1928 von Kurt Feuerriegel auf dem Markt geschaf-fene *Töpferbrunnen* mit der ›Toppfrau‹. Blau-weißes Geschirr nach Bürgeler Art und gelb-braune Kohrener Irdenware sind begehrte Handelsprodukte. In einem alten Fachwerkbau von 1763 besteht seit 1953 ein *Töpfermuseum*. Wiederholt umgebaut wurde die *Kirche St. Gangolf,* entstanden 1224 als dreijochige Pfeilerbasilika mit Netzgewölbe im Mittelschiff und Kreuzgewölbe in den Seitenschiffen.

Kohren und **Sahlis** wurden 1934 vereinigt. Das *Gut Sahlis* gehörte ursprünglich den Gnandsteiner Herren von Einsiedel, wechselte aber 1754 gegen 69000 Taler in die Hände des Chemnitzer Textilgroßhändlers Siegfried Leberecht Crusius über. Dieser ließ sich 1756 ein

barockes Herrenhaus mit der Schauseite nach Süden und 1771 hinter dem Schloß einen Park im modernen französischen Stil anlegen. Dieser Park galt seinerzeit als Muster gelungener Hecken-Architektur. Park und allegorische Figuren wurden rekonstruiert. Crusius d. J., Wilhelm Heinrich (1790–1853), der als erster sächsischer Gutsbesitzer auf die Patrimonial-gerichtsbarkeit verzichtete, baute 1823 auf dem seit 1810 im Familienbesitz befindlichen **Gut Rüdigsdorf** ein Herrenhaus im klassizistischen Stil, umgeben von einem nach englischem Vorbild gestalteten Park. Crusius, Vorsitzender der Leipziger Ökonomischen Sozietät und Gründer einer landwirtschaftlichen Versuchsstation in Leipzig-Möckern für Raps- und Wechselfruchtanbau, schuf in Rüdigsdorf ein sächsisches Mustergut. Der ›Tapetensaal‹ seines Herrenhauses ist eine Kostbarkeit. Seit der 1945 erfolgten Ausbombung des Tapeten-museums in Kassel ist die ›Rüdigsdorfer Bildtapete‹, 1824 von der Druckerei Dufour & Leroy in Sepis und Grisaille gedruckt, im deutschsprachigen Raum einmalig. Mader Pere aus Paris gestaltete sie unter dem Titel ›Olympische Feste‹ nach Motiven der antiken Sagen- und Mythenwelt. Im Vordergrund stehen Götter, die das praktische Leben symbolisieren, wie Minerva, die Öl aus Oliven preßt, Vesta, die sich auf den Hausbau versteht, Bacchus, der das Leben genießt. Die klassizistisch gestaltete Orangerie gliedert sich in zwei Pavillons, ver-bunden durch einen holzverkleideten Mitteltrakt. Der rechte Pavillon trägt den Namen *Schwind-Pavillon* nach dem Maler Moritz von Schwind (1804–71), einer der letzten Romantiker, der 1838 die Orangerie ausmalte. Er griff dabei auf das antike Märchen ›Amor und

Dorfkirche in Altmörbitz

Psyche‹ des lateinischen Dichters Apuleius (2. Jh. n. Chr.) zurück. Von Schwind stammen vier der neun Fresken – es sind die am besten erhaltenen Arbeiten des Künstlers. Die anderen Fresken gestaltete der Wiener Maler Leopold Schulz, ein Studienfreund Schwinds. Die Skulptur der ›Psyche‹ schuf 1846 R. Monti aus Mailand, nur ist der Schmetterling, Sinnbild der Seele, abhanden gekommen. Im Sommer dient der Schwind-Pavillon als Konzertsaal. Die zum Gut gehörende Wassermühle Lindenvorwerk an der Maus, 1528 erstmals erwähnt, 1840 von Crusius erneuert und bis 1960 in Betrieb, wurde 1972 als Mühlenmuseum eingerichtet.

Ungefähr 3 km südlich von Rüdigsdorf liegt **Altmörbitz**. Die *Dorfkirche* ist ein wiederholt veränderter, einschiffiger gotischer Bau aus dem 14. Jh. Sehenswert sind die bemalte Flachdecke und die zweigeschossigen Emporen (18. Jh.), die hölzerne Empore im Chor (1559) sowie *Taufstein* und *Sandsteinkanzel* (beide 1578). Der Altar wurde 1940 neu aufgebaut; die drei *Schnitzfiguren* sind spätgotisch.

Auf dem Weg nach Grimma/Leipzig liegt **Prießnitz**. Das Herrenhaus ließ Hans von Einsiedel 1605–06 errichten. In der *Dorfkirche* predigte 1521 Luther. 1616–18 erhielt die im Kern spätgotische Kirche ihre heutige Gestalt und eine reiche Ausstattung. Triumphbogen, Chorgewölbe, Kanzel und Altar verraten Einflüsse der niederländischen Spätrenaissance. Neben Jacob Wendelmuth aus Pegau war der aus Antwerpen stammende Johann de Perre an

433

der Ausmalung beteiligt. Die 28 *Bilder* an Kanzel und Altar stellen bedeutende Persönlichkeiten der Reformation dar. Das Relief ›Christus im Grabe‹ schuf Michael Zinger. Sehenswert ist auch das *Bauernrathaus* von 1712. Es wurde 1965–69 historisch getreu restauriert. Das Holzfachwerk der Hauptfassade stammt noch aus dem 18. Jh.

Eine der ältesten Kirchen Sachsens ist die dreischiffige romanische Pfeilerbasilika *St. Kilian* von 1105 in **Bad Lausick**. Das Kreuzgratgewölbe und der hölzerne Vierungsturm entstanden 1737–39. Zur Ausstattung gehören ein spätgotischer *Flügelaltar* (um 1500) und eine aus Aulig umgesetzte *Orgel* von Gottfried Silbermann und Johann Gottlob Trampeli (1722). Beim Braunkohleabbau wurde 1819 in Bad Lausick eine Mineralquelle mit hohem Eisensulfat entdeckt und zwei Jahre später ein Kurhaus gebaut.

Muldeaufwärts von Grimma bis Döbeln

»In ganz Meißen möchte ich in keiner Stadt lieber leben als in Grimma«, versicherte Melanchthon. Um 1170 ist **Grimma** im Schutze einer Burg als Marktsiedlung am Muldenübergang entstanden. Mit dem Erstarken Leipzigs ging die Mittlerrolle im Handel allmählich verloren. Die Sicherung der Existenz erfolgte durch ein erstarkendes Handwerk. Das Museum besitzt eine Sammlung von etwa 1000 verschiedenen Körben und eine komplette Korbmacherwerkstatt. An die Glanzzeit der Stadt erinnert die *Frauenkirche* (1230–40) mit Querhaus und Rechtschor. Ältester Teil ist der romanische doppeltürmige Westbau. Der spätgotische Flügelaltar ist ein Werk des Leipziger Meisters des Knauthainer Altars. Die *Klosterkirche der Augustiner* entstand 1290 und wurde im 15. Jh. erneuert. Die Ausstattung stammt aus dem 17. Jh. Das die Burg ablösende *Schloß* (1389–1402), in dem Albrecht der Beherzte 1443 geboren wurde und das die Schweden 1644 verwüsteten, ist heute ein Verwaltungssitz. In der *Superintendentur* (1811) haben sich bauliche Reste des 1251 nach Grimma verlegten Zisterzienserinnenklosters Marienthron erhalten; das Kloster siedelte 1285 in den Ortsteil Nimbschen über, wurde 1536 aufgehoben und ist heute eine Ruine. Aus diesem Kloster floh 1523 Katharina von Bora, Luthers spätere Frau. Nicht mehr vorhanden ist das Haus der 1550 im säkularisierten Augustinerkloster eingerichteten Fürstenschule, zu deren Absolventen Staatsrechtler Samuel von Pufendorf und der Dichter Paul Gerhardt gehörten. St. Augustin wurde 1820 abgebrochen. Das *Rathaus* (1442) auf dem Markt wurde 1538 bei einem Brand zerstört und danach bis 1585 mit einem viergeschossigen Renaissancegiebel und einer Freitreppe wiederaufgebaut. Die barocke *Muldenbrücke* entstand 1716–19 nach einem Entwurf von Matthäus Daniel Pöppelmann.

Sächsisch-Polnisches Wappen aus der Zeit Augusts des Starken, Muldenbrücke in Grimma

Die Leipziger Beamten sahen in Grimma eine Pensionärsstadt, die Geistesschaffenden einen literarischen Vorort Leipzigs. Ferdinand Stolle, dem in Leipzig Haft drohte, fand 1835 Asyl in Grimma und bedankte sich dafür mit dem Roman »Die deutschen Pickwickier«. Das Verlagshaus Göschen druckte von 1796 in Grimma, Markt 11. Ein Jahr zuvor hatte sich Georg Joachim Göschen in Grimma-Hohnstädt ein Landhaus gekauft *(Göschenhaus)*. Zu dem Besitz gehörte ein terrassenförmig angeordneter englischer *Park*. 1800 erweiterte Göschen die Anlage um den klassizistischen Freundschaftstempel. Hier verkehrten Schiller, Theodor und Gottfried Körner, Hans Veit, Schnorr von Carolsfeld und Johann Gottfried Seume, Göschens Lektor. Das ›Göschenhaus‹ ist heute *Seume-Gedenkstätte*.

In Großbothen nahe Grimma wohnte 1906–32 der weltbekannte Physiker und Chemiker Wilhelm Ostwald, der für seine Arbeiten über Katalyse 1909 mit dem Nobelpreis ausgezeichnet wurde. Die 1976 eröffnete *Wilhelm-Ostwald-Gedenkstätte* im ›Haus Energie‹ (so nannte der Gelehrte seinen Wohnsitz) verfügt über 10 000 Dokumente und die 32 000 Bände zählende Bibliothek Ostwalds.

Zu den technischen Denkmälern zählt die 1721 erstmals erwähnte *Wassermühle* in **Höfgen**. Sie war bis 1954 in Betrieb und ist heute *Museum*.

»Muldengaukönigin« haben die Literaten **Leisnig** genannt, bei Melanchthon ist die Rede von »*Sumen Misni*« (»Meißner Landes Schmalzgrube«). Heinrich I. gründete 922 Burg und Pfalz. Mit dem Bau der *Burg*, 60 m hoch über der Mulde, wurde um 931 begonnen, aber erst 1085–86 unter Wiprecht von Groitzsch ein erster Abschluß erreicht. Aus Wiprechts Zeit stammt noch der *Wehrturm* mit seinen 3,6 m dicken Mauern. Ursprünglich 30 m hoch, wurde er 1791 aus Sicherheitsgründen auf 14 m abgetragen. Von dem 34 m hohen *Bergfried*,

Leisnig und Umgebung. Stich von Adrian Ludwig aus der ersten Hälfte des 19. Jh.

seit 1875 Aussichtsturm, gehört der Unterbau ins 11. Jh. In den Jahren 1387–95 wurde über der mittelalterlichen Wehranlage **Schloß Mildenstein** errichtet. Damals entstand u. a. das heutige Vorderschloß, gedacht als Wohnkomplex. Der Vorbau mit *Renaissance-Wendelstein* kam 1550–60 hinzu. Der letzte große Umbau erfolgte 1708–23 u. a. mit Errichtung eines barocken Verbindungsbaus zwischen Herren- und Pagenhaus. Sehenswert ist das Rundbogenportal der romanischen *Burgkapelle St. Martin* von 1081–84. Durch wechselnden Einsatz von Sandstein und Porphyr entstand eine schachbrettähnliche Musterung.

Das Schloß hat eine wechselvolle Geschichte hinter sich. Unklar ist der Name »Mildenstein«. Die Herren von Mildenstein saßen in Poselitz und hatten mit dem Leisniger Schloß nie etwas zu schaffen. Von 1549–1706 war es eine sächsische Landesfestung zweiter Ordnung, 1706/07 Residenz des polnischen Königs Stanislaw Leszcynski. Nach dessen Abzug teilte es das Schicksal des 1716 als Zucht- und Waisenhaus eingerichteten *Schlosses Waldheim*. Aus der einstigen Landesfestung wurde nach Umbauten (1708–23) für mehr als 200 Jahre ein Gefängnis. Heute befindet sich in dem Renaissanceflügel des Schlosses ein *Museum*. Ein wertvolles Exponat ist der spätgotische *Pappendorfer Altar* (um 1500) aus der Schule des Meißner Frauenkirchaltars mit 16 Heiligenfiguren in den Schreinen und vier den Leidensweg Christi darstellenden Bildern auf den Wandelseiten. Der Altar wurde umgesetzt aus Pappendorf bei Hainichen. Das populärste Ausstellungsstück ist der *Riesenstiefel*, mit einer Höhe von 3,70 m und einer Sohlenlänge von 1,90 m der größte Stulpenstiefel der Welt; die Schuhmacherinnung schuf ihn 1925 aus Anlaß ihrer 600-Jahr-Feier. Sohn des Schuhmachers Bennewitz war Peter Apian (1495–1552), Geograph und Astronom Kaiser Karls V.

Der **Miruspark** östlich des Schlosses Mildenstein wurde 1866–67 angelegt und mit künstlichen Ruinen ausgestattet. Als Baumaterial dienten Reste des 1192 vom Leisniger Burggrafen gestifteten Zisterzienserklosters *Klosterbuch*, das sich sehr um die Entwicklung des Obstbaus bemühte. Die Leisniger Blütenfeste stehen damit in Verbindung. Die *Stadtkirche St. Matthäus* in Leisnig (1484) ist eine spätgotische dreischiffige Hallenkirche mit Stern- und Netzgewölben. Nach einem Brand entstand sie 1638 neu und wurde 1882 umgebaut. Der manieristische *Altar* mit dem 9 m hohen Bildwerk von Johann Richter und Schnitzereien von Valentin Otte datiert von 1664. Aus Hainichen umgesetzt wurde 1962 die Barockkanzel. Der Wiederaufbau des spätgotischen Archidiakonats mit Sitznischenportal erfolgte 1956.

Im Schutze der 981 erstmals erwähnten Burg (1867 abgebrochen) entwickelte sich wahrscheinlich Anfang des 13. Jh. die markgräfliche Stadt **Döbeln**. Die *Stadtkirche St. Nikolai*, unter Verwendung des Vorgängerbaus (1333) nach 1479 zur spätgotischen Hallenkirche umgebaut, besitzt mit dem *Döbelner Hochaltar* (um 1520) einen Kunstschatz von seltenem Wert. Staffel, Schrein und Gesprenge des sechsflügeligen Altars erreichen eine Gesamthöhe von 11 m. Die Heiligenfiguren sind überlebensgroß. Auf den Innenflügeln wird die Nikolauslegende dargestellt. Sein Schöpfer stammte aus Freiberg. Da er namentlich nicht bekannt ist, nennt ihn die Kunstgeschichte den »Meister des Döbelner Hochaltars«.

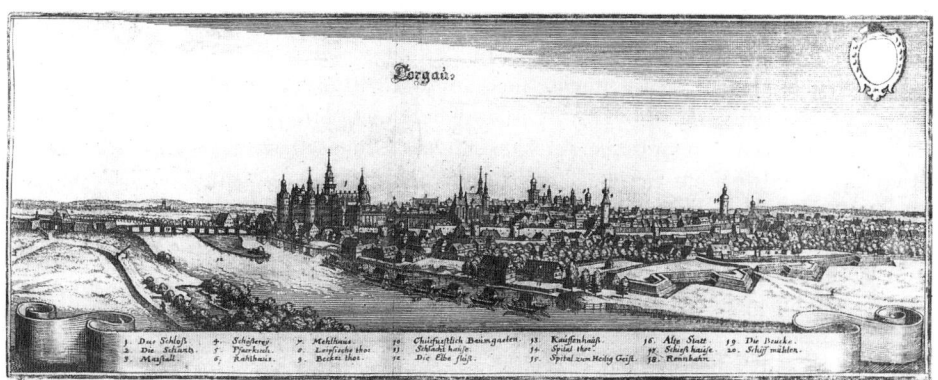

Torgau. Stich nach Matthäus Merian, um 1650

Eilenburg – Bad Düben – Torgau

Mit Heinrich von Eilenburg wurde 1089 erstmals ein Wettiner Markgraf von Meißen. Zwar erlosch die Eilenburger Linie 1123, doch für das Haus Wettin hat der Name ›Eilenburg‹ einen besonderen Klang behalten. Das markgräfliche *Schloß* ist seit dem 17. Jh. Ruine. Der Sorbenturm, im Kern 10. Jh., und zwei quadratische Türme mit Zeltdächern (Ende 14. Jh.) blieben als Fragmente erhalten, zudem das alte Amtshaus (um 1700) des 1402 gegründeten landesherrlichen Amtes Eilenburg und südwestlich der Burg die *Bergkirche St. Marien*, eine dreischiffige spätgotische Backstein-Hallenkirche (1516–22) mit Stern- und Netzgewölbe sowie einem Renaissance-Altar und wertvollen Grabdenkmälern aus dem 16. Jh.

Unterhalb des Schloßberges entfaltete sich auf einer Muldeninsel die Stadt **Eilenburg** (21 000 Ew.); sie wurde im Zweiten Weltkrieg stark zerstört. Erneuert wurde das *Renaissance-Rathaus* mit Volutengiebeln (1544/45), ebenso die teilzerstörte *Stadtkirche St. Andreas und Nikolai* (1444–1535), die einen schönen spätgotischen, geschnitzten Flügelaltar besitzt. Vor der Sakristei fand 1649 Archidiakon Martin Rinckart seine letzte Ruhestätte. Er schrieb 1630 zum 100. Jahrestag der Augsburger Konfession den Choral »Nun danket alle Gott«.

Christian Fürchtegott Gellert war auf Einladung des sächsischen Generals Johann Vitzthum von Eckstädt häufig Gast im **Schloß Wölkau** zwischen Leipzig und Düben. Der Dichter schätzte die Größe dieses Schlosses auf 50–60 Zimmer. Es ist so groß, »daß ichs selbst nicht genau kenne«, schrieb er einmal, und »der Garten ist nach dem Großen Garten in Dresden wirklich der größte, den ich je gesehen habe …« Nach Gellerts Auffassung war der Baumeister des Barockschlosses von 1695–1711 ein Italiener, doch wird eher ein Warschauer denn ein italienischer Einfluß deutlich. Schloß Wölkau mit prachtvollem dreigeschossigen Mittelrisalit und schlichten Seitenflügeln drückt jedenfalls keine sächsische Bauauffassung aus. Der

437

große Festsaal wird heute gern für barocke Kammermusik des Leipziger Gewandhauses genutzt.

Das Heidestädtchen **Bad Düben** (8000 Ew., seit 1915 Moorbad), ist mit Sachsens Geschichte ebenfalls eng verbunden. Die Burg auf einem bronzezeitlichen Wall, 981 erstmals erwähnt, nach 1115 im Besitz des Wiprecht von Groitzsch, wurde 1450 im sächsischen Bruderkrieg und 1637 im Dreißigjährigen Krieg zerstört. Die Burganlage in ihrer jetzigen Form ist samt *Wartturm ›Lug ins Land‹* ein Nachbau und Sitz eines Museums (siehe unten). In dem alten Burggraben befindet sich eine von der Mulde umgesetzte *Schiffsmühle,* die bis in die 50er Jahre in Betrieb war.

Auf der Dübener Burg fand im Mai 1532 der Prozeß des Roßhändlers Hans Michael Kohlhase aus Cölln an der Spree gegen Günter von Zaschwitz statt; der adlige Strauchdieb hatte dem Händler bei Wellaune zwei Pferde gestohlen. Heinrich von Kleist setzte dem Kläger, »einem Charakter maßloser Tugend«, mit der Novelle »Michael Kohlhaas« ein literarisches Denkmal. Im Wartturm der Burg Düben erinnern Kalkmalereien und eine besondere Ausstellung an den »Kämpfer für das Recht«, der 1540 in Berlin hingerichtet wurde. Zweimal war Düben in den vergangenen Jahrhunderten Sammelstelle der Heere vor bedeutenden Schlachten – 1631 der Schweden und Sachsen vor der Schlacht bei Breitenfeld und 1813 der Franzosen vor der Völkerschlacht.

Die Dübener Heide liegt auf einem Plateau zwischen Mulde und Elbe. Der 1560 aufgenommene Alaunbergbau und die Eisenhammerwerke boten vor der Industrialisierung einem Teil der Heidebewohner gewisse soziale Sicherheiten. Die meisten jedoch verdienten ihr täglich Brot mit einem ›Arme-Leute-Gewerbe‹ wie Korbflechterei, Trogherstellung, Pechsieden und Töpferei. Das 1952 in der Burg eingerichtete *Landschaftsmuseum Dübener Heide* stellt in 23 Räumen Region, Stadt und Burg vor.

»Es ist eine recht kaiserliche Burg«, soll Karl V. 1547 beim Einzug in **Torgau** angesichts der Elbfeste gesagt haben. Die stattliche Anlage, 973 erstmals urkundlich als Burggründung

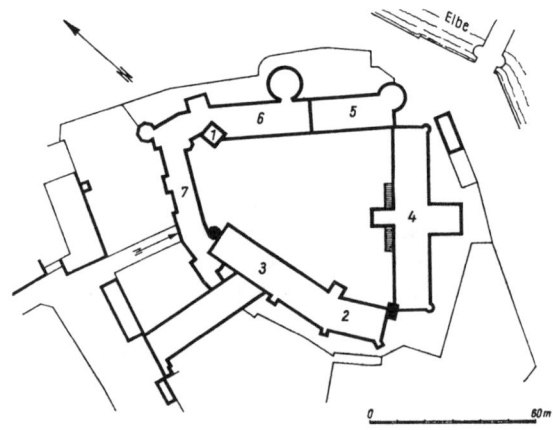

Torgau, Schloß Hartenfels:
1 *Bergfried*
2 *Albrechtsbau mit Kleinem Wendelstein*
3 *Theatersaalflügel*
4 *Johann-Friedrich-Bau mit Großem Wendelstein*
5 *Martinskapelle*
6 *Schloßkirche*
7 *Westflügel*

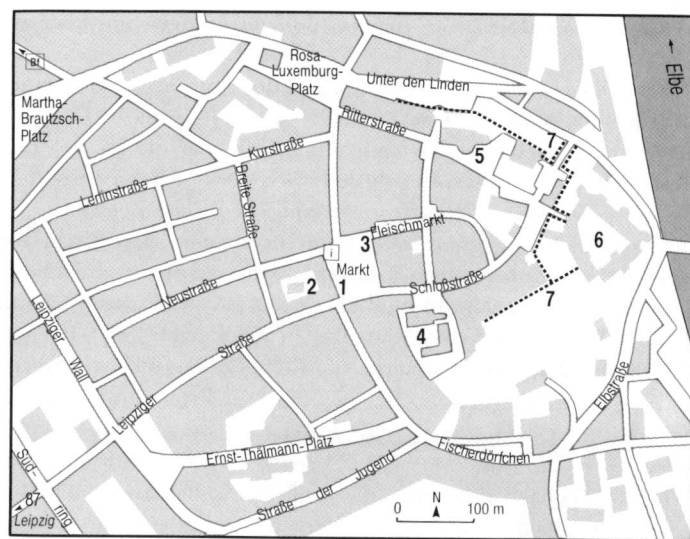

Torgau:
1 Rathaus
2 ehem. Nikolaikirche
3 Mohrenapotheke
4 Theater (ehem. Alltagskirche)
5 Marienkirche
6 Schloß Hartenfels
7 Stadtmauer

erwähnt, erhebt sich 10 m über dem Fluß auf einem Porphyrfelsen. Unter Herzog Albrecht und Kurfürst Ernst entstand seit 1470 das große **Residenzschloß Hartenfels,** einer der schönsten deutschen Schloßbauten der Frührenaissance. Neben Arnold von Westfalen waren so bedeutende Baumeister wie Conrad Pflüger und Konrad Krebs an der Neugestaltung beteiligt. Von 1485 an residierten in Torgau die Ernestiner, bis dann 1547 nach der Schlacht bei Mühlberg Stadt und Feste an die Albertiner übergingen, die mit Dresden bereits eine Residenz besaßen. Die rauschenden Feste des Hofes täuschten noch eine Zeitlang Bedeutung des Schlosses in der Politik der Wettiner vor. Zu den letzten großen höfischen Ereignissen gehörten 1627 die Aufführung der deutschen Schütz-Oper »Daphne« und 1711 das Treffen zwischen Zar Peter I., August dem Starken und Leibniz. Ab 1815 wurde das Schloß unter preußischer Herrschaft zur Kaserne, ab 1904 zum Gericht. Nach mehreren Umbauten dient es heute staatlichen Verwaltungen und als Museum (Abb. 71). Zu den bedeutendsten architektonischen Details gehört der *Große Wendelstein* (Abb. 72), ein Meisterwerk von Konrad Krebs (1536). Auf einem rechteckigen Unterbau mit Altan und doppelter Freitreppe erhebt sich ein in offenen Pfeilern aufgelöstes Polygon mit innerer Treppe, die sich spiralförmig um eine zylindrische Hohlachse windet. Nur über den großen Wendelstein waren die korridorlosen Obergeschosse samt 600 m² großem *Festsaal* zu erreichen. Die überlebensgroßen Figuren am Aufgang stellen Kurfürst Johann Friedrich und Herzog Johann Ernst dar. Sehenswert ist auch der *Schöne Erker* mit ungewöhnlich reicher Verzierung (1544), vermutlich eine Arbeit von Stephan Hermsdorf. Geradezu unauffällig liegt im westlichen Teil des Nordtraktes der Eingang zur *Schloßkirche.* Sie wurde von Nickel Gromann gebaut und am 5. Oktober 1544 von Martin Luther eingeweiht. Der 23 m lange und

11 m breite Wandpfeilersaal mit einem Netzrippengewölbe über zwei Emporengeschossen blieb nahezu unverändert. Die Emporenbrüstungen zeigen u. a. die ›Austreibung der Wucherer aus dem Tempel‹. Die Mensa des einfachen *Altars* wird von vier Engelsfiguren getragen. Ein Alabasteraufsatz von 1555 wurde 1662 aus der Dresdener Schloßkapelle umgesetzt und 1945 zerstört. Wichtig für Luther war die im Zentrum stehende *Kanzel* zur Verkündung des Wortes. Sie wurde 1554 von Simon Schröter d. Ä. angefertigt. Die Schloßkirche zu Torgau war der erste protestantische Kirchenneubau.

Die doppeltürmige *Marienkirche* in Torgau, eine spätgotische Hallenkirche aus der Zeit nach 1390 mit romanischem Westbau (12. Jh.), verfügt über ein besonderes Kunstwerk: das Cranach-Gemälde ›Die 14 Nothelfer‹ (1507). Von Giovanni Simonetti stammt der Hochaltar (1694–98), von Georg Wittenberger die Kanzel (1582). In einem Nebenraum befindet sich der Grabstein der Katharina von Bora, Luthers 1552 in Torgau verstorbener Frau. Die

Bronzegrabplatte der Sophie von Mecklenburg († 1504) fertigte die Nürnberger Vischer-Werkstatt. Das *Rathaus*, ein Renaissancebau von 1561–65, entstand nach dem Entwurf des Dresdner Architekten Valten von Wegern. Der prachtvolle Runderker wurde 1577 durch Caspar Reinwald und Andreas Buschwitz geschaffen. Im angrenzenden Hof sind Reste der ehemaligen Nikolaikirche zu sehen. Erhalten haben sich am Markt und in seiner Nähe viele wertvolle alte *Bürgerhäuser*. Genannt sei hier die Mohrenapotheke (1503). Das Theater in der Bernhard-Kellermann-Straße entstand nach 1945. Es ging hervor aus der dreischiffigen Alltagskirche des Franziskanerklosters, einem nach 1484 entstandenen Bau; Netz- und Zellengewölbe schuf 1517 Hans Meltwitz.

Am Elbufer erinnert ein schlichtes Monument an ein welthistorisches Ereignis: am 25. April 1945 begegneten sich hier sowjetische und US-amerikanische Truppen.

Grabstein der Katharina von Bora, der Frau Martin Luthers, von 1552 in der Marienkirche zu Torgau

Fünf Kilometer von Torgau entfernt liegt **Graditz**. Auf dem ehemaligen kurfürstlichen Landsitz werden seit 1630 Pferde gezüchtet. Für August den Starken war die *Stutterey* wichtig genug, um Matthäus Daniel Pöppelmann die Errichtung des schloßähnlichen Hauptgebäudes (1722) zu übertragen. Im Stil des Barock wurde zudem ein Park mit sternförmig angeordneten Schneisen geschaffen.

Stationen an historischer Eisenbahnstrecke

»Einsteigen, bitte!« hieß es in Leipzig am 9. April 1839 zum ersten Mal am Zug nach Dresden. Die Fahrzeit betrug für die 118 km lange Strecke 3 Std. und 40 Min. Das »schwindelhafte Riesenbauwerk« entstand in drei Jahren und 40 Tagen. Der **Dresdener Bahnhof** in Leipzig, Schauplatz der Eröffnung der Strecke Leipzig-Dresden, gebaut 1839 von August

Querbahnsteighalle des Leipziger Hauptbahnhofs, um 1913

Eduard Poetzsch in Holzkonstruktion, wurde bereits 1864 ersetzt durch einen neuen ›Personenzugschuppen‹.

An die Eröffnung des Überlandverkehrs per Schiene erinnert Aeckerleins **Eisenbahndenkmal am Schwanenteich**, gestaltet in Form einer alten sächsischen Postmeilensäule. Es steht für den Abschied von der Postkutsche wie für die Pioniere des Eisenbahnwesens, u. a. Friedrich List, Gustav Harkort, Wilhelm Seyfferth und Bauleiter Karl Theodor Kunz. Die erste deutsche Lokomotive, die berühmte *Saxonia*, wurde 1838/39 von Johann Andreas Schubert in Übigau bei Dresden gebaut. Eine Kopie steht im Museum Bahnbetriebswerk Leipzig Hauptbahnhof-Süd. Die 1989 in Halle original rekonstruierte Lok wiegt 23 t und ist fast 9 m lang. Von den Bahnhofsgebäuden der Gründerzeit hat nur das 1837 von der ›Leipzig-Dresdener Eisenbahn-Companie‹ errichtete Heizhaus überdauert. Es wird heute vom Museum genutzt. Im gleichen Jahr hatte bereits die Eröffnung des 9 km langen Teilabschnittes **Leipzig-Althen** stattgefunden. Nach 20minütiger Fahrt erreichte die englische Lokomotive *Blitz* ihr Ziel.

Nach Plänen von August Eduard Poetzsch entstand 1841/42 der *Bayerische Bahnhof* in Leipzig. Er wurde im klassizistischen Stil als Kopfbahnhof mit vier hohen Bogenöffnungen im Mittelportikus für die Strecke Leipzig-Hof gebaut. Mit der Errichtung des Hauptbahnhofs verlor der Bayerische Bahnhof seine Bedeutung.

Anstelle des Dresdener Bahnhofs und drei weiterer Bahnhöfe entstand 1915 der **Leipziger Hauptbahnhof**. Die am Gebäude auffallende Duplizität – zwei Empfangshallen, zwei Bahnhofsuhren an der Fassadenfront, zwei (große) Wartesäle usw. – ist das Resultat des sächsisch-preußischen ›Eisenbahnkrieges‹. Man einigte sich auf einen westlichen preußischen Bahnhofsteil mit den Bahnsteigen 1–13 und einen östlichen sächsischen mit den Bahnsteigen 14–26. Erst 1934 übernahm die 1920 gegründete Deutsche Reichsbahn den Gesamt-

Eisenbahnstrecke Leipzig – Dresden, historische Stationen

1 Dresdener Bahnhof 2 Eisenbahndenkmal am Schwanenteich 3 Teilabschnitt Leipzig – Althen 4 Einschnitt bei Machern; 4 km lang 5 Die Muldenbrücke bei Wurzen 6 Eisenbahnbrücke von 1838

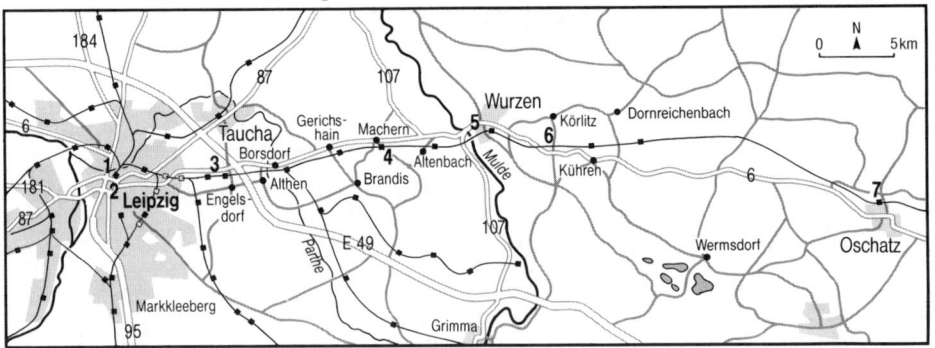

komplex. Mit 26 Bahnsteigen (ohne Außenbahnsteige) ist der Leipziger Hauptbahnhof der Welt zweitgrößter Kopfbahnhof, ›Sackbahnhof‹, wie es in Sachsen heißt. Er stellt eine ingenieurtechnische Meisterleistung dar, gepaart mit reifer baukünstlerischer Gestaltung. Das aus Sandstein errichtete Empfangsgebäude ist 298 m breit, der Querbahnsteig 267 m lang und 33 m breit, die Spannweite der Bahnsteig-Stahlbinder beträgt bis zu 45 m. Von den 12 überlebensgroßen Plastiken am Empfangsgebäude stehen je sechs für die Erbauer bzw. für typische Leipziger Berufe: an der Westhalle Architekt, Ingenieur, Steinmetz, Zimmermann, Eisenarbeiter und Erdarbeiter; an der Osthalle Professor, Musiker, Student, Kaufmann, Buchdrucker und Zurichter. Für den Bau des Leipziger Hauptbahnhofs lagen insgesamt 76 Entwürfe vor. Realisiert wurden die mit einem Aufwand von 137 Millionen Mark verbundenen Pläne der Dresdener Architekten William Lossow und Max Hans Kühne.

Im **Einschnitt bei Machern**, 3 km lang und bis zu 11,5 m tief, mußten 475 000 m³ Erde mittels Schippe und Spaten bewegt werden, da es noch keinen Bagger gab; kilometerweit wurde das Erdreich verteilt. Von Frühjahr 1837 an kam die englische Lok *Comet* für den Erdtransport zum Einsatz; sie zog 20 ›Loren‹, eine in Machern geborene Bezeichnung.

Schloß und Park Machern sind einen Abstecher wert. Das heute als Rathaus genutzte Schloß, ein dreiflügeliger Renaissancebau von 1566, hervorgegangen aus einer Wasserburg und wiederholt umgebaut, gehörte der seit dem 13. Jh. hier ansässigen Familie von Lindenau. Sie ließ nach 1760 in Anlehnung an den Wörlitzer Park einen romantischen Landschaftsgarten anlegen, den größten in Sachsen aus der Zeit der Empfindsamkeit. Ephraim Wolfgang Glasewald leitete ab 1792 die gartenarchitektonischen Arbeiten. Die hohen Kosten trieben die Lindenaus in den Ruin, und der Park verwilderte. Geblieben sind botanische Raritäten, vor allem eine *Allee mit Tulpenbäumen*, sowie eine beeindruckende Parkar-

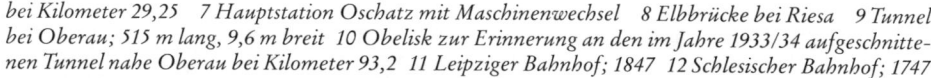

bei Kilometer 29,25   7 Hauptstation Oschatz mit Maschinenwechsel   8 Elbbrücke bei Riesa   9 Tunnel bei Oberau; 515 m lang, 9,6 m breit 10 Obelisk zur Erinnerung an den im Jahre 1933/34 aufgeschnittenen Tunnel nahe Oberau bei Kilometer 93,2 11 Leipziger Bahnhof; 1847 12 Schlesischer Bahnhof; 1747

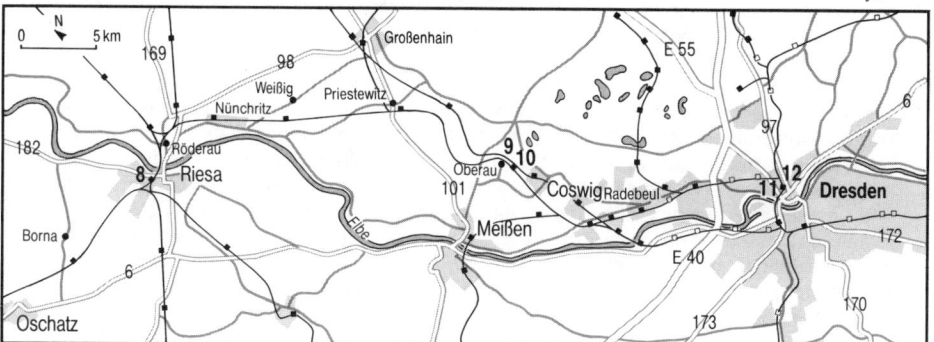

chitektur mit dem klassizistischen *Tempel der Hygieia* (1792/93), dem *Mausoleum* (1792), einer *Steinpyramide* (1792) und der künstlichen Ruine *Ritterburg* (1795/96), die infolge Brandstiftung seit 1950 in der Tat eine Ruine ist.

Von Machern 4 km entfernt steht auf einem Bergsporn an der Muldenaue das heute als Altersheim genutzte **Schloß Püchau** (slav.: pichi = futterreich). Nach Thietmar von Merse-

---

Die Leipzig-Dresdener-Eisenbahn

Im April 1839 wurde die Leipzig-Dresdener-Eisenbahn eröffnet. Bereits ein Jahr zuvor fanden zahlreiche Probefahrten statt, die Tausende von Schaulustigen anlockten. Einer der Augenzeugen erinnert sich, niedergeschrieben in: Illustrierte Zeitschrift für Touristik, Verlag L. Schwann, Düsseldorf 1903

Am 19. Juli früh um 8 Uhr nahte der große weltgeschichtliche Augenblick, wo Tausende Schaulustiger auf den Beinen waren, um das neue Wunder der Welt anzustaunen. Es erschienen die von den Direktoren des Unternehmens eingeladenen Minister und anderen hohen Staatsbeamten des Zivil- und Militärstandes, die Väter der Stadt, Räte und Stadtverordnete, allerhand andere Beamte und Würdenträger, sowie endlich auch eine große Anzahl Damen. Die heute bei solchen Gelegenheiten unvermeidlichen Vertreter der Tagespresse gab es damals in Dresden nicht, denn die sächsische Residenz hatte nur ein belletristisches Blatt, die »Abendzeitung« und ein Anzeigeblatt, den »Anzeiger«.

Im Bahnhofe war ein hohes Zelt aufgeschlagen und ein Pavillon errichtet worden, der von blühenden Bäumen umgeben war. Ein breiter, mit Blumenschmuck und Heckenwänden versehener Gang führte bis an die Stufen der Eisenbahn, wo sich das Musikkorps des Leibinfanterieregiments aufgestellt hatte. Alle die eingeladenen Herren und Damen wurden von den Direktoren des Unternehmens hier empfangen, und es nahte nun der mit Spannung erwartete Augenblick, wo die erste Wagenreihe an die zum Einsteigen bestimmten Stufen geschoben wurde.

Die reich bekränzte Lokomotive, die den Namen »Edward Bun« trug, rollte heran und erregte die allgemeine Aufmerksamkeit; sie wurde gleichsam als Vorspann an sieben Wagen gefesselt. Als es in ihrem weiten Metallbauche so zischte, brauste und brodelte, als der weiße Gischt auffauchte und als das erste Glockenzeichen ertönte zum Fertigmachen, da klopfte doch mancher und manchem der Geladenen das Herz, und das Gefühl der Bangigkeit beklemmte vielen die Brust. Der geheizte Kessel erschien ihnen wie ein Hexenkessel, der Lokomotivführer und seine beiden Heizer aber kamen ihnen vor wie die drei Männer im feurigen Ofen.

Als nach dem zweiten Glockensignal alle ihre Plätze eingenommen hatten und rauschende Musik die Abfahrt verkündete, setzte sich die Lokomotive mit grellem Pfiff in Bewegung. Alle Wagenräder drehten sich und kamen mit jeder Umdrehung immer mehr in Schwung. So klirrte der Zug hinaus, angestaunt und begrüßt von Tausenden, die sich längs der Bahnlinie aufgestellt hatten. Allgemeines Hurra ertönte unter dem Schwenken der Hüte und Tücher. Väter hoben ihre Kinder empor, damit sie noch in späterer Zeit sich des Tages erinnern sollten, wo in Sachsen der erste Dampfwagen gegangen. Alte Leute, die weit aus den Dörfern der Niederlößnitz, der Gegend auf dem rechten Elbufer unterhalb Dresdens, herbeigekommen waren, standen in Verwunderung da und konnten die Sache, von der so lange die Rede gewesen war, schlechterdings nicht begreifen und nicht enträtseln.

Dresden.   Leipzig.

Die Leipzig-Dresdener Eisenbahn

eröffnet den 8. April 1839.

1.
Auf! Sachsen, zum Liede! mit heiterem Klang
Ertönt ihr goldenen Saiten!
Wir wollen mit fröhlichem Lied und Gesang
Die lustige Dampffahrt begleiten.
Der Bau ist vollendet, der Sieg ist errungen,
Und Deutschlands Riesenwerk herrlich gelungen.

2.
Der Wagenzug eilet in glänzender Pracht
Durch Sachsenlands blumige Auen,
Wird schnellen Schwunges nach Leipzig gebracht,
Wo Freud' und Entzücken zu schauen.
Und viele Nationen und vielerlei Stände
Reichen sich herzlich und freundlich die Hände.

3.
Es schwinden die herrlichsten Gruppen dahin,
Die lieblichsten Mädchen und Frauen
In Schleier und Masken, mit heiterem Sinn,
Sind hier nur im Fluge zu schauen,
Und mancher Herr, dem seine Holde entschwunden,
Er findet sie wieder in wenig Sekunden.

4.
Deutsch-Florenz wird Leipzig näher verwandt,
Klein-Paris mit Dresden verbunden,
Auf der Eilbahn durchs glückliche Sachsenland
Fliegt man nun in wenigen Stunden.
O möchte dies Wunderwerk tausend Jahr' stehen!
Die lustige Dampffahrt nimmer vergehen.

5.
Drum eilet zur Schnellbahn, was säumet ihr lang?
Schon sprühen die glühenden Funken,
Ruft heut den Erbauern den feurigsten Dank.
So fliegen, heißt Freude getrunken.
Und wie wird die herrliche Luftfahrt entzücken!
Wenn Wälder und Fluren im Lenze sich schmücken.

6.
Schon läutet zur Schnellbahn, schnell eilet hinzu,
Beflügelt die langsamen Schritte.
Es brausen die Dampfpyramiden im Nu,
Bei ihnen ist zaudern nicht Sitte.
Schon lodert der Rauch der eisernen Säulen,
Mit Zauberkraft hin nach Leipzig zu eilen.

7.
Auf! unsre Saxonia rauscht durch die Bahn,
Musik und Kanonen ertönen,
Mit Grüßen die Städte und Dörfer sich nah'n,
Das Vaterlandsfest zu bekrönen.
Von Bergen durch Thäler die Jubel erhallen,
Der Sachsen Ruhm wird in die Ferne hin schallen.

8.
Die kühlenden Lüftchen, wie wehn sie so schön,
Durchfliegt man den Tunnel, die Brücken,
Und wird erst die Reis' an den Ocean gehn
Im schnellen Wind, welch' ein Entzücken!
Heut ist man in Dresden noch auf der Promenade,
Und sieht bald mit Staunen der Themse Gestade.

9.
Viel tausend Erzeugnisse ziehen hinfort,
Vom sächsischen Kunstfleiß bereitet,
Im Triumph gehn die Waaren von Ort zu Ort,
Von fröhlichen Leuten begleitet.
Und jubeln noch werden die Enkel in Schaaren,
Wenn sie dereinst auf der Eisenbahn fahren.

10.
Ein froh Nationalfest feiern wir heut'
In Sachsens anmuthigen Gauen,
O herrlicher Festtag! wo Alles sich freut,
Fahrt glücklich durch Fluren und Auen!
Dies Jubelfest feiert mit Liedern und Kränzen!
In später Nachwelt wird Sachsen noch glänzen.

11.
Der König voran und sein glückliches Haus
Giebt heute der Dampffahrt die Weihe,
Ihm bringet sein Volk ein Lebehoch aus.
Heil Ihm! ruft die sächsische Treue.
So füllet die Becher mit dem Geiste der Reben,
Doch mögen König und Vaterland leben!

Flugblatt anläßlich der Eröffnung der Leipzig-Dresdener-Eisenbahn

burg soll König Heinrich I. 924, von den Ungarn geschlagen, hier Zuflucht gesucht haben. Die Erinnerung an Heinrich I. lebt fort im Namen *Heinrichsburg*, einem Herrenhaus von 1564. Am *Heinrichsturm* befindet sich die Inschrift aus Thietmars »Merseburger Chronik«. Elisabeth von Hohenthal, die Enkelin des Leipziger Kaufmanns Peter Hohmann (er wurde 1717 als Hohenthal geadelt), heiratete 1766 in Püchau ein (Bünau); bis 1945 war das Schloß fortan im Besitz der Grafen Hohenthal, die zuletzt über 14 Rittergüter im sächsisch-thüringischen Raum verfügten. Durch Constantin Lipsius erfolgte 1875–88 der Umbau des Schlosses im Stil der Neogotik mit Eckturm und Zinnenkranz sowie Schaufassade nach dem Beispiel der Windsor-Architektur. Von der aufwendigen Innengestaltung Oscar Mothes blieben Wappensaal, Waffenhalle und die beiden Speisesäle erhalten. Ein Unwetter fügte 1912 Türmen und Dächern schweren Schaden zu. William Lossow und Max Hans Kühne vereinfachten beim Wiederaufbau die Anlage, erhöhten aber den Mittelrisalit.

Eine *Backsteinbrücke* (1564) führt vom Schloß zur *Dorfkirche* (1869). Vom Vorgängerbau, auf romanischem Kern 1684 errichtet, übernahm die Kirche außer dem barocken Turm zwei Bildnisse von 1581 bzw. 1584 – Luther und Melanchthon darstellend – aus der Werkstatt von Lucas Cranach d. J. Von 1729–1918 war sie zudem mit einer in der Leipziger Gegend seltenen Silbermannorgel ausgestattet. Bekannt ist die erhöht stehende Kirche seit jeher wegen ihres weithin vernehmbaren Geläuts. In der *Friedhofskapelle* befindet sich das Denkmal des mit Elisabeth von Hohenthal verheirateten Grafen Heinrich von Bünau (gest. 1768), eine Bildbüste mit allegorischen Figuren.

Südwestlich von Machern liegt Brandis. 974 als *borintizi* erwähnt, zählt Brandis wie Püchau zu den ältesten Siedlungen. Die im 13. Jh. errichtete Burg brannte 1696 ab. Das heute als Altersheim genutzte barocke **Schloß Brandis** wurde 1727 auf asymmetrischem Grundriß dreigeschossig mit 19 Fensterachsen und Giebeldreieck im Mittelrisalit, vermutlich von David Schatz gebaut. Lebhafte Stuckornamente umrahmen die Fenster. In der Achse befinden sich Vor- und Gartensaal mit stuckierten Kaminaufsätzen.

Bis **Beucha** sind es 2 km. Bekannt geworden ist der Ort durch den seit dem 15. Jh. betriebenen Steinabbau. Beuchaer Granitporphyr fand Verwendung für so bedeutende Leipziger Bauten wie Völkerschlachtdenkmal, Altes Rathaus, Alte Börse, Hauptbahnhof und Uni-Hochhaus. Der *Beuchaer Kirchbruch* ist heute mit Wasser gefüllt. 50 m über seiner Sohle erhebt sich malerisch schön die spätromanische *Kirche* aus dem 13. Jh.

Die **erste deutsche Eisenbahnbrücke,** die Muldenbrücke, entstand 1837/38 unter August Königsdorfer in einfacher Holzkonstruktion über der Mulde bei Wurzen. Mit 384 m, verteilt auf 19 Öffnungen, übertraf sie die **Elbbrücke bei Riesa** an Länge um 39 m. Die vollwandigen Stahlüberbauten (1970) lassen historische Bausubstanz kaum mehr vermuten, aber die 1837 aus Rochlitzer Porphyr gefertigten Pfeiler haben im Kern überdauert. Sachsens älteste Eisenbahnbrücke überquert hinter Wurzen bei km 29,25 die F 6. Diese Brücke aus Bruchsteinen mit Sandsteinverblendung blieb im Originalzustand von 1838 erhalten.

Wurzen (20000 Ew.) wurde 961 erstmalig als *vurcine* erwähnt. Mit der Muldenfurt beherrschte die Stadt einen wichtigen Abschnitt der alten Hohen Straße. Die Schlüsselstel-

Schloß Brandis östlich von Leipzig

lung lief letztlich auf mancherlei Verwicklungen hinaus, da Fürsten und Heeresführer bestrebt waren, die Furt unter ihre Kontrolle zu bringen. 1485, bei der Teilung des Landes in das albertinische und ernestinische Sachsen, fiel Wurzen der Furt wegen unter eine konfliktreiche gemeinsame Verwaltung. Bischof Johann VI. von Saalhausen nahm dies zum Anlaß, 1489 seine Residenz von Meißen nach Wurzen zu verlegen. Harmlos verlief der ›Fladenkrieg‹ zu Ostern 1542 zwischen Kurfürst Johann Friedrich und Herzog Moritz. Beide einigten sich schließlich gütlich, und die Soldaten konnten heimziehen, um den beliebten ›Osterfladen‹ am heimatlichen Herd zu genießen.

Wurzen hat schon früh die Wasserkraft der Mulde für den Mühlenbetrieb genutzt. Die monumentalen Turmbauten der *Krietsch-Mühle* mit ihren vielen kleinen Fensterchen muten orientalisch an. Die alte Stadtmühle hat sich nach dem Bau der Eisenbahn zu Sachsens größtem Mühlenbetrieb entwickelt. Zwischen Bahnhof und Mühle verkehrte 1904–14 auf Hartgummirädern die erste gleislose Straßenbahn Deutschlands. Von der neuen Eisenbahn gingen auch viele Impulse zum Abbau heimischer Rohstoffe (Ton, Schamotte) aus. Gustav Harkort, ein Eisenbahnpionier, gründete 1846 in Bennewitz die Ziegelei- und Tonwarenfabrik. Mit der schnellen und billigen Eisenbahn konnte die Postkutsche nicht konkurrieren – die letzte Fahrt war 1873 nach Eilenburg. Seit 1692 gab es am Crostigall eine Poststation, und mit dem *Posttor* (1734) samt sächsisch-polnischem Doppelwappen blieb ein Denkmal der Postgeschichte erhalten.

Das Domviertel von dereinst wirkt fast unberührt, wie aus der Zeit um 1500. Der *Dom St. Marien* geht zurück auf die romanische Kollegiatsstiftskirche des Bistums Meißen von 1107–14. Die Unterteile der Türme und die Jochbögen im Westchor stammen noch aus der Entstehungszeit. Der Ostchor kam 1260–80 hinzu; Einwölbung im 14. Jh. Nach dem Brand 1470 erfolgte bis 1490 der Neuaufbau des Doms. 1503–15 wurden Erweiterungsbauten durchgeführt. Der mit Zellengewölbe versehene Westchor kam als bischöfliche *Begräbnisstätte* hinzu. Unter Wiederverwendung der Maßwerkfenster aus dem 13. Jh. wurden 1515 Sakristei und Eingangshalle errichtet. Die Haube des Südturms entstand erst 1673. Der Wurzner Dom erfuhr 1928–32 eine gründliche Restaurierung. Die Gestaltung erfolgte unter Georg Wbra, der allein 200 Zentner Bronze einsetzte. Auf ihn gehen der Bronzealtar mit Adam und Eva, die Kreuzigungsgruppe im Altarraum und andere metallene Bildwerke zurück. Spätgotisch (1503) sind die Steinplastiken, die Kaiser Otto I., den Evangelisten Johannes und den hl. Donatus darstellen. Im Ostchor ist das Denkmal für Bischof Johann VI. mit wappenhaltendem Engel plaziert. Das bischöfliche *Schloß* (1491–97) wird heute von der Polizei genutzt. Es brannte 1519 ab, wurde aber sogleich erneuert. Über dem Spitzbogenportal befindet sich ein Wappen. Bemerkenswert sind im Innern Zellengewölbe und Wendeltreppenturm, außen die reich gegliederten Giebel, die beiden Rundtürme und die Vorhangbogenfenster. Der Bau erinnert an die Albrechtsburg in Meißen. Mit dem Schloß verbunden ist ein altes *Stiftsgebäude* (Domplatz 6). Die Stiftskanzlei, in die 1771 Käthchen Schönkopf, Goethes Studentenliebe, als Frau eines Stiftssekretärs einzog, wurde 1908 bei einem Brand zerstört. Goethe fuhr gelegentlich durch Wurzen, erwähnte aber nur den Fährbetrieb an der Mulde. Joachim Ringelnatz (1883–1934), in Wurzen als Hans Bötticher geboren, hatte von seiner Vaterstadt nicht die beste Meinung. Die Stadt widmete dem

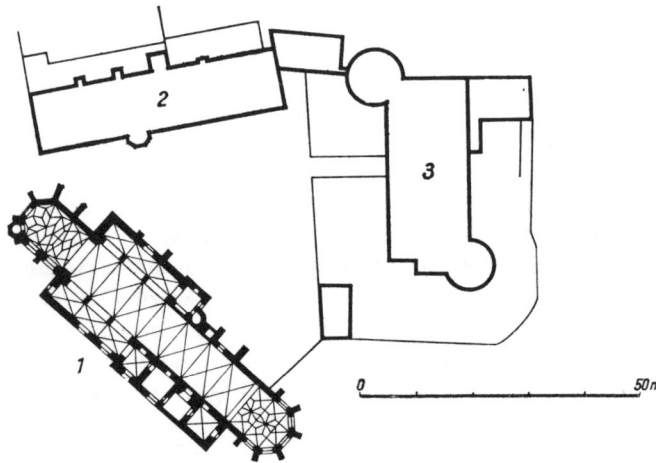

Wurzen, Dombereich,
Grundriß:
1 Dom
2 Kornhaus
3 Schloß

Schloß Nischwitz bei Wurzen

Dichter einen *Brunnen* und eine *Gedenkstätte*. In einem besonderen Raum wird hier auch des ebenfalls aus Wurzen stammenden Fabeldichters Magnus Gottfried Lichtwer (1719–83) gedacht.

Schloß Nischwitz 4 km nordwestlich von Wurzen gehört zu den wenigen noch erhaltenen Knöffel-Bauten. Heinrich Graf Brühl erwarb 1744 das Gut, das ihm in Messezeiten als kleine Residenz dienen sollte, wohnte aber nie dort. Die Arbeiten am Schloß dauerten noch an, als 1756 der Siebenjährige Krieg ausbrach. Friedrich II. von Preußen, ein erklärter Gegner Brühls, ließ 1758 Schloß Nischwitz plündern und die Einrichtung zerstören. Der Wiederaufbau erfolgte 1778, aber Brandschäden sind noch erkennbar. Die Anlage dient heute als Pflegeheim. Johann Christoph Knöffel errichtete das Schloß unter Verwendung einiger Teile des Vorgängerbaus von 1713–21. Es entstand ein zum Hof hin zweigeschossiger und zum Park hin dreigeschossiger Bau mit schlichter Fassade und leicht vorgezogenen Seitenflügeln sowie mit Lisenen als Zierde. Für die Ausgestaltung der Rokokoanlage standen die fähigsten Künstler des Hofes zur Verfügung. Festsaal und Vorraum sowie Gartensaal malte Stefano Torelli aus. Der *Park* wurde 1753 im Stil des Barock angelegt und mit plastischem Schmuck von Pierre Coudray ausgestattet. Ausgang des 18. Jh. erfolgte die Umgestaltung zu einem englischen Garten. Die *Dorfkirche* (1667) in Nischwitz wurde zusammen mit dem Schloß umgebaut (1752). Der kostbare Altaraufsatz ist ein Werk Torellis. Von Lucas Cranach d. J. stammt das Gemälde ›Grablegung Christi‹ (im Pfarrhaus).

Brühls Nischwitzer Orangeriehaus erwarb Adolf Graf Hoym 1758 von den Preußen auf einer Versteigerung für seinen französischen Park in Thallwitz an der Mulde. Die Familie Hoym gehörte zu den größten Grundbesitzern Sachsens. Das **Schloß Thallwitz**, ein Renaissancebau (um 1570) mit noch ursprünglichen Volutengiebeln, Treppenturm und gewölbter

Oschatz, Stich um 1840

Vorhalle, wurde Ausgang des 19. Jh. durch den führenden Leipziger Architekten Arwed Roßbach erneuert und dient jetzt als Krankenhaus. Ebenfalls umgebaut wurde 1896 unter Leitung von Oswald Haenel die *Dorfkirche* in Thallwitz aus dem 15. Jh. mit kreuzgewölbtem Schiff von 1626. Die Kirche verfügt über Epitaphien früherer Gutsherren.

Der moderne Eisenbahnbetrieb hat **Oschatz** (17 000 Ew.) um die einstige Sonderstellung als Hauptstation mit Maschinenwechsel gebracht. Bei dem Stadtbrand 1842 wurden 400 Häuser und wertvolle Kulturbauten zerstört. Reste des *Schlosses Osterland* (13. Jh.), des *Mauerringes* (1156–90) und zwei *Rundtürme* (1377 bzw. 1488) sind noch vorhanden. Der hölzerne Wehrgang am älteren Wartturm wurde im 19. Jh. erneuert. In die Ratsfronfeste (1574) zog das *Museum* ein, in dem sich u. a. seit 1982 Sachsens einzige Spezialsammlung wertvoller Waagen befindet. Überdauert haben auch einige Sakralbauten aus früher Zeit. In der *Elisabeth-Kapelle* des Archidiakonats konnten nach 1973 figürliche Wandmalereien des ausgehenden 14. Jh. freigelegt und restauriert werden. Die etwas abseits stehende *Gottesackerkirche* (1583) hat vom Franziskanerkloster (1228) einen bemerkenswerten spätgotischen Schnitzaltar (1520) übernommen. Die *Klosterkirche,* zweischiffig mit achteckigem Turm und Netzgewölbe, wurde unter Verwendung alter Bausubstanz (1246) in den Jahren 1381–1428 errichtet und Ende des 15. Jh. zur zweischiffigen Halle verändert. Von der reizvollsten Seite zeigt sich Oschatz am Neumarkt. Die *Stadtkirche St. Ägidien* wurde in den Hussitenkriegen (1419–36) zerstört und mußte 1443 neu errichtet werden. Das Sternengewölbe des Hauptchor (1664) wird von einem Mittelpfeiler getragen. Die offene Achteckhalle unterhalb des Chors ist nur von außen zugänglich. Ein Tafelgemälde, Legenden aus der Geschichte des Oschatzer Franziskanerklosters aufgreifend, gehört vermutlich ins 16. Jh. (übermalt 1670). Beim Stadtbrand 1842 wurde die Kirche erneut stark beschädigt. Carl Alexander von Heideloff baute sie 1846–49 mit geringen finanziellen Mitteln wieder auf. Die beiden stattlichen Westtürme beherrschen das Stadtbild. Das viergeschossige *Rathaus* von 1478, durch Bastian Kramer 1536–39 im Stil der Renaissance völlig verändert, kam 1842 ebenfalls zu Schaden. Für den Neuaufbau lieferte Gottfried Semper den Entwurf. Im Innern zählt die 1884 erneuerte *Ratsstube* mit solider Täfelung von 1595 zu den Sehenswürdigkeiten. Schätze anderer Art verwahrt das Archiv: Briefe Luthers und Eike von Repkows »Sachsenspiegel«. Freitreppe und offene Laube werden gern mit dem Georgentor zu Dresden in Verbindung gebracht. Wappen und Bildnisse an der Brüstung gehen auf Christoph Walther I. zurück (1538). Der neben das Rathaus gesetzte viereckige *Torturm*, der seinen Nachbarn, das kleine Uhrmacherhäuschen, zu erdrücken droht, war dereinst die Stätte ›hochnotpeinlicher Gerichtsbarkeit‹. Der Korbpranger von 1532 blieb erhalten. Den *Marktbrunnen* mit vier toskanischen Säulen schuf 1588/89 der Leipziger Gregor Richter. Im Verlauf der Jahrhunderte verwittert, mußte dieser beliebte Brunnen 1928 und erneut 1957 durch eine Kopie ersetzt werden.

Der nahe **Collm** kam schon 1854 zu einem *Aussichtsturm*, zu dem sich 1930–32 ein *Observatorium* und 1957–62 ein *Richtfunkturm* gesellten. Bei Ausgrabungen wurden Reste eines Burgwalls aus dem zweiten bzw. ersten Jh. v. Chr. freigelegt. Wie dem »Sachsenspiegel« zu entnehmen ist, fanden hier zwischen 1185 und 1257 insgesamt 15 Landdinge (Gerichtsverhandlungen) der Mark Meißen statt. Als Treff wurde 1185 schon ›die Linde‹ (heute auf dem Friedhof Collm) erwähnt. Die unter Naturschutz stehende *Tausendjährige Linde* bringt es in 1 m Höhe auf einen Umfang von 11 m.

Zu den bemerkenswertesten Sehenswürdigkeiten im Leipziger Land zählt das 12 km westlich von Oschatz gelegene **Schloß Hubertusburg** bei Wermsdorf, ein Barockbau der ›Augusteischen Zeit‹ (Abb. 76). Unter August dem Starken hatte Johann Christoph Naumann 1721–24 ein Jagdschloß errichtet, das Johann Christoph Knöffel 1743–51 mit einem Kostenaufwand von 1,2 Mio. Taler für den neuen Kurfürsten im Stil einer Residenz als vierflügelige Anlage völlig umbauen mußte. Das Schloß ist ein dreigeschossiger Bau mit ovalem Mittelrisalit und Dachreiter mit Zwiebelhaube. Der figürliche Bauschmuck fällt wenig ins Gewicht. Hier drückt sich eine neue Bauauffassung aus: man wohnt innen, nicht außen. Zur Ausstattung leisteten die bedeutendsten Künstler ihrer Zeit einen Beitrag: Mattielli, Torelli, de Silvestre, Grone, Oeser. Nur 10 Jahre währte der Glanz dieses Prachtbaus des Dresdner Barock. 1761, während des Siebenjährigen Krieges, befahl Friedrich II. die Plünderung der gesamten Innenausstattung. Die aus Platzgründen hier lagernden großformatigen Bilder der Dresdner Galerie gingen verloren, u. a. ›Antonius und Kleopatra‹ von Giovanni Batista Tiepolo und die ›Auferweckung des Lazarus‹ von Bassano. Als die Truppen abzogen, fehlten der Hubertusburg selbst Türen, Balkone und das Dach. Die von außen

Schloß Hubertusburg, Kapelle

nicht wahrnehmbare dreigeschossige *Schloßkapelle* im Eingangsflügel blieb unbeschädigt. Sie vermittelt einen Eindruck vom Reichtum der einstigen Innenausstattung des berühmtesten Knöffel-Baus. Das 400 m² große Gemälde der flachen Decke, eine Arbeit von Johann Baptist Grone, zeigt den knienden hl. Hubertus, dem auf einem Felsen ein weißer Hirsch mit umstrahlten Kreuz erscheint. An die Hubertuslegende erinnert noch die Hubertusjagd, die jährlich im November stattfindet. Ein besondere Wirkung dieses Raumes geht vom farbig gehaltenen Stuckmarmor aus. Den Altar schuf Lorenzo Mattielli, die Gemälde der Seitenaltäre Louis de Silvestre. Die Kanzel ist bereits dem Rokoko verhaftet. Die Plastik ›Jahreszeiten‹ auf dem im französischen Stil gehaltenen *Schloßhof* stammt aus der Permoser-Werkstatt.

Im Schloß wurde im Februar 1763 der Hubertusburger Frieden geschlossen, mit dem der Siebenjährige Krieg nach Erschöpfung beider Parteien auf der Basis des Vorkriegsstandes ein Ende fand. Nach der Völkerschlacht bei Leipzig 1813 diente das Schloß als Lazarett, vorwiegend für gefangene Franzosen. In einem Seitenflügel befand sich 1815–74 das Landesgefängnis. Die letzten Festungshäftlinge (1872–74) waren August Bebel und Wilhelm Liebknecht (Gedenkstätte). Teile des Schlosses werden seit 1840 als Krankenhaus für psychisch Geschädigte genutzt.

Das *Jagdschloß Wermsdorf* (heute Sitz der Gemeinde) wurde 1609/10 errichtet, vom Kurfürsten abgelehnt und 1617–27 durch Simon Hoffmann völlig verändert. Von 1698–1716 war es Sitz des Statthalters von Sachsen, Fürst Egon von Fürstenberg, der hier verstarb. Die nur 400 m entfernte Hubertusburg nahm dem Schloß die Bedeutung. Um es vor dem Verfall zu bewahren, wurde es 1874/75 durch Bernhard Krüger restauriert. Der dreiflügelige Renaissancebau fällt auf durch seine zweigeschossigen Zwerchgiebel, die Erker und den Treppenturm mit welscher Haube und Laterne.

Westwärts von Oschatz bereiteten die geographischen Verhältnisse den Erbauern der ersten Überlandeisenbahn die größten Schwierigkeiten. Zwischen Riesa und Röderau mußte die Elbe in 345 m Länge überbrückt werden. Als problematischer noch erwies sich der Bau des 515 m langen **Tunnels bei Oberau.** Mehr als 500 Freiberger Knappen und 200 Hilfskräfte haben in drei Jahren den 9,6 m breiten Tunnel durch das Granitgestein gebohrt, an beiden Seiten gleichzeitig beginnend, sich bis auf wenige Zentimeter exakt in der Mitte treffend; der Vermessungstechniker war erst 16 Jahre alt! Ausgemauert wurde der Tunnel zum Schutz vor Feuchtigkeit mit 9000 m³ Sandstein aus Pirna. 95 Jahre lang ist die Eisenbahn durch diesen Tunnel gefahren, dann wurde er 1933/34 ›aufgeschlitzt‹, da wasserführende Schichten und Frost den Sandstein langsam zerstörten und die Technik vor neue Anforderungen stellte. Am einstigen Südportal (km 93,2) erinnert ein *Obelisk* an den ersten deutschen Eisenbahntunnel und das aufwendigste Bauwerk auf der Strecke Leipzig – Dresden.

In Dresden entstand 1837–39 der **Leipziger Bahnhof** (1847 verändert). Der **Schlesische Bahnhof** von 1747 wurde 1898 mit dem alten Leipziger Bahnhof zum Bahnhof Neustadt vereint.

Literatur (Auswahl)

Alpatow, M. W.: Die Dresdner Galerie Alte Meister, 21. Aufl., Dresden 1989

Asche, S.: Balthasar Permoser, Berlin 1978

Bachmann, M.: Dresdner Gemäldegalerie, Leipzig 1980

Baier, G. (u. a.): Barock in Dresden, Leipzig 1986

Baier, G. (u. a.): Bernardo Bellotto, genannt Canaletto, in Dresden und Warschau, Dresden 1963

Böhle, K.: Erbstücke. Technische Denkmale in der DDR, Leipzig 1989

Borchert, F. (Hrsg.): Die Leipzig-Dresdner Eisenbahn, Berlin 1989

Coblenz, W.: Kunst und Kunstgewerbe aus der Ur- und Frühgeschichte Sachsens, Berlin 1975

Czok, K.: Am Hofe Augusts des Starken, Leipzig 1989

Czok, K.; August der Starke und Kursachsen, 2. Aufl., Leipzig 1989

Czok, K.: Das Alte Leipzig, 2. Aufl., Leipzig 1985

Czok, K.: Über Traditionen sächsischer Landesgeschichte, Berlin 1983

Czok, K. (Hrsg.): Geschichte Sachsens, Weimar 1989

Dähnert, U.: Historische Orgeln in Sachsen, Leipzig 1983

Dähnert, U.: Das Meißener Musterbuch für Höroldt-Chinoiserien, Leipzig 1978

Dehio, G.: Handbuch der deutschen Kunstdenkmäler, Sachsen, 2. Aufl., München 1989

Dehio, G.: Denkmale in Sachsen, Weimar 1978

Dittrich, C.: Rembrandt. Die Radierungen im Dresdener Kupferstich-Kabinett, Katalog, Dresden 1969

Engelhardt, C. A.: Johann Friedrich Böttger, Leipzig 1857, Reprint Leipzig 1983

Fellmann, W.: Heinrich Graf Brühl, Leipzig 1989

Fiedler, A., Helbig, J.: Das Bauernhaus in Sachsen, Berlin 1967

Förster, R. (u. a.): Dresden, Geschichte der Stadt in Wort und Bild, Berlin 1984

Franz, H. G.: Zacharias Longuelune und die Baukunst des 18. Jh. in Dresden, Berlin 1953

Fründt, E.: Der Bornaer Altar von Hans Witten, Berlin 1975

Fürstenau, M.: Zur Geschichte der Musik und des Theaters am Hofe zu Dresden, Dresden 1862, Reprint Leipzig 1971

Gunther, F.: Die Kirchen in Oybin, 4. Aufl., Berlin 1981

Gurlitt, C.: Beschreibende Darstellung der älteren Bau- und Kunstdenkmäler des Königreichs Sachsen, Dresden 1912

Heckmann, M.: Matthäus Daniel Pöppelmann, Leben und Werk, München, Berlin 1972

Hempel, E.: Der Dresdner Zwinger, Leipzig 1965

Hentschel, W.: Hans Witten, Der Meister HW, Leipzig 1938

Hentschel, W., May, W.: Johann Christoph Knöffel, Berlin 1973

Hentschel, W., May, W.: Herrnhut. Ursprung und Auftrag, Berlin 1972

Hootz, R., Dohmann, A.: Bildhandbuch der Kunstdenkmäler. Sachsen, München 1989

Just, J.: Sächsische Volkskunst, Leipzig 1982

Kieling, V., Priese, G.: Kloster St. Marienstern, 1248–1973, Leipzig 1974

Kötzschke, R., Kreztschmar, H.: Sächsische Geschichte, 2. Bde., Dresden 1935, Reprint Frankfurt/M. 1965

Kozakiewicz, S.: Bernardo Bellotto genannt Canaletto, 2 Bde., Recklinghausen 1972

Kretzschmar, B., Löffler, F.: Dresden, Dresden 1985

Lemper, E.-H.: Denkmale des Mittelalters und der Renaissance, Görlitz 1984

Lemper, E.-H.: Der Dom zu Meißen, 7. Aufl., Berlin 1979

Lemper, E.-H.: Die Thomaskirche zu Leipzig, 2. Aufl.; Berlin 1979

Lemper, E.-H.: Görlitz, 5. Aufl., Leipzig 1987

Lemper, E.-H.: Lexikon Kursächsische Postmeilensäulen, Berlin 1989

Löffler, F.: Das alte Dresden, Nachaufl., Leipzig 1989

Löffler, F.: Die Stadtkirchen in Sachsen, 4. Aufl., Berlin 1980

Löffler, F.: Die Frauenkirche zu Dresden, Berlin 1984

Löffler, F.: Die Kreuzkirche zu Dresden, 3. Aufl., Berlin 1984

Löffler, F.: Der Zwinger zu Dresden, 9. Aufl., Dresden 1989

Löffler, F.: Schloß und Park Pillnitz, Dresden 1951

Magirius, H.: Das Kloster Sankt Marienstern, 2. Aufl., Berlin 1986

Magirius, H.: Der Dom zu Freiberg, 3. Aufl., Berlin 1980

Magirius, H.: Der Wechselburger Lettner, Weimar 1983

Magirius, H.: Die Sankt-Annenkirche zu Annaberg, 2. Aufl., Berlin 1985

Magirius, H.: Dorfkirchen in Sachsen, Berlin 1985

Magirius, H.: Die Nikolaikirche zu Leipzig, Berlin 1979

Magirius, H.: Die Kirchen in Borna, Berlin 1976

Magirius, H.: Geschichte der Denkmalpflege Sachsens, Berlin 1989

Magirius, H.: Gottfried Sempers zweites Hoftheater in Dresden, Leipzig 1985

Mai, H.: Der Kirchenbau des 19. und frühen 20. Jahrhunderts in Leipzig, Weimar 1982

Marx, H.: Matthäus Daniel Pöppelmann, Leipzig 1989

Marx, H.: Die Gemälde des Louis de Silvestre in der Dresdner Gemäldegalerie, Katalog, Dresden 1975

Menzhausen, J.: Dresdner Kunstkammer und Grünes Gewölbe, Leipzig 1977

Menzhausen, J.: Das Grüne Gewölbe, 3. Aufl., Leipzig 1974

Mrusek, H.-J.: Meißen, Leipzig 1989

Mrusek, H.-J.: Thüringische und sächsische Burgen, Leipzig 1965

Müller, G., Quietzscher, H.: Steinkreuze und Kreuzsteine in Sachsen, Berlin 1977

Müller, W.: Auf den Spuren von Gottfried Silbermann, Berlin 1968

Müller, W.: Neue Sächsische Kirchengalerie, Leipzig o. J.

Neidhardt, H.-J.: Die Malerei der Romantik in Dresden, Leipzig 1976

Nostiz, H. von: Festliches Dresden, 2. Aufl., Frankfurt/M. 1962

Pilz, G.: Burgen und Schlösser, Leipzig 1981

Pilz, G.: Burgen und Festungen, Leipzig 1981

Pöllnitz, K. L. W. von: Das galante Sachsen, Berlin 1886, Reprint Dortmund 1979

Posse, O.: Die Wettiner, Leipzig 1897, Reprint Leipzig 1989

Reinheckel, G.: Prachtvolle Service aus Meissner Porzellan, Leipzig 1989

Reinheckel, G.: Sächsisches Zinn, Katalog, Dresden 1983

Sandner, I.: Hans Hesse, ein Maler der Spätgotik in Sachsen, Dresden 1983

Schlesinger, W.: Meissner Dom und Naumburger Westchor, Münster-Köln 1952

Schlesinger, W.: Schloß Augustusburg 1572–1972, Dresden 1972

Schmidt, E.: Die Zisterzienserinnenabtei St. Marienstern und die Wallfahrtskirche Rosenthal, Leipzig 1959

Schmidt, G.: Dresden und seine Kirchen, Berlin 1976

Seydewitz, R. u. M.: Die Dresdner Kunstschätze, Dresden 1960

Sonnemann, R., Wächtler, E. (Hrsg.): Johann Friedrich Böttger. Die Erfindung des europäischen Porzellans, Leipzig 1982

Sponsel, J. L.: Kabinettstücke der Meißner Porzellan-Manufaktur von Johann Joachim Kaendler, Leipzig 1900

Ullmann, E. (Hrsg.): »...die ganze Welt im kleinen...«. Kunst und Kunstgeschichte in Leipzig, Leipzig 1989

Unbehaun, L.: Hieronymus Lotter, Leipzig 1989

Vietzen, H.: Bautzen – eine Stadt unter Denkmalschutz, Bautzen 1955

Wagenbreth, O., Wächtler, E.: Der Freiberger Bergbau, Technische Denkmale und Geschichte, 2. Aufl., Leipzig 1989

Wagenbreth, O., Wächtler, E.: Technische Denkmale in der Deutschen Demokratischen Republik, 4. Aufl., Leipzig 1989

Walcha, O.: Meißner Porzellan, Dresden 1973

Watzdorf, E. von: Johann Melchior Dinglinger, Berlin 1962

Weinkauf, B., Große, G.: Gewandhaus zu Leipzig, Leipzig 1988

Weise, H. (Hrsg.): Mark Meißen, Von Meißens Macht zu Sachsens Pracht, Leipzig 1989

Erklärung historischer und kunsthistorischer Fachbegriffe (Glossar)

Andreaskreuz Apostel Andreas, Bruder des Petrus, soll der Legende nach an einem Kreuz mit diagonal sich schneidenden Balken gestorben sein

Anna selbdritt Darstellung der hl. Anna mit ihrer Tochter Maria und dem Jesuskind

Antependium Schmückende Bekleidung der Vorderseite des Altarunterbaus aus kostbarem Stoff, bearbeiteter Metall- oder Holztafel

Archivolte

Apsis Halbrunder oder polygonaler, mit einer Halbkuppel überwölbter Raum, der sich zu einem Hauptraum öffnet; in der christlichen Baukunst der östliche Abschluß einer Kirche

Archivolte (ital.: Ober-, Vorderbogen) Vom Mauerwerk abgesetzte Einfassung eines Bogens als Fortsetzung der Gewändegliederung

Arkade (von lat. *arcus*, Bogen) Die von Säulen oder Pfeilern getragene Bogenreihe, z. B. im Kirchenschiff oder im Außenbau (Laubengang)

Baldachin Dachartiger Aufbau über Altar, Bischofsstuhl, Kanzel oder Statue

Baptisterium Kirchliches Bauwerk neben einer Hauptkirche zum Vollzug des Taufaktes

Basilika Längs ausgerichtetes, drei- und mehrschiffiges Bauwerk, dessen höheres und breiteres Mittelschiff durch Fenster in den von Säulen oder Pfeilern getragenen oberen Mauerstreifen eigene Beleuchtung erhält; in der römischen Architektur Markt- und Gerichtshalle (›Allzweckbau‹), in der christlichen Baukunst früh bevorzugter Kirchentyp

Bergfried Der Hauptturm einer Burg; Beobachtungsstand und letzte Zufluchtsstätte bei Belagerungen

Blendarkade (auch Blendbogen) Einer Mauerfläche vorgelegte, rein dekorative Scheinarchitektur

Bogenformen Sie sind meist auf einen Kreis zurückzuführen bzw. aus zwei oder mehreren Kreisbogenstücken zusammengesetzt. Häufigste verwendete Bogenform ist der halbkreisförmige *Rundbogen;* der *Korbbogen* weist eine ellipsenähnliche Form auf; spitz zulaufende Bogen bezeichnet man als *Spitzbogen;* verläuft die Kontur eines Bogen im unteren Teil konkav, im oberen konvex, handelt es sich um einen *Kielbogen* (auch Sattelbogen oder Eselsrücken)

Chor Architektonisch besonders ausgestalteter Hochaltarraum einer Kirche; einige Stufen höher liegend als der übrige Kirchenraum und von diesem durch Schranken oder Gitter abgetrennt

Chorgestühl An den Längsseiten des Chores angeordnete, meist reich verzierte Sitzreihen für die Geistlichen

Dachreiter Schlankes, häufig über der Vierung angeordnetes, als Glockenstuhl verwendetes Türmchen auf Dachfirsten

Giebelreiter   Dachreiter

Empore Galerieähnlicher Aufbau in einem Innenraum; in Kirchen an den Seiten des Mittelschiffs oder über dem Eingang als Standplatz der Orgel oder zur Absonderung bestimmter Gottesdienstbesucher (Frauen, Nonnen, Mitglieder des Hofes etc.)

Epitaph Entweder eine Grabinschrift oder ein Erinnerungsmal mit Inschrift und der Darstellung eines Verstorbenen

Fachwerk Ebene oder räumliche Baukonstruktion aus miteinander verbundenen Balken bzw. Stäben; diese Bauweise existiert in Deutschland seit der Zeit der Völkerwanderung

Fachwerkhaus

Gang mit (Gang-)Gestein oder Erz gefüllte Spalte in älterem Gestein

Gesims Vorspringendes, meist horizontal verlaufendes Bauelement, das eine Außenwand in einzelne Abschnitte gliedert

Gesprenge Feingliedriger, geschnitzter Aufbau über dem Altarretabel

Gewände Schräg geführte seitliche Mauerfläche einer Fenster- oder Portalöffnung; oftmals profiliert und mit Säulen oder Skulpturen geschmückt

Gewölbeformen *Tonnengewölbe:* Gewölbe mit halbkreisförmigem Querschnitt, einfachste Gewölbeform; bei der Durchdringung zweier gleich hoher Tonnengewölbe entsteht ein *Kreuzgewölbe;* bilden sich an den Schnittpunkten der Gewölbeflächen eines Kreuzgewölbes Grate, handelt es sich um ein *Kreuzgratgewölbe;* verläuft entlang der Grate eine tragende Skelettkonstruktion, spricht man von einem *Kreuzrippengewölbe;* beim *Fächergewölbe* strahlen zahlreiche Rippen von der Stütze bzw. vom Scheitel fächerförmig aus; die Rippen des *Netzgewölbes* überkreuzen sich maschenartig, so daß rautenförmige Felder entstehen

Hallenkirche Kirchenanlage mit mehreren gleichhohen oder fast gleichhohen Schiffen

Huthaus Gebäude, in dem sich die Bergleute versammelten, umzogen und in dem die Werkzeuge aufbewahrt wurden

Ikonostase Mit Ikonen besetzte dreitürige Bilderwand in russischen Kirchen; trennt Altar- und Gemeinderaum

Joch Gewölbeabschnitt in Längsrichtung

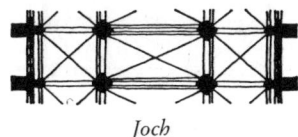

Joch

Kanneluren Senkrechte, konkave Rillen an Säulen-, Pfeiler- oder Pilasterschäften

Kapelle 1. Kleine Kirche oder Sakralraum ohne Pfarrecht. 2. Architektonisch selbständiger Anbau mit Altar in Kirchen

Kapellenkranz Radial um einen Chor bzw. an einem Chorumgang angeordnete Kapellen

Kapitell Oberer Abschluß einer Säule, eines Pfeilers oder eines Pilasters mit ornamentaler, figürlicher oder pflanzlicher Dekoration. Man unterscheidet *dorisches Kapitell:* bestehend aus wulstförmigem Kissen (Echinus) und Abakus; *ionisches Kapitell:* Volutenkapitell, ein beiderseits eingerollter Volutenkörper liegt zwischen einem Wulstkörper und Abakus; *korinthisches Kapitell:* bestehend aus zwei übereinandergeordneten Akanthusblattkränzen, je zwei diagonal gestellte Voluten bilden die Ecken und tragen einen Abakus (konkav eingezogen, Blume auf jeder Seitenmitte); *toskanisches Kapitell:* Variante des dorischen Kapitells

Kassettendecke Eine durch einander kreuzende Balken oder Rippen kastenförmig geteilte Decke; in der Renaissance häufig zweidimensional im Putz nachgebildet.

Kaue Wetterschutz über dem Schacht; Wasch- und Umkleideraum der Knappen

Kemenate Im Mittelalter Zimmer mit einer Feuerstätte, besonders Wohn- und Schlafgemach auf einer Burg

Klausur Den Mönchen oder Nonnen vorbehaltener Klosterteil

Kolonnade Gang, dessen auf geradem Gebälk ruhende Decke von Säulen getragen wird

Kreuzgang Um den rechteckigen Innenhof eines Klosters angelegter bedachter Umgang

Kreuzweg Die Betrachtung des Leidensweges Christi an 14 ›Stationen‹, vom Hause des Pilatus beginnend bis zum Kalvarienberg; für die Kreuzweg-Andacht sind viele bildliche Darstellungen (etwa seit dem 15. Jh.) geschaffen worden

Krypta (griech. überdeckter Gang) Unterirdische Grab- und Reliquienkapelle, unter dem Chor einer Kirche gelegen

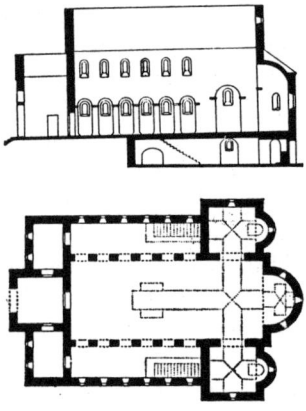

Krypta

Künste Sammelbegriff für Maschinen im Bergbau: *Förderkunst* zur Hebung von Erz und Gestein, *Fahrkunst* zum Ein- und Ausfahren der Knappen, *Wasserkunst* zur Hebung des Wassers

Laterne Runder oder polygonaler durchfensterter Aufbau über einer Decken-, Gewölbe- oder Kuppelöffnung

Lettner Trennwand mit einem oder mehreren Durchgängen zwischen Chor und Mittelschiff einer Kirche

Lisenen Schwach vortretende, vertikale Mauerverstärkungen ohne Basis und Kapitell

Maßwerk Geometrisches Bauornament der Gotik, zunächst zur Untergliederung von Fenstern, später auch zur Gliederung von Giebeln, Wandflächen usw.

Monstranz Kostbares liturgisches Gefäß zum Tragen und Zeigen der geweihten Hostie

Orgelprospekt Schauseite der Orgel, meist mit künstlerischem Holzgehäuse

Palas Der aus der germanischen Königshalle entwickelte Wohn- und Festsaalbau einer Burg

Patene Flache Schale zur Aufnahme des Brotes bei der Abendmahls- oder Eucharistiefeier

Pietà (auch ›Beweinung‹) Plastische Darstellung Mariens mit dem toten Christus auf ihrem Schoß

Pilaster Der Wand oder einem anderen Bauglied vorgelegter vertikaler Mauerstreifen mit Basis und Kapitell

Predella Auf dem Altartisch aufsitzender Sockel eines Retabels oder eines Flügelaltars

Gotischer Lettner

Relief Aus einer Fläche herausgearbeitete plastische Form, die jedoch stets mit dem Hintergrund (Reliefgrund) verbunden bleibt

Reliquiar Behälter zur Aufbewahrung oder zum Vorzeigen von Reliquien

Retabel Mit Gemälden oder Skulpturen geschmückter Altaraufsatz

Altarretabel

Rippe Tragende Konstruktionsteile bei gotischen Gewölben, die das Gerüst für die nicht-tragenden Gewölbeteile bilden

Säulenordnung, antike Hierzu zählen *Säulen dorischer Ordnung:* keine Basis, Schaft mit 16–20 Kanneluren, dorisches Kapitell; *Säulen der ionischen Ordnung:* Basis (quadratische Sockelplatte, Hohlkehle und zwei kreisförmige Wülste), Schaft mit bis zu 24 Kanneluren, ionisches Kapitell; *Säulen der korinthischen Ordnung:* Sonderform der kleinasiatischen ionischen Säule mit korinthischem Kapitell; *Säulen der toskanischen Ordnung:* Basis, Schaft häufig ohne Kanneluren, Halsring unter einem toskanischen Kapitell

Seitenschiffe Zu beiden Seiten des Mittelschiffs angeordnete und zu diesem geöffnete Raumteile

Schlußstein Oberster, als letzter eingesetzter Stein eines Bogens oder eines Kreuzrippengewölbes; oft mit Ornamenten (Wappen, Köpfe, Tiere usw.) geschmückt

Spat kristallisierendes Mineral mit guter Spaltbarkeit; *Flußspat* findet als Flußmittel in der Metallurgie und der Herstellung von Porzellan und optischen Linsen Verwendung

Strebebogen Bogen, der den Strebepfeiler mit der zu stützenden Mauer verbindet und über den der Gewölbeschub in den Strebepfeiler geleitet wird

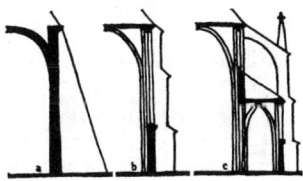

Strebewerk: a Strebemauer b Strebepfeiler c Strebebogen und Strebepfeiler (Strebewerk)

Strebepfeiler Ein quer zur Längsflucht eines Gebäudes stehender Pfeiler, der zur Verstärkung hoher Mauern und der Ableitung von Schubkräften dient

Tabernakel Gehäuse zur Aufbewahrung geweihter Hostien; in der Gotik zum Sakramentshäuschen ausgestaltet

Tafelbild Im 16. Jh. aufgekommene bemalte Bildtafel; im Unterschied zur älteren Wandmalerei transportabel

Triptychon Dreiteiliges Altarbild, das aus einem Mittelstück und zwei Seitenflügeln besteht

Triumphbogen In mittelalterlichen Kirchen Bogen zwischen dem Mittelschiff des Langhauses bzw. der Vierung und dem Chor

Tympanon 1. Bogenfeld über einem mittelalterlichen Portal, meist mit plastischem Schmuck. 2. Giebelfeld eines antiken Tempels

Umgebinde Die die Blockstube des *Umgebindehauses* umgebende Traganordnung des Dachs bzw. Obergeschosses

Umgebindehaus

Vedute Topographisch getreue Wiedergabe einer Landschaft oder eines Stadtpanoramas in der Malerei mit Hilfe der mathematischen Perspektive (Zeichenkamera)

Verkröpfung Ein waagerechtes Bauglied wird um ein senkrechtes geführt, z. B. das Gesims um einen Wandvorsprung

Vierung Der Ort der Durchdringung von Längs- und Querschiff einer Kirche

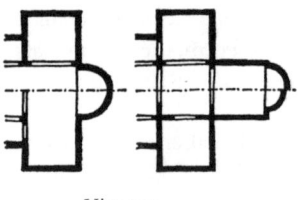

Vierung

Volute Spiral- oder schneckenförmiges Ornament an Kapitellen der ionischen Ordnung; in Renaissance und Barock werden sie auch an Giebeln und Konsolen angebracht

Vorhangbogen Hängende Bogen an spätgotischen Fenstern

Walmdach Satteldach mit abgeschrägten Giebelspitzen

Welsche Haube Mehrstufiges Turmdach, das über einer unteren breiteren Haube mit Laterne eine zweite kleinere Haube folgen läßt, diese Konstruktion ist besonders charakteristisch für die niederländische und deutsche Baukunst des 16. und 17. Jh.

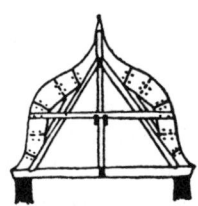

Welsche Haube

Bildnachweis

Farb- und Schwarzweißabbildungen

Florian Monheim und Roman v. Götz, Düsseldorf Farbabb. 8, 18–20; Abb. 1, 10, 34, 35, 37, 39, 40, 71, 72, 77

Axel Mosler, Dortmund Umschlagrückseite; Farbabb. 1, 2, 10–13, 15, 17, 21, 22, 24

Werner Neumeister, München Farbabb. 9, 14, 16, 23; Abb. 2–9, 11, 12, 14–22, 24–26, 29–31, 33, 36, 38, 42, 46–48, 51–66, 68, 69, 74–76

Erhard Pansegrau, Berlin Farbabb. 3, 7

Udo Pellmann, Dresden Umschlagvorderseite, Umschlagklappe vorne; Farbabb. 4, 5, 25, 26, 28, 29; Abb. 13, 23, 27, 28, 32, 41, 43, 45, 49, 50, 67, 70, 73

Punctum, Leipzig Farbabb. 6, 27

Abbildungen im Text

dpa Düsseldorf S. 257

Deutsche Staatsbibliothek Berlin S. 393

Dieter Gutmann, Dresden S. 194/95, 198, 201, 205, 208

Markus Kirchgeßner, Frankfurt S. 301

M. Knopfe, Freiberg S. 375

Fritz Köhler Fig. S. 10

Kunsthalle Bremen S. 147

Thoralf Lippmann, Chemnitz S. 294

Karl-May-Verlag, Bamberg S. 299 (aus: Karl Mays Autobiographie »Ich«)

Florian Monheim und Roman v. Götz, Düsseldorf S. 403

Museum Folkwang, Essen S. 153

Museum für Geschichte, Dresden S. 31, 83

Nationalmuseum Warschau S. 154

Werner Neumeister, München S. 22, 46, 47, 70, 71, 88, 90/91, 101, 102, 103, 108, 133, 137, 139, 213, 215, 220, 225, 229, 253, 285, 297, 339, 340, 365, 380, 388, 405, 410, 423, 424, 427 u., 434, 447

Udo Pellmann, Dresden S. 13, 230, 251, 270, 271, 279, 305, 336, 350, 354, 357, 369, 427 o., 430, 433, 440

Hermann Fürst Pückler-Muskau: Andeutungen über Landschaftsgärtnerei, Ausgabe von 1834 S. 259, 261

Puschkin Museum, Moskau S. 156

Ingrid Rulff, Dresden S. 276

Sächsische Landesbibliothek, Dresden, Abt. Dt. Fotothek S. 39, 74, 96, 104/105, 111, 219, 352, 452

Staatsarchiv Dresden S. 441

Staatsbibliothek Bamberg S. 17

Staatliche Kunstsammlungen Dresden S. 20, 27, 74, 80/81, 85, 94, 95, 189, 281

Staatliche Museen Preuß. Kulturbesitz, Berlin S. 66

Stadtmuseum Bautzen S. 227

Literaturnachweis

Zitat auf S. 24 aus: Des Herrn von Loen gesammelte kleine Schriften, 2 Bde., Frankfurt und Leipzig 1750

Zitat auf S. 26f. aus: Ulrich Bräker, Lebensgeschichte und Natürliche Ebentheuer ..., Kap. LIII, © 1945 by Birkhäuser Verlag, Basel

Zitat auf S. 299f. aus: Karl May, Ich, Gesammelte Werke, Bd. 34, © 1975 by Karl-May-Verlag, Bamberg

Zitat auf S. 444 aus: Wandern und Reisen, Illustrierte Zeitschrift für Touristik, Düsseldorf 1903

Praktische Reiseinformationen

Landeskundlicher Überblick

Fläche
Nach 1945 wurde Sachsen durch die Angliederung West-Schlesiens (Görlitz) von 14986 km² auf 16992 km² erweitert. Einen neuerlichen Gebietszuwachs brachte 1990 der Beitritt von Weißwasser und Hoyerswerda, so daß Sachsen heute mit einer territorialen Ausdehnung über 18300 km² etwa halb so groß ist wie Baden-Württemberg.

In Ost-West-Richtung mißt das neue Bundesland dabei ca. 210 km, in Nord-Süd-Richtung etwa 170 km.

Geographie
Geographisch wird das Land durch das Elbtal geteilt. Den größeren Raum, den westlichen, beherrscht das paßlose, 130 km lange Erzgebirge mit dem Fichtelberg (1214 m) als höchster Erhebung; der Kamm verläuft vorwiegend auf tschechischem Gebiet.

Nach Nordwesten geht das Erzgebirge im Bereich der Linie Nossen – Zwickau in eine Hügellandschaft über. Das Vogtland mit seinen charakteristischen Mulden flacht nordwärts sanft ab, was den Übergang zu Bayern und Thüringen unauffällig werden läßt. Das Elbsandsteingebirge zeichnet sich durch Tafelberge, Ebenheiten und tiefeingeschnittene Schluchten aus.

Typisch für die Lausitz, den kleineren Teil Sachsens, sind Kuppen und breite Talmulden, nach Brandenburg hin ausgedehnte Niederungen. Zwischen Sachsen und den benachbarten Bundesländern gibt es keine natürlichen Grenzen.

Geologie
Das Erzgebirge zeigt sich als im Tertiär nach Nordwest gestellte Kippscholle. Am geologischen Aufbau haben vorwiegend kristalline Gesteine Anteil. Die Erhebungen bestehen aus Granit (Eibenstock), Porphyr (Kahleberg), Basalt (Pöhlberg), Gneis (Freiberg) oder in Glimmerschiefer eingelagertem Kalkstein (Lengefeld).

Dem Erzgebirge vorgelagert ist das sächsische Granulitgebirge mit quarzreichem Schiefermantel. Am bekanntesten ist in diesem Vorland der Rochlitzer Porphyrberg, der allerdings nicht zum Schiefermantel gehört, sondern zu einem Stratovulkan (Rotliegendzeit). Im Vogtland dominiert paläozoisches Schiefergestein, doch am Rande brechen die Granitmassive des Fichtel- und Erzgebirges durch.

Ans Ost-Erzgebirge grenzt bei Gottleuba der Sandstein (obere Kreide) der Sächsischen Schweiz, an diese das Lausitzer Granitmassiv. Ablagerungen des Elbsandstein-gebirges erreichen Oybin-Johnsdorf.

Im östlichen Teil der Lausitz findet sich als geologische Besonderheit die Landes-krone (419,6 m) bei Görlitz, eine dem Granodiorit aufgesetzte Basaltkuppe.

Bodenschätze

Sachsen muß zu den an Rohstoffen armen Bundesländern gezählt werden, auch wenn die Braunkohlevorräte der Lausitz und der Leipziger Tieflandbucht bedeutend sind. Wie bei Uran ist der Abbau weder ökonomisch noch populär.

Mit den Kaolinvorkommen bei Meißen nimmt Sachsen eine Sonderstellung ein, ebenso beim Cottaer Bildhauersandstein. Werksteine werden gern aus den Steinbrüchen Sachsens bezogen, auch Pflaster- und Schottersteine. Lausitzer Granite nehmen eine dauerhafte Politur an.

Klima

Die ausgesprochene geographische Mittellage Sachsens an der Grenze zwischen See- und Kontinentalklima bewirkt das ganze Jahr über angenehme Witterungsverhältnisse. Als touristenfreundlichster Monat gilt aber der September.

Bevölkerung

Sachsen zählt 4,9 Mio. Einwohner und damit mehr als jedes andere der neuen Bundesländer. Innerhalb der Bundesrepublik steht Sachsen bevölkerungsmäßig an sechster Stelle.

Eine nationale Minderheit bildet die in der Lausitz lebende slawische Volksgruppe der Sorben. Zur sorbischen Nationalität bekennen sich etwa 60000 Bürger. Jeder vierte Sorbe ist katholisch. Der Bund der Sorben ist die »Domowina«.

Verwaltung

Sachsen ist ein Freistaat mit Dresden als Landeshauptstadt. Im Landtag haben 160 Abgeordnete Sitz und Stimme. Die sechs Stadt- und 48 Landkreise verfügen über eigene Volksvertretungen. Die Landesfarben sind seit 1815 grün-weiß.

Umwelt

Die Umweltbelastungen liegen im Sächsischen über den Mittelwerten der neuen Bundesländer. Der Schwefelanteil der Brennkohle des Leipzig-Bornaer Reviers ist extrem hoch, drei- bis viermal höher als im Senftenberger Revier. Über Leipzig gingen 1989 etwa 85000 t Schwefeldioxid nieder. Die Belastung der Einwohner der Messestadt lag damit um das 13fache über dem DDR-Durchschnitt.

Die Hinwendung zu schwefelärmerer Kohle brachte spürbare Verbesserungen. Ohne Abkehr von der Braunkohle bleibt aber ein wirklicher Rückgang der Schadstoffbelastung unwahrscheinlich. Nur langfristig sind auch die Folgen des Uranbergbaus zu überwinden.

Seit 1946 holte die Wismut AG bei Aue den gefährlichen Rohstoff aus der Erde. Zuletzt waren in Sachsen 34000 Arbeitnehmer im Uranbergbau beschäftigt. Sichtbare Spuren sind die Halden, höchst problematisch die Strahlung. Seit 1991 verzichtet die UdSSR auf die Abnahme von Uran. Der Ausstieg aus dem Uranbergbau erfordert aus Sicherheitsgründen Übergangslösungen. Künftig soll die technisch gut ausgerüstete Wismut AG 9000 Beschäftigte zählen und Umweltschutztechnik produzieren.

Diese Wende von Wismut I zu Wismut II gehört zu den erfreulichsten Wirtschaftsmeldungen aus Sachsen.

Mundart

Verfehlt ist der umgangssprachliche Begriff ›Sächsisch‹; ›Obersächsisch‹ wäre zur Abgrenzung von ›Niedersächsisch‹ korrekter. Die Lausitz und das Vogtland nehmen ohnehin eine Sonderstellung ein, aber auch sonst bildet Sachsen mundartlich keine Einheit. Im Erzgebirge wird ein Mischdialekt gesprochen (obersächsisch, pfälzisch, bayerisch), in Leipzig osterländisch, und es gibt Untermundarten; allein das Meißnische kommt auf zehn.

Fast alle Mundarten sind stimmtonarm und haben Schwierigkeiten mit gewissen Lautverbindungen, ›pf‹ vor allem; aus Pflaster wird beim Sachsen ›flaster‹. Sehr verbreitet ist das der Literatursprache fremde ›gelle‹, ›gelt‹ (nicht wahr?).

Einige Begriffe erhalten mundartlich eine besondere Bedeutung, z. B. ›hübsch‹ (hiebsche Leite = nette Leute). Schimpfworte muß man nicht auch noch verstehen; übersetzbar ist das harmlose ›Kalmes‹ der Erzgebirgler als ›Tolpatsch‹. Zu dem Wortschatz, der den Sachsen verrät, gehören die Anrede ›Meister‹ (zur Herstellung des Kontakts); das ›Schälchen Heeßen‹, es geht auf den Brauch zurück, heißen Kaffee in der Untertasse abkühlen zu lassen; oder ›Blümchen‹ – es steht für so dünnen Kaffee, daß das Blumenmuster des Tassenbodens zu sehen ist.

Kaffee ist zwar längst in den Rang eines Nationalgetränks aufgerückt, aber die Sachsen entdeckten ihn früher als andere. Dies und die merkwürdige Beschreibung bestimmter Trinkgewohnheiten verhalf ihnen zu dem Beinamen ›Kaffee-Sachsen‹. Im Meißnischen wird dies sauber ausgesprochen, im Osterländischen klingt es unverfälscht ober-sächsisch: ›Gaffee-Sachsen‹.

Spezereien und Speisen

Von den Sachsen heißt es, sie seien ›Naschkatzen‹. Die bekanntesten Gaumenfreuden des Landes weisen tatsächlich in die ›süße Richtung‹: Pulsnitzer Pfefferkuchen (seit 1556) und Dresdner Stolle.

Herzhafte regionale Spezialitäten: Die Erzgebirgler lieben ihre ›Buttermilchgetzen‹ aus der Getzenpfanne; die ›Sonntagssuppe‹ der Lausitzer besteht aus Hühnerfleisch, einer Gemüseeinlage und Eierkuchenstreifen; der ›Kirmesbraten‹ ist eigentlich ein saurer Schweinebraten, dazu gehören Quarkklöße.

Aus dem ›Leipziger Allerlei‹, einer raffiniert zubereiteten Gemüsebeilage, ist ein immer noch aufwendig herzustellender ›Eintopf‹ geworden, verbannt in die private Sphäre. Adressen von Restaurants, die ›Eintopf‹ anbieten, werden als Geheimtip gehandelt.

In zehn führenden Speiserestaurants mit vorwiegend einheimischen Gästen haben wir uns über einen Monatsumsatz informiert: den größten Zuspruch findet danach der Sauerbraten, serviert mit grünen Klößen.

In einigen ländlichen Gegenden geht altsächsischer Tradition folgend von Speisen noch eine Signalwirkung aus: der Freier, der mit Erdgewächsen bewirtet wird, soll sich ›zum Teufel scheren‹, wer Mehlspeisen oder Kaffee vorgesetzt bekommt, muß sich mit Freundschaft begnügen, aber wem ein Gericht mit grünem Lauch dargereicht wird, hat das Jawort.

Informationsstellen

Bei allen Telefonaten aus den alten in die neuen Bundesländer muß derzeit noch die

Vorwahl der ehemaligen DDR (00 37)
gewählt werden.

Stadtverwaltung Altenberg
Platz des Bergmanns 2
O-8242 Altenberg
✆ (5 26 96) 42 61

Stadtverwaltung Annaberg-Buchholz
Rathaus
O-9300 Annaberg-Buchholz
✆ (7 65) 5 61

Stadtverwaltung Aue
Goethestr. 5
O-9400 Aue
✆ (7 61) 241 21

Stadtverwaltung Augustusburg
Rathaus
O-9382 Augustusburg
✆ (72 91) 251

Gemeindeverwaltung Bad Brambach
August-Bebel-Str. 23
O-9932 Bad Brambach
✆ (75 87) 3 28

Stadtverwaltung Bad Elster
Kirchplatz 1
O-9933 Bad Elster
✆ (75 87) 3 47

Stadtverwaltung Bad Muskau
Ernst-Thälmann-Str. 47
O-7582 Bad Muskau
✆ (5 83 91) 451

Stadtverwaltung Bad Schandau
Ernst-Thälmann-Str. 3
O-8320 Bad Schandau
✆ (56 92) 23 55

Bautzen-Information
Fleischmarkt 2–4
O-8600 Bautzen
✆ (54) 4 20 16

Stadtverwaltung Bischofswerda
Altmarkt 1
O-8500 Bischofswerda
✆ (5 23) 8 60

Chemnitz-Information
Straße der Nationen 3
O-9010 Chemnitz
✆ (71) 6 20 51

Dresden-Information
Prager Str. 10–11
O-8010 Dresden
✆ (51) 4 95 50 25

Freiberg-Information
Weingasse 9
O-9200 Freiberg
✆ (7 62) 36 02

Stadtverwaltung Glauchau
Markt
O-9610 Glauchau
✆ (7 31) 20 41

Görlitz-Information
Obermarkt 29
O-8900 Görlitz
✆ (55) 53 91

Stadtverwaltung Grimma
Markt
O-7240 Grimma
✆ (4 06) 8 11 12

Stadtverwaltung Herrnhut
Löbauer Str. 18

O-8709 **Herrnhut**
✆ (5 21 93) 2 95

Stadtverwaltung Hohenstein-Ernstthal
Markt
O-9270 **Hohenstein-Ernstthal**
✆ (7 23) 7 41

Stadtverwaltung Hohnstein
Rathausstr. 10
O-8352 **Hohnstein**
✆ (5 28 95) 2 28

Stadtverwaltung Hoyerswerda
Platz der Roten Armee 1
O-7700 **Hoyerswerda**
✆ (5 82) 87 14

Kurverwaltung Johanngeorgenstadt
Kantstr. 3
O-9438 **Johanngeorgenstadt**
✆ (76 17) 22 39

Stadtverwaltung Kamenz
Marktplatz
O-8290 **Kamenz**
✆ (5 25) 80 41

Stadtverwaltung Klingenthal
Kirchstr. 14
O-9651 **Klingenthal**
✆ (76 37) 22 51

Kurverwaltung Königstein
Hauptstr. 108
O-8305 **Königstein**
✆ (56 91) 4 96

Stadtverwaltung Kohren-Sahlis
Markt
O-7234 **Kohren-Sahlis**
✆ (4 04 94) 2 89

Leipzig-Information
Sachsenplatz 1
O-7010 **Leipzig**
✆ (41) 7 95 90

Löbau-Information
Rittergasse 2
O-8700 **Löbau**
✆ (5 21) 33 33

Stadtverwaltung Markneukirchen
Am Rathaus 2
O-9659 **Markneukirchen**
✆ (75 86) 22 19

Stadtverwaltung Marienberg
Rathaus
O-9340 **Marienberg**
✆ (7 66) 27 04

Meißen-Information
An der Frauenkirche 3
O-8250 **Meißen**
✆ (53) 44 70

Moritzburg-Information
Linkes Teichhaus
O-8105 **Moritzburg**
✆ (51 97) 3 56

Kurverwaltung Oberwiesenthal
Markt
O-9312 **Oberwiesenthal**
✆ (76 59 98) 6 10

Kurverwaltung Oybin
Straße der Jugend 2
O-8806 **Oybin**
✆ (5 22 94) 2 24

Stadtverwaltung Pirna
Am Markt 1–2

O-8300 Pirna
∅ (56) 8 40

Plauen-Information
Rädelstr. 2
O-9900 Plauen
∅ (75) 2 49 45

Stadtverwaltung Pulsnitz
Platz der Befreiung 1
O-8514 Pulsnitz
∅ (52 35) 6 41

Stadtverwaltung Radebeul
Pestalozzistr. 6
O-8122 Radebeul
∅ (51) 72 26 31

Stadtverwaltung Rathen
Goethestr. 7
O-8324 Rathen
∅ (56 91) 3 43

Stadtverwaltung Reichenbach
Markt 6
O-9800 Reichenbach
∅ (7 33) 52 10

Stadtverwaltung Schneeberg
Ernst-Thälmann-Platz 1
O-9412 Schneeberg
∅ (76 16) 22 51

Stadtverwaltung Schwarzenberg
Straße der Einheit 20
O-9430 Schwarzenberg
∅ (76 18) 41 51

Stadtverwaltung Sebnitz
Ernst-Thälmann-Str. 8a
O-8360 Sebnitz
∅ (52 80) 37 51

Kurverwaltung Seiffen
Rathaus
O-9335 Seiffen
∅ (7 66 92) 2 18

Stadtverwaltung Stolpen
Markt 1
O-8350 Stolpen
∅ (5 28 93) 63 41

Stadtverwaltung Torgau
Rathaus
O-7290 Torgau
∅ (4 07) 81 41

Zittau-Information
Rathausplatz 6
O-8800 Zittau
∅ (5 22) 39 86

Zwickau-Information
Hauptstr. 4
O-9500 Zwickau
∅ (74) 60 07

Anreise

Autobahnen verbinden den Süden Deutschlands über München – Bayreuth – Hof – Plauen, den Westen über Frankfurt/M. – Bad Hersfeld – Eisenach – Erfurt – Gera oder Köln – Kassel – Eisenach – Erfurt – Gera und den gesamten Norden über Berlin mit Sachsen. Innerhalb Sachsens führen Autobahnen von Plauen bzw. Hermsdorfer Kreuz/Gera über Chemnitz nach Dresden und weiter nach Bautzen sowie vom Schkeuditzer Kreuz über Leipzig nach Deutschenbora.

Ein verzweigtes Eisenbahnnetz bietet Anschlußmöglichkeiten von den Fernverbindungen Prag-Dresden-Berlin, Frankfurt/M.-Leipzig-Dresden-Görlitz-Krakow und Hof-Plauen-Zwickau-Chemnitz-Dresden bzw. Zwickau-Leipzig-Berlin oder Chemnitz-Riesa-Berlin.

Für den Luftverkehr stehen die Flugplätze Leipzig-Schkeuditz und Dresden-Klotzsche zur Verfügung.

Elbe-Keuzfahrten

Schiffahrten auf der Elbe von Hamburg bis Bad Schandau organisiert die Köln-Düsseldorfer Deutsche Rheinschiffahrt AG, Frankenwerft 15, ☎ (02 21) 2 08 80, 5000 Köln 1

Schiffe der ›Weißen Flotte Dresden‹ fahren von April bis Oktober nach Bad Schandau/ Schmilka und zurück; von Mai bis September nach Meißen/Riesa und zurück
Weiße Flotte
Terrassenufer 2
O-8010 Dresden
☎ (51) 43 72 41/4 95 64 36

Gärten und Parks

Bad Elster
Rosengarten im Kurpark, 3000 Rosen

Bad Muskau
Pückler-Park, eine der bedeutendsten Schöpfungen der Gartenkunst Europas

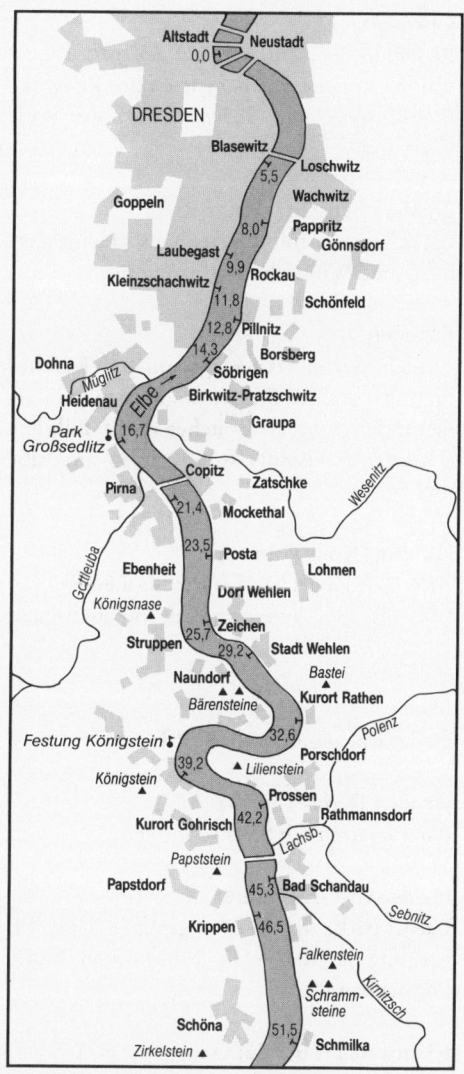

Elbefahrt von Dresden nach Schmilka

Belgern (Kreis Torgau)
Treblitzscher Park, gegr. 1930, Gehölze aus Japan, China, Nordamerika, dem Kaukasus

Chemnitz
Rosenhof, 4000 Rosen auf 650 m²; Küchwaldpark, einst Küchengarten des Benediktinerklosters, seit 1885 im Besitz der Stadt Chemnitz

Diesbar-Seusslitz (Kreis Riesa)
Barockgarten mit Gartenhaus ›Heinrichsburg‹ und Winzerhaus ›Luisenburg‹

Dresden
Großer-Garten. Angelegt von J. F. Karcher im französischen Stil, im englischen Stil umgewandelt von F. Bouche; Park Pillnitz; (Dresden-Neustadt) Rosengarten am Elbufer

Gaußig (Kreis Bautzen)
Alter Barockgarten des Brühlschen Schlosses, um 1800 umgewandelt in englischen Landschaftspark

Görlitz
Stadtpark, angelegt von J. P. Lenné

Graditz (Kreis Torgau)
Barockgarten mit Sternschneisen

Heidenau-Großsedlitz
Barockpark, dreiteilig angelegt nach 1719, berühmt ist die ›Stille Musik‹ von M. D. Pöppelmann

Kleinwelka (über Bautzen)
Saurierpark, Privatgelände mit detailgetreuen Darstellungen von Reptilien und Urmenschen

Kohren-Sahlis (Kreis Geithain)
Barockpark Sahlis und Rüdigsdorfer Park mit Schwindpavillon

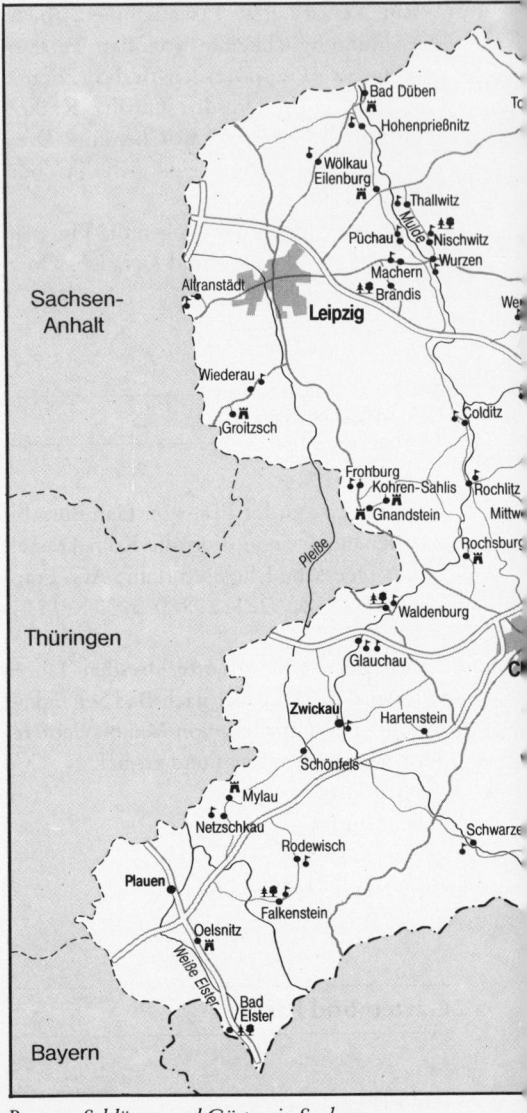

Burgen, Schlösser und Gärten in Sachsen

Machern (Kreis Wurzen)
Schloßpark, angelegt nach 1760 als romantischer Park mit künstlichen Ruinen und Tempeln, Tulpenbaumallee

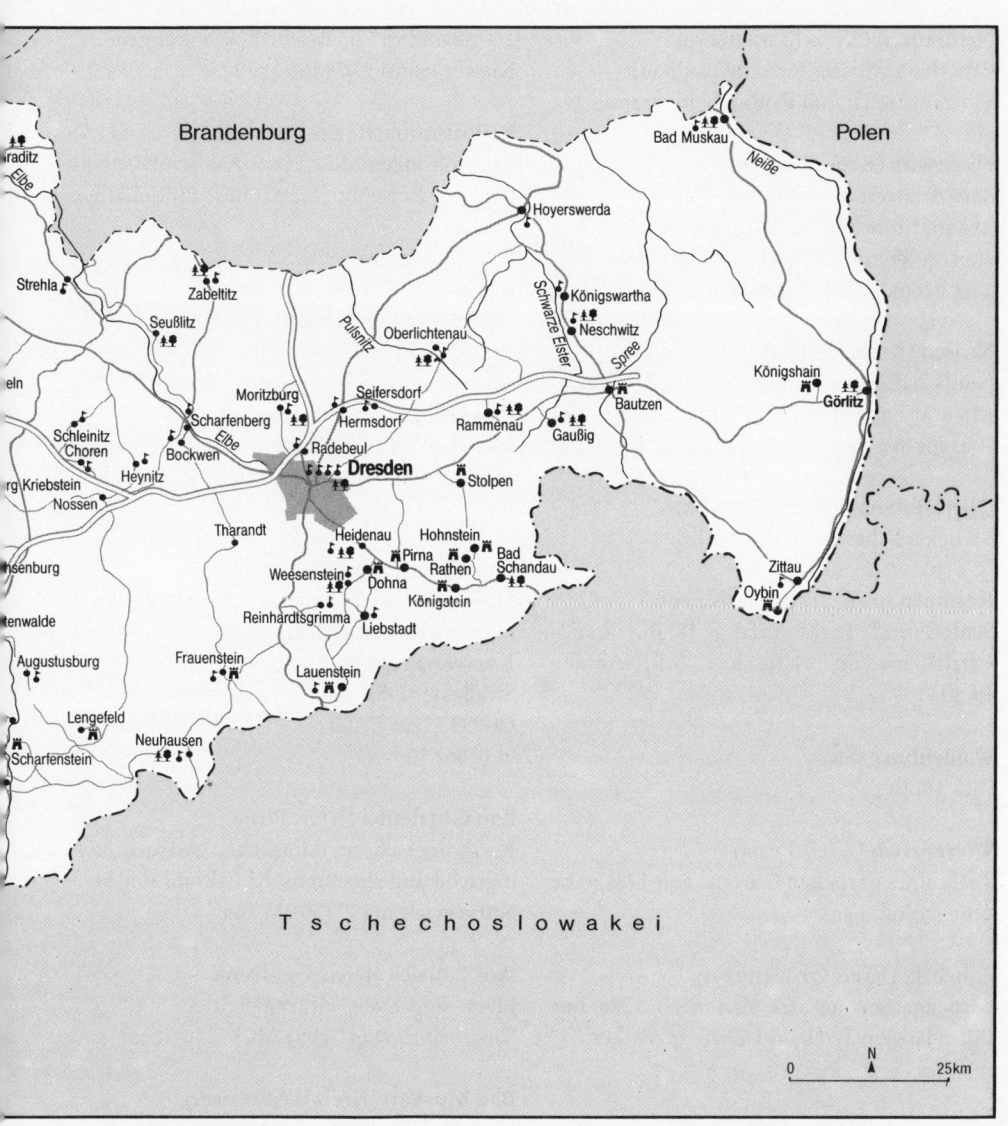

Moritzburg (Kreis Dresden)
Nördlich des Schlosses französischer Park
aus der Zeit nach 1730

Neschwitz (Kreis Bautzen)
Barockgarten von 1723, angelegt von J.F.
Karcher

Neuhausen (Kreis Marienberg)
Park des Schlosses Purschenstein mit
Schwanenteich und Rotbuchenbestand

Nischwitz (Kreis Wurzen)
Barockgarten des Schlosses, um 1753 angelegt und mit Sandsteinfiguren von P. Coudray geschmückt; Ende 18. Jh. Umwandlung in englischen Landschaftspark

Nossen (Kreis Meißen)
Landschaftspark Nossen, um 1810 im engli-
schen Stil angelegt unter Einbeziehung des
Gartens des Klosters Altzella

Oberlichtenau (Kreis Kamenz)
Barocker Schloßpark des 18. Jh.

Rammenau (Kreis Bischofswerda)
Schloß und Park Anfang 18. Jh.; Landschaftspark im englischen Stil, Anfang
19. Jh.

Waldenburg/Sa.
Park 18. Jh.

Weesenstein (Kreis Pirna)
Reste eines barocken Gartens von 1781 nahe
dem Schloß

Zabeltitz (Kreis Großenhain)
Barockgarten aus der Zeit nach 1728 mit
160 m langem Teich und Gartenplastiken

Heilbäder

Berggießhübel (Kreis Pirna)
Herz- und Kreislauf- sowie gastroenterolo-
gische und rheumatische Erkrankungen
Kurverwaltung ✆ (56 93) 3 92

Bad Brambach (Kreis Oelsnitz)
Erkrankungen des Herz-Kreislaufsystems
und des Bewegungsapparates; radonhaltige
Quellen
Kurverwaltung
Badstr. 80
O-9932 Bad Brambach
✆ (75 87) 73 17

Bad Düben (Kreis Eilenburg)
Moorbad; Erkrankungen des Bewegungs-
apparates und des Urogenitalsystems
Kurverwaltung ✆ (40 87) 2 20

Bad Elster (Kreis Oelsnitz)
Herz-, Kreislauf-, urologische und gynäko-
logische Erkrankungen
Kurverwaltung
Straße der DSF 6
O-9933 Bad Elster
✆ (7 56) 70

Bad Gottleuba (Kreis Pirna)
Kardiologisch-angiologische, gastroentero-
logische und rheumatische Erkrankungen
Kurverwaltung ✆ (56 93) 3 64

Bad Lausick (Kreis Geithain)
Herz- und Kreislaufkrankheiten
Sanatorium ✆ (40 495) 2 201

Bad Muskau (Kreis Weißwasser)
Moorbad ✆ (5 83 91) 4 11; stärkste Eisenvi-
triolquelle Mitteleuropas; Freiluftkneipp-
bad

Bad Schandau (Kreis Pirna)
Kneippkurbad

Kurverwaltung
August-Bebel-Straße 6
O-8320 Bad Schandau
℡ (56 92) 25 51

Thermalbad Wiesenbad
(Kreis Annaberg-Buchholz)
Kinderlähmung und Bechterewkranke
Sanatorium Wiesenbad
Annabergerstr. 3
O-9319 Thermalbad Wiesenbad
℡ (7 65) 24 57

Warmbad Wolkenstein (Kreis Zschopau)
Erkrankungen des Bewegungsapparates,
Rheuma-, Herz-, Kreislauf-, Stoffwechsel-
und Nierenkrankheiten
Knappschafts-Kurklinik
O-9368 Warmbad Wolkenstein
℡ (7 66 99) 4 91

Historische Spezialbahnen

Bad Schandau – Lichtenhainer Wasserfall
gebaut 1898, Länge 8,3 km

Cranzahl – Oberwiesenthal
gebaut 1887, Länge 17,3 km

Dresden/Körnerplatz – Loschwitzhöhe,
Schwebeseilbahn, gebaut 1898/1900, Länge
280 m, Höhenunterschied 84 m

Dresden/Körnerplatz – Weißer Hirsch,
Standseilbahn, gebaut 1895, 547 m, Höhenunterschied 99 m

Erdmannsdorf – Augustusburg, Standseilbahn, gebaut 1911, Länge 1,2 km, Höhenunterschied 168 m

Freital – Kipsdorf
gebaut 1882, Länge 26,3 km

Oberwiesenthal – Fichtelberg, Schwebebahn, gebaut 1924, Länge 1,175 km, Höhenunterschied 305 m

Radebeul – Ost-Radeburg
gebaut 1884, Länge 16,5 km

Wolkenstein – Jöhstadt
gebaut 1892, Länge 23 km

Zittau – Oybin, Jonsdorf
gebaut 1890, Länge 12,2 km

Klettern und Wandern

Greifensteine bei Ehrenfriedersdorf, Kreis
Zschopau; Höhe 20 bis 25 m, 65 Wege

Katzensteingebiet bei Pobershau/Erzgebir-
ge; Nonnenfelsen und Katzensteinnadel, 15
Wege

Sächsische Schweiz; etwa 600 freistehende
Felsen, 3000 Wege

Teufelsstein bei Johanngeorgenstadt/Erzge-
birge; 30 m hoher Felsen, 4 Wege

Kurorte

Bärenburg (Kreis Dippoldiswalde)
gemäßigtes bis starkes Reizklima; Wintersport

Bärenfels (Kreis Dippoldiswalde)
Wintersport

Friedewald (Kreis Dresden)
reizmildes Klima

Gohrisch (Kreis Pirna)
günstige bioklimatische Bedingungen

Hartha (Kreis Freital)
reizmildes Klima

Jonsdorf (Kreis Zittau)
gemäßigtes Reizklima

Kipsdorf (Kreis Dippoldiswalde)
würzige Höhenluft; Wintersport

Lückendorf (Kreis Zittau)
reizmildes Klima; Wintersport

Oberwiesenthal
(Kreis Annaberg-Buchholz)
Höhenluft; Wintersport

Oybin (Kreis Zittau)
Wintersport möglich

Museen

Annaberg-Buchholz
Erzgebirgsmuseum, Große Kirchgasse 16,
∅ (765) 3497, Juli–August tgl. 9–17 Uhr,
September–Juni Sa–Do 9–16 Uhr

Aue
Traditionsstätte Erzbergbau, Bergfreiheit 1,
∅ (761) 3654, Mo–Fr 9–16.30 Uhr, sonst
nach Voranmeldung

Augustusburg (Kreis Flöha)
Museum für Jagdtier- und Vogelkunde des
Erzgebirges und Zweitakt-Motorrad-Museum, beide ∅ (7291) 267, tgl. 8–12 und
13–16.30 Uhr

Bad Düben
Landschaftsmuseum mit Michael-Kohlhase-Raum und Schiffsmühle, ∅ (4087)
23691, Di–Fr 8–12 und 13–17 Uhr, Sa und
So 9–12 und 13–16 Uhr

Bad Muskau
Stadtmuseum, Altes Schloß, Di–Fr 10–12
und 13–16 Uhr, So 13–16 Uhr

Bad Schandau (Kreis Pirna)
Heimatmuseum, Badallee 10, ∅ (5692)
2173, mit Abteilung Steinbrecherei, Naturkunde, Bergsteigen, Elbschiffahrt, Di–Fr
9–12 und 14–17 Uhr, Sa und So 9–12 Uhr

Bautzen
Alte Wasserkunst mit Aussichtsplattform,
Am Wendischen Kirchhof, ∅ (54) 42064,
Mai–September tgl. 9–18 Uhr
Museum für sorbische Geschichte und Kultur, Ortenburg 5, ∅ (54) 42294, Oktober–
April tgl. 9–17 Uhr, Mai–September tgl.
9–18 Uhr
Museum des sorbischen Schrifttums, Postplatz 2, ∅ (54) 511713, Di–Fr 8.30–11.30
Uhr
Reichenturm mit Aussichtsplattform, ∅ (54)
42064, Mai–September tgl. 9–18 Uhr
Stadtmuseum, Platz der Roten Armee 1, ∅
(54) 42064, Oktober–April tgl. 9–17 Uhr,
Mai–September tgl. 9–18 Uhr

Chemnitz
Burg Rabenstein, ∅ (71) 62245, Mai–Oktober Sa–Do 9–18 Uhr

Museum für Naturkunde, Theaterplatz 1, ∅ (71) 6 22 45, Sa–Do 9–18 Uhr
Städtische Kunstsammlungen, Theaterplatz 1, ∅ (71) 6 22 45, Sa–Do 9–18 Uhr
Städtische Textil- und Gewerbesammlung, Theaterplatz 1, ∅ (71) 6 22 45, Sa–Do 9–18 Uhr

Colditz (Kreis Grimma)
Städtisches Museum mit Abteilung ›Fluchtbewegung‹ und Johann-David-Koehler-Haus, Kurt-Böhme-Str. 1, ∅ (4067) 5 17, Di–Fr 10–12 und 14–16 Uhr, Sa 14–16 Uhr

Dippoldiswalde
Lohgerber-, Stadt- und Kreismuseum, Freiberger Str. 18, ∅ (5 26) 24 18, Mi 13–17 Uhr, Do und Fr 13–16 Uhr, Sa und So 14–17 Uhr

Dresden
Buchmuseum der Sächsischen Landesbibliothek, Marienallee 12, ∅ (51) 5 26 77, Mo–Sa 10–16 Uhr
Carl-Maria-von-Weber-Gedenkstätte, Hosterwitz, Dresdner Str. 44, ∅ (51) 3 92 34, Di, Mi, Fr und Sa 13–18 Uhr, So 13–16 Uhr
Deutsches Hygiene-Museum, Lingnerplatz 1, ∅ (51) 49 62 31, tgl. 9–18 Uhr, Fr geschlossen
Josef-Ignacy-Kraszewski-Museum, Nordstr. 28, ∅ (51) 57 31 71, Februar–September Sa bis Mi 10–12 und 14–17 Uhr
Landesmuseum für Vorgeschichte, Japanisches Palais, ∅ (51) 5 29 91, Mo–Do 10–18 Uhr, Fr und So 10–16 Uhr
Martin-Andersen-Nexö-Gedenkstätte, Collenbuschstr. 4, ∅ (51) 3 63 07, April–September Mo–Mi, Sa, So 10–12 und 14–17 Uhr
Militärhistorisches Museum, Dr.-Kurt-Fischer-Str. 3, ∅ (51) 5 20 71, Di–So 9–17 Uhr
Museum für Geschichte der Stadt Dresden, Ernst-Thälmann-Str. 2, tgl. 10–18 Uhr, So 10–16 Uhr, Fr geschlossen
Museum zur Dresdner Frühromantik, Straße der Befreiung 13, ∅ (51) 5 47 60, Mi–Sa 11–18 Uhr, So 11–16 Uhr
Schillerhaus, Schillerstr. 19, ∅ (51) 34 83 15, Mi und So 11–18 Uhr
Kupferstichkabinett, Güntzstr. 34, Mo, Mi und Fr 9–16 Uhr, Di und Do 10–18 Uhr
Schloß Pillnitz, ∅ (51) 3 93 25, Di–So 9.30–16.30 Uhr, Park tgl. 5–20 Uhr
Residenzschloß Dresden, Di–So 9–17 Uhr, Mo geschlossen, Führungen nach Anmeldung, Sonderausstellungen im Georgenbau
Zwinger, Porzellansammlung tgl. außer Fr 9–17 Uhr; Mathematisch-Physikalischer Salon tgl. außer Do 9–17 Uhr; Historisches Museum wegen Restauration geschlossen; Gemäldegalerie Alter Meister (befindet sich z. Zt. in Albertinum)
Albertinum, Neue und Alte Meister, tgl. außer Mo 9–17 Uhr; Grünes Gewölbe tgl. außer Do 9–17 Uhr; Münzkabinett und Skulpturensammlung tgl. außer Do 9–17 Uhr;
Museum für Volkskunst, Köpckestr. 1, ∅ (51) 5 08 17, Di–So 10–17 Uhr
Technisches Museum, Friedrich-Engels-Str. 15, ∅ (51) 5 14 57, Mo–Mi und Fr 9–16 Uhr, Do 9–18 Uhr
Verkehrsmuseum, Augustusstr. 1, ∅ (51) 49 63 47, Di–So 9–17 Uhr

Ehrenfriedersdorf (Kreis Zschopau)
Bergbau- und Greifensteinmuseum, ∅ (7 65 91) 2 94, Juli und August tgl. 9–11.30 und 13–17.30 Uhr, September–Juni Fr–Mi 9–11.30 und 13–17.30 Uhr

Falkenstein/Vogtland (Kreis Auerbach)
Heimatmuseum, ∅ (7636) 57 09, Mo–Sa 9.30–12 und 14–17 Uhr, So 9.30–12 Uhr

Frauenstein (Kreis Brand-Erbisdorf)
Schloß, ∅ (76296) 306; Gottfried-Silbermann-Museum

Freiberg
Naturkundemuseum, Waisenhausstr. 10, ∅
(762) 3553, Di–Fr 8–12 und 13.30–16.30
Uhr, Sa 9–12 Uhr, So 9–12 und 14–16.30
Uhr, Verkauf von Mineralien Di und Do
9–12 und 14–16 Uhr
Stadt- und Bergbaumuseum, Am Dom 1,
∅ (762) 3197, Di–So 9–17 Uhr

Frohburg
Museum im Schloß, Florian-Geyer-Str. 1,
∅ (40498) 563, mit Abteilung Feuerriegel-
Keramik und Kursächsische Postmeilensäulen, Di–Fr und So 9.30–12 und 13.30–16
Uhr, Sa 13–16 Uhr

Geyer (Kreis Annaberg-Buchholz)
Heimatmuseum im Wachtturm, ∅ (76596)
244, Di–So 9–12 und 13–16 Uhr

Glauchau
Schloß Hinterglauchau, ∅ (731) 2041,
Di–Fr 9–12 und 14–17 Uhr

Gnandstein
Burg, ∅ (40494) 309, romanische Kapelle
mit gotischem Breuer-Altar, März–Oktober Di–So 9–17 Uhr, im Winter Di–Sa 9–17
Uhr; Turmbesteigung bis 16 Uhr

Görlitz
Staatliches Museum für Naturkunde, Marienplatz, ∅ (55) 4444, April–September
Di–Fr 9–12 und 13–17 Uhr, So 10–12 und
13–17 Uhr, Oktober–März Di–Fr 9–12 und
13–16 Uhr, So 10–12 und 13–16 Uhr

Museum Kaisertrutz, Demianiplatz 1, ∅
(55) 67351, April–Oktober Mo, Di, Fr und
Sa 10–13 und 14–18 Uhr, So 10–15 Uhr
Museum Neißstraße, Neißstr. 30, ∅ (55)
67354, November–März Mo, Di, Do–Sa
10–17 Uhr, Mi 10–13 und 14–18 Uhr, So
10–15 Uhr, April–Oktober Mo–Do 10–13
und 14–18 Uhr, So 10–15 Uhr
Reichenbacher Turm, ∅ (55) 67351, Mo,
Di, Fr und Sa 10–13 und 14–18 Uhr, So
10–15 Uhr

Graupa (Kreis Pirna)
Richard-Wagner-Museum, ∅ (56) 3437,
Mi–Sa 10–12 und 13–16 Uhr

Grimma
Kreismuseum mit Spezialsammlungen
Volksmedizin und Körbe, Paul-Gerhardt-
Straße 43, ∅ (406) 2740, Di–Fr 10–12 und
14–16 Uhr
Göschenhaus, Seume-Gedenkstätte, ∅
(406) 2717, April–Oktober So 14–17 Uhr,
Mi 10–12 und 15–18 Uhr, sonst nach Vereinbarung

Großbothen
Wilhelm-Ostwald-Gedenkstätte, ∅ (40694)
282, Sa 14–16 Uhr, sonst nach Vereinbarung

Großschönau (Kreis Zittau)
Oberlausitzer Damast- und Heimatmuseum, Schönaustraße, ∅ (52291) 551, April–
Oktober Mo–Fr 9–13 und 14–17 Uhr, jeden
1. So im Monat 14–17 Uhr, sonst nach Vereinbarung

Hainichen
Heimatmuseum, mit Gedenkraum für Chr.
E. und Chr. F. Gellert und F. G. Keller,

∅ (7287) 721, Mi 16.30–18 Uhr, Sa 10–12 Uhr

Hartenstein/Erzgebirge (Kreis Zwickau)
Museum Burg Stein mit Gedenkraum für Paul Fleming und Exponaten zum Altenburger Prinzenraub, ∅ (7495) 296, Di–Do, Sa und So März–Oktober 9–16 Uhr, November–Februar 9–15 Uhr

Hartha (Kreis Freital)
Forstliche und Jagdkundliche Lehrschau Grillenburg, Schloß, ∅ (51902) 2027, 15. April–Oktober Di–Do 10–12 und 13–16 Uhr, Sa 10–12 und 13–17 Uhr, So 13–17 Uhr, November–15. April So 13–17 Uhr, sonst nach Vereinbarung

Herrnhut (Kreis Löbau)
Heimatmuseum ›Altherrnhuter Stuben‹, Comeniusstr. 6, ∅ (52193) 403, Mo, Mi–Sa 10–12 und 14–17 Uhr, So 10.30–12 und 14–17 Uhr
Völkerkundemuseum, Goethestr. 1, ∅ (52193) 403, Mai–September Di–Fr 9–12 und 13–16 Uhr, Sa und So 9–12 und 14–17 Uhr, Oktober–April Di–Do 9–12 und 14–16 Uhr, Sa und So 9–12 und 14–16 Uhr

Hohnstein (Kreis Sebnitz)
Museum der Jugendburg, ∅ (52895) 286, tgl. 8–17 Uhr; Burg wird z. Zt. restauriert

Kamenz
Lessingmuseum, Lessingplatz 3, ∅ (525) 5551, Mo–Fr 9–12 und 13–16 Uhr, Sa und So 12.30–16.30 Uhr
Museum der Westlausitz zu Kamenz, Pulsnitzer Str. 16, ∅ (525) 6237, Di–Do, Sa 9–12 und 13.30–15.30 Uhr, So 9–12 Uhr

Kohren-Sahlis
Töpfermuseum, Ernst-Thälmann-Str. 14, ∅ (40494) 547, März–Oktober Di–So 10–12 und 13–16 Uhr
Schwindpavillon Rüdigsdorf, ∅ (40494) 258, April–Oktober Sa und So 10–12 und 13–16 Uhr, zusätzlich Mai–September Mi 14–16 Uhr
Mühlenmuseum am Lindenvorwerk, ∅ (40494) 258, Sa und So 10–12 und 13–15 Uhr

Königstein (Kreis Pirna)
Museum Festung Königstein, ∅ (5691) 349, tgl. 9.30–17 Uhr

Kriebstein (Kreis Hainichen)
Museum Burg Kriebstein, ∅ (4037) 2021, Februar–April, Oktober–November Di–So 10–16 Uhr, Mai–September tgl. 9–17 Uhr

Krippen (Kreis Pirna)
Friedrich-Gottlob-Keller-Museum, ∅ (56) 466, April–Oktober tgl. 14.30–17 Uhr

Landwüst (Kreis Klingenthal)
Vogtländisches Bauernmuseum, ∅ (7586) 2494, Februar–Oktober Di–So 8.30–12 und 13–17 Uhr

Lauenstein (Kreis Dippoldiswalde)
Museum Schloß Lauenstein, ∅ (52964) 402, Mi–So 14–17 Uhr

Leipzig
Ägyptisches Museum, Schillerstr. 6, ∅ (41) 282166, Di–Fr 14–18, So 10–13 Uhr
Johann-Sebastian-Bach-Museum, Thomaskirchhof 16, ∅ (41) 293458, Di–So 9–17 Uhr

Deutsches Buch- und Schriftmuseum, Deutscher Platz 1 (Deutsche Bücherei), ⌀ (41) 8 81 20, Mo–Fr 8–16 Uhr, Mi 13–21.30 Uhr, Sa 9–18 Uhr

Museum der bildenden Künste, Georgi-Dimitroff-Platz 1, ⌀ (41) 31 26 17, Di–Fr 9–18 Uhr, Sa 9–17 Uhr, So 9–13 Uhr

Stadtgeschichtliches Museum, Altes Rathaus, ⌀ (41) 70 9 21, Di–Fr 10–18 Uhr, Sa und So 10–16 Uhr

Museum des Kunsthandwerks, Johannisplatz 5/11, ⌀ (41) 29 15 43, Di–Fr 9.30–18 Uhr, Sa 10–16 Uhr, So 9–13 Uhr

Museum für Völkerkunde, Täubchenweg 2, ⌀ (41) 20 90 24, Di–Fr 9.30–18 Uhr, Sa 10–16 Uhr, So 9–13 Uhr

Musikinstrumentenmuseum, Täubchenweg 2c–e, ⌀ (41) 29 46 58, Di–Do 14–17 Uhr, Fr und So 10–13 Uhr, Sa 10–15 Uhr

Schillerhaus, Menckestr. 42, Di, Mi, Fr und Sa 11–17 Uhr

Sportmuseum, Friedrich Ebert-Str. 105, ⌀ (41) 70 34 32, Di–Sa 9–17 Uhr, So 9–16 Uhr

Völkerschlachtdenkmal, Leninstraße, ⌀ (41) 8 61 19 62, tgl. 9–16 Uhr, an Feiertagen und zum Wochenende 9–17 Uhr, Ausstellungspavillon Di–So 9–16 Uhr

Leisnig

Burg Mildenstein, ⌀ (4 03 91) 26 52, Mai–Oktober Di–Fr 9–12 und 13–16 Uhr, Sa und So 9–12 und 13–17 Uhr, November–April Di–Fr 9–12 und 13–16 Uhr

Lengefeld (Kreis Marienberg)

Technisches Museum Kalkwerk, Di–So 9–12 und 13–16 Uhr. Kalkwerk, Auslagerungsort der Dresdner Gemälde 1945, zugänglich seit 1986

Liebstadt (Kreis Pirna)

Museum Schloß Kuckuckstein, ⌀ (56 95) 2 83, Führungen Mi–Fr 10 und 14 Uhr, Sa und So 10/11/14 und 15 Uhr sowie nach Vereinbarung

Löbau

Stadtmuseum, Johannisstr. 5, ⌀ (5 21) 11 76, Di, Do und Fr 10–12 und 13–16 Uhr, Mi 10–12 und 13–18 Uhr, So 10–12 Uhr

Marienberg

Erzgebirgische Heimatschau, Zschopauer Straße, ⌀ (7 66) 28 75, Mi–So 9–12 und 13–17 Uhr

Markneukirchen (Kreis Klingenthal)

Musikinstrumentenmuseum, Bienengarten 2, ⌀ (75 86) 20 18, Di–So 9–17 Uhr

Mauersberg (Kreis Marienberg)

Staatliches Museum Rudolf Mauersberger, ⌀ (7 66 99) 6 15, Di–Fr 9–12 und 14–17 Uhr, Sa und So 9–12 und 13.30–17 Uhr

Meißen

Albrechtsburg, Domplatz 1, ⌀ (53) 29 20, tgl. 9–17 Uhr

Schauhalle Porzellanmanufaktur Meissen, Talstr. 9, ⌀ (53) 5 41, Di–So 8–12 und 13–16 Uhr, Vorführwerkstatt bis 15 Uhr

Stadt- und Kreismuseum, Heinrichplatz 3, ⌀ (53) 31 45, Mo–Do 10–12.30 und 13–17 Uhr, Sa, So 9–17 Uhr

Morgenröthe-Rautenkranz
(Kreis Klingenthal)

Gedenkstätte Erster Kosmosflug DDR-UdSSR, ⌀ (76 95) 5 38, Di–So 9–12 und 13–17 Uhr

Moritzburg (Kreis Dresden)
Barockmuseum Schloß Moritzburg,
∅ (5197) 439, Di–So 10–12 und 13–17 Uhr

Mylau (Kreis Reichenbach)
Kreismuseum Burg Mylau, ∅ (733) 4247,
Di–So 9–11.30 und 13–16.30 Uhr

Nossen (Kreis Meißen)
Klosterpark Altzella, ∅ (5392) 8700, Reste
des Zisterzienserklosters, April–Oktober
Di–Fr 10–12 und 14–16 Uhr, Sa und So
10–12 und 14–16 Uhr, sonst nach Anmeldung

Oelsnitz/Vogtland
Heimatmuseum Schloß Voigtsberg, Spezialsammlung Teppiche, ∅ (756) 2691, Di
bis So 13–17 Uhr

Olbernhau (Kreis Marienberg)
›Haus der Heimat‹, ∅ (7668) 2180, Mo
13–17 Uhr, Di–So 9.30–17 Uhr

Oschatz
Stadtmuseum. Mit Spezialsammlung ›Waagen‹, Frongasse 1, ∅ (405) 2085, Di–Fr
13–16.30 Uhr, So (Mai–Oktober) 10–16
Uhr, So (November–April) 13–16 Uhr

Ottendorf (Kreis Pirna)
Neumann-Mühle‹, TD der Papierindustrie, ∅ 315, Mai–September tgl. 9–16
Uhr

Oybin (Kreis Zittau)
Museum Burg und Kloster, Mai–Oktober
tgl. 9–17 Uhr

Panschwitz-Kuckau (Kreis Kamenz)
Cisinski-Gedenkstätte, Cisinskistr. 16,
∅ (52596) 241, tgl. nach Anmeldung

Pirna
Stadtmuseum im Klosterhof, ∅ (56) 3130,
Mai–Oktober, Di–Fr 11.30–15.30 Uhr, Sa
und So 10–12 Uhr

Plauen/Vogtland
Vogtlandmuseum, Nobelstr. 9–13, ∅ (75)
2328, Di–Fr 9–12.30 und 13.30–16 Uhr, Sa
und So 10–12.30 Uhr
Spitzenmuseum Plauen, Altes Rathaus,
Di–Fr 10–16.30 Uhr, Sa 9–12.30 Uhr

Pockau (Kreis Marienberg)
Ölmühle Pockau, ∅ (76697) 9301, 15. Mai
bis 15. Oktober Mi 15–16 Uhr, Sa 9–11 und
14–16 Uhr

Pulsnitz (Kreis Bischofswerda)
Heimatmuseum, Platz der Befreiung, mit
Gedenkausstellung für Ernst Rietschel, ∅
(5235) 641, Mo und Mi 9–12 Uhr, Di und
Do 9–12 und 12.30–15 Uhr, sonst nach Anmeldung

Radebeul (Kreis Dresden)
Weinbaumuseum Haus Hoflößnitz, Knohlweg 37, ∅ (51) 75616, Mi 14–18 Uhr, Sa
und So 9–12 und 14–18 Uhr
Karl-May-Museum der Karl-May-Stiftung,
Karl-May-Straße 15, ∅ (51) 73169, Di–So
9–16 Uhr

Rammenau (Kreis Bischofswerda)
Museum Barockschloß Rammenau, ∅ (523)
3559, Mo, Di, Fr und Sa 13–17 Uhr, Mi, Do
und So 10–12 und 13–17 Uhr

Reichenbach/Vogtland
Neuberin-Gedenkstätte, Johannesplatz 3,
∅ (733) 5210, Di, Mi und Sa 10–12 und
13–17 Uhr

Rittersgrün (Kreis Schwarzenberg)
Museum Schmalspurbahnhof, ∅ (76197) 248, Mo–Fr 9–12 und 13–15 Uhr, Sa 9–12 Uhr

Rochlitz
Museum im Schloß, April bis Oktober Di–So 8–12 und 13–17 Uhr, November–März Di–So 9–12 und 13–16 Uhr, Turmbesteigung

Rochsburg (Kreis Rochlitz)
Museum Schloß Rochsburg, April–Oktober Di–So 8–12 und 13–17 Uhr, November–März Di–So 9–12 und 13–16 Uhr

Rodewisch (Kreis Auerbach)
Museum Göltzsch, ∅ (763) 2245, Mai–September, Dezember–Februar Di–Do, Sa und So 10–12 und 13.30–16.30 Uhr

Schneeberg (Kreis Aue)
Museum für bergmännische Volkskunst, Rosa-Luxemburg-Platz 1, ∅ (7616) 446, Di–So 10–12 und 13–17 Uhr

Schönfels (Kreis Zwickau)
Burgmuseum, ∅ (7339) 327, März–Oktober Di–So 10–18 Uhr, November–Februar Di–So 10–18 Uhr

Schwarzenberg/Erzgebirge
Museum ›Erzgebirgisches Eisen und Zinn‹, Obere Schloßstr. 36, ∅ (7618) 3389, Mi–So 9–11.30 und 13–16 Uhr

Sebnitz
Heimatmuseum, Bergstr. 9, ∅ (5280) 3740, Mai–Oktober Di und Fr 10–12 und 15–17 Uhr, Mi 15–17 Uhr, So 10–12 Uhr, sonst nach Voranmeldung

Seiffen/Erzgebirge (Kreis Marienberg)
Erzgebirgisches Spielzeugmuseum, Ernst-Thälmann-Str. 73, ∅ (76692) 239, tgl. 9–12 und 13–17 Uhr
Freilichtmuseum, ∅ (76692) 388, April bis Oktober Sa–Do 9–12 und 13–17 Uhr

Sosa (Kreis Aue)
Traditionsstätte ›Talsperre des Friedens‹, ∅ (76192) 8205, Di–So 9–12 und 13–16 Uhr

Stolpen (Kreis Sebnitz)
Museum Burg Stolpen, ∅ (52893) 387, März, April, Oktober, November Di–So 9–16 Uhr, Mai–September tgl. 9–17 Uhr

Torgau
Kreismuseum im Schloß Hartenfels, ∅ (407) 2734, Mai–Oktober Di–Fr 9–17, Sa und So 9–12 und 13–17 Uhr, November bis April Di–Fr 9–16, Sa und So 9–12 und 13–17 Uhr, Aussichtsturm Mai–September Di–So 10–12 und 13–15.30 Uhr

Waldenburg
Museum der Stadt Glauchau, Geschwister-Scholl-Platz 1, ∅ (7318) 565, Di–Do 9–11.15 und 13–15.15 Uhr, Sa 9–11.15 und 13.30–15.15 Uhr, April–September auch So 9–11.15 und 13.30–16.15 Uhr

Waltersdorf (Kreis Zittau)
Volkskunde- und Mühlenmuseum, ∅ (52291) 368, Mo–Mi 9–12 Uhr, Do und Fr 14–17 Uhr

Weesenstein (Kreis Pirna)
Kunstmuseum Schloß Weesenstein, ∅ (5697) 238, Führungen April–Oktober Mo, Di und Fr 9–15 Uhr, Sa und So 9–16 Uhr

Weissenberg (Kreis Bautzen)
Heimatmuseum ›Alte Pfefferküchlerei‹, ∅
(5 21 96) 2 11, Di–Fr 8–12 und 13–14 Uhr, Sa
und So 13–17 Uhr, geschlossen an Feiertagen und am ersten Wochenende im Monat

Wolkenstein (Kreis Zschopau)
Heimatstube im Schloß, ∅ (7 66 99) 4 12,
Mai–Oktober Sa 14–17 Uhr, So 9–12 Uhr

Wurzen
Kreismuseum, mit Gedenkausstellung für
Joachim Ringelnatz in dessen Geburtshaus
Domgasse 2, ∅ (4 09) 28 53, Di–Fr 9–12 und
13–16 Uhr, So 10–12 Uhr

Zittau
Dr.-Curt-Heinke-Museum, Klosterstr. 13
Museum für Geologie der Südoberlausitz,
∅ (5 22) 81 61, Mo–Fr 10–12 und 14–16 Uhr
Stadtmuseum, Klosterstr. 3, ∅ (5 22) 91 61,
Di, Do und Sa 10–12 und 14–16 Uhr, Mi
10–12 und 14–18 Uhr, So 10–12 Uhr

Zwickau
Robert-Schumann-Haus, Hauptmarkt 5,
∅ (74) 8 35 10, Mi–Fr 9–12.30 und 15–17
Uhr, Sa 9–12.30 Uhr, So 9–12 Uhr
Städtisches Museum, Lessingstraße 1, ∅ (74)
37 07, Mo, Di und Do 9–17 Uhr, Mi 9–18
Uhr, So 10–17 Uhr
Automobilausstellung, Walther-Rathenau-
Straße 51, ∅ (74) 70 54 54, Di, Mi, Fr 9–16
Uhr, Do 9–18 Uhr, Sa und So 10–14 Uhr

Zwönitz (Kreis Aue)
Technisches Museum Papiermühle,
∅ (7 61 94) 26 90

Schaubergwerke und Schauwerkstätten

Altenberg (Kreis Dippoldiswalde)
Bergbau-Schauanlage, Mühlenstraße 2,
∅ (5 26 96) 2 61, Di–So 9–16 Uhr

Antonsthal (Kreis Schwarzenberg)
Pochwerk und Erzwäsche ›Unverhofft
Glück‹, ∅ (76 18) 25 55, Mo–Fr 7.30–16
Uhr, Führung nach Anmeldung

Chemnitz
Schaubergwerk Felsendome Rabenstein, ∅
(71) 8 51 01, Führungen durch Kalkstein-
bergwerk Mi–Mo 9/9.45/10.30/11.15/13/
13.45/14.30/15.15 Uhr

Dorfchemnitz bei Stollberg
›Knochenstampfe‹, Führungen Sa–Do
9–11.30 und 14–16.30 Uhr, ∅ (7 61 94) 28 66

Dorfchemnitz (Kreis Brand-Erbisdorf)
Eisenhammer, ∅ (7 62 90) 6 77, Di–Sa Führungen 9.30/10.30/13/14/15 Uhr

Freiberg
Lehrgrube ›Alte Elisabeth‹, über Bergakademie, Akademiestraße, ∅ (7 62) 5 10

Frohnauer Hammer
(Kreis Annaberg-Buchholz)
∅ (7 65) 20 00, tgl. 9–12 und 13–17 Uhr

Geising (Kreis Dippoldiswalde)
Bergbau-Schauanlage ›Silberstollen‹,
∅ (5 26 96) 2 91, Mo–Fr 9–12 und 13–16 Uhr

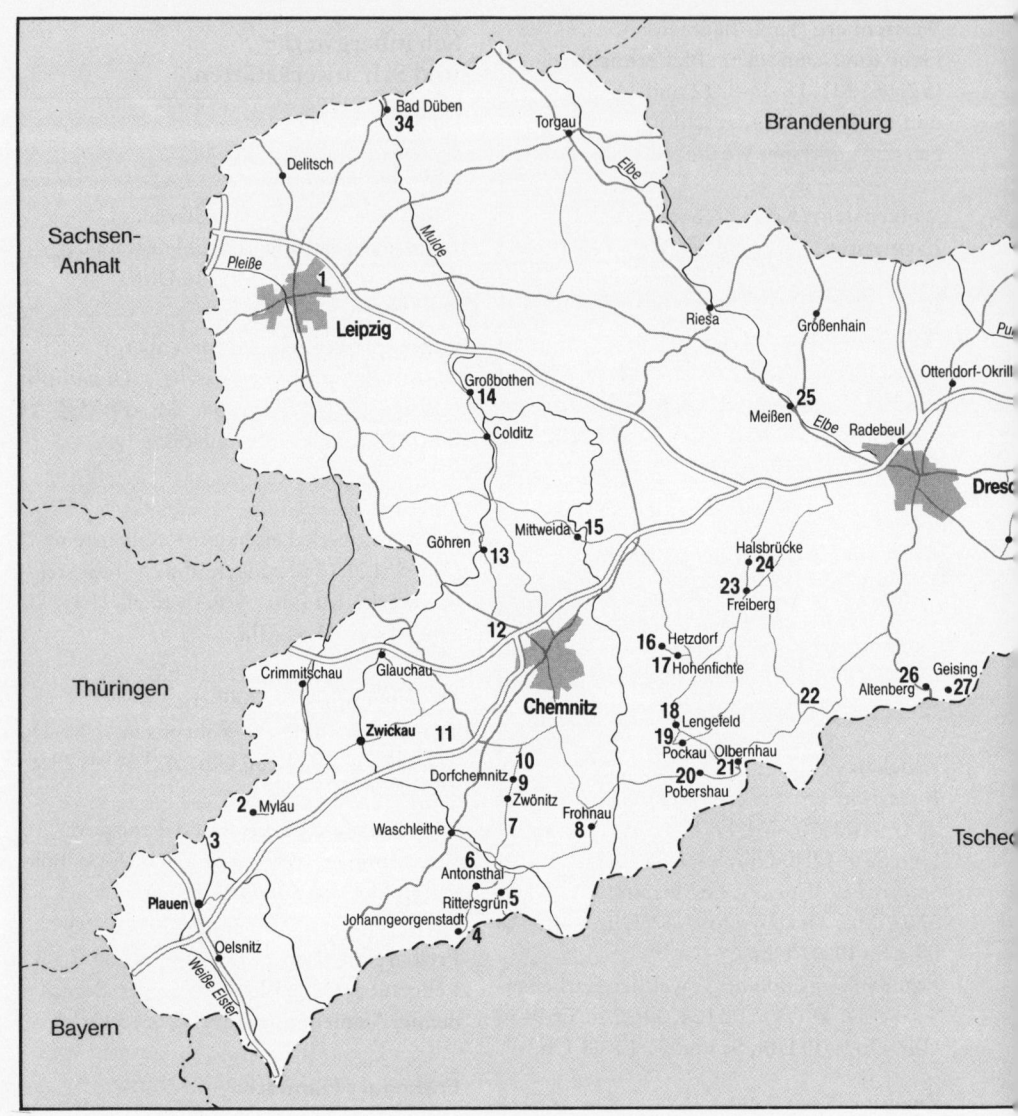

Johanngeorgenstadt
(Kreis Schwarzenberg)
Schaubergwerk ›Glöckl‹, ✆ (7617) 2279,
Di–Sa 9–15 Uhr

Kohren-Sahlis (Kreis Geithain)
Schauwerkstatt des Töpfermuseums, März
bis Oktober Di–So 10–12 und 13–16 Uhr;
im Winter nach Anmeldung, ✆ (40494) 258

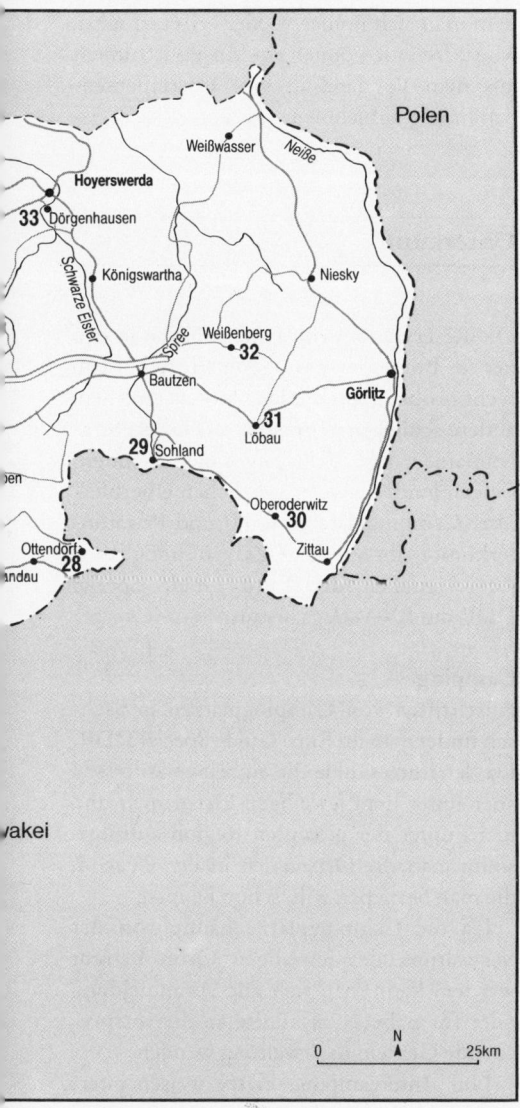

Polen

Weißwasser

Neiße

Hoyerswerda

33 Dörgenhausen

Königswartha

Niesky

Schwarze Elster

Spree

Weißenberg

32

Bautzen

Görlitz

31

Sohland

Löbau

29

Oberoderwitz

30

Ottendorf

28

andau

Zittau

vakei

0   N
     ▲   25km

Technische Denkmäler und Schauanlagen in Sachsen: 1 Bayrischer Bahnhof und Hauptbahnhof 2 Göltzschtalbrücke 3 Elstertalbrücke 4 Schaubergwerk ›Glück 1‹ 5 Schmalspurbahnhof Pochwerk und Erzwäsche ›Unverhofft Glück‹ 7 Schaubergwerk ›Herkules Frisch Glück‹ 8 Schaubergwerk ›Frohnauer Hammer‹ 9 Technisches Museum Papiermühle 10 ›Knochenstampfe‹ 11 Bergbaulehrpfad 12 Schaubergwerk ›Felsendome Rabenstein‹ 13 Eisenbahnbrücke 14 ›Haus Energie‹ Wilhelm Ostwalds 15 Wasserkraftwerk 16 Flöhatalviadukt 17 Hausbrücke 18 Kalkwerk 19 Ölmühle 20 Schaubergwerk ›Molchner Stolln‹ 21 Saigerhütte Grünthal 22 Eisenhammer 23 Bergbaumuseum ›Alte Elisabeth‹ 24 Hohe Esse 25 Schauanlage der Porzellanmanufaktur 26 Pochwerk und ›Neubeschwert-Glück-Stolln‹ 27 Schaubergwerk ›Silberstolln‹ 28 ›Neumann-Mühle‹ (Papierindustrie) 29 Schauanlage Natursteinwerke Brückmühle 30 Faltrockwindmühle 31 Friedrich-August-Turm 32 Alte Pfefferküchlerei 33 Windmühle 34 Schiffsmühle

Olbernhau (Kreis Marienberg)
Schauhammeranlage ›Saigerhütte‹, ∅ (7668) 2733, Di–So 9.30–12 und 13–17 Uhr

Pobershau (Kreis Marienberg)
Schaubergwerk ›Molchner Stolln‹, ∅ (766) 2234, tgl. 9–12 und 13–17 Uhr

Seiffen (Kreis Marienberg)
Schauwerkstatt des Erzgebirgischen Spielzeugmuseums in der Bahnhofstraße 12

Waschleithe (Kreis Schwarzenberg)
Lehr- und Schaubergwerk ›Herkules Frisch Glück‹, ∅ (7618) 4252, April–Oktober tgl. 9–16 Uhr, November–März Mo–Fr 9–15 Uhr

Meißen
Schauwerkstatt der Porzellanmanufaktur, ∅ (53) 541; April–Oktober Di–So 9–12 und 13–16 Uhr

Silbermannorgeln in Sachsen

Bad Lausick, Stadtkirche St. Kilian (1722)
Crostau bei Schirgiswalde (1732)
Dittersbach bei Stolpen (1726)
Dresden, Kathedrale (1753)
Forchheim (1726)
Frankenstein bei Freiberg (1745/48)
Fraureuth bei Werdau (1739/40)
Freiberg, Dom (zwei: 1714 bzw. 1719), Petrikirche (1735), Jacobikirche (1716/18)
Glauchau, Stadtkirche St. Georg (1730)
Großhartmannsdorf (1741)
Helbigsdorf, über Freiberg (1726/28)
Lichtensee, Schloßkirche Lichtensee-Tiefenau (nur noch Prospekt von 1730)
Nassau bei Frauenstein (1745/46)
Niederschöna (1716)
Oberbobritzsch (1716)
Oederan, Pfarrkirche St. Marien (1725/27)
Pfaffroda bei Olbernhau (1715)
Ponitz (1737)
Reichenbach/Vogtland, Stadtkirche St. Petri und Pauli (1723/25)
Reinhardtsgrimma (1731)
Rötha, Georgenkirche (1720/21) und Marienkirche (1721/22)
Zöblitz (1742)

Souvenirs

Wer ein anspruchsvolles Andenken aus Sachsen mit nach Hause nehmen will, kann zwischen traditionellen Klöppelarbeiten, wunderschönen Plauener Spitzen oder Seiffener Spielzeug wählen. Auch Meissener Porzellan ist sicherlich ein Mitbringsel, an dem man sich immer wieder erfreuen wird. Musikfreunde können ein Musikinstrument aus dem Vogtland in ihre Instrumenten-Sammlung aufnehmen.

Unterkunft

Die Reservierung von Unterkünften in den neuen Bundesländern gestaltet sich noch recht problematisch. Neue Hotels eröffnen, andere schließen, Adressen, besonders Straßennamen und Telefonnummern, ändern sich laufend. Einen ausführlichen Überblick über Campingplätze, Hotel- und Privatunterkünfte gibt mit der z. Zt. größtmöglichen Zuverlässigkeit der Euro Guide Special DDR des RV-Verlags heraus.

Camping

Anschriften von Campingplätzen in Sachsen findet man im Euro Guide Special DDR. Da der Euro Guide die einzelnen Adressen aber unter dem jeweiligen Ortsnamen und nicht unter der gesamten Region aufführt, sollte man die Ortsnamen in der Gegend, die man besuchen will, schon kennen.

Da die Campingplätze häufig von der Verwaltung des jeweiligen Ortes betreut werden, kann man sich zur Voranmeldung oder für nähere Auskünfte an die entsprechende Gemeindeverwaltung wenden.

Nur ›Intercamping‹-Plätze weisen internationalen Standard auf.

Hotels

Ähnlich wie bei den Campingplätzen entsprechen bei den Hotels auch nur die ›Interhotels‹ dem internationalen Standard. Eine zentrale Zimmervermittlung für ›Interhotels‹ ist vor kurzem in Berlin eingerichtet worden. Über sie läßt sich unter der Nummer ✆ (0 30) 2 64 74 00 relativ problemlos ein Zimmer in allen Interhotels der neuen Bundesländer reservieren.

In Sachsen gibt es jedoch nur in Chemnitz (3), in Dresden (7) und in Leipzig (6) Hotels dieser Kategorie.

In den Städten Leipzig und Dresden kann man auch auf eine örtliche Zimmervermittlung (alle Kategorien) zurückgreifen.

Hotelvermittlung
Katharinenstr. 1/3
O-7010 Leipzig
✆ (41) 7 92 10, Telex 51540

Zentrale Zimmervermittlung
Prager Straße, PF 150
O-8012 Dresden
✆ (51) 4 75 2 11

Ansonsten wende man sich direkt an die folgenden Adressen:

Berghotel Pöhlberg
Pöhlberg
O-9300 Annaberg-Buchholz
✆ (7 65) 20 81

Hotel Waldhaus
Am Ernst-Thälmann-Platz 7
O-9382 Augustusburg
✆ (72 91) 3 17

Hotel National
Erzberger Str. 16
O-7282 Bad Düben
✆ (40 87) 2 36 88

Hotel Central
Ernst-Thälmann-Str. 2
O-9933 Bad Elster
✆ (75 87) 21 63

Hotel Grauer Wolf
Rochlitzer Str. 54
O-7232 Bad Lausick
✆ (4 04 95) 27 04

Hotel Stadt Berlin
Platz des Friedens
O-7582 Bad Muskau
✆ (5 83 91) 4 85

Elbhotel
An der Elbe 2
O-8320 Bad Schandau
✆ (56 92) 25 06

Hotel Lubin
Wendischer Graben
O-8600 Bautzen
✆ (54) 51 11 14

Hotel Carola
Otto-Grotewohl-Str. 10
O-9001 Chemnitz
✆ (71) 62 65 55

Hotel Trabant
Zwickauer Str. 452
O-9030 Chemnitz
✆ (71) 85 10 12

Hotel Artushof
Fetscherstr. 30
O-8019 Dresden
✆ (51) 4 59 34 96

Hotel Dresdner Hof
An der Frauenkirche 5, PF 111
O-8012 Dresden
✆ (51) 4 84 10, Telex 2488

Hotel Gewandhaus
Ringstr. 1
O-8010 Dresden
✆ (51) 4 95 61 80, Telex 26216

Hotel Freiberger Hof
Am Bahnhof 9
O-9200 Freiberg
✆ (7 62) 20 29

Hotel Görlitzer Hof
Berlinerstraße 43
O-8900 Görlitz
✆ (55) 46 90

Hotel Stadt Dresden
Berlinerstraße 37
O-8900 Görlitz
✆ (55) 52 63

Hotel Stadt Grimma
Philipp-Müller-Park
O-7240 Grimma
✆ (4 06) 22 66

Hotel Sachsenring
Altmarkt 19–21
O-9270 Hohenstein-Ernstthal
✆ (7 23) 22 21

Bahnhofshotel
Friedrichstr. 27
O-7700 Hoyerswerda
✆ (5 82) 81 70

Hotel Goldener Stern
Platz der Befreiung 14

O-8290 Kamenz
✆ (5 85) 50 93

Hotel zur Post
Poststr. 3
O-9650 Klingenthal
✆ (76 37) 21 08

Elbhotel
Bielataler Str. 7
O-8305 Königstein
✆ (56 91) 4 60

Parkhotel
Richard-Wagner-Str. 7
O-7010 Leipzig
✆ (41) 78 21

Hotel am Listplatz
Rosa-Luxemburg-Str. 36
O-7010 Leipzig
✆ (41) 6 05 92

Hotel Continental
Georgenring 14
O-7010 Leipzig
✆ (41) 20 94 51

Hotel Stadt Löbau
Elisenstr. 1
O-8700 Löbau
✆ (5 21) 35 12

Hotel Lindencafé
Markt 18
O-9340 Marienberg
✆ (7 66) 26 72

Hotel Sächsischer Hof
Adorfer Str. 17
O-9659 Markneukirchen
✆ (75 86) 22 40

Hotel Goldener Löwe
Rathenauplatz 6
O-8250 Meißen
✆ (53) 33 04

Hotel Deutsches Haus
Niedere Burgstr. 1
O-8300 Pirna
✆ (56) 28 54

Central-Hotel
Bahnhofstr. 54
O-9900 Plauen
✆ (75) 2 21 18

Hotel Wettiner Hof
Hauptstr. 11
O-8514 Pulsnitz
✆ (52 35) 28 02

Hotel Goldener Anker
Markt 5
O-9800 Reichenbach
✆ (7 33) 30 82

Hotel Vorwärts
Karlsbader Str. 56
O-9412 Schneeberg
✆ (76 16) 87 34

Hotel Haus der Einheit
Platz der Befreiung
O-9430 Schwarzenberg
✆ (76 18) 32 48

Hotel Stadt Dresden
August-Bebel-Platz 7
O-8360 Sebnitz
✆ (52 80) 37 82

Hotel Goldener Löwe
Markt 4–5

O-8350 Stolpen
✆ (5 28 93) 62 11

Central-Hotel
Martha-Brautzsch-Platz 8
O-7290 Torgau
✆ (4 07) 24 23

Hotel Schwarzer Bär
Karl-Marx-Platz 12
O-8800 Zittau
✆ (5 22) 23 05

Hotel Merkur
Bahnhofstr. 58
O-9540 Zwickau
✆ (74) 54 33

Jugendherbergen
Sachsen bietet mit über 80 Jugendherbergen ein sehr gutes Netz an Herbergsunterkünften. Eine Liste mit Adressen und Telefonnummern der gesamten sächsischen Jugendherbergen findet sich im Jugendherbergsverzeichnis für Deutschland, das über das
Deutsche Jugendherbergswerk
Hauptverband e. V.
Bismarckstr. 8
4930 Detmold
✆ (0 50 31) 74 01
erhältlich ist. Für spezielle Fragen kann man sich an das
Deutsche Jugendherbergswerk
Landeshauptverband Sachsen e. V.
Kleinolbersdorfer Str. 61
O-9063 Chemnitz
✆ (71) 6 17 85 oder 6 17 13 wenden.

Privat
Zahlreiche Privatunterkünfte bieten eine weitere Möglichkeit zur Übernachtung. Die

jeweiligen Adressen in den einzelnen Orten sind im Euro Guide Special DDR verzeichnet.

Wintersportorte

Altenberg-Geising (Kreis Dippoldiswalde) etwa 800 m; Sprungschanze, Eisstadion, Rodelbahn, Skilanglaufgelände, Skilift; Ausleihe, Weltmeisterschaftsbobbahn

Jöhstadt (Kreis Annaberg-Buchholz) bis 828 m; Skischlepplift, Rodelbahn, Skiübungshänge; Ausleihe

Johanngeorgenstadt (Kreis Schwarzenberg) bis 891 m; Erzgebirgsschanze, Skilanglaufgelände, Rodelbahn, Eisstadion, Skischlepplift; Ausleihe

Klingenthal/Vogtland 550–700 m; Sprungschanzen, Sessellifte, Rodelbahn, Natureisbahn; Ausleihe

Oberwiesenthal (Kreis Annaberg-Buchholz) bis 1214 m; Sprungschanzen, Skiabfahrtsgelände, Rodelbahn, Fichtelberg-Schwebebahn, 5 Schlepp-, 2 Sessellifte, Skischule; Ausleihe

Rehefeld (Kreis Dippoldiswalde) bis 830 m

Schöneck/Vogtland (Kreis Klingenthal) bis 800 m; Skilanglaufloipen, 3 Skischlepplifte, Rodelbahn; Ausleihe

Zinnwald (Kreis Dippoldiswalde) bis 800 m; Rennschlitten- und Bobbahn, Loipe; Ausleihe

Register

Personen

Orte

DuMont Kunst-Reiseführer

»Richtig reisen«